필요할 때 바로 써먹는

일러스트레이터 실용테크닉

민지영 지음

BM (주)도서출판 성안당

Foreign Copyright:
Joonwon Lee
Address: 127, Yanghwa-ro, Mapo-gu, Chomdan Building 6th floor,
         Seoul, Korea
Telephone: 82-70-4345-9818
E-mail: jwlee@cyber.co.kr

필요할 때 바로 써먹는

일러스트레이터
실용테크닉

2016. 5. 10. 1판 1쇄 발행
2021. 9. 1. 1판 2쇄 발행

지은이 | 민지영
펴낸이 | 이종춘
펴낸곳 | BM ㈜도서출판 성안당
주소 | 04032 서울시 마포구 양화로 127 첨단빌딩 3층(출판기획 R&D 센터)
     | 10881 경기도 파주시 문발로 112 파주 출판 문화도시(제작 및 물류)
전화 | 02) 3142-0036
     | 031) 950-6300
팩스 | 031) 955-0510
등록 | 1973.2.1 제406-2005-000046호
출판사 홈페이지 | **www.cyber.co.kr**
ISBN | 978-89-315-5442-7 (13000)
정가 | 25,000원

이 책을 만든 사람들
책임 | 최옥현
기획 · 진행 | 앤미디어
표지 일러스트 | 마이자
본문 · 표지 디자인 | 앤미디어
홍보 | 김계항, 유미나, 서세원
국제부 | 이선민, 조혜란, 권수경
마케팅 | 구본철, 차정욱, 나진호, 이동후, 강호묵
마케팅 지원 | 장상범, 박지연
제작 | 김유석

머리말

일러스트레이터는 벡터 방식 그래픽 프로그램으로 편집, 로고, 캐릭터, 포스터, 타이포그래피, 애니메이션 소스 작업 등 다양한 분야에서 활용합니다. 이미지를 확대하더라도 품질 손상이 없어 깨지지 않으므로 직접 드로잉하는 것과 다르게 일러스트레이터 도구를 효과적으로 활용하면 누구나 쉽게 상상 속 이미지, 일러스트 작업물의 완성도를 높일 수 있습니다.

일러스트레이터 작업에서 중요한 것은 두 가지입니다. 첫째는 그래픽 감각이 뛰어난 좋은 작가들의 일러스트 작품을 많이 보고 접하여 좋은 그림을 선별하는 능력이 뒷받침되어야 하고, 둘째는 드로잉 실력을 키워야 합니다. 이 두 가지가 접목되었을 때 비로소 자신이 의도한 바를 매력적으로 표현하여 새로운 것을 창조하는 재미와 즐거움을 느낄 수 있습니다. 창조한다는 것은 흥미로운 일이자 고통스러운 일이기도 합니다. 이 책이 여러분의 상상을 그대로 표현하는 데에 도움이 되기를 진심으로 기원합니다.

이 책은 일러스트레이터 CC에 쉽게 익숙해질 수 있도록 초보자와 일반인을 대상으로 주변에서 흔히 볼 수 있는 실용적인 디자인 예제로 선별하여 구성하였습니다. 예제와 연관된 디자인 우수 사례를 소개하여 아이디어를 확장시키고 더 나아가 창의력을 자극하는 데에 도움을 줍니다. 누구나 평소 관심 있는 시각 디자인 분야인 타이포그래피, 명함, 포스터, 캐릭터, 카드, 애플리케이션, 달력, 편지지 등 실무에서 자주 활용하는 기능들을 따라하면서 직접 만들 수 있습니다. 이 책에서 다룬 일러스트레이터 기능의 노하우만 확실하게 익히면 한두 달 안에 프로그램을 마스터하여 일러스트 드로잉에 자신감이 생길 것이라 확신합니다.

책을 완성하기까지 많은 도움을 주신 분들께 감사의 마음을 전하고 싶습니다. 특히 강의와 연구에 몰두하시느라 바쁜 와중에도 책의 완성도를 높이기 위해 귀중한 시간을 내어 인터뷰에 응해주신 교수님들께 다시 한 번 진심으로 감사드립니다. 그리고 예제 파일 정리에 많은 도움을 준 이현우 학생과 언제나 옆에서 든든하게 응원해 주시는 부모님께도 감사의 말씀을 전합니다.

저자 **민지영**

이 책의 구성

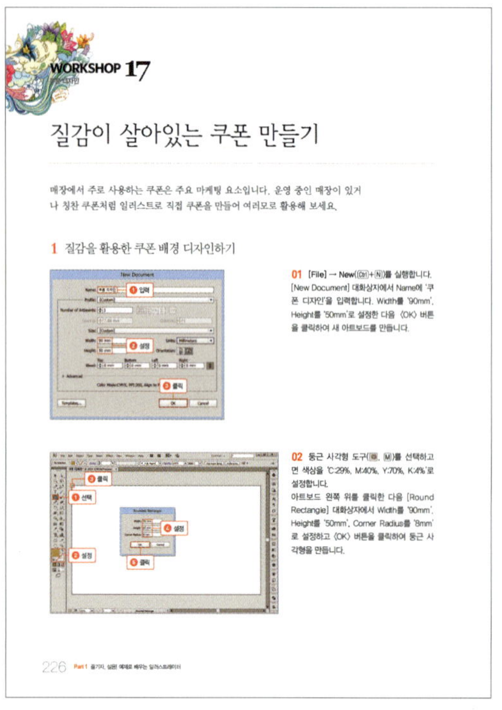

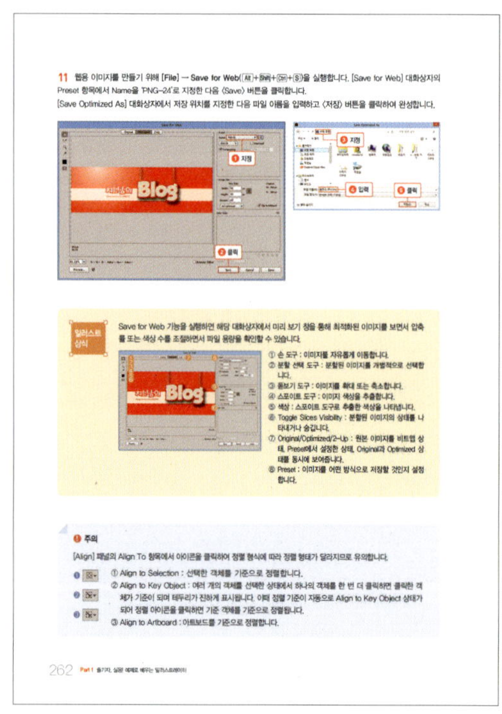

● 도입글

어떤 기능을 학습하고 무엇을 만들지 간략하게 알아봅니다.

● 예제 소스 및 완성 파일

이 책에서는 예제별로 실습을 위한 예제 파일과 결과를 확인할 수 있는 완성 파일을 제공합니다. 결과 파일을 참고하여 자신이 만든 파일과 비교하며 공부하면 좋습니다.

● 실습

일러스트레이터의 주요한 기능을 엄선해서 실습으로 구성했습니다. 눈으로 보기보다 컴퓨터 앞에서 직접 따라해 보는 것이 좋습니다.

● 지시선

작업 화면에 지시선과 짧은 설명을 넣어 예제를 분명하고 정확하게 따라할 수 있도록 돕습니다.

● 주의

실습 과정에서 주의할 점은 무엇인지 설명합니다. 잘못 따라하는 것을 방지하고 올바른 따라 하기를 돕습니다.

● 일러스트 상식

예제에서 설명하는 일러스트레이터 기능에 대한 보충 설명입니다. 알아두면 좋은 세부 기능과 유익한 내용이 가득 담겨 있습니다.

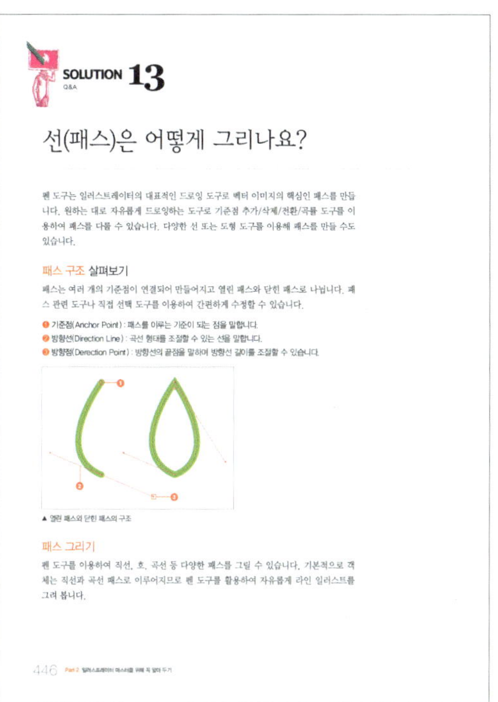

SOLUTION 13
Q&A

선(패스)은 어떻게 그리나요?

펜 도구는 일러스트레이터의 대표적인 드로잉 도구로 벡터 이미지의 핵심인 패스를 만듭니다. 원하는 대로 자유롭게 드로잉하는 도구로 기준점 추가/삭제/전환/곡률 도구를 이용하여 패스를 다룰 수 있습니다. 다양한 선 또는 도형 도구를 이용해 패스를 만들 수도 있습니다.

패스 구조 살펴보기

패스는 여러 개의 기준점이 연결되어 만들어지고 열린 패스와 닫힌 패스로 나뉩니다. 패스 관련 도구나 직접 선택 도구를 이용하여 간편하게 수정할 수 있습니다.

❶ 기준점(Anchor Point) : 패스를 이루는 기준이 되는 점을 말합니다.
❷ 방향선(Direction Line) : 곡선 형태를 조절할 수 있는 선을 말합니다.
❸ 방향점(Derection Point) : 방향선의 끝점을 말하며 방향선 길이를 조절할 수 있습니다.

▲ 열린 패스와 닫힌 패스의 구조

패스 그리기

펜 도구를 이용하여 직선, 호, 곡선 등 다양한 패스를 그릴 수 있습니다. 기본적으로 객체는 직선과 곡선 패스로 이루어지므로 펜 도구를 활용하여 자유롭게 라인 일러스트를 그려 봅니다.

446　Part 2 일러스트레이터 마스터를 위해 꼭 알아 두기

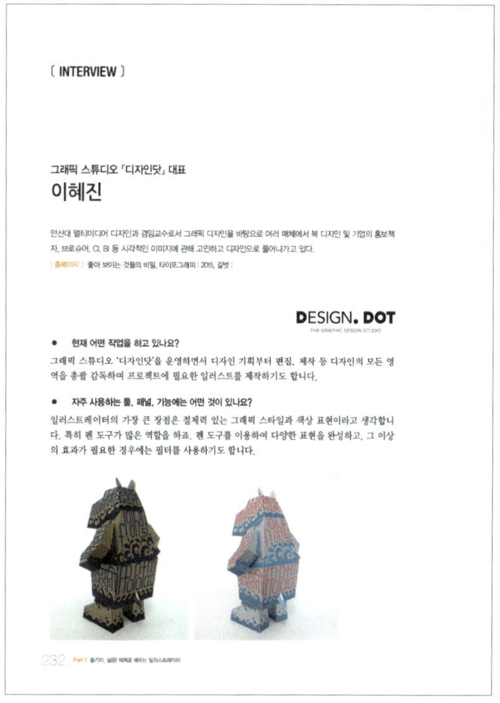

〔 INTERVIEW 〕

그래픽 스튜디오 「디자인닷」 대표
이혜진

안산대 멀티미디어 디자인과 겸임교수로서 그래픽 디자인을 바탕으로 여러 매체에서 북 디자인 및 기업의 홍보책자, 브로슈어, CI, BI 등 시각적인 이미지에 관해 고민하고 디자인으로 풀어나가고 있다.

〔홈페이지〕 좋아 보이는 것들의 비밀, 타이포그래피 : 2015, 길벗 :

● 현재 어떤 작업을 하고 있나요?
그래픽 스튜디오 '디자인닷'을 운영하면서 디자인 기획부터 편집, 제작 등 디자인의 모든 영역을 총괄 감독하며 프로젝트에 필요한 일러스트를 제작하기도 합니다.

● 자주 사용하는 툴, 패널, 기능에는 어떤 것이 있나요?
일러스트레이터의 가장 큰 장점은 절제력 있는 그래픽 스타일과 색상 표현이라고 생각합니다. 특히 펜 도구가 많은 역할을 하죠. 펜 도구를 이용하여 다양한 표현을 완성하고, 그 이상의 효과가 필요한 경우에는 필터를 사용하기도 합니다.

232　Part 1 출가기, 실전 예제로 배우는 일러스트레이터

● 제목
배워야 할 핵심 내용입니다.

● 개념 설명
꼭 알아야 할 내용을 설명했습니다. 개념을 알아 두면 실습이 훨씬 쉽고 재미있습니다.

● TIP
개념에 대한 부연 설명, 관련 정보를 설명합니다.

● 인터뷰
실무자 인터뷰와 작품을 실었습니다. 다양한 분야의 실무자가 진행한 작업과 유용한 노하우를 얻을 수 있습니다.

목차

PART 01
즐기자, 실용!
예제로 배우는
일러스트레이터

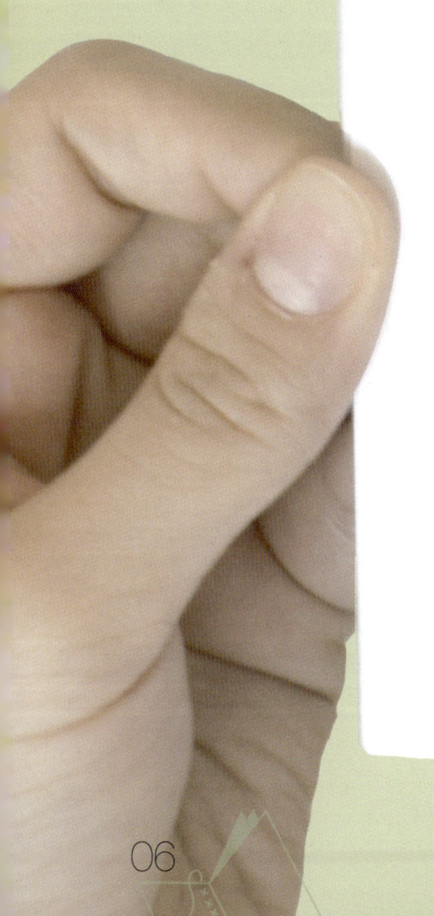

WORKSHOP 01

심볼을 이용하여 컵받침 만들기   22

1 하트를 심볼로 등록하여 꾸미기
2 타이포그래피로 환영 문구 추가하기

✎ 디자인 사례

WORKSHOP 02

그래픽 스타일로 차량용 스티커 만들기   32

1 차량용 스티커 문구 장식하기
2 간단한 아이콘을 추가해 차량용 스티커 완성하기

✎ 디자인 사례

WORKSHOP 03

패턴을 등록하여 종이 식탁보 만들기   42

1 체크 패턴의 식탁보 배경 만들기
2 다양한 패턴 브러시를 활용하여 식탁보 꾸미기

✎ 디자인 사례

WORKSHOP 04

캐릭터와 색상 띠를 활용하여 라벨 만들기   56

1 스케치 이미지를 일러스트 이미지로 바꾸기
2 스티커 라벨 디자인하기

✎ 디자인 사례

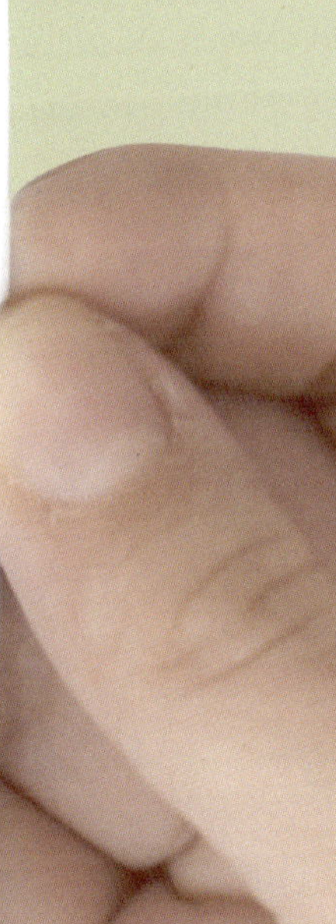

PART 02
일러스트레이터 마스터를 위해 꼭 알아 두기

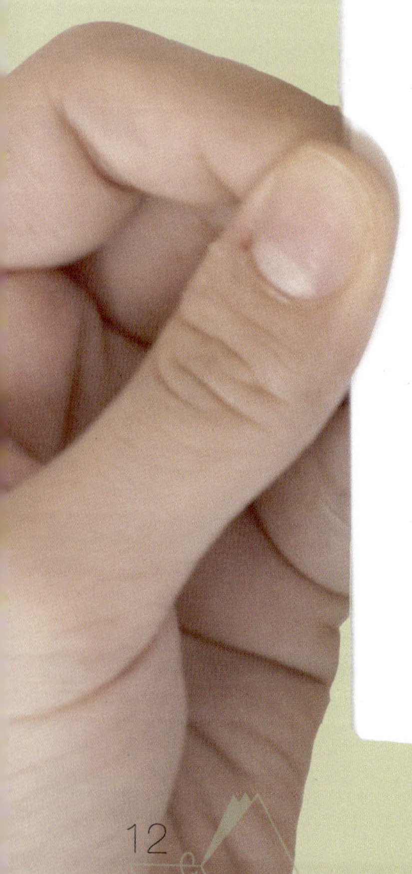

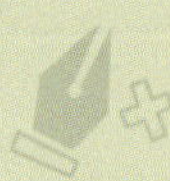
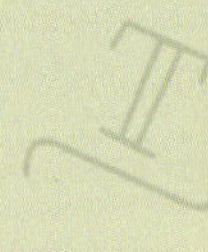

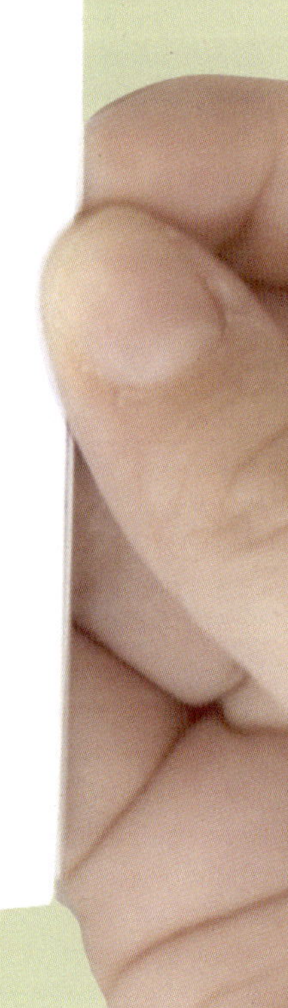

학습하기 전에

예제 · 완성 파일

성안당 홈페이지(http://www.cyber.co.kr/)에 접속하고 '회원가입'을 클릭하여 회원으로 가입한 다음 로그인하고 메인 화면에서 '자료실'을 클릭하세요. 〔자료실〕 탭을 클릭하고 검색 창에 '일러스트레이터 실용 테크닉'을 입력한 다음 〈검색〉 버튼을 클릭하면 '일러스트레이터 실용 테크닉' 도서 제목이 검색됩니다.

검색된 도서 제목을 클릭하고 〈자료 다운로드 바로가기〉 버튼을 클릭하여 예제 및 완성 파일을 다운로드한 다음 찾기 쉬운 위치에 압축을 풀어 사용하세요.

예제 및 완성 파일이 예제별로 구분되어 있습니다. 일러스트레이터 CS6 이하 버전(CS4~CS6)의 경우 CS4 버전으로 저장한 '(이하 버전)' 파일을 사용합니다.

시험 버전 설치

일러스트레이터 시험 버전은 어도비 홈페이지(http://www.adobe.com/kr/)에서 제공합니다. 정품 프로그램이 없는 사용자는 시험 버전을 다운로드하여 사용해 보세요. 15쪽에서 일러스트레이터 다운로드 및 설치 과정을 자세하게 설명합니다.

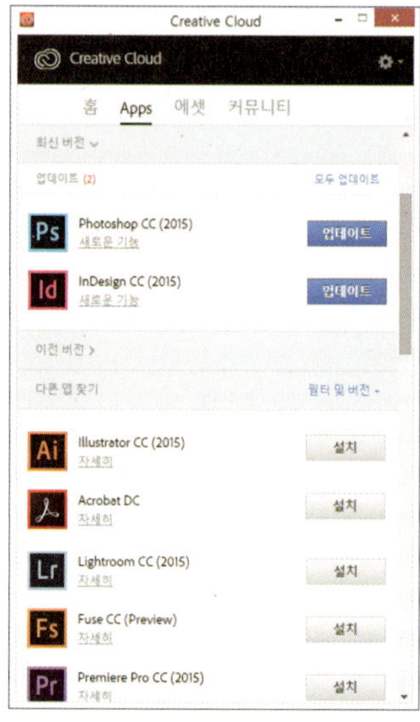

▲ 일러스트레이터 CC 설치 및 다운로드를 할 수 있는 Creative Cloud

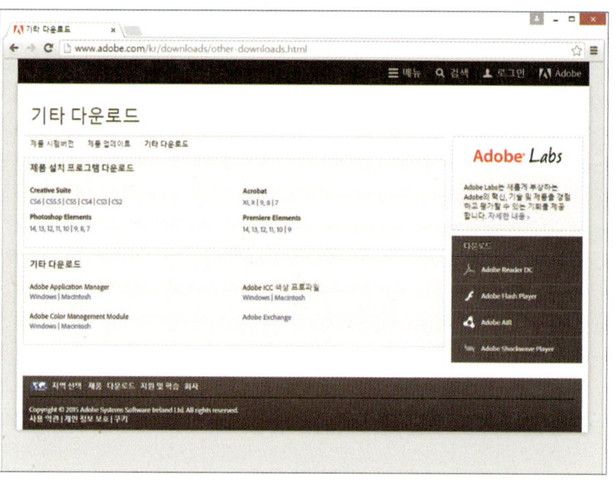

▲ 일러스트레이터 CS6 이하 버전 다운로드 페이지

일러스트레이터 다운로드 및 설치하기

어도비 홈페이지에서 일러스트레이터를 다운로드하여 7일 동안 무료로 이용할 수 있습니다. Creative Cloud를 구매한 경우 구매 기간 동안 제한 없이 사용할 수 있습니다.

일러스트레이터 최신 버전 설치하기

❶ 어도비 홈페이지(http://www.adobe.com/kr)에 접속한 다음 메뉴에서 '크리에이티비티 및 디자인' → '모든 제품 보기'를 클릭합니다. Creative Cloud 데스크탑 앱 중에서 'Illustrator' 의 〈다운로드〉 버튼을 클릭합니다.

> TIP 웹 사이트 형태 및 제공하는 기능은 어도비 웹 사이트 정책에 따라 달라질 수 있습니다.

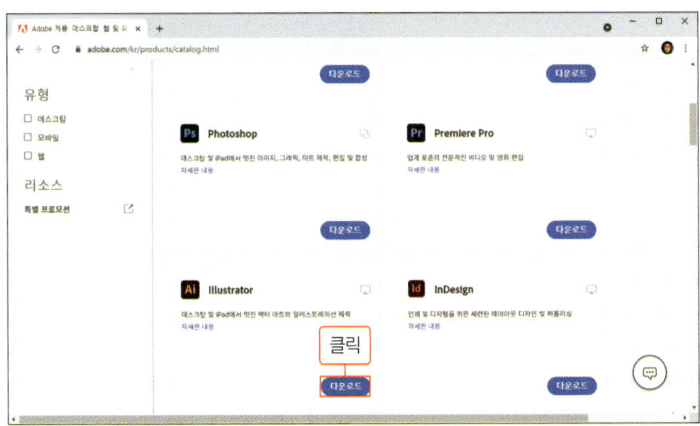

❷ 일러스트레이터 프로그램이 다운로드되면서 자동 설치됩니다. 설치가 완료되면 〈Open〉 버튼을 클릭하여 일러스트레이터를 실행합니다.

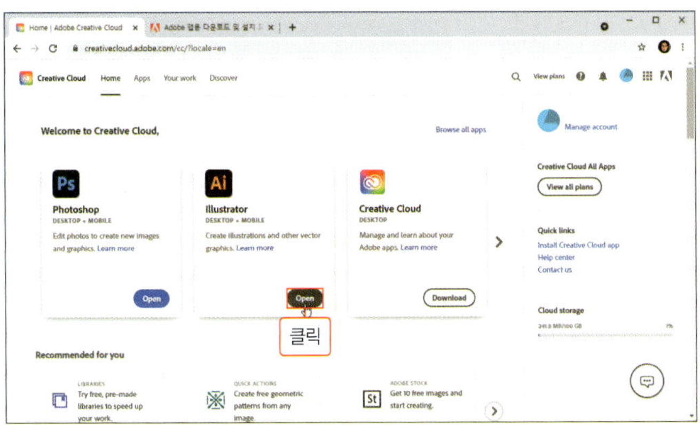

❸ Creative Cloud 데스크톱을 설치한 적이 없는 경우
Creative Cloud 데스크톱이 먼저 설치됩니다. 일러스트레
이터 프로그램의 〈설치〉 버튼을 클릭하여 설치합니다.

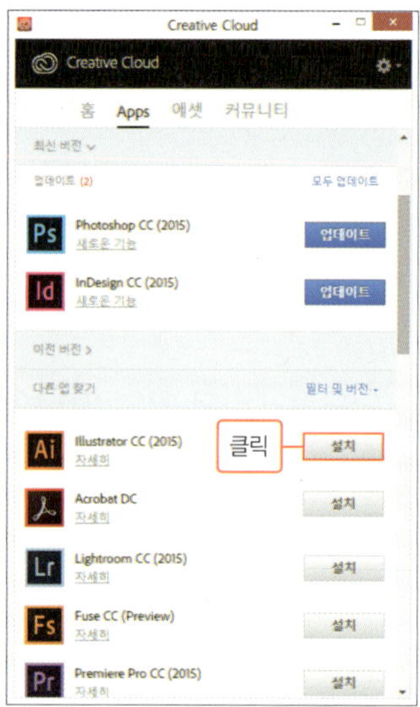

일러스트레이터 하위 버전 설치하기

❶ 어도비 홈페이지(http://www.adobe.com/kr)에 접속하고 아랫부분에서 '다운로드'를 클릭
합니다.
윗부분에서 '기타 다운로드'를 클릭하고 Creative Suite 항목에서 설치하려는 버전을 클릭
합니다.

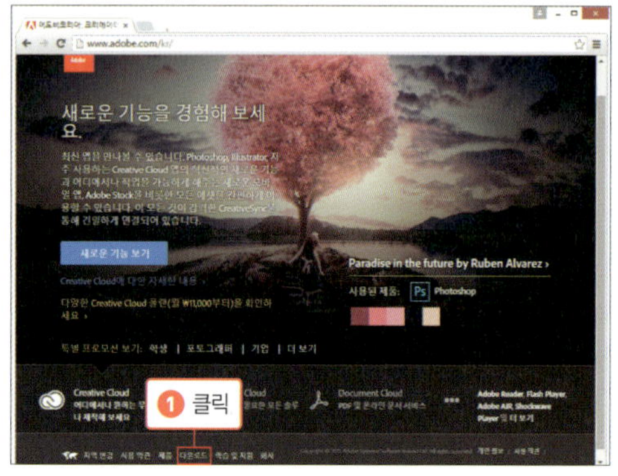
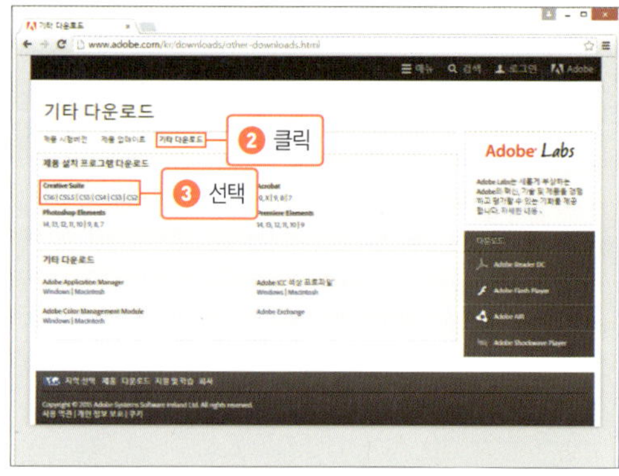

❷ Illustrator 항목에서 운영체제에 맞는 필요한 파일을 다운로드합니다.

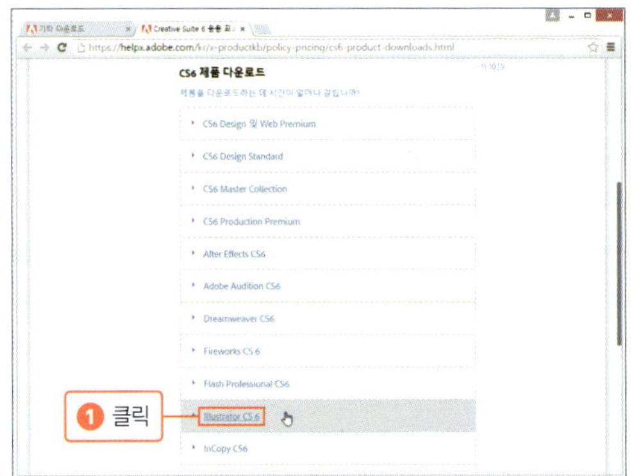
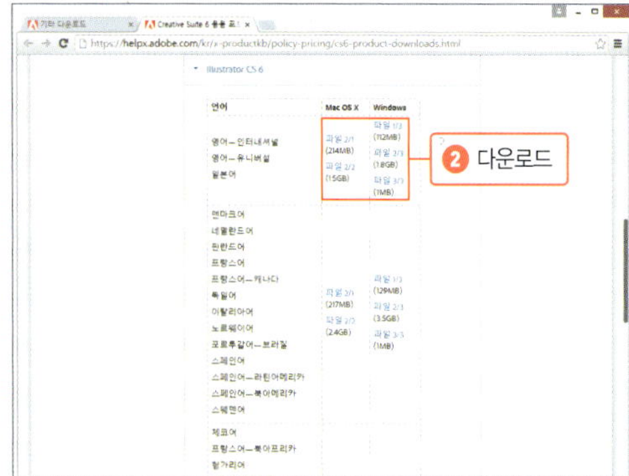

❸ 다운로드한 파일의 실행 파일(EXE)을 실행합니다. 설치 파일이 추출됩니다.

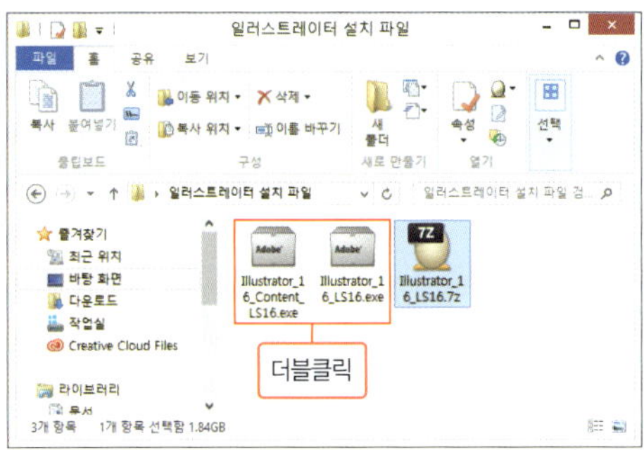
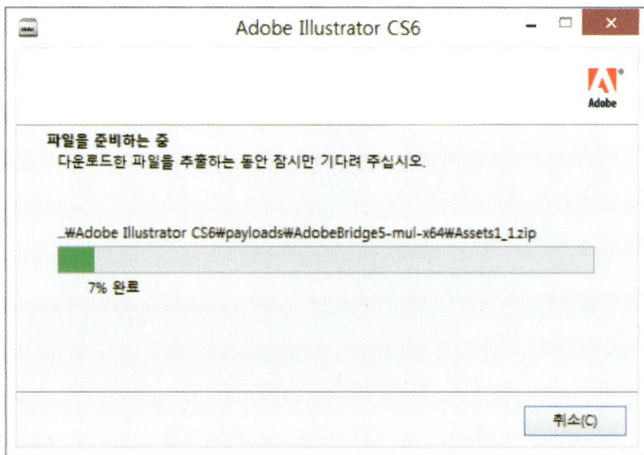

❹ 설치 프로그램이 실행되면 자동으로 초기화됩니다. 정식으로 사용할지, 사용 기간이 한정된
시험 버전으로 설치할지 지정합니다.
사용권 계약을 읽어 보고 〈동의〉 버튼을 클릭한 다음 어도비 계정으로 로그인합니다.
언어를 지정하고 〈설치〉 버튼을 클릭하면 일러스트레이터가 설치됩니다.

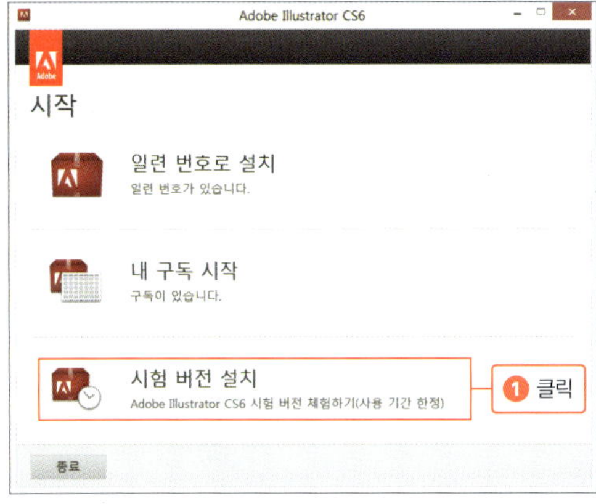
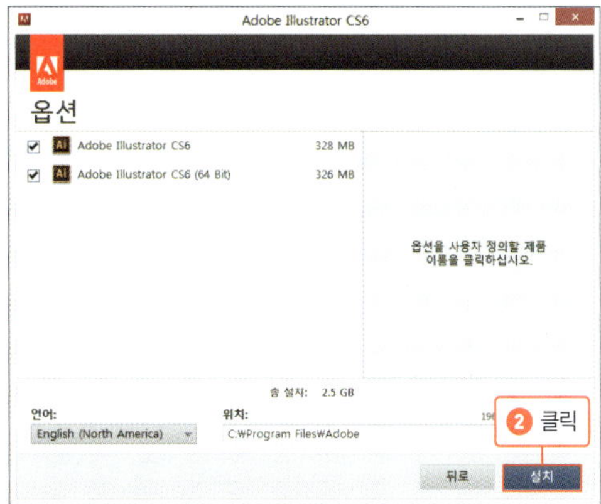

PART
01

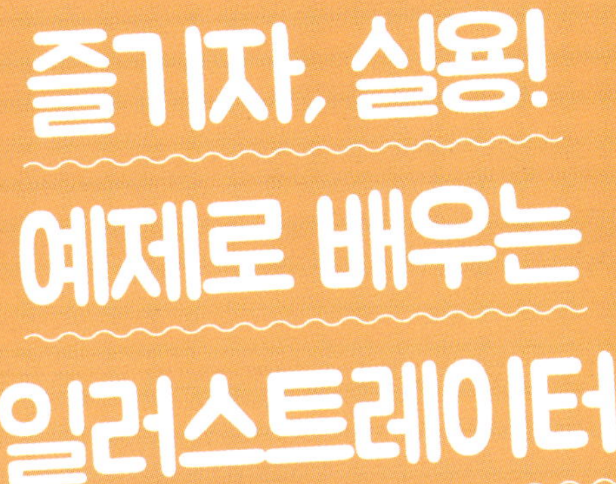

즐기자, 실용!
예제로 배우는
일러스트레이터

일러스트레이터를 사용하여 귀여운 캐릭터에서부터 다양한 그래픽 기능을 이용한 포스터 디자인까지, 실용·실무 프로젝트 예제를 따라 만들어 봅니다.

컵받침 디자인

정신차리자
엄마가 보고있다.
Wake Up!
wake
Up!
Dear, Min

심볼을 이용하여 컵받침 만들기

손님에게 따뜻한 커피나 차를 낼 때 직접 만든 컵받침(티코스터)에 받쳐 전하는 것은 어떨까요? 환영의 문구와 함께 손님 이름을 써 넣어 세상에 하나뿐인 컵받침으로 차 한 잔의 여유를 즐겨보세요.

1 하트를 심볼로 등록하여 꾸미기

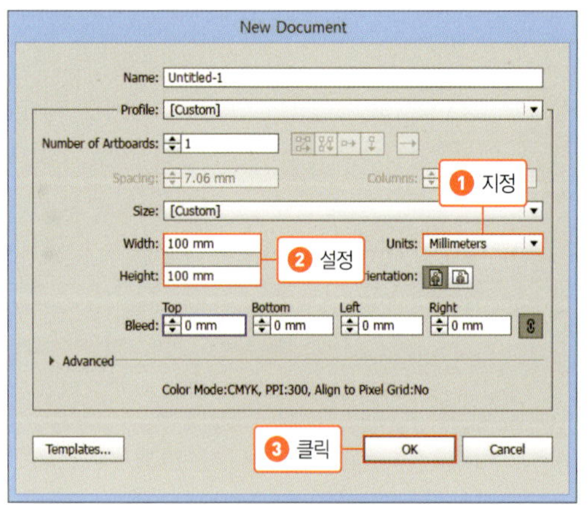

01 새 아트보드를 만들기 위해 [File] → New(Ctrl+N)를 실행합니다.
[New Document] 대화상자에서 Units를 'Millimeters'로 지정하고 Width/Height를 각각 '100mm'로 설정한 다음 〈OK〉 버튼을 클릭합니다.

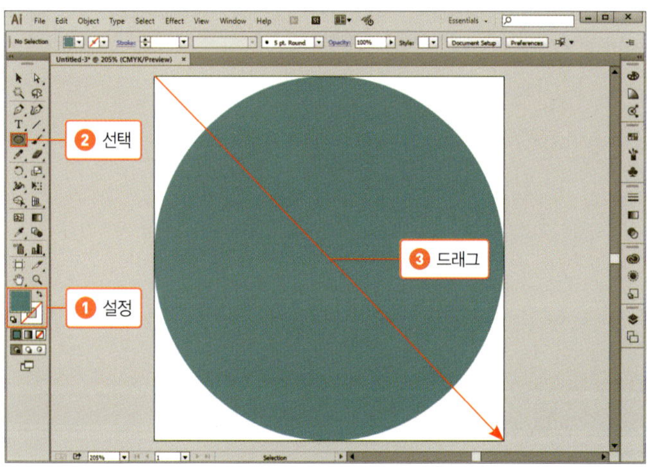

02 컵받침 색상을 설정하기 위해 면 색상을 'C:80%, M:22%, Y:31%, K:0%', 선 색상을 'None'으로 설정합니다.
원형 도구(●, L)를 선택한 다음 아트보드 왼쪽 위부터 오른쪽 아래까지 대각선으로 드래그하여 지름이 '100mm'인 원을 그립니다.

TIP 패널 오른쪽 위의 '패널 확장(▶▶)'/'아이콘으로 축소(◀◀)' 아이콘을 클릭하여 패널을 확대 또는 축소할 수 있습니다.

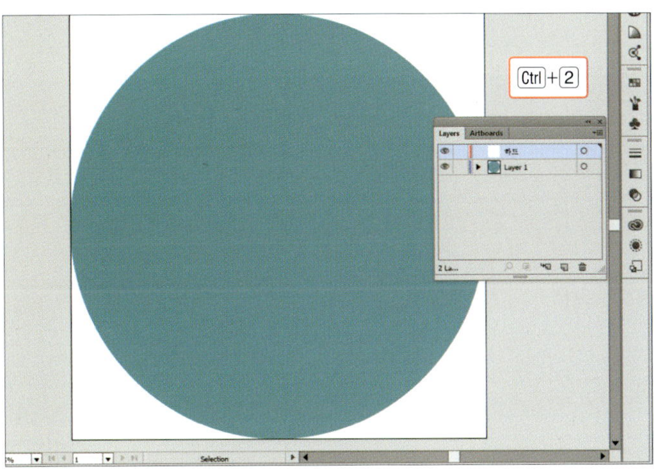

03 원이 선택된 상태에서 Ctrl+2 키를 눌러 다른 작업에 방해되어 움직이지 않도록 배경으로 고정합니다.

TIP Ctrl+2 키를 누르면 선택된 객체가 잠금 설정되고 Ctrl+Alt+2 키를 누르면 잠금 설정이 모두 해제됩니다.

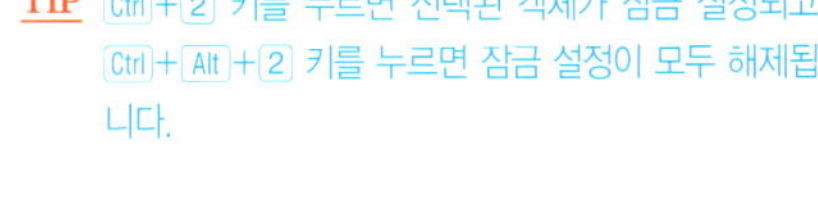

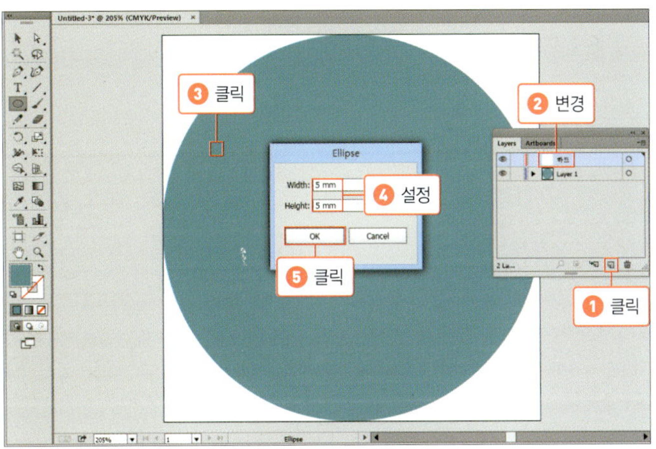

04 [Layers] 패널에서 'Create New Layer' 아이콘(□)을 클릭하여 새 레이어를 만듭니다. 레이어 이름을 더블클릭하고 '하트'를 입력합니다.
원형 도구(○. L)가 선택된 상태로 아트보드를 클릭합니다.
[Ellipse] 대화상자에서 Width/Height를 각각 '5mm'로 설정하고 〈OK〉 버튼을 클릭하여 작은 원을 만듭니다.

TIP 패널 위쪽의 진회색 부분을 다른 패널 아래쪽으로 드래그하면 패널을 그룹화하여 한 줄로 합치거나 분리할 수 있습니다.

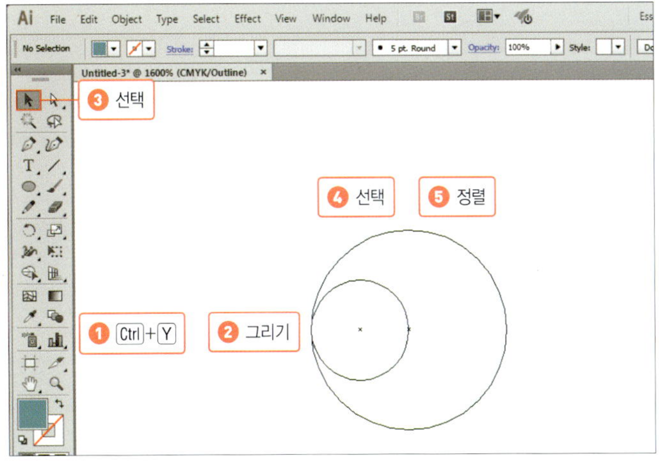

05 Ctrl+Y 키를 눌러 패스 보기에서 **04**번과 같은 방법으로 지름이 '2.5mm'인 작은 원을 만듭니다.
선택 도구(▶. V)로 Shift 키를 누른 채 두 개의 원을 선택하고 그림과 같이 왼쪽 가운데를 기준으로 정렬합니다.

TIP 작업에 따라 이미지가 어떤 형태인지 확인할 때 미리보며 작업할 수 있습니다. 일반적으로 이미지 색상과 외곽선. 그러데이션 등의 속성을 확인할 수 있지만 [View] → Outline(Ctrl+Y)를 실행하면 면과 선으로 이루어진 객체가 패스 형태로 나타나 복잡한 오브젝트의 기본 구조를 세밀하게 확인할 수 있습니다.

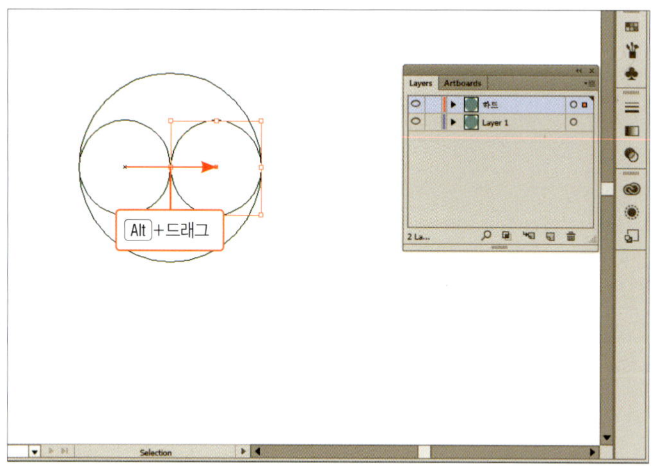

06 작은 원을 선택하고 Alt 키를 누른 채 오른쪽으로 드래그하여 복제합니다.

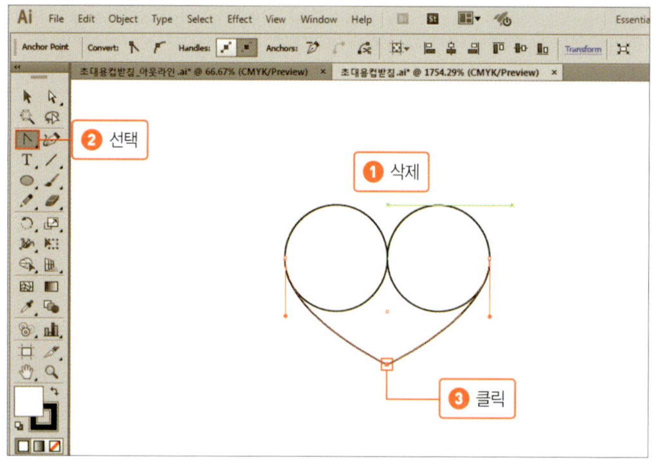

07 직접 선택 도구(A)를 선택하고 원의 위쪽 기준점을 선택한 다음 Delete 키를 눌러 삭제합니다.

08 기준점 변환 도구를 선택하고 큰 원의 아래쪽 기준점을 클릭하여 그림과 같이 뾰족하게 만듭니다.

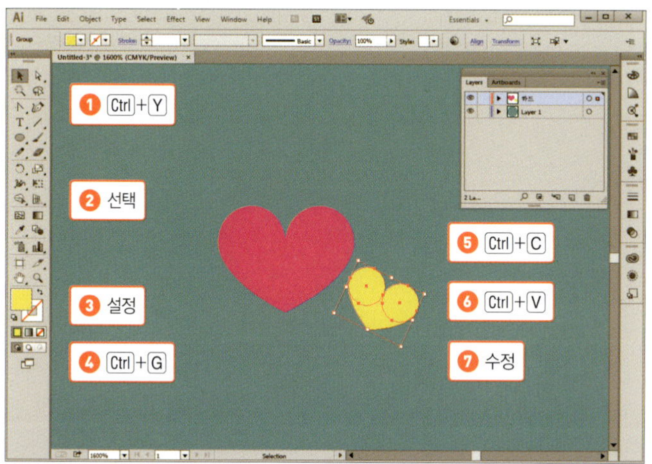

09 다시 Ctrl +Y 키를 눌러 패스 보기를 해제한 다음 세 개의 객체를 선택합니다. 면 색상을 'C:0%, M:100%, Y:0%, K:0%', 선 색상을 'None'으로 설정하고 Ctrl +G 키를 눌러 그룹으로 설정합니다.

10 하트가 선택된 상태에서 Ctrl +C, Ctrl +V 키를 눌러 복제합니다. 복제된 하트의 면 색상을 'C:0%, M:0%, Y:100%, K:0%'로 설정하고 Shift 키를 누른 채 바운딩 박스 조절점을 안쪽으로 드래그하여 그림과 같이 축소한 다음 오른쪽으로 드래그하여 회전시킵니다.

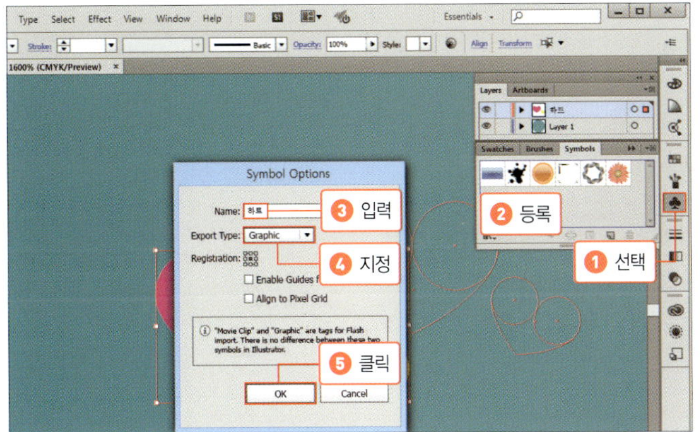

11 두 개의 하트를 선택하고 심볼로 등록하기 위해 [Symbols] 패널로 드래그합니다. [Symbol Options] 대화상자에서 Name에 '하트'를 입력하고 Type을 'Graphic'으로 지정한 다음 〈OK〉 버튼을 클릭합니다.

TIP 객체는 사용한 만큼 파일 용량이 커지지만 자주 이용하는 객체는 심볼로 등록하면 언제든지 불러와 여러 개를 사용해도 하나의 객체와 같이 인식하기 때문에 파일 용량이 늘어나지 않아 매우 편리합니다.

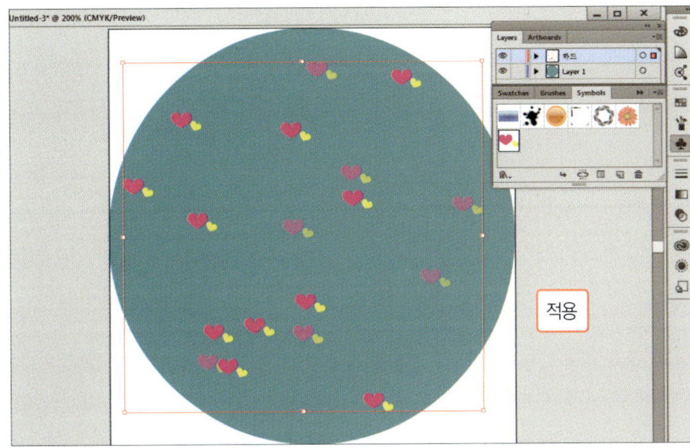

12 심볼 스프레이 도구(🖋)를 선택하고 [,] 키를 눌러 브러시 크기를 알맞게 조정한 다음 원 위에 드래그하여 불규칙적인 패턴처럼 심볼을 뿌립니다.

2 타이포그래피로 환영 문구 추가하기

01 [Character] 패널에서 서체를 'ParkAvenue BT', 글자 크기를 '47pt'로 설정하고 면 색상을 '흰색'으로 설정합니다.
문자 도구(T, T)를 선택하고 아트보드 왼쪽 가운데를 클릭한 다음 'Thanks For Commings!'를 입력합니다.
타이포그래피를 변형하기 위해 [Control] 패널에서 'Warp Options' 아이콘(🎀)을 클릭합니다. [Warp Options] 대화상자에서 Style을 'Arc'로 지정하고 Bend를 '5%' 정도로 설정한 다음 〈OK〉 버튼을 클릭하여 왜곡 효과를 추가합니다.

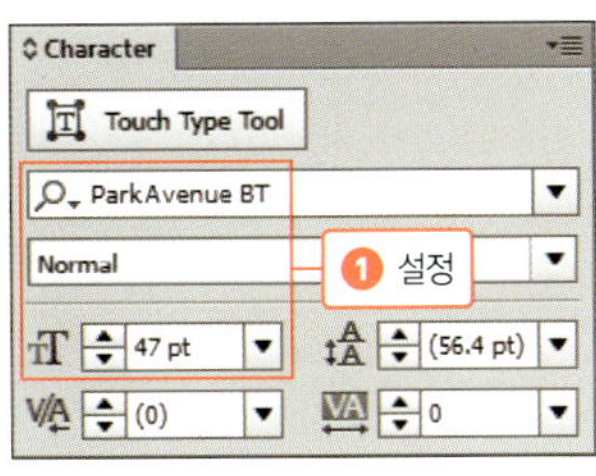

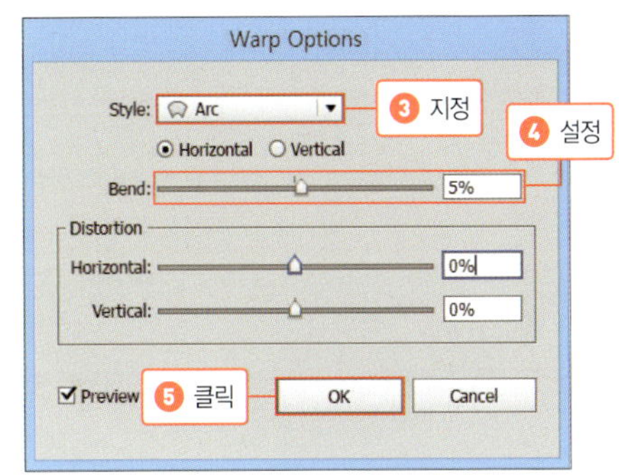

02 글자 크기를 '18pt'로 설정하고 왼쪽 위에 클릭한 다음 'DEAR, Min'을 입력하여 세상에 하나뿐인 컵받침을 완성합니다.

03 완성된 일러스트를 저장하기 위해 **[File]** → **Save As**를 실행합니다. [Save As] 대화상자에서 저장 위치를 지정하고 파일 형식을 'Adobe PDF(*.PDF)'로 지정한 다음 〈저장〉 버튼을 클릭합니다.
[Save Adobe PDF] 대화상자에서 〈Save PDF〉 버튼을 클릭하여 저장합니다.

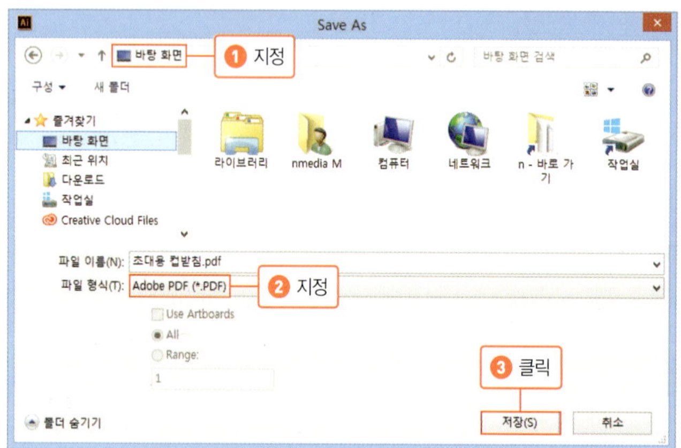
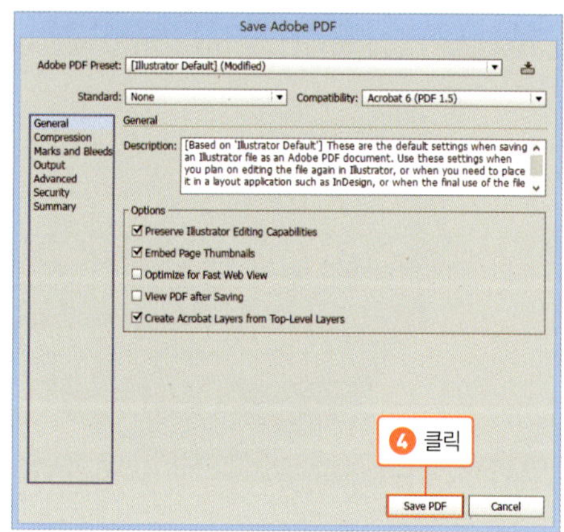

04 완성된 이미지를 출력하고 케이크, 빵 등을 잴 때 밑에 까는 종이인 도일리 페이퍼(Doyley Paper)에 붙여 컵이나 찻잔 받침으로 이용해 보세요.

디자인 사례

기본 도형을 이용하여 만든 패턴과 타이포그래피로 완성한 컵받침(티코스터)은 티 타임을 더욱 즐겁게 합니다. 감각적인 컵받침을 만들기 위해서는 감각적인 색상이나 타이포그래피, 패턴을 이용하면 좋습니다.

▲ 'Bottura'라는 이탈리안 레스토랑의 컵받침 디자인으로, 디자인을 규격화하지 않고 다양한 패턴과 색상의 조합을 통해 설레는 봄의 이미지를 연출했습니다.

◀ 주로 바닷가재를 요리하
는 레스토랑 콘셉트에 맞게
가재 형태를 단순화하여 로
고와 겹쳐서 표현했습니다.

▲ 캐릭터를 활용한 컵받침으로, 'love'의 글자와 캐릭터 표정이 조화를 이루어 사랑스럽게 느껴집니다.

▲ 아름다운 영문 서체를 활용한 커피전문점의 컵받침으로, 문자 크기와 대 · 소문자를 적절히 활용하여
변화를 나타내어 율동감이 느껴집니다.

스티커 디자인

아이가
타고 있어요!

그래픽 스타일을 활용한
차량용 스티커 만들기

원하는 문구로 스티커를 만들어 장식해 보세요. 간단한 아이콘을 그려 넣고 타이
포그래피 효과를 그래픽 스타일로 등록하여 간편하게 차량용 스티커를 디자인할
수 있어요.

1 차량용 스티커 문구 장식하기

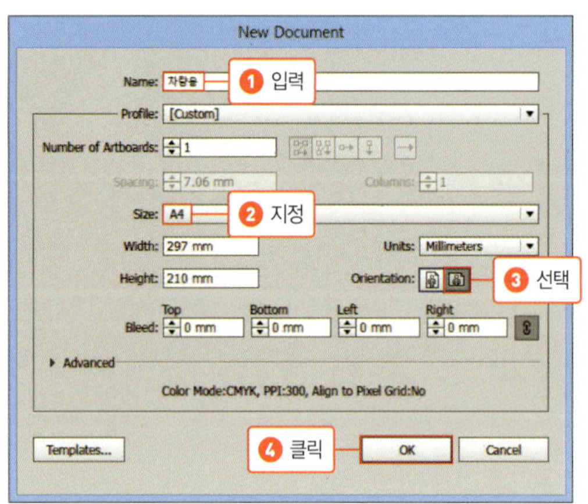

01 [File] → New(Ctrl+N)를 실행합니다.
[New Document] 대화상자에서 Name에
'차량용'을 입력하고 Size를 'A4'로 지정합니
다. Orientation을 '가로 방향'으로 선택하고
〈OK〉 버튼을 클릭하여 새 아트보드를 만듭니다.

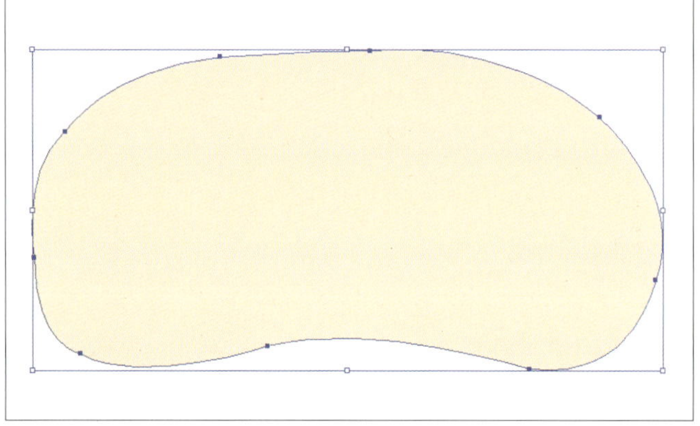

02 펜 도구(, P)를 선택하고 면 색상
을 'C:0%, M:5%, Y:11%, K:0%', 선 색상을
'None'으로 설정한 다음 그림과 같이 말풍선
형태를 그립니다.

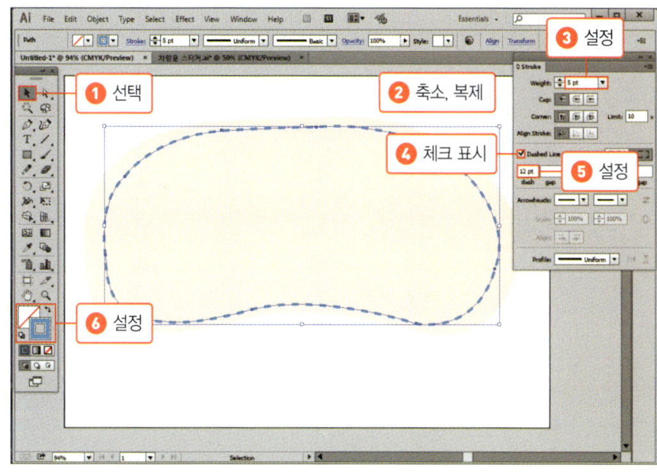

03 선택 도구(, V)로 객체를 선택한 다음 Shift+Alt 키를 누른 채 바운딩 박스를 안쪽으로 드래그하여 축소, 복제합니다.

[Stroke] 패널에서 Weight를 '5pt'로 설정하고 'Dashed Line'에 체크 표시한 다음 dash를 '12pt'로 설정합니다. 면 색상을 'None', 선 색상을 'C:62%, M:16%, Y:5%, K:0%'로 설정하여 점선으로 변경합니다.

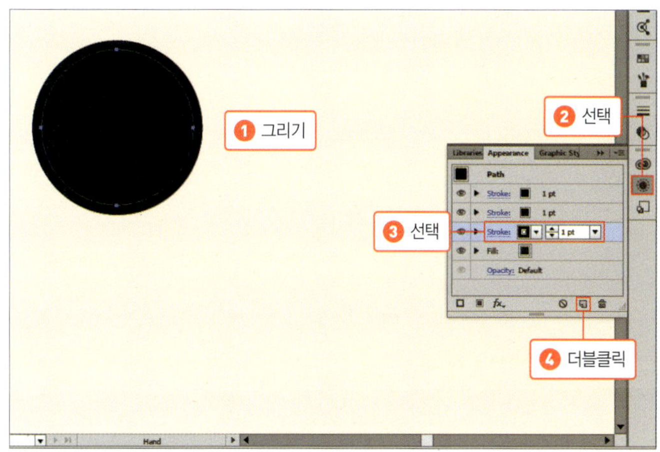

04 그래픽 스타일로 타이포그래피를 꾸미기 위해 원형 도구(, L)를 선택한 다음 면과 선 색상을 각각 '검은색'으로 설정하고 그림과 같이 지름이 '3mm'인 원을 그립니다.

[Appearance] 패널에서 'Stroke'를 선택한 다음 'Duplicate Selected Item' 아이콘()을 두 번 클릭하여 선을 두 개 복제합니다.

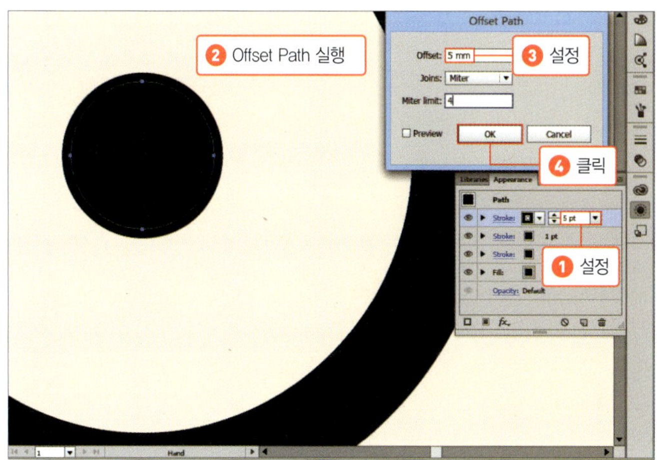

05 첫 번째 'Stroke'를 선택한 다음 두께를 '5pt'로 설정하고 [Effect] → Path → Offset Path를 실행합니다.

[Offset Path] 대화상자에서 Offset을 '5mm'로 설정한 다음 〈OK〉 버튼을 클릭하여 확대된 원을 만듭니다.

TIP Offset Path는 패스를 일정한 간격으로 확대하거나 축소합니다. Offset에 확장시킬 수치를 입력하고 Joins에서 모서리 형태를 지정하며 Miter limit에서 모서리 형태에 관한 수치를 설정할 수 있습니다.

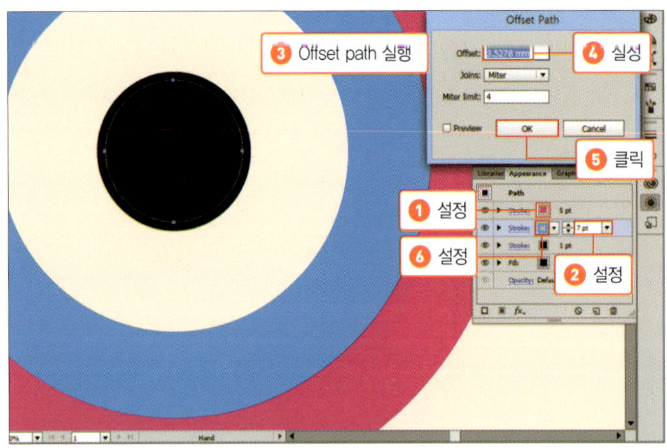

06 첫 번째 Stroke 색상을 'C:0%, M:100%, Y:0%, K:0%'로 설정합니다.

두 번째 'Stroke'의 두께를 '7pt'로 설정합니다. **[Effect]** → **Path** → **Offset Path**를 실행하여 [Offset Path] 대화상자에서 Offset을 '3.5278mm'로 설정하고 〈OK〉 버튼을 클릭합니다. 선 색상은 'C:100%, M:0%, Y:0%, K:0%'로 설정합니다.

07 세 번째 'Stroke'의 선 색상을 'None'으로 설정하여 없앱니다.

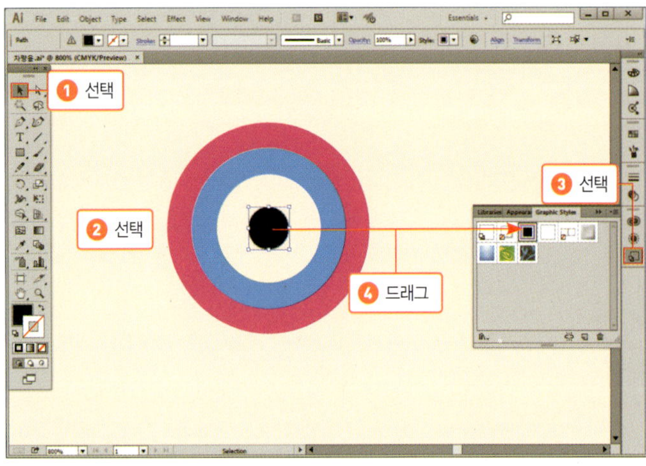

08 선택 도구(, V)로 객체를 선택하고 [Graphic Styles] 패널로 드래그하여 그래픽 스타일로 등록합니다.

09 [Character] 패널에서 서체를 'Yoon가변 놀이터BStd_OTF 10~30', 글자 크기를 '117pt'로 설정한 다음 문자 도구(T, T)를 이용하여 '아이가 타고 있어요!'를 입력합니다.

10 선택 도구(ㄴ, V)를 선택하여 문자를 선택한 다음 Shift+Ctrl+O 키를 눌러 편집할 수 있는 객체로 변경합니다. [Graphic Styles] 패널에서 등록한 그래픽 스타일을 선택하여 스티커 문구를 꾸밉니다.

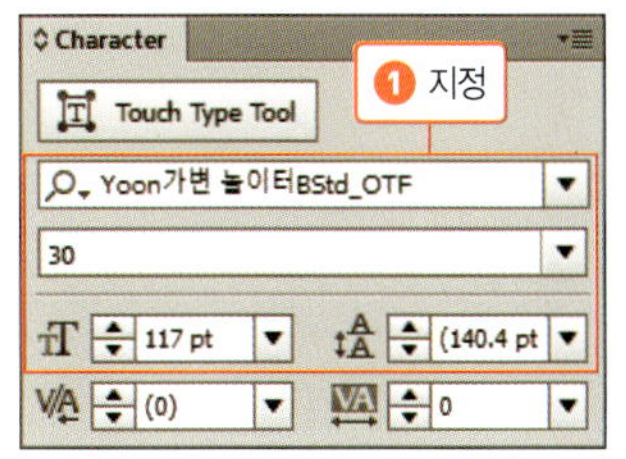

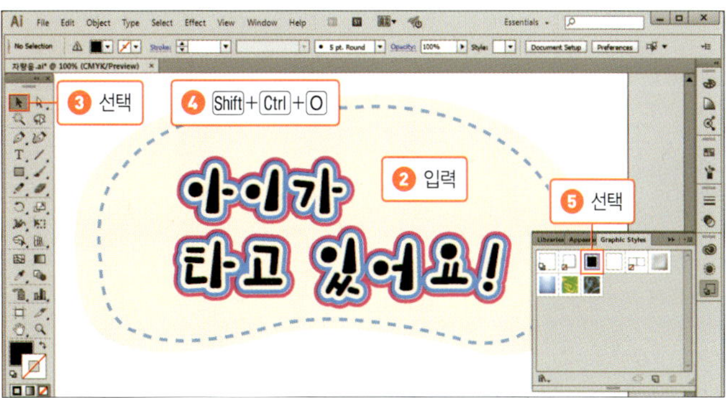

일러스트 상식

[Graphic Styles] 패널 아래의 'Graphic Styles Libraries Menu' 아이콘을 클릭하여 그래픽 스타일 라이브러리에서 다양한 그래픽 스타일을 선택할 수 있습니다. 'Break Link to Graphic Style' 아이콘을 클릭하여 스타일을 적용한 객체와 그래픽 스타일의 연결을 해제하여 새로운 스타일로 수정하거나 수정된 스타일을 다시 등록할 수도 있습니다.

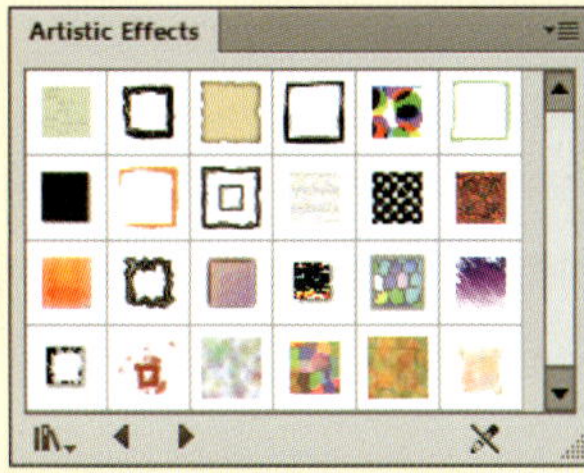

▲ Artistic Effects

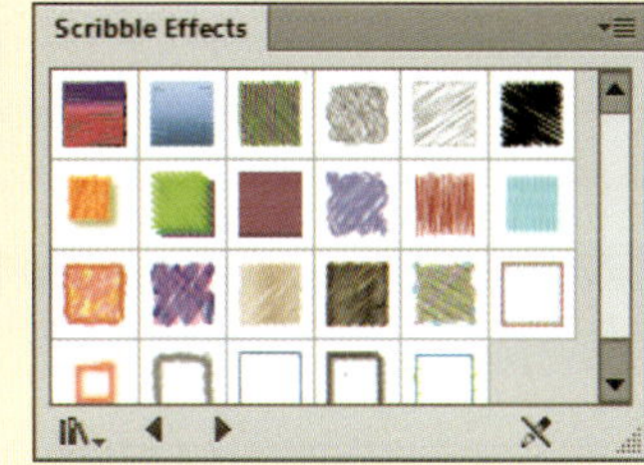

▲ Scribble Effects

2 간단한 아이콘을 추가해 차량용 스티커 완성하기

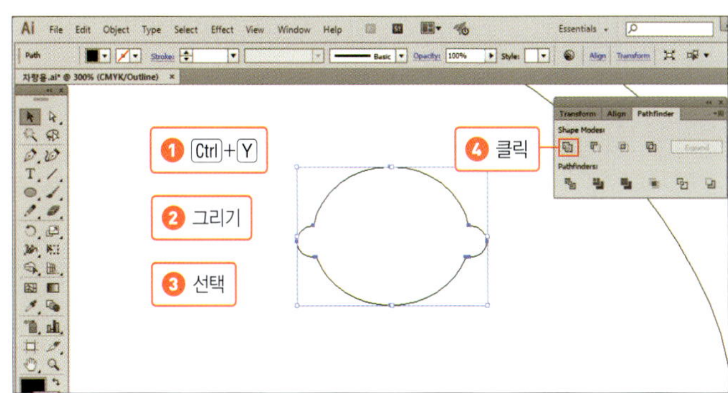

01 Ctrl+Y 키를 눌러 패스 보기로 변경합니다.

귀여운 아기 얼굴 모양 아이콘을 만들기 위해 먼저 원형 도구(◉, L)를 선택한 다음 가운데 큰 원과 양쪽의 작은 원을 그리고 모두 선택합니다.

[Pathfinder] 패널에서 'Unite' 아이콘(▣)을 클릭하여 합칩니다.

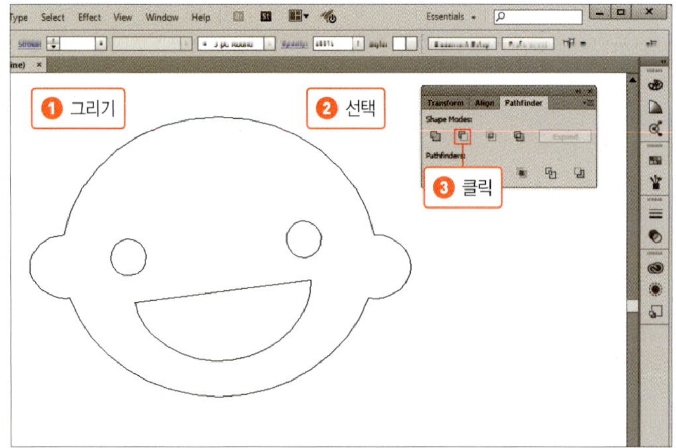

02 원형 도구(◉, L)를 이용하여 그림과 같이 두 개의 눈을 그리고 펜 도구(✑, P)를 이용하여 입을 그립니다.

선택 도구(▸, V)로 아기 얼굴 모양 객체들을 선택한 다음 [Pathfinder] 패널에서 'Minus Front' 아이콘(▣)을 클릭하여 눈과 입 부분을 뚫습니다.

03 펜 도구(✑, P)로 그림과 같이 젖병 아이콘을 그립니다.

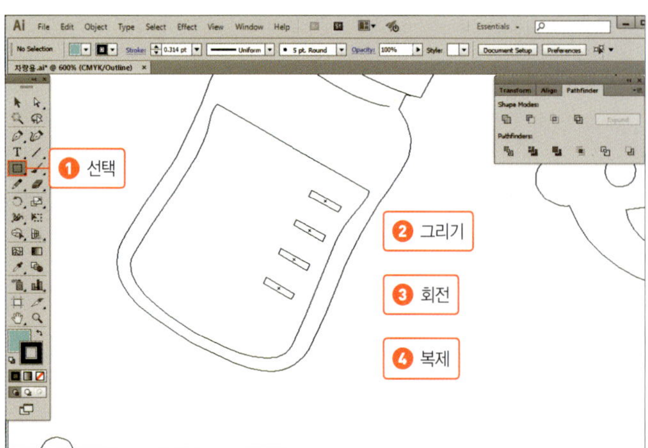

04 사각형 도구(▣, M)를 이용하여 가로로 긴 사각형을 그린 다음 회전합니다.

Alt 키를 누른 채 기울어진 각도를 기준으로 아래쪽으로 복제한 다음 Ctrl+D 키를 두 번 눌러 그림과 같이 배치합니다.

05 다시 Ctrl + Y 키를 눌러 패스 보기를 해제하고 젖병 이미지에 'C:5%, M:0%, Y:14%, K:0%'와 '검은색'을 적용합니다.

06 [File] → Export를 실행하여 [Export] 대화상자에서 파일 형식을 'JPEG (*.JPG)'로 지정한 다음 〈Export〉 버튼을 클릭합니다. [JPEG Options] 대화상자에서 Color Model을 'CMYK'로 지정하고 Quality를 'Maximum'으로 지정합니다. Resolution을 'High (300 ppi)'로 지정한 다음 〈OK〉 버튼을 클릭하여 완성합니다.

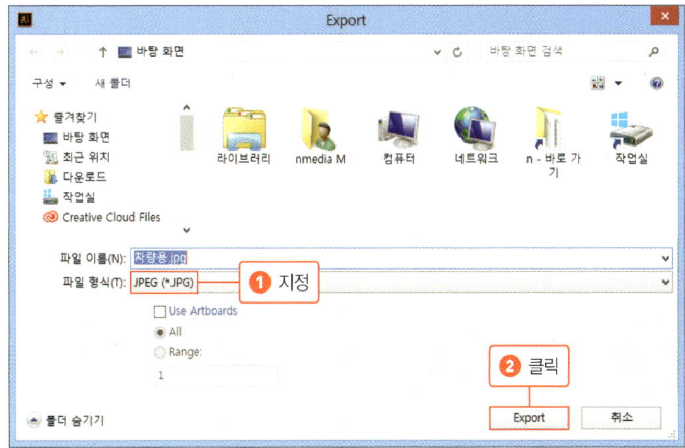

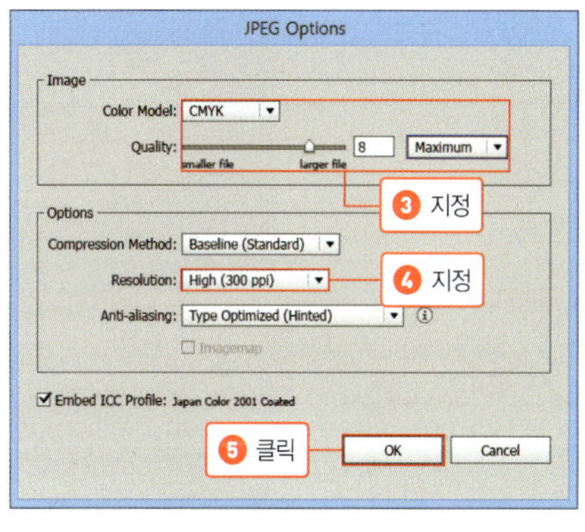

07 JPG 이미지를 라벨용지 등에 출력하여 알맞게 잘라서 차 뒷면에 붙여 이용해 보세요.

디자인 사례

차량용 스티커는 멀리서도 눈에 띄어야 하기 때문에 주목성이 가장 중요합니다. 그러므로 타이포그래피의 색상 차이나 그래픽 효과로 명시성을 높여야 합니다.

▲ 캐릭터와 배경의 명도 차이를 크게 나타내고 타이포그래피 또한 가독성이 높은 산세리프체를 활용하여 명시성을 높였습니다.

▲ 역동성이 느껴지는 차량용 스티커로, 기하학적인 원형과 양쪽에 장식된 깃발 모양의 형태에서 속도감이 느껴지며 연락처에 주목성을 높였습니다.

종이 식탁보 디자인

패턴을 등록하여 종이 식탁보 만들기

식사 시간만 되면 밥투정을 하거나 자리에 앉지 않고 이리저리 돌아다니는 아이
때문에 고민이라면 종이 식탁보를 활용해 보세요. 예쁘고 깔끔한 식탁보를 만들
어 아이들과 함께 제자리에서 식사하는 놀이처럼 예절을 교육시킬 수 있습니다.

1 체크 패턴의 식탁보 배경 만들기

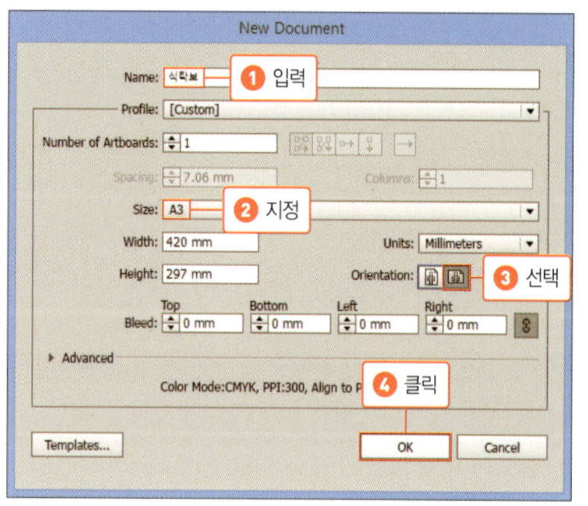

01 [File] → New(Ctrl+N)를 실행합니다.
[New Document] 대화상자에서 Name에 '식
탁보'를 입력하고 Size를 'A3', Orientation을
'가로 방향'으로 선택한 다음 〈OK〉 버튼을 클
릭하여 새 아트보드를 만듭니다.

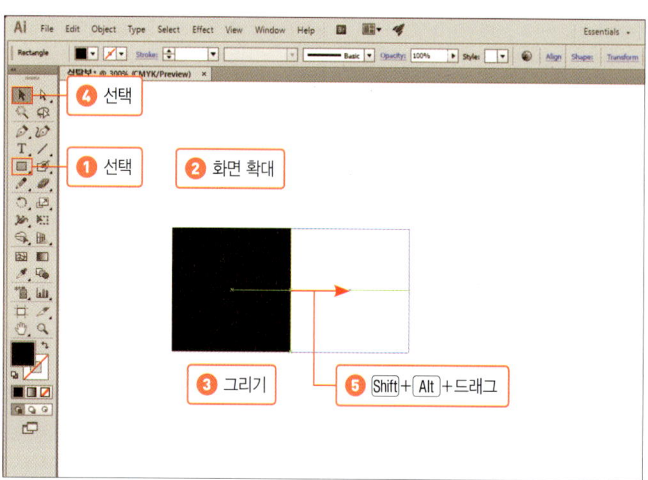

02 체크 패턴을 만들기 위해 먼저 사각형
도구(, M)를 선택하고 Ctrl+ + 키를 여러
번 눌러 300% 정도로 화면을 확대한 다음 아
트보드에 가로/세로 '20mm'인 정사각형을 그
립니다.
선택 도구(, V)로 정사각형을 선택한 다음
Shift+Alt 키를 누른 채 오른쪽으로 드래그하
여 그림과 같이 복제합니다.

TIP 사각형 도구를 선택한 다음 아트보드에 클릭하여
[Rectangle] 대화상자에서 Width/Height를 각각
'20mm'로 설정한 다음 〈OK〉 버튼을 클릭하여 정확
한 치수의 정사각형을 그릴 수 있습니다.

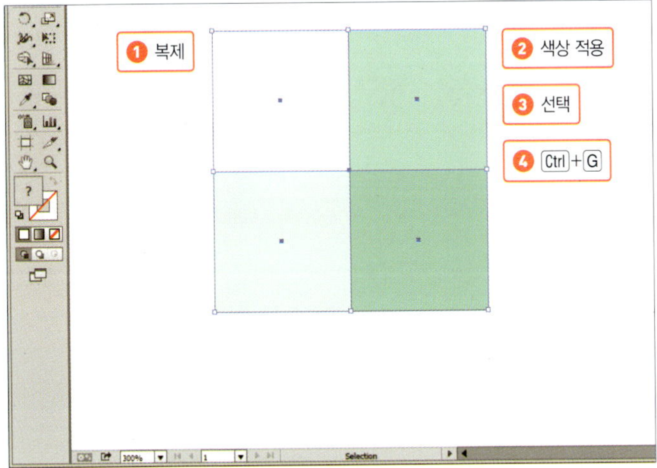

03 **02**번과 같은 방법으로 그림과 같이 아래쪽에 복제하여 네 개의 사각형을 만들고 다음과 같이 녹색 계열의 색상을 적용합니다.
그리고 사각형들을 선택한 다음 Ctrl+G 키를 눌러 그룹으로 설정합니다.

왼쪽 위부터 시계 방향으로 적용한 면 색상 • C:0%, M:0%, Y:0%, K:0% • C:28%, M:0%, Y:20%, K:0% • C:40%, M:0%, Y:28%, K:0% • C:10%, M:0%, Y:6%, K:0%

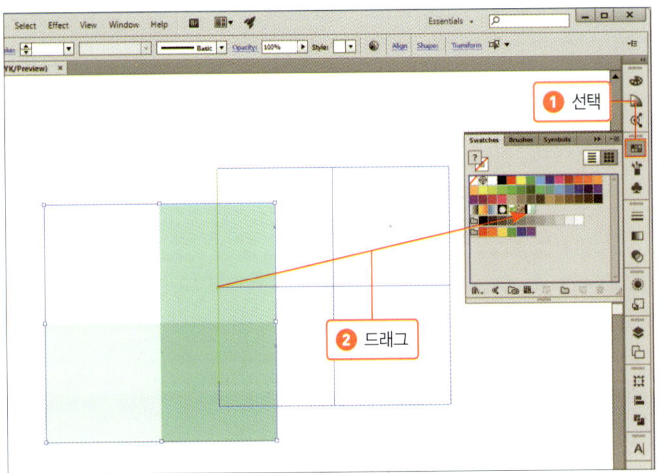

04 정사각형 그룹을 [Swatches] 패널로 드래그하여 패턴으로 등록합니다.

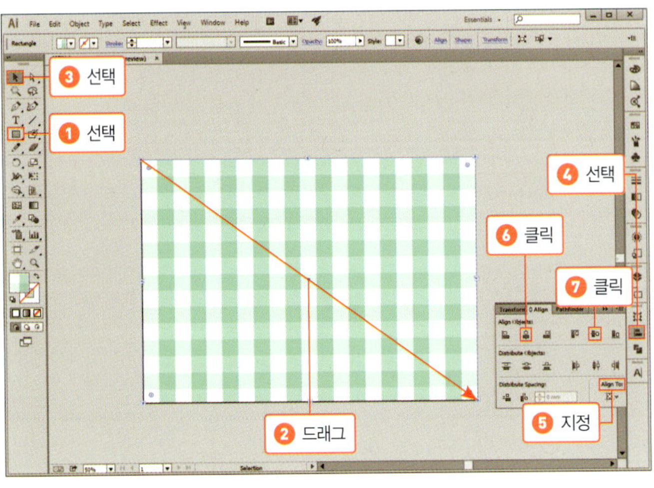

05 사각형 도구(□, M)를 선택하고 아트보드 크기에 맞춰 왼쪽 위에서 오른쪽 아래로 드래그하여 패턴이 적용된 사각형을 만듭니다.
선택 도구(▶, V)를 선택하고 [Align] 패널에서 Align To를 'Align to Artboard'로 지정하고 'Horizontal Align Center' 아이콘(⬓)과 'Vertical Align Center' 아이콘(⬓)을 클릭하여 아트보드에 맞게 배치합니다.

2 다양한 패턴 브러시를 활용하여 식탁보 꾸미기

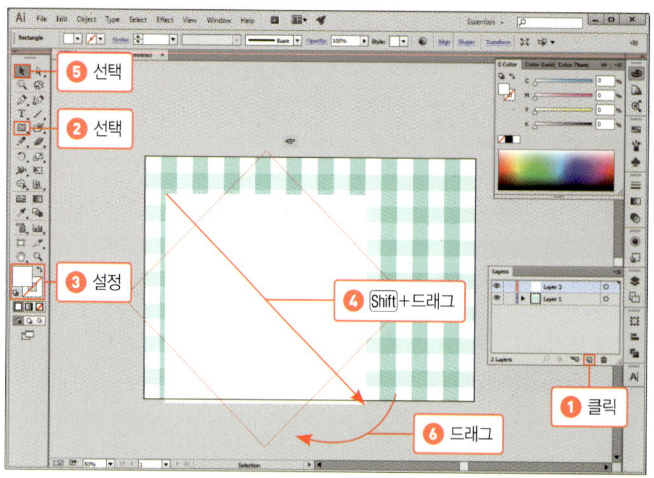

01 [Layers] 패널에서 새 레이어를 만들고 사각형 도구(□, M)를 선택한 다음 면 색상을 '흰색', 선 색상을 'None'으로 설정합니다. 아트보드 왼쪽 아래에 Shift 키를 누른 채 드래그하여 정사각형을 만듭니다.

선택 도구(▶, V)를 선택하고 Shift 키를 누른 채 정사각형을 오른쪽으로 드래그하여 45° 회전시켜서 마름모로 변경합니다.

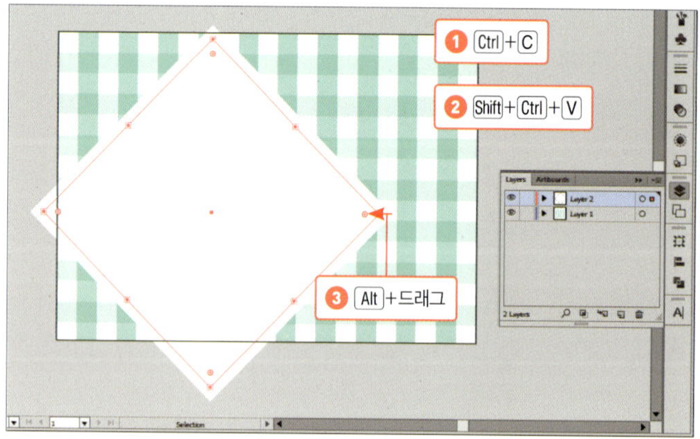

02 마름모가 선택된 상태에서 Ctrl+C 키를 눌러 복사하고 Shift+Ctrl+V 키를 눌러 붙여 넣습니다.

Alt 키를 누른 채 안쪽으로 살짝 드래그하여 복제된 마름모를 축소합니다.

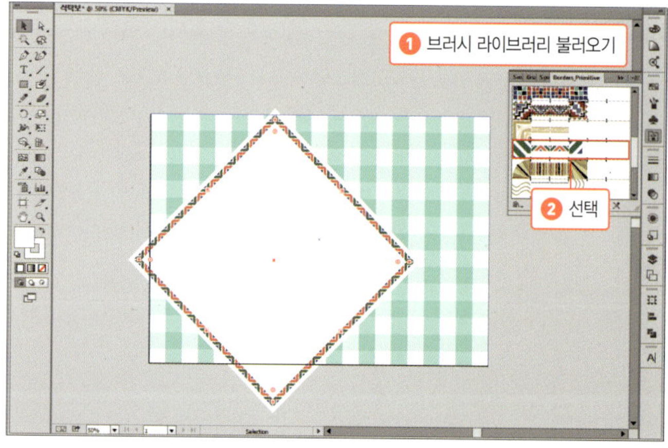

03 [Brushes] 패널의 'Brush Libraries Menu' 아이콘(▥▾)을 클릭한 다음 **Borders → Borders_Primitive**를 실행하여 Borders_Primitive 라이브러리를 불러옵니다.

'Samoan' 브러시를 선택하여 안쪽 마름모 테두리에 패턴을 적용합니다.

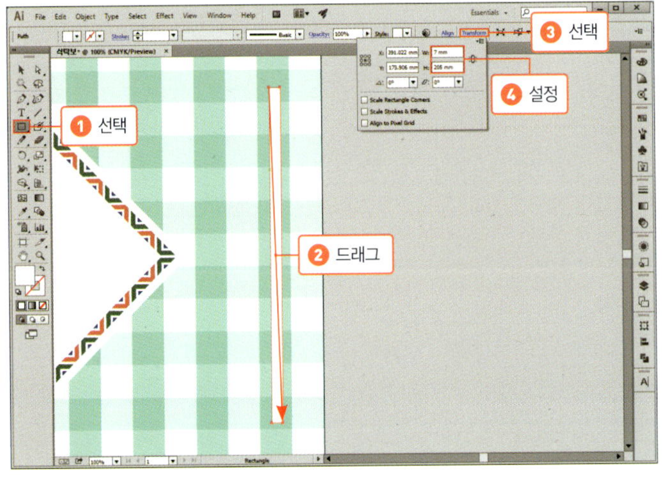

04 수저 두는 공간을 만들기 위해 사각형 도구(□, M)를 선택하고 그림과 같이 아트보드 오른쪽에 길게 드래그하여 사각형을 그립니다.

[Control] 패널에서 'Transform'을 선택하고 Width를 '7mm', Height를 '205mm'로 설정하여 젓가락처럼 크기를 조정합니다.

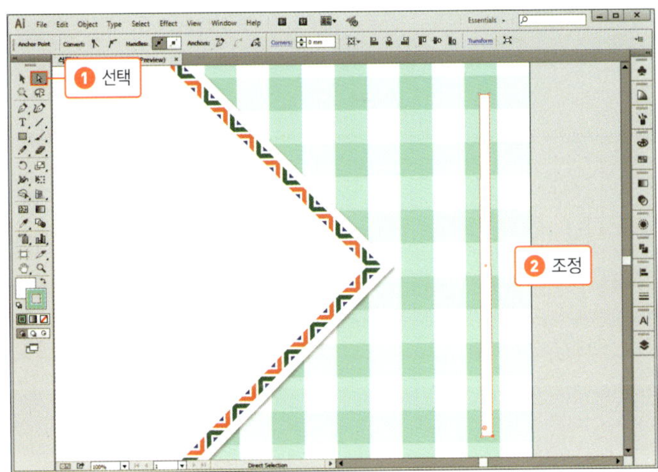

05 직접 선택 도구(▷, A)를 이용하여 사각형 왼쪽 위 기준점을 선택한 다음 → 키를 세 번 누릅니다. 이어서 오른쪽 위 기준점을 선택하고 ← 키를 세 번 누릅니다.

그리고 왼쪽 아래 기준점을 선택한 다음 ← 키를 한 번 누릅니다. 이어서 오른쪽 아래 기준점을 선택하고 → 키를 한 번 눌러 기준점을 조정해서 긴 사다리꼴 형태의 젓가락 한 짝을 만듭니다.

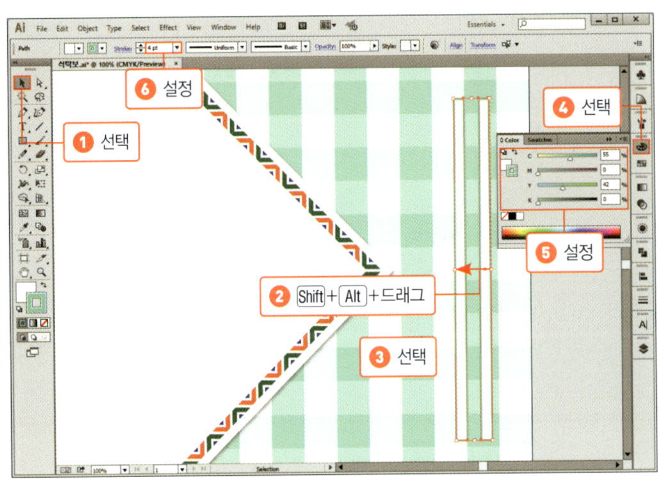

06 선택 도구(▷, V)를 선택한 다음 Shift +Alt 키를 누른 채 왼쪽으로 드래그하여 젓가락을 복제합니다.

두 짝의 젓가락을 드래그하여 선택한 다음 [Color] 패널에서 선 색상을 'C:55%, M:0%, Y:42%, K:0%'로 설정합니다.

[Control] 패널에서 Stroke를 '4pt'로 설정하여 젓가락 두는 공간을 완성합니다.

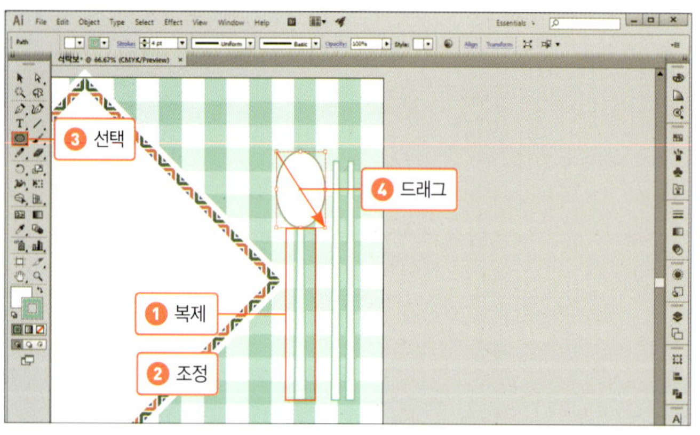

07 이번에는 숟가락 두는 공간을 만들기 위해 먼저 섯가락 한 싹을 왼쪽으로 드래그하여 복제합니다. 직접 선택 도구(A)를 이용하여 왼쪽 아래 기준점을 선택하고 ← 키를 한 번 누릅니다. 오른쪽 아래 기준점을 선택하고 → 키를 한 번 눌러 기준점을 조정합니다.

08 이어서 원형 도구(L)를 선택한 다음 사각형 위에 드래그하여 타원을 그려서 숟가락 두는 공간을 만듭니다.

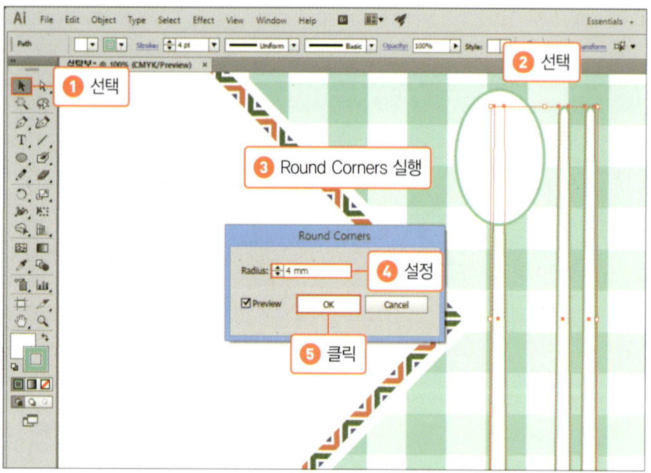

09 이번에는 각진 모서리를 부드럽게 만들기 위해 선택 도구(V)를 선택하고 Shift 키를 누른 채 세 개의 사각형을 선택합니다. [Effect] → Stylize → Round Corners를 실행하여 [Round Corners] 대화상자에서 Radius를 '4mm'로 설정한 다음 〈OK〉 버튼을 클릭하여 모서리를 둥글게 만듭니다.

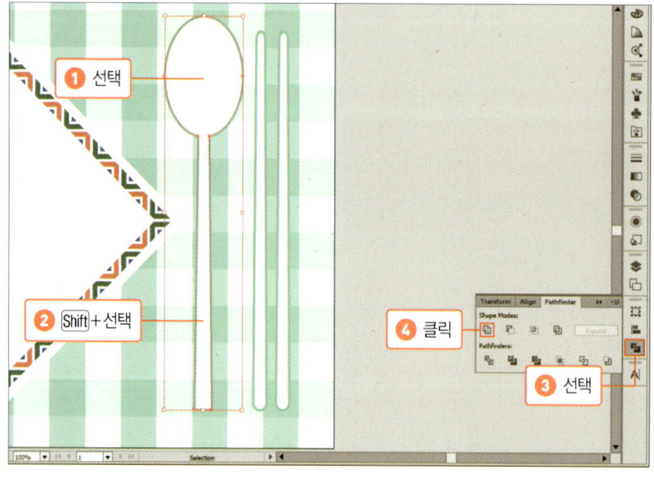

10 숟가락을 완성하기 위해 Shift 키를 누른 채 타원과 아래쪽 사각형을 선택합니다. [Pathfinder] 패널에서 'Unite' 아이콘()을 클릭하여 하나로 합칩니다.

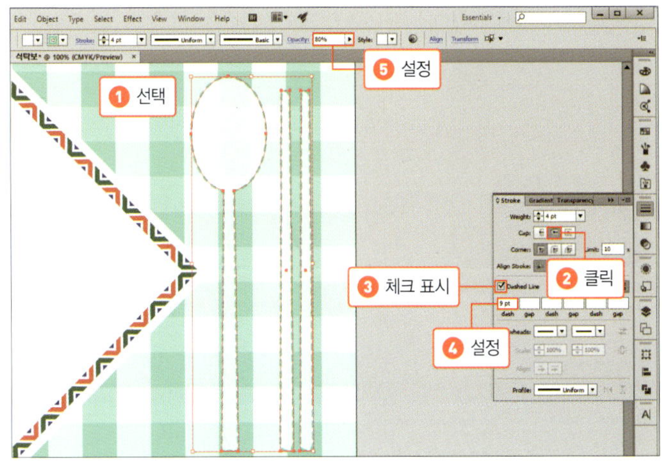

11 수저에 점선을 적용하기 위해 [Stroke] 패널(≣)에서 'Round Cap' 아이콘(▭)을 클릭하고 'Dashed Line'에 체크 표시한 다음 dash를 '9pt'로 설정합니다.
[Control] 패널에서 Opacity를 '80%'로 설정하여 수저 두는 공간을 완성합니다.

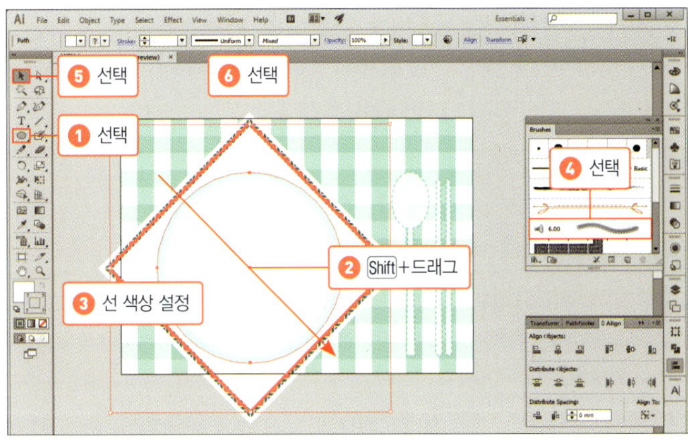

12 원형 도구(◯, L)를 선택하고 Shift 키를 누른 채 마름모 안에 드래그하여 원을 그립니다. 선 색상을 'C:26%, M:0%, Y:10%, K:0%'로 설정하고 [Brushes] 패널(🖌)에서 강모 브러시인 'Mop'을 선택하여 그릇을 두는 공간의 테두리를 적용합니다.
그릇 두는 부분을 정렬하기 위해 먼저 선택 도구(▶, V)를 이용하여 바깥쪽 마름모와 원을 선택합니다.

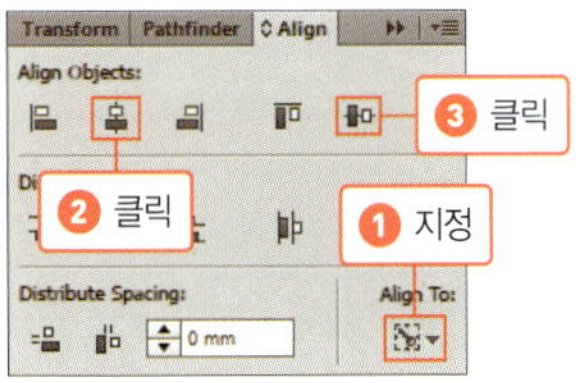

13 [Align] 패널에서 Align To를 'Align to Key Object'로 지정합니다.
다시 바깥쪽 마름모를 선택하고 'Horizontal Align Center' 아이콘(▣)과 'Vertical Align Center' 아이콘(▣)을 클릭하여 선택한 객체를 중심으로 가운데 정렬합니다.

❗ **주의**

[Align] 패널의 Align To 항목에서 아이콘에 따라 정렬 형태가 달라지므로 유의합니다.

❶ ▣ ⃨   ① **Align to Selection** : 선택한 객체를 기준으로 정렬합니다.

❷ ▣ ⃨   ② **Align to Key Object** : 여러 개의 객체를 선택한 상태에서 하나의 객체를 한 번 더 클릭하면 클릭한 객체가 기준이 되며 테두리가 진하게 표시됩니다. 이때 정렬 기준이 자동으로 Align to Key Object 상태가 되어 정렬 아이콘을 클릭하면 기준 객체를 기준으로 정렬됩니다.

❸ ▣ ⃨   ③ **Align to Artboard** : 아트보드를 기준으로 정렬합니다.

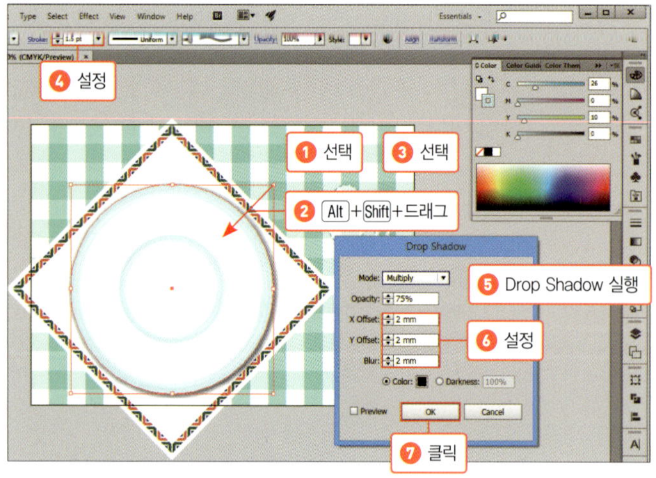

14 이번에는 원을 선택한 다음 [Alt]+[Shift] 키를 누른 채 안쪽으로 드래그하여 축소, 복제합니다.

바깥쪽 큰 원을 선택하고 [Control] 패널에서 Stroke를 '1.5pt'로 설정합니다.

[Effect] → Stylize → Drop Shadow를 실행하여 [Drop Shadow] 대화상자에서 X/Y Offset, Blur를 각각 '2mm'로 설정하고 〈OK〉 버튼을 클릭해서 그림자를 만듭니다.

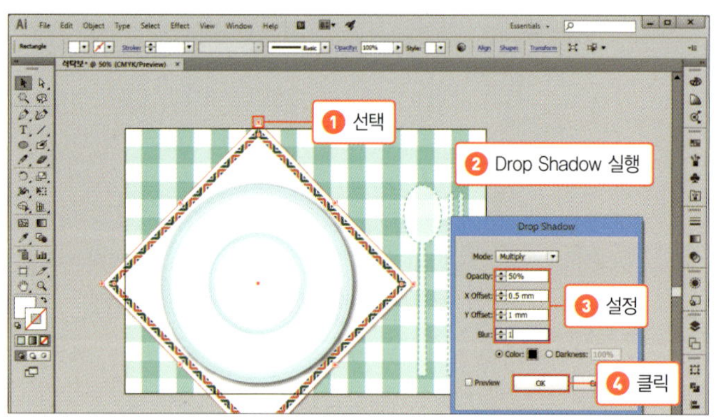

15 **14**번과 같은 방법으로 바깥쪽 마름모를 선택하고 [Effect] → Stylize → Drop Shadow를 실행합니다.

[Drop Shadow] 대화상자에서 Opacity를 '50%', X Offset을 '0.5mm', Y Offset을 '1mm', Blur를 '1mm'로 설정한 다음 〈OK〉 버튼을 클릭하여 그림자를 만듭니다.

이미지뿐만 아니라 객체에도 그림자, 광선, 뒤틀림 등의 스타일을 적용할 수 있습니다. 객체를 선택하고 [Effect] → Stylize → Drop Shadow를 실행하면 [Drop Shadow] 대화상자에서 그림자에 관한 수치를 설정하여 비트맵 형식의 그림자를 적용할 수 있습니다.

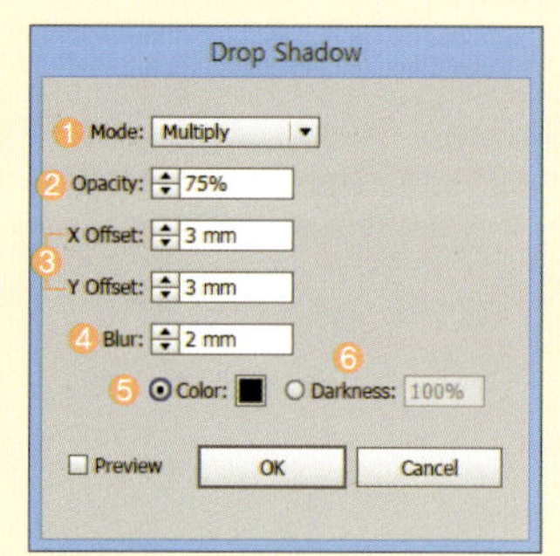

① Mode : 그림자의 합성 모드를 지정할 수 있습니다.
② Opacity : 그림자의 불투명도를 설정할 수 있습니다.
③ X/Y Offset : 원본 객체와의 X/Y축 거리를 설정할 수 있습니다.
④ Blur : 그림자가 부드럽게 포현되는 정도를 설정할 수 있습니다.
⑤ Color : 그림자 색상을 지정할 수 있습니다.
⑥ Darkness : 그림자가 원본 객체보다 어두워지는 정도를 설정할 수 있습니다.

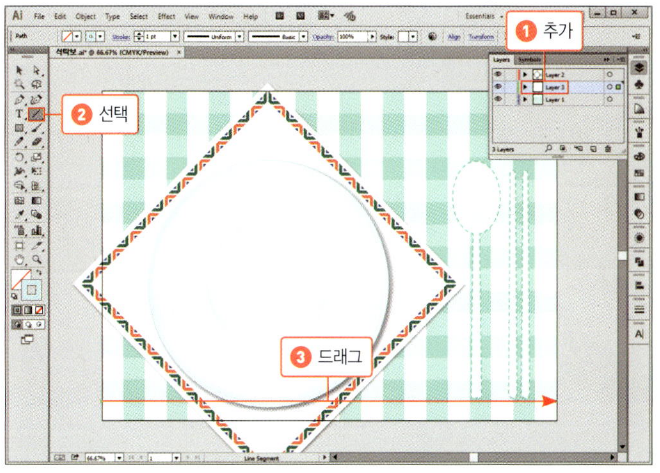

16 [Layers] 패널에서 새 레이어를 만들고
'Layer 2' 레이어 아래로 이동합니다.
선 도구(, W)를 선택하고 아트보드 아래쪽
에 Shift 키를 누른 채 드래그하여 직선을 만듭
니다.

TIP 선에 패턴 브러시를 적용할 예정이므로 선 색상은 상
관없습니다.

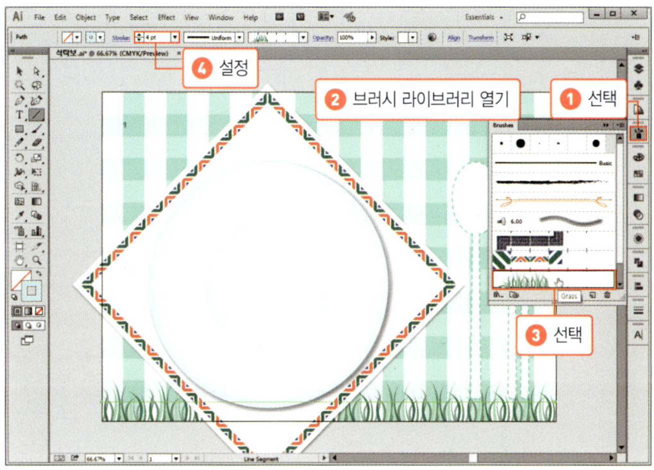

17 [Brushes] 패널( )의 'Brush Libraries
Menu' 아이콘( )을 클릭하여 **Borders →
Borders_Novelty**를 실행합니다.
풀잎 모양의 'Grass'를 선택한 다음 [Control]
패널에서 Stokre를 '4pt'로 설정합니다.

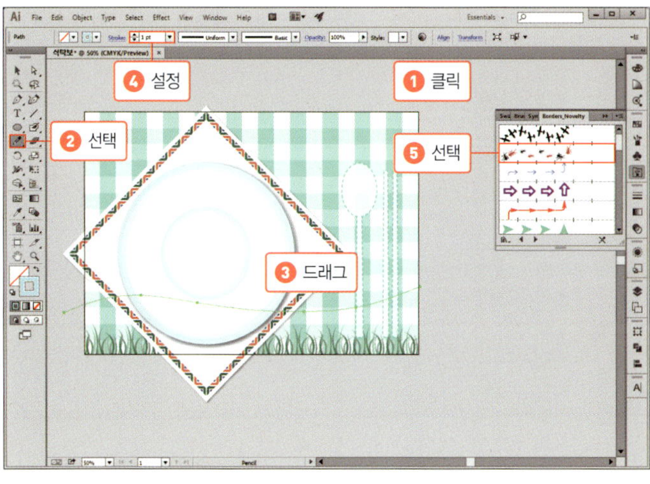

18 여백을 클릭하여 선택을 해제합니다.
패턴 브러시를 추가하여 식탁보를 더 꾸미기
위해 [Control] 패널에서 Stroke를 '1pt'로 설정
하고 연필 도구(, N)로 그림과 같이 아래
쪽에 자유롭게 드래그하여 곡선을 그립니다.
Borders_Novelty 라이브러리에서 개미 모양
의 'Ants' 브러시를 선택합니다.

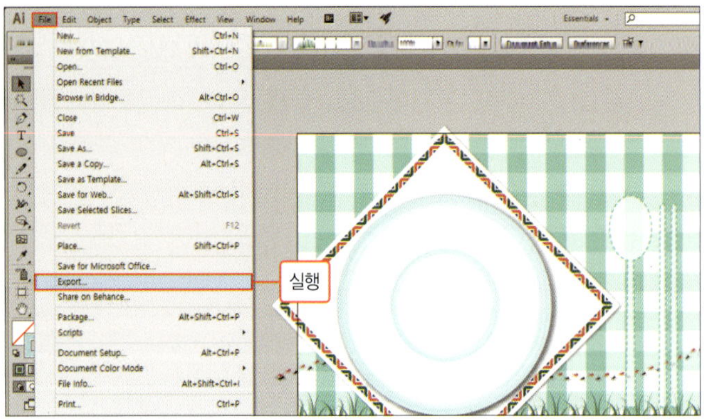

19 완성된 식탁보를 이미지 파일로 내보내기 위해 [File] → Export를 실행합니다.

20 [Export] 대화상자에서 파일 형식을 'JPEG (*.JPG)'로 지정한 다음 'Use Artboard'에 체크 표시하고 〈Export〉 버튼을 클릭합니다. [JPEG Options] 대화상자에서 Color Model을 'CMYK', Quality를 'Maximum', Resolution을 'High (300 ppi)'로 지정한 다음 〈OK〉 버튼을 클릭하여 완성합니다.

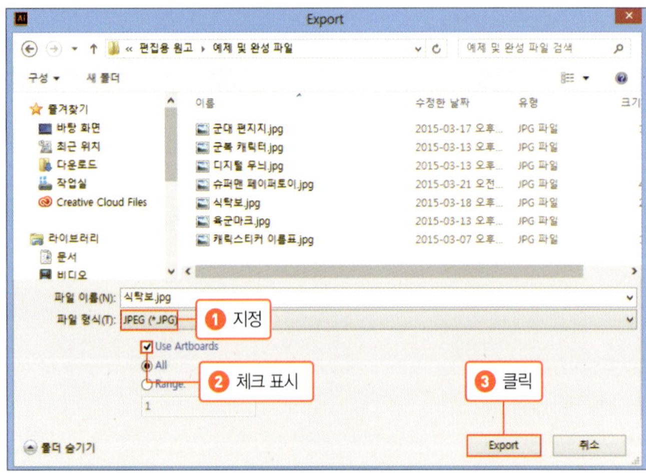

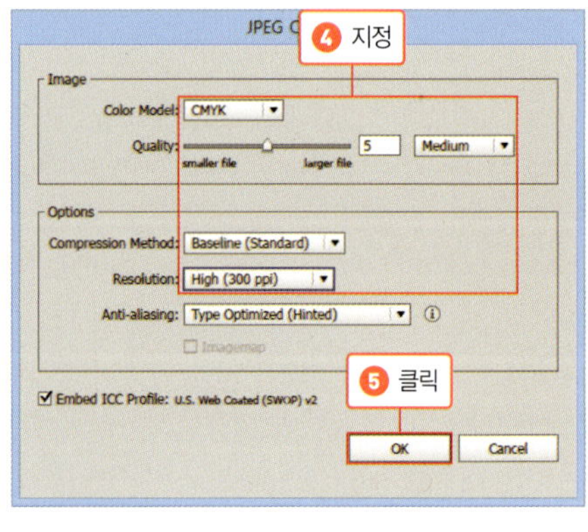

21 JPG 파일로 저장된 식탁보를 깨끗한 종이에 출력하여 식탁보로 이용해 보세요.

디자인 사례

위생과 청결을 위한 종이 식탁보는 음식점에서도 사용하지만 집에서도 아이들의
올바른 식습관을 형성하기 위해 사용할 수 있습니다. 또한, 파티나 손님 초대의 목
적에 맞게 깔끔하게 디자인하여 한 끼의 품격을 높일 수 있습니다.

▲ 유기적인 곡선을 활용한 라인 드로잉 기법으로 표현했으며, 고풍스럽
고 고급스러운 분위기를 연출하기에 효과적인 테이블웨어 디자인입니
다. 일러스트레이터에서는 회전 도구와 펜 도구를 활용하여 패턴을 쉽게
그릴 수 있습니다.

▲ 추수 감사절 기념 패턴을 활용한 테이블웨어 디자인으로 칠면조를 활용하여 접시에 디자인한 형태와 표정이 친숙하고 재미있습니다. 칠면조 패턴을 다양하게 조합하여 꽃의 형상을 이뤄 추수감사절의 축제 분위기를 연출합니다.

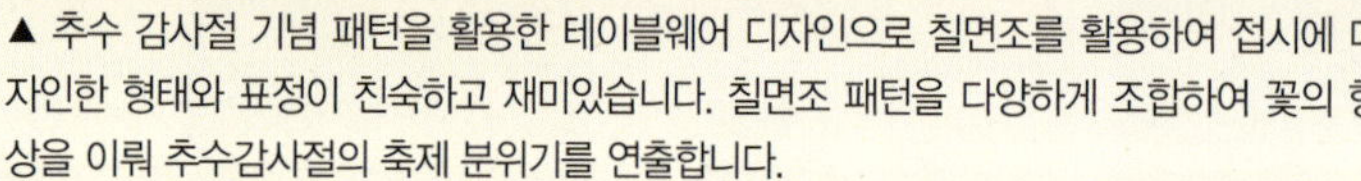

▲ 결혼식 파티를 위한 디자인으로 흰색 배경에 빨간색, 파란색의 보색을 사용한 타이포그래피를 이용하여 감각적으로 표현하였습니다. 신랑과 신부가 맹세하는 서약서를 서로 마주 보도록 겹쳐 표현해서 부부가 하나 되는 것을 나타내었습니다.

캐릭터 라벨 디자인

캐릭터와 색상 띠를 활용하여 라벨 만들기

라벨은 용도에 따라 다양하게 디자인할 수 있습니다. 면과 선 등에 다양한 배색을 활용하여 소품을 특별하게 만들어 보세요! 여기서는 직접 스케치한 캐릭터를 활용하여 알록달록한 캐릭터 라벨을 만들어 보겠습니다.

1 스케치 이미지를 일러스트 이미지로 바꾸기

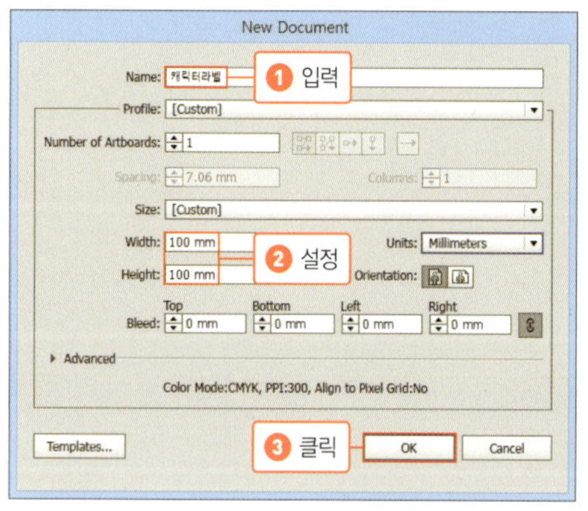

01 [File] → New(Ctrl+N)를 실행합니다. [New Document] 대화상자에서 Name에 '캐릭터라벨'을 입력하고 Width/Height를 각각 '100mm'로 설정한 다음 〈OK〉 버튼을 클릭해서 새 아트보드를 만듭니다.

02 [File] → Open(Ctrl+O)을 실행하여 [Open] 대화상자에서 04 폴더의 '캐릭터스캔.jpg' 파일을 선택한 다음 〈Open〉 버튼을 클릭하여 불러옵니다. 그림과 같이 이미지를 아트보드 가운데에 배치한 다음 [Control] 패널에서 〈Image Trace〉 버튼을 클릭합니다.

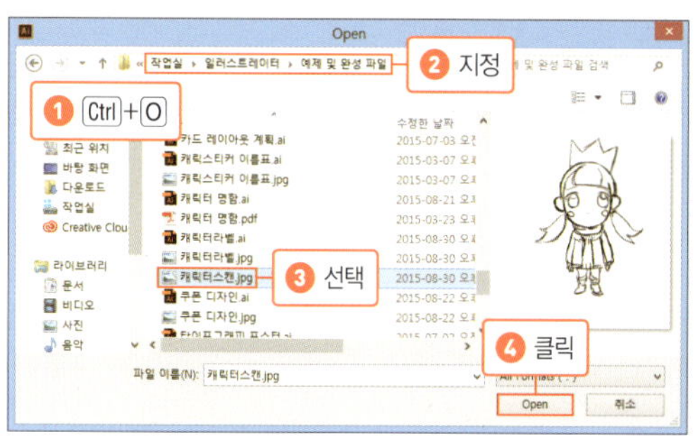

03 선택 도구(, V)로 캐릭터를 선택한 다음 스케치 느낌을 살리기 위해 Preset을 'Sketched Art'로 지정하고 〈Unembed〉, 〈Expand〉 버튼을 차례대로 클릭하여 벡터화합니다. 캐릭터 주변의 흰색 여백을 선택한 다음 Delete 키를 눌러 삭제합니다.

TIP 벡터화는 비트맵 이미지를 벡터 이미지로 바꿔 일러스트레이터에서 편집하기 편리하도록 이미지를 일러스트 객체로 바꾸는 것을 말합니다.

04 캐릭터 얼굴만을 이용해 라벨을 디자인하기 위해 직접 선택 도구(, A)를 선택하고 머리카락과 목을 제외한 몸 부분을 드래그하여 선택합니다.

05 Ctrl+ 키를 눌러 화면을 확대한 다음 Delete 키를 눌러 선택된 몸통 부분을 삭제합니다.

2 스티커 라벨 디자인하기

01 라벨을 디자인하기 위해 먼저 물방울 브러시 도구(, Shift+B)를 선택하고 선 색상을 '검은색'으로 설정합니다.

[Control] 패널에서 Stroke를 '11pt'로 설정하고 그림과 같이 아트보드에 꽉 차게 캐릭터 주변에 드래그하여 원을 그립니다.

TIP 물방울 브러시 도구는 브러시 도구와는 다르게 선이 아닌 면으로 드래그할 수 있어 빠르고 쉽게 면으로 이뤄진 객체를 드로잉할 수 있습니다.

02 테두리를 강조하기 위해 Ctrl+C 키를 눌러 원을 복사하고 Ctrl+Shift+V 키를 눌러 붙여 넣습니다.

Shift+Alt 키를 누른 채 안쪽으로 드래그하여 작은 원을 만듭니다. 이때 작은 원의 두께는 '7pt' 정도로 설정합니다.

03 선택 도구(, V)로 큰 원을 선택합니다. 테두리에 알록달록 다양한 색을 적용하기 위해 칼 도구()를 선택한 다음 그림과 같이 원을 둘러가며 선을 드래그하여 여러 조각으로 자릅니다.

04 선택 도구(▶, V)로 잘린 여러 개의 조각들을 각각 선택한 다음 그림과 같이 원하는 색으로 설정합니다.

05 03~04번과 같은 방법으로 작은 원도 칼 도구(✎)를 이용하여 분리하고 원하는 색으로 변경합니다.
이때 큰 원과 겹치지 않게 다른 색을 적용하면 알록달록한 테두리를 완성할 수 있습니다.

06 선택 도구(▶, V)로 캐릭터를 선택하고 Ctrl + G 키를 눌러 그룹으로 설정합니다. [Control] 패널에서 Stroke를 '1pt'로 설정하여 진하게 표현해서 완성합니다.

07 완성된 캐릭터 스티커를 이미지로 저장하기 위해 **[File]** → **Export**를 실행합니다. [Export] 대화상자에서 파일 형식을 'JPEG (*.JPG)'로 지정한 다음 〈Export〉 버튼을 클릭합니다.

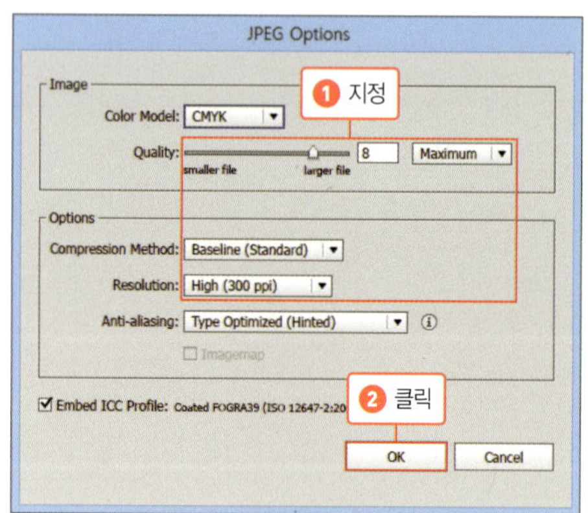

08 [JPEG Options] 대화상자에서 Quality를 'Maximum', Resolution을 'High (300 ppi)'로 지정하고 〈OK〉 버튼을 클릭합니다.

09 완성된 캐릭터 라벨을 라벨 용지 등에 출력하여 소품이나 생활용품에 붙여 일상을 알록달록 특별하게 만들어 보세요.

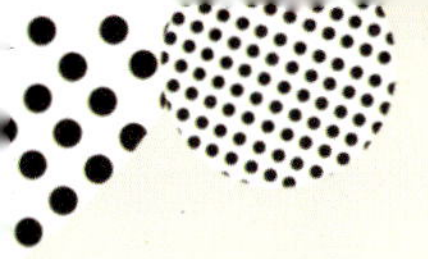

디자인 사례

용도에 따라 다양하게 디자인할 수 있는 라벨 디자인은 제품의 특징을 파악하여 캐
릭터, 패턴, 캘리그래피 등을 이용해서 강조할 수 있습니다.

▶ 뉴질랜드 마오리족의 전통 캐릭터 문양을 현대적으로 재해석하여
맥주 라벨 디자인으로 승화시켰습니다. 적록 보색 대비의 강렬한 색상
과 함께 좌우 대비를 혼용한 분할 배치와 함께 숨어있는 새와 악어 등
을 찾는 즐거움도 의도했습니다.

CERVEZA INDIAN PALE ALE
CERVEZA

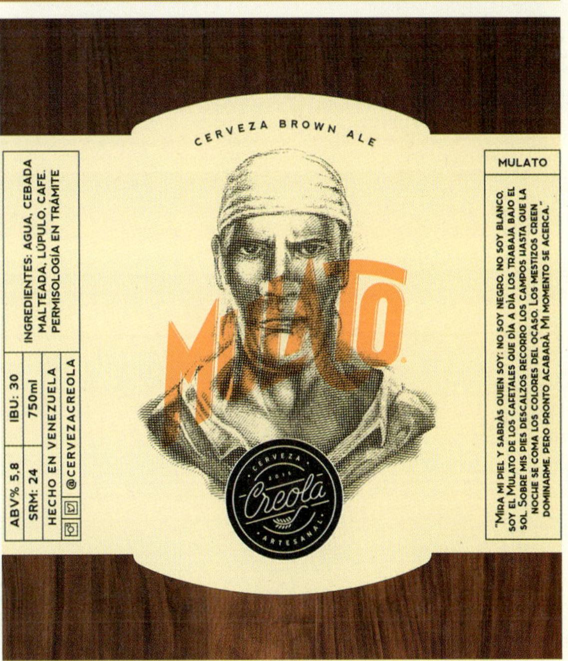

▲ 남미 베네수엘라의 혼혈 인종을 모티브로 구성한 맥주 라벨 디자인입니다. 각 인종을 대표하는 인물 캐릭터를 손으로 그린 초상화 기법으로 제작하고 인종 명칭을 겹쳐서 인쇄했습니다. 부드러운 손글씨(캘리그래피)로 표현된 맥주 회사 로고타입 이외의 모든 문자를 대문자로 구성하여 남성적인 강인함을 부각시켰습니다.

달력 디자인

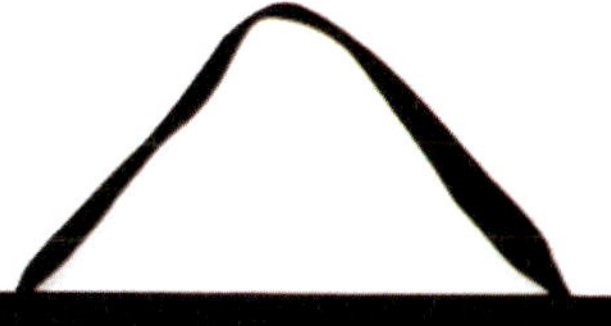

S	M	T	W	T	F	S
	1	2	3	4	5	6
7	8	9	10	11	12	13
14	15	16	17	18	19	20
21	22	23	24	25	26	27
28	29	30	31			

라인 일러스트를 활용한 달력 만들기

간단한 라인 일러스트를 드로잉해 달력으로 만들어 매달 새로운 마음가짐으로 새롭게 시작해 보세요! 깔끔하고 귀여운 달력을 직접 제작하여 지인들에게 선물하거나 스마트폰 배경 화면으로도 활용할 수도 있습니다.

1 연필 도구로 라인 일러스트 그리기

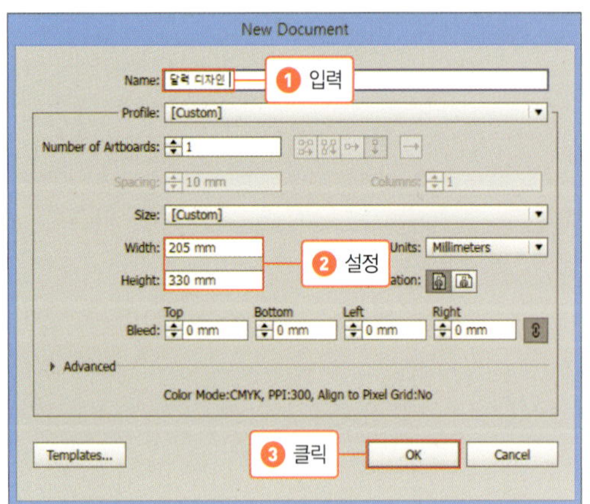

01 [File] → New(Ctrl+N)를 실행합니다. 벽에 거는 형태의 달력을 만들기 위해 [New Document] 대화상자에서 Name에 '달력 디자인'을 입력하고 Width를 '205mm', Height를 '330mm'로 설정한 다음 〈OK〉 버튼을 클릭하여 새 아트보드를 만듭니다.

TIP 달력에는 탁상용과 다이어리, 벽걸이용이 있습니다. 달력 종류를 정한 다음 처음부터 날짜를 잘 보이게 할지, 메모를 활용할지 등 디자인 방향을 결정하는 것이 중요합니다. 일반적으로 벽걸이용 달력의 경우 500×700mm 크기가 사용됩니다.

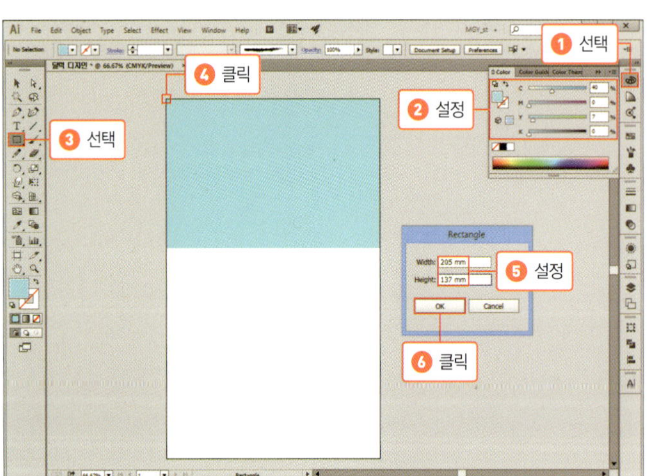

02 아트보드 위쪽에 라인 일러스트 배경을 만들기 위해 [Color] 패널에서 면 색상을 'C:40%, M:0%, Y:7%, K:0%', 선 색상을 'None'으로 설정합니다.
사각형 도구(■, M)를 선택하고 아트보드 왼쪽 위를 클릭합니다. [Rectangle] 대화상자에서 Width를 '205mm', Height를 '137mm'로 설정하고 〈OK〉 버튼을 클릭하여 배경을 구분합니다.

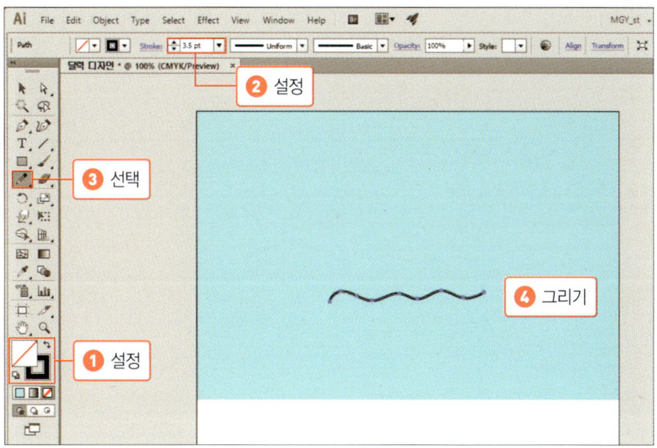

03 라인 일러스트를 그리기 위해 먼저 면 색상을 'None', 선 색상을 '검은색'으로 설정하고 [Control] 패널에서 Stroke를 '3.5pt'로 설정합니다.

연필 도구(, N)를 선택하고 그림과 같이 자유롭게 물결 모양을 그립니다.

04 선택 도구(, V)로 선과 사각형 배경을 선택하고 Ctrl+2 키를 눌러 잠금 설정합니다.

다시 연필 도구(, N)를 선택한 다음 그림과 같이 물결 위에 고래를 그립니다.

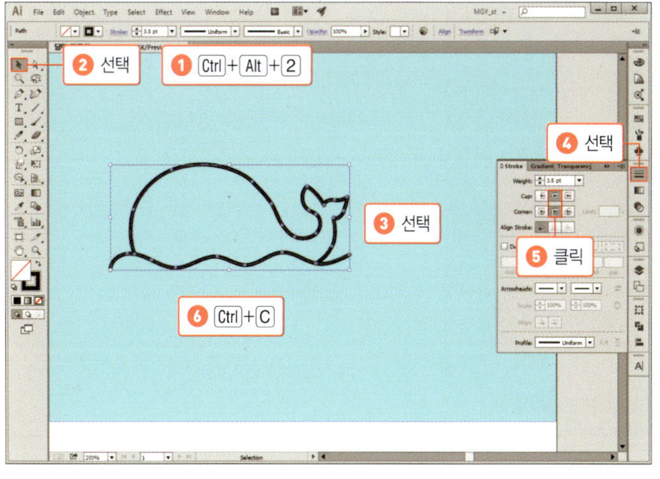

05 Ctrl+Alt+2 키를 눌러 잠금 설정을 모두 해제한 다음 선택 도구(, V)로 라인 일러스트를 전체 선택합니다.

[Stroke] 패널에서 'Round Cap' 아이콘()과 'Round Join' 아이콘()을 클릭하여 부드러운 선을 만들고 Ctrl+C 키를 눌러 복사합니다.

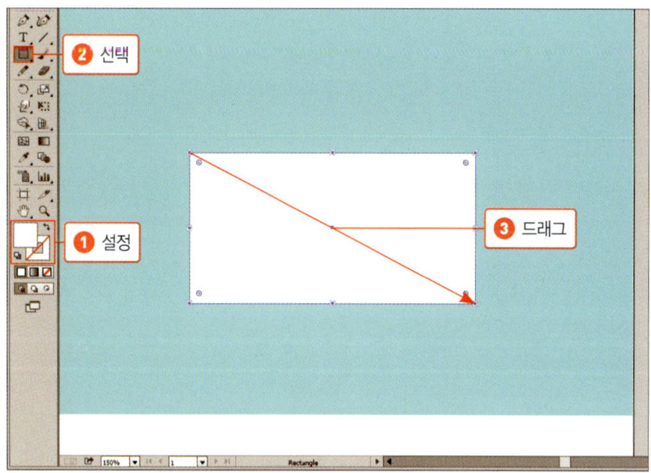

06 라인 일러스트에 면을 추가하기 위해 먼저 면 색싱을 '흰색', 신 색싱을 'None'으로 설정합니다.
사각형 도구(▢, M)를 선택하고 그림과 같이 라인 드로잉을 덮도록 드래그하여 사각형을 만듭니다.

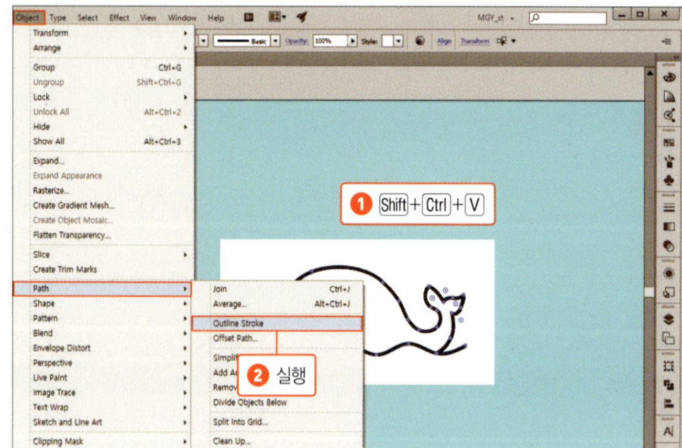

07 Shift + Ctrl + V 키를 눌러 복사한 대상과 같은 위치에 라인 일러스트를 붙여 넣습니다.
[Object] → Path → Outline Stroke를 실행하여 선을 면으로 변경합니다.

TIP 물방울 브러시 도구를 사용하는 것 외에도 선을 면으로 변경하여 자유롭게 편집할 수 있습니다. 선을 면으로 변경하려면 먼저 선을 선택한 다음 [Object] → Path → Outline Stroke를 실행합니다. 이때 면으로 변경된 선의 형태는 달라지지 않습니다.

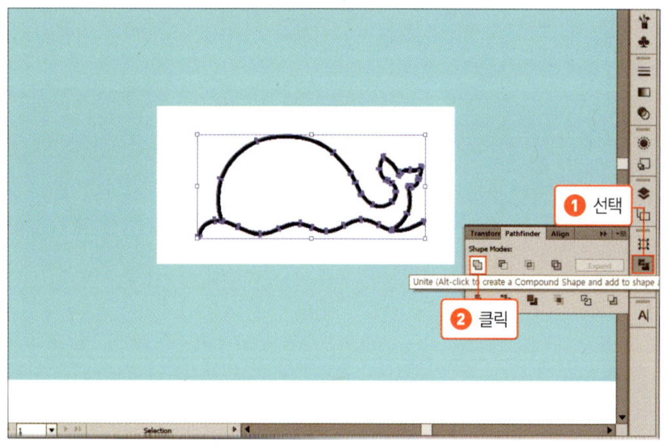

08 [Pathfinder] 패널에서 'Unite' 아이콘(▣)을 클릭하여 물결과 고래 라인 일러스트를 합칩니다.

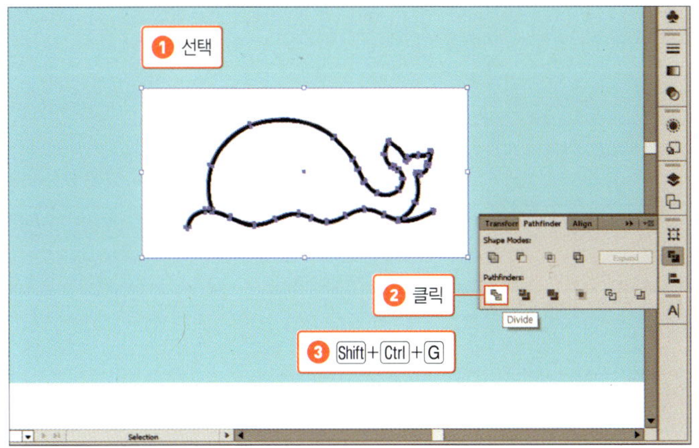

09 라인 일러스트와 사각형을 선택한 다음 고래 외에 불필요한 부분을 삭제하기 위해 [Pathfinder] 패널에서 'Divide' 아이콘( )을 클릭하여 객체를 분리합니다. Shift + Ctrl + G 키를 눌러 그룹을 해제합니다.

10 라인 드로잉 바깥쪽 사각형을 선택하고 Delete 키를 눌러 삭제합니다.

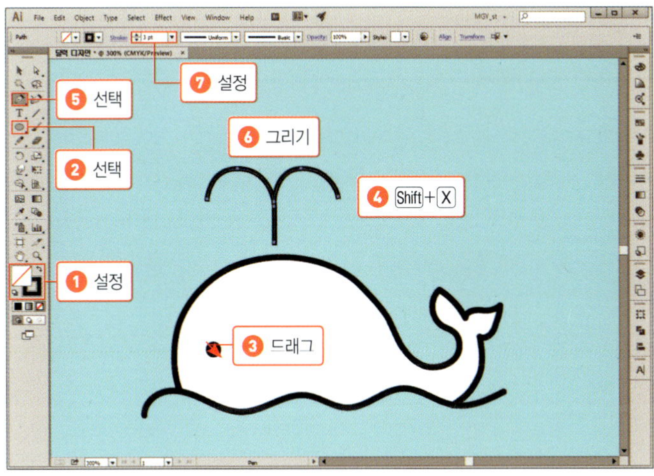

11 라인 일러스트를 마무리하기 위해 먼저 면 색상을 '검은색', 선 색상을 'None'으로 설정하고 원형 도구(, L)로 드래그하여 그림과 같이 고래의 눈을 그립니다.

12 Shift + X 키를 눌러 면과 선 색상을 바꾸고 펜 도구(, P)를 이용하여 고래 등 위에 뿜어져 나오는 물줄기를 그린 다음 [Control] 패널에서 Stroke를 '3pt'로 설정합니다.

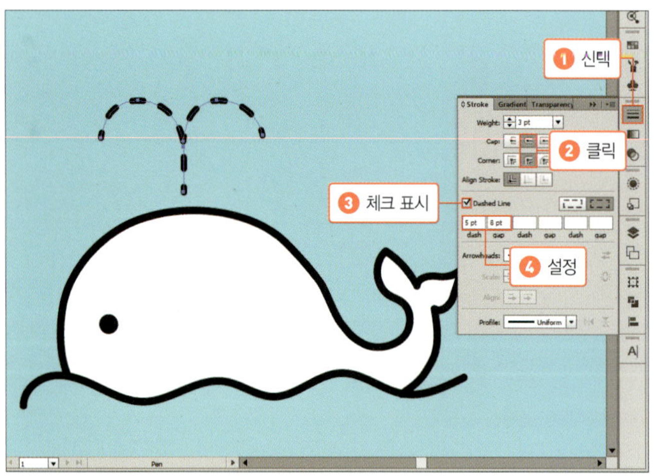

13 분수 모양의 선이 선택된 채 [Stroke] 패널에서 'Round Cap' 아이콘( )과 'Round Join' 아이콘( )을 클릭하여 부드럽게 만듭니다.

이어서 'Dashed Line'에 체크 표시하고 dash를 '5pt', gap을 '8pt'로 설정하여 점선을 만들어 라인 일러스트를 완성합니다.

2 날짜를 입력하고 정렬하여 달력 완성하기

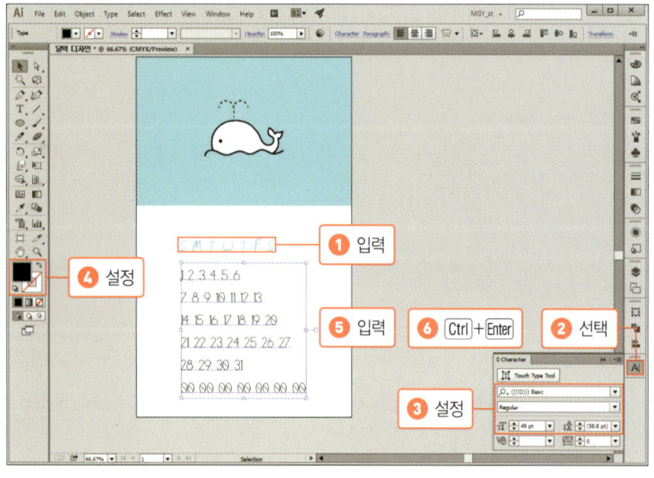

01 요일을 입력하기 위해 [Character] 패널에서 원하는 서체를 지정합니다.

글자 크기를 '50pt' 정도로 설정한 다음 면 색상을 'C:40%, M:0%, Y:7%, K:0%', 선 색상을 'None'으로 설정하고 문자 도구( )를 이용해 'S M T W T F S'를 입력합니다.

02 서체를 'Basic'으로 지정한 다음 면 색상을 '검은색'으로 설정하고 그림과 같이 날짜를 입력합니다. 일정한 간격으로 정렬하기 위해 31 다음 줄에 그림과 같이 기준이 되는 '00'을 일곱 번 입력하고 Ctrl + Enter 키를 눌러 문자 입력을 마칩니다.

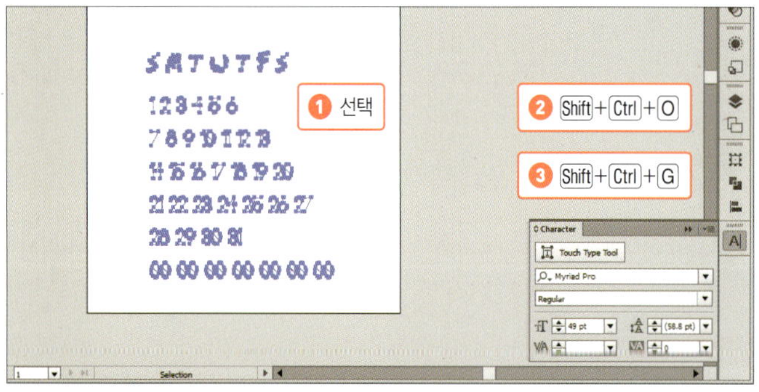

03 요일과 날짜들을 선택한 다음 Shift + Ctrl + O 키를 눌러 객체로 변경하고 Shift + Ctrl + G 키를 눌러 그룹을 해제합니다.

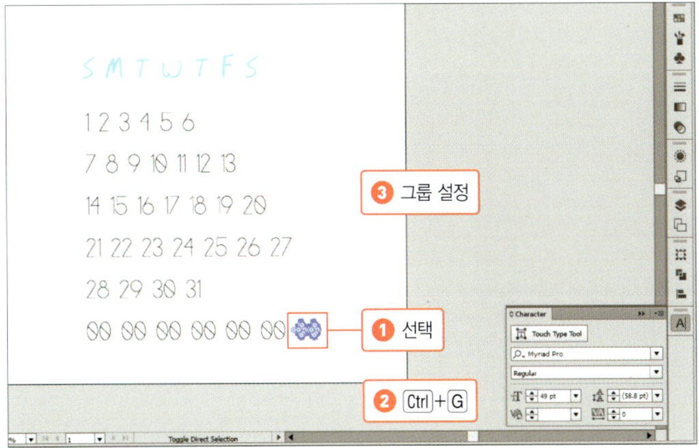

04 두 가지 수의 날짜들을 각각의 그룹으로 지정하여 '00'을 기준으로 정렬하기 위해 먼저 그림과 같이 맨 오른쪽 '00'을 선택하고 Ctrl+G 키를 눌러 그룹으로 설정합니다.
같은 방법으로 맨 오른쪽 날짜들을 각각의 그룹으로 설정합니다.

TIP 'S'는 하나의 문자이며 '6'은 한 자리 수이므로 그룹으로 설정하지 않아도 됩니다.

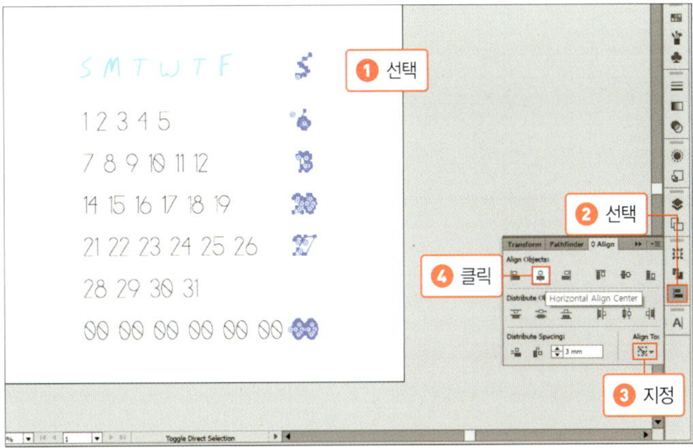

05 오른쪽 'S', '6'과 각각의 그룹으로 지정된 '13', '20', '27', '00'을 선택한 다음 기준 객체인 '00'을 다시 한 번 선택합니다.
[Align] 패널에서 Align To를 'Align to Key Anchor'로 지정한 다음 'Horizontal Align Center' 아이콘(🔒)을 클릭하여 '00'을 중심으로 가로 가운데 정렬합니다.

TIP 'Align to Key Anchor'로 지정하면 마지막에 선택한 객체를 기준으로 정렬할 수 있습니다.

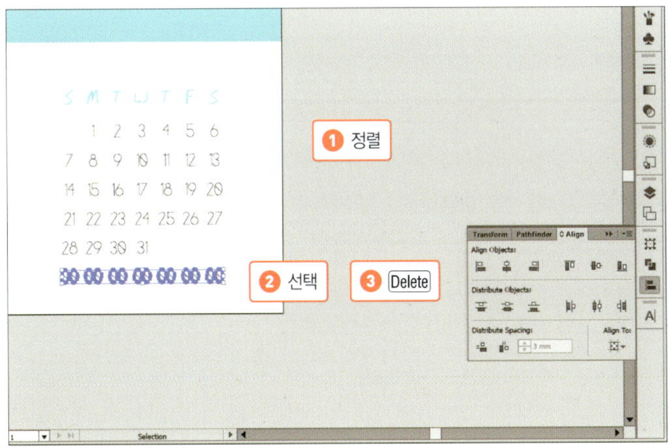

06 05번과 같은 방법으로 그림과 같이 날짜들을 요일에 맞게 정렬합니다.
정렬 기준이었던 아랫줄의 '00'은 불필요하므로 선택한 다음 Delete 키를 눌러 삭제합니다.

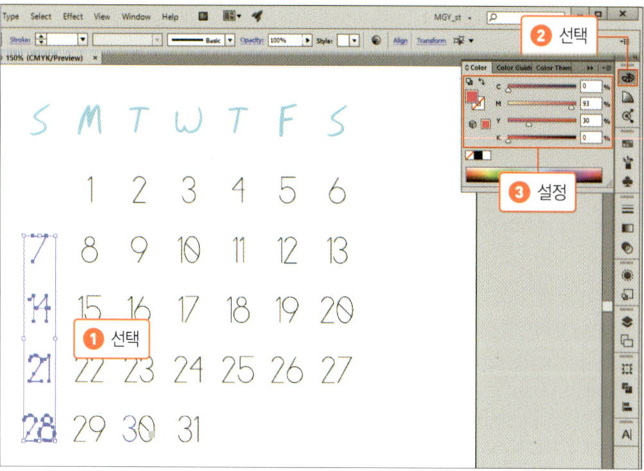

07 맨 왼쪽에 배치된 날짜인 '7', '14', '21', '28'을 선택하고 [Color] 패널에서 면 색상을 'C:0%, M:93%, Y:30%, K:0%'로 설정하여 일요일을 강조합니다.

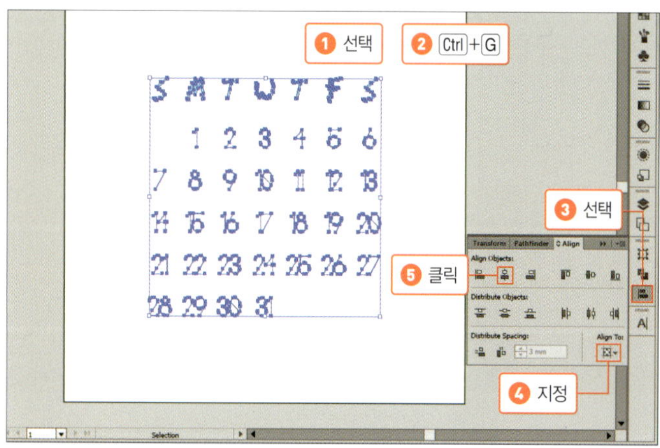

08 완성된 요일과 날짜들을 전체 선택한 다음 Ctrl+G 키를 눌러 그룹으로 설정합니다. [Align] 패널에서 Align To 아이콘(▣▾)을 클릭하여 'Align to Artboard'로 지정하고 'Horizontal Align Center' 아이콘(▣)을 클릭해서 아트보드를 중심으로 가로 가운데 정렬합니다.

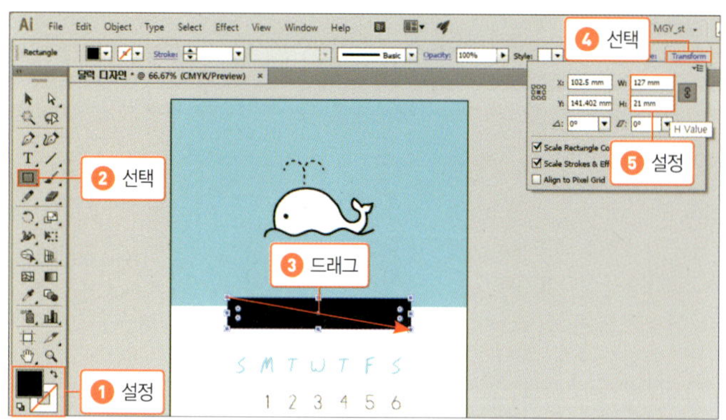

09 이번에는 월을 입력하기 위해 먼저 리본 형태의 요소를 그리겠습니다. 면 색상을 '검은색', 선 색상을 'None'으로 설정한 다음 사각형 도구(▣, M)로 그림과 같이 라인 드로잉과 달력 경계 가운데에 드래그하여 사각형을 만듭니다.

[Control] 패널에서 'Transform'을 선택하고 W를 '127mm', H를 '21mm'로 설정하여 크기를 조정합니다.

10 사각형을 변형하여 리본 형태로 만들기 위해 기준점 추가 도구(, ➕)를 선택하고 그림과 같이 사각형 양쪽 가운데 부분을 클릭하여 기준점을 추가합니다.

11 직접 선택 도구(, Ⓐ)로 추가한 기준점을 각각 선택한 다음 →, ← 키를 여러 번 눌러 그림과 같이 안쪽으로 이동시켜서 리본 형태를 만듭니다.

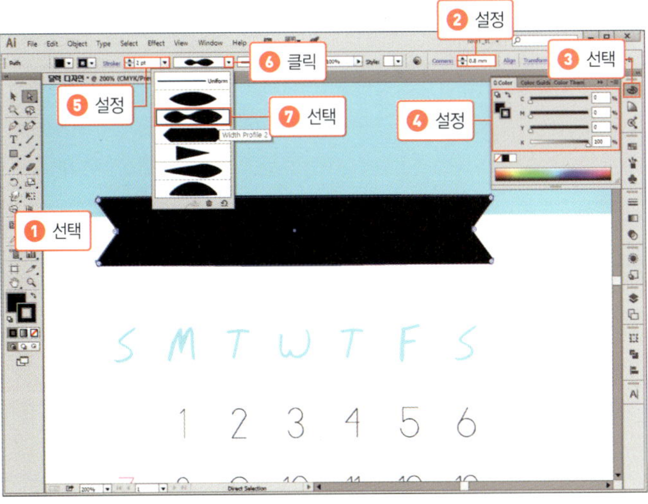

12 Shift 키를 누른 채 네 개의 모서리 기준점을 선택하고 [Control] 패널에서 Coners를 '0.8mm'로 설정하여 각진 부분을 둥글게 변형합니다.

13 [Color] 패널에서 선 색상을 '검은색'으로 설정한 다음 [Control] 패널에서 Stroke를 '2pt'로 설정합니다.
브러시 선택 창에서 'Width Profile 2'를 선택하여 테두리를 회화적으로 나타냅니다.

TIP 모서리 안쪽 동그란 조절점을 안쪽으로 드래그해도 간편하게 각진 모서리를 둥글게 변형할 수 있습니다.

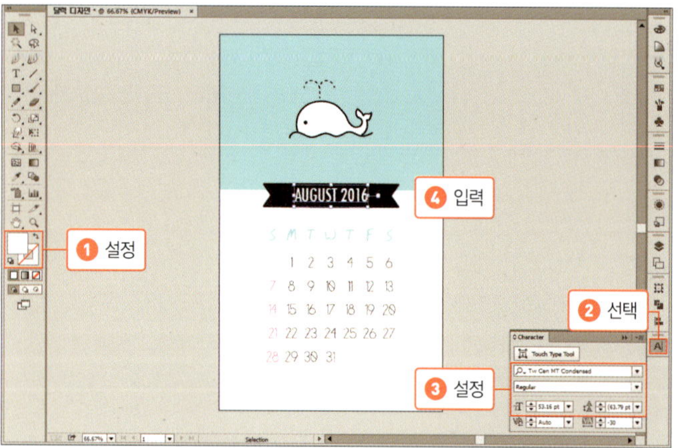

14 년도와 월을 영문으로 입력하기 위해 먼저 면 색상을 '흰색', 선 색상을 'None'으로 설정합니다.
[Character] 패널에서 서체를 'Tw Cen MT Condensed', 글자 크기를 '53pt' 정도로 설정하고 문자 도구(T., T)로 검은색 배경 안에 'AUGUST 2016'을 입력합니다.

15 선택 도구(▶, V)를 선택하여 문자를 선택 상태로 만들고 Shift+Ctrl+O 키를 눌러 객체로 변경합니다.

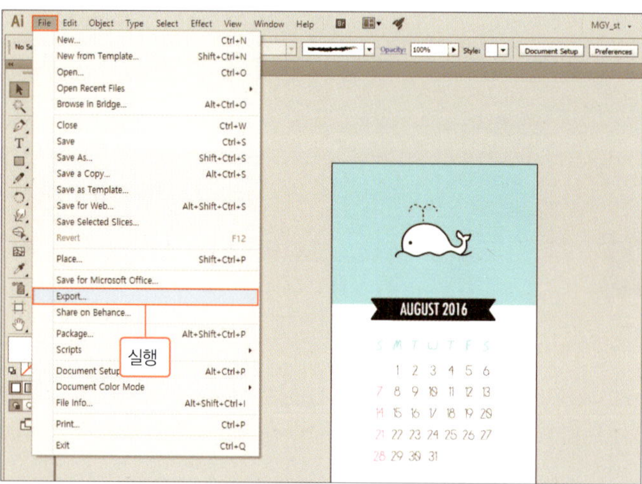

16 완성된 달력을 이미지로 저장하기 위해 [File] → Export를 실행합니다.

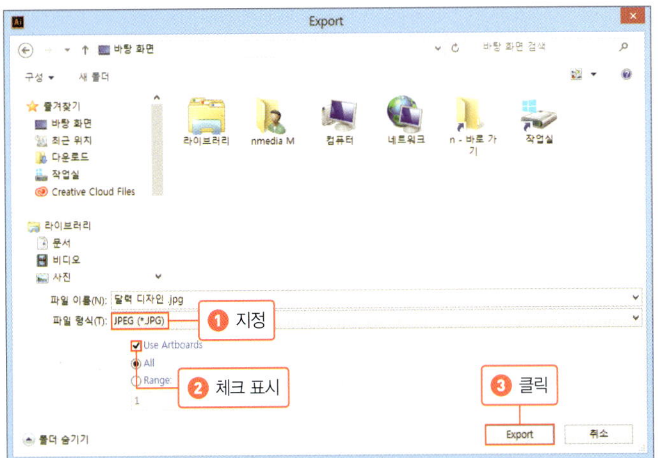

17 [Export] 대화상자에서 파일 형식을 'JPEG (*.JPG)'로 지정하고 'Use Artboard' 에 체크 표시한 다음 〈Export〉 버튼을 클릭합니다.

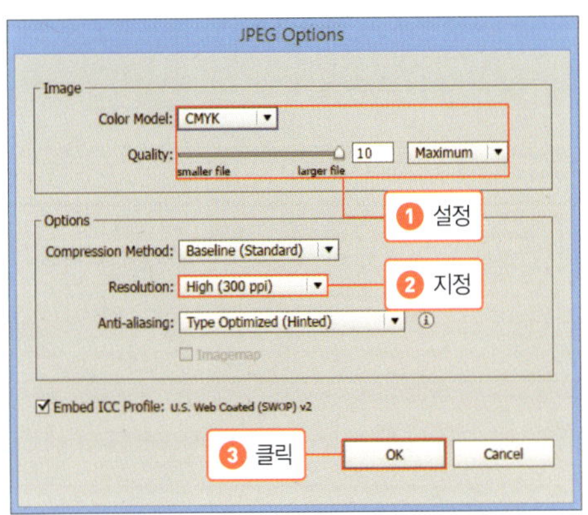

18 [JPEG Options] 대화상자에서 Color Model을 'CMYK', Quality를 'Maximum', Resolution을 'High (300 ppi)'로 지정한 다음 〈OK〉 버튼을 클릭하여 저장합니다.

19 완성된 달력을 출력하여 벽에 붙이거나 스마트폰에 저장하여 배경 화면으로도 활용할 수 있습니다.

디자인 사례

일, 월, 년 또는 특정 메시지를 담아 완성하는 달력 디자인은 오프라인 형태의 종이 출력에서부터 온라인 형태의 디지털기기에서 사용하는 바탕 화면 등 여러 형태로 제작되고 있습니다. 특정 주제나 형태 등 참신한 디자인 요소를 생각하면서 달력 디자인을 완성해 보세요.

▼ 그리드에 맞춰서 큐브 형태를 반복하여 제작한 달력 디자인으로, 다양하게 조립하여 연출할 수 있습니다. 달력 고유의 기능보다 형태적인 재미를 감각적으로 살렸습니다.

◀ 두꺼운 종이를 활용하여 만든 타자기 형태의 입체 달력으로 매달 달력을 바꿀 수 있는 참신한 아이디어가 돋보입니다. 이집트 회화를 연상시키는 배색을 적용하여 고대 분위기를 연출하였습니다.

기념일 카드 디자인

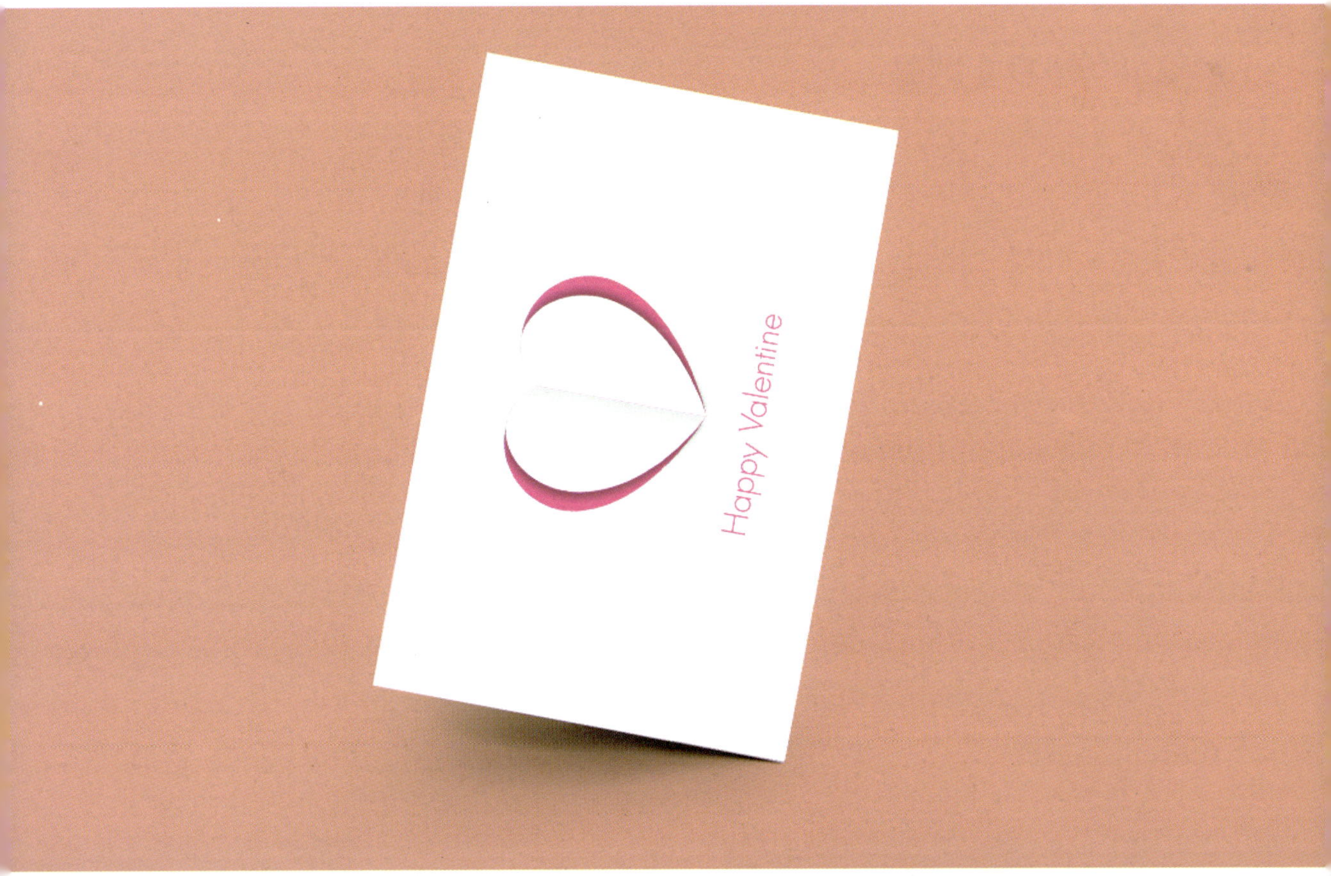
Happy Valentine

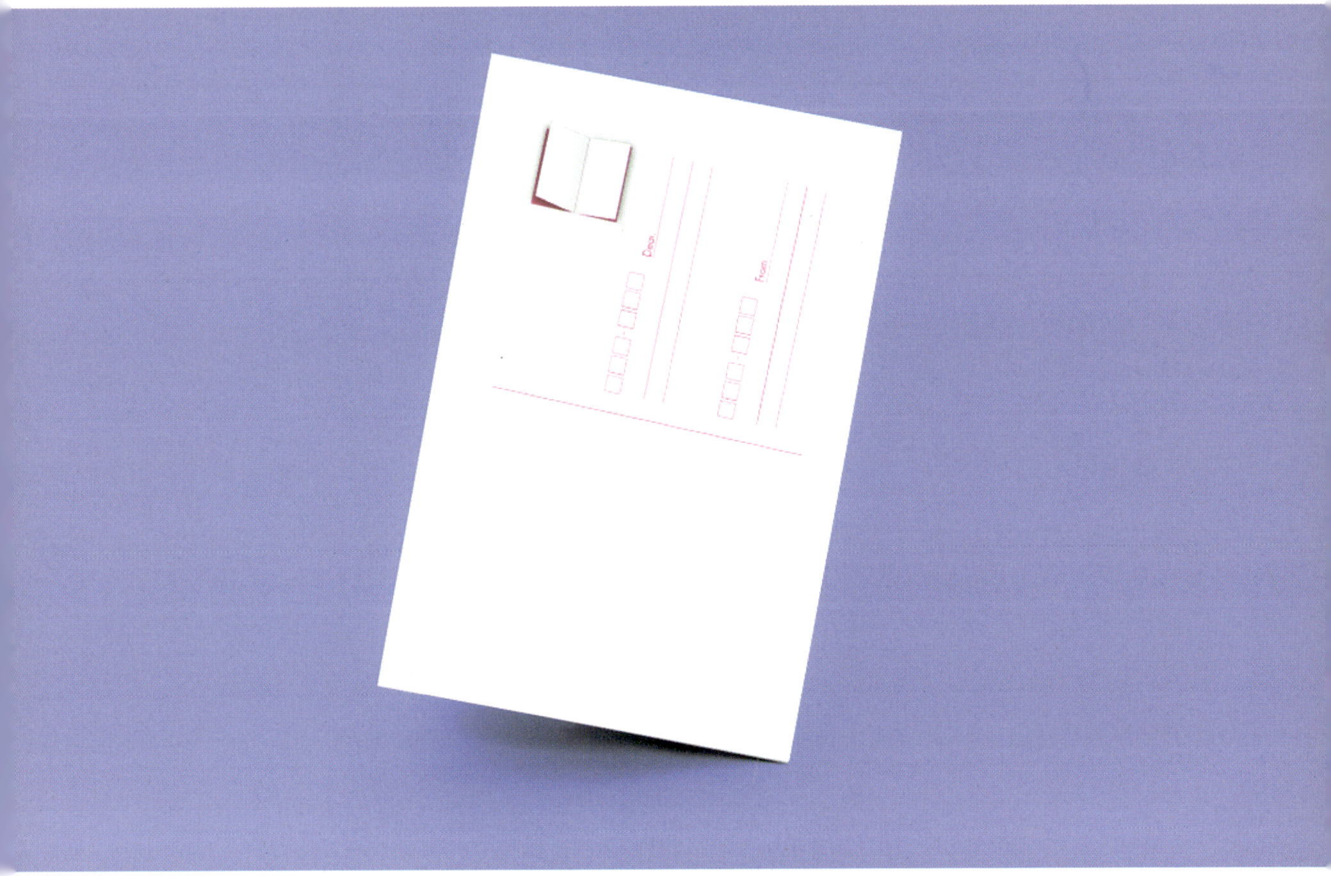
Dear
From

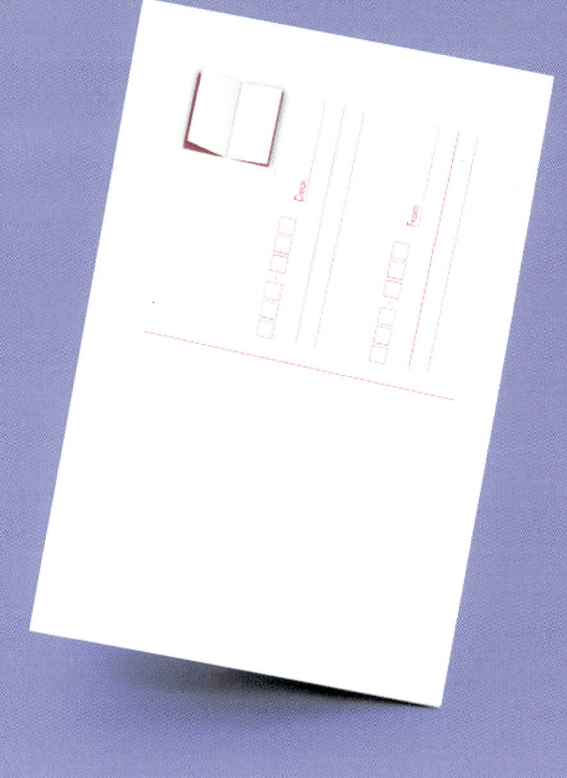

기본 도형을 활용한 기념일 카드 만들기

연인이나 멀리 떨어져 있는 친구에게 직접 만든 카드로 따듯한 마음을 전하세요.
생각지도 못했던 카드 한 장은 값비싼 선물보다 더욱 기억에 남을 거예요. 여기서
는 사랑을 담뿍 담은 밸런타인데이 기념 카드를 만들어 봅니다.

1 기본 도형을 활용하여 하트 만들기

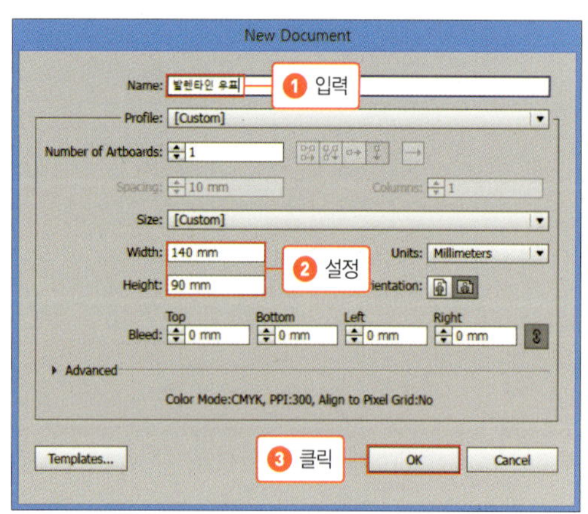

01 [File] → New(Ctrl+N)를 실행합니다.
카드를 디자인하기 위해 [New Document] 대
화상자에서 Name에 '발렌타인 우표'를 입력
하고 Width를 '140mm', Height를 '90mm'로
설정한 다음 〈OK〉 버튼을 클릭하여 새 아트보
드를 만듭니다.

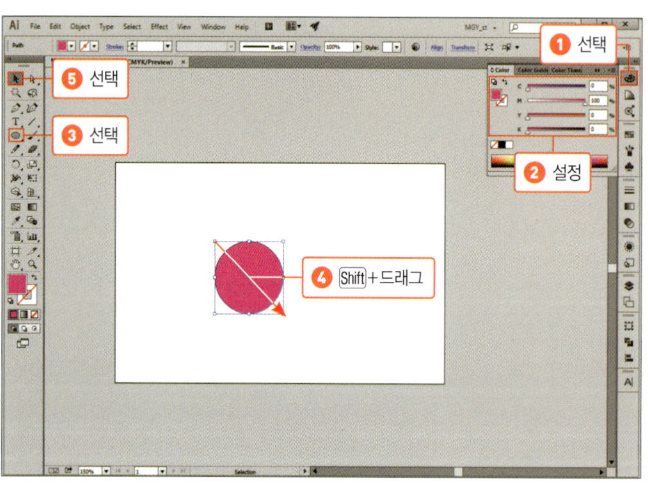

02 기본 도형을 나누고 결합해서 하트를 만
들기 위해 먼저 [Color] 패널에서 면 색상을
'C:0%, M:100%, Y:0%, K:0%'로 설정합니다.
원형 도구(●, L)를 선택하고 Shift 키를 누른
채 드래그하여 원을 그립니다.
선택 도구(▶, V)를 선택하여 원을 선택 상태
로 만듭니다.

TIP 곡률 도구를 이용해 방향선의 각도와 추가될 기준점
을 미리 보면서 쉽게 하트를 그릴 수도 있습니다.

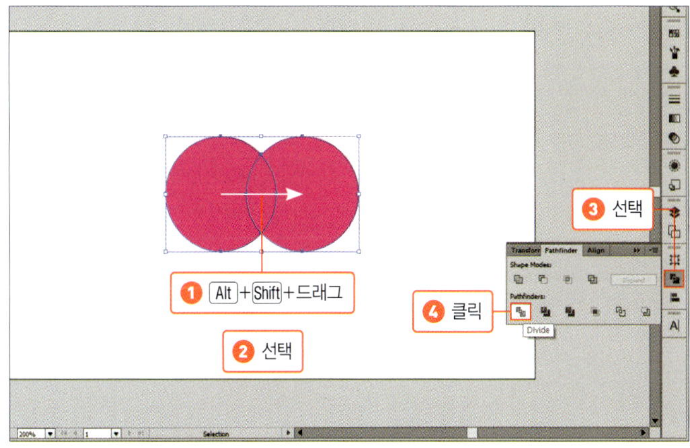

03 Alt+Shift 키를 누른 채 원을 오른쪽으로 드래그하여 하트 윗부분을 생각하며 그림과 같이 겹칩니다.

두 개의 원을 선택하고 [Pathfinder] 패널에서 'Divide' 아이콘(🔲)을 클릭하여 겹친 부분을 중심으로 객체를 나눕니다.

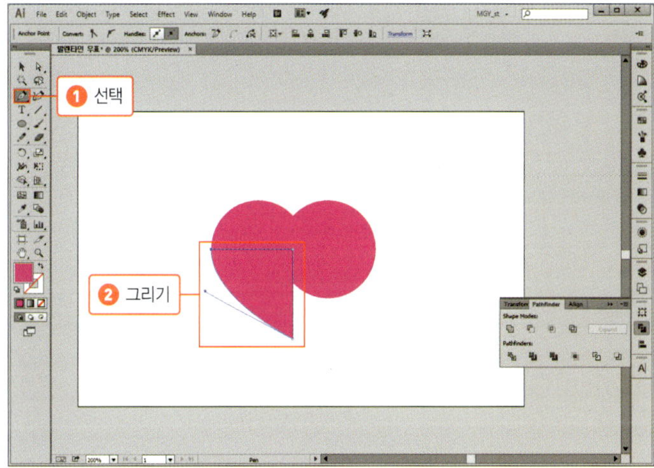

04 펜 도구(✐, P)를 선택하고 왼쪽 원 아래에 그림과 같이 부채꼴 형태를 추가하여 하트의 반쪽 형태를 만듭니다.

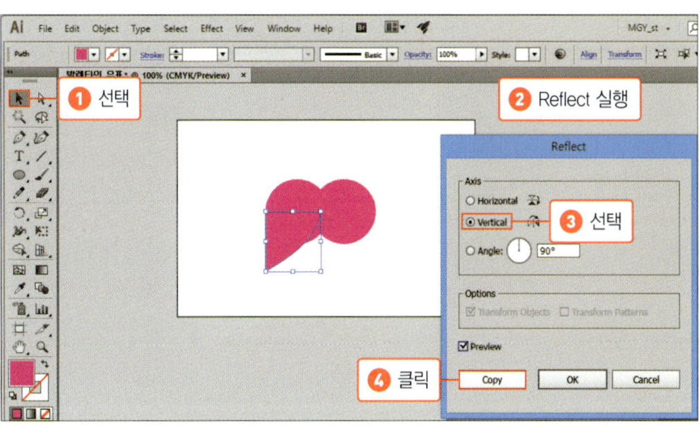

05 하트 왼쪽 부분을 반전시켜 완성하겠습니다. 선택 도구(▶, V)를 선택하여 객체가 선택된 상태에서 마우스 오른쪽 버튼을 클릭하고 **Transform → Reflect**를 실행합니다.

[Reflect] 대화상자의 Axis에서 세로를 기준으로 반전시키기 위해 'Vertical'을 선택하고 〈Copy〉 버튼을 클릭하여 객체를 좌우 반전시켜 복제합니다.

TIP [Object] → Transform → Reflect를 실행해도 객체를 반전시킬 수 있습니다.

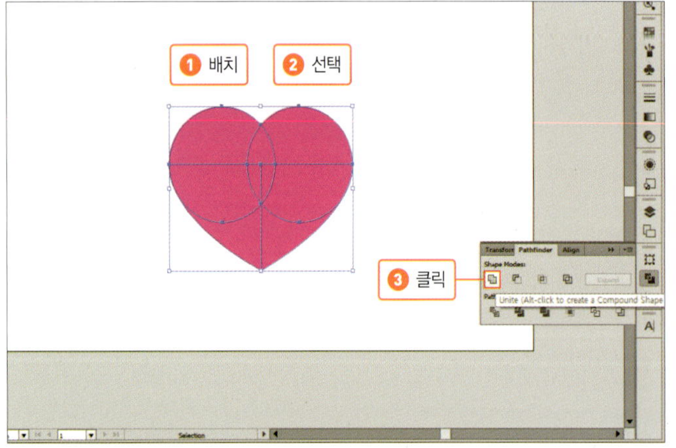

06 복제한 객체를 그림과 같이 오른쪽 원 아래에 배치한 다음 하트 형태를 알맞게 조정하고 객체를 전체 선택합니다.
[Pathfinder] 패널에서 'Unite' 아이콘(🗗)을 클릭하여 객체를 합쳐서 하트를 완성합니다.

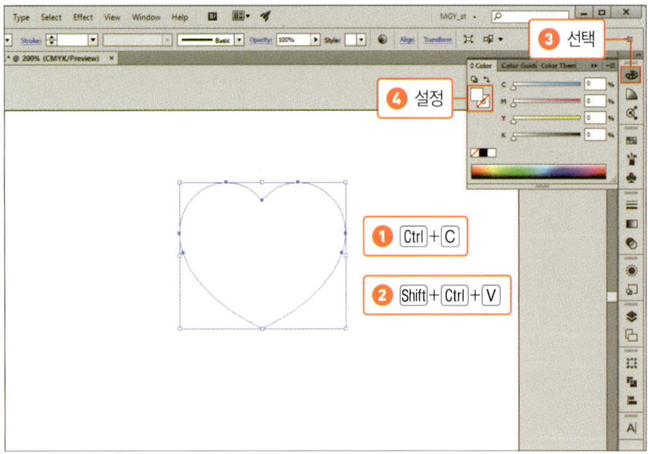

07 하트가 선택된 상태에서 Ctrl+C 키를 눌러 복사하고 Shift+Ctrl+V 키를 눌러 복사한 대상과 같은 위치에 붙여 넣습니다.
복제된 위쪽 하트가 선택된 채 [Color] 패널에서 면 색상을 '흰색'으로 설정합니다.

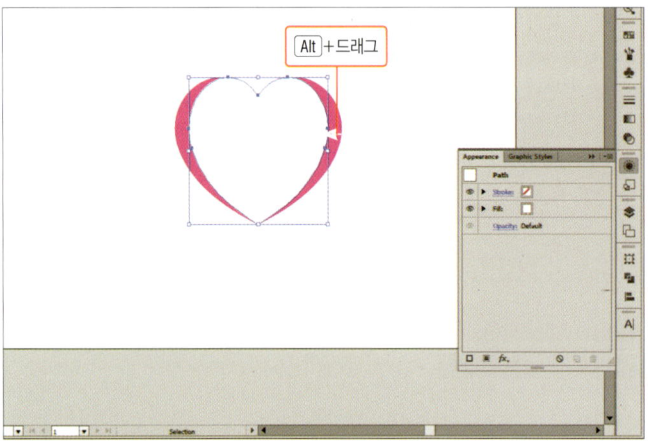

08 흰색 하트가 선택된 상태에서 Alt 키를 누른 채 오른쪽 조절점을 안쪽으로 살짝 드래그하여 그림과 같이 폭을 줄입니다.

2 그림자 효과를 적용하여 입체적인 카드 앞면 완성하기

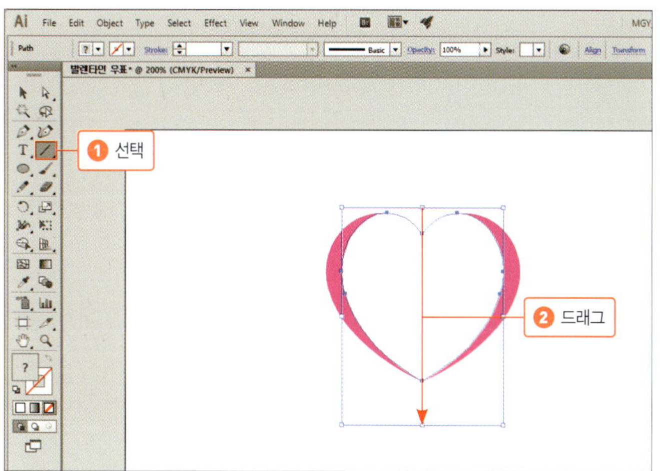

01 하트에 입체 효과를 나타내기 위해 먼저 선 도구(／, W)를 이용해서 하트 가운데를 수직으로 가로 지르는 선을 그립니다.

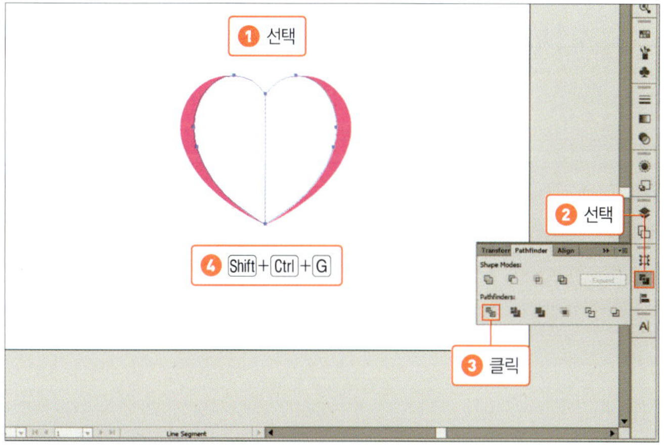

02 선택 도구(▶, V)를 선택하고 Shift 키를 누른 채 선과 흰색 하트를 선택합니다. [Pathfinder] 패널에서 'Divide' 아이콘(▣)을 클릭하여 선을 기준으로 하트를 나누고 Shift +Ctrl+G 키를 눌러 그룹을 해제합니다.

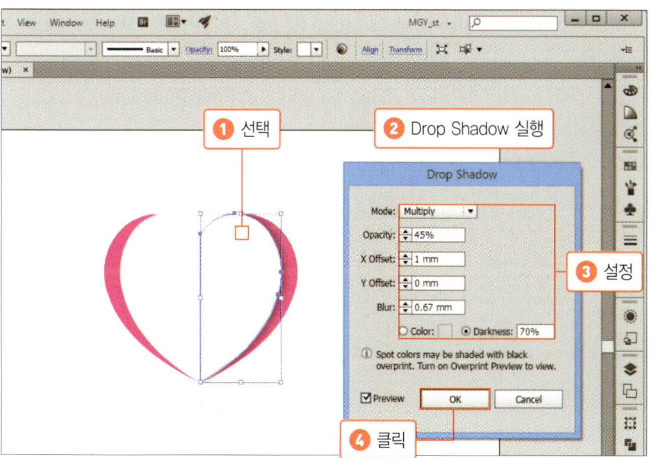

03 하트 오른쪽을 선택한 다음 [Effect] → Stylize → Drop Shadow를 실행합니다. [Drop Shadow] 대화상자에서 Mode를 'Multiply', Opacity를 '45%', X Offset을 '1mm', Y Offset을 '0mm', Blur를 '0.67mm', Darkness를 '70%'로 설정한 다음 〈OK〉 버튼을 클릭하여 그림자 효과를 적용합니다.

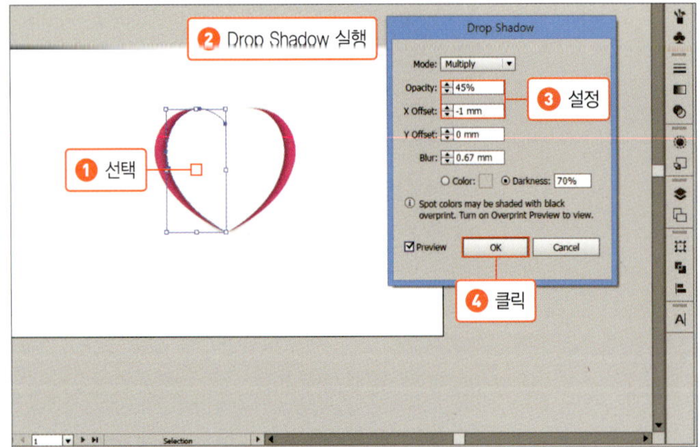

04 같은 방법으로 하트 왼쪽을 선택한 다음 [Effect] → Stylize → Drop Shadow를 실행합니다.

[Drop Shadow] 대화상자에서 Opacity를 '45%', X Offset을 '-1mm'로 설정하고 〈OK〉 버튼을 클릭합니다.

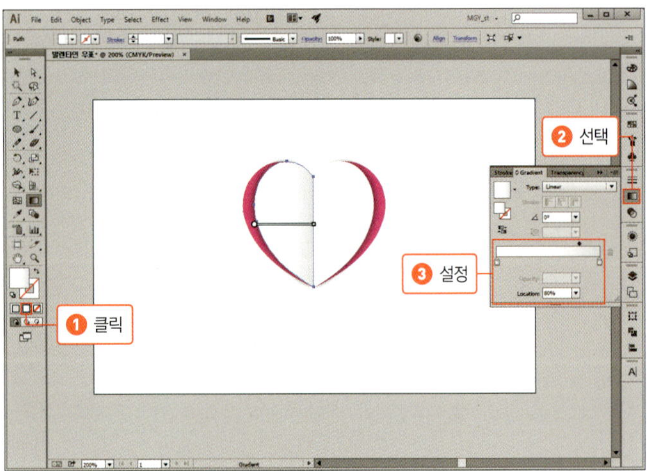

05 입체감을 자연스럽게 나타내기 위해 객체가 선택된 채 [Tools] 패널에서 'Gradient' 아이콘(▣, ▷)을 클릭하여 그러데이션을 적용합니다.

06 [Gradient] 패널의 흑백 그러데이션에서 그러데이션 슬라이더 오른쪽 아래 조절점을 더블클릭하여 K를 '10%'로 설정합니다.

그러데이션 슬라이더 위쪽 조절점을 선택하고 Location을 '80%'로 설정하여 흰색 그러데이션으로 변경합니다.

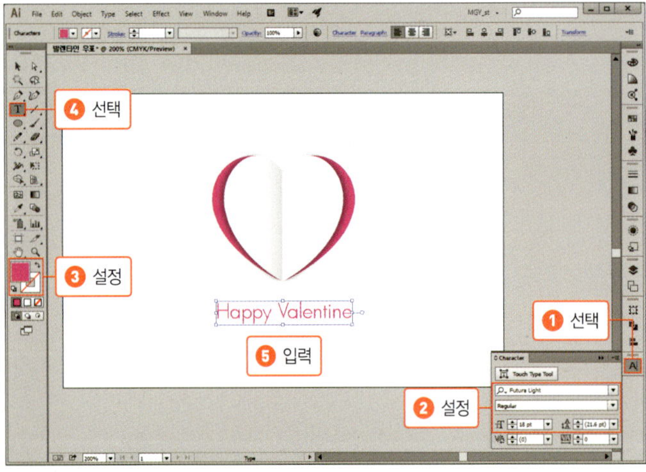

07 밸런타인데이 기념 카드를 완성하기 위해 먼저 [Character] 패널에서 서체를 'Futura Light', 글자 크기를 '18pt'로 설정합니다.

면 색상을 'C:0%, M:100%, Y:0%, K:0%', 선면 색상을 'None'으로 설정합니다. 문자 도구(T, T)를 이용하여 하트 아래에 'Happy Valentine'을 입력합니다.

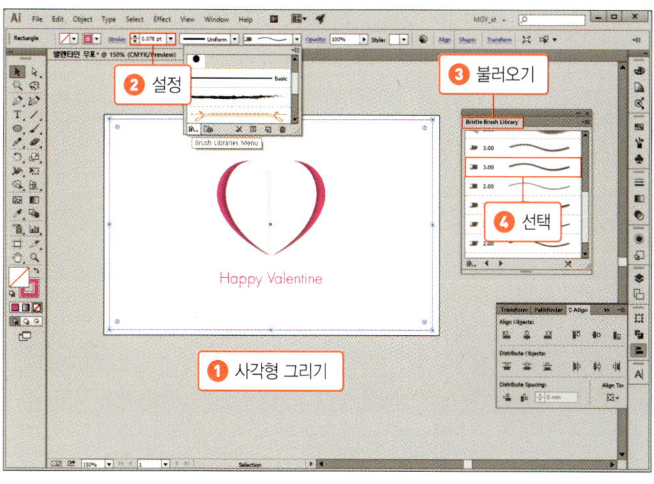

08 Shift+X 키를 눌러 면과 선 색상을 바꾼 다음 사각형 도구(■, M)를 선택하고 아트보드 크기와 비슷하게 드래그하여 테두리를 만듭니다.

09 [Control] 패널에서 Stroke를 '0.078pt'정도로 얇게 설정합니다. 브러시 선택 창을 선택하고 'Brush Libraries Menu' 아이콘(▥▾)을 클릭하여 Bristle Brush → Bristle Brush Library를 실행합니다. Bristle Brush 라이브러리에서 'Flat'을 선택하여 테두리에 브러시 효과를 적용해 카드 앞면을 완성합니다.

3 도형과 선을 이용하여 카드 뒷면 디자인하기

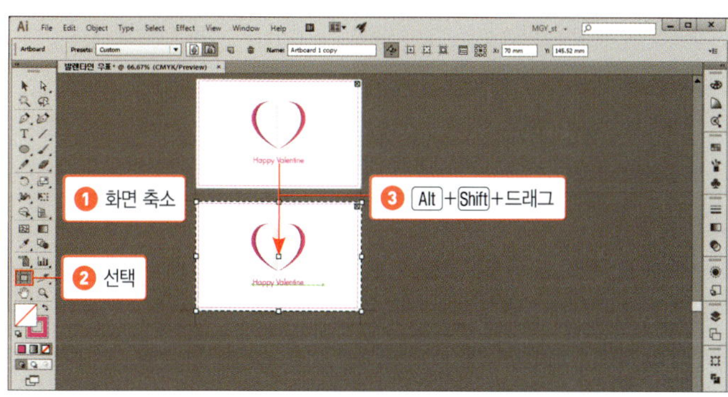

01 이번에는 카드 뒷면을 디자인하기 위해 화면을 축소한 다음 아트보드 도구(▣, Shift+O)를 선택하고 Alt+Shift 키를 누른 채 아트보드를 아래로 드래그하여 복제합니다.

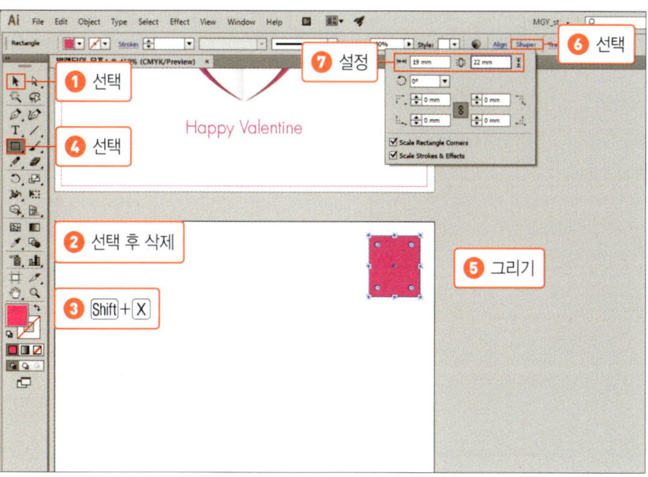

02 선택 도구(▶, V)로 복제한 아래쪽 아트보드 객체들을 드래그하여 전체 선택하고 Delete 키를 눌러 삭제합니다.

03 Shift+X 키를 눌러 면과 선 색상을 교체하고 사각형 도구(■, M)를 선택한 다음 아트보드 오른쪽 위에 드래그하여 그림과 같이 우표 형태의 사각형을 그립니다.
[Control] 패널에서 'Shape'를 선딕한 다음 Width를 '19mm', Height를 '22mm'로 설정하여 크기를 조정합니다.

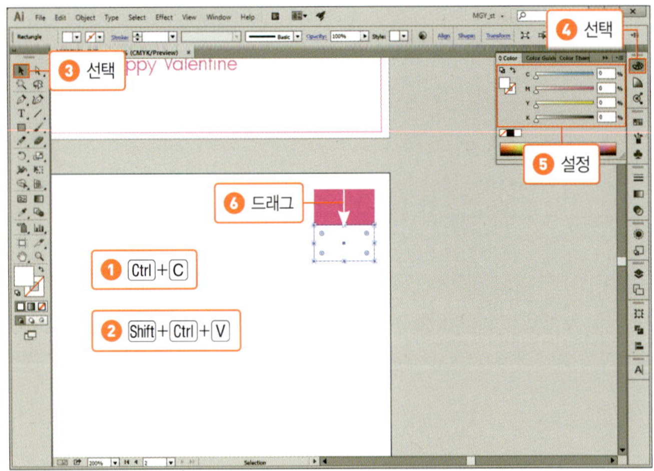

04 우표에도 입체 효과를 적용하기 위해 먼저 Ctrl+C 키를 눌러 사각형을 복사한 다음 Shift+Ctrl+V 키를 눌러 복사한 대상과 같은 위치에 붙여 넣습니다.
선택 도구(▶, V)를 선택하고 [Color] 패널에서 면 색상을 '흰색'으로 설정합니다.

05 복제된 사각형에서 바운딩 박스의 위쪽 가운데 조절점을 아래로 드래그하여 사각형 높이를 그림과 같이 절반으로 축소합니다.

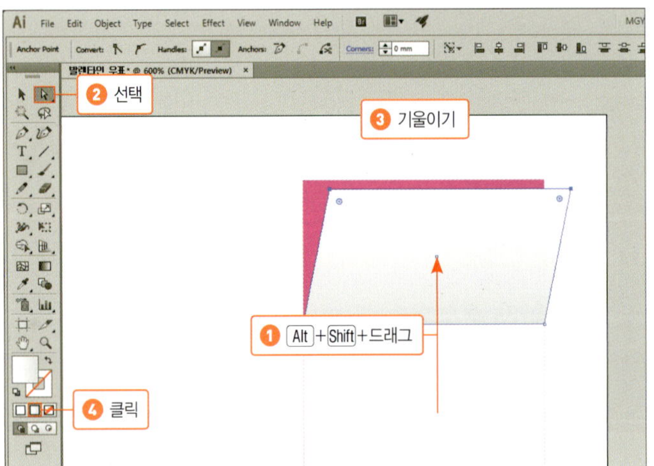

06 Alt+Shift 키를 누른 채 축소된 사각형을 위로 드래그하여 복제합니다. 직접 선택 도구(▶, A)를 선택하고 Shift 키를 누른 채 사각형의 위쪽 조절점들을 선택한 다음 오른쪽 아래로 살짝 드래그하여 기울입니다.
'Gradient' 아이콘(■, ▷)을 클릭하여 그러데이션을 적용합니다.

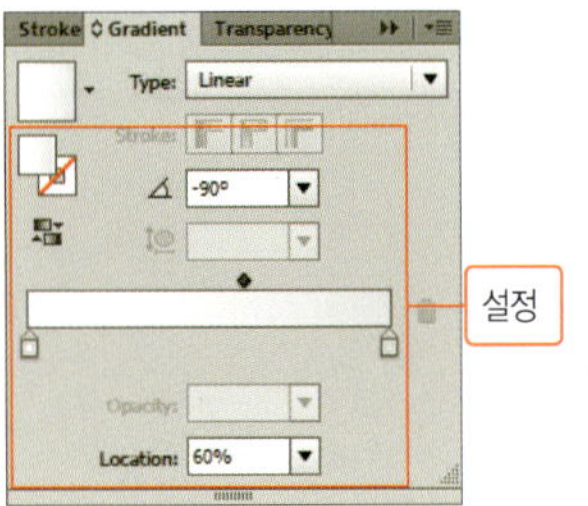

07 사각형에 맞춰 그러데이션 각도를 수정하기 위해 [Gradient] 패널에서 Angle을 '-90°'로 설정합니다. 그러데이션 슬라이더 위쪽 가운데 조절점을 클릭한 다음 Location을 '60%'로 설정합니다.

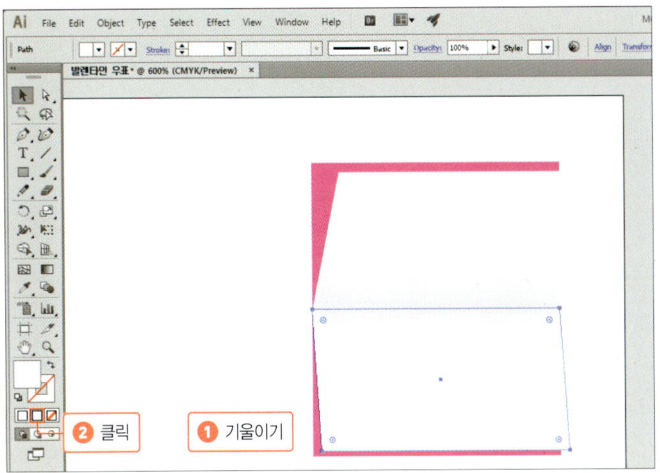

08 같은 방법으로 직접 선택 도구(, A)로 아래쪽 사각형의 아래 조절점들을 선택한 다음 오른쪽 위로 약간 이동시켜 기울입니다. 'Gradient' 아이콘(,)을 클릭하여 위쪽 사각형과 같은 그러데이션을 적용합니다.

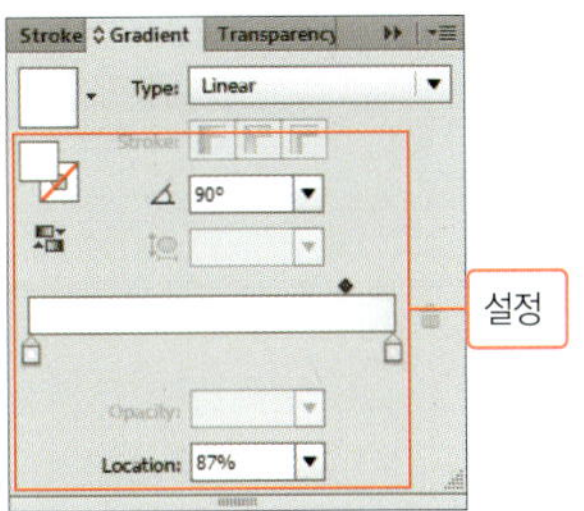

09 [Gradient] 패널에서 Angle을 '90˚'로 설정하고 그러데이션 슬라이더 위쪽 가운데 조절점을 클릭한 다음 Location을 '87%'로 설정합니다.

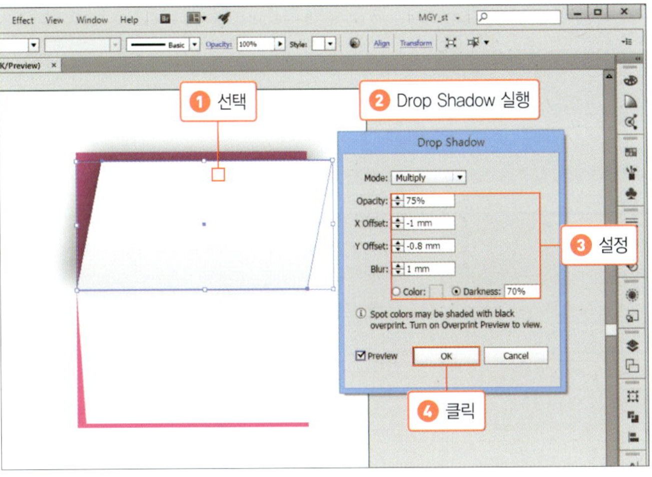

10 다시 위쪽 사각형을 선택하고 그림자 효과를 적용하기 위해 **[Effect]** → Stylize → **Drop Shadow**를 실행합니다.

[Drop Shadow] 대화상자에서 Opacity를 '75%', X Offset을 '−1mm', Y Offset을 '−0.8mm', Blur를 '1mm', Darkness를 '70%'로 설정하고 〈OK〉 버튼을 클릭합니다.

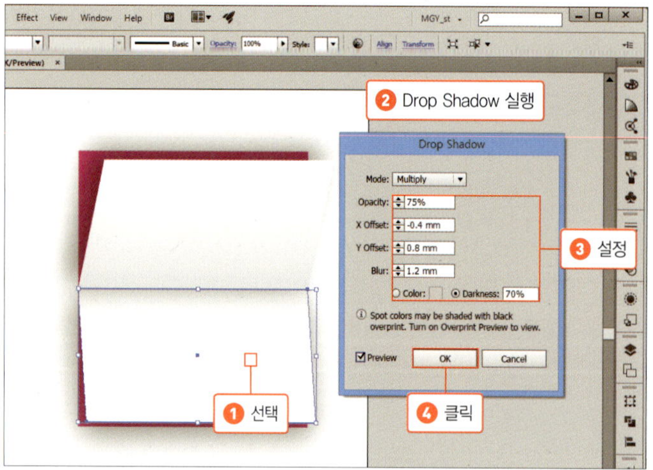

11 같은 방법으로 아래쪽 사각형을 선택하고 [Effect] → Stylize → Drop Shadow를 실행합니다.

[Drop Shadow] 대화상자에서 X Offset을 '-0.4mm', Y Offset을 '0.8mm', Blur를 '1.2mm'로 설정한 다음 〈OK〉 버튼을 클릭합니다.

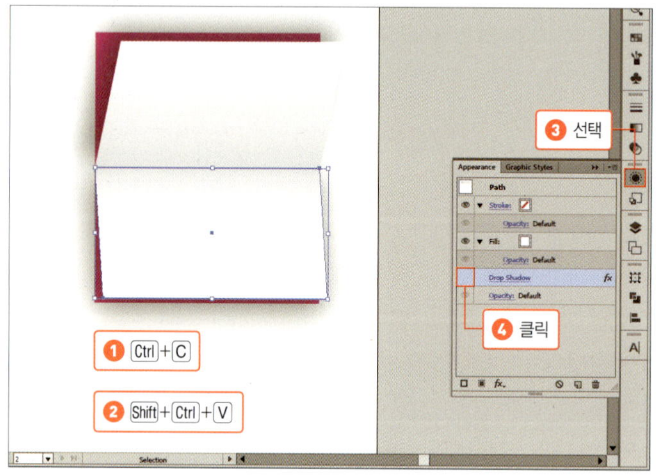

12 아래쪽 사각형이 선택된 상태에서 Ctrl+C 키를 눌러 복사하고 Shift+Ctrl+V 키를 눌러 같은 위치에 붙여 넣습니다.

13 [Appearance] 패널의 'Drop Shadow' 왼쪽에서 '눈' 아이콘(◉)을 클릭하여 그림자 효과를 숨깁니다.

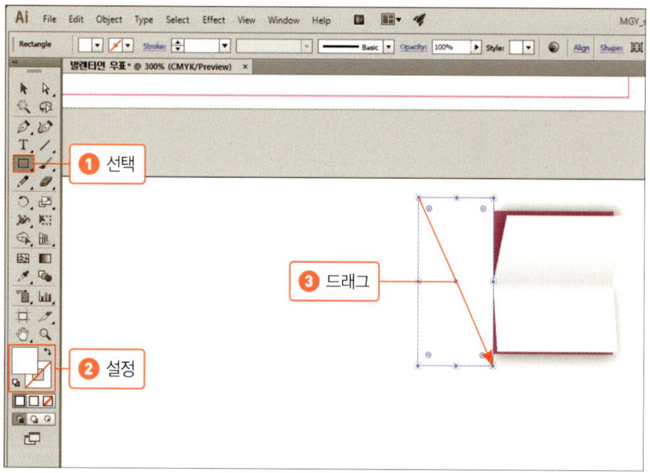

14 사각형 도구(■, M)를 선택하고 면 색상을 '흰색'으로 설정합니다. 그림과 같이 우표 왼쪽에 드래그하여 그림자를 가립니다.

4 메시지를 적는 카드 뒷면 꾸미기

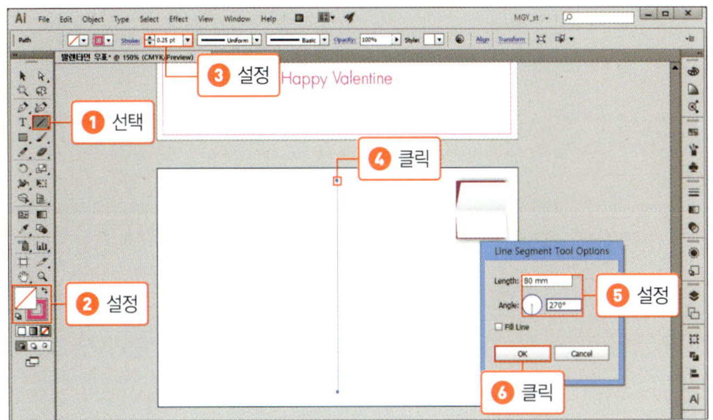

01 카드 뒷면에 메시지와 주소를 적는 부분을 만들기 위해 선 도구(☑, W)를 선택하고 면 색상을 'None', 선 색상을 'C:0%, M:100%, Y:0%, K:0%'로 설정합니다. [Control] 패널에서 Stroke를 '0.25pt'로 설정합니다.

02 아트보드 위쪽 가운데를 클릭한 다음 [Line Segment Tool Options] 대화상자에서 Length를 '80mm', Angle을 '270°'로 설정하고 〈OK〉 버튼을 클릭하여 선을 그립니다.

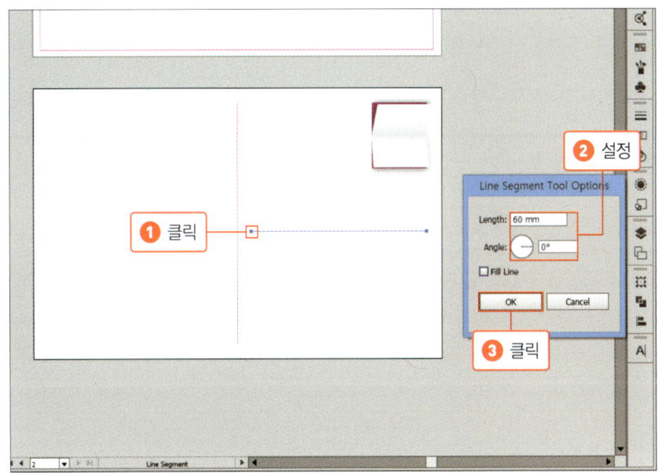

03 먼저 보내는 사람 주소를 적는 공간을 만들기 위해 그려진 선을 기준으로 오른쪽 면에 그림과 같이 시작점을 클릭합니다. [Line Segment Tool Options] 대화상자에서 Length를 '60mm', Angle을 '0°'로 설정하고 〈OK〉 버튼을 클릭하여 가로 선을 그립니다.

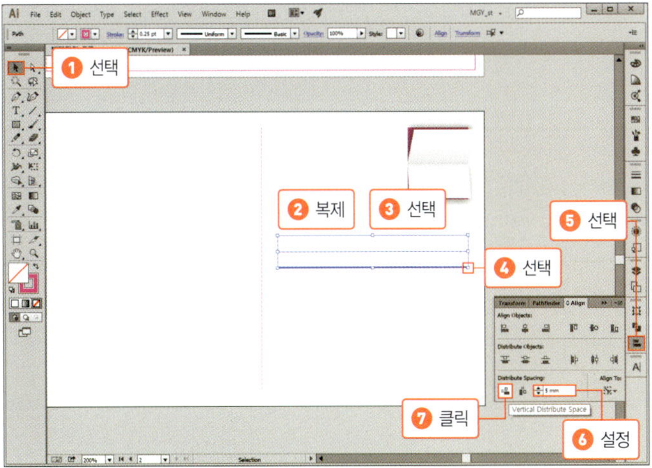

04 선택 도구(▶, V)를 선택하고 Alt+Shift 키를 누른 채 선을 위쪽으로 드래그하여 두 번 복제합니다.

05 세 개의 선을 선택하고 아래쪽 선을 다시 한 번 더 선택합니다. [Align] 패널에서 Distribute Spacing을 '5mm'로 설정한 다음 'Vertical Distribute Spacing' 아이콘(▣)을 클릭하여 아래쪽 선을 기준으로 세로 간격을 맞춥니다.

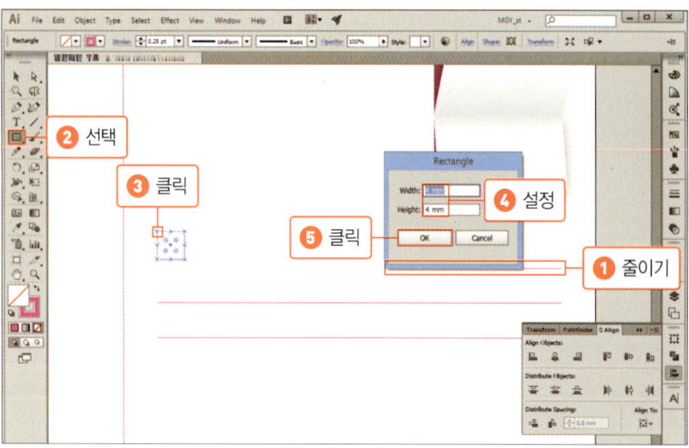

06 이번에는 위쪽 선을 선택하고 바운딩 박스의 왼쪽 조절점을 오른쪽으로 드래그하여 줄입니다.

07 사각형 도구(□, M)를 선택한 다음 우편번호 란을 만들기 위해 먼저 짧은 선 오른쪽 위를 그림과 같이 클릭합니다.
[Rectangle] 대화상자에서 Width/Height를 각각 '4mm'로 설정하고 〈OK〉 버튼을 클릭하여 정사각형을 만듭니다.

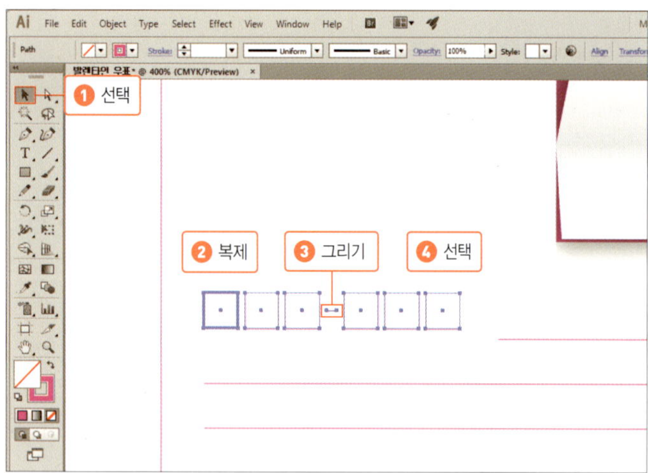

08 선택 도구(▶, V)로 Alt+Shift 키를 누른 채 정사각형을 오른쪽으로 드래그하여 복제합니다. 선 도구(╱, W)를 이용하여 우편번호 란 가운데에 짧은 가로 선을 그립니다.
정사각형과 선을 모두 선택하고 맨 왼쪽의 정사각형을 다시 한 번 선택합니다.

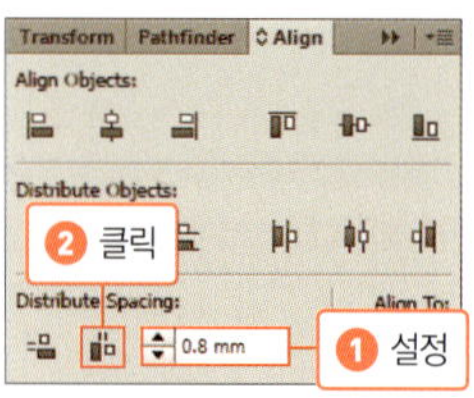

09 [Align] 패널에서 Distribute Spacing을 '0.8mm'로 설정하고 'Horizontal Distribute Spacing' 아이콘(▮▮)을 클릭하여 다시 선택한 객체를 기준으로 세로 간격을 맞춥니다.

❗ 주의

2015년 8월부터 새 우편번호가 부여되어 여섯 자리에서 다섯 자리로 바뀌었습니다. 새 우편번호를 검색하고 사각형을 다섯 개 복제해서 올바르게 적으세요.

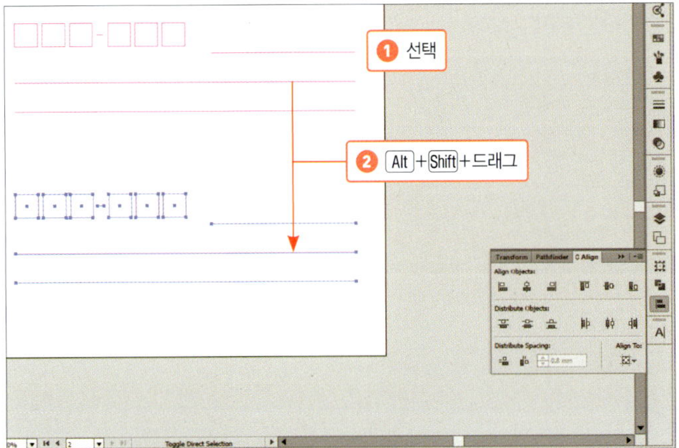

10 보낸 사람의 주소 부분을 그림과 같이 전체 선택하고 [Alt]+[Shift] 키를 누른 채 아래로 드래그하여 복제해서 받는 사람 주소 부분을 만듭니다.

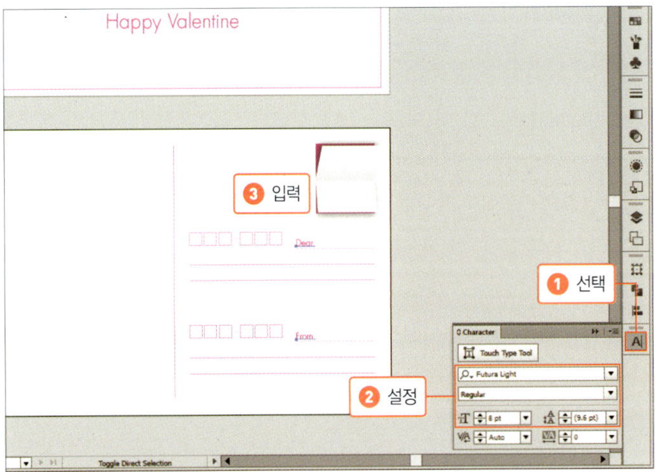

11 [Character] 패널에서 서체를 'Futura Light', 글자 크기를 '8pt'로 설정하고 문자 도구([T.], [T])로 우편번호 오른쪽에 그림과 같이 각각 'Dear.', 'From.'을 입력하여 완성합니다.

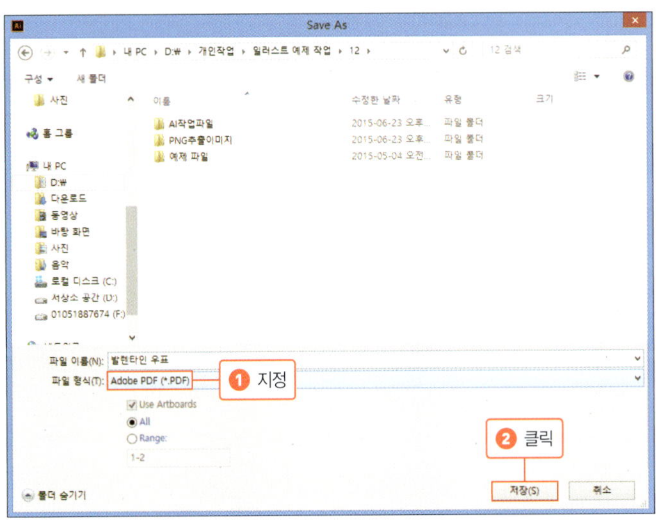

12 [File] → Save As([Shift]+[Ctrl]+[S])를 실행한 다음 [Save As] 대화상자에서 파일 형식을 'Adobe PDF (*.PDF)'로 지정하고 〈저장〉 버튼을 클릭합니다.

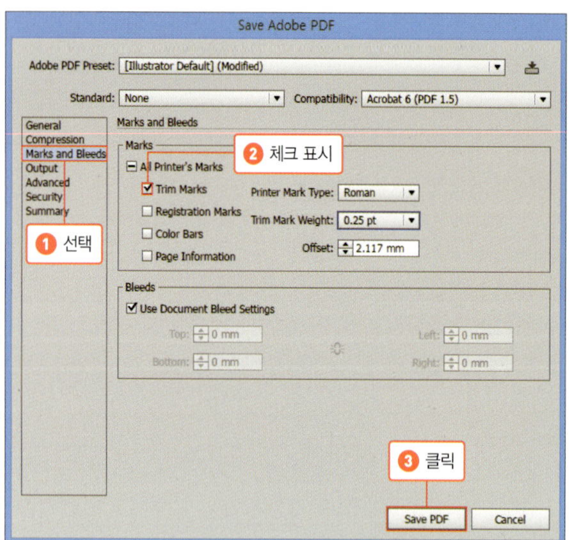

13 [Save Adobe PDF] 대화상자에서 Marks and Bleeds 항목을 선택하고 'Trim Marks'에 체크 표시하여 재단선이 보이도록 설정한 다음 〈Save PDF〉 버튼을 클릭하여 저장합니다.

14 카드를 양면 출력하여 사랑하는 사람에게 카드를 보내세요.

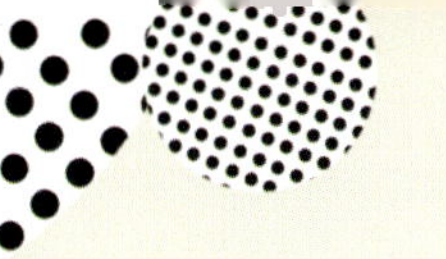

디자인 사례

결혼식, 돌잔치 등 특별한 기념일에는 분위기 있는 카드 디자인에 정성을 담아 초
대 문구를 작성할 수 있습니다. 행사의 특성에 따라 색상, 패턴 등을 적용할 수 있
습니다.

◀ 청첩장으로 사과와 야자나무 형태를 활용
하여 결혼식을 표현했으며 볼록 판화 기법으
로 유쾌한 느낌을 줍니다.

CELEBRATING LOVE

George Smith & Elena Gillbert

SUNDAY
16 AUG 2014

WHITE
CASTLE
THE CITY OF LOVE

AUGUST 16, 2014

S M T W T F S
1
2 3 4 5 6 7 8
9 10 11 12 13 14 15
16 17 18 19 20 21 22
23 24 25 26 27 28 29
30 31

EASY EDITABLE VIA SMART OBJECTS

HYPER REALISTIC VIEW

CELEBRATING LOVE

◀ 캔버스에 브러시로 그린 듯한 크리스마스 분위기의 카드 디자인으로 빨간색과 브러시의 강약으로 인해 연말의 율동적인 분위기가 느껴집니다. 스크립트체와 유기적인 장식 선을 활용하여 우아하고 여성스러운 분위기를 나타냅니다.

타이포 아트웍 디자인

문자를 이용하여 타이포 아트웍 만들기

타이포그래피를 자유자재로 변형하여 개성 있는 아트웍을 표현할 수 있습니다.
용도에 따라 인테리어 소품 등 다양하게 활용할 수 있는 타이포 아트웍 포스터를
직접 제작해 보세요!

1 일러스트를 수정하여 새로운 캐릭터 만들기

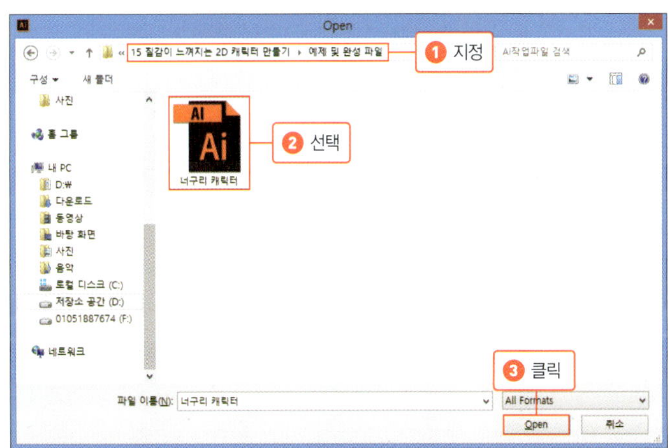

01 [File] → Open(Ctrl+O)을 실행하여 [Open] 대화상자의 07 폴더에서 '너구리 캐릭터.ai' 파일을 선택하고 〈Open〉 버튼을 클릭하여 일러스트를 불러옵니다.

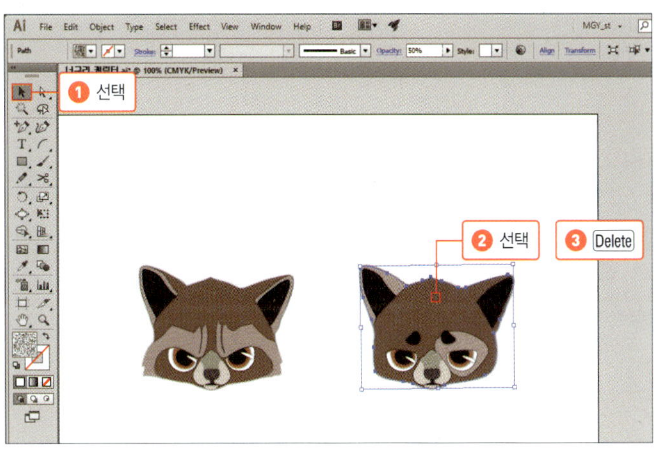

02 오른쪽의 강아지 캐릭터를 수정하여 팬더 캐릭터를 만들고 캐릭터 형태대로 타이포그래피를 변형하기 위해 먼저 선택 도구(V)를 선택합니다. 오른쪽 캐릭터에서 패턴 부분을 선택하고 Delete 키를 눌러 삭제합니다.

03 [Shift] 키를 누른 채 그림과 같이 얼굴과 코, 입 모양을 제외한 필요 없는 객체들을 선택하고 [Delete] 키를 눌러 삭제합니다.

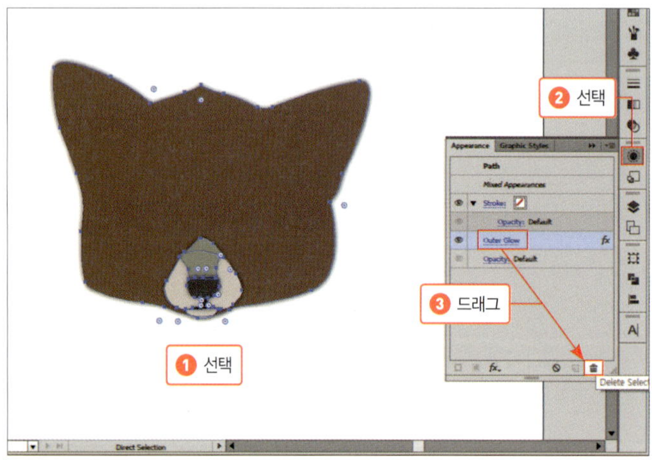

04 팬더 모양의 타이포 아트웍을 만들기 위해 먼저 남아있는 객체들을 드래그하여 선택합니다.

[Appearance] 패널에서 'Outer Glow'를 'Delete Selected Item' 아이콘(🗑)으로 드래그하여 외부 광선 효과를 제거합니다.

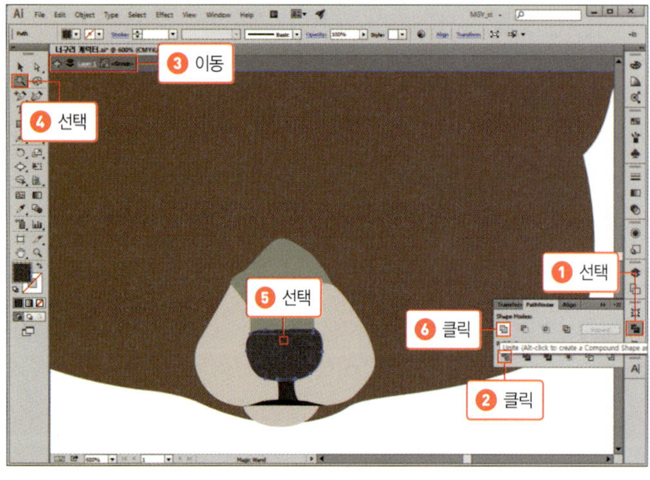

05 객체가 선택된 상태로 [Pathfinder] 패널에서 'Divide' 아이콘(🔲)을 클릭하여 겹치는 부분을 나누고 캐릭터를 더블클릭하여 그룹 편집 모드로 이동합니다.

06 마술봉 도구(🪄, [Y])를 선택한 다음 코 부분을 클릭하여 같은 색 객체들을 선택하고 'Unite' 아이콘(🔲)을 클릭하여 합칩니다.

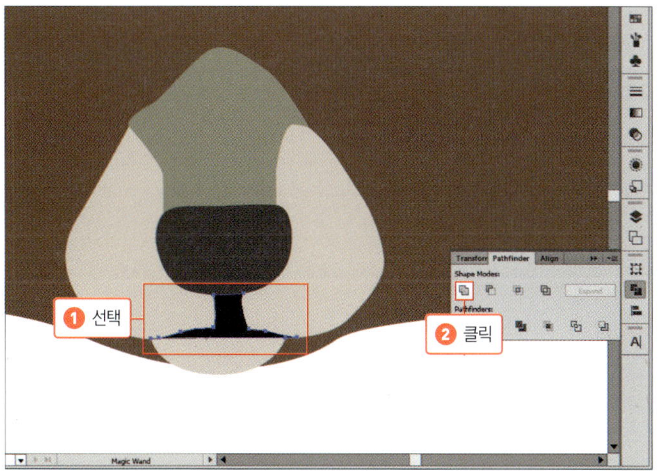

07 선택 도구(, V)를 이용하여 입과 인중 부분을 선택하고 [Pathfinder] 패널에서 'Unite' 아이콘()을 클릭해서 합칩니다.

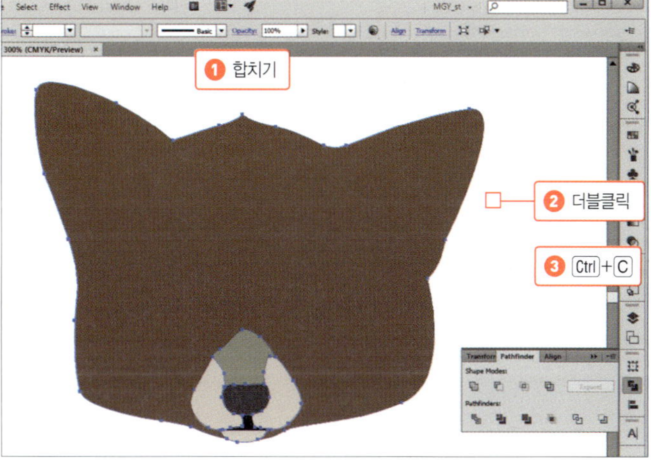

08 같은 방법으로 [Pathfinder] 패널의 'Unite' 아이콘()을 클릭하여 그림과 같이 객체들의 겹친 부분을 합칩니다.

09 여백을 더블클릭하여 편집 모드를 해제한 다음 Ctrl+C 키를 눌러 수정된 객체를 복사합니다.

2 캐릭터 형태대로 문자를 변형하여 타이포 아트웍 만들기

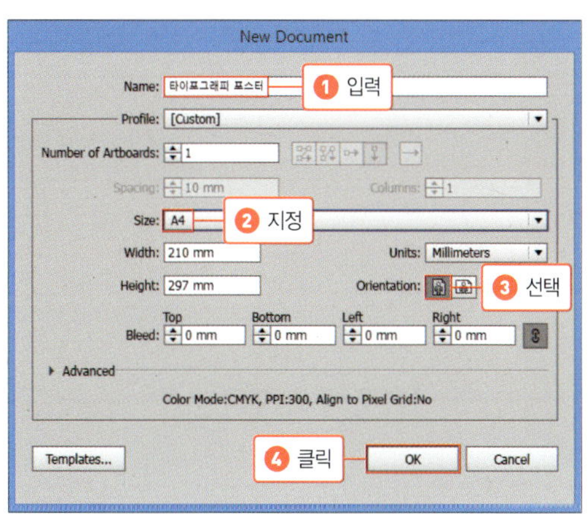

01 새로운 아트보드에서 포스터를 디자인하기 위해 먼저 [File] → New(Ctrl+N)를 실행합니다.

[New Document] 대화상자에서 Name에 '타이포그래피 포스터'를 입력한 다음 Size를 'A4', Orientation을 '세로 방향'으로 지정하고 〈OK〉 버튼을 클릭하여 새 아트보드를 만듭니다.

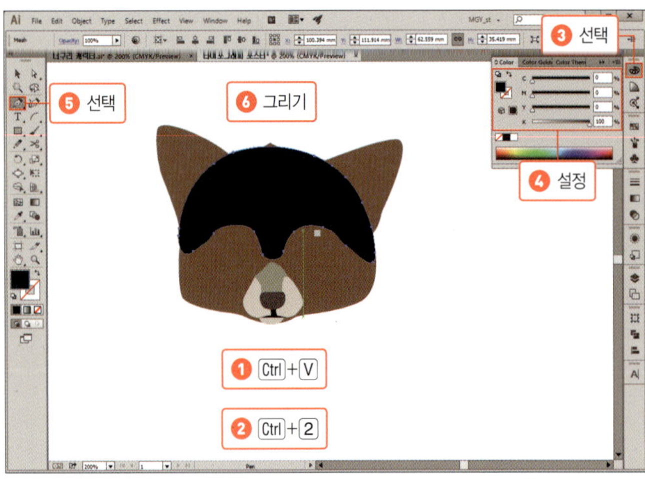

02 ⌈Ctrl⌋+⌈V⌋ 키를 눌러 이전에 복사한 객체를 붙여 넣고 ⌈Ctrl⌋+⌈2⌋ 키를 눌러 잠금 설정합니다.

03 [Color] 패널에서 면 색상을 '검은색', 선 색상을 'None'으로 설정한 다음 펜 도구(⌐, ⌈P⌋)를 이용하여 둘러싸기 왜곡 기능을 적용하려는 영역을 생각하면서 그림과 같은 형태를 만듭니다.

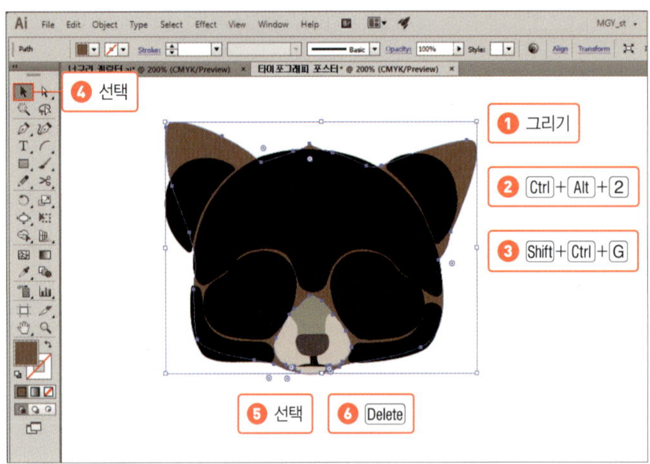

04 기존 캐릭터에서 변형하여 그림과 같이 팬더 캐릭터 형태대로 객체를 그립니다.

05 ⌈Ctrl⌋+⌈Alt⌋+⌈2⌋ 키를 눌러 모든 객체의 잠금 설정을 해제한 다음 ⌈Shift⌋+⌈Ctrl⌋+⌈G⌋ 키를 눌러 그룹을 해제합니다.
선택 도구(⌐, ⌈V⌋)로 기존 캐릭터를 선택하고 ⌈Delete⌋ 키를 눌러 삭제합니다.

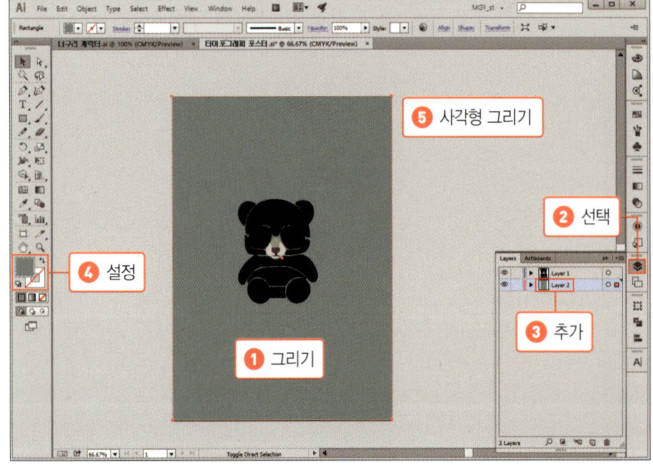

06 펜 도구(⌐, ⌈P⌋)를 이용하여 그림과 같이 팬더 캐릭터의 몸통을 그립니다.

07 [Layers] 패널에서 새 레이어를 만든 다음 'Layer 1' 레이어 아래로 이동시킵니다.
면 색상을 'C:50%, M:20%, Y:30%, K:25%'로 설정하고 사각형 도구(⌐, ⌈M⌋)를 이용하여 아트보드 크기에 맞춰 드래그해서 그림과 같이 사각형 배경을 만듭니다.

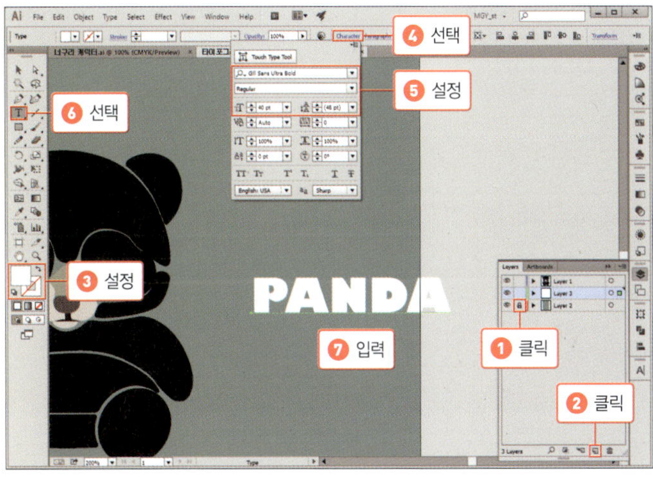

08 [Layers] 패널에서 'Layer 2' 레이어의 '잠금' 아이콘(🔒)을 클릭하여 잠금 설정한 다음 'Create New Layer' 아이콘(🗔)을 클릭하여 새 레이어를 만듭니다.

09 면 색상을 '흰색'으로 설정한 다음 [Character] 패널에서 서체를 'Gill Sans Ultra Bold', 글자 크기를 '40pt'로 설정합니다. 문자 도구(T, T)를 이용하여 캐릭터 오른쪽에 'PANDA'를 입력합니다.

10 선택 도구(▶, V)로 Alt 키를 누른 채 문자를 드래그하여 그림과 같이 효과를 적용하려는 객체 아래에 겹치도록 이동시켜 복제합니다. Shift 키를 누른 채 문자와 객체를 선택합니다.

11 문자를 객체 형태대로 왜곡하여 타이포 아트웍을 만들기 위해 [Object] → Envelope Distort → Make With Top Object(Alt + Ctrl + C)를 실행합니다.

12 같은 방법으로 캐릭터에 흰색 문자를 적용할 위치로 문자를 복제한 다음 문자와 효과를 적용할 객체를 선택하고 Alt + Ctrl + C 키를 눌러 왜곡 효과를 적용합니다.

13 흰색 문자를 이용하여 그림과 같이 팬더의 흰색 부분에 모두 둘러싸기 왜곡 효과를 적용합니다.

14 이번에는 검은색 부분에 타이포 아트워크을 적용하기 위해 오른쪽 문자를 선택하고 [Color] 패널에서 면 색상을 '검은색'으로 설정합니다.

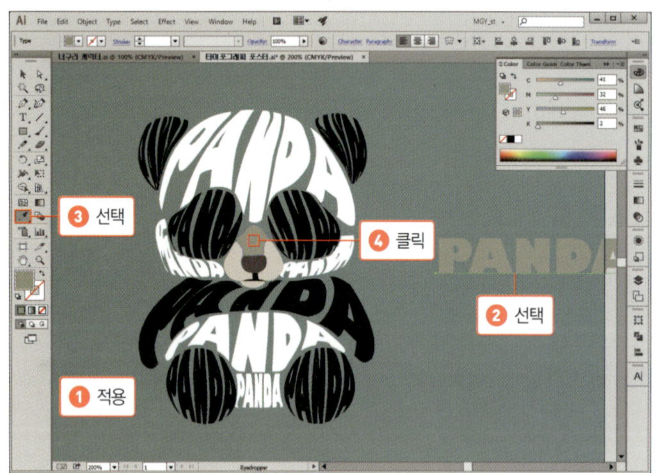

15 같은 방법으로 문자를 왜곡할 객체 뒤에 복제하여 배치하고 Alt+Ctrl+C 키를 눌러 그림과 같이 둘러싸기 왜곡 효과를 적용합니다.

16 다시 오른쪽 문자를 선택하고 스포이트 도구(ↄ, I)로 콧등 부분을 클릭하여 문자 색을 변경합니다.

17 같은 방법으로 코 부분에 둘러싸기 왜곡 효과를 적용합니다.

18 이어서 오른쪽 문자를 선택하고 스포이트 도구(ↄ, I)로 입 부분을 클릭하여 문자 색을 변경합니다.

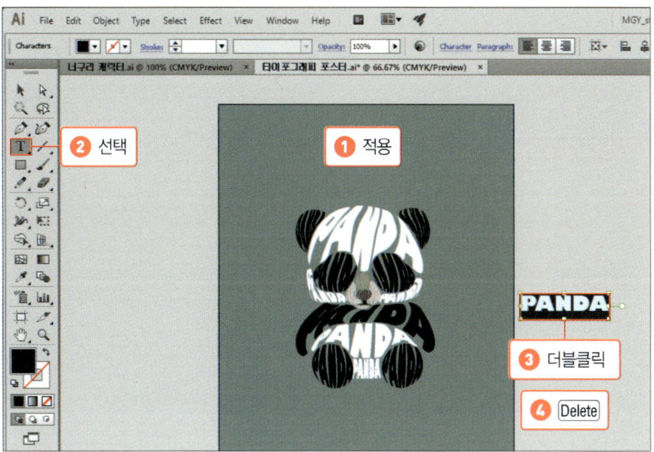

19 나머지 객체들도 둘러싸기 왜곡 효과를 적용시켜 타이포 아트웍을 이용한 팬더 캐릭터를 완성합니다.

20 이번에는 포스터 제목을 입력하기 위해 문자 도구(T., T)를 선택하고 오른쪽 문자를 더블클릭하여 선택한 다음 Delete 키를 눌러 삭제합니다.

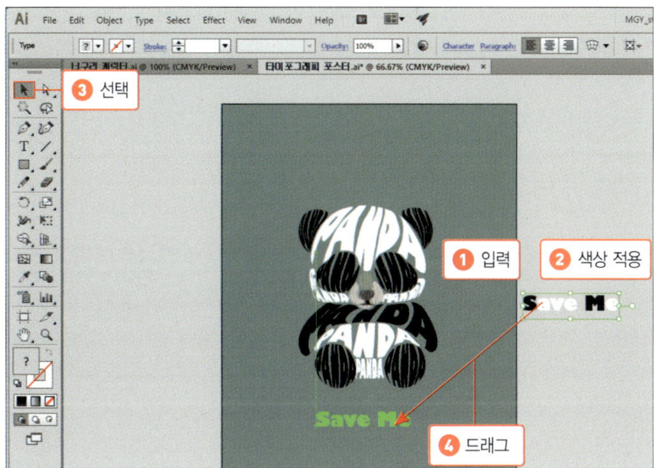

21 'Save Me'를 입력하고 대문자 'S'와 'M'은 면 색상을 '검은색', 소문자들은 면 색상을 '흰색'으로 설정합니다.
선택 도구(▶, V)로 문자를 드래그하여 팬더 캐릭터 아래로 이동합니다.

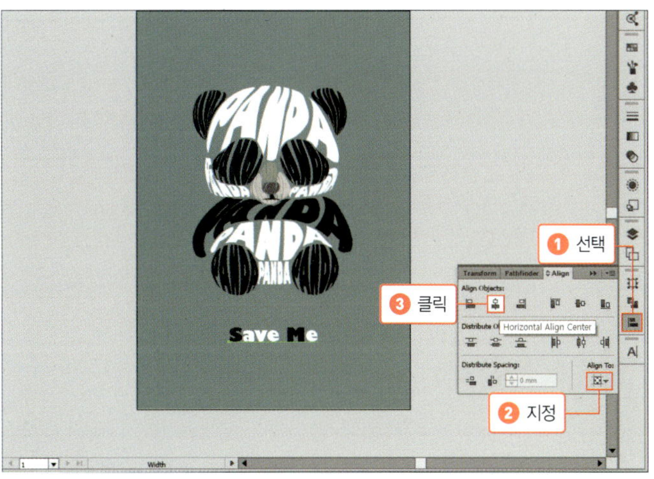

22 문자가 선택된 상태로 [Align] 패널에서 Align To를 'Align to Artboard'로 지정하고 'Horizontal Align Center' 아이콘(⬚)을 클릭하여 아트보드 가운데에 정렬합니다.

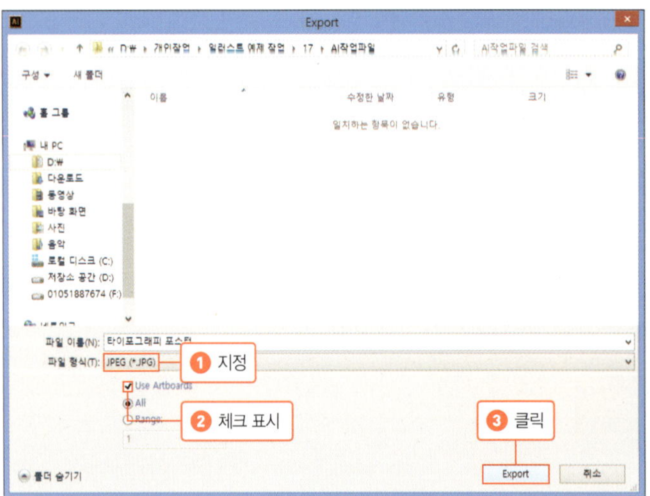

23 [File] → Export를 실행하여 [Export] 대화상자에서 파일 형식을 'JPEG (*.JPG)'로 지정하고 'Use Artboard'에 체크 표시한 다음 〈Export〉 버튼을 클릭합니다.

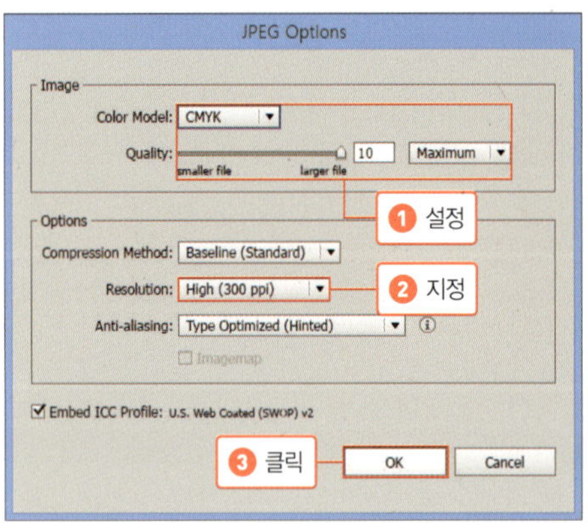

24 [JPEG Options] 대화상자에서 Color Model을 'CMYK', Quality를 'Maximum', Resolution을 'High (300 ppi)'로 지정한 다음 〈OK〉 버튼을 클릭하여 완성합니다.

25 JPG 이미지로 저장된 타이포 아트웍을 출력하여 포스터처럼 액자에 끼우거나 벽에 붙여 인테리어 소품으로 활용할 수 있습니다.

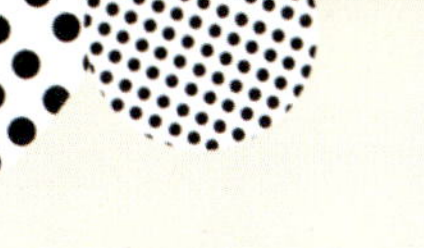

디자인 사례

문자를 자유롭게 변형하여 완성하는 타이포 아트웍은 장식적인 형태, 이미지 등과 결합하여 가독성을 높입니다. 변형된 타이포그래피를 포스터, 장식품과 결합하여 인테리어를 꾸밀 수 있습니다.

◀ 3D처럼 입체적으로 보이도록 명암의 변화를 적용한 꽃과 물고기의 장식적인 형태, 산세리프체가 대비되면서 배경 이미지와 문자의 가독성을 높인 작품입니다. LOST 글자는 검은색으로 처리하여 사라지는 의미를 강조했고, 반대로 찾았다는 의미의 FOUND는 흰색으로 표현하여 떠오르는 인상을 줍니다.

◀ 'it's a long way down' 문장의 가독성보다 유연한 선으로 연결하여 심미성을 강조한 작품입니다. 이슬람풍의 장식품을 연상시키며 선들을 모두 연결하여 율동감이 연출되었습니다.

입체 카드 디자인

문자를 변형하여 입체 카드 만들기

타이포그래피를 활용한 입체 카드로 사랑을 고백해 보세요. 이때 어떤 서체를 사용하느냐에 따라 분위기를 다양하게 연출할 수 있습니다. 카드뿐만 아니라 원하는 문구를 넣어 책갈피 등에도 응용해 보세요.

1 네 잎 클로버 형태의 입체 카드 만들기

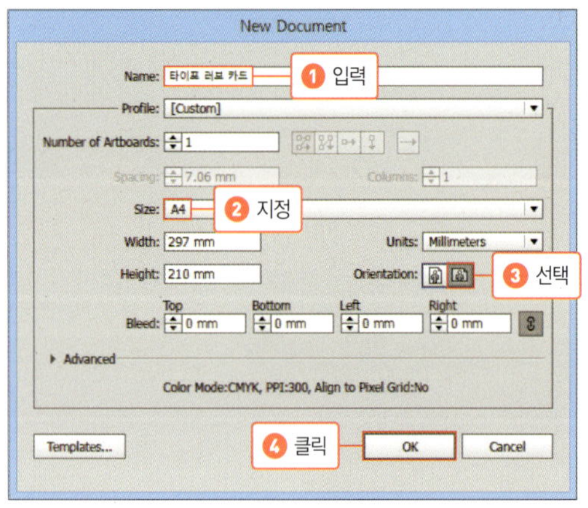

01 [File] → New(Ctrl+N)를 실행합니다. [New Document] 대화상자에서 Name에 '타이포 러브 카드'를 입력하고 Size를 'A4', Orientation을 '가로 방향'으로 지정한 다음 〈OK〉 버튼을 클릭하여 새 아트보드를 만듭니다.

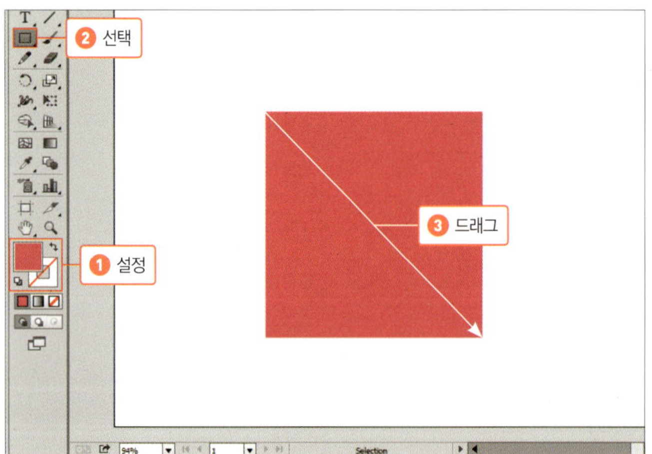

02 네 잎 클로버 형태의 카드를 디자인하기 위해 먼저 면 색상을 'C:0%, M:100%, Y:43%, K:0%'로 설정합니다.
사각형 도구(□, M)를 선택하고 아트보드에 드래그하여 가로/세로가 각각 '100mm'인 사각형을 그립니다.

TIP 사각형 크기를 정확하게 설정하려면 [Rectangle] 대화상자나 [Transform] 패널, [Control] 패널의 'Shape'를 선택하여 수치를 설정합니다.

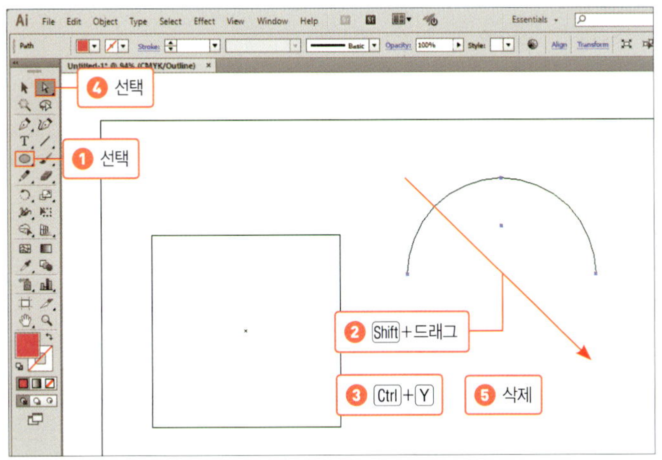

03 사각형을 둘러싸는 반원을 추가하기 위해 원형 도구(◎, L)를 선택하고 Shift 키를 누른 채 드래그하여 지름이 '100mm'인 원을 그립니다.

편리한 작업을 위해 Ctrl+Y 키를 눌러 패스 보기로 변경합니다. 직접 선택 도구(▷, A)를 선택하고 원 아래쪽 기준점을 선택한 다음 Delete 키를 눌러 삭제합니다.

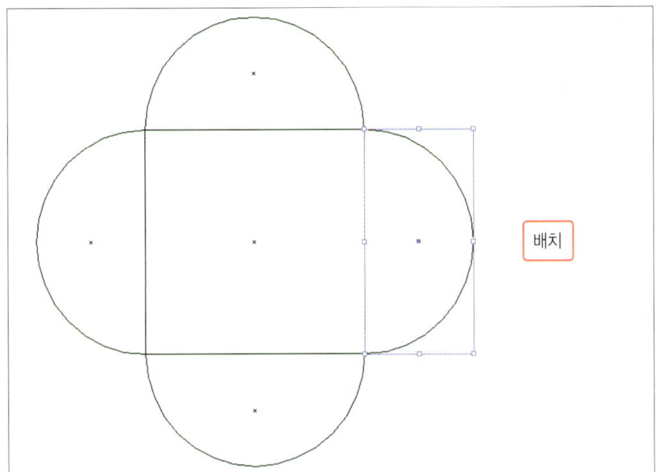

04 선택 도구(▶, V)를 이용하여 호를 선택한 다음 Alt 키를 누른 채 세 번 드래그하고 회전해서 그림과 같이 사각형 테두리에 배치합니다.

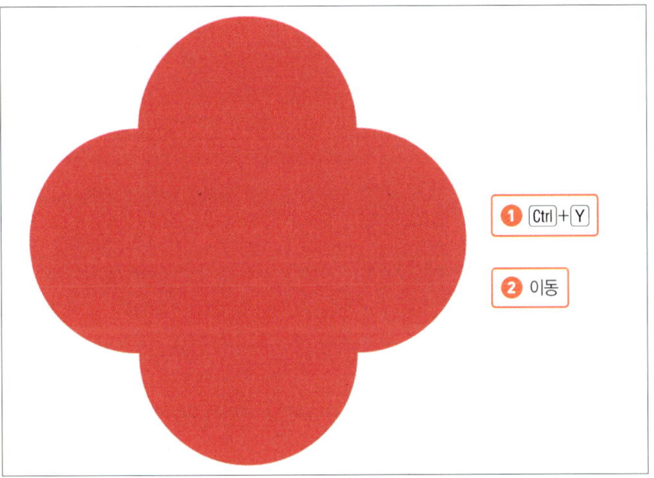

05 다시 Ctrl+Y 키를 눌러 패스 보기를 해제합니다.

입체 카드 배경으로 사용할 클로버 모양 객체를 아트보드 여백으로 드래그합니다.

2 패스를 따라 흐르는 타이포그래피로 사랑의 메시지 전하기

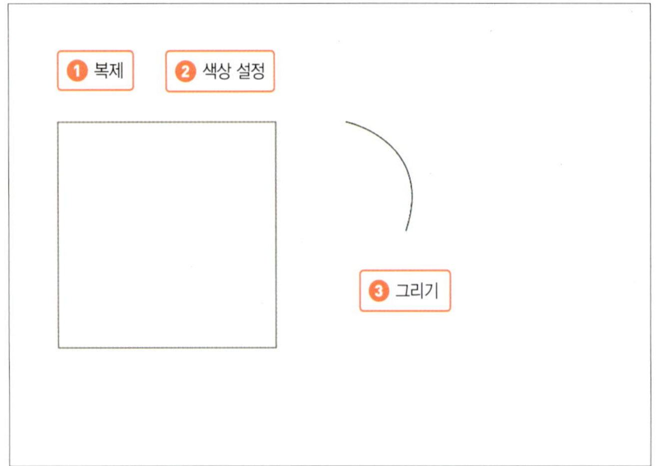

01 사각형을 복제하여 그림과 같이 배치한 다음 면 색상을 '흰색', 선 색상을 '검은색'으로 설정합니다.

펜 도구(🖉, P)를 이용하여 그림과 같이 문자를 변형하기 위한 곡선을 그립니다.

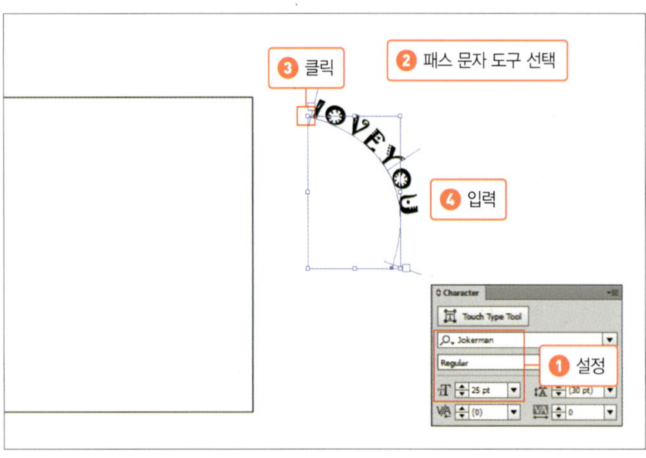

02 패스를 따라 흐르는 타이포그래피를 디자인하기 위해 먼저 [Character] 패널에서 서체를 'Jokerman', 글자 크기를 '25pt'로 설정합니다.

패스 문자 도구(🖉, T)를 선택하고 곡선을 클릭한 다음 'I LOVE YOU'를 입력합니다.

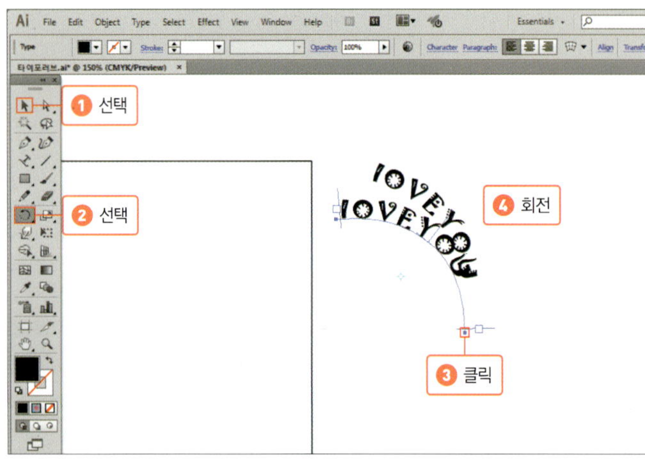

03 선택 도구(▶, V)를 선택하여 문자를 선택 상태로 만들고 회전 도구(↻)를 선택합니다. 문자의 패스 선 아래를 클릭하여 기준점을 지정하고 오른쪽으로 20° 정도 드래그하여 회전해서 그림과 같이 배치합니다.

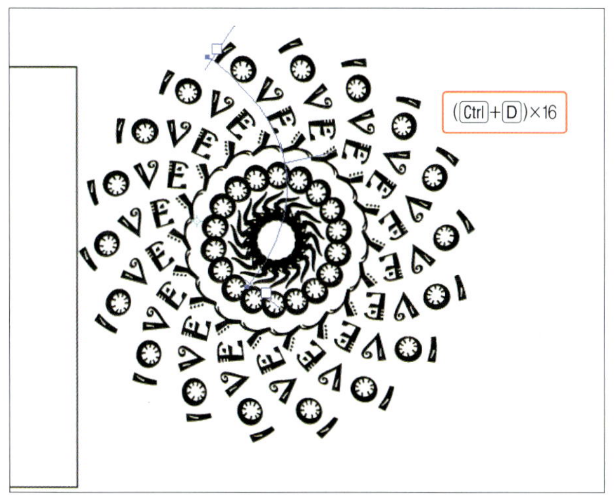

04 Ctrl+D 키를 16번 눌러 그림과 같이 소용돌이 형태의 타이포그래피를 만듭니다.

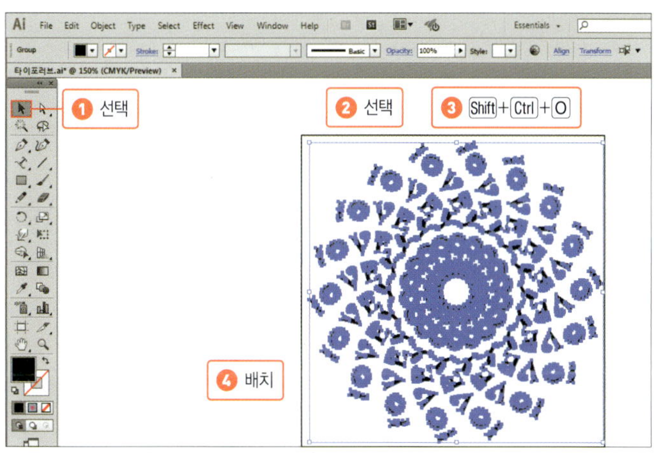

05 선택 도구(V)로 문자들을 선택한 다음 Shift+Ctrl+O 키를 눌러 객체로 변경합니다. 정사각형을 이동시켜 그림과 같이 타이포그래피 패턴에 알맞게 배치합니다.

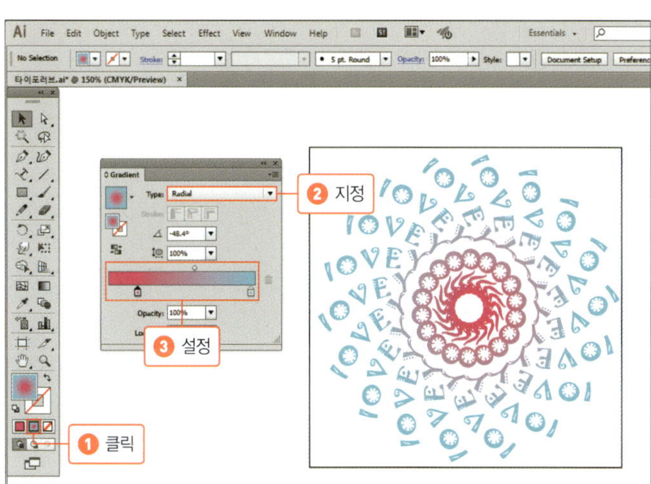

06 객체가 선택된 상태에서 'Gradient' 아이콘(>)을 클릭하여 그러데이션을 적용합니다.
[Gradient] 패널에서 Type을 'Radial'로 지정하여 원형 그러데이션으로 변경합니다. 그러데이션 슬라이더 왼쪽 아래 조절점은 'C:0%, M:97%, Y:22%, K:0%', 오른쪽 아래 조절점은 'C:60%, M:0%, Y:12%, K:0%'로 설정하여 그러데이션을 변경합니다.

07 아트보드 여백의 꽃 모양과 사각형 배경을 그림과 같이 배치해서 입체 카드를 완성합니다.

08 [File] → **Export**를 실행하여 [Export] 대화상자에서 파일 형식을 'JPEG (*.JPG)'로 지정한 다음 〈Export〉 버튼을 클릭합니다. [JPEG Options] 대화상자에서 Color Model을 'CMYK'로 지정하고 Quality를 'Maximum'으로 지정합니다. Resolution을 'High (300 ppi)'로 지정한 다음 〈OK〉 버튼을 클릭하여 완성합니다.

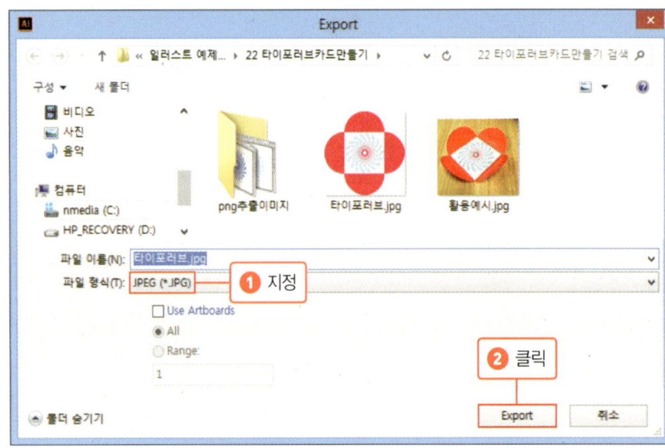

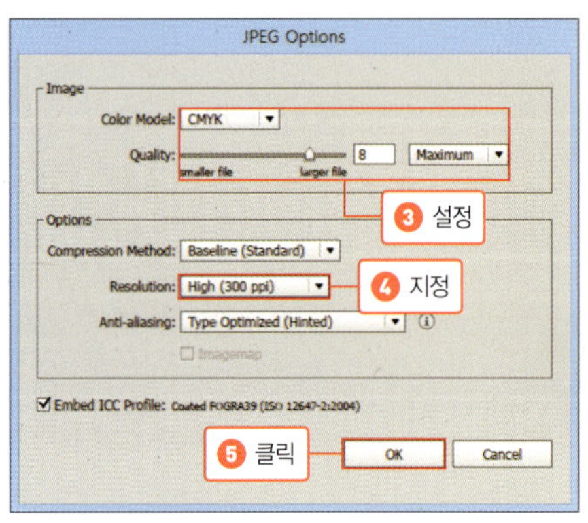

09 JPG 이미지를 출력하고 외곽선에 알맞게 자른 다음 접어서 입체 카드를 만들어 사랑의 메시지를 전달해 보세요.

디자인 사례

타이포그래피를 활용하여 다양한 형태의 카드를 만들 수 있습니다. 입체 카드에서
부터 빈티지 이미지와 결합한 감각적인 디자인도 완성할 수 있습니다.

▲ 식물의 줄기를 연상시키는 유기적인 곡선과 다양한 이탤릭체를
활용하여 트렌디하고 고풍스러운 느낌의 카드 디자인입니다. 타이포
그래피의 두께 대비를 통해 경쾌한 리듬감이 느껴집니다.

건국대학교 시각영상디자인학부
영상디자인전공 교수

이용우

단순한 평면 디자인 작업에서부터 촬영, 편집 등 다양한 영역의 시각 영상 디자인을 교육하고 있다.

● 현재 어떤 작업을 하고 있나요?

건국대학교 시각영상디자인학부 영상디자인과 학생들을 가르치면서 이론과 컴퓨터 실습을 병행하고 있습니다. 교육 과정을 통해 최종적으로 디자인 전문 능력을 표현하는 Creative Technologist로 성장시켜 나가고 있습니다.

● 자주 사용하는 도구, 패널, 기능에는 어떤 것이 있나요?

디자인의 특성상 펜 도구, 스포이트 도구, 마술봉 도구 등을 자주 사용하며, [Effect] → Blur → Gaussian Blur 메뉴를 실행하여 효과를 표현합니다.

● 어려운 배색은 주로 어떻게 해결하나요?

보색 대비를 좋아해서 원색에 가까우면서도 반대되는 색을 섞는 배색을 좋아합니다. 좋아 보이는 배색을 위한 기법은 [Window] → Swatch Libraries → Color books → Pantone+Solid Coated를 실행하여 색상 라이브러리를 활용하는 것입니다. 화려하고 다채로운 디자인 작업에 더없이 다양하게 활용할 수 있습니다.

● 색상 모드에 따른 문제 해결 노하우는 무엇인가요?

감각적으로 색을 선택한 다음 정교하게 수치를 설정해서 최종 출력 상태를 고려하고 테스트하여 최종적으로 색상을 선택합니다. 모니터에서 보이는 색상과 최종 출력 데이터는 분명 다르기 때문에 원하는 색상을 설정하기 위해서 정교하게 색상 수치를 바꾸면서 작업합니다.

아날로그와 디지털 기법을 활용해서 디자인합니다. 컴퓨터 프로그램이 모든 것을 대신할 수 없기 때문이지요. 디지털 프로그램을 이용하면서도 인간적이고 자연스러운 느낌을 나타내기 위해 아날로그와 디지털 기법을 넘나들면서 작업합니다. 최종적으로는 확대, 축소해도 디자인이 변형되지 않도록 일러스트레이터에서 저장하여 완성합니다.

Splash Effects
정제되지 않은 거친 붓터치 배경과 역동적인 선 이미지를 다양한 보색 대비로 표현하였습니다. 전통적인 아날로그 기법인 붓터치를 디지털 이미지로 변환하여 일러스트레이터의 디지털 색상을 이용하여 정교하고도 화려하게 표현했습니다.

카드 디자인

To.

선과 도형으로 귀여운 캐릭터 카드 만들기

다양한 선과 도형 스타일을 이용해서 캐릭터 카드와 함께 귀여운 봉투를 만들어
보세요. 이 방법을 응용하여 다른 동물 카드도 만들 수 있습니다.

1 달걀 모양 카드 봉투 만들기

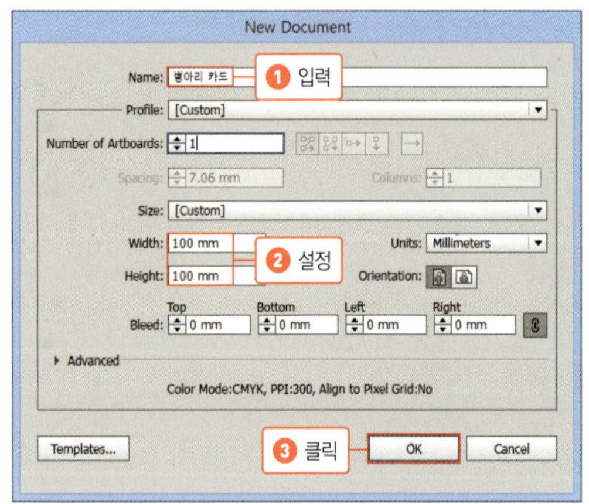

01 [File] → New(Ctrl+N)를 실행합니다.
[New Document] 대화상자에서 Name에 '병
아리 카드'를 입력하고 Width/Height를 각각
'100mm' 설정한 다음 〈OK〉 버튼을 클릭하여
새 아트보드를 만듭니다.

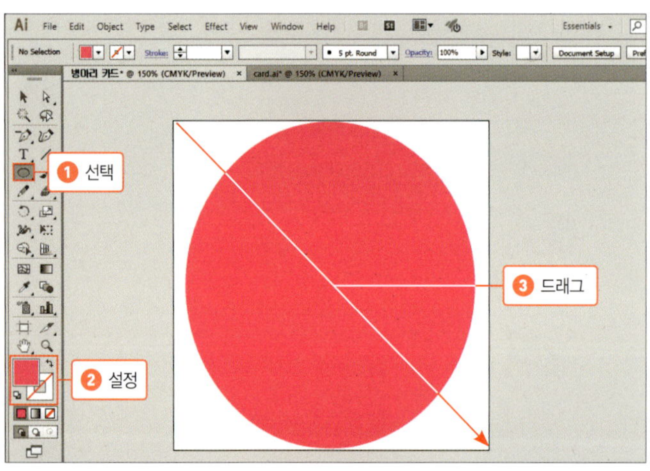

02 달걀 모양의 카드 봉투 형태를 디자인하
기 위해 원형 도구(⬭, L)를 선택하고 면 색
상을 'C:0%, M:95%, Y:20%, K:0%', 선 색상을
'None'으로 설정합니다. 그림과 같이 아트보
드와 비슷한 크기의 원을 그립니다.

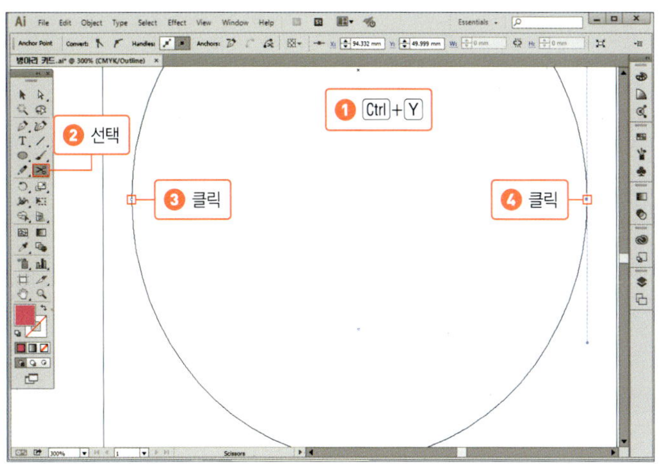

03 Ctrl+Y 키를 눌러 패스 보기로 전환하고 깨진 달걀 형태를 만들기 위해 먼저 가위 도구(✂)를 선택한 다음 그림과 같이 원의 양쪽 기준점을 각각 클릭하여 자릅니다.

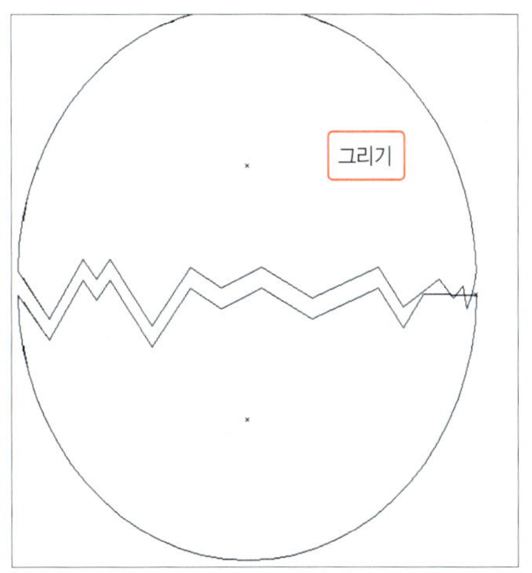

04 펜 도구(✏, P)로 나눠진 양쪽 기준점에서 시작하여 선을 이어 그림과 같이 달걀 위아래에 지그재그 형식으로 깨진 달걀 형태를 그립니다.
오른쪽 끝부분은 카드 봉투로 이용할 위아래에 연결고리를 만들어야 하기 때문에 그림과 같이 너무 날카롭지 않게 이어서 그립니다.

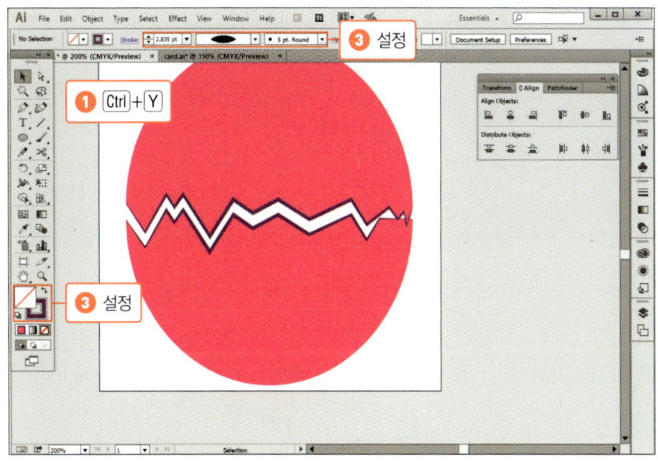

05 다시 Ctrl+Y 키를 눌러 패스 보기를 해제하고 선 색상을 'C:68%, M:100%, Y:26%, K:18%', 면 색상을 'None'으로 설정합니다.
[Control] 패널에서 Stroke를 '2,835pt' 정도로 설정하고 선 스타일을 'Width Profile 1'로 지정합니다.

2 선과 도형으로 아기자기하게 꾸미기

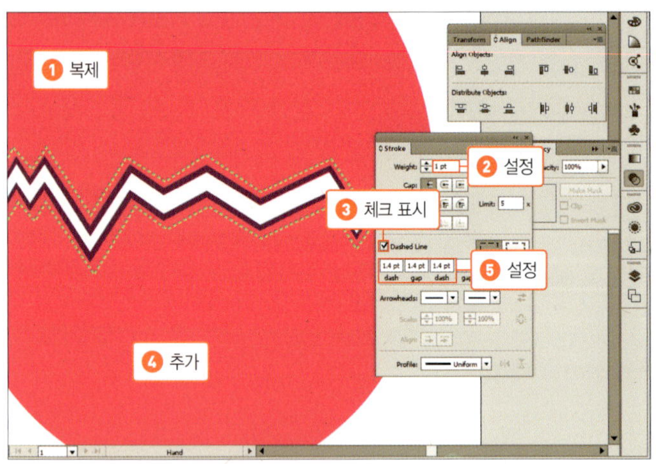

01 깨진 달걀 모양 봉투를 꾸미기 위해 먼저 위쪽 선을 선택하고 약간 위쪽에 복제한 다음 선 색상을 'C:48%, M:100%, Y:62%, K:0%'로 설정합니다.
[Stroke] 패널에서 Weight를 '1pt'로 설정한 다음 'Dashed Line'에 체크 표시하고 그림과 같이 dash/gap/dash을 각각 '1.41pt'로 설정합니다. 아래쪽도 같은 방법으로 점선을 추가합니다.

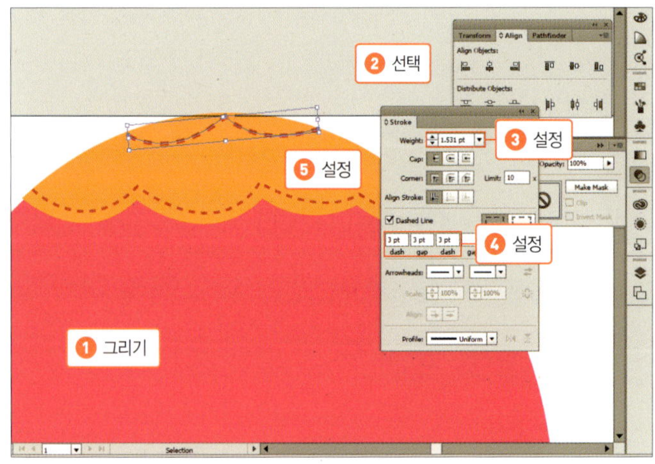

02 펜 도구(✐, P)를 선택하고 면 색상을 'C:0%, M:50%, Y:100%, K:0%'로 설정한 다음 윗부분에 그림과 같은 장식을 그립니다.
면 색상을 'None', 선 색상을 'C:14%, M:94%, Y:88%, K:4%'로 설정한 다음 그림과 같이 물결 모양의 선을 그립니다. [Stroke] 패널에서 Weight를 '1.531pt' 정도로 설정하고 'Dashed Line'에 체크를 표시한 다음 dahs/gap을 각각 '3pt'로 설정합니다. 아래쪽 점선은 좀 더 얇게 만들어 봅니다.

아래쪽 선 • Weight – 1pt
　　　　　　dash/gap/dash – 2.2pt

03 달걀 아래쪽도 그림과 같이 같은 색상으로 장식합니다.

04 원형 도구(◉)를 선택하고 [Control] 패널에서 Stroke를 '3pt'로 설정하고 선 스타일을 'Width Profile 2'로 지정합니다. 위쪽 달걀에 드래그하여 원을 그리고 여러 개 복제한 다음 몇 개의 원은 [Transparency] 패널에서 Opacity를 '30%'로 설정하여 불투명도를 적용합니다.

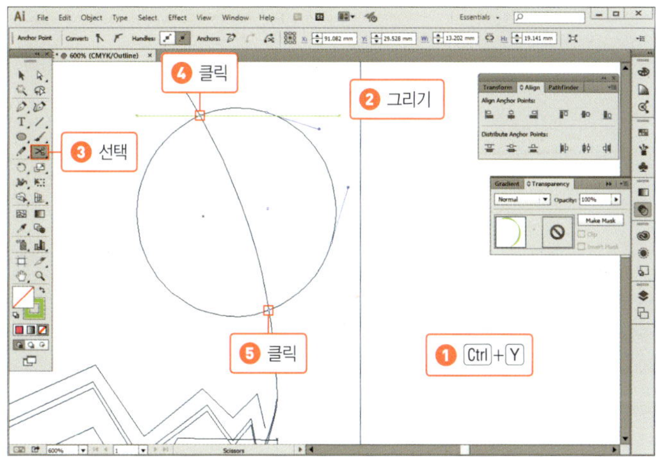

05 Ctrl+Y 키를 눌러 패스 보기에서 원형 도구(◉, L)를 이용하여 오른쪽 위에 그림과 같이 원을 그립니다. 가위 도구(✂)를 이용하여 외곽 부분을 클릭하여 자릅니다.

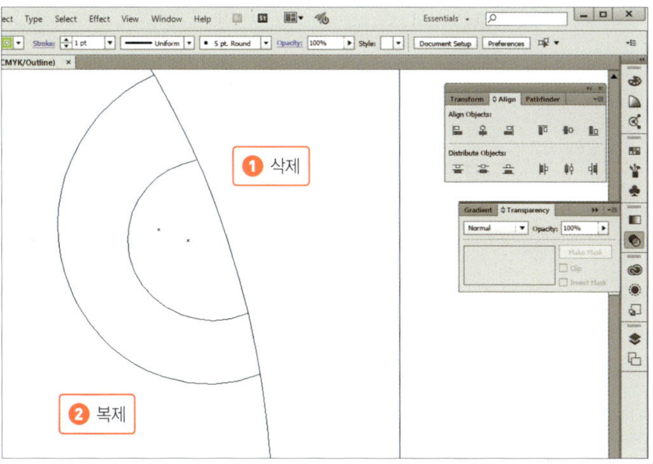

06 직접 선택 도구(▷, A)로 불필요한 부분을 선택하고 Delete 키를 눌러 지웁니다. 왼쪽 반원을 선택한 다음 Shift+Alt 키를 누른 채 안쪽으로 드래그하여 그림과 같이 축소합니다.

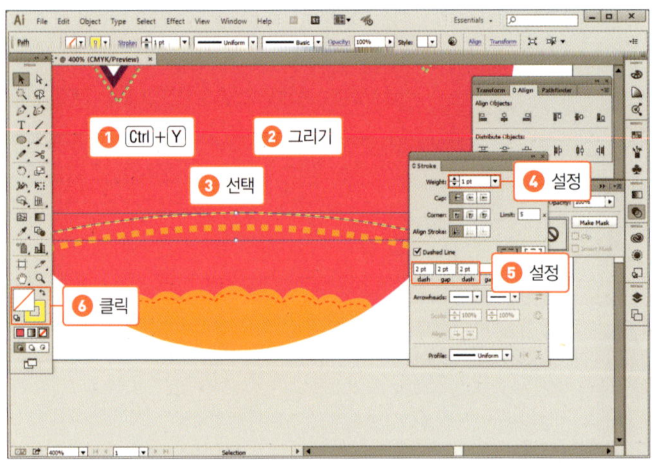

07 [Ctrl]+[Y] 키를 눌러 패스 보기를 해제한 다음 펜 도구(✐, [P])로 아래쪽에 곡선을 그립니다.

선을 선택하고 [Stroke] 패널에서 Weight를 '1pt'로 설정합니다. 'Dashed Line'에 체크 표시하고 dash/gap/dash을 각각 '2pt'로 설정한 다음 선 색상을 'C:0%, M:0%, Y:100%, K:0%'로 설정합니다.

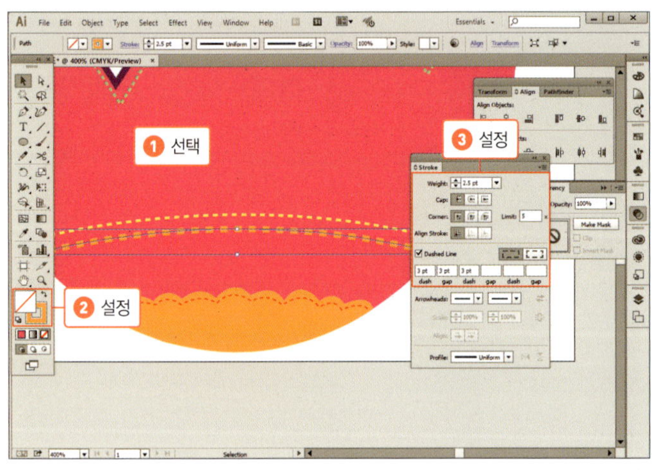

08 아래쪽에도 선을 추가하기 위해 선 색상을 'C:0%, M:50%, Y:100%, K:0%'로 설정합니다. [Stroke] 패널에서 Weight를 '2.5pt'로 설정하고 'Dashed Line'에 체크 표시한 다음 dash/gap/dash을 각각 '3pt'로 설정합니다.

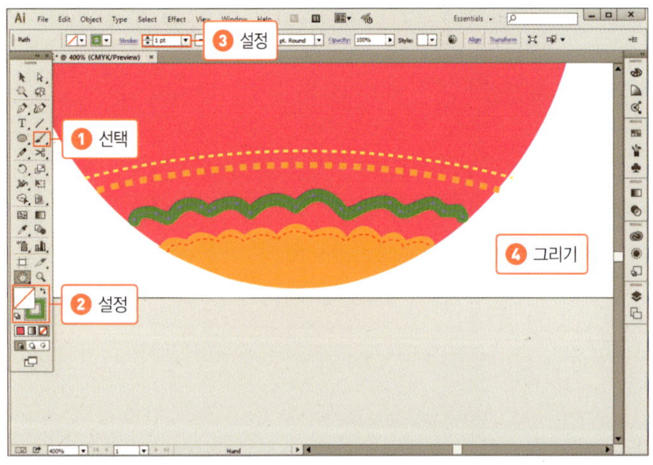

09 브러시 도구(✐)를 선택하고 선 색상을 'C:85%, M:10%, Y:100%, K:10%'으로 설정한 다음 [Control] 패널에서 Stroke를 '1pt' 설정합니다. [[], []] 키를 누르며 브러시 크기를 조정하여 그림과 같이 선을 그립니다.

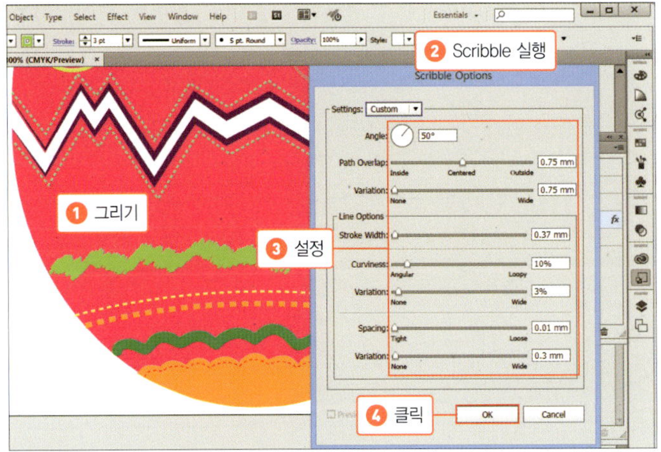

10 펜 도구(, P)를 선택하고 원하는 색상으로 그림과 같이 선을 그립니다.

[Effect] → Stylize → Scribble을 실행하여 [Scribble Options] 대화상자에서 그림과 같이 설정한 다음 〈OK〉 버튼을 클릭합니다.

Angle • 50°
Path Overlap/Variation • 0.75mm
Stroke Width • 0.37mm
Curviness • 10%
Variation • 3%
Spacing • 0.01mm
Variation • 0.3mm

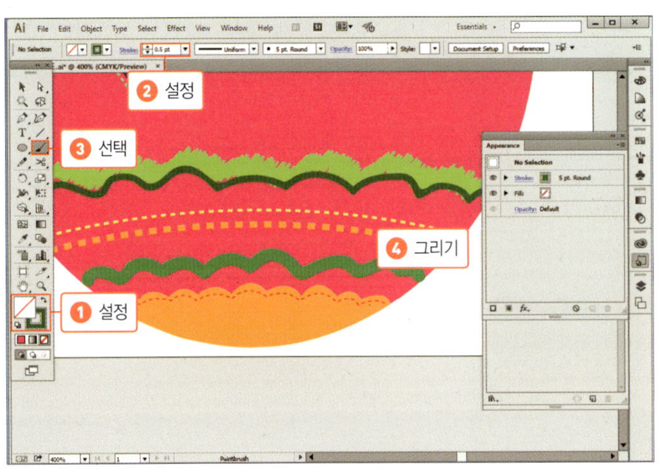

11 선 색상을 'C:90%, M:30%, Y:95%, K:30%'로 짙게 설정한 다음 [Control] 패널에서 Stroke를 '0.5pt'로 설정합니다. 브러시 도구(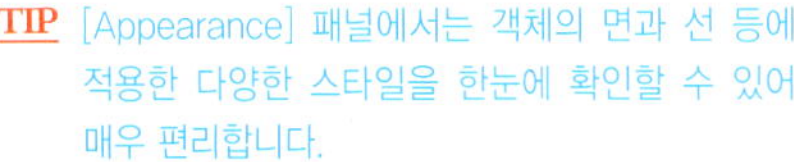)로 그림과 같이 아래쪽과 겹치도록 선을 그립니다.

TIP [Appearance] 패널에서는 객체의 면과 선 등에 적용한 다양한 스타일을 한눈에 확인할 수 있어 매우 편리합니다.

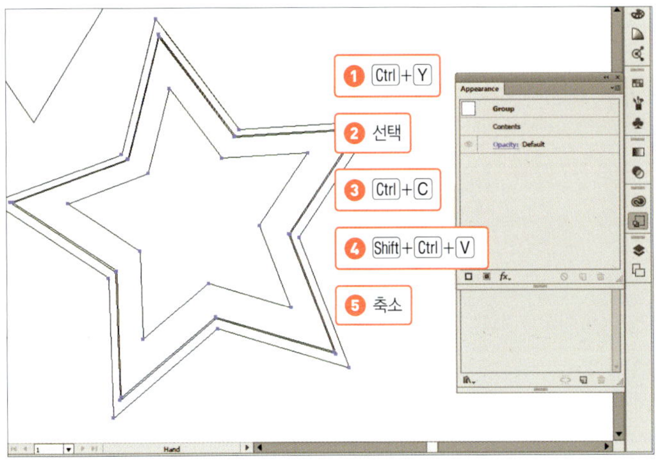

12 Ctrl+Y 키를 눌러 패스 형태 변경한 다음 별형 도구(★)를 이용하여 별을 그립니다. 별을 선택한 다음 Ctrl+C 키를 누르고 Shift+Ctrl+V 키를 두 번 눌러 복제합니다. 그림과 같이 별 크기를 축소합니다.

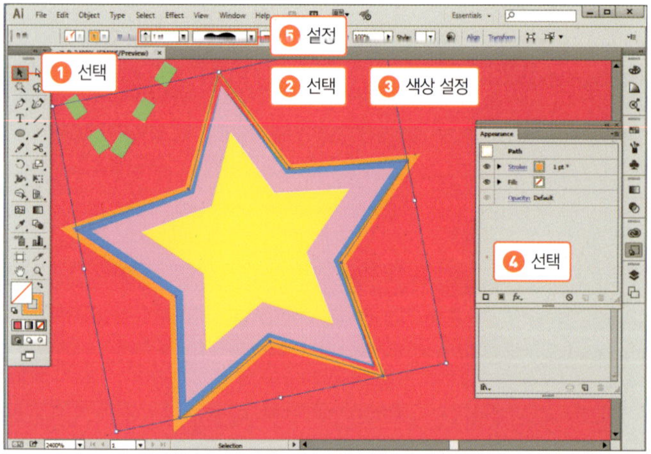

13 선택 도구(　, V)로 각각의 별을 선택한 다음 원하는 색상으로 변경하고 서너 번째 별을 선택합니다. [Control] 패널에서 Stroke를 '1pt'로 설정하고 선 스타일을 'Width Profile 2'로 지정합니다.

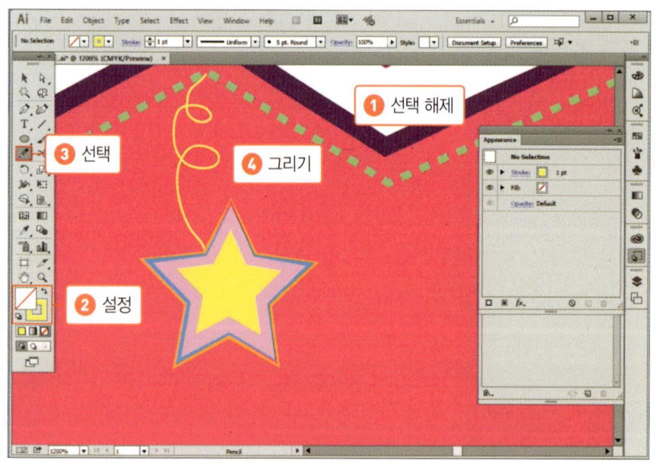

14 선택을 해제한 다음 선 색상을 'C:0%, M:0%, Y:100%, K:0%'로 설정합니다.
연필 도구(　, N)로 별 위에 스프링처럼 선을 그려서 자연스럽게 별과 연결합니다.

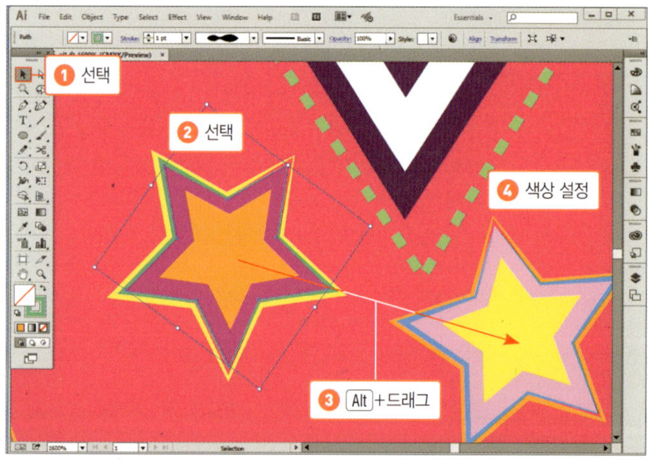

15 별을 선택한 다음 Alt 키를 누른 채 옆으로 드래그하여 복제하고 색상을 변경합니다.

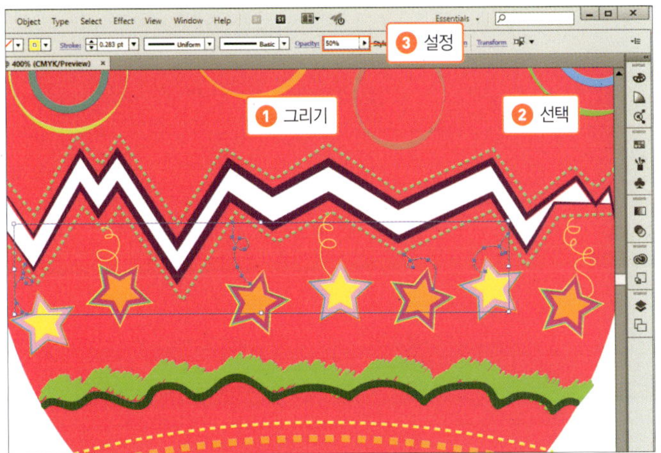

16 같은 방법으로 여러 개의 선을 추가하고 그림과 같이 네 개의 선을 선택합니다.
[Control] 패널에서 Opacity를 '50%'로 설정합니다.

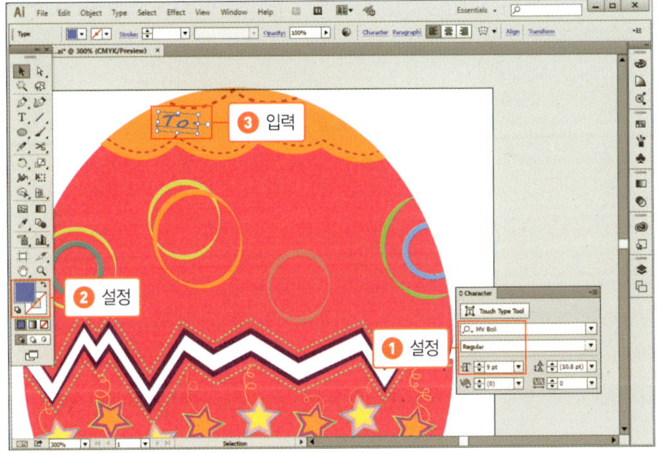

17 문자 도구(T, T)를 선택하고 위쪽에 받는 사람의 이름을 입력하는 공간을 만들기 위해 [Character] 패널에서 서체를 'MV Boli'로 지정하고 글자 크기를 '9pt'로 설정합니다. 면 색상을 'C:85%, M:50%, Y:0%, K:0%'로 설정한 다음 'To'를 입력합니다.

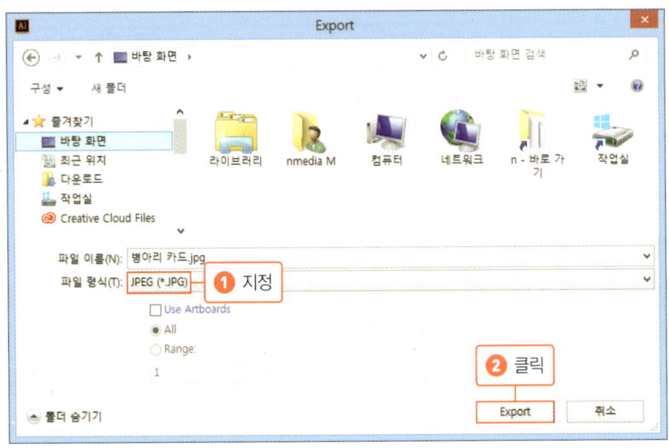

18 완성된 카드 봉투를 이미지로 저장하기 위해 [File] → Export를 실행합니다.
[Export] 대화상자에서 파일 형식을 'JPEG (*.JPG)'로 지정한 다음 〈Export〉 버튼을 클릭합니다.

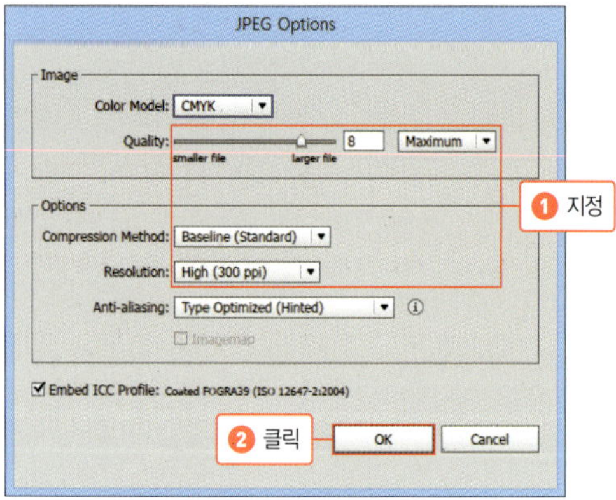

19 [JPEG Options] 대화상자에서 Quality를 'Maximum', Resolution을 'High (300 ppi)'로 지정하고 〈OK〉 버튼을 클릭합니다.

20 완성된 카드 봉투를 출력하여 오른쪽에 연결고리를 끼워 사용해 보세요.

3 알콩달콩 병아리 캐릭터 카드 앞면 만들기

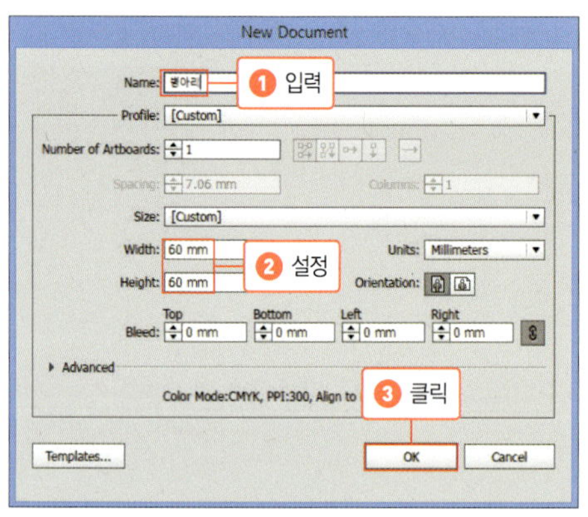

01 [File] → New(Ctrl+N)를 실행합니다. [New Document] 대화상자에서 Name에 '병아리'를 입력한 다음 Width/Height를 각각 '60mm'로 설정하고 〈OK〉 버튼을 클릭해서 새 아트보드를 만듭니다.

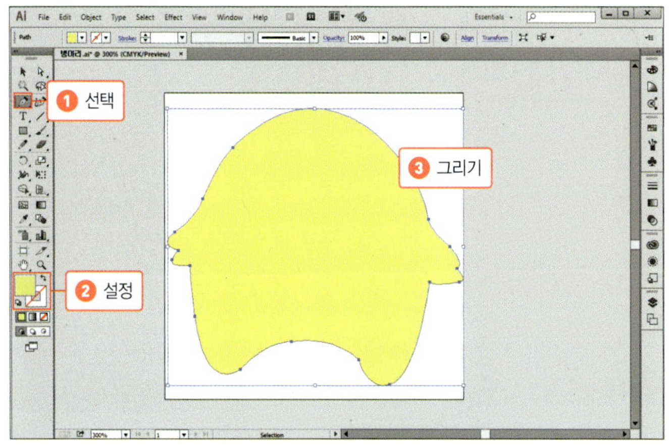

02 펜 도구(, P)를 선택한 다음 면 색상을 'C:7%, M:0%, Y:70%, K:0%', 선 색상을 'None'으로 설정하고 아트보드 크기대로 그림과 같이 병아리 캐릭터를 그립니다.

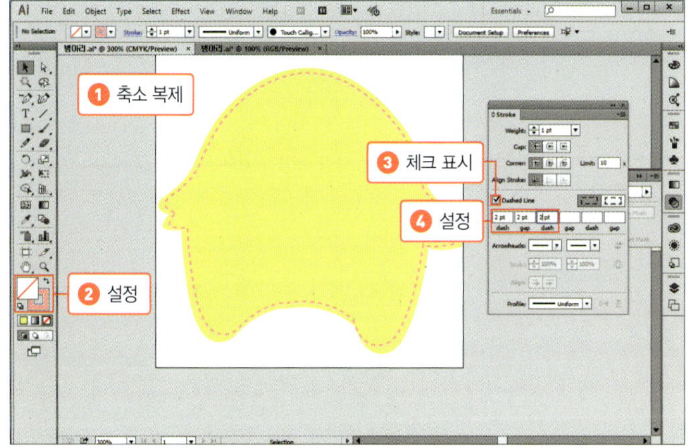

03 캐릭터를 선택한 다음 Shift+Alt 키를 누른 채 바운딩 박스 조절점을 안쪽으로 드래그하여 축소, 복제합니다.
면 색상을 'None', 선 색상을 'C:0%, M:52%, Y:29%, K:0%'로 설정한 다음 [Stroke] 패널에서 'Dashed Line'에 체크 표시하고 dash/gap/dash을 각각 '2pt'로 설정합니다.

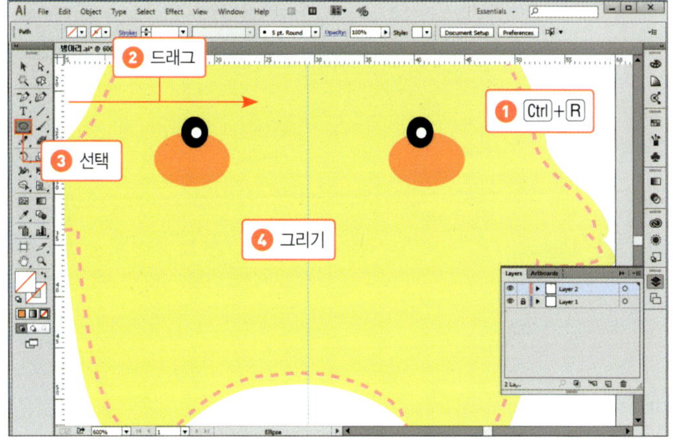

04 Ctrl+R 키를 눌러 눈금자를 나타내고 왼쪽 눈금자를 병아리 캐릭터 중간으로 드래그하여 중심 가이드를 지정합니다.
원형 도구(, L)를 이용하여 그림과 같이 캐릭터의 양쪽 눈과 볼을 그립니다.

볼 색상 • C:0%, M:54%, Y:80%, K:0%

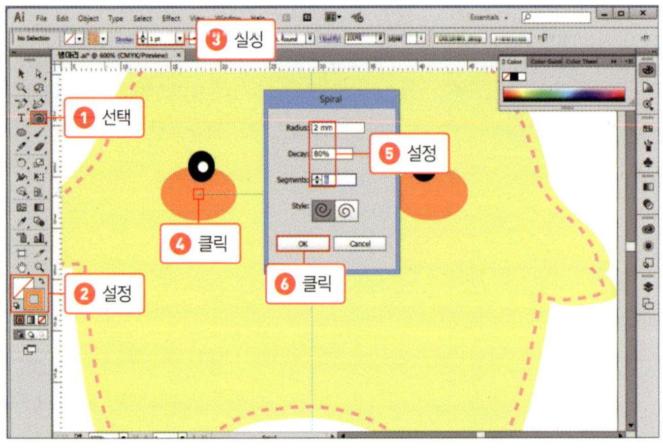

05 나선 도구(◎)를 선택하고 선 색상을 'C:0%, M:35%, Y:85%, K:0%'로 설정한 다음 [Control] 패널에서 Stroke를 '1pt'로 설정합니다.
아트보드를 클릭하여 [Spiral] 대화상자에서 Radius를 '2mm', Segments를 '6'으로 설정하고 〈OK〉 버튼을 클릭합니다.

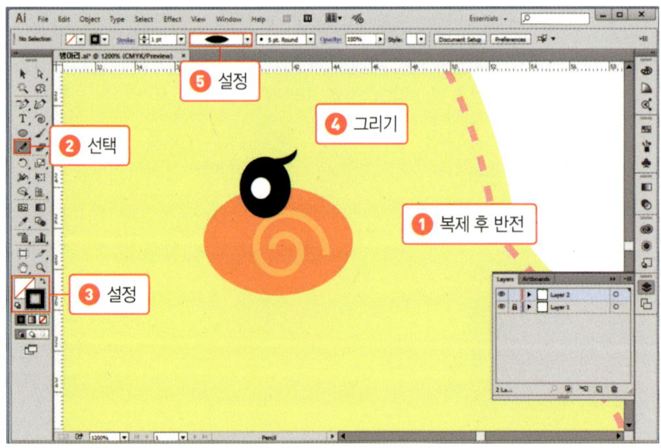

06 나선을 복제하여 오른쪽 볼에 배치한 다음 바운딩 박스를 조정하여 반전시킵니다.
연필 도구(✐, N)를 선택하고 선 색상을 '검은색'으로 설정합니다. 그림과 같이 양쪽 눈에 속눈썹을 그리고 [Control] 패널에서 선 스타일을 'Width Profile 1'로 지정합니다.

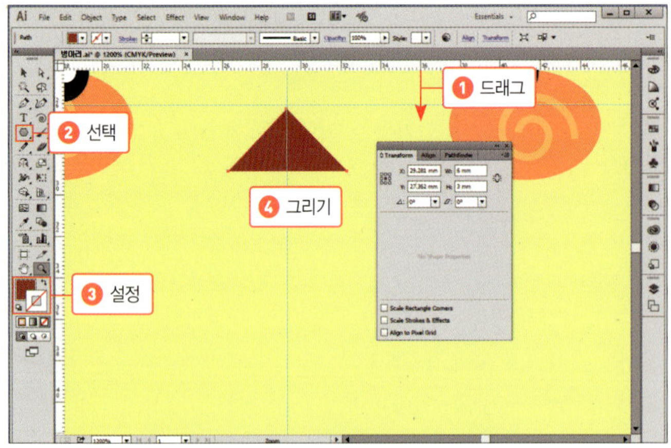

07 위쪽 눈금자를 양쪽 눈 아래로 드래그하여 세로 안내선과 교차되도록 안내선을 만듭니다.
다각형 도구(◎)를 선택하고 면 색상을 'C: 24%, M:84%, Y:100%, K:20%'로 설정합니다.
↓ 키를 여러 번 누른 채 가이드의 교차 부분에 드래그하여 삼각형을 그립니다.
Transform 패널에서 W를 '6mm', H를 '3mm'로 설정하여 크기를 조정합니다.

TIP 상하 방향키를 눌러 다각형의 모서리 수를 늘이거나 줄일 수 있습니다.

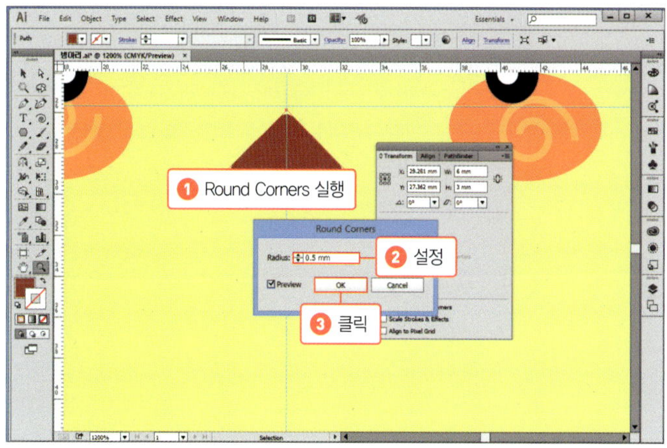

08 날카로운 코를 부드럽게 만들기 위해 삼각형이 선택된 상태에서 **[Effect]** → Stylize → **Round Corners**를 실행합니다.
[Round Corners] 대화상자에서 Radius를 '0.5mm'로 설정하고 〈OK〉 버튼을 클릭하여 모서리를 둥글게 만듭니다.

TIP 객체 모서리 안쪽의 조절점을 안으로 드래그하여 둥근 모서리를 만들 수도 있습니다.

09 개체를 선택하고 복제한 다음 [Transform] 패널에서 W를 '6mm', H를 '1.1mm'로 설정합니다. 마우스 오른쪽 버튼을 클릭하여 Transform → **Reflect**를 실행하고 [Reflect] 대화상자가 표시되면 'Horizontal'을 선택한 다음 〈Copy〉 버튼을 클릭합니다.

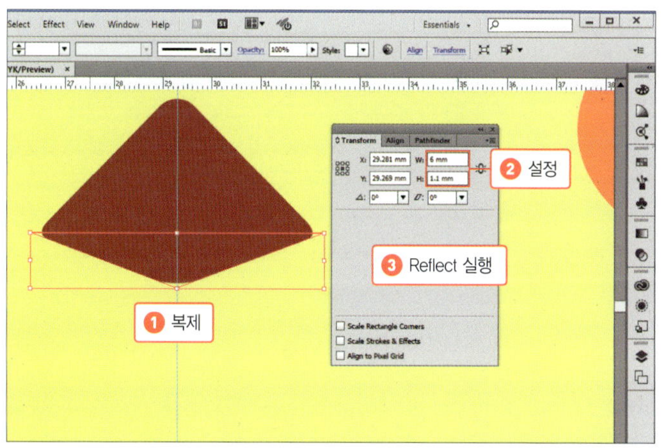

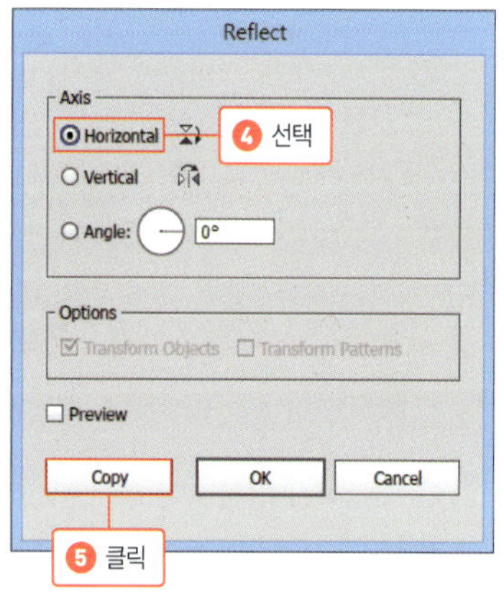

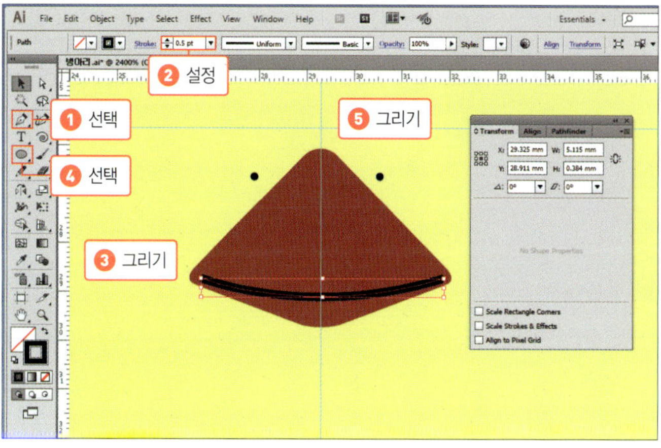

10 펜 도구(, P)를 선택하고 [Control] 패널에서 Stroke를 '0.5pt'로 설정한 다음 그림과 같이 입을 그립니다.
원형 도구(, L)를 이용하여 그림과 같이 입 주변에 두 개의 작은 원을 그립니다.

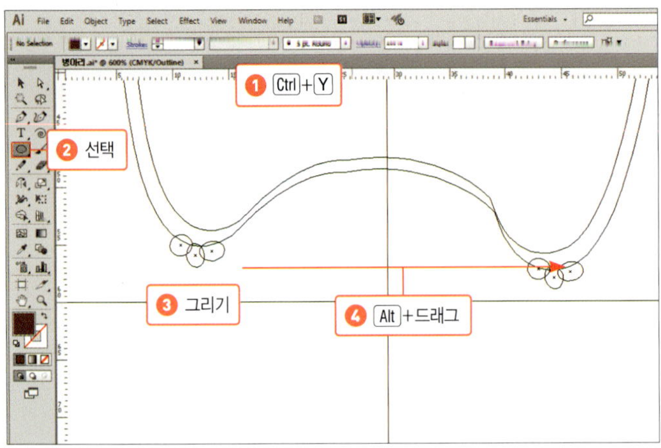

11 Ctrl+Y 키를 눌러 패스 보기로 전환한 다음 원형 도구(◯, L)를 이용하여 캐릭터 아래쪽에 그림과 같이 세 개의 원을 그려서 캐릭터 한쪽 발을 그리고 Alt 키를 누른 채 옆으로 드래그하여 복제합니다.

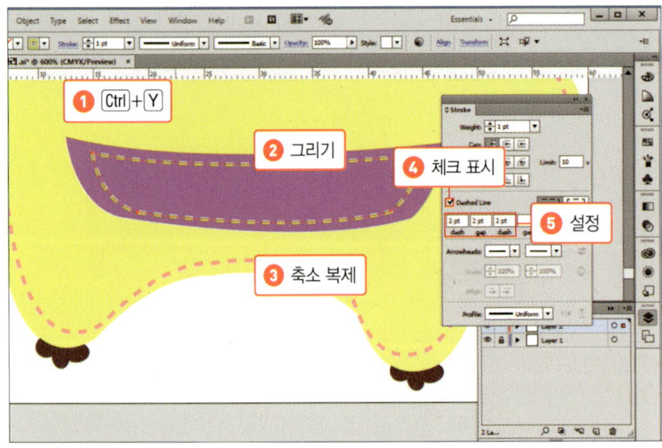

12 Ctrl+Y 키를 다시 눌러 미리 보기로 전환하고 펜 도구(✎, P)를 이용하여 그림과 같이 주머니를 그린 다음 면 색상을 'C:35%, M:66%, Y:0%, K:0%'로 설정합니다.
주머니를 선택하고 Shift+Alt 키를 누른 채 안쪽으로 드래그하여 축소합니다. [Stroke] 패널에서 'Dashed Line'에 체크 표시한 다음 dash/gap/dash를 각각 '2pt'로 설정합니다.

13 사각형 도구(▭, M)를 선택하고 면 색상을 'C:61%, M:38%, Y:0%, K:0%', 선 색상은 'C:100%, M:91%, Y:18%, K:3%'로 설정합니다. 사각형 아이콘을 그린 다음 그림과 같이 주머니에 맞춰 기울이고 뒤쪽에 배치합니다.

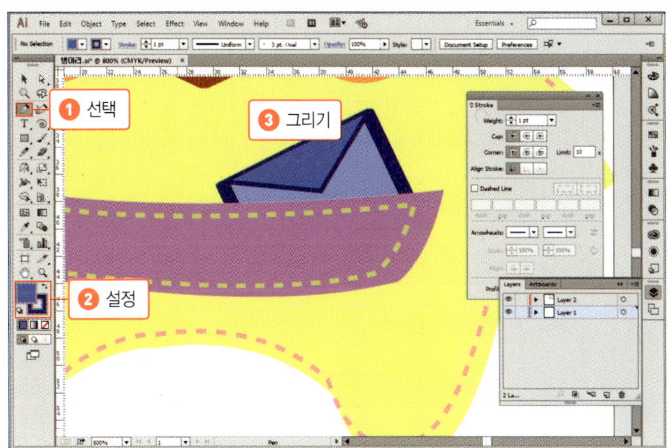

14 이어서 펜 도구(🖋, P)를 이용하여 편지 봉투 형태를 그립니다.

봉투 위쪽 색상 • C:83%, M:57%, Y:0%, K:0%

15 주머니 뒤에 추가로 편지 보우를 그리고 별형 도구(⭐)를 선택한 다음 색상과 외곽선을 다양하게 설정하여 면과 선과 크기를 다양하게 설정하여 그림과 같이 주머니를 꾸밉니다.

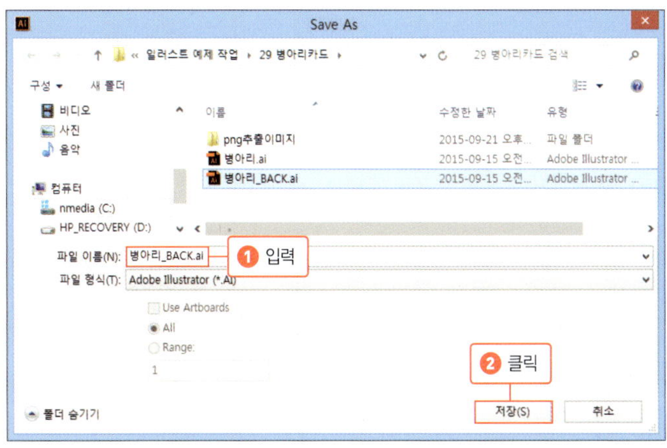

16 병아리 캐릭터 카드 앞면이 완성되면 저장하기 위해 [File] → Save As(Shift+Ctrl+S)를 실행합니다.
[Save As] 대화상자에서 파일 이름을 '병아리_BACK'으로 입력하고 〈저장〉 버튼을 클릭합니다.

4 병아리 카드 뒷면 만들기

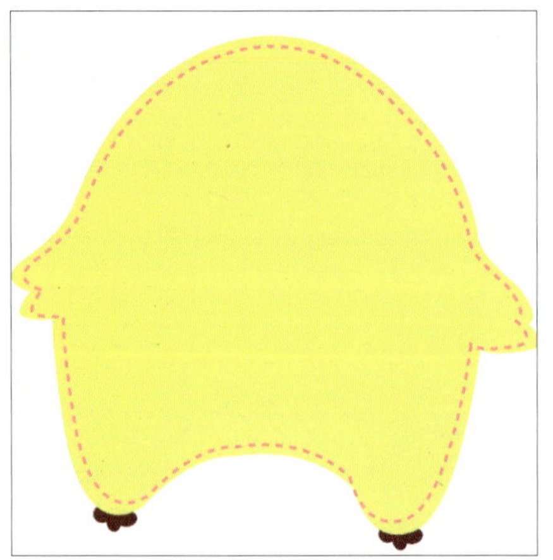

01 병아리 캐릭터의 몸과 발을 제외한 채 선택한 다음 Delete 키를 눌러 지웁니다.

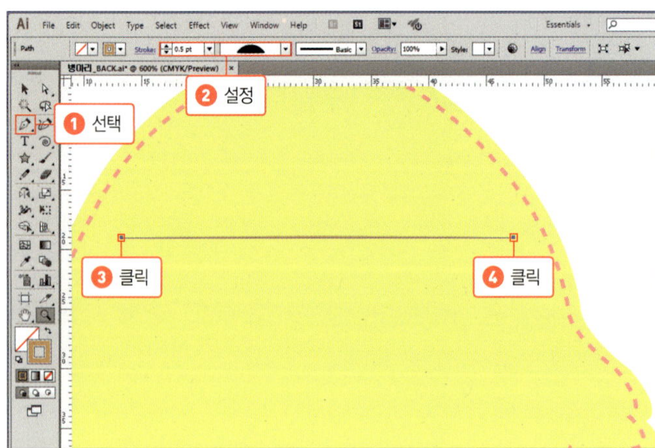

02 카드에 메시지를 쓸 수 있도록 선을 그리기 위해 먼저 펜 도구(, P)를 선택한 다음 [Control] 패널에서 Stroke를 '0.5pt'로 설정합니다. 선 스타일을 'Variable Width Profile'로 지정한 다음 그림과 같이 선을 그립니다.

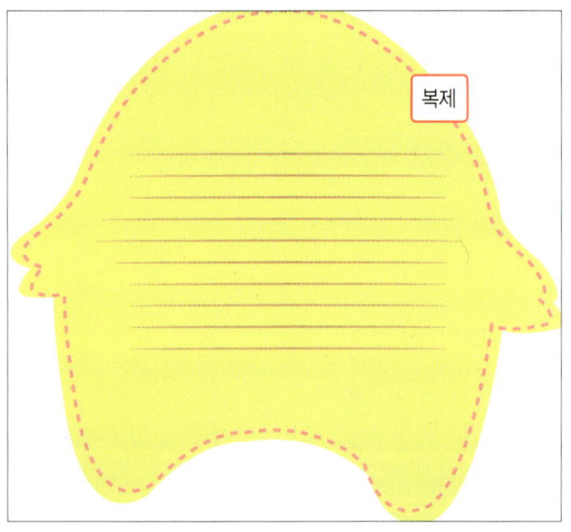

03 선택 도구( )로 선을 선택한 다음 Alt +Shift 키를 누른 채 아래로 드래그하여 복제합니다. Ctrl+D 키를 여덟 번 눌러 그림과 같이 반복해서 복제합니다.

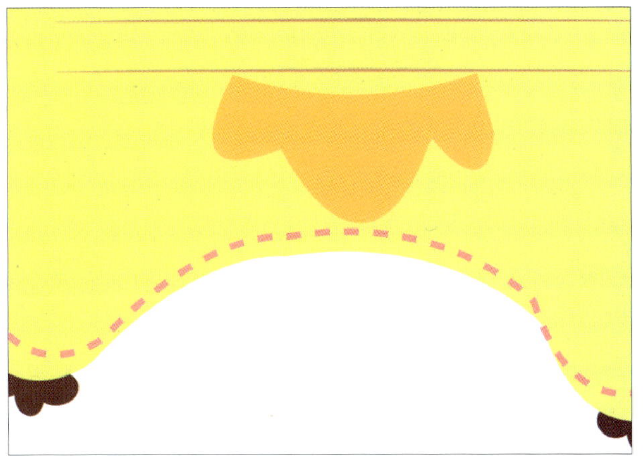

04 펜 도구(　, P)를 선택하고 면 색상을 'C:0%, M:21%, Y:84%, K:0%', 선 색상을 'None'으로 설정한 다음 그림과 같이 장식 요소를 그립니다.

05 [Character] 패널에서 서체를 'MV Boli', 글자 크기를 '6.82pt'로 설정하고 문자 도구(T, T)로 'To/From'을 입력한 다음 문자 색상을 변경하여 완성합니다.

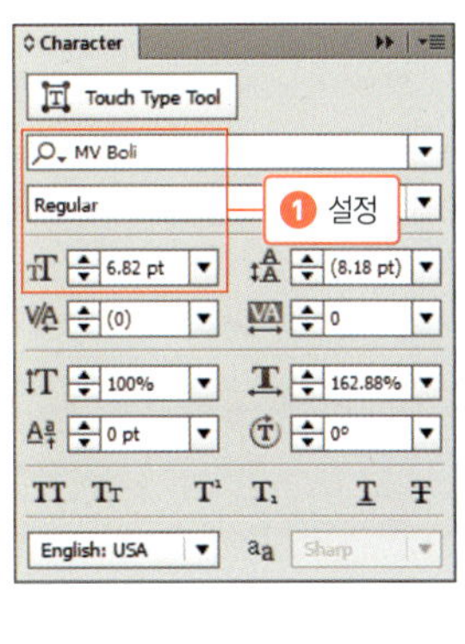

To • C:83%, M:46%, Y:0%, K:0%
From • C:59%, M:77%, Y:0%, K:0%

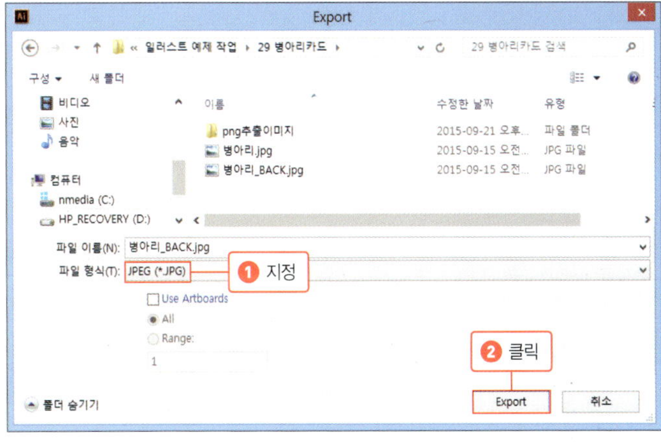

06 완성된 카드를 이미지로 저장하기 위해 [File] → Export를 실행합니다.
[Export] 대화상자에서 파일 형식을 'JPEG (*.JPG)'로 지정한 다음 〈Export〉 버튼을 클릭합니다.

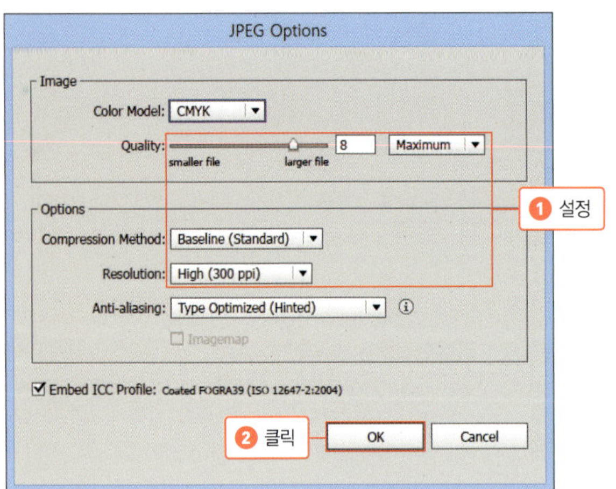

07 [JPEG Options] 대화상자에서 Quality를 'Maximum', Resolution을 'High (300 ppi)'로 지정하고 〈OK〉 버튼을 클릭합니다.

08 완성된 카드의 앞뒷면을 양면 출력하여 병아리 카드 봉투에 넣어서 편지를 보내보세요.

디자인 사례

특징적인 부분을 입체화하여 표현하는 입체 카드는 특성에 따라 다양한 분위기로
연출할 수 있습니다. 여기에 패턴 또는 이미지, 색상을 입체적으로 표현하여 완성
합니다.

▲ 루돌프와 트리를 입체화했으며 강렬한 빨간색과 흰색으로 크리스마스 분위기를 연출했습니다.
루돌프 뿔이 연상되는 패턴을 카드 배경과 루돌프에 적용하여 시각적으로 조화를 이룹니다.

페이퍼 토이 디자인

개성 있는 페이퍼 토이 만들기

도안을 이용하여 개성 있는 페이퍼 토이를 만들어 보세요! 기억에 남는 선물로 전
하거나 직접 자르고 접어서 재미있는 소품으로 활용할 수도 있습니다.

1 라이브 페인트 통 도구로 도안 컬러링하기

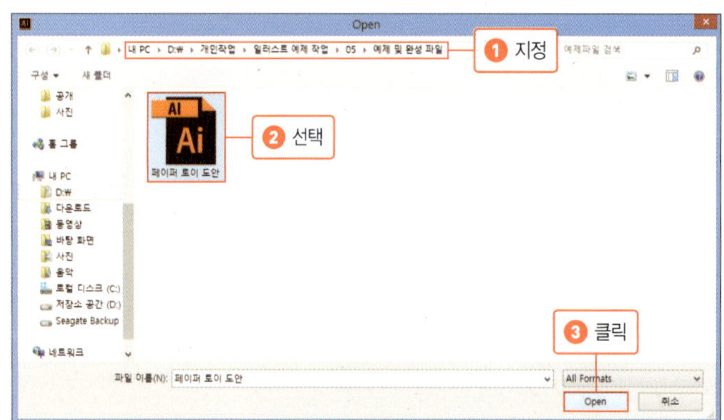

01 [File] → Open(Ctrl+O)을 실행하여
[Open] 대화상자에서 찾는 위치를 10 폴더로
지정합니다.
'페이퍼 토이 도안.ai' 파일을 선택한 다음
〈Open〉 버튼을 클릭하여 도안을 불러옵니다.

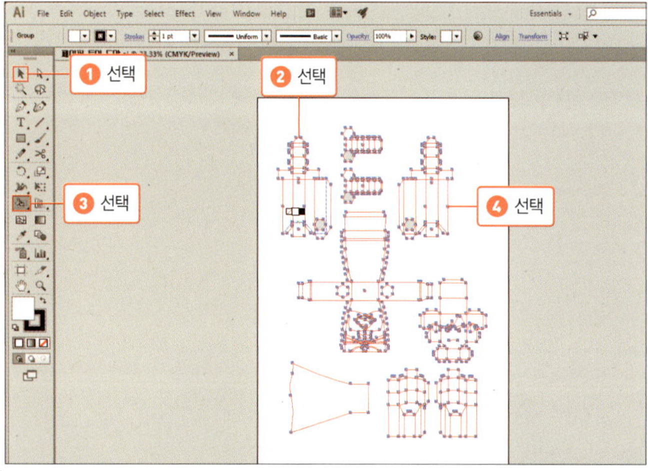

02 도안에 색을 채우기 위해 먼저 선택 도
구(, V)로 도안을 선택합니다.
모양 구성 도구(, Shift+M)를 잠시 눌러 라
이브 페인트 통 도구(, K)를 선택한 다음
다시 도안을 선택합니다.

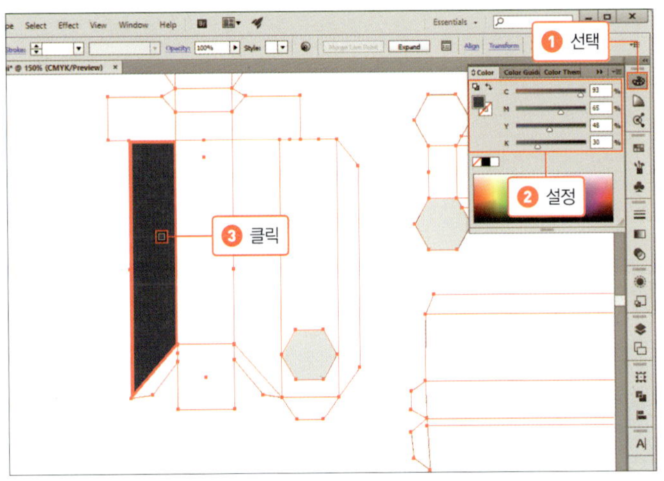

03 먼저 슈퍼맨 망토에 색을 채우기 위해 [Color] 패널에서 면 색상을 'C:93%, M:65%, Y:48%, K:30%', 선 색상을 'None'으로 설정합니다.

그림과 같이 맨 왼쪽 도안의 왼쪽 객체를 클릭하여 색을 채웁니다.

TIP 라이브 페인트 통 도구가 선택된 상태에서 방향키를 누르면 마우스 포인터에 [Swatches] 패널에 있는 색상 순서대로 색상 그룹이 나타납니다. 방향키를 눌러 원하는 색상을 선택한 다음 적용하려는 부분에 클릭하여 간편하게 채색할 수 있습니다.

04 같은 색 영역을 드래그하여 채웁니다.

TIP 드래그한 부분에는 같은 색이 적용되기 때문에 다른 색을 적용하려는 부분을 제외하려면 아트보드 여백으로 드래그했다가 다시 해당 부분을 드래그하여 선택합니다.

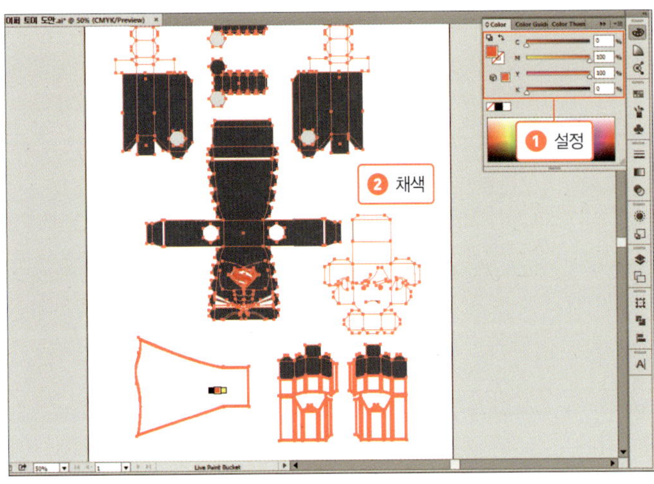

05 이번에는 [Color] 패널에서 면 색상을 'C:0%, M:100%, Y:100%, K:0%'로 설정합니다. 그림과 같이 슈퍼맨의 상징인 빨간색으로 채우려는 부분을 드래그하여 색을 채웁니다.

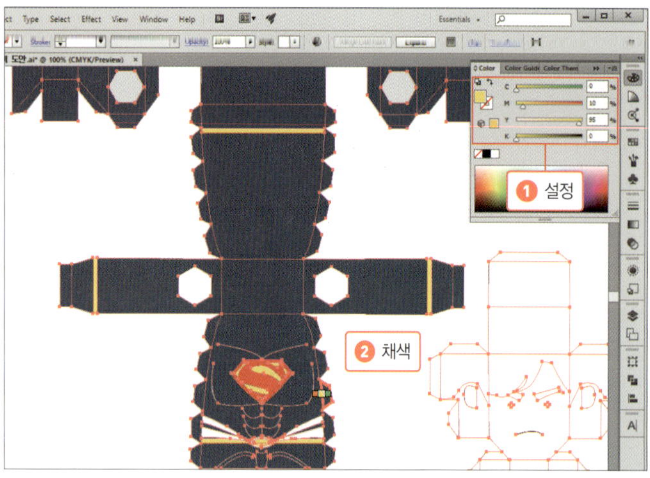

06 [Color] 패널에서 면 색상을 'C:0%, M: 10%, Y:95%, K:0%'로 설정하고 노란색으로 채우려는 부분을 클릭합니다.

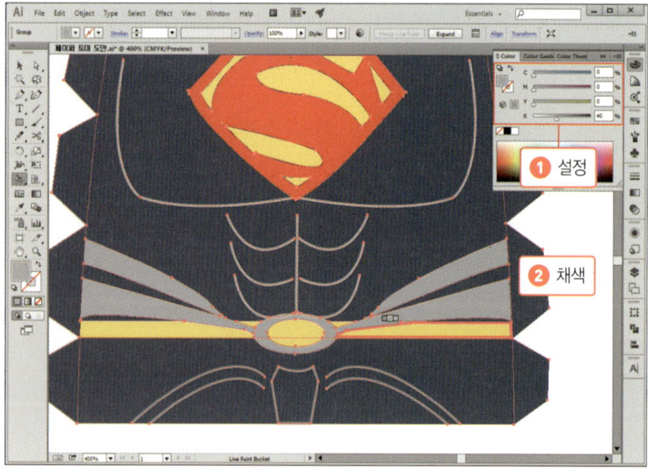

07 [Color] 패널에서 면 색상을 'C:0%, M: 0%, Y:0%, K:40%'로 설정하고 회색으로 채우려는 부분을 클릭하여 색을 채웁니다.

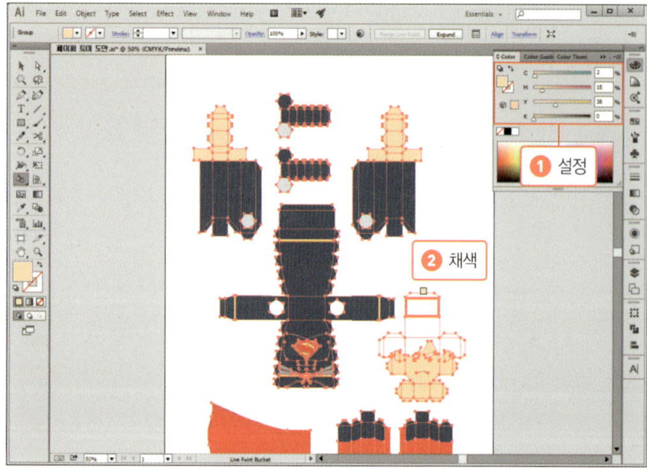

08 [Color] 패널에서 면 색상을 'C:2%, M: 15%, Y:38%, K:0%'로 설정하여 피부 부분을 드래그해서 그림과 같이 색을 채웁니다.

09 [Color] 패널에서 면 색상을 'C:59%, M: 65%, Y:76%, K:72%'로 설정하고 캐릭터 머리 부분을 드래그하여 색을 채웁니다.

그리고 면 색상을 '검은색'으로 설정한 다음 눈썹과 눈 부분을 클릭하여 색을 채웁니다.

2 편집 모드에서 세밀하게 수정하기

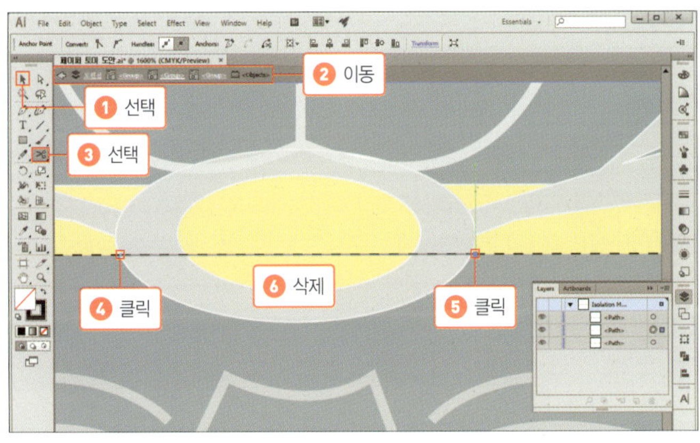

01 선택 도구(▶, V)를 선택한 다음 부분적으로 수정하기 위해 그림과 같이 벨트 부분을 네 번 정도 더블클릭해 '도련선 → 〈Group〉 → 〈Group〉 → 〈Group〉 → 〈Objects〉'의 편집 모드로 이동합니다.

02 가위 도구(✂, C)로 벨트 버클을 지나는 점선의 시작과 끝 부분을 차례대로 클릭하여 자릅니다. 잘린 부분의 점선을 선택한 다음 Delete 키를 눌러 삭제합니다.

03 채색된 도안을 전체 선택하고 [Object] → Expand를 실행합니다. [Expand] 대화상자에서 〈OK〉 버튼을 클릭해서 확장합니다.

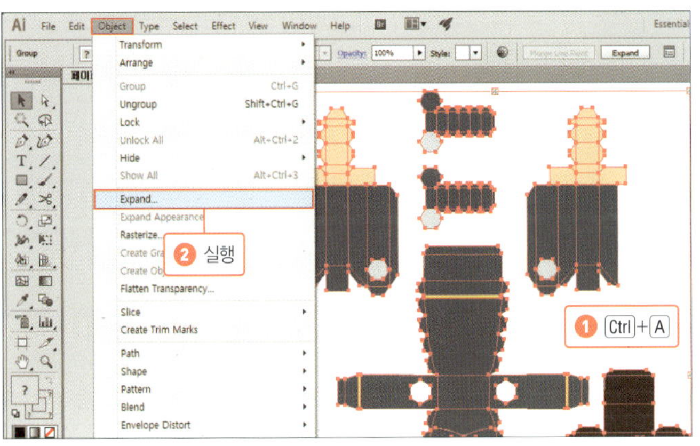

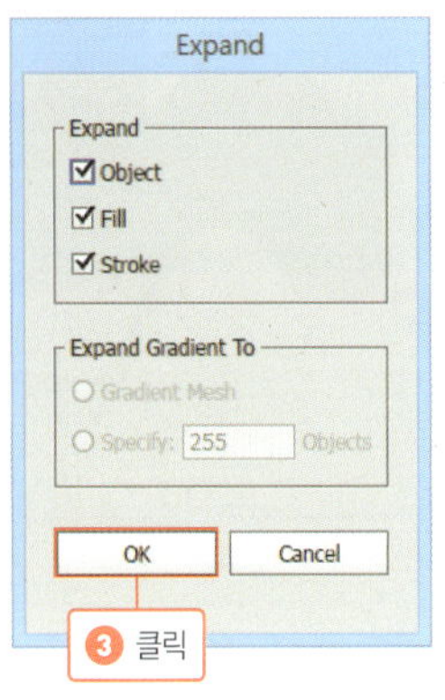

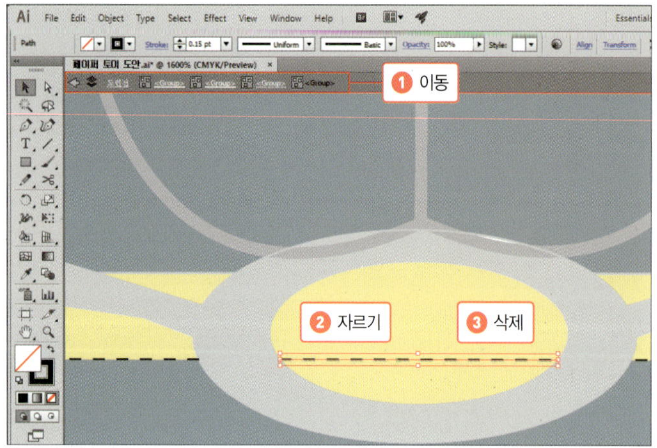

04 01번과 같은 방법으로 편집하려는 부분의 패스를 네 번 정도 더블클릭하여 '도련선 → 〈Group〉 → 〈Group〉 → 〈Group〉 → 〈Group〉'으로 이동합니다.
가위 도구(C)를 이용해 점선을 분리하고 분리된 점선을 삭제합니다.

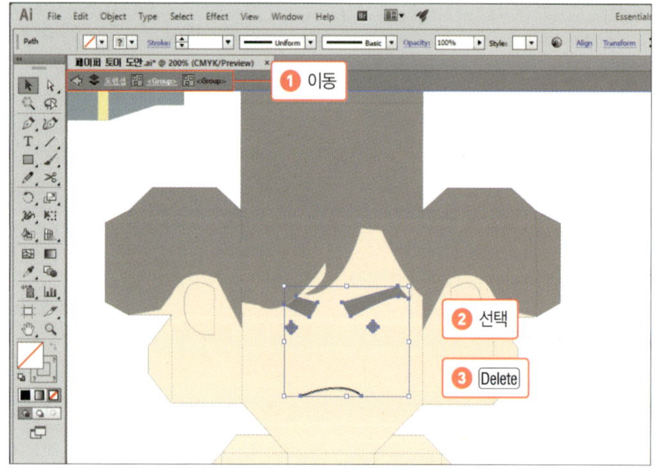

05 이번에는 얼굴 부분에서 '도련선 → 〈Group〉 → 〈Group〉'으로 이동합니다.
눈, 코, 입을 그림과 같이 선택하고 Delete 키를 눌러 삭제합니다.

06 펜 도구(P)를 이용하여 원하는 표정을 만들어 얼굴을 완성합니다.

3 도안 설명 추가하고 여백 조정하여 완성하기

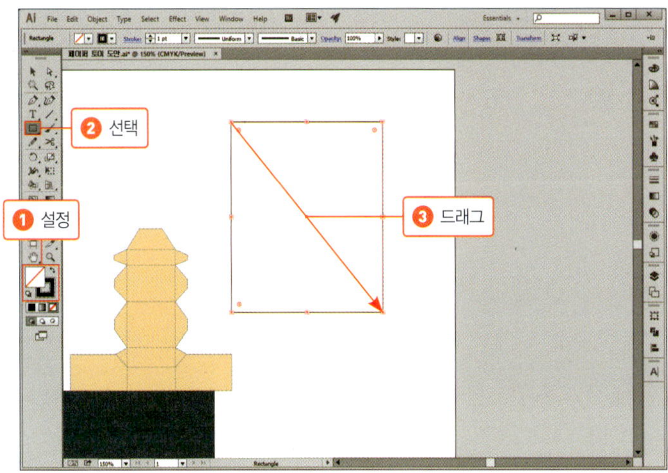

01 페이퍼 토이 사용법을 알려주는 설명을 추가하기 위해 먼저 면 색상을 'None', 선 색상을 '검은색'으로 설정합니다.
사각형 도구(■, M)를 선택한 다음 아트보드 오른쪽 위 여백에 드래그합니다.

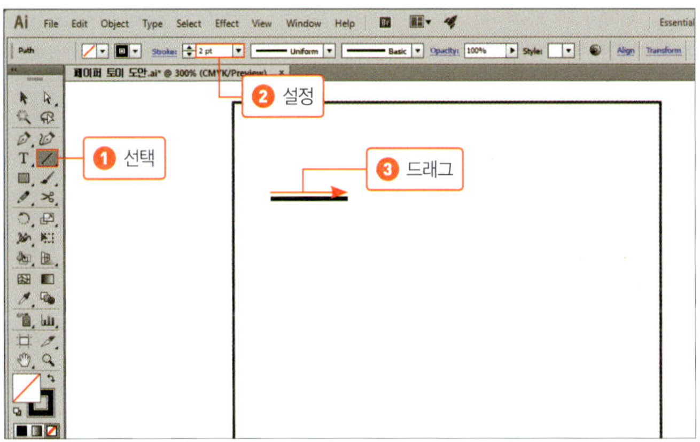

02 선에 대한 설명을 추가하기 위해 먼저 선 도구(／, W)를 선택하고 [Control] 패널에서 Stroke를 '2pt'로 설정한 다음 사각형 안에서 왼쪽 위에 가로로 드래그하여 직선을 그립니다.

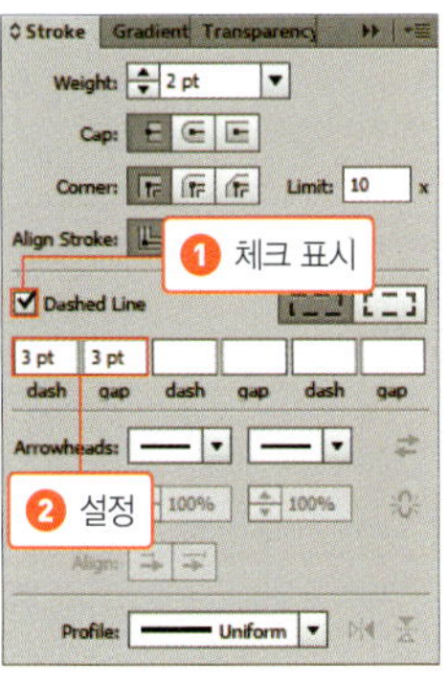

03 선택을 해제하고 이번에는 점선을 그리기 위해 [Stroke] 패널(☰)에서 'Dashed Line'에 체크 표시한 다음 dash/gap을 각각 '3pt'로 설정합니다.

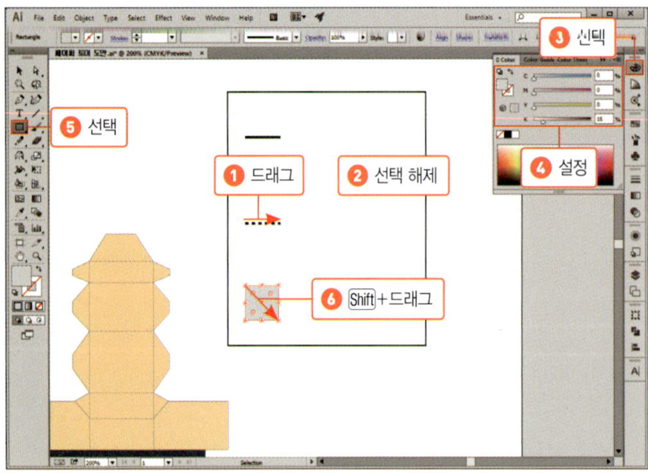

04 직선 아래에 드래그하여 같은 길이의 점선을 그립니다.

선택을 해제한 다음 [Color] 패널에서 면 색상을 'C:0%, M:0%, Y:0%, K:16%', 선 색상을 'None'으로 설정합니다. 사각형 도구(ㅁ, M)를 선택하고 Shift 키를 누른 채 점선 아랫부분에 드래그하여 정사각형을 그립니다.

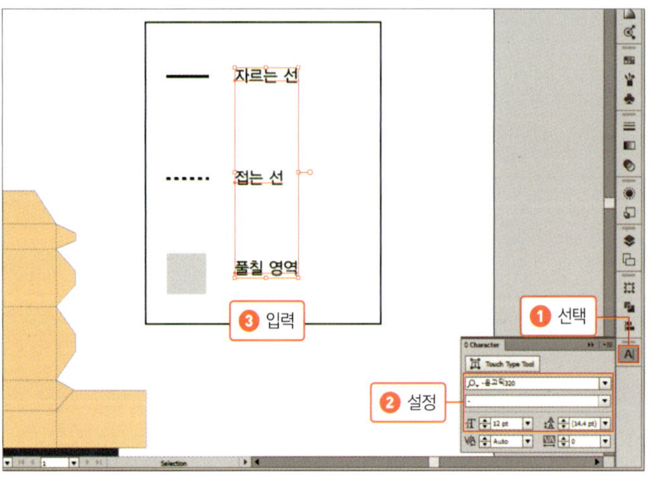

05 [Character] 패널에서 서체를 '윤고딕 320', 글자 크기를 '12pt'로 설정합니다.

문자 도구(T, T)를 이용하여 그림과 같이 '자르는 선', '접는 선', '풀칠 영역'을 각각 입력합니다.

06 도안 설명을 정렬하기 위해 먼저 선택 도구(▶, V)를 선택하고 Shift 키를 누른 채 정사각형과 '풀칠 영역' 문자를 선택합니다. [Align] 패널에서 'Vertical Align Center' 아이콘(ㅁ)을 클릭하여 세로 가운데 정렬하고 Ctrl + G 키를 눌러 그룹으로 설정합니다. 같은 방법으로 직선과 '자르는 선', 점선과 '접는 선'을 각각 세로 가운데 정렬한 다음 그룹으로 설정합니다.

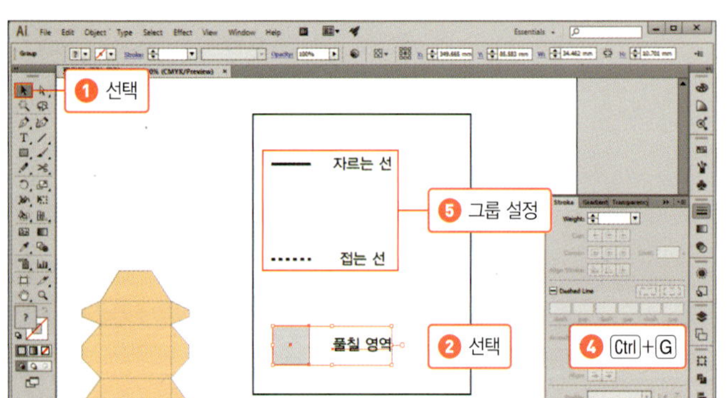

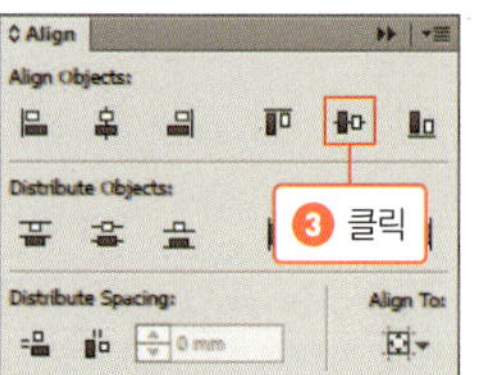

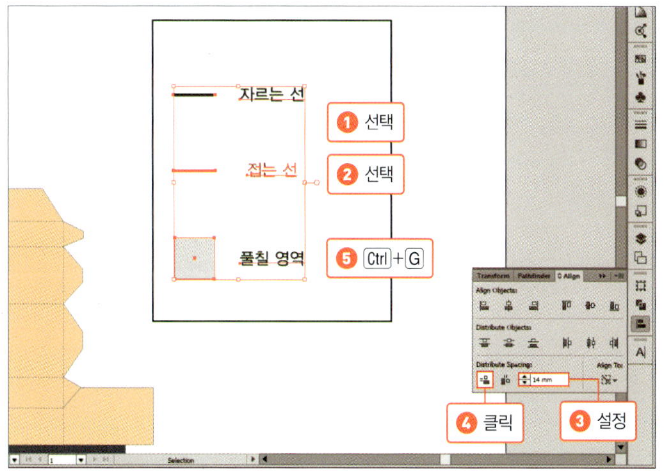

07 세 개의 그룹을 선택한 다음 가운데 그룹을 다시 한 번 선택합니다.
[Align] 패널에서 Distribute Spacing을 '14mm'로 설정하고 'Vertical Distribute Space' 아이콘(▣)을 클릭하여 세로 여백을 알맞게 분포한 다음 Ctrl+G 키를 눌러 하나의 그룹으로 설정합니다.

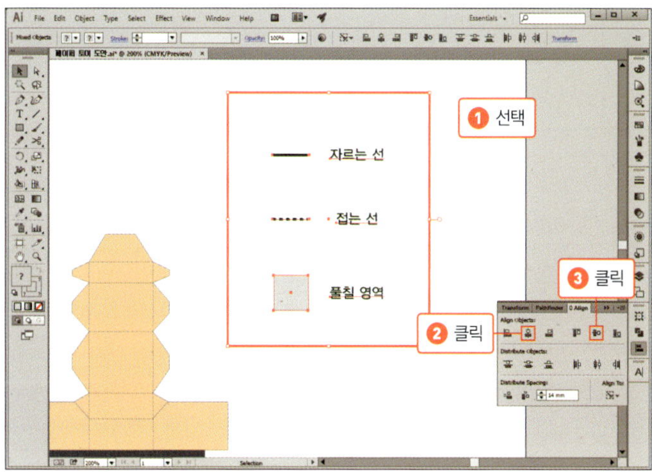

08 도안 설명과 사각형을 선택한 다음 사각형을 다시 한 번 선택합니다. [Align] 패널에서 'Horizontal Align Center' 아이콘(▣)과 'Vertical Align Center' 아이콘(▣)을 클릭하여 사각형을 중심으로 가로, 세로 가운데 정렬합니다.

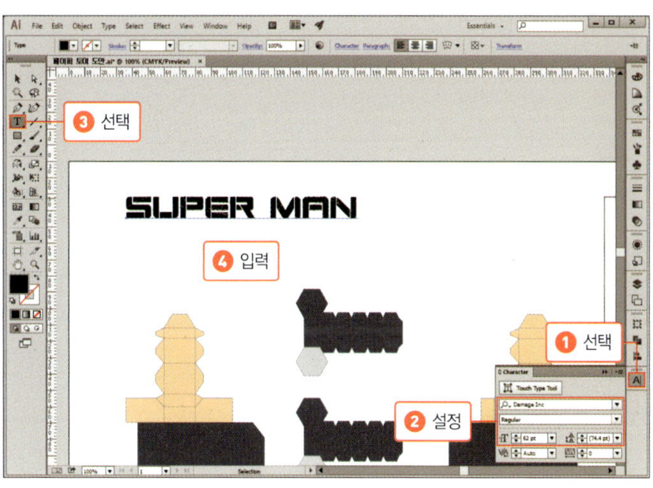

09 이번에는 페이퍼 토이 제목을 입력하기 위해 [Character] 패널에서 서체를 'Damage Inc', 글자 크기를 '62pt'로 설정합니다.
문자 도구(T, T)를 선택하고 아트보드 왼쪽 위 여백에 클릭한 다음 'SUPER MAN'을 입력하여 제목을 추가합니다.

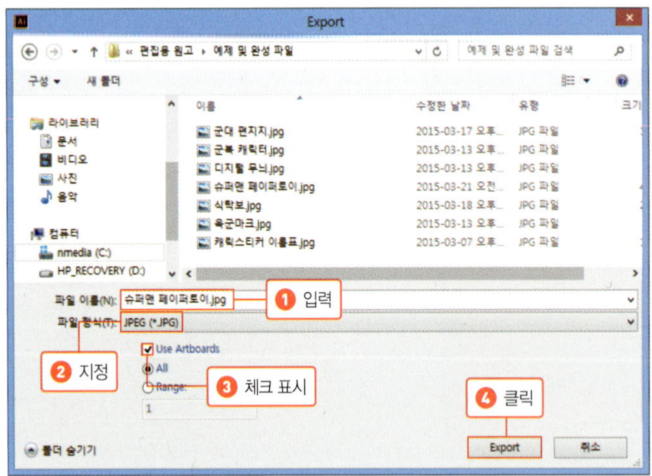

10 완성된 도안을 이미지 파일로 저장하기 위해 **[File] → Export**를 실행합니다. [Export] 대화상자에서 파일 이름을 '슈퍼맨 페이퍼토이'로 입력합니다.
파일 형식을 'JPEG (*.JPG)'로 지정한 다음 'Use Artboard'에 체크 표시하고 〈Export〉 버튼을 클릭합니다.

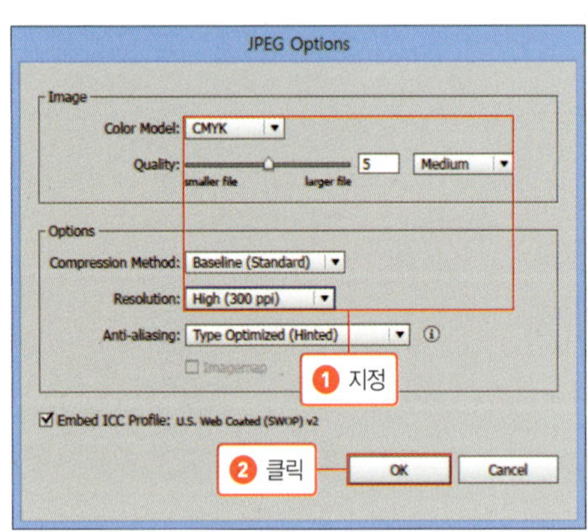

11 [JPEG Options] 대화상자에서 Color Model을 'CMYK', Quality를 'Maximum', Resolution을 'High (300 ppi)'로 지정한 다음 〈OK〉 버튼을 클릭하여 완성합니다.

12 JPG 이미지를 A2 용지에 출력하여 설명 대로 자르고 접고 붙여 페이퍼 토이를 완성해 보세요.

디자인 사례

도안을 이용하여 자르는 선, 접는 선 등을 표시하고 패턴이나 색상, 형태를 적용하여 세상에 하나뿐인 나만의 페이퍼 토이를 만들어 봅니다. 다양한 형태의 도안을 활용하여 종이접기 형식의 입체 디자인을 완성할 수 있습니다.

▲ 동물 잡지의 부록으로 누구나 쉽게 조립할 수 있는 페이퍼 토이입니다.

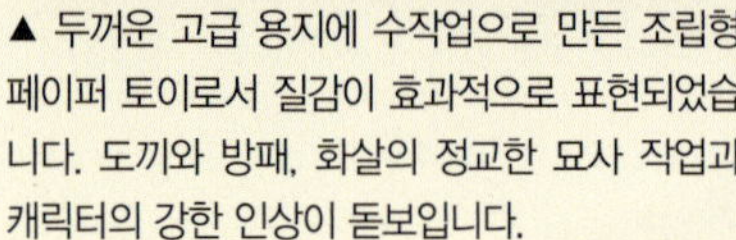

▲ 두꺼운 고급 용지에 수작업으로 만든 조립형 페이퍼 토이로서 질감이 효과적으로 표현되었습니다. 도끼와 방패, 화살의 정교한 묘사 작업과 캐릭터의 강한 인상이 돋보입니다.

◀ 'Boogie Hood' 브랜드의 페이퍼 토이로, 정형화된 사각형틀에 맞추지 않은 채 자연스러운 형태가 특징이며 캐릭터의 뒷모습도 볼륨감 있게 표현되었습니다. 패턴의 그래픽과 선명한 색채 조합으로 인해 스포티한 느낌을 줍니다.

▲ 선한 인상과 듬직한 체격이 돋보이는 페이퍼 토이로 균형감 있게 제작되었습니다.

책갈피 디자인

마스크를 활용하여 책갈피 만들기

여러분은 무슨 띠인가요? 띠별 동물을 캐릭터로 만들어 보고 자신의 목표나 좌우
명을 적어서 책갈피를 만들어 책에 꽂아 사용해 보세요.

1 책갈피 패턴 만들기

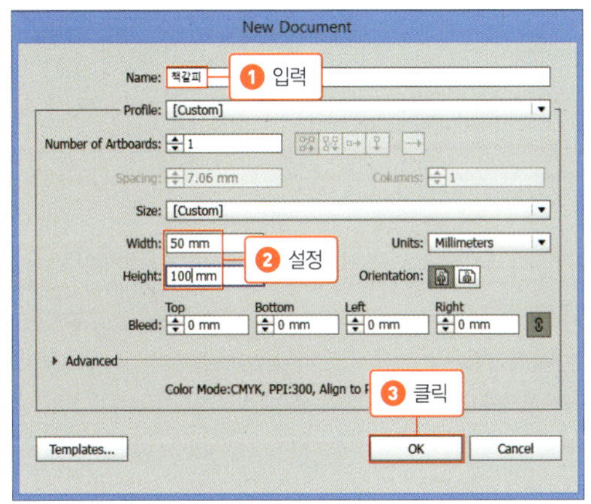

01 [File] → New(Ctrl+N)를 실행합니다.
[New Document] 대화상자에서 Name에 '책
갈피'를 입력합니다. Width를 '50mm', Height
를 '100mm'로 설정한 다음 〈OK〉 버튼을 클릭
하여 새 아트보드를 만듭니다.

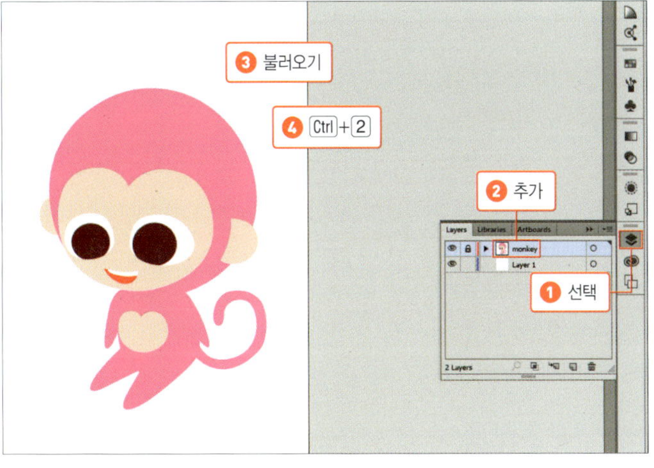

02 [Layers] 패널에서 'Create New
Layer' 아이콘(▣)을 클릭하고 레이어 이름을
'monkey'로 수정합니다.
탐색기를 실행하고 11 폴더에서 '원숭이.ai' 파
일을 작업 창으로 드래그하여 불러온 다음
Ctrl+2 키를 눌러 잠금 설정합니다.

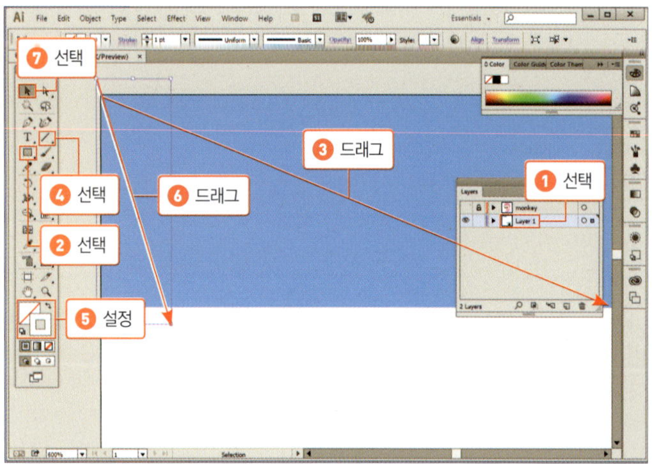

03 [Layers] 패널에서 'Layer 1' 레이어를 선택합니다. 사각형 도구(□, M)를 선택하고 면 색상을 'C:100%, M:0%, Y:0%, K:0%', 선 색상을 'None'으로 설정한 다음 아트보드 위쪽에 드래그하여 사각형을 그립니다.

04 선 도구(✐, W)를 선택하고 면 색상을 'None', 선 색상을 '흰색'으로 설정한 다음 그림과 같이 대각선을 그립니다. 선택 도구(▶, V)로 선을 선택합니다.

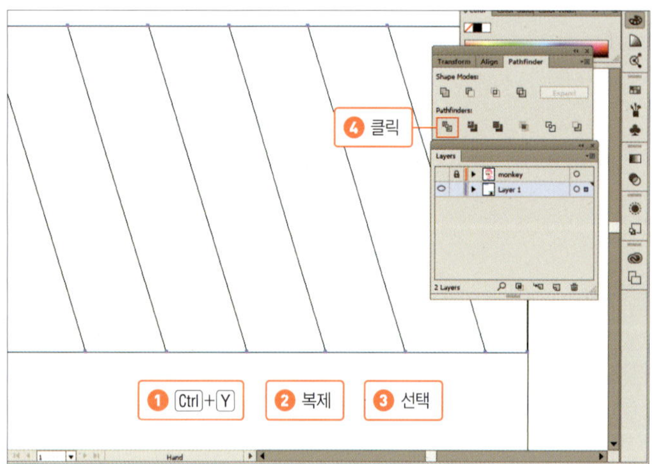

05 Ctrl+Y 키를 눌러 패스 보기로 전환하고 Alt 키를 누른 채 선을 오른쪽으로 드래그하여 복제한 다음 Ctrl+D 키를 여러 번 눌러 반복 복제합니다.
사각형과 선을 선택하고 [Pathfinder] 패널에서 'Divide' 아이콘(▣)을 클릭합니다.

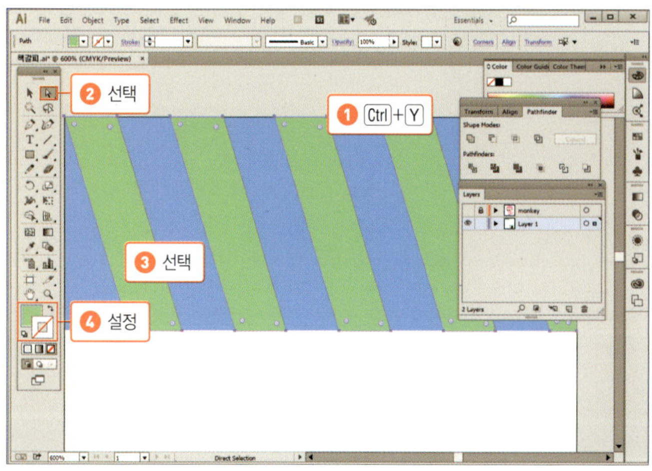

06 Ctrl+Y 키를 눌러 미리 보기로 전환한 다음 직접 선택 도구(▶, A)를 선택합니다. Shift 키를 누른 채 둘째, 여섯째, 여덟째 사각형들을 선택하고 면 색상을 'C:59%, M:0%, Y:52%, K:0%'로 설정합니다.

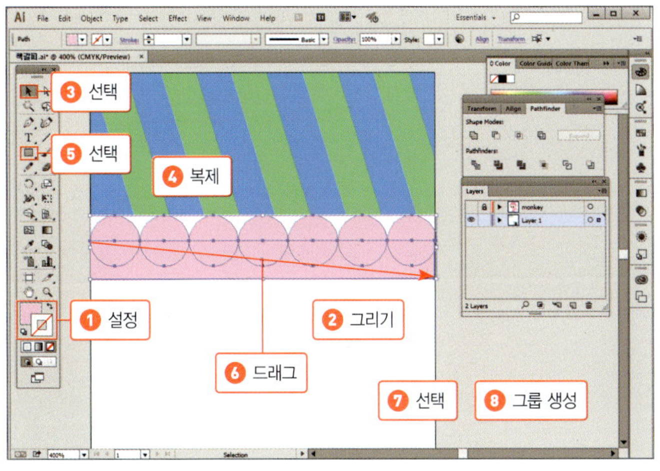

07 면 색상을 'C:6%, M:32%, Y:0%, K:0%'로 설정하고 원형 도구(◯, L)를 선택한 다음 패턴 아래에 Shift 키를 누른 채 드래그하여 작은 원을 그립니다. 원을 선택하고 Alt 키를 누른 채 오른쪽으로 드래그하여 복제한 다음 Ctrl+D 키를 여러 번 눌러 반복 복제합니다.

08 사각형 도구(▣, M)로 그림과 같이 원 가운데 부분을 기준으로 사각형을 그리고 선택 도구로 두 개체를 선택한 다음 Ctrl+G 키를 눌러 그룹으로 설정합니다.

09 면 색상을 'C:5%, M:0%, Y:50%, K:0%'로 설정하고 사각형 도구(▣, M)로 그림과 같이 원의 위아래에 각각 사각형을 그립니다. 위의 사각형은 선택된 상태에서 Ctrl+[키를 눌러 뒤에 배치합니다.

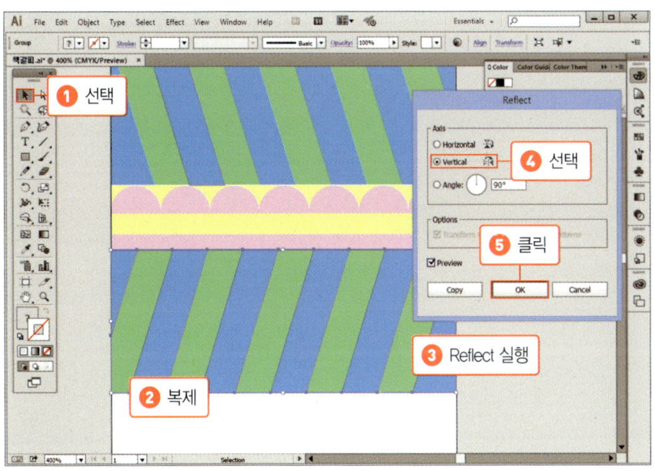

10 선택 도구(▶, V)로 위의 사선 패턴을 선택한 다음 아래로 드래그하여 배치하고 마우스 오른쪽 버튼을 클릭하여 Transform → Reflect를 실행합니다.
[Reflect] 대화상자에서 'Vertical'을 선택하고 〈OK〉 버튼을 클릭합니다.

2 비트맵 이미지를 일러스트로 변경하고 마스크 적용하기

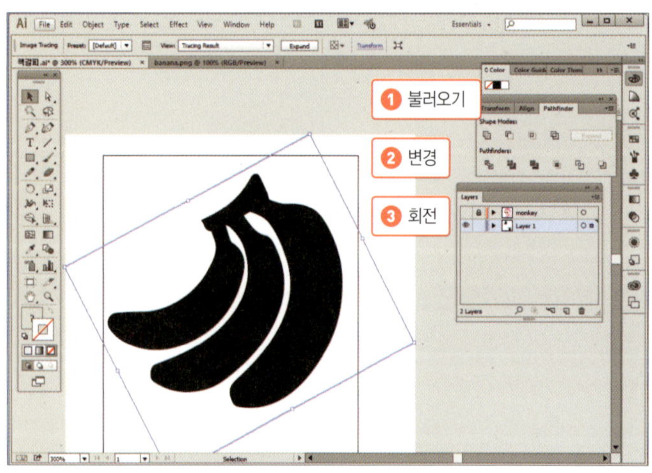

01 탐색기를 실행하고 11 폴더에서 'bana na.png' 파일을 작업 창으로 드래그하여 불러 옵니다.
[Control] 패널에서 〈Image Trace〉 버튼을 클릭한 다음 〈Expand〉 버튼을 클릭하여 비트맵 이미지를 벡터로 변경하고 회전합니다.

02 외곽의 흰색 부분은 지우고 미리 만들어 둔 패턴 가운데에 바나나를 위치시킵니다.

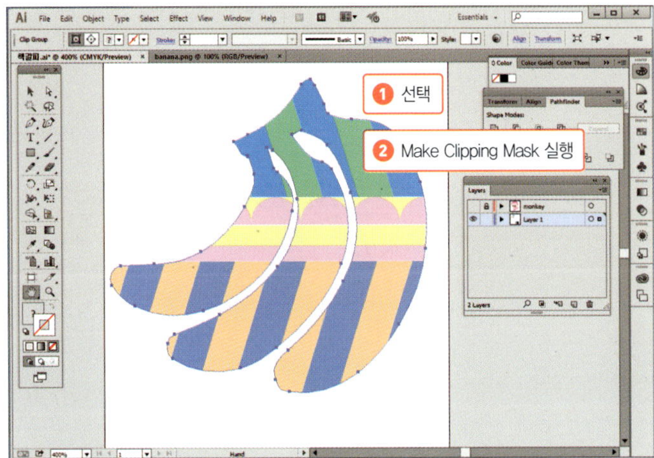

03 `Ctrl` 키를 누른 채 바나나와 사각형을 선택하고 마우스 오른쪽 버튼을 클릭한 다음 **Make Clipping Mask**를 실행하여 바나나 모양대로 패턴을 나타냅니다.

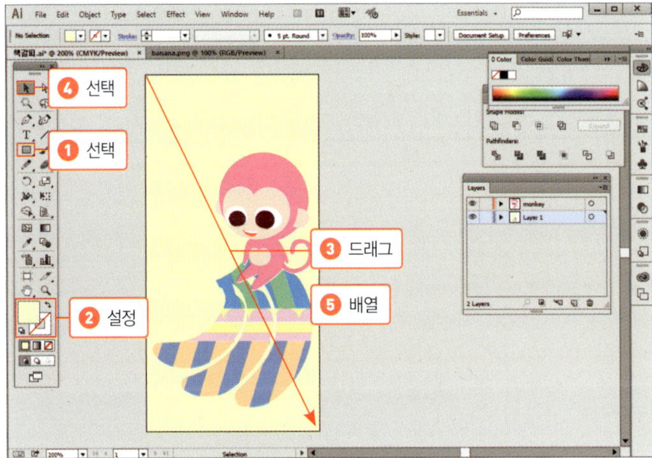

04 사각형 도구(□, `M`)를 선택하고 면 색상을 'C:6%, M:0%, Y:33%, K:0%'로 설정합니다. 아트보드 크기대로 드래그하여 사각형을 그리고 뒤쪽에 배치합니다.

05 원형 도구(◯, `L`)를 선택한 다음 책갈피 위쪽 가운데에 드래그하여 작은 원을 그립니다. `Ctrl` 키를 누른 채 사각형과 원을 선택하고 Align 패널에서 'Horizontal Align Center' 아이콘(▣)을 클릭하여 정렬합니다. Pathfinder 패널에서 'Minus Front' 아이콘(▣)을 클릭하여 책갈피에 끈을 연결할 수 있는 구멍을 만듭니다.

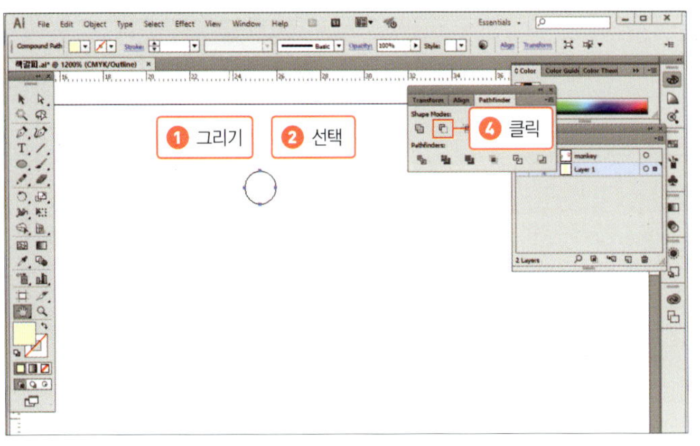

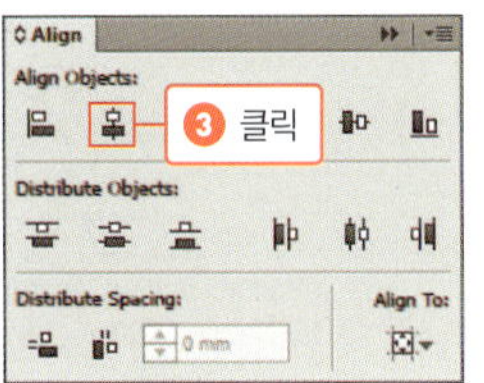

06 책갈피에 자신의 목표나 좌우명을 입력하여 꾸며봅니다. 펜 도구(✐, P)를 이용하여 곡선을 그린 다음 문자 도구(T, T)로 곡선을 클릭합니다. [Character] 패널에서 서체를 'MV Boli', 글자 크기를 '20pt' 정도로 설정하고 원하는 문구를 입력합니다. 여기서는 'Carpe diem'을 입력했습니다.

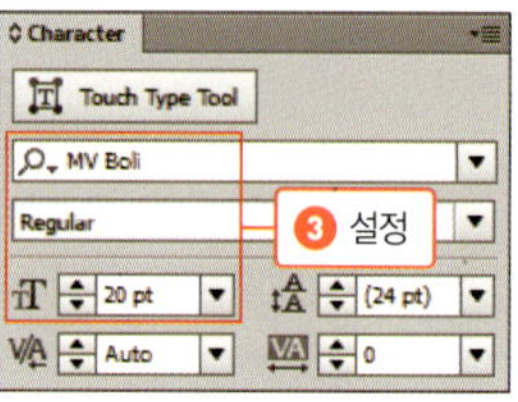

07 완성된 책갈피를 이미지로 저장하기 위해 **[File] → Export**를 실행합니다. [Export] 대화상자에서 파일 형식을 'JPEG (*.JPG)'로 지정한 다음 〈Export〉 버튼을 클릭합니다.

08 [JPEG Options] 대화상자에서 Quality를 'Maximum', Resolution을 'High (300 ppi)'로 지정하고 〈OK〉 버튼을 클릭합니다.

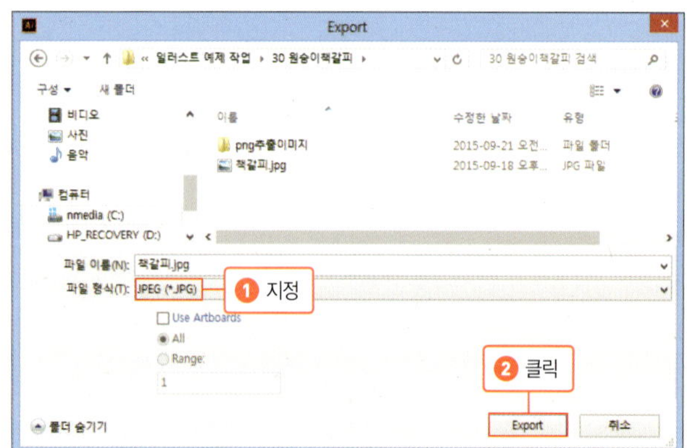

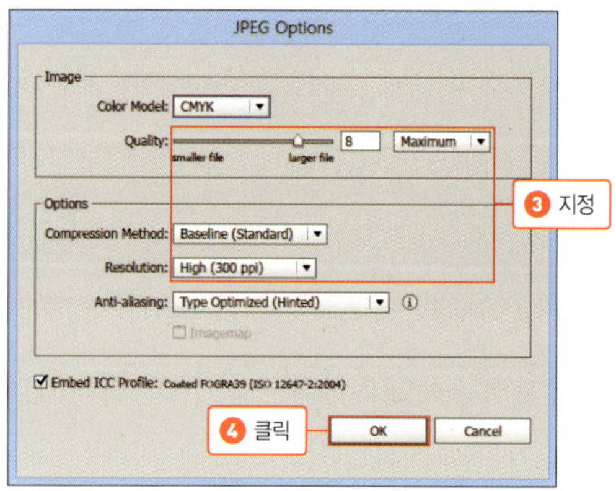

09 완성된 이미지를 출력하고 구멍을 뚫어 책에 끼워 책갈피로 이용해 보세요.

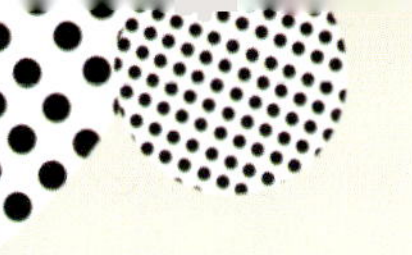

디자인 사례

책에서 읽던 곳이나 필요한 곳을 찾기 쉽도록 책의 낱장 사이에 끼워 두는 책갈피
에는 다양한 패턴, 형태 등으로 아이디어를 살려 고급스럽거나 재미있게 디자인할
수 있습니다.

◀ 책 표지의 얼굴을 3등신으로 캐릭터화한 책갈
피로, 책 제목으로 표현된 얼굴 이목구비와 반추
상형 형태가 신선하고 매력적입니다.

▲ 돌 표면과 비슷한 질감을 나타내기 위해 엠보싱 처리하고 책갈피 외곽을 불규칙하게 절단하였습니다.
책갈피마다 다양한 문양을 적용하였고 선명한 배색을 사용하여 고급스러운 보석이 연상됩니다.

▲ 150×30mm 크기 볼록 판화의 음각 기법 책갈피로 전통미가 느껴집니다. 무채색 디자인은 차분하고 안정된 느낌을 줍니다.

편지지 디자인

충성!!

캐릭터를 활용한 편지지 만들기

군대에서 나라를 위해 일하는 국군장병들에게 정성 어린 한 통의 편지는 큰 힘이
됩니다. 군대 간 친구나 오빠, 동생, 애인에게 직접 만든 편지지를 이용해 우정
과 사랑의 편지를 보내세요!

1 스케치를 바탕으로 캐릭터 그리기

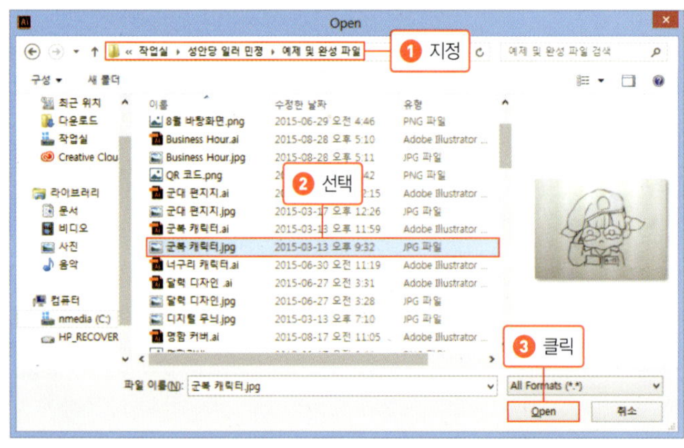

01 스케치를 불러오기 위해 [File] → Open
(Ctrl+O)을 실행합니다.
[Open] 대화상자에서 찾는 위치를 12 폴더
로 지정하고 미리 그려서 스캔한 '군복 캐릭
터.jpg' 파일을 선택한 다음 〈Open〉 버튼을
클릭합니다.

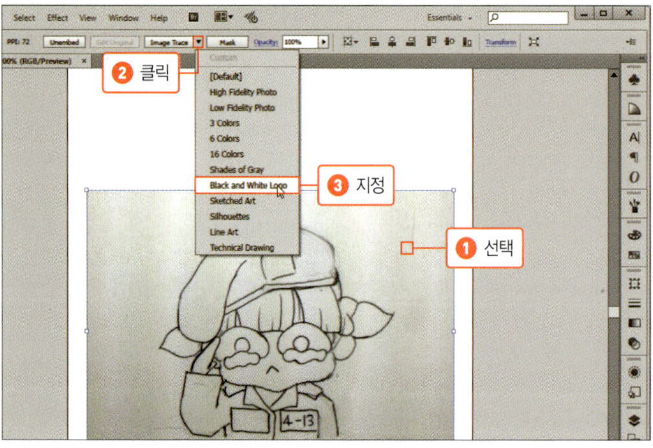

02 이미지를 선택하고 [Control] 패널에서
〈Image Trace〉 버튼의 팝업 아이콘(▼)을
클릭하여 'Black and White Logo'로 지정합
니다.

TIP 'Black and White Logo'는 이미지를 검은색과 흰
색의 흑백 로고 스타일의 일러스트로 변경합니다.

03 벡터 형식으로 변경된 이미지를 세부적으로 조정하기 위해 [Control] 패널의 'Image Trace Panel' 아이콘(圁)을 클릭합니다.

[Image Trace] 패널에서 Threshold를 '174'로 설정하고 'Preview'에 체크 표시하여 아트보드에서 변경된 이미지를 미리 확인합니다.

[Control] 패널의 〈Expand〉 버튼을 클릭하여 비트맵 이미지를 벡터 이미지로 만듭니다.

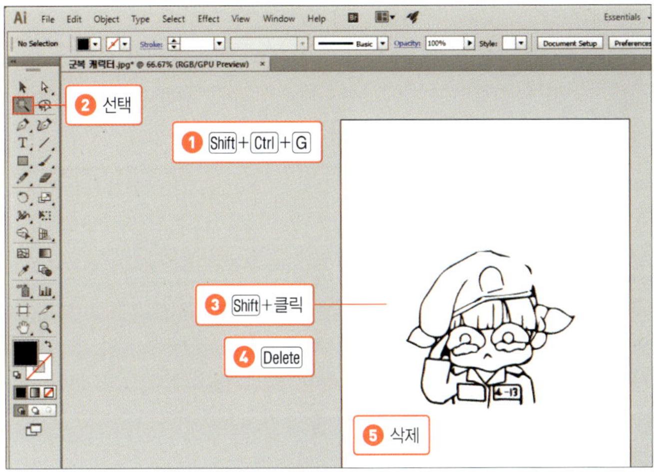

04 Shift+Ctrl+G 키를 눌러 그룹을 해제하고 마술봉 도구(⌖, Y)로 Shift 키를 누른 채 흰색 배경을 모두 선택한 다음 Delete 키를 눌러 삭제합니다.

이때 선택 도구(▸, V)로 왼쪽 아래의 필요 없는 부분도 선택하고 Delete 키를 눌러 삭제합니다.

05 [Layers] 패널에서 'Layer 1' 레이어 이름을 '테두리'로 변경한 다음 레이어를 잠그고, 테두리 레이어 아래에 새 레이어를 만듭니다.

선 색상을 'C:0%, M:12%, Y:9%, K:0%'로 설정하고 물방울 브러시 도구(⌖, Shift+B)로 그림과 같이 캐릭터의 얼굴, 목, 손에 피부색을 칠합니다.

다른 색을 칠하기 위해 'Layer 2' 레이어 위에 새 레이어를 만듭니다.

06 편리한 작업을 위해 'Layer 2' 레이어 이름을 '일굴', 'Layer 3' 레이어 이름을 '미리'로 변경합니다.

면 색상을 'C:34%, M:51%, Y:75%, K:14%'로 설정한 다음 머리카락을 칠합니다.

'머리' 레이어 위에 새 레이어를 만들고 '눈, 베레모'로 레이어 이름을 변경합니다.

07 면 색상을 설정하고 눈, 베레모, 머리끈을 채색합니다.

[Layers] 패널에서 '눈, 베레모' 레이어 위에 새 레이어를 만들고 레이어 이름을 '눈동자'로 변경한 다음 이어서 눈동자, 눈물을 칠합니다.

베레모 • C:80%, M:44%, Y:66%, K:34%
머리끈 • C:0%, M:51%, Y:19%, K:0%
눈동자 • C:56%, M:59%, Y:68%, K:45%
눈물 • C:7%, M:0%, Y:0%, K:0%

TIP 선 밖으로 벗어나 잘못 채색된 부분은 지우개 도구(✐, Shift + E)를 이용해 쉽게 지울 수 있습니다.

08 군복에 이미지를 합성하기 위해 '눈동자' 레이어 위에 새 레이어를 만듭니다.

탐색기에서 12 폴더의 '디지털 무늬.jpg' 파일을 작업 중인 아트보드로 드래그한 다음 그림과 같이 배치합니다.

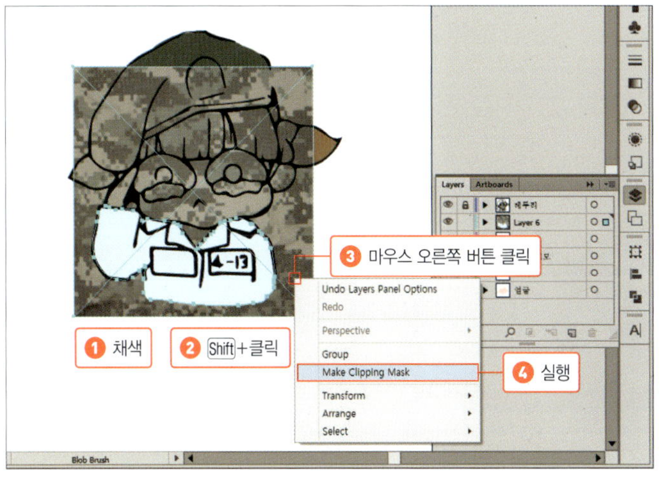

09 먼저 물방울 브러시 도구(☑, Shift+B)로 패턴 위 스케치를 따라 군복을 채색합니다. Shift 키를 누른 채 채색한 객체와 패턴을 선택하고 마우스 오른쪽 버튼을 클릭하여 Make Clipping Mask를 실행합니다.

TIP 클리핑 마스크의 단축키는 Ctrl+7 키이며, 클리핑 마스크를 해제하려면 [Object] → Clipping Mask → Release를 실행합니다. 클리핑 마스크가 적용된 객체를 편집하려면 선택 도구로 객체를 더블클릭하여 편집 모드에서 수정할 수 있습니다.

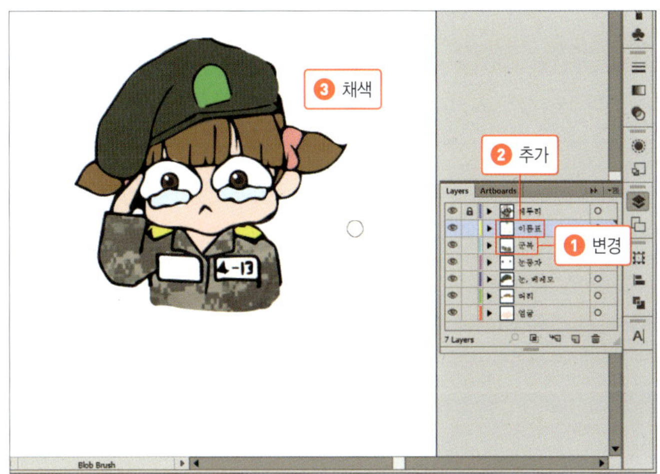

10 [Layers] 패널에서 'Layer 6' 레이어 이름을 '군복'으로 변경한 다음 새 레이어를 만들고 레이어 이름을 '이름표'로 변경합니다. 이어서 이름표, 견장, 베레모 마크를 차례로 채색합니다.

이름표 • C:0%, M:0%, Y:0%, K:0%
견장 • C:4%, M:0%, Y:93%, K:0%
베레모 마크 • C:70%, M:0%, Y:80%, K:0%

11 베레모에 마크를 추가하기 위해 '이름표' 레이어 위에 새 레이어를 만듭니다. 탐색기에서 12 폴더의 '육군마크.jpg' 파일을 작업 중인 아트보드로 드래그하여 불러옵니다.

12 이미지가 선택된 상태로 [Control] 패널에서 'Image Trace'의 팝업 아이콘(▼)을 클릭하여 'Low Fidelity Photo'로 지정합니다.

TIP 예제에서는 'Low Fidelity Photo'로 지정된 상태이므로 형태가 다릅니다.

13 Shift + Ctrl + G 키를 눌러 그룹을 해제합니다.
선택 도구(▶, V)로 마크 외곽의 흰색 여백을 선택한 다음 Delete 키를 눌러 삭제합니다.
다시 마크를 전체 선택한 다음 Ctrl + G 키를 눌러 그룹으로 설정합니다.

14 육군마크의 바운딩 박스를 조정하여 축소하고 그림과 같이 베레모 마크 부분에 맞춰 회전해서 캐릭터를 완성합니다.

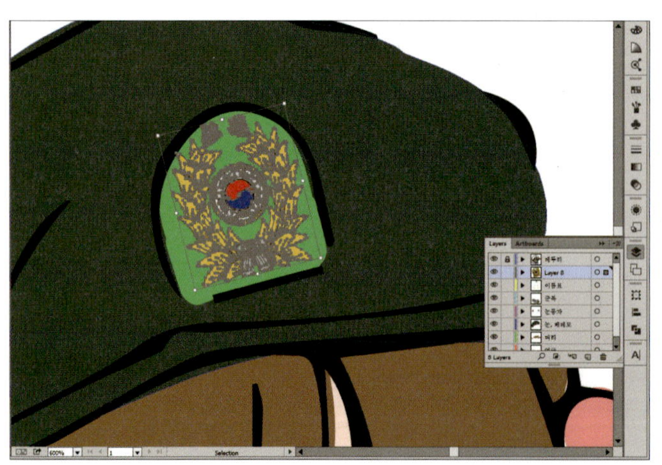

2 캐릭터를 이용하여 편지지 만들기

01 이번에는 편지지 디자인을 위해 **[File] → New**(Ctrl+N)를 실행합니다. [New Document] 대화상자에서 Name에 '군대 편지지'를 입력한 다음 Size를 'A4'로 지정하고 〈OK〉 버튼을 클릭하여 새 아트보드를 만듭니다.

02 '군복 캐릭터' 아트보드에서 모든 레이어의 잠금 설정을 해제하고 캐릭터 전체를 복사합니다. '군대 편지지' 아트보드에 붙여 넣고 오른쪽 아래에 배치합니다. [Layers] 패널에서 'Layer 1' 레이어를 잠그고 아래에 새 레이어를 만듭니다.

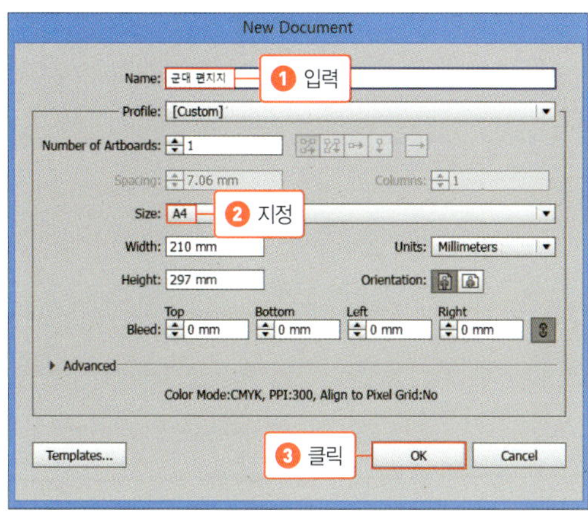

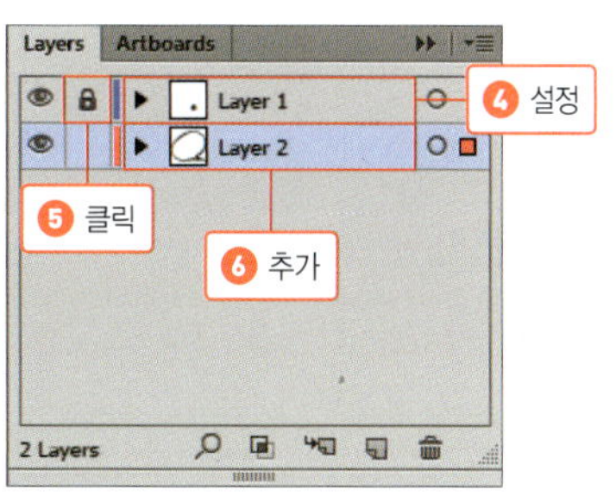

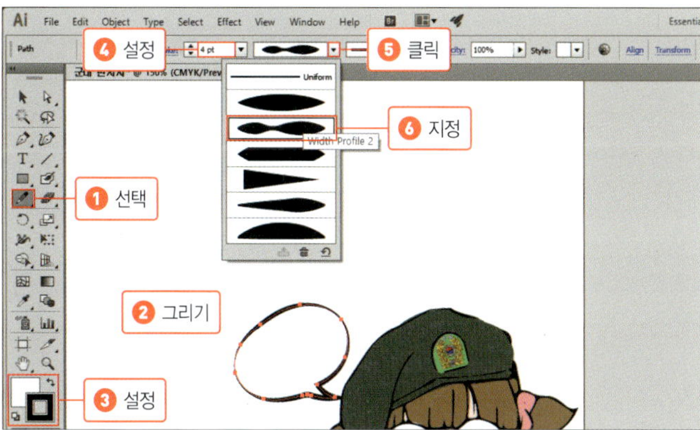

03 캐릭터에 말풍선을 추가하기 위해 연필 도구(N)를 선택하고 그림과 같이 말풍선을 그립니다.

말풍선이 선택된 채 면 색상을 '흰색', 선 색상을 '검은색'으로 설정하고 [Control] 패널에서 Stroke를 '4pt', 선 스타일을 'Width Profile 2'로 지정합니다.

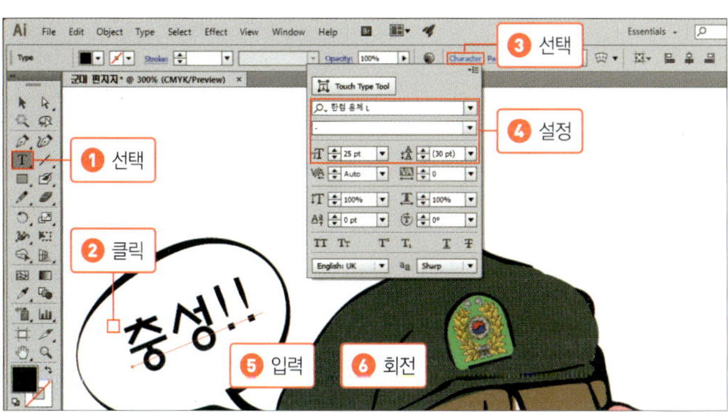

04 말풍선 안에 문자를 입력하기 위해 문자 도구(T)를 선택한 다음 말풍선 안쪽을 클릭합니다.

[Control] 패널의 'Character'를 선택한 다음 서체를 '한컴 윤체 L', 글자 크기를 '25pt'로 설정합니다.

'충성!!'을 입력한 다음 문자를 선택하고 말풍선에 맞춰 회전합니다.

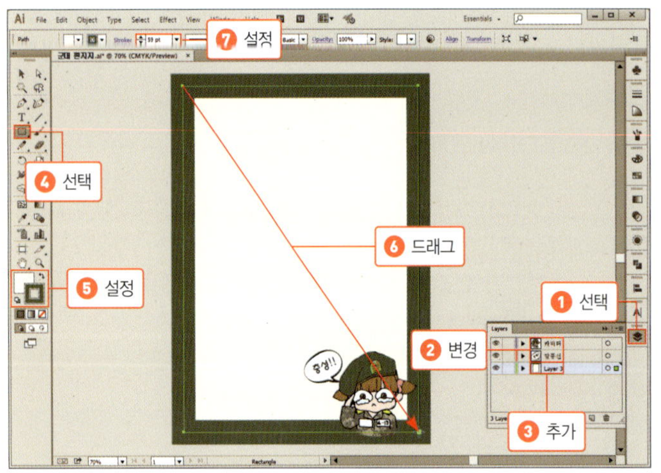

05 이번에는 편지지를 디자인하기 위해 'Layer 1' 레이어 이름을 '캐릭터', 'Layer 2' 레이어 이름을 '말풍선'으로 변경하고 아래에 새 레이어를 만듭니다.

06 사각형 도구(■, M)를 선택하고 면 색상을 'C:0%, M:0%, Y:7%, K:0%', 선 색상을 'C:79%, M:45%, Y:66%, K:34%'로 설정합니다. 아트보드 크기대로 왼쪽 위에서 오른쪽 아래로 드래그하여 사각형을 만들고 [Control] 패널에서 Stroke를 '59pt'로 설정합니다.

07 여백을 클릭하여 선택을 해제한 다음 [Color] 패널에서 면 색상을 'C:79%, M:45%, Y:66%, K:34%', 선 색상을 'None'으로 설정합니다.
그림과 같이 아트보드 위쪽에 드래그하여 세로 길이(Height)가 '27mm'인 사각형을 만듭니다.

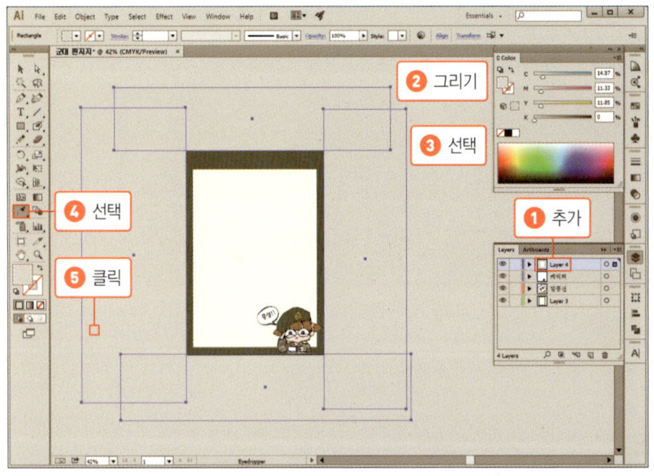

08 [Layers] 패널의 '캐릭터' 레이어 위에 새 레이어를 만듭니다.
사각형 도구(■, M)로 아트보드 외곽이 전부 가려지도록 그림과 같이 네 개의 사각형을 그립니다.
Shift 키를 누른 채 외부 사각형들을 선택하고 스포이트 도구(✎, I)로 아트보드 외곽을 클릭하여 회색을 적용합니다.

09 'Layer 3' 레이어 객체들을 선택한 다음 [Object] → **Expand**를 실행하고 [Expand] 대화상자에서 〈OK〉 버튼을 클릭합니다.

10 [Pathfinder] 패널에서 'Divide' 아이콘(📄)을 클릭하여 겹치는 부분을 나눕니다. 가운데 미색 사각형을 제외한 나머지 객체들을 선택한 다음 'Unite' 아이콘(📄)을 클릭하여 합칩니다.
'Layer 3' 레이어 아래에 새 레이어를 만들고 나머지 레이어를 모두 잠급니다.

11 사각형 도구(📭, M)를 선택하고 [Color] 패널에서 면 색상을 'None', 선 색상을 'C:0%, M:0%, Y:7%, K:0%'로 설정한 다음 [Control] 패널에서 Stroke를 '2pt'로 설정합니다.
그림과 같이 드래그하여 미색 사각형보다 좀 더 큰 사각형을 만듭니다. [Align] 패널에서 'Horizontal Align Center' 아이콘(📭)을 클릭하여 아트보드 가운데에 맞춥니다.

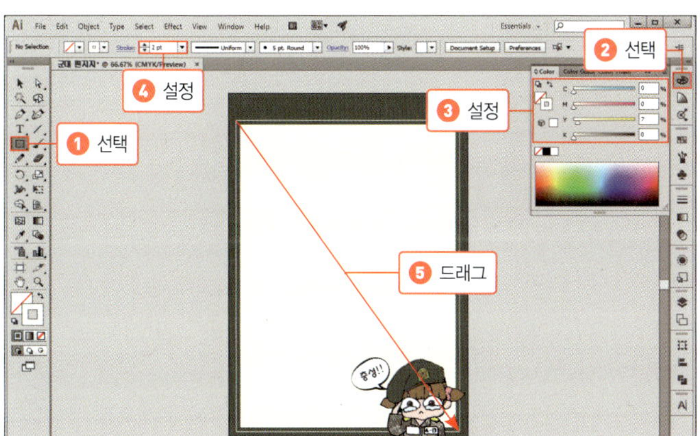

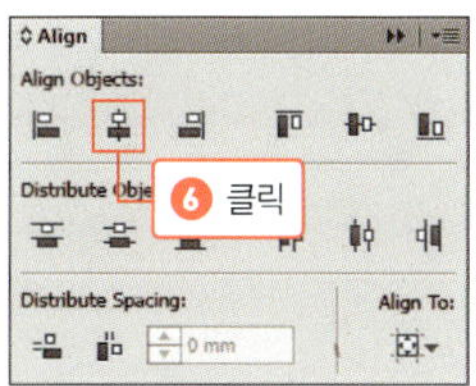

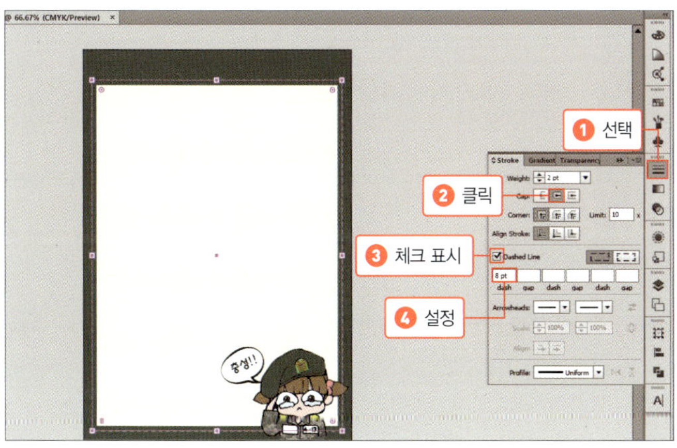

12 앞서 만든 사각형이 선택된 채 [Stroke] 패널에서 Cap의 'Round Cap' 아이콘(📭)을 클릭합니다. 'Dashed Line'에 체크 표시한 다음 dash를 '8pt'로 설정하여 점선을 만듭니다.

TIP [Stroke] 패널이 그림과 다르게 축소되었다면 패널에서 옵션 아이콘(📭)을 클릭하고 Show Options를 실행하여 확장합니다.

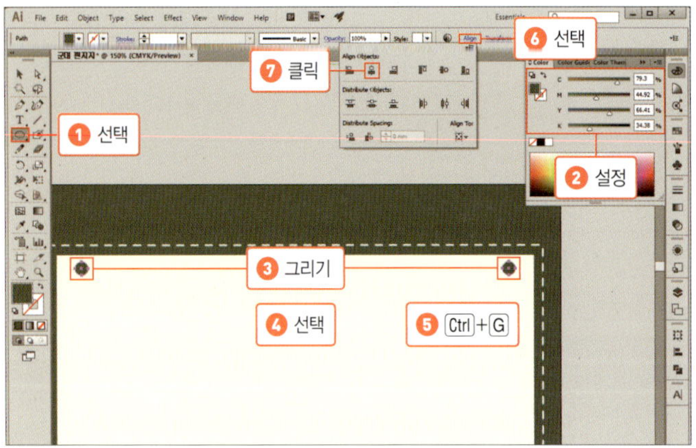

13 원형 도구(◉, L)를 선택하고 면 색상을 'C.79%, M.45%, Y.00%, K.34%', 선 색상을 'None'으로 설정합니다.

그림과 같이 왼쪽과 오른쪽 위에 Shift 키를 누른 채 드래그하여 원을 그립니다. Ctrl 키를 누른 채 두 개의 원을 선택하고 Ctrl+G 키를 눌러 그룹으로 설정합니다.

[Control] 패널에서 'Align'을 선택한 다음 'Horizontal Align Center' 아이콘(▣)을 클릭하여 아트보드 가로 가운데에 정렬합니다.

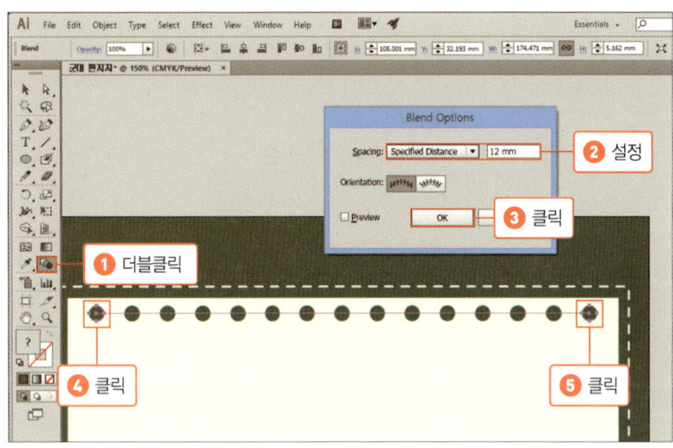

14 원 사이에 같은 크기의 원을 추가하기 위해 블렌드 도구(▣, W)를 더블클릭합니다. [Blend Options] 대화상자에서 Spacing을 'Specified Distance/12mm'로 설정한 다음 〈OK〉 버튼을 클릭하고 왼쪽과 오른쪽 원을 차례로 클릭합니다.

TIP 블렌드 도구를 선택하고 두 개의 객체를 순서대로 클릭하면 모양과 색이 혼합되어 중간에 자동으로 계산된 최적의 객체가 생깁니다.

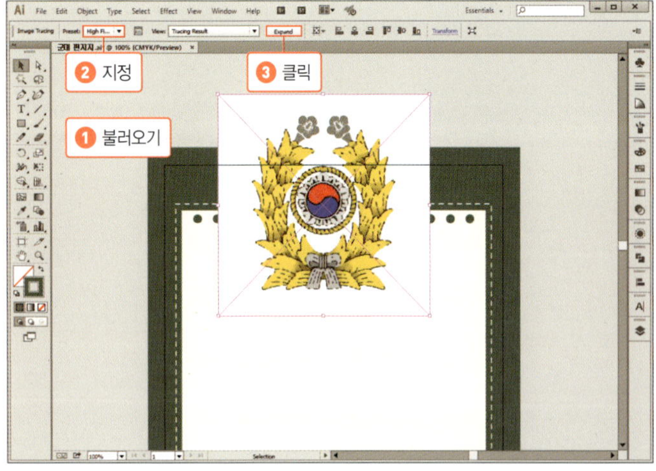

15 '육군마크.jpg' 이미지를 다시 불러오고 Image Trace를 'Low Fidelity Photo'로 지정한 다음 〈Expend〉 버튼을 클릭하여 편지지를 장식합니다.

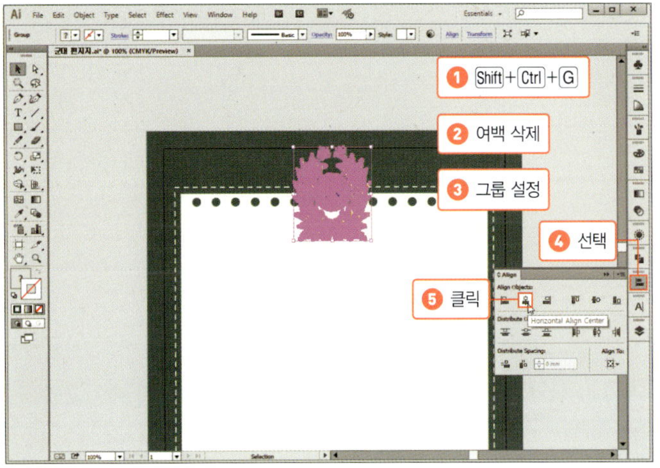

16 `Shift`+`Ctrl`+`G` 키를 눌러 그룹을 해제하고 마크 외곽의 여백을 삭제합니다. 다시 마크를 선택한 다음 `Ctrl`+`G` 키를 눌러 그룹으로 설정합니다.

[Align] 패널에서 'Horizontal Align Center' 아이콘(🔲)을 클릭하여 가로 가운데에 정렬합니다.

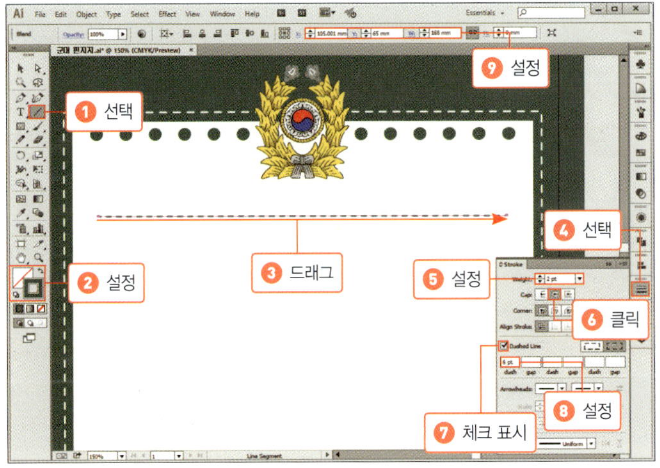

17 선 도구(✏️, `W`)를 선택하고 선 색상을 'C:79%, M:45%, Y:66%, K:34%'로 설정한 다음 육군마크 아래에 드래그하여 수평선을 그립니다.

18 [Stroke] 패널에서 Weight를 '2pt'로 설정하고 Cap의 'Round Cap' 아이콘(🔲)을 클릭합니다. 'Dashed Line'에 체크 표시한 다음 dash를 '6pt'로 설정합니다.

선을 정확하게 배치하기 위해 [Control] 패널에서 X를 '105mm', Y를 '65mm', W를 '168mm'로 설정합니다.

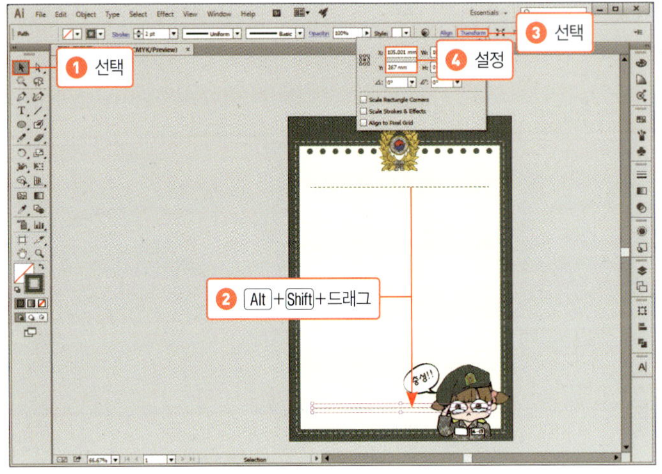

19 선택 도구(🔲, `V`)로 점선을 선택한 다음 `Alt`+`Shift` 키를 누른 채 아래로 드래그하여 복제합니다.

[Control] 패널에서 'Transform'을 선택하고 X를 '105mm', Y를 '267mm'로 설정하여 위치를 지정합니다.

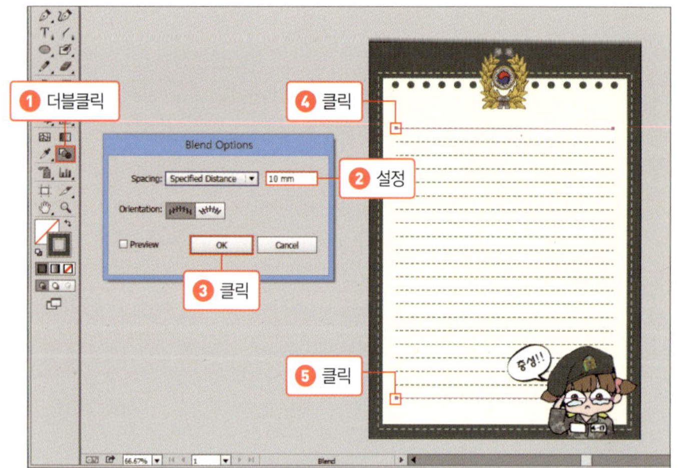

20 14번 과정처럼 편지지 선을 만들기 위해 블렌드 도구(, W)를 더블클릭합니다. [Blend Options] 대화상자에서 Spacing 간격을 '10mm'로 설정한 다음 〈OK〉 버튼을 클릭하고 위, 아래 점선을 차례로 클릭합니다.

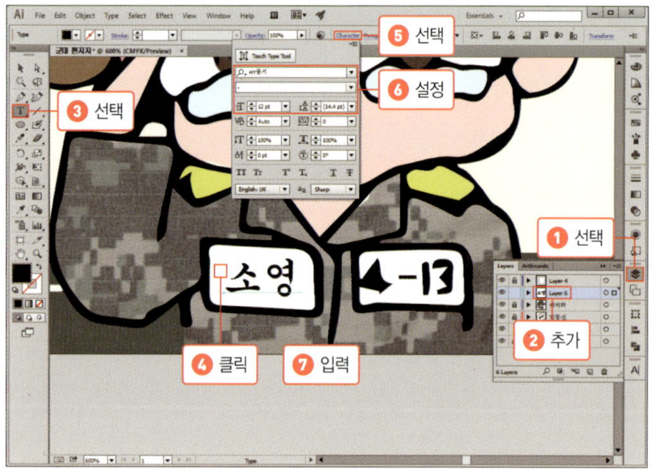

21 [Layers] 패널에서 '캐릭터' 레이어 위에 새 레이어를 만듭니다. 문자 도구(T, T)를 선택한 다음 캐릭터의 왼쪽 이름표를 클릭합니다.
[Control] 패널에서 'Character'를 선택하고 서체를 'HY궁서', 글자 크기를 '12pt'로 설정한 다음 보내는 사람의 이름을 입력합니다.

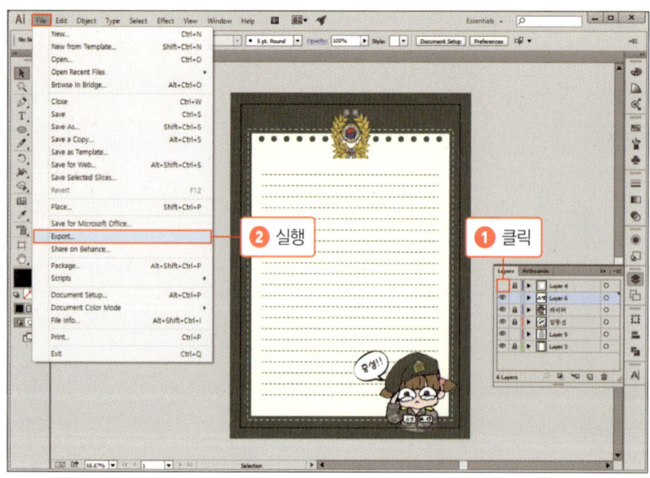

22 'Layer 4' 레이어 객체가 아트보드 안쪽에서 일부 인쇄되는 것을 방지하기 위해 '눈' 아이콘()을 클릭하여 숨기고 [File] → Export를 실행합니다.

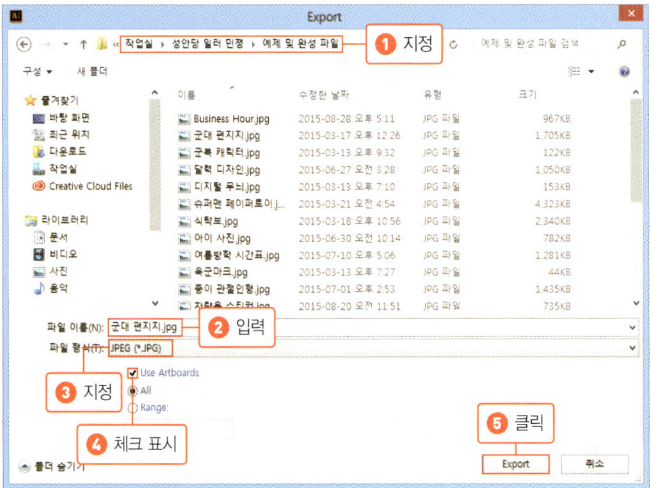

23 [Export] 대화상자에서 저장 위치를 지정한 다음 파일 이름을 '군대 편지지'로 입력합니다. 파일 형식을 'JPEG (*.JPG)'로 지정합니다. 'Use Artboards'에 체크한 다음 〈Export〉 버튼을 클릭합니다.

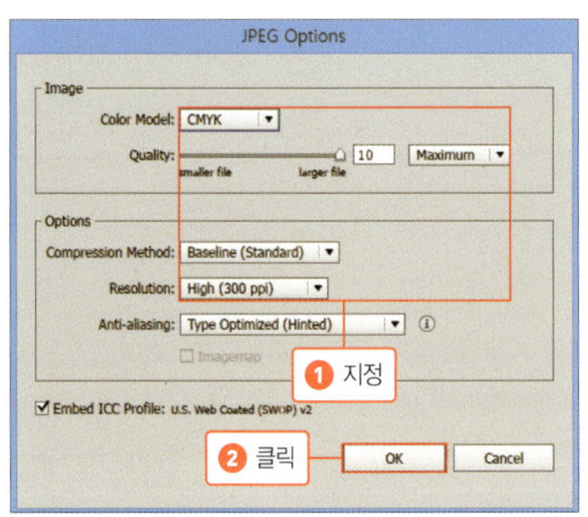

24 [JPEG Options] 대화상자에서 Color Model은 'CMYK', Quality는 'Maximum', Resolution은 'High (300 ppi)'로 지정한 다음 〈OK〉 버튼을 클릭하여 저장합니다.

25 편지지를 출력하여 군대 간 친구나 후배, 동생, 애인에게 편지를 보내세요.

디자인 사례

재미있는 캐릭터, 패턴 등을 활용하여 친구, 가족, 연인 등에게 메시지를 전하는 편지지를 디자인합니다.

▲ 슈퍼맨 캐릭터를 활용하여 붉은 망토를 더욱 강렬하게 보여주기 위해 배경색을 파란색 계열로 사용하였습니다. 흰색 배경과 대조적으로 캐릭터를 왼쪽 아래에 작게 배치하여 보는 사람들의 시선을 사로잡습니다.

▶ 강렬한 배색으로 파티의 왁자
지껄한 즐거움이 패턴 속에서 느
껴집니다. 대각선으로 나뉜 패턴
구성으로 인해 역동적이고 분홍
색을 지배적으로 사용하여 설레
는 분위기를 연출하였습니다.

포스터 디자인

Good
luck!

블렌드를 활용하여 심플한 포스터 만들기

바다를 유유히 헤엄치는 고래를 블렌드 기능으로 완성한 다음 간단하게 심플한
포스터를 만들어 인테리어 소품으로 활용해 보세요.

1 블렌드 기능으로 고래 그리기

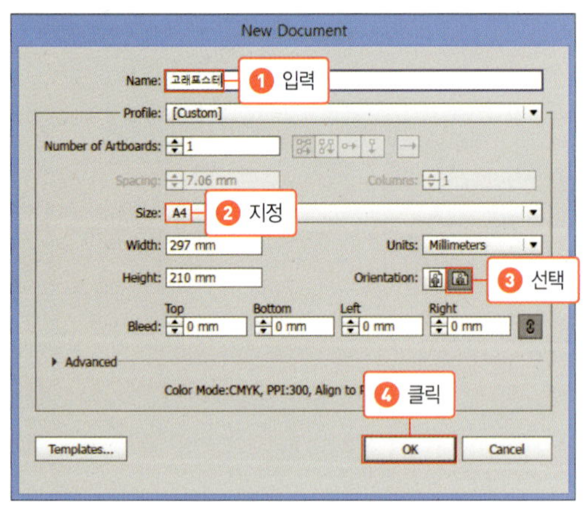

01 [File] → New(Ctrl+N)를 실행합니다.
[New Document] 대화상자에서 Name
에 '고래포스터'를 입력합니다. Size를 'A4',
Orientation을 '가로 방향'으로 선택하고 〈OK〉
버튼을 클릭해 새 아트보드를 만듭니다.

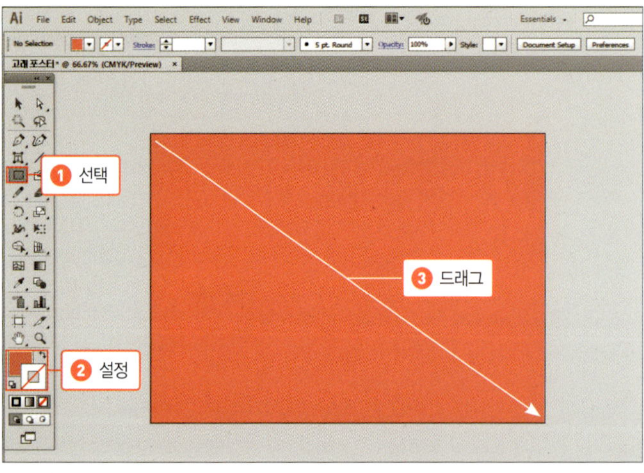

02 사각형 도구(, M)를 선택하고 면 색
상을 'C:3%, M:74%, Y:59%, K:0%', 선 색상을
'None'으로 설정한 다음 아트보드 크기대로
드래그하여 배경을 만듭니다.

03 탐색기를 실행하고 13 폴더에서 '고래.ai' 파일을 작업 창으로 드래그하여 불러옵니다.

04 면 색상을 'None', 선 색상을 '흰색'으로 설정한 다음 펜 도구(, P)를 이용하여 고래 가운데 부분에 그림과 같이 배를 나누는 곡선을 그립니다. [Control] 패널에서 Stroke를 '3pt'로 설정합니다.

이어서 선 색상을 'C:100%, M:95%, Y:13%, K:10%'로 설정한 다음 [Stroke] 패널에서 Weight를 '1pt'로 설정합니다. 펜 도구로 그림과 같이 고래의 바 아래쪽에 맞춰 곡선을 그립니다.

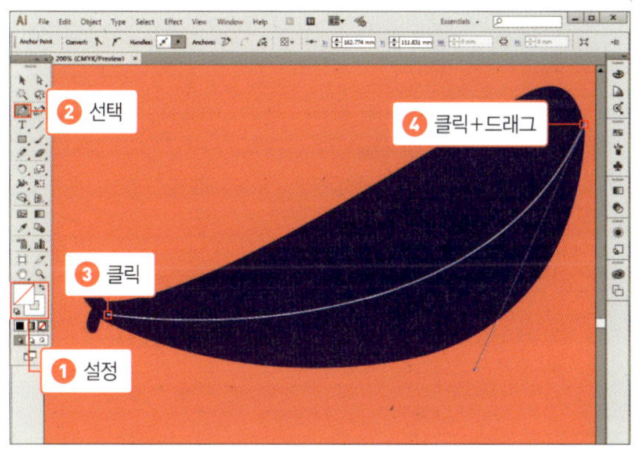

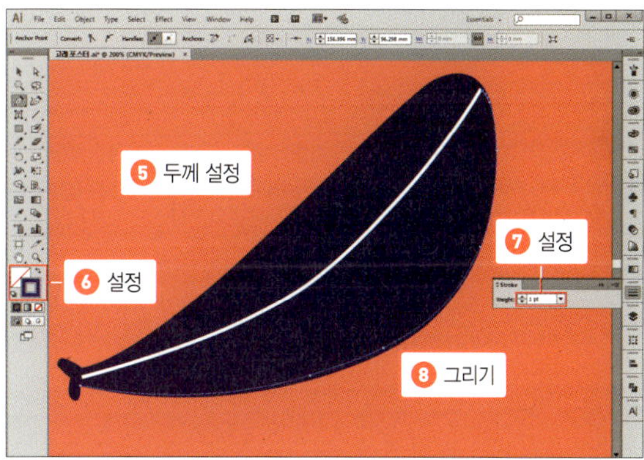

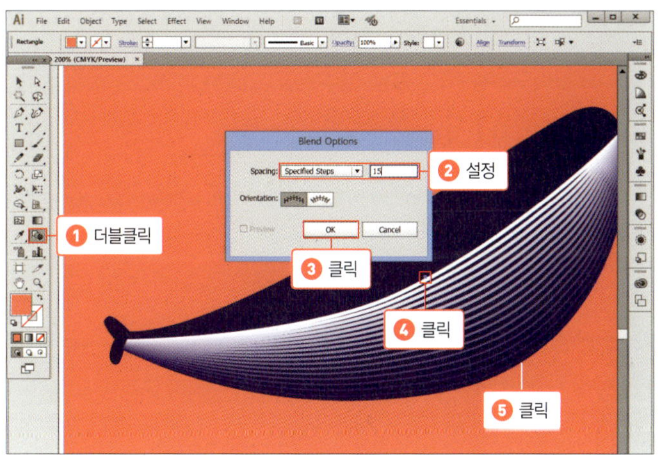

05 블렌드 도구(, W)를 더블클릭하여 [Blend Options] 대화상자에서 Spacing을 'Specified Steps'로 지정하고 수치를 '15'로 설정한 다음 〈OK〉 버튼을 클릭합니다.

흰색 곡선과 아래쪽 남색 곡선을 차례대로 클릭하여 그림과 같이 블렌드 효과를 적용합니다.

Blend 메뉴

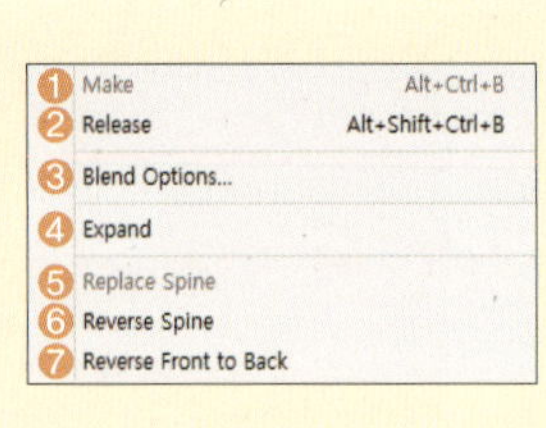

① Make(Alt+Ctrl+B) : 객체의 중간 단계를 만들어 블렌드를 적용합니다.

② Release(Alt+Shift+Ctrl+B) : 블렌드를 해제합니다.

③ Blend Options : 블렌드 방향, 단계를 설정하는 Blend Options 대화상자를 나타냅니다.

④ Expand : 블렌드를 적용하여 만들어진 중간 단계 객체를 각각의 객체로 변환합니다.

⑤ Replace Spine : 블렌드 패스 방향을 다른 형태나 패스로 만듭니다.

⑥ Reverse Spine : 블렌드 객체 순서를 바꿉니다.

⑦ Reverse Front to Back : 블렌드가 적용된 상태에서 앞뒤 객체 순서를 바꿉니다.

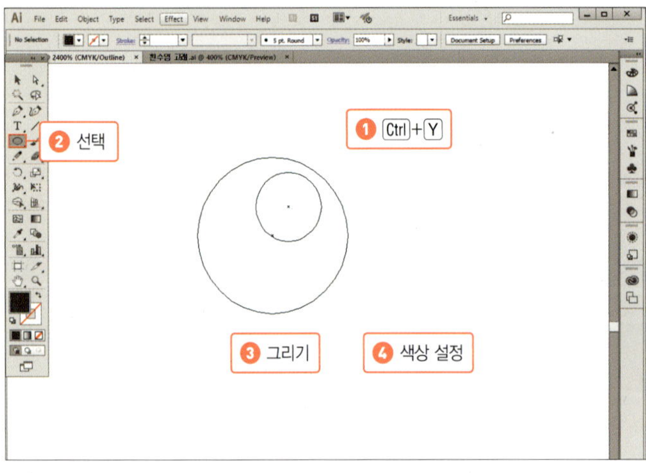

06 Ctrl+Y 키를 눌러 패스 보기에서 원형 도구(◯, L)를 이용하여 그림과 같이 오른쪽 위에 고래의 눈을 그립니다. 면 색상을 각각 '검은색'과 '흰색'으로 설정하여 고래를 완성합니다.

2 패턴을 추가하여 포스터 완성하기

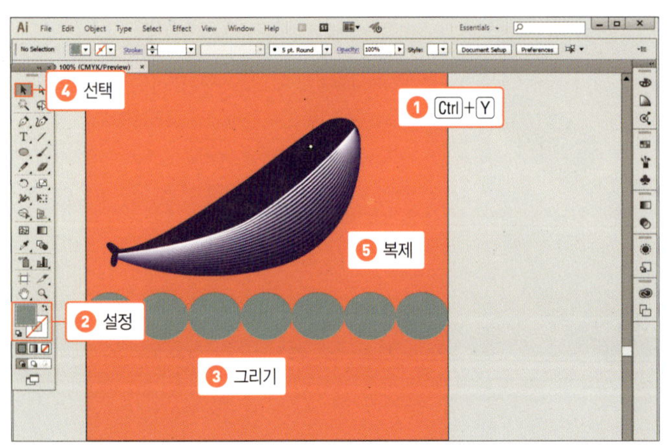

01 Ctrl+Y 키를 눌러 미리 보기로 전환한 다음 면 색상을 'C:65%, M:26%, Y:40%, K:8%'로 설정합니다.

원형 도구(◯, L)로 원을 그리고 반복 복제해서 그림과 같이 파도 형태를 만듭니다.

02 원들을 선택하고 Ctrl+G 키를 눌러 그룹으로 설정합니다. Alt 키를 누른 채 아래로 세 번 드래그하여 약간 어긋나게 복제하고 원하는 색상으로 변경한 다음 그림과 같이 겹치도록 배치합니다.

둘째 줄 • C:54%, M:18%, Y:36%, K:2%
셋째 줄 • C:58%, M:29%, Y:36%, K:10%
넷째 줄 • C:63%, M:0%, Y:23%, K:0%

03 사각형 도구(□, M), 펜 도구(✎, P)를 이용하여 말풍선을 그리고 문자 도구(T, T)로 'Good Luck!'을 입력합니다.

말풍선 • C:87%, M:48%, Y:65%, K:62%
문자 • C:72%, M:0%, Y:23%, K:0%

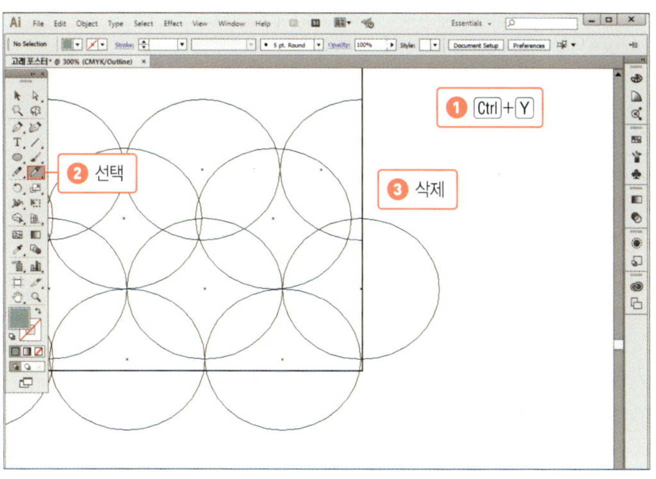

04 다시 한 번 Ctrl+Y 키를 누른 다음 칼 도구(✎)로 아트보드 이외의 선들을 드래그하여 자르고 삭제합니다.

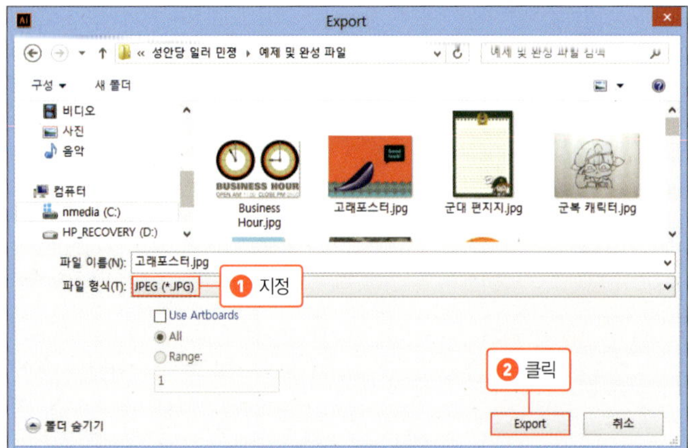

05 완성된 포스터를 이미지로 저장하기 위해 [File] → Export를 실행합니다. [Export] 대화상자에서 파일 형식을 'JPEG (*.JPG)'로 지정한 다음 〈Export〉 버튼을 클릭합니다.

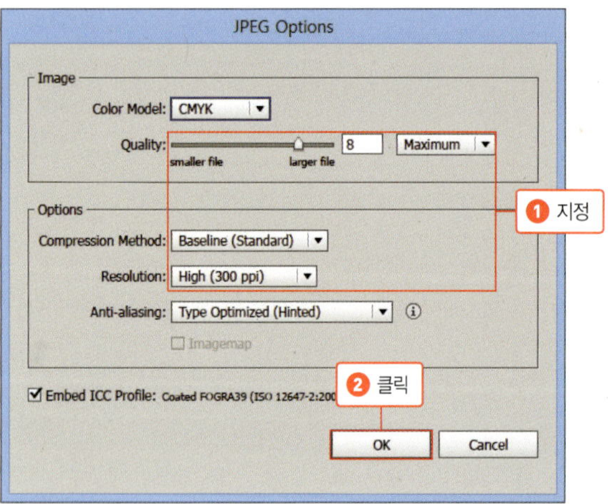

06 [JPEG Options] 대화상자에서 Quality를 'Maximum', Resolution을 'High (300 ppi)'로 지정하고 〈OK〉 버튼을 클릭합니다.

07 완성된 포스터를 출력하여 벽에 걸어두고 인테리어 소품으로 활용해 보세요.

디자인 사례

일러스트레이터에서 중간 단계의 객체를 간편하게 만들어주는 블렌드 기능을 활용
하면 복잡한 패턴이나 형태 등을 쉽고 빠르게 완성하여 아트웍의 완성도를 높일 수
있습니다.

▲ 폐쇄된 도시에 갇힌 동물들의 스트레스를 옵아트로 표현한 작품입니다. 물결무늬 패턴은 동물들이
갇힌 공간에서 탈출하고 싶어 하는 심리를 반영합니다.

타이포그래피 포스터 디자인

25

마스크를 이용한 타이포 포스터 만들기

인테리어 관련 이미지 등에서 문자에 이미지가 적용된 감각적인 포스터를 자주 볼 수 있습니다. 좋아하는 단어나 문구에 직접 그린 이미지를 덧씌워 다양한 분위기의 인테리어 소품으로 활용해 보세요.

1 알록달록 패턴 디자인하기

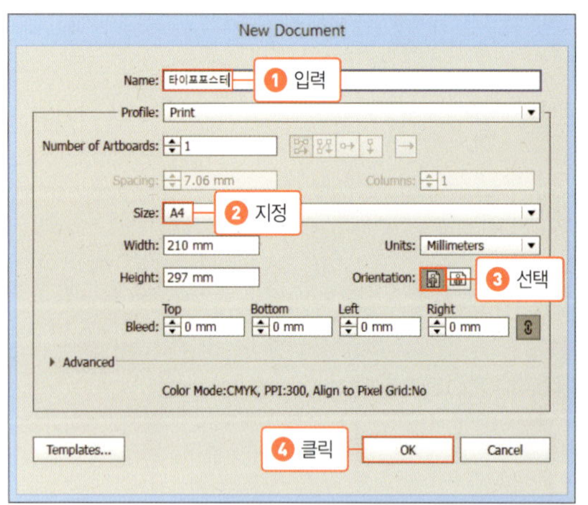

01 [File] → New(Ctrl+N)를 실행합니다. [New Document] 대화상자에서 Name에 '타이포포스터'를 입력하고 Size를 'A4'로 지정합니다. Orientation을 '세로 방향'으로 선택한 다음 〈OK〉 버튼을 클릭하여 새 아트보드를 만듭니다.

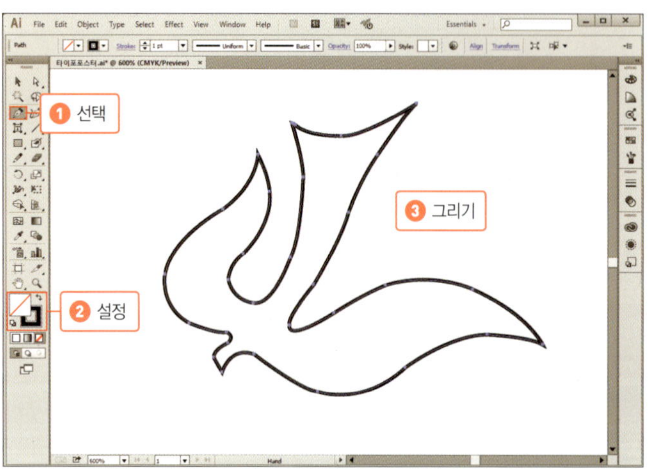

02 펜 도구(P)를 선택하고 면 색상은 'None', 선 색상은 '검은색'으로 설정한 다음 아트보드에 그림과 같이 비둘기 모양을 그립니다.
비둘기가 아니라도 원하는 형태를 단순하게 표현합니다.

03 선택 도구(, V)로 비둘기를 선택한 다음 면 색상을 'C:100%, M:0%, Y:0%, K:0%', 선 색상을 'None'으로 설정합니다.
이미지를 반전시키기 위해 마우스 오른쪽 버튼을 클릭하고 **Transform → Reflect**를 실행합니다.
[Reflect] 대화상자에서 'Vertical'을 선택하고 〈Copy〉 버튼을 클릭한 다음 그림과 같이 배치합니다.

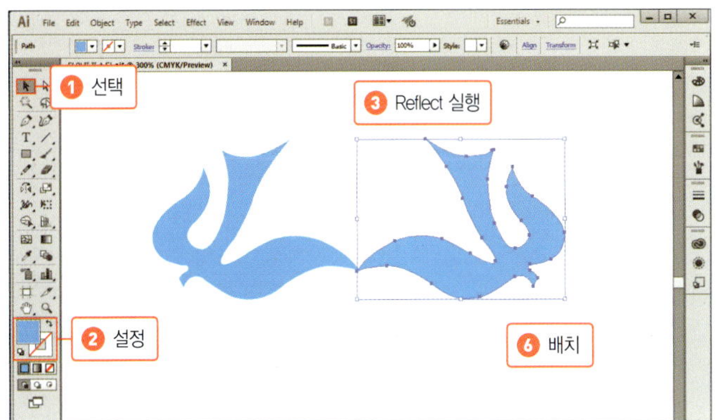

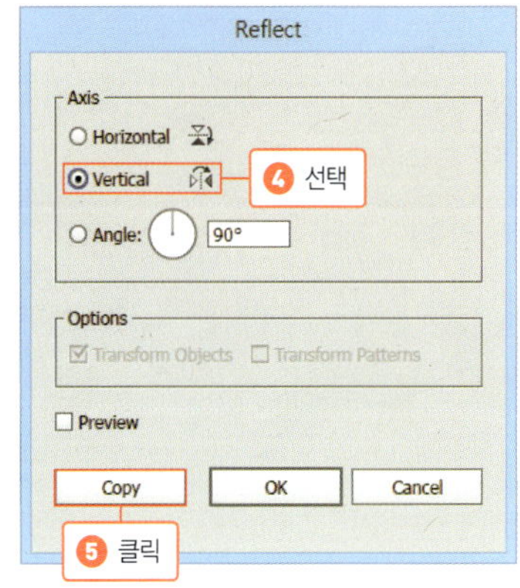

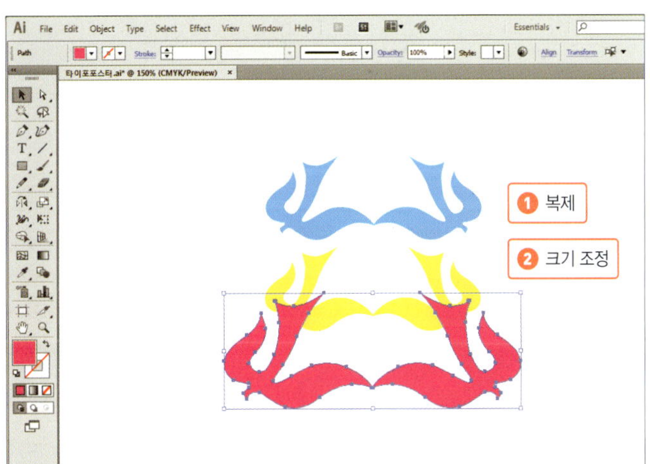

04 Shift+Alt 키를 누른 채 아래로 드래그하여 복제한 다음 Ctrl+D 키를 눌러 반복 복제합니다.
원하는 색상으로 변경한 다음 바운딩 박스 조절점을 조절하여 크기를 조정합니다.
여기서는 CMY가 각각 '100%'인 색으로 설정했습니다.

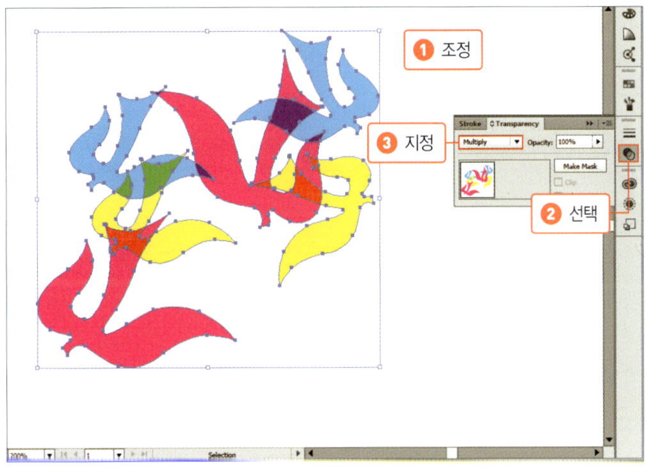

05 바운딩 박스 조절점을 이용해 각각의 개체를 이동, 크기 조절, 회전해서 그림과 같이 자유롭게 겹쳐 배치한 다음 [Transparency] 패널에서 Mode를 'Multiply'로 지정합니다.

06 비둘기 이미지를 계속해서 복제한 다음 겹치고 색상을 수정합니다.

타이포그래피 작업을 위해 먼저 [Layers] 패널에서 'Create New Layer' 아이콘(🖰)을 클릭하여 새 레이어를 만들고 레이어 이름을 'type'으로 입력합니다.

2 클리핑 마스크로 문자에 패턴 적용하기

01 [Character] 패널에서 서체를 'Impact', 글자 크기를 '210pt'로 설정합니다. 면 색상을 '검은색'으로 설정한 다음 문자 도구(T, T)로 패턴 가운데에 클릭하고 원하는 문자를 입력합니다. 여기서는 'HOPE'를 입력했습니다.

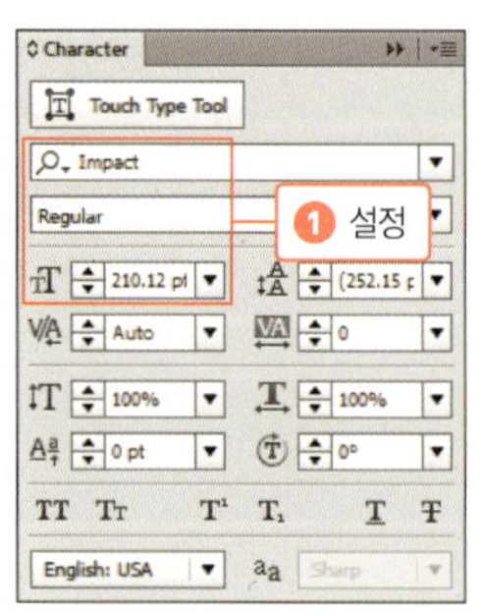

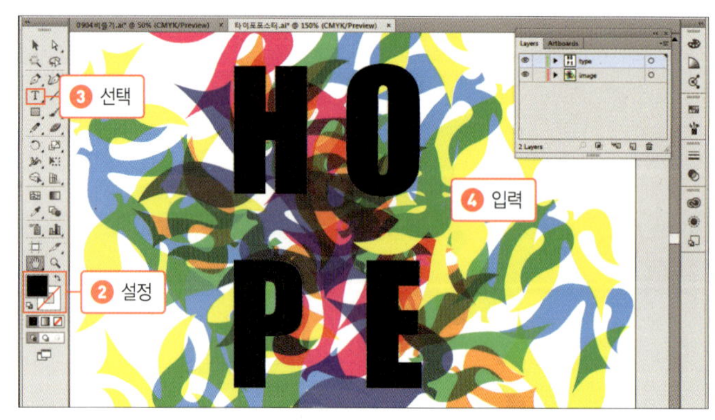

❗ 주의

클리핑 마스크 객체 순서

클리핑 마스크 기능을 적용할 때 형태대로 나타내려는 객체가 맨 앞에 배치되지 않고 뒤쪽에 배치되었다면 맨 앞에 배치된 다른 객체 형태대로 나타날 수 있으므로 주의합니다.

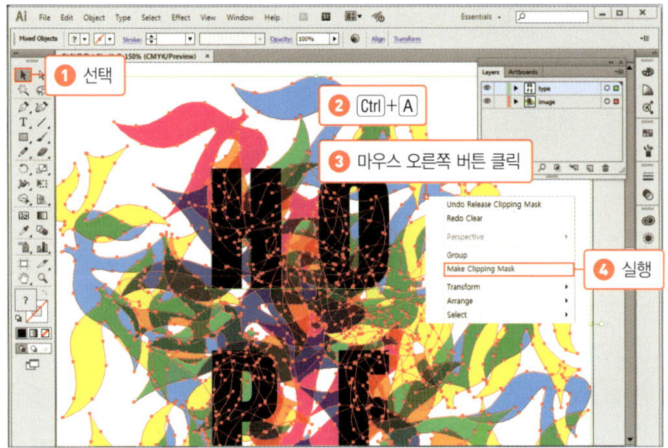

02 선택 도구(, V)를 선택하고 Ctrl+A 키를 눌러 문자와 패턴을 전체 선택한 다음 마우스 오른쪽 버튼을 클릭하여 Make Clipping Mask를 실행합니다.

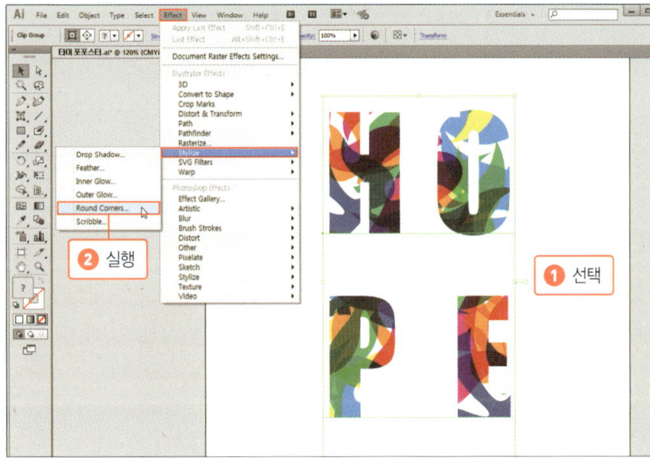

03 클리핑 마스크가 적용된 문자를 선택한 다음 문자 테두리를 부드럽게 만들기 위해 [Effect] → Stylize → Round Corners를 실행합니다.

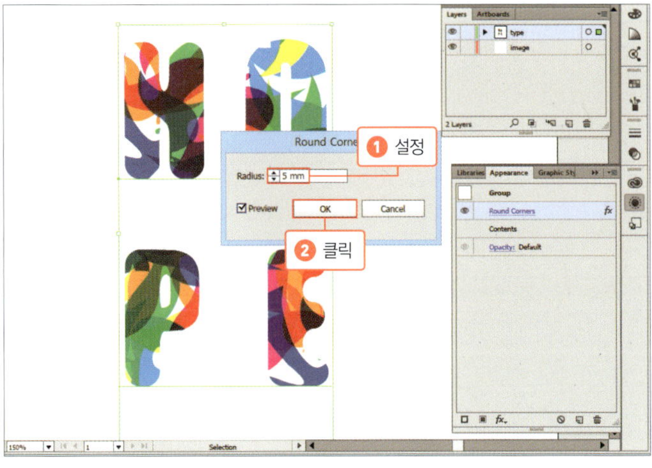

04 [Round Corners] 대화상자에서 Radius를 '5mm'로 설정한 다음 〈OK〉 버튼을 클릭합니다.

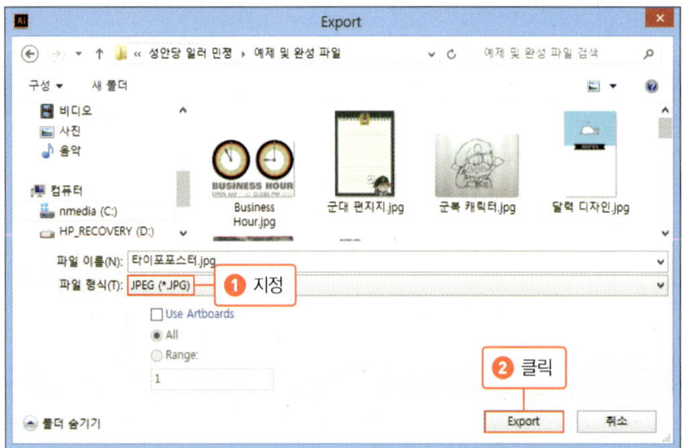

05 완성된 타이포그래피를 이미지로 저장하기 위해 **[File]** → **Export**를 실행합니다. [Export] 대화상자에서 파일 형식을 'JPEG (*.JPG)'로 지정한 다음 〈Export〉 버튼을 클릭합니다.

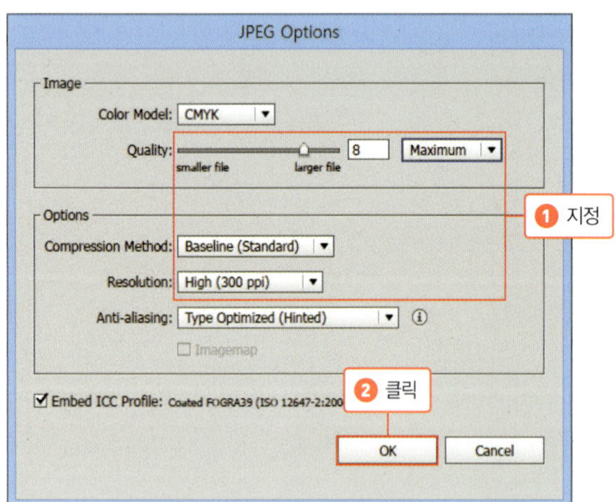

06 [JPEG Options] 대화상자에서 Quality를 'Maximum', Resolution을 'High (300 ppi)'로 지정하고 〈OK〉 버튼을 클릭합니다.

07 이미지로 저장된 타이포그래피를 출력하여 액자에 끼워서 인테리어 소품으로 활용할 수 있습니다.

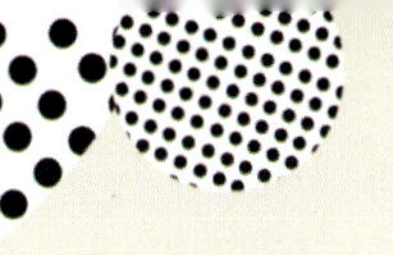

디자인 사례

특정 문양이나 타이포그래피대로 형태를 강조하고자 할 때 클리핑 마스크 기능을 이용합니다. 이처럼 복잡한 패턴에서 특정 부분을 강조하면 시각적으로 집중시킬 수 있습니다.

◀ 꽃의 형태와 유기적인 배치를 통해 아르누보의 알폰스 무하를 연상시키는 타이포그래피 작품으로, 꽃의 화사함과 자연스러운 배색이 돋보입니다. 문자에 적용된 패턴이 확대된 이미지로 테두리에 반복되어 콘텐츠에 시각을 집중시키는 액자 효과를 의도했습니다.

▶ 기존 프랑스 대학교 총장회의 로고를 새롭게 개편하면서 대학의 약자인 'U'를 크게 강조한 로고타입을 제작하였습니다. 클리핑 마스크 기법으로 보색 대비가 강한 패턴의 조합으로 대학의 밝고 역동적인 특성을 부각시켰습니다.

캐릭터 스티커 디자인

캐릭터를 활용한 이름표 스티커 만들기

로봇 캐릭터를 만들어 이름표 스티커로 디자인해 보세요. 소지품에 펜으로 이름
을 쓰기보다 직접 만든 캐릭터 이름표 스티커를 붙여서 새학기를 즐겁고 새롭게
맞이할 수 있습니다.

1 기본 도형을 합치고 나눠 캐릭터 형태 만들기

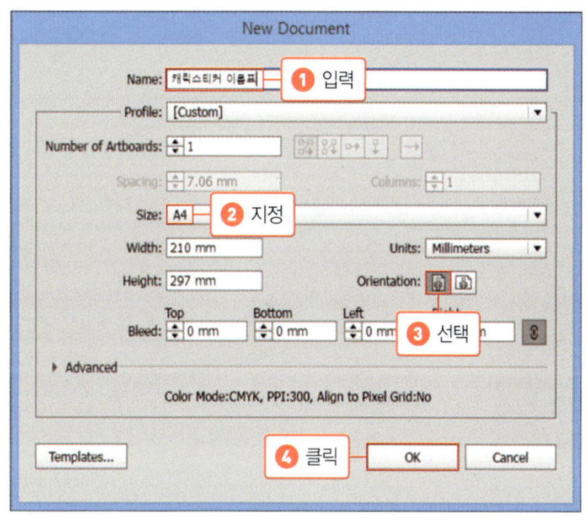

01 [File] → New(Ctrl+N)를 실행합니다.
[New Document] 대화상자에서 Name에 '캐
릭스티커 이름표'를 입력하고 Size를 'A4'로
지정합니다. Orientation을 '세로 방향'으로 선
택하고 〈OK〉 버튼을 클릭하여 새 아트보드를
만듭니다.

02 캐릭터 색상을 설정하기 위해 면 색상을 'C:17%, M:13%, Y:12%, K:0%', 선 색상을 'None'으로 설정합니다. 기본 도형
을 이용해 캐릭터를 만들기 위해 원형 도구(◉ , L)를 선택한 다음 아트보드를 클릭합니다. [Ellipse] 대화상자에서 Width/
Height를 각각 '100mm'로 설정한 다음 〈OK〉 버튼을 클릭하여 정원을 그립니다.

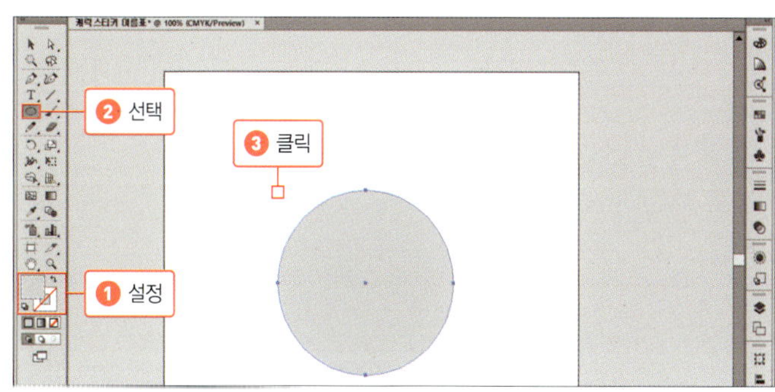

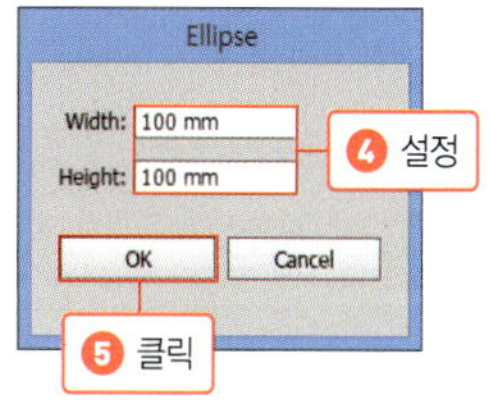

TIP Shift 키를 누른 채 아트보드에 드래그하면 정원을 그릴
수 있고, [Control] 패널에서 W/H 수치를 설정하면 원
크기를 조정할 수 있습니다.

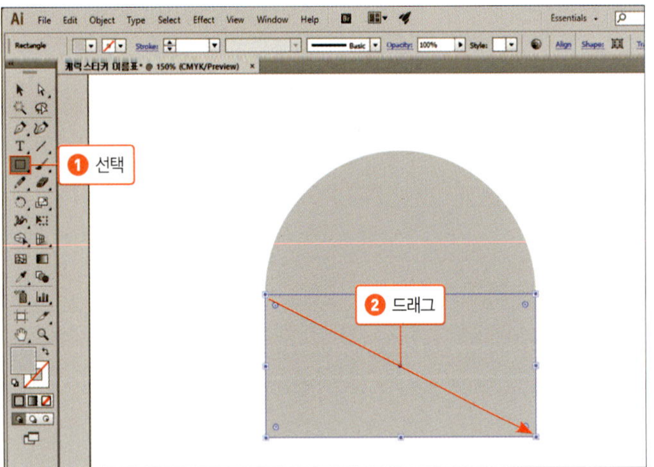

03 이어서 사각형 도구(□, M)를 선택하고 원의 인쪽 기준점에서 오른쪽 이래로 그림과 같이 드래그하여 사각형을 그립니다.

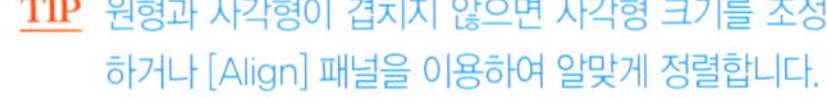

TIP 원형과 사각형이 겹치지 않으면 사각형 크기를 조정 하거나 [Align] 패널을 이용하여 알맞게 정렬합니다.

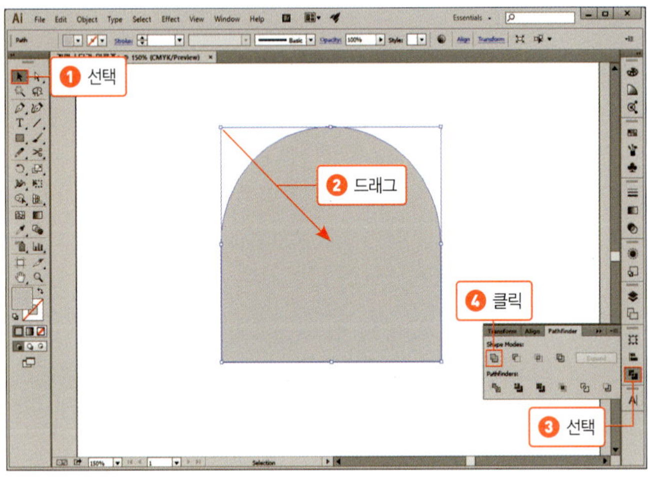

04 선택 도구(▶)를 선택하고 원형과 사각 형을 드래그하여 선택합니다.
[Pathfinder] 패널에서 'Unite' 아이콘(□)을 클릭하여 도형을 합칩니다.

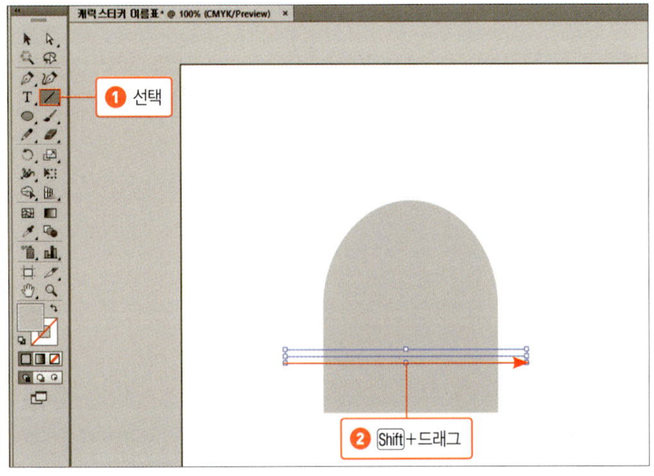

05 이번에는 합쳐진 도형을 나누기 위해 먼 저 선 도구(/, W)를 선택합니다.
그림과 같이 객체 아래의 1/3 지점에서 Shift 키 를 누른 채 왼쪽에서 오른쪽으로 드래그하여 가로 선을 그립니다.

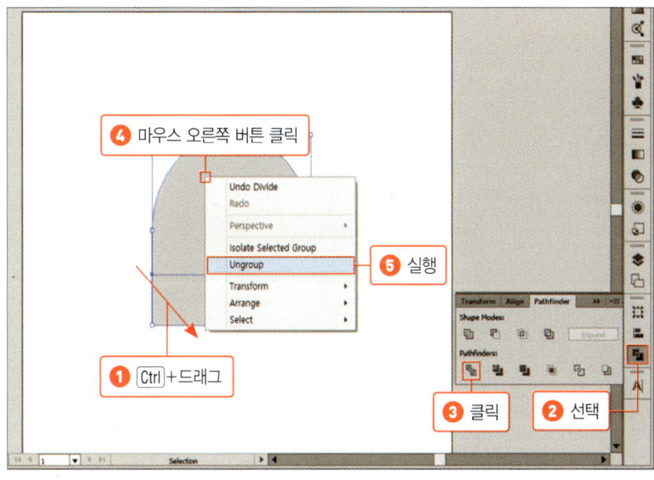

06 Ctrl 키를 누른 채 객체와 직선을 드래그하여 선택합니다.
[Pathfinder] 패널에서 'Divide' 아이콘()을 클릭하여 선을 기준으로 객체를 나눕니다.

07 자동으로 그룹 설정된 객체에서 마우스 오른쪽 버튼을 클릭한 다음 **Ungroup**(Shift+Ctrl+G)을 실행하여 그룹을 해제합니다.

 [Window] → Pathfinder(Shift+Ctrl+F9)를 실행하여 [Pathfinder] 패널을 나타낼 수도 있습니다.

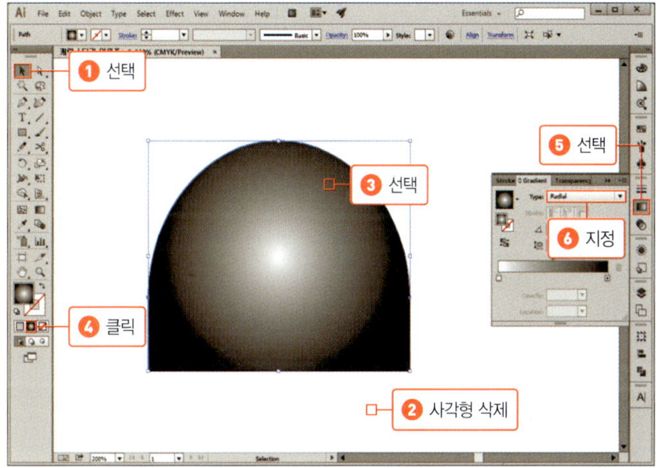

08 선택 도구()를 선택하고 아래쪽 사각형을 선택한 다음 Delete 키를 눌러 삭제합니다. 남은 객체를 선택한 다음 [Tools] 패널 아래의 'Gradient' 아이콘(, >)을 클릭하여 그러데이션을 적용합니다.

09 원형 그러데이션으로 수정하기 위해 [Gradient] 패널에서 Type을 'Radial'로 지정합니다.

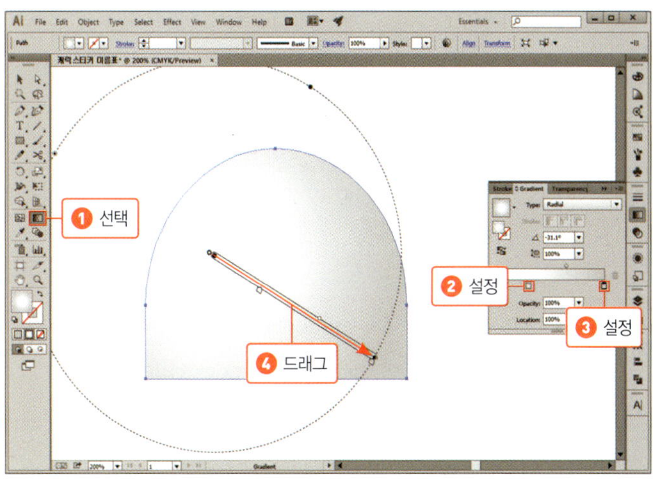

10 이번에는 그러데이션 방향을 수정하기 위해 그러데이션 도구(, G)를 선택합니다. [Gradient] 패널에서 그러데이션 슬라이더 왼쪽 아래의 조절점을 선택하고 Location을 '30%'로 설정하여 이동합니다.
오른쪽 아래 조절점은 더블클릭한 다음 K를 '20%'로 설정하고 Enter 키를 누릅니다. 도형의 왼쪽 위에서 오른쪽 아래까지 그림과 같이 드래그하여 그러데이션 방향을 조정합니다.

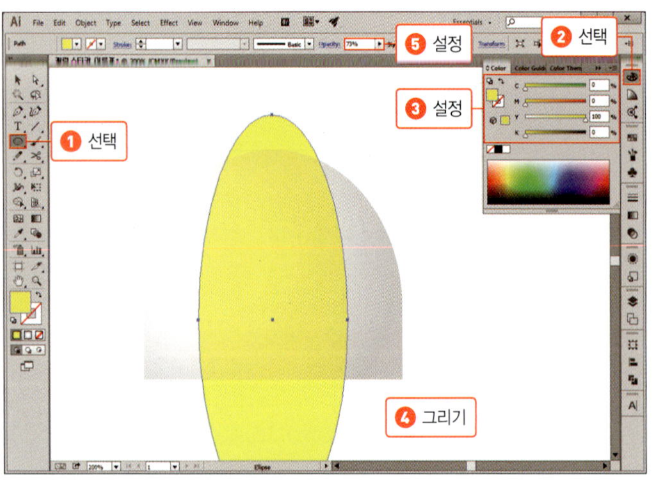

11 이번에는 원형 도구(●)를 선택한 다음 [Color] 패널에서 면 색상을 'C:0%, M:0%, Y:100%, K:0%'로 설정합니다.

12 도형 위에 그림과 같이 세로로 길게 드래그하여 타원형을 그립니다. 타원형이 선택된 상태에서 [Control] 패널의 Opacity를 '73%'로 설정하여 불투명하게 만듭니다.

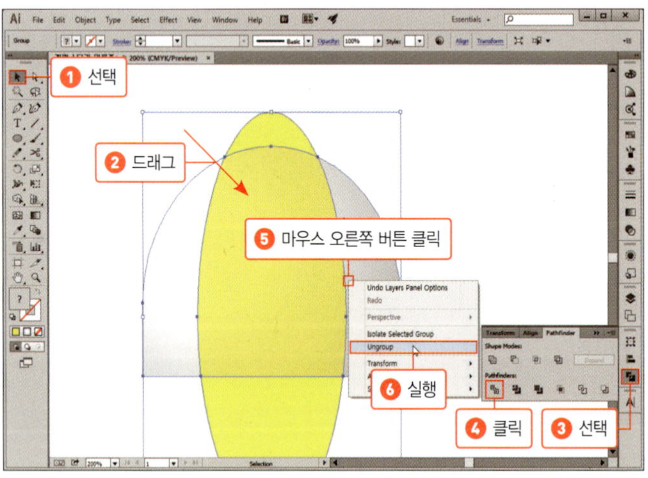

13 다시 한 번 객체를 나누기 위해 먼저 선택 도구(▶)를 선택하고 두 개의 도형을 드래그하여 선택합니다.
[Pathfinder] 패널에서 'Divide' 아이콘(▣)을 클릭하여 객체를 나누고 마우스 오른쪽 버튼을 클릭한 다음 **Ungroup**을 실행하여 그룹을 해제합니다.

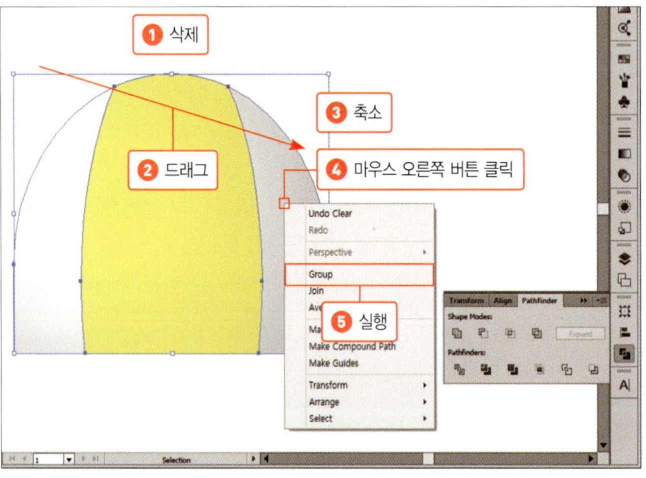

14 분리된 타원형의 위, 아래 객체를 선택한 다음 Delete 키를 눌러 삭제합니다.
나머지 객체들을 드래그해서 선택하고 바운딩 박스를 조정하여 약간 축소합니다. 마우스 오른쪽 버튼을 클릭한 다음 **Group**(Ctrl+G)을 실행하여 그룹으로 설정합니다.

그러데이션 형식 살펴보기

[Gradient] 패널의 Type 항목을 지정하여 그러데이션 스타일을 적용합니다. 원하는 형태에 따라 선 또는 원형으로 그러데이션을 지정하므로 어떤 형태로 지정되었는지 유의하여 적용하도록 합니다.

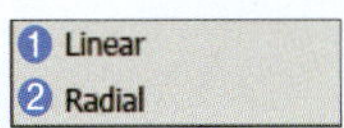

① Linear : 직선형 그러데이션을 만듭니다.
② Radial : 원형 그러데이션을 만듭니다.

일러스트 상식

선에 그러데이션 적용하기

객체의 면 외에도 선에도 그러데이션을 적용할 수 있습니다. [Gradient] 패널의 Stroke 항목에서 그러데이션 스타일을 확인하고 해당 아이콘을 클릭하여 간편하게 적용합니다.

① Apply gradient within stroke : 선에 기본 그러데이션을 적용합니다.
② Apply gradient along stroke : 선을 따라 그러데이션을 적용합니다.
③ Apply gradient across stroke : 선 형태대로 그러데이션을 적용합니다.

15 [Layers] 패널에서 'Layer 1' 레이어 이름을 더블클릭한 다음 '로봇 얼굴'을 입력하여 레이어 이름을 변경합니다.
'Create New Layer' 아이콘(⬚)을 클릭하여 새 레이어를 만듭니다.

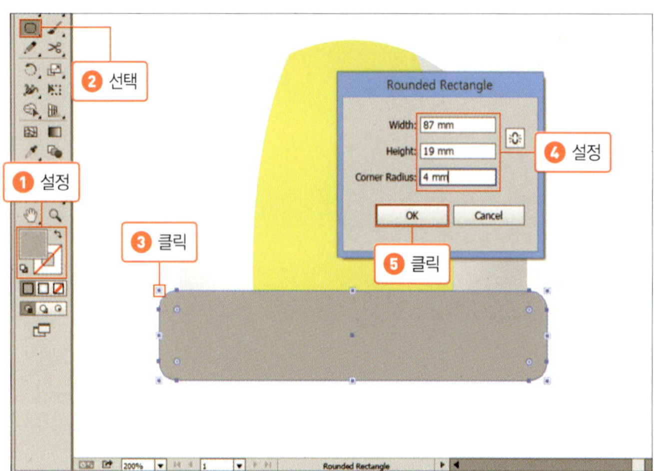

16 면 색상을 'C:30%, M: 23%, Y:23%, K: 0%'로 설정한 다음 둥근 사각형 도구(⬛)를 선택합니다.
그룹으로 설정된 객체 왼쪽 아래를 클릭하여 [Rounded Rectangle] 대화상자에서 Width를 '87mm', Height를 '19mm', Coner Radius를 '4mm'로 설정하고 〈OK〉 버튼을 클릭하여 둥근 사각형을 그립니다.

2 도형으로 로봇 캐릭터 꾸미기

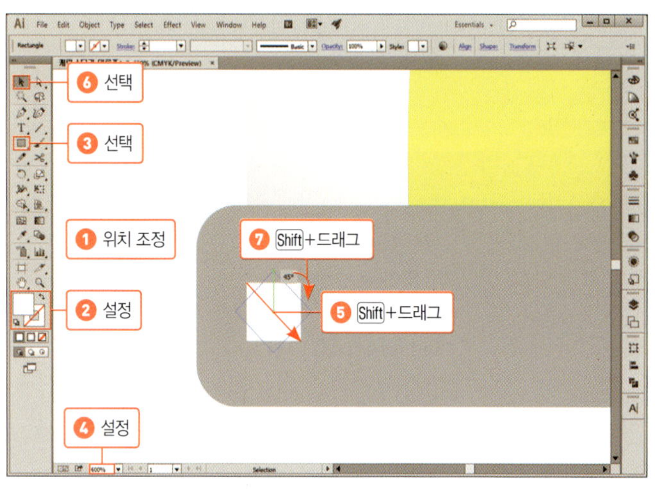

01 둥근 사각형의 위치를 조정하고 면 색상을 '흰색'으로 설정한 다음 사각형 도구(⬛)를 선택합니다.
둥근 사각형 왼쪽 아래 화면을 확대하고 Shift 키를 누른 채 그림과 같이 왼쪽 아래에 드래그하여 정사각형을 그립니다.
선택 도구(▶)로 사각형을 선택한 다음 Shift 키를 누른 채 드래그하여 45° 회전합니다.

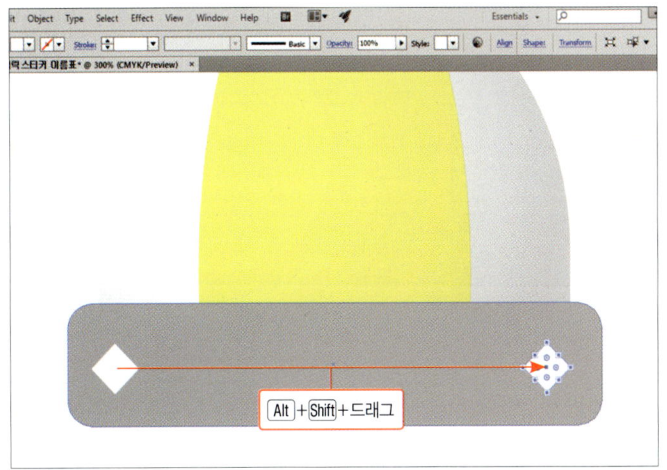

02 사각형을 쉽게 복제하기 위해 먼저 사각형을 선택하고 Alt +Shift 키를 누른 채 오른쪽으로 드래그하여 복제합니다.

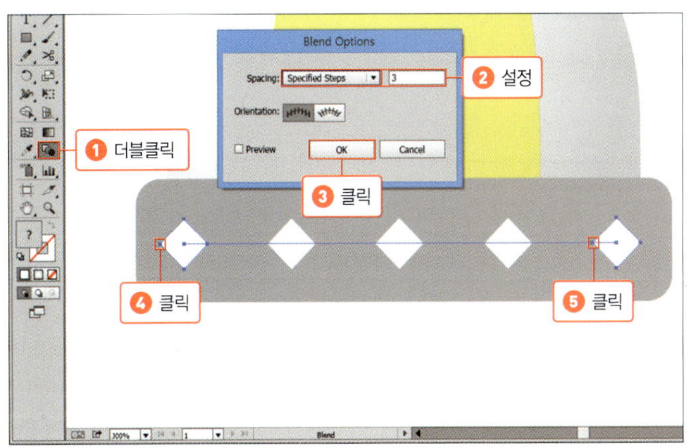

03 블렌드 도구(, W)를 더블클릭합니다. [Blend Options] 대화상자에서 Spacing을 'Specified Steps'로 지정하고 단계는 '3'으로 설정한 다음 〈OK〉 버튼을 클릭합니다. 왼쪽과 오른쪽 마름모를 순서대로 선택하여 블렌드 기능을 적용합니다.

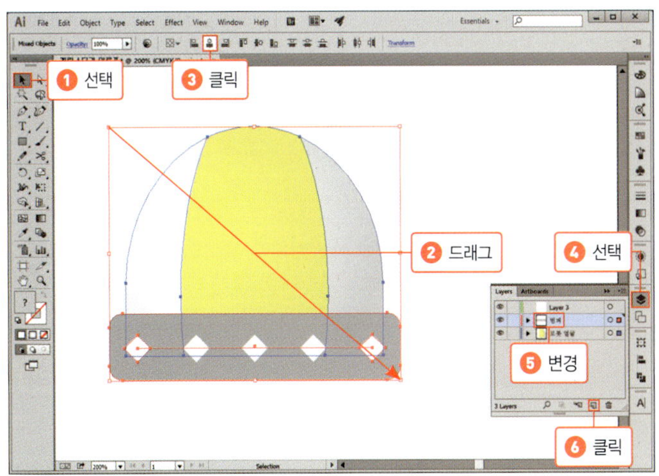

04 선택 도구( )로 캐릭터 형태를 드래그하여 전체 선택한 다음 [Control] 패널에서 'Horizontal Align Center' 아이콘( )을 클릭하여 가로 가운데에 정렬합니다.

05 [Layers] 패널에서 'Layer 2'의 레이어 이름을 더블클릭한 다음 '범퍼'를 입력하고 'Create New Layer' 아이콘( )을 클릭하여 새 레이어를 만듭니다.

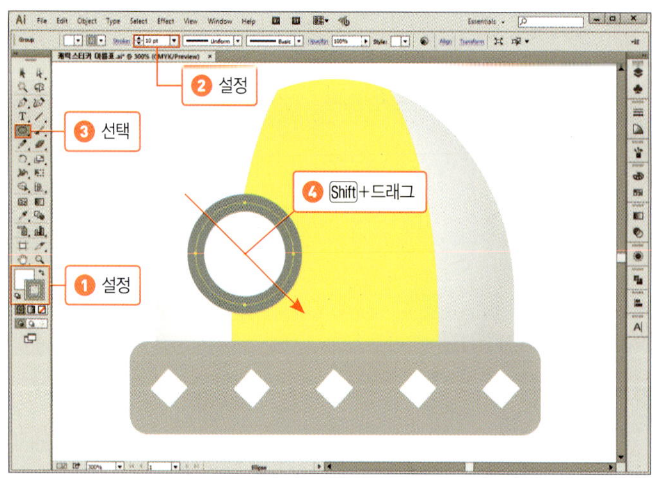

06 로봇 캐릭터의 눈을 그리기 위해 먼저 [Tools] 패널에서 면 색상을 'C:5%, M:0%, Y:0%, K:0%', 선 색상을 'C:10%, M:0%, Y: 0%, K:50%'로 설정하고 [Control] 패널에서 Stroke를 '10pt'로 설정합니다.
원형 도구(◉)를 선택한 다음 둥근 사각형 위에 Shift 키를 누른 채 드래그하여 정원을 그립니다.

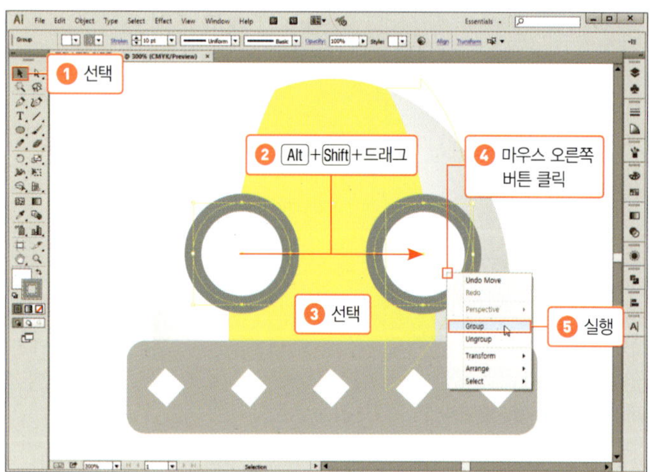

07 선택 도구(▶)를 선택하고 Alt+Shift 키를 누른 채 오른쪽으로 드래그하여 복제해서 오른쪽 눈을 그립니다.
Shift 키를 누른 채 두 개의 원을 선택하고 마우스 오른쪽 버튼을 클릭한 다음 Group(Ctrl+G)을 실행해서 그룹으로 설정합니다.

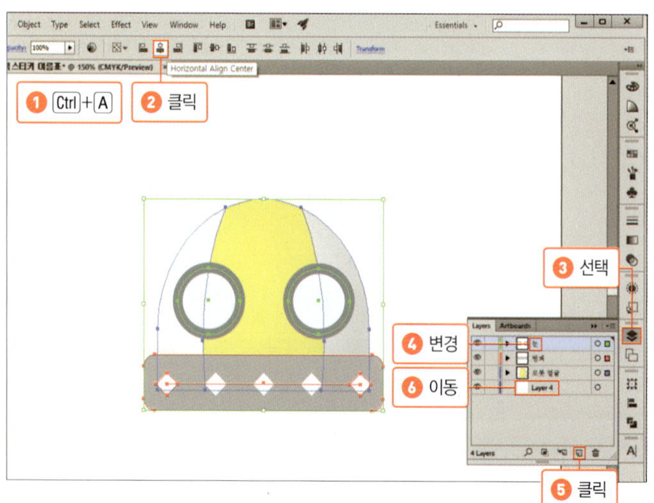

08 Ctrl+A 키를 눌러 객체를 전체 선택한 다음 [Control] 패널에서 'Horizontal Align Center' 아이콘(🖦)을 클릭하여 가로 가운데 정렬합니다.

09 [Layers] 패널에서 'Layer 3'의 레이어 이름을 더블클릭한 다음 '눈'을 입력합니다. 'Create New Layer' 아이콘(🗖)을 클릭하여 새 레이어를 만들고 '로봇 얼굴' 레이어 아래로 드래그하여 이동합니다.

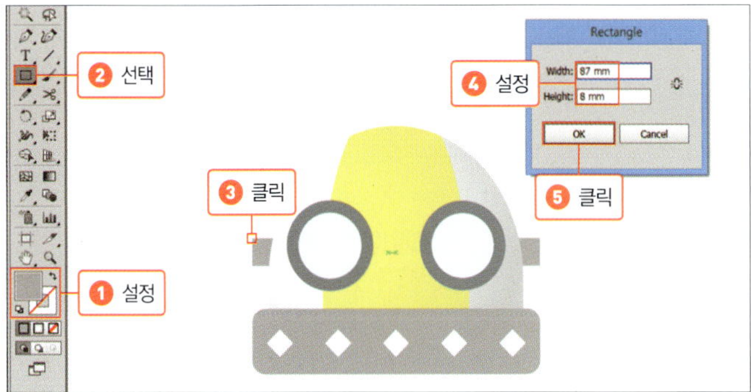

10 새 레이어가 선택된 상태에서 면 색상을 'C:0%, M:0%, Y:0%, K:34%', 선 색상을 'None'으로 설정하고 사각형 도구(□, M)를 선택합니다.

로봇 캐릭터 왼쪽을 클릭합니다. [Rectangle] 대화상자에서 Width를 '87mm', Height를 '8mm'로 설정한 다음 〈OK〉 버튼을 클릭하여 사각형을 그립니다.

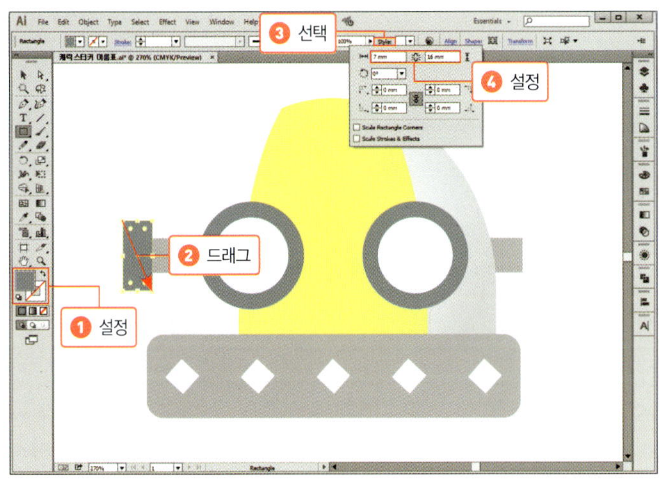

11 면 색상을 좀 더 진한 'C:0%, M:0%, Y:0%, K:34%'로 설정한 다음 그림과 같이 로봇 캐릭터 왼쪽에 드래그하여 사각형을 그립니다. [Control] 패널에서 'Shape'를 선택하고 Width를 '7mm', Height를 '16mm'로 설정하여 크기를 조정합니다.

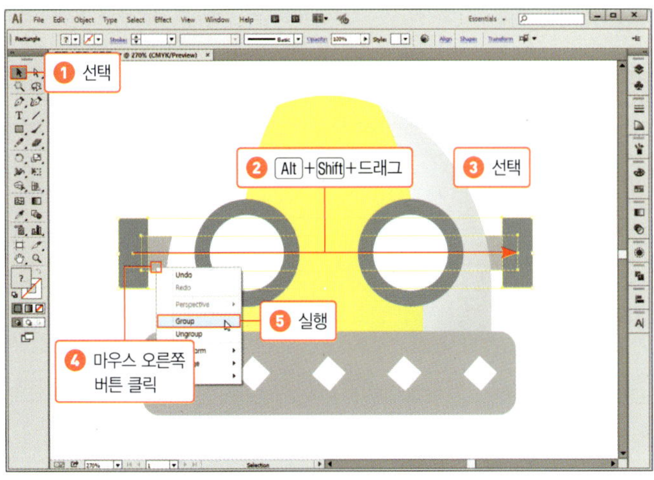

12 선택 도구(▶)를 선택한 다음 Alt + Shift 키를 누른 채 오른쪽으로 드래그하여 복제합니다. Shift 키를 누른 채 그림과 같이 세 개의 사각형을 선택하고 마우스 오른쪽 버튼을 클릭한 다음 Group(Ctrl + G)을 실행합니다.

3 출력을 위한 외곽선과 재단선, 이니셜 추가하기

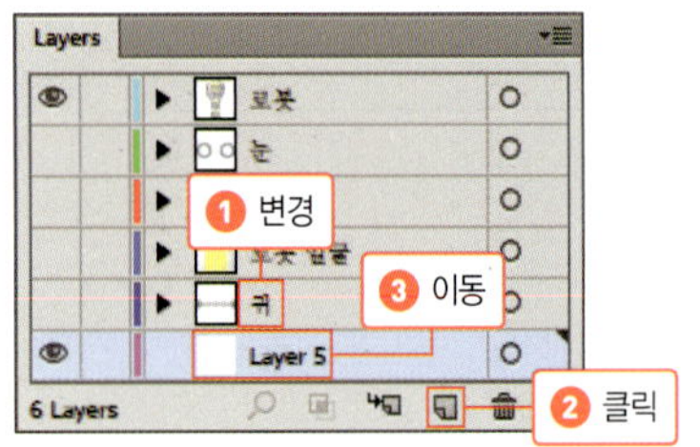

01 [Layers] 패널에서 'Layer 4' 레이어 이름을 '귀'로 변경한 다음 'Create New Layer' 아이콘(□)을 클릭하여 새 레이어를 만들고 '귀' 레이어 아래로 이동합니다.

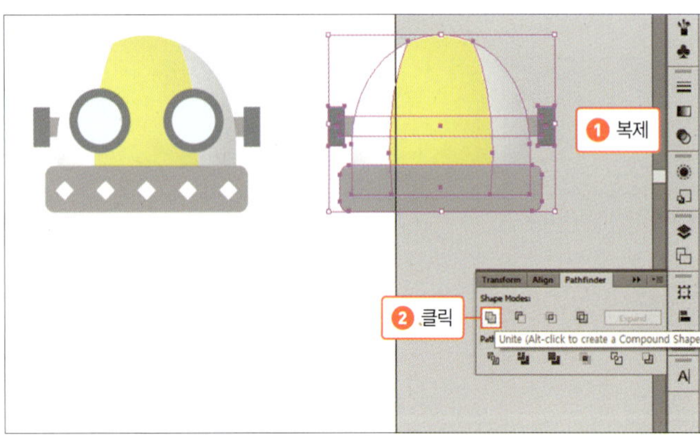

02 로봇 캐릭터에 외곽선을 추가하기 위해 [Shift] 키를 누른 채 귀와 로봇 얼굴, 둥근 사각형을 선택하고 [Alt]+[Shift] 키를 누른 채 오른쪽으로 드래그하여 복제합니다.
[Pathfinder] 패널에서 'Unite' 아이콘(□)을 클릭하여 객체를 합칩니다.

03 합쳐진 객체가 선택된 상태에서 [Stroke] 패널의 Weight를 '13pt'로 설정합니다. 완성된 로봇 캐릭터를 전체 선택한 다음 [Ctrl]+[C] 키를 눌러 복사합니다.
[Layers] 패널에서 '눈' 레이어를 선택하고 새 레이어를 만든 다음 레이어 이름을 '로봇'으로 변경합니다. '눈', '범퍼', '로봇 얼굴', '귀' 레이어의 '눈' 아이콘(◉)을 클릭하여 객체를 숨깁니다.

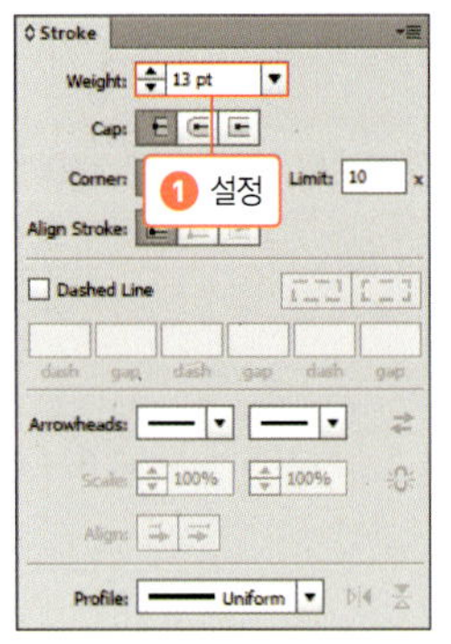

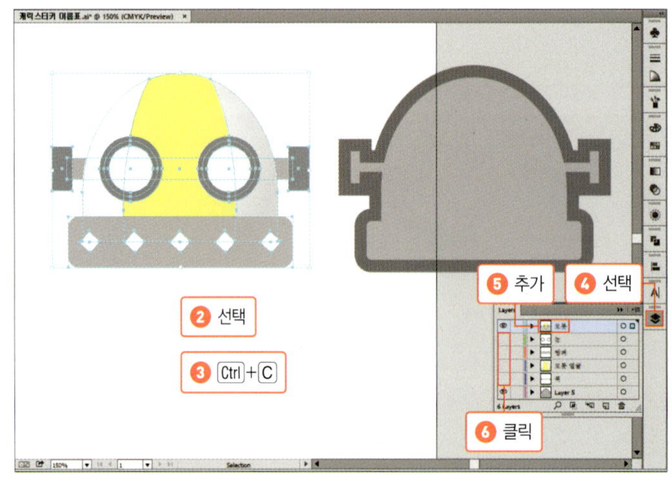

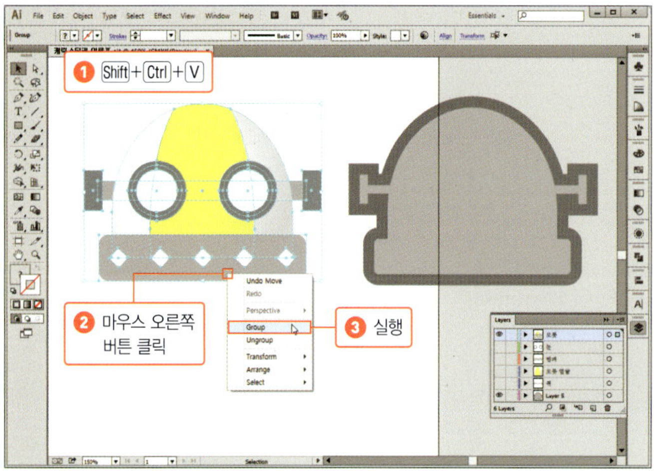

04 Shift+Ctrl+V 키를 눌러 복사한 대상과 같은 위치에 붙여 넣고 마우스 오른쪽 버튼을 클릭한 다음 Group(Ctrl+G)을 실행합니다.

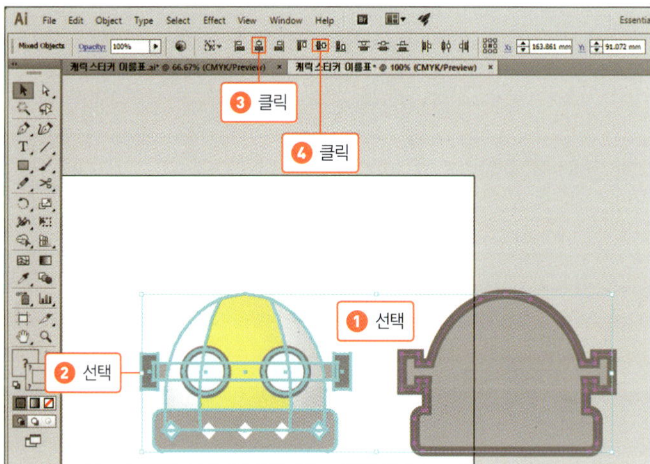

05 두 개의 로봇 캐릭터를 드래그하여 선택하고 왼쪽 로봇 캐릭터를 다시 한 번 선택합니다.
[Control] 패널에서 'Horizontal Align Center' 아이콘( )과 'Vertical Align Center' 아이콘( )을 차례대로 클릭하여 합칩니다.

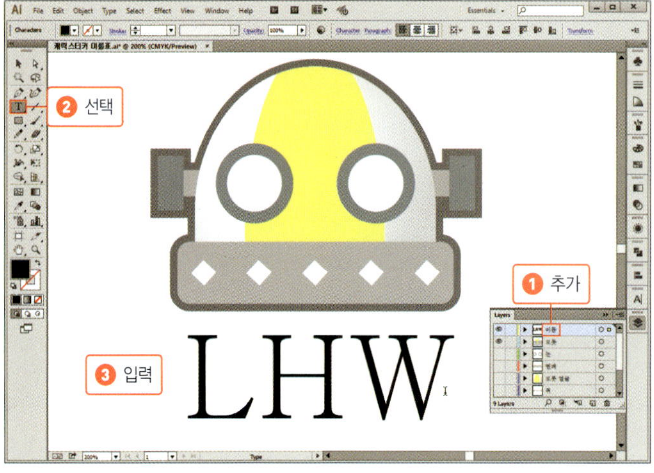

06 [Layers] 패널에서 '로봇' 레이어 위에 '이름' 레이어를 추가합니다.
문자 도구(T)를 선택한 다음 로봇 캐릭터 아래를 클릭하고 영문 이니셜을 입력합니다.

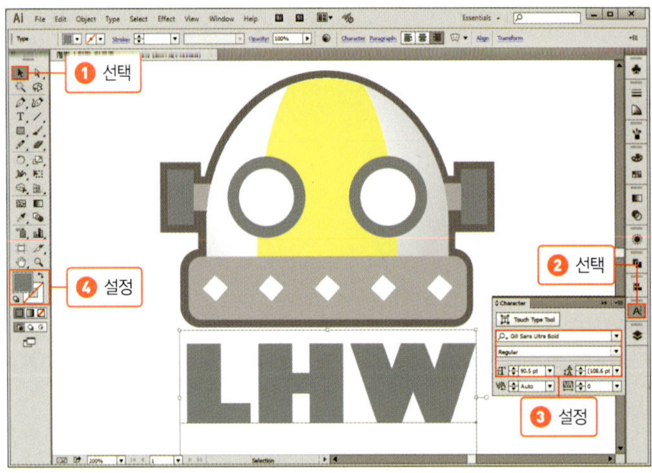

07 선택 도구(➤)를 선택하고 [Character] 패널에서 서체를 'Gill Sans Ultra Bold / Regular', 글자 크기를 '90.5pt'로 설정합니다. 면 색상을 'C:10%, M:0%, Y:0%, K:50%'로 설정하여 문자 색상을 변경합니다.

08 이니셜과 로봇 외곽선을 선택한 다음 선과 문자를 확장하기 위해 먼저 **[Object] → Expand**를 실행합니다. [Expand] 대화상자에서 〈OK〉 버튼을 클릭합니다.

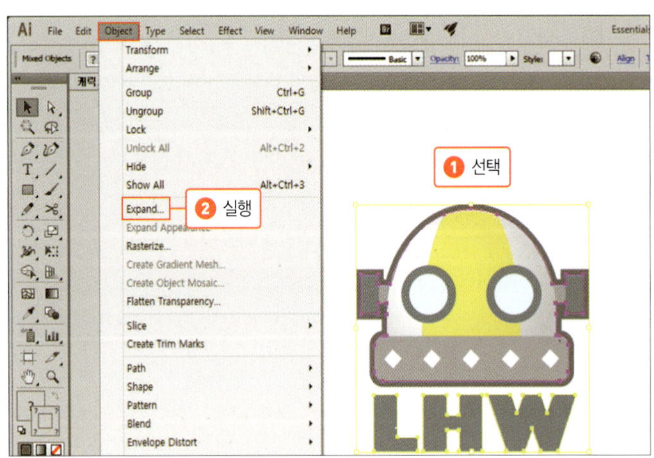

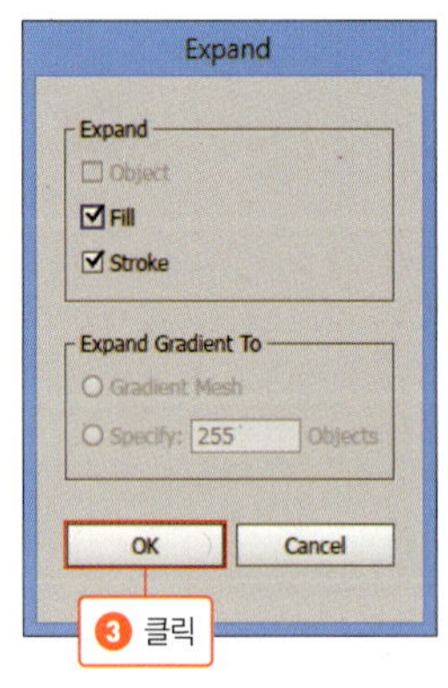

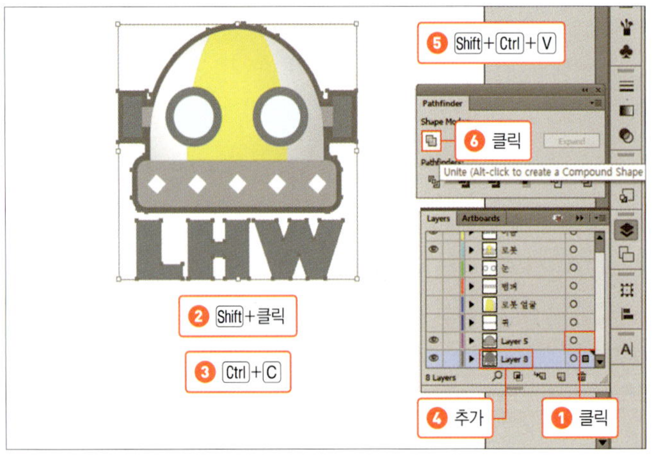

09 [Layers] 패널에서 'Layer 5' 레이어 오른쪽의 작은 원 아이콘(○)을 클릭하여 해당 레이어 객체를 전체 선택합니다. Shift 키를 누른 채 문자를 추가로 선택한 다음 Ctrl+C 키를 눌러 복사합니다.

'Layer 5' 레이어 아래에 새 레이어를 만들고 Shift+Ctrl+V 키를 눌러 복사한 객체와 같은 위치에 붙여 넣습니다. [Pathfinder] 패널에서 'Unite' 아이콘(◱)을 클릭하여 합칩니다.

10 합친 객체가 선택된 상태에서 이어서 재단선을 만들기 위해 먼저 면 색상을 'None', 선 색상을 '검은색'으로 설정하고 [Control] 패널에서 Stroke를 '36pt'로 설정합니다.

11 선을 면으로 만들기 위해 [Object] → Expand를 실행한 다음 [Expand] 대화상자에서 〈OK〉 버튼을 클릭합니다. [Pathfinder] 패널에서 'Unite' 아이콘(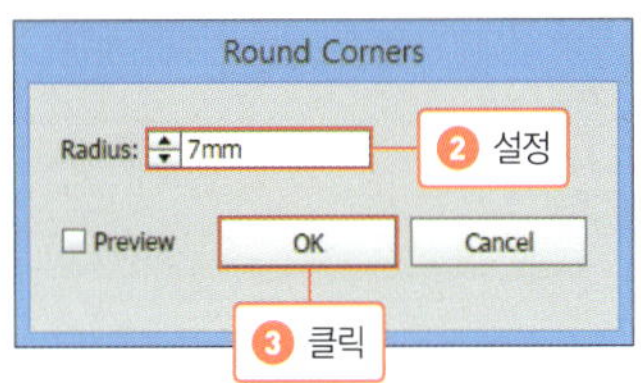)을 클릭하여 객체를 합칩니다.

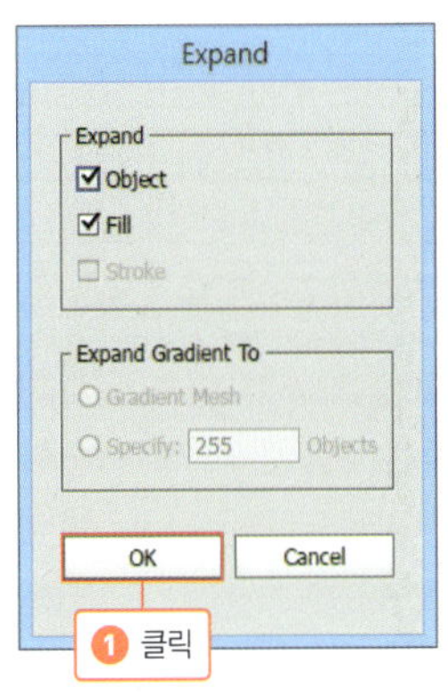

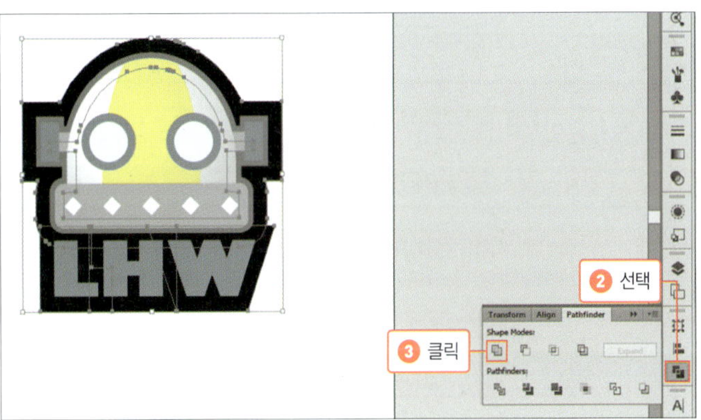

12 날카로운 모서리를 부드럽게 만들기 위해 [Effect] → Stylize → Round Corners를 실행합니다. [Round Corners] 대화상자에서 Radius를 '7mm'로 설정한 다음 〈OK〉 버튼을 클릭하여 모서리를 둥글게 만듭니다.

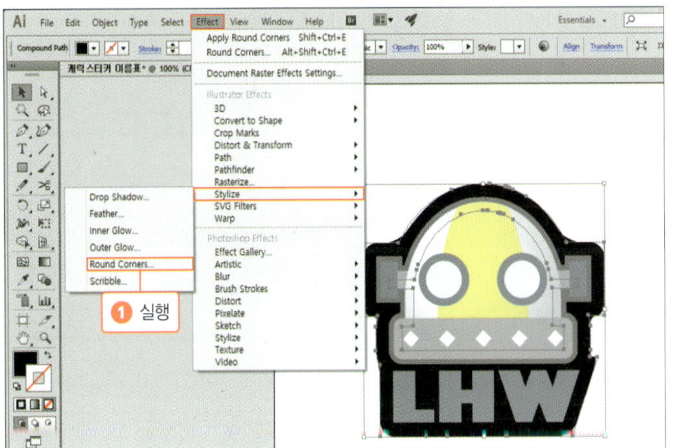

객체 변형하기

불규칙한 형태의 객체를 사각형, 둥근 사각형, 원형 등으로 바꾸기 위해서는 다시
그리기보다 Convert to Shape 기능을 실행하면 나타나는 [Shape Options] 대화
상자에서 옵션을 설정하여 정교하면서도 간편하게 변형하는 것이 편리합니다.

① Rectangle : 사각형으로 변형합니다.
② Rounded Rectangle : 모서리가 둥근 사각형으로 변형합니다.
③ Ellipse : 원형 또는 타원형으로 변형합니다.

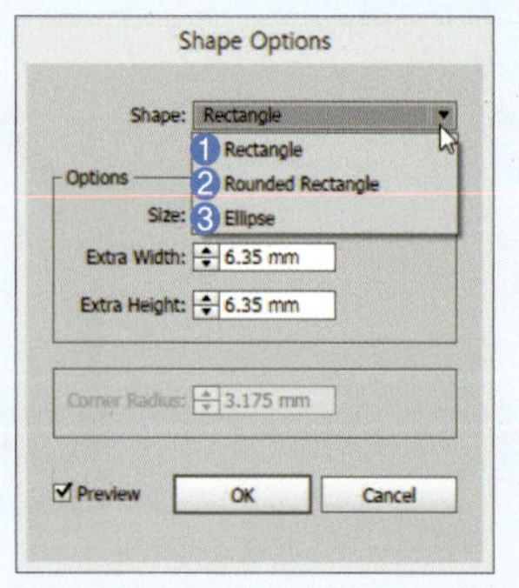

13 Shift+X 키를 눌러 면과 선 색상을 교체
하여 재단선을 만듭니다.
완성된 캐릭터 이름표를 선택한 다음 필요한
만큼 자유롭게 복제하고 다양하게 변형해서
알맞게 배치합니다.
파일을 출력용으로 내보내기 위해 [File] →
Export를 실행합니다.

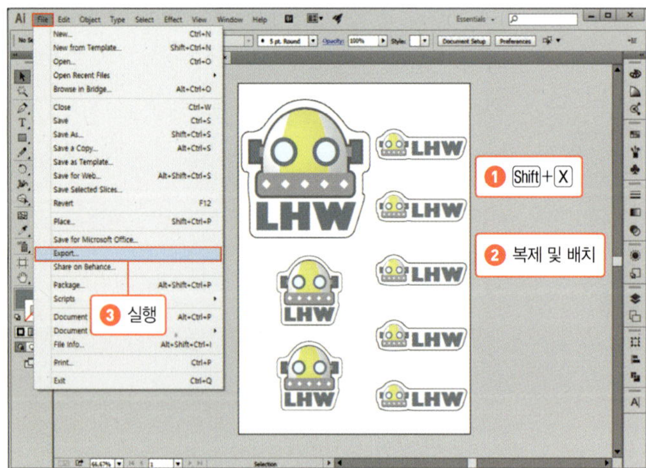

14 [Export] 대화상자에서 파일 형식을
'JPEG (*.JPG)'로 지정하고 'Use Artboards'
에 체크 표시합니다. 저장 위치를 지정하고
〈Export〉 버튼을 클릭합니다.

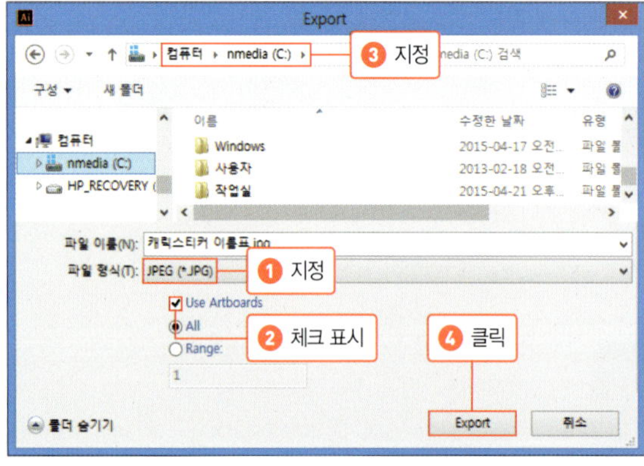

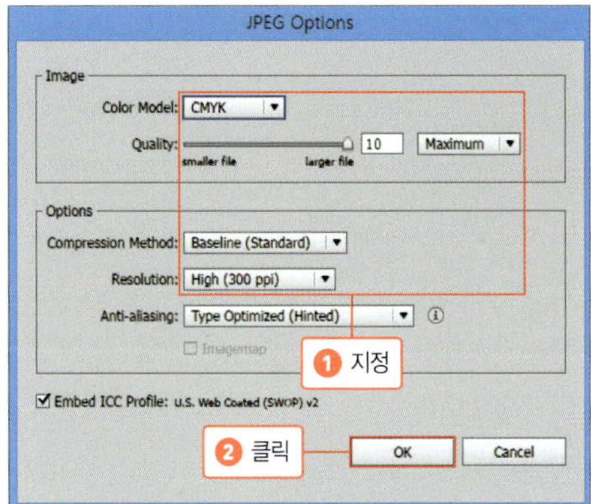

15 [JPEG Options] 대화상자에서 Color Model을 'CMYK', Quality를 'Maximum', Resolution을 'High (300 ppi)'로 지정한 다음 〈OK〉 버튼을 클릭하여 완성합니다.

16 완성된 JPG 파일은 라벨 용지 등에 출력하여 알맞게 잘라서 소지품에 부착해 사용할 수 있습니다.

메뉴판 디자인

TODAY'S SPECIAL MENU
Baby Shoe $4.5
I Love it..
15 + 55 = 70
Cappuccino $5.5

초크 아트 느낌의 메뉴판 만들기

브러시 도구를 이용하여 칠판에 낙서하듯이 초크 아트 느낌의 메뉴판을 만들어 보세요. 칠판 배경에 생활 규칙이나 계획 등을 적어 실내 인테리어 소품으로도 활용할 수 있습니다.

1 목탄 브러시로 초크 아트 그리기

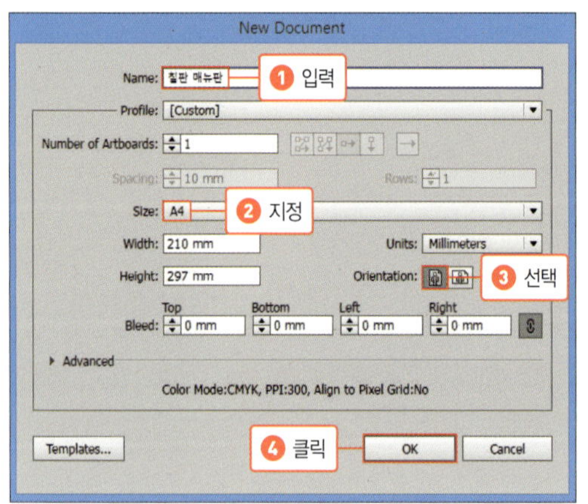

01 [File] → New(Ctrl+N)를 실행합니다. [New Document] 대화상자에서 Name에 '칠판 메뉴판'을 입력합니다. Size를 'A4', Orientation을 '세로 방향'으로 선택한 다음 〈OK〉 버튼을 클릭해 새 아트보드를 만듭니다.

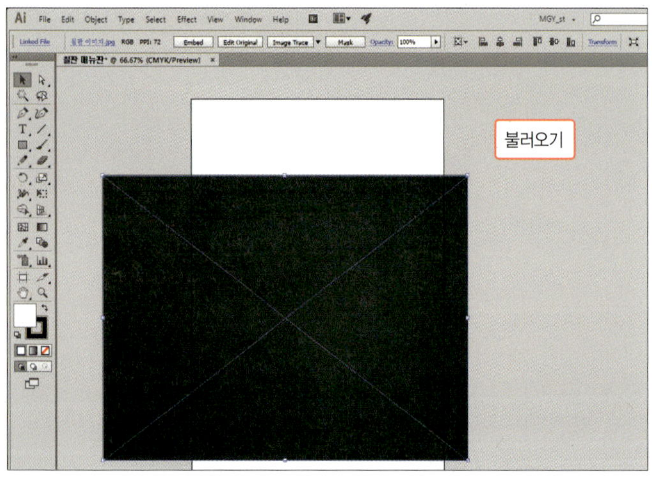

02 탐색기를 실행하고 16 폴더에서 '칠판 이미지.jpg' 파일을 작업 창으로 드래그하여 불러옵니다.

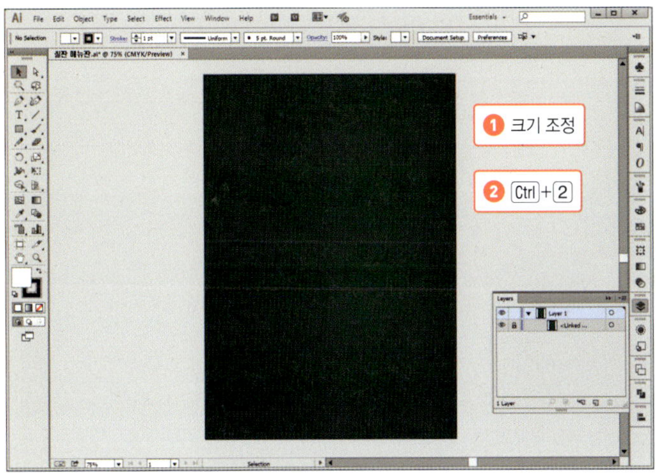

03 아트보드에 알맞게 이미지 크기를 조정한 다음 [Ctrl]+[2] 키를 눌러 잠금 설정하여 배경으로 지정합니다.

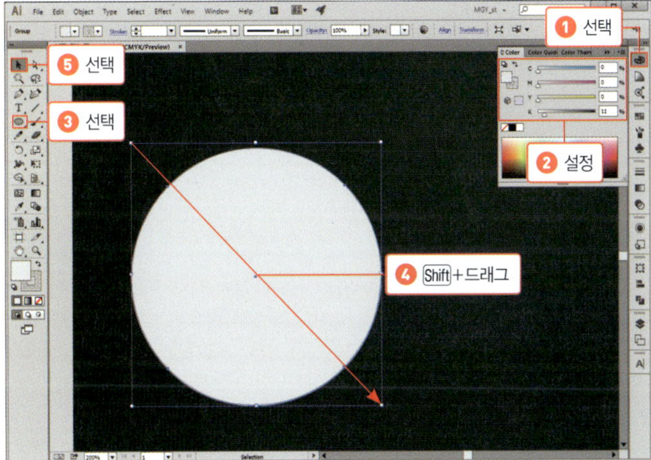

04 [Color] 패널에서 면 색상을 'C:0%, M:0%, Y:0%, K:11%', 선 색상을 'C:0%, M:0%, Y:0%, K:28%'로 설정합니다.

05 초크 아트를 그리기 위해 원형 도구(◯, [L])를 선택하고 [Shift] 키를 누른 채 배경 왼쪽 아래에 드래그하여 원을 그립니다. 선택 도구(▶, [V])를 선택하여 원을 선택 상태로 만듭니다.

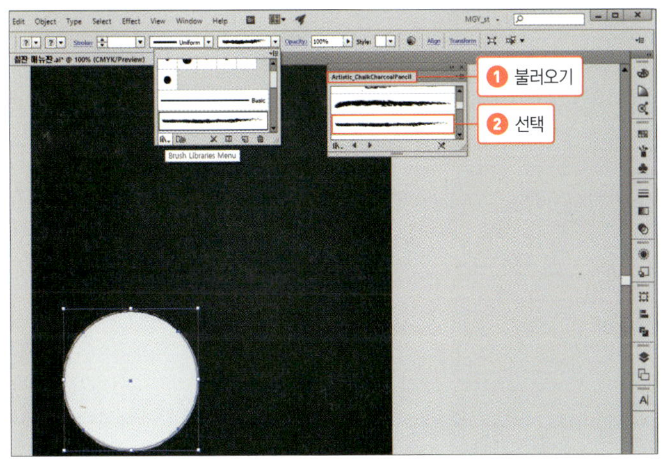

06 [Control] 패널의 브러시 선택 창에서 'Brush Libraries Menu' 아이콘(▥▾)을 클릭한 다음 Artistic → Artistic_Chalk를 실행합니다.
Artistic_Chalk 라이브러리에서 'Charcoal-Feather' 브러시를 선택하여 초크 아트 느낌을 나타냅니다.

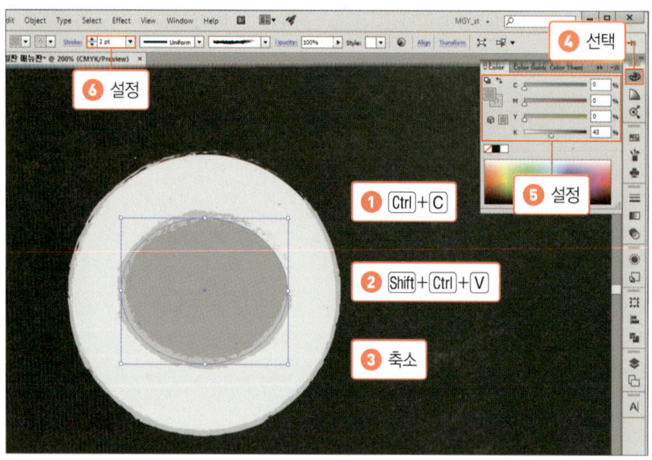

07 원이 선택된 상태에서 Ctrl + C 키를 눌러 복사한 다음 Shift + Ctrl + V 키를 눌러 복사한 대상과 같은 위치에 붙여 넣고 그림과 같이 크기를 축소합니다.

08 작은 원의 면 색상을 'C:0%, M:0%, Y:0%, K:43%'로 설정한 다음 [Control] 패널에서 Stroke를 '2pt'로 설정합니다.

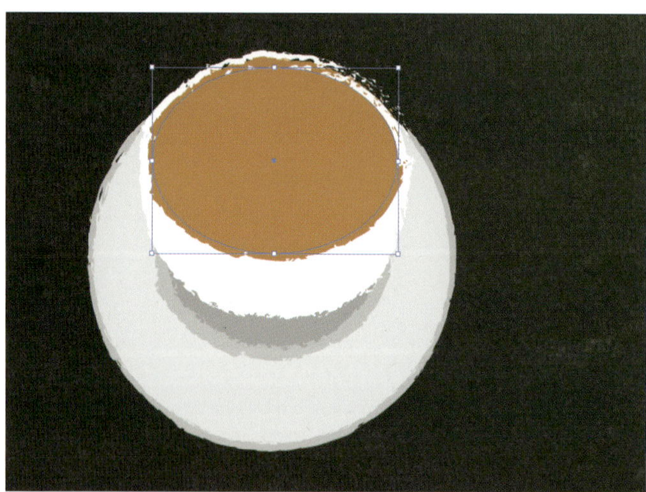

09 이어서 원형 도구(◯, L)를 선택하고 면과 선 색상을 '흰색'으로 설정한 다음 드래그하여 커피 잔 모양을 만듭니다.

10 면과 선 색상을 모두 'C:20%, M:58%, Y:100%, K:5%'로 설정하고 그림과 같이 타원을 그려 잔에 담긴 커피를 그립니다.

11 선 색상을 'C:0%, M:0%, Y:0%, K:18%'로 설정한 다음 브러시 도구(✏, B)로 그림과 같이 컵의 어두운 부분을 칠합니다.

TIP 특정 모양의 브러시는 꺾이는 부분이 각질수록 브러시 형태가 깨질 수 있으므로 한쪽 방향으로만 반복적으로 그리는 것이 좋습니다.

12 [Color] 패널에서 선 색상을 '흰색'으로 설정한 다음 커피 위에 그림과 같이 하트 모양 라테아트를 그립니다.

13 이번에는 선 색상을 'C:12%, M:29%, Y: 87%, K:0%'로 설정하고 그림과 같이 커피의 갈색 거품을 묘사합니다.

14 선 색상을 'C:3%, M:5%, Y:21%, K:0%'로 설정한 다음 그림과 같이 밝은 색 커피 거품을 묘사합니다.

15 선 색상을 'C:2%, M:1%, Y:1%, K:0%'로 설정하고 그림과 같이 커피 잔 받침의 밝은 영역을 그립니다.

16 선과 면 색상을 'C:15%, M:44%, Y:90%, K:1%'로 설정하고 물방울 브러시 도구(⌘, Shift + B)를 선택합니다. 그림과 같이 슈크림 빵의 아랫면을 그립니다.

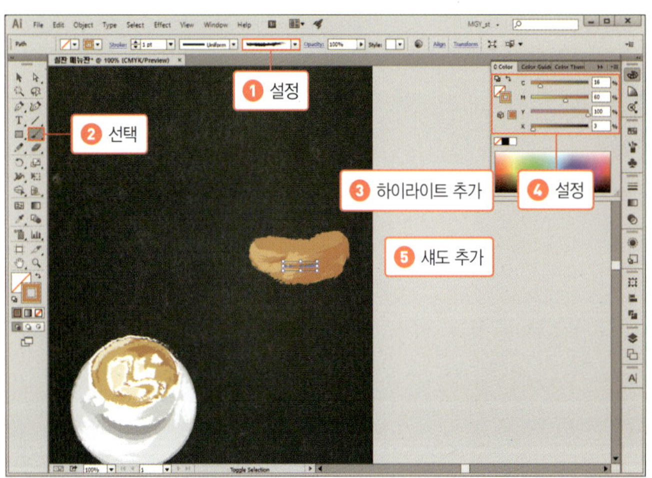

17 [Control] 패널에서 선 스타일을 목탄 느낌의 'Charcoal-Feather' 브러시로 선택합니다. 브러시 도구(✏, B)를 선택하고 면 색상을 'None', 선 색상을 'C:7%, M:23%, Y:69%, K:0%'로 설정한 다음 그림과 같이 밝은 면을 묘사합니다.

18 선 색상을 'C:16%, M:60%, Y:100%, K:0%'로 설정하고 그림과 같이 어두운 부분을 묘사합니다.

TIP 하이라이트는 밝은 부분, 섀도는 어두운 부분을 말합니다.

19 선 색상을 'C:0%, M:0%, Y:0%, K:0%'로 설정하고 물방울 브러시 도구(☑, Shift+B)를 이용해 그림과 같이 빵 위에 크림을 그립니다.

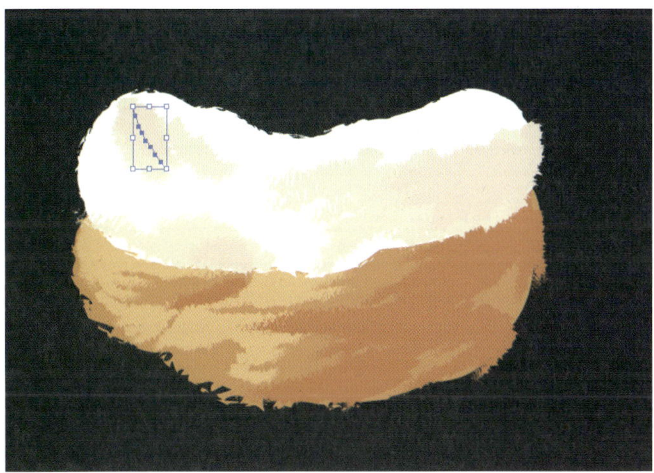

20 선 색상을 'C:5%, M:4%, Y:22%, K:0%'로 설정하고 브러시 도구(☑, B)로 그림과 같이 크림의 어두운 부분을 그립니다.
선 색상을 'C:5%, M:9%, Y:21%, K:0%'로 설정한 다음 명암에 좀 더 어두운 색도 추가하여 크림을 묘사합니다.

21 **17**번과 같은 방법으로 물방울 브러시 도구(☑, Shift+B)와 브러시 도구(☑, B)를 이용하여 슈크림 빵의 윗부분도 그립니다.

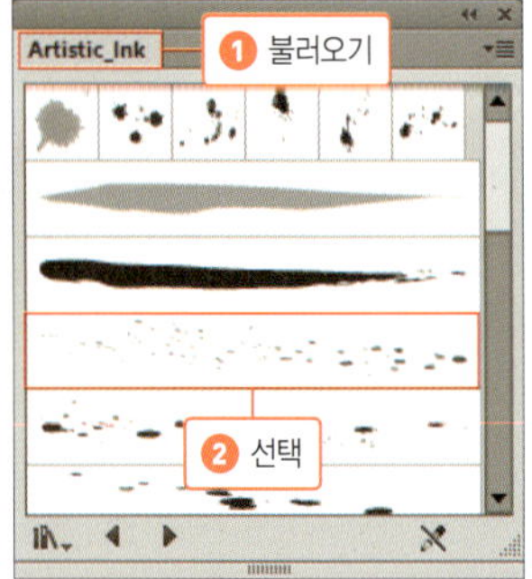

22 이번에는 슈크림 빵 위에 눈이 내린듯한 슈거 파우더를 그리기 위해 먼저 다른 형태의 브러시를 선택합니다.
[Brushes] 패널에서 'Brush Libraries Menu' 아이콘(🔽)을 클릭하고 **Artistic → Artistic_Ink**를 실행합니다.
Artistic_Ink 라이브러리에서 'Fire Ash' 브러시를 선택합니다.

23 선 색상을 'C:0%, M:1%, Y:1%, K:0%'로 설정하고 브러시 도구(🖌, B)로 그림과 같이 슈크림 빵 위의 슈거 파우더를 묘사하여 완성합니다.

2 분필로 쓴 듯한 메뉴 만들기

01 문자 도구(T, T)를 선택하고 면 색상을 '흰색', 선 색상을 'None'으로 설정합니다.
[Character] 패널에서 손 글씨 느낌의 서체와 메뉴판 제목에 알맞은 글자 크기를 설정하고 배경 위에 'TODAY'S SPECIAL MENU'를 입력합니다.

서체 • Wagnasty
글자 크기 • 40pt

02 선택 도구(, V)를 선택하여 문자가 선택된 상태에서 Ctrl + Shift + O 키를 눌러 문자를 객체로 변경합니다.
선 색상을 '흰색'으로 설정하여 문자를 두껍게 나타냅니다.

03 문자가 선택된 채 [Control] 패널의 선 스타일을 목탄 느낌의 'Charcoal − Feather'로 설정합니다.

04 문자 폭을 줄여 그림과 같이 세로로 길게 변형하고 확대합니다.
브러시 도구(, B)로 글자 아래에 수평으로 드래그하여 밑줄을 긋습니다.

05 [Character] 패널에서 필기체 느낌의 시제와 글자 크기를 실정한 다음 메뉴와 가격을 입력하기 위해 문자 도구(T., T)로 슈크림 빵 옆에 'Baby Shoe $1.5', 커피 옆에 'Cappuccino $4.5'를 입력합니다.

06 Ctrl+Shift+O 키를 눌러 문자를 객체로 변경합니다.

07 목탄 느낌의 'Charcoal – Feather' 브러시를 선택한 다음 브러시 도구(✎, B)를 이용하여 그림과 같이 여백에 칠판에 낙서하듯 자유롭게 꾸밉니다.

일러스트 상식

Tab 키를 누르면 [Tools] 패널과 패널 그룹을 숨길 수 있으며, 다시 Tab 키를 누르면 나타납니다. Shift+Tab 키를 누르면 작업 화면에서 [Tools] 패널을 제외한 패널 그룹만 숨겨져 작업 화면을 좀 더 넓게 사용할 수 있습니다.
[Tools] 패널 왼쪽 위의 'Collapse to Icons' 아이콘(▶▶)과 'Expand Panels' 아이콘(◀◀)을 클릭하여 [Tools] 패널을 한 줄 또는 두 줄로 정렬할 수 있고 오른쪽의 패널 그룹도 최소화 또는 최대화할 수 있습니다.

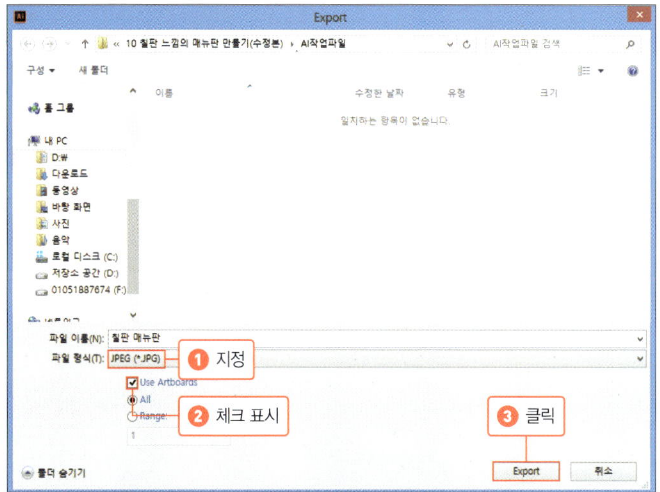

08 이미지 파일로 저장하기 위해 **[File]** → **Export**를 실행합니다.

[Export] 대화상자에서 파일 형식을 'JPEG (*.JPG)'로 지정하고 'Use Artboards'에 체크 표시한 다음 〈Export〉 버튼을 클릭합니다.

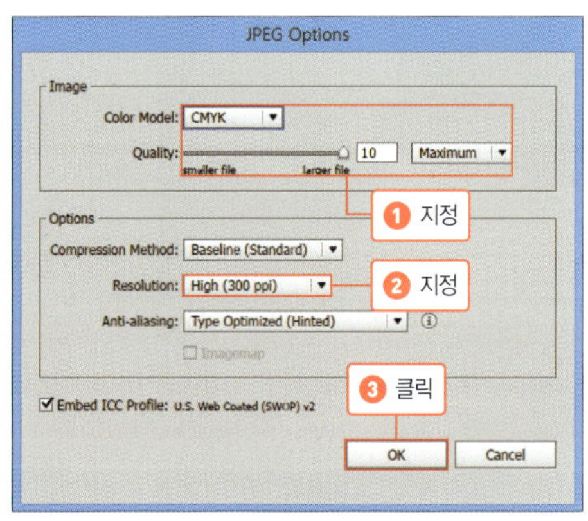

09 [JPEG Options] 대화상자에서 Color Model을 'CMYK', Quality를 'Maximum', Resolution을 'High (300 ppi)'로 지정하고 〈OK〉 버튼을 클릭하여 저장합니다.

10 저장된 이미지를 출력하여 직접 메뉴판 으로 사용해 보세요. 일러스트레이터를 이용 해 만든 것 같지 않은 디자인을 자유롭게 완성 해 보세요.

디자인 사례

카페나 레스토랑 등에서 사용하는 메뉴판은 사진, 일러스트와 함께 가격이나 메뉴, 설명과 같은 타이포그래피가 중요합니다. 이처럼 식문화 고유의 이미지와 특성을 살려 메뉴판을 깔끔하게 디자인합니다.

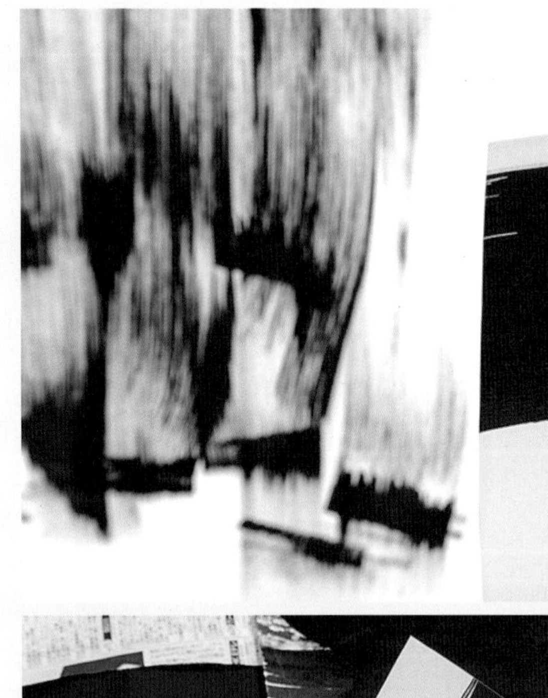

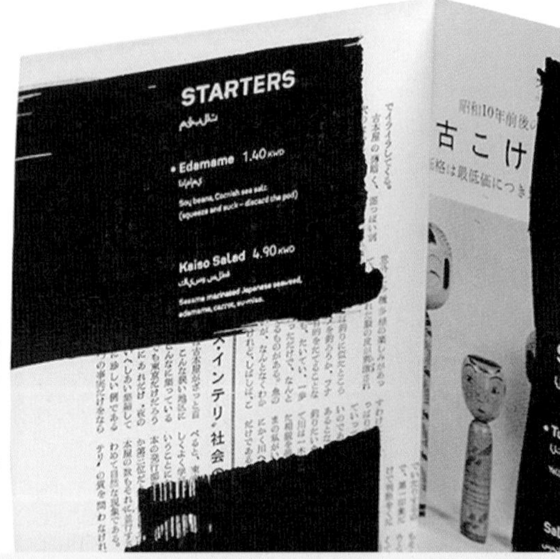

▲ 동양화의 갈필법에서 느껴지는 일본의 전통적인 느낌을 살린 초밥집 메뉴판 디자인입니다. 메뉴판 앞면에는 먹과 초밥의 농담 대비로 'RAW SUSHI BAR' 로고로 시선을 유도합니다.

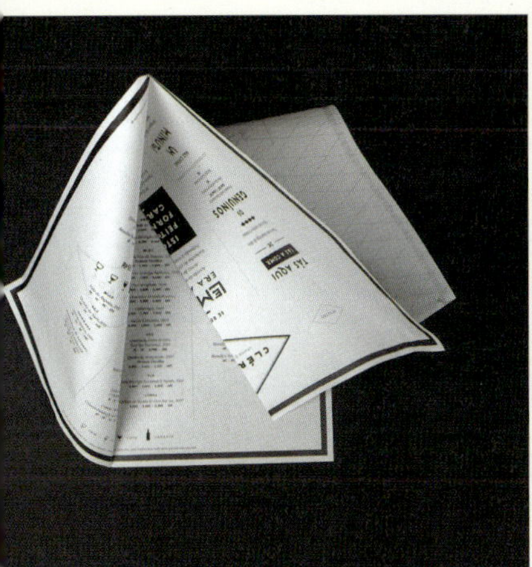

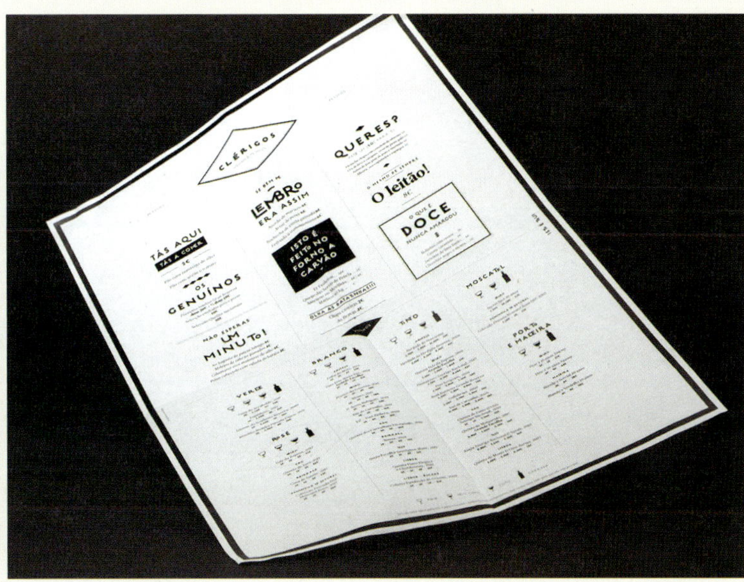

▲ 모듈 그리드로 구성된 접이식 구조의 메뉴가 돋보이는 메뉴판 디자인입니다. 각 메뉴를 구분하는 선으로 정보 그룹을 분리하여 시각적 위계질서가 잘 정리되어 있습니다.

▲ 이탈리아 전통 음식을 동양화로 표현한 메뉴판이며 가독성이 높은 타이포그래피와 잘 어울리게 제작되었습니다. 러프한 그림이지만 이미지 표현이 직관적입니다.

쿠폰 디자인

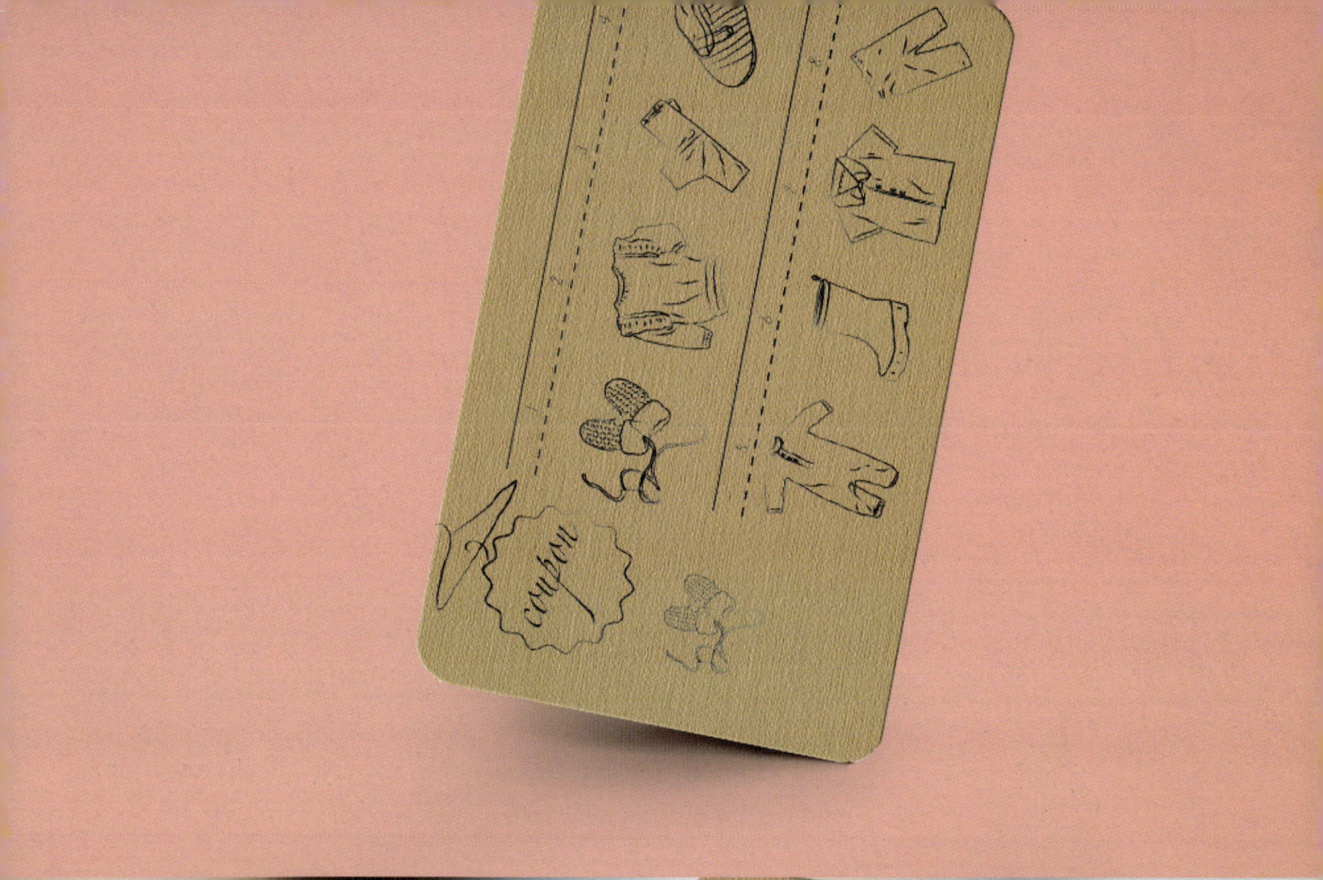

coupon

질감이 살아있는 쿠폰 만들기

매장에서 주로 사용하는 쿠폰은 주요 마케팅 요소입니다. 운영 중인 매장이 있거
나 칭찬 쿠폰처럼 일러스트로 직접 쿠폰을 만들어 여러모로 활용해 보세요.

1 질감을 활용한 쿠폰 배경 디자인하기

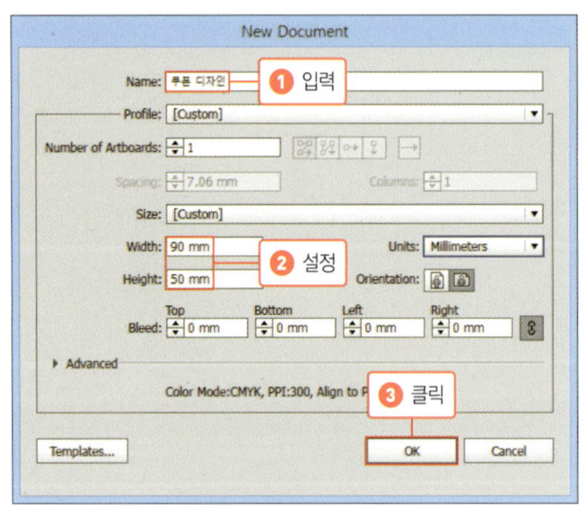

01 [File] → New(Ctrl+N)를 실행합니다.
[New Document] 대화상자에서 Name에 '쿠
폰 디자인'을 입력합니다. Width를 '90mm',
Height를 '50mm'로 설정한 다음 〈OK〉 버튼
을 클릭하여 새 아트보드를 만듭니다.

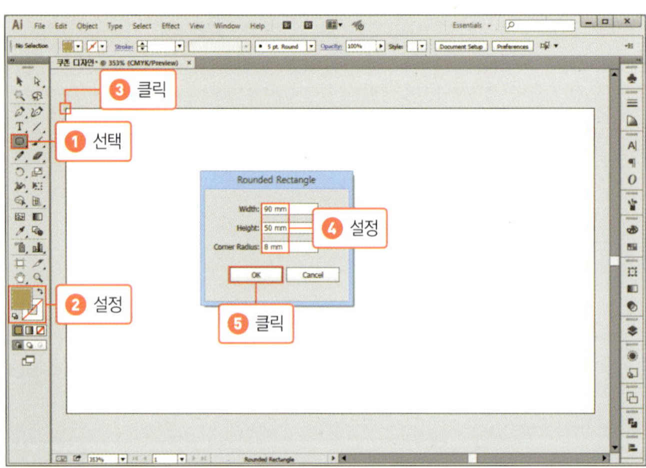

02 둥근 사각형 도구(◻, M)를 선택하
면 색상을 'C:29%, M:40%, Y:70%, K:4%'로 설
정합니다.
아트보드 왼쪽 위를 클릭한 다음 [Round
Rectangle] 대화상자에서 Width를 '90mm',
Height를 '50mm', Corner Radius를 '8mm'로
설정하고 〈OK〉 버튼을 클릭하여 둥근 사각형
을 만듭니다.

03 선택 도구(, V)로 둥근 사각형을 선택한 다음 질감을 적용하기 위해 **[Effect]** → **Texture** → **Texturizer**를 실행합니다. [Texturizer] 대화상자에서 〈OK〉 버튼을 클릭한 다음 Ctrl+2 키를 눌러 둥근 사각형 배경을 잠금 설정합니다.

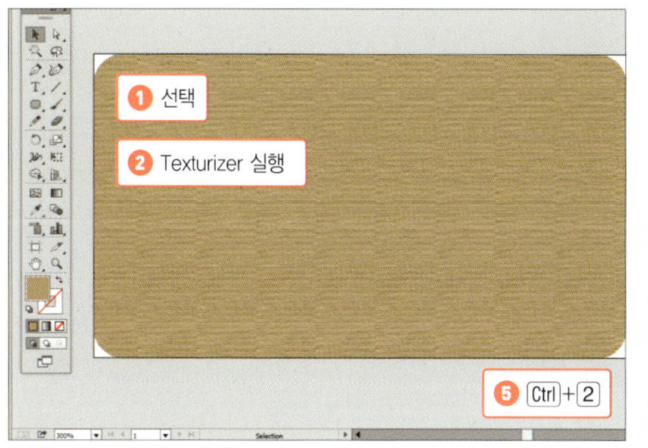
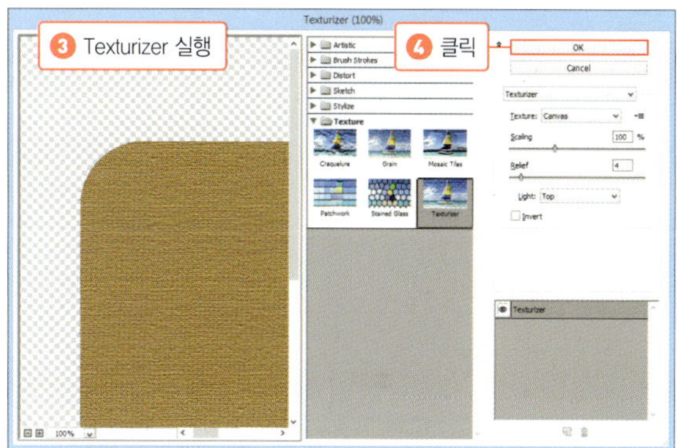

2 감각적으로 쿠폰 장식하기

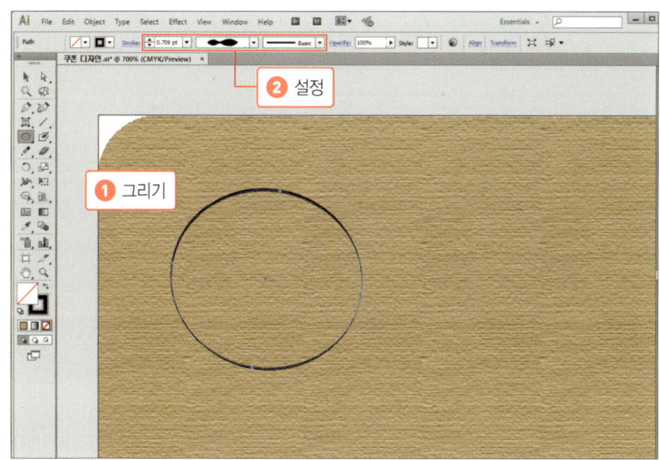

01 면 색상을 'None', 선 색상을 '검은색'으로 설정한 다음 원형 도구(, L)를 이용해 가로 '16mm', 세로 '14mm' 크기의 원을 그립니다.
[Control] 패널에서 Stroke를 '0.785pt'로 설정하고 선 스타일을 'Width Profile 2'로 지정합니다.

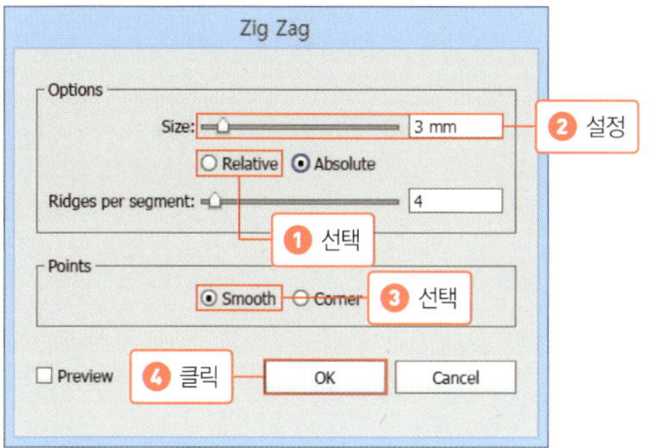

02 원을 변형하기 위해 **[Effect]** → **Distort & Transform** → **Zig Zag**를 실행합니다.
[Zig Zag] 대화상자에서 'Relative'를 선택하고 Size를 '3mm'로 설정합니다. Point를 'Smooth'로 선택하고 〈OK〉 버튼을 클릭합니다.

03 연필 도구(✐, **N**)로 그림과 같이 라벨 헝데를 언걸히는 옷걸이를 그립니다. [Control] 패널에서 Stroke를 '0.25mm'로 설정합니다.

[Character] 패널에서 서체를 'zapfino', 글자 크기를 '4pt'로 설정합니다. 면 색상을 '검은색'으로 설정하고 문자 도구(**T.**, **T**)를 이용하여 'Coupon'을 입력합니다.

선택 도구(▶, **V**)로 원형과 글자를 선택하고 가운데 정렬한 다음 그림과 같이 글자를 회전합니다.

04 탐색기에서 17 폴더의 '아이용품.ai' 파일을 불러온 다음 **Ctrl**+**C**, **Ctrl**+**V** 키를 눌러 붙여 넣습니다.

05 일러스트가 선택된 상태에서 바운딩 박스를 안쪽으로 드래그하여 그림과 같이 축소합니다.

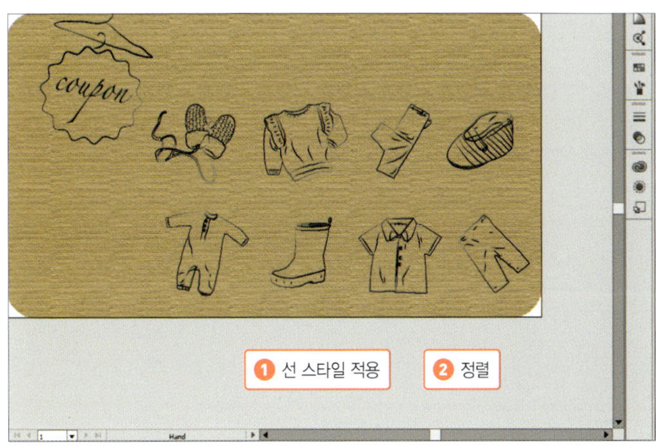

06 옷걸이에 적용된 선 스타일을 각 이미지에 적용한 다음 그림과 같이 네 개씩 배치합니다.

Shift 키를 누른 채 각각의 이미지들을 선택하고 가운데 정렬합니다. 같은 방법으로 나머지 네 개도 가운데 정렬합니다.

07 펜 도구(🖊, P)를 선택하고 그림과 같이 검은색 선 네 개를 그립니다. 첫 번째와 세 번째 선을 선택하고 [Stroke] 패널에서 Weight를 '0.425pt'로 설정합니다. 두 번째와 네 번째 선을 선택하고 [Stroke] 패널에서 Weight를 '0.567pt'로 설정하고 'Dashed Line'에 체크 표시한 다음 dash/gap/dash를 각각 '2.835pt'로 설정합니다.

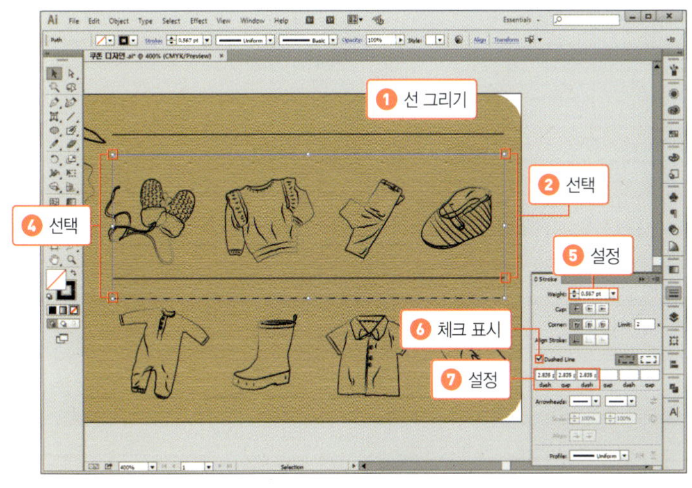

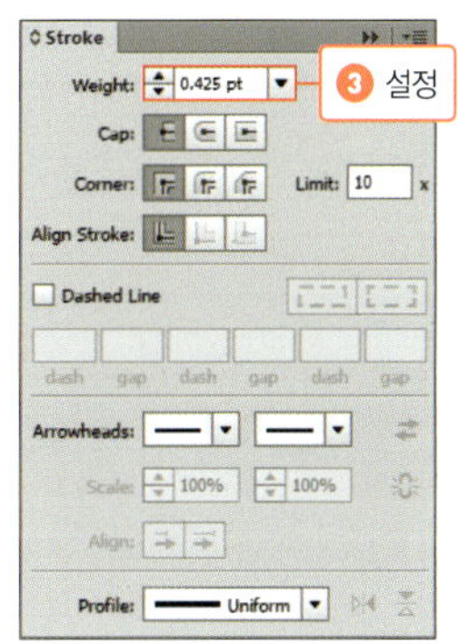

08 문자 도구(T, T)를 이용하여 그림과 같이 숫자를 입력한 다음 자간과 행간을 맞춥니다.

서체를 'Schoolhouse Cursive B', 글자 크기를 '2pt', 면 색상을 '검은색'으로 설정하고 자간을 '3500', 행간을 '23mm'로 설정합니다.

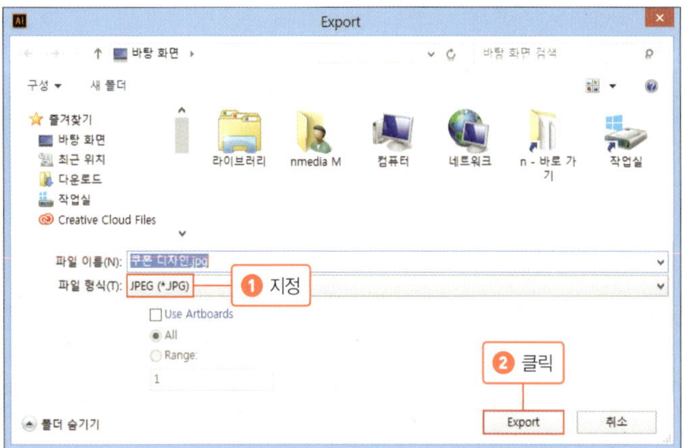

09 [File] → **Export**를 실행하여 [Export] 대화상자에서 파일 형식을 'JPEG (*.JPG)'로 지정한 다음 〈Export〉 버튼을 클릭합니다.

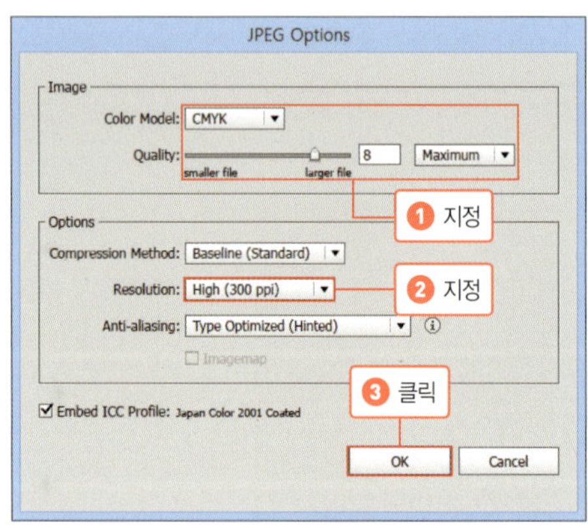

10 [JPEG Options] 대화상자에서 Color Model을 'CMYK'로 지정하고 Quality를 'Maximum'으로 지정합니다. Resolution을 'High (300 ppi)'로 지정한 다음 〈OK〉 버튼을 클릭하여 완성합니다.

11 쿠폰 이미지를 출력하고 외곽선을 따라 잘라서 활용해 보세요.

디자인 사례

온 · 오프라인 매장에서 자주 사용하는 쿠폰은 업체의 특성 및 제공하는 혜택에
따라 알맞게 디자인합니다.

▲ 웹 사이트 사용자를 유치하기 위해 특별 제공된 온라인 쿠폰 디자인으로
산뜻한 이미지를 줍니다.

그래픽 스튜디오 『디자인닷』 대표

이혜진

안산대 멀티미디어 디자인과 겸임교수로서 그래픽 디자인을 바탕으로 여러 매체에서 북 디자인 및 기업의 홍보책자, 브로슈어, CI, BI 등 시각적인 이미지에 관해 고민하고 디자인으로 풀어나가고 있다.

〔 저서 〕 좋아 보이는 것들의 비밀, 타이포그래피 : 2015, 길벗 :

● 현재 어떤 작업을 하고 있나요?

그래픽 스튜디오 '디자인닷'을 운영하면서 디자인 기획부터 편집, 제작 등 디자인의 모든 영역을 총괄 감독하며 프로젝트에 필요한 일러스트를 제작하기도 합니다.

● 자주 사용하는 도구, 패널, 기능에는 어떤 것이 있나요?

일러스트레이터의 가장 큰 장점은 절제력 있는 그래픽 스타일과 색상 표현이라고 생각합니다. 특히 펜 도구가 많은 역할을 하죠. 펜 도구를 이용하여 다양한 표현을 완성하고, 그 이상의 효과가 필요한 경우에는 필터를 사용하기도 합니다.

● 어려운 배색은 주로 어떻게 해결하나요?

배색에서 색상의 명도가 분명하지 않아 혼잡해 보이는 배색을 잘못된 배색이라고 생각합니다. 하나의 지면 안에서도 색상에는 분명 위계질서가 존재해요. 질서가 없다면 만들어야 합니다. 배색도 마찬가지로 주요 색상을 지정하고 그에 맞춰 보조 색상들의 강약을 조절한 다음 배색하여 위계질서를 잡는다면 색상을 사용하는 데 훨씬 더 수월할 거예요.

● 색상 모드에 따른 문제 해결 노하우를 알려주세요.

아쉽게도 색상 모드를 변경하면서 달라지는 색상에 대한 특별한 노하우는 없는 것으로 알고 있어요. 저는 변경된 색상을 주로 [Color] 패널에서 'CMYK'로 지정하고 꼼꼼하게 하나씩 색상 값을 조절합니다. 색상을 하나씩 선택할 때 이미지가 너무 크고 복잡하다면 [Edit] 메뉴를 실행하여 색상 균형을 조정합니다. 색상 모드를 바꾸면 이미지가 대체로 어두워지므로 Color Balance에서 시안(C)과 블랙(B)을 임의로 줄이면 한층 밝아진 이미지를 만들 수 있습니다.

Ensembles from Typeface

일러스트레이터를 이용해 만든 최근 작품 중 하나입니다. 말리 바마코에서 열리는 하마를 주제로 한 전시 작품으로 문자의 예술성을 보여주기 위해 '하마'를 기록하는 글꼴의 아름다움을 조형물에 입혔습니다.

문자가 갖는 힘은 기록의 의미를 넘어 형태적인 아름다움을 함께 지닙니다. 이러한 점을 각 나라의 다양한 글꼴이 갖는 아름다운 문자로 표현했으며, 이것은 문맹률이 높은 말리에서 특히 의미 있는 일이라고 생각합니다. 그래픽의 글꼴은 강한 직선의 도형적인 형태로 우직한 하마의 힘을 표현했으며, 청명한 물 이미지를 담아 디자인하였습니다.

● **자주 사용하는 본인만의 일러스트 기법이나 도구에 대해 설명해 주세요.**

참 어려운 질문인네요. 15년 동안 일러스트레이터를 사용하면서 얻은 가장 큰 수확은 펜 도구를 이용하여 깔끔하게 완성되는 벡터 형식의 표현이 아닐까 생각합니다. 일러스트레이터의 가장 큰 특징인 펜 도구를 잘 다루기 위해서는 무엇보다 연습이 필요합니다. 여기에는 꾸준한 노력에 따른 시간이 이어져야 하며 그것은 결코 단기간에 이뤄지는 것이 아닙니다. 저역시 많은 시간을 할애하여 아이디어를 이미지로 표현하기 위해 노력하고 있습니다.

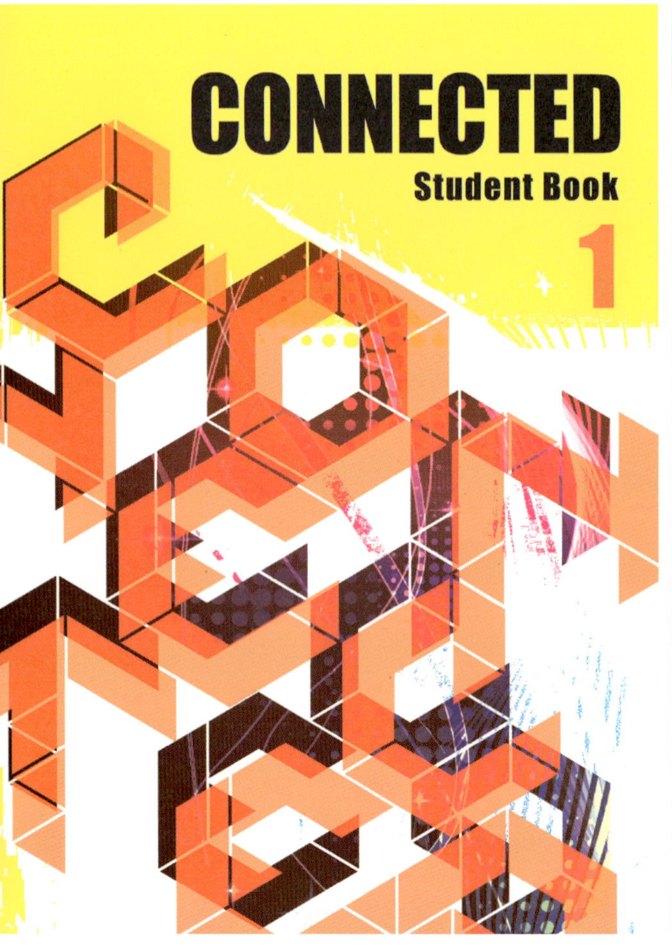

CONNECTED Student Book 표지 시안
글꼴에 사진 이미지를 합성하여 만든 표지 디자인입니다. 일러스트레이터에서 사진을 불러들여 글자들과 조합하였고, 글자 이미지들은 일러스트레이터의 [Shape(모양)] 패널 중 색상 농도를 다르게 조합하여 나타냈습니다. [Shape] 패널에서 표현하는 다양한 색감을 글자의 선명도를 놓치지 않은 채 사진과 잘 어울리도록 표현했으며 더욱 깊이 있게 나타냈습니다. 가는 선들과 제목에서 나타나는 금속 표현 모두 일러스트레이터를 이용한 표현입니다.

보이스 피싱 예방을 위한 일러스트

일러스트를 그릴 때는 펜 도구를 이용해 그리기도 하지만 연필 도구로 쓱쓱 그린 다음 펜 도구로
다듬기도 합니다. 여기서는 연필 도구로 시안 작업을 하고 펜 도구로 다듬었습니다.

● 일러스트레이터의 장점은 무엇인가요?

다양한 표현 또는 문자를 만들고 그리는 작업에는 일러스트레이터가 꽤 적합합니다. 문자 특성상 가독성이 중시되고 배경과의 변별력과 크기 변화가 필요할 때 벡터 이미지 선택은 두말할 필요가 없죠. 일러스트레이터의 매력은 그림처럼 간결한 이미지의 전달이라고 생각합니다. 물론 복잡한 이미지도 표현할 수 있지만, 다른 프로그램보다 다양한 색상 모드를 적용하기 쉬우며 이미지 간의 배열과 위치 조절이 편리하고 쉬워서 그림을 그릴 때 많이 사용합니다.

● 이 책을 보는 독자들에게 하고 싶은 이야기가 있나요?

일러스트레이터를 접한 지 어느덧 15년이 되었습니다. 어떤 프로그램이든 제대로 습득하지 못하면 생각을 전개해 나가기에는 무리일 것입니다. 우리 주변에는 다양한 도구와 무궁무진한 기법들이 있지만 머릿속 상상과 아이디어를 표현할 수 있는 가장 큰 도구는 프로그램을 잘 다룰 줄 아는 힘이 있을 때 가능합니다. 그러므로 일러스트레이터의 기능을 내 것으로 만들 수 있도록 노력하세요.

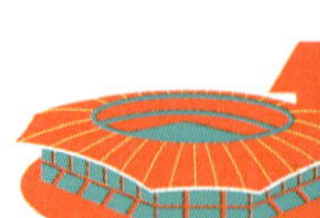

DESIGN. DOT

서울의 랜드마크를 활용한 달력 디자인
서울의 이미지화된 랜드마크를 숫자와 조화롭게 배치하였습니다. 서울 타워를 중심으로 지리적 위치를 고려하여 서울이 한 눈에 들어오도록 사방으로 배열하였습니다. 역시 글자를 이미지와 함께 다룰 때는 일러스트레이터가 매우 적합한 프로그램이라고 생각합니다. 글자의 또렷함은 가독성을 살리고 군더더기 없는 깔끔한 이미지 표현에 적합합니다. 역시 펜 도구를 이용하여 건물 하나하나의 특성을 파악하며 그려나갔습니다.

SEOUL APRIL

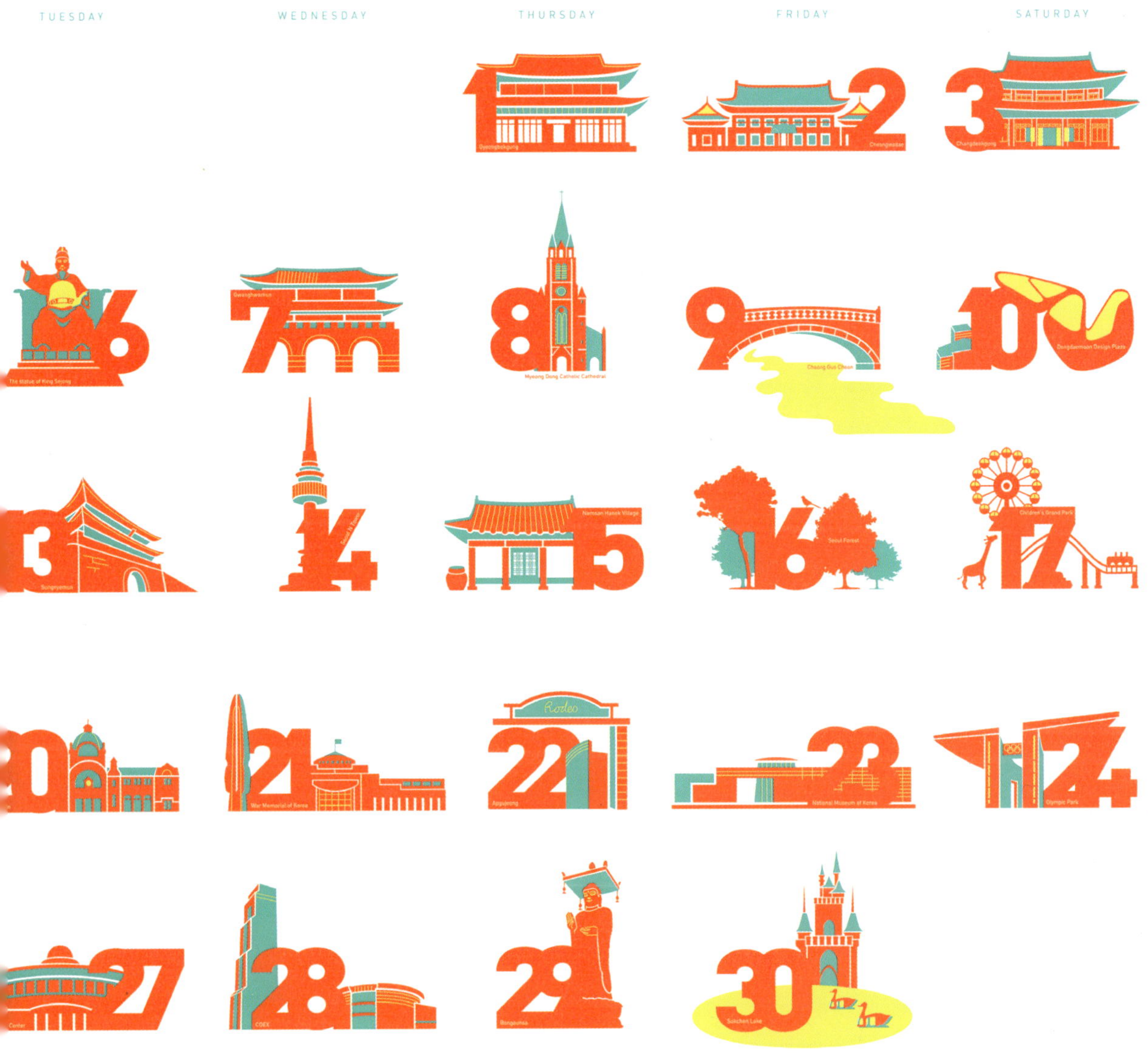

TUESDAY
WEDNESDAY
THURSDAY
FRIDAY
SATURDAY
1
2
3
6
The statue of King Sejong
7
8
Myeong Dong Catholic Cathedral
9
10
Dongdaemoon Design Plaza
13
14
15
16
17
20
21
22
Rodeo
23
24
27
28
29
30

wanghwamun
7

9
Cheong Gue Cheon

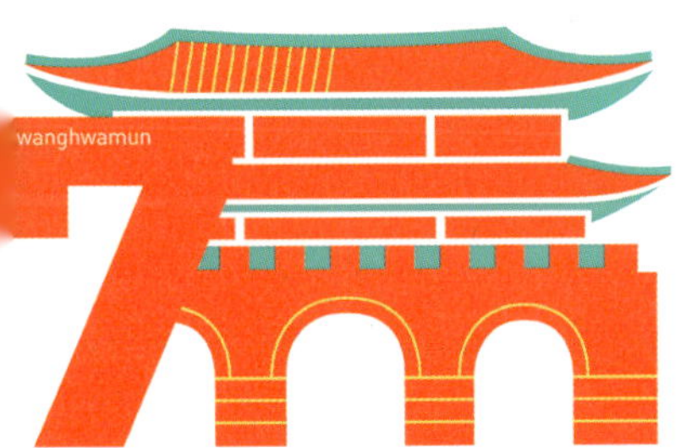

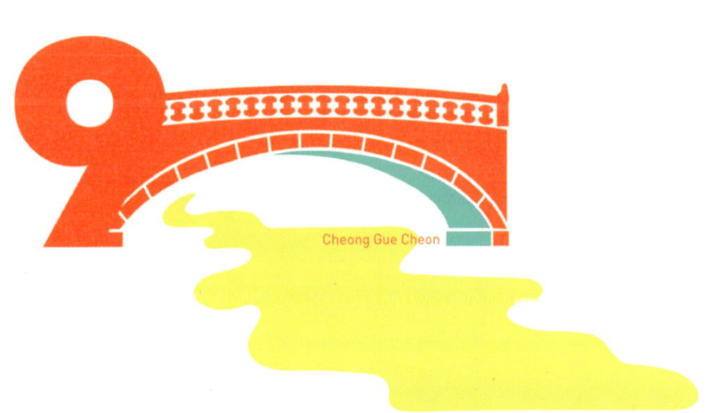

바탕 화면 디자인

AUGUST 2016

달력을 이용한 바탕 화면 배경 만들기

이전에 만들었던 일러스트를 활용하여 컴퓨터나 노트북, 스마트폰 등의 바탕 화면을 디자인해 보세요. 작업물을 AI 파일로 저장해두면 용도에 따라 편집하여 다양한 결과물을 만들 수 있습니다.

1 기존 일러스트 변형하기

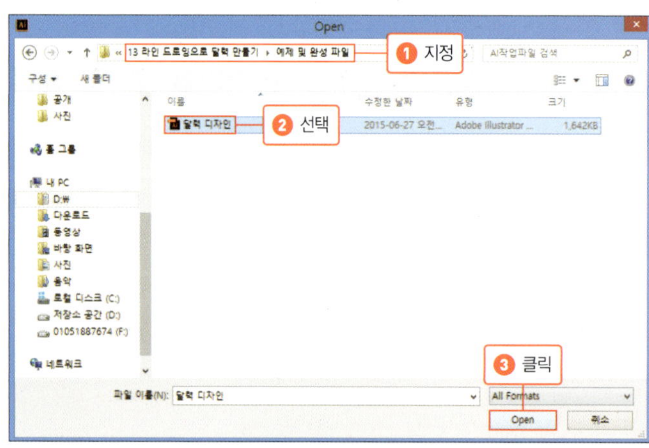

01 이전에 작업했던 일러스트를 불러오기 위해 [File] → Open(Ctrl+O)을 실행합니다. [Open] 대화상자에서 찾는 위치를 18 또는 저장해둔 폴더로 지정하고 '달력 디자인.ai' 파일을 선택한 다음 〈Open〉 버튼을 클릭하여 불러옵니다.

02 Ctrl+Alt+2 키를 눌러 객체의 잠금 설정을 해제하고 선택 도구(, V)로 드래그하여 전체 선택한 다음 Ctrl+C 키를 눌러 복사합니다.

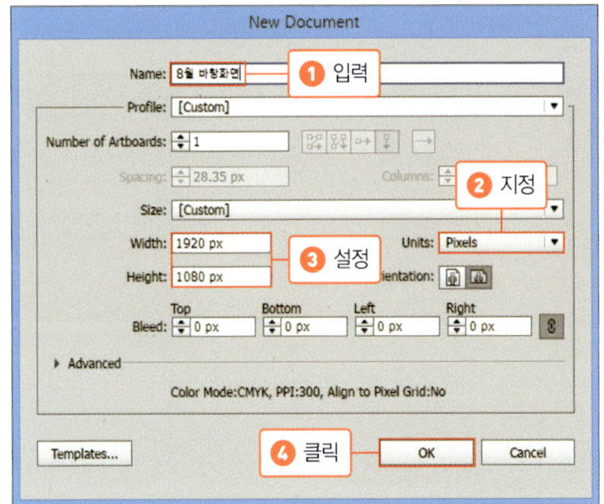

03 여기서는 컴퓨터 바탕화면을 디자인하기 위해 새 아트보드를 만들겠습니다. 먼저 [File] → New(Ctrl+N)를 실행합니다.

[New Document] 대화상자에서 Name에 '8월 바탕화면'을 입력합니다. Units를 'Pixels'로 지정하고 Width를 '1920px', Height를 '1080px'로 설정한 다음 〈OK〉 버튼을 클릭합니다.

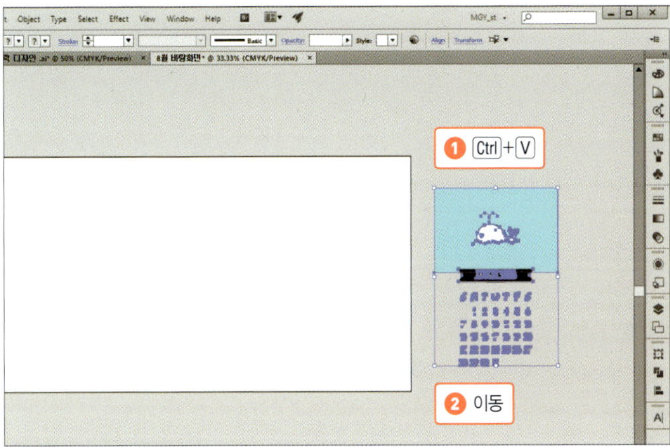

04 Ctrl+V 키를 눌러 복사한 달력을 새 아트보드에 붙여 넣고 드래그하여 여백으로 이동합니다.

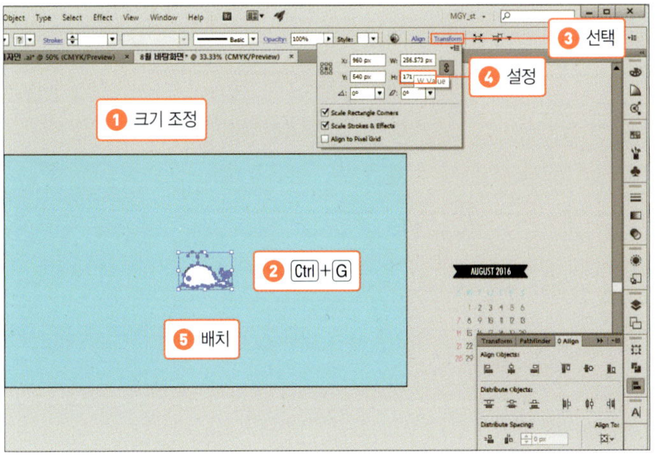

05 먼저 달력에서 사각형을 선택하고 아트보드 크기에 맞춰 드래그하여 확대합니다.

고래를 선택하고 Ctrl+G 키를 눌러 그룹으로 설정합니다. [Control] 패널에서 'Transform'을 선택한 다음 H를 '171px'로 설정하여 확대하고 아트보드 가운데에 배치합니다.

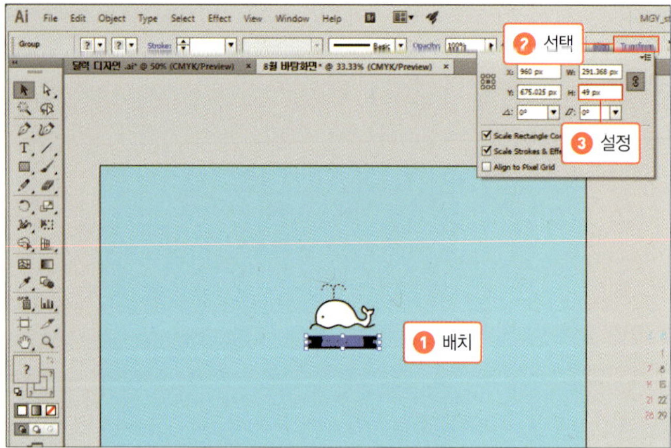

06 검은색 리본과 문자를 선택한 다음 고래 아래에 배치합니다.

[Control] 패널에서 'Transform'을 선택하고 H 를 '49px'로 설정하여 축소합니다.

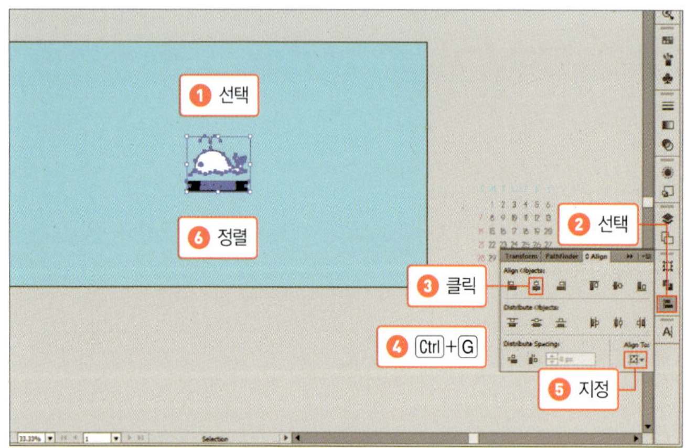

07 고래와 리본을 선택하고 고래를 한 번 더 선택합니다. [Align] 패널에서 'Horizontal Align Center' 아이콘(圖)을 클릭하여 고래를 중심으로 가로 가운데 정렬하고 Ctrl+G 키를 눌러 그룹으로 설정합니다.

08 Align To를 'Align to Artboard'로 지정하고 'Horizontal Align Center' 아이콘(圖)과 'Vertical Align Center' 아이콘(圖)을 차례대로 클릭하여 아트보드 가운데에 정렬합니다.

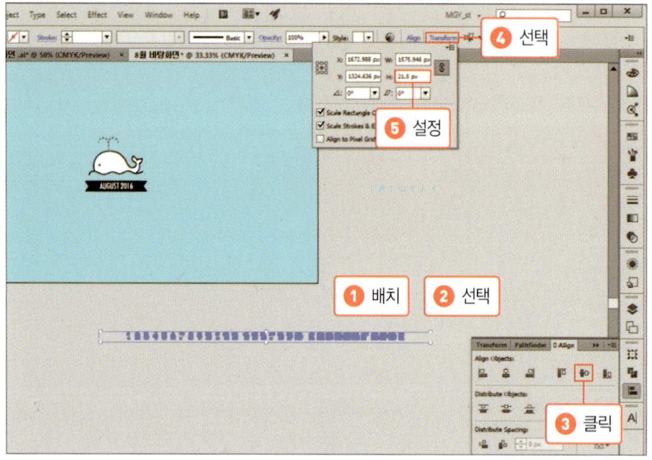

09 이번에는 날짜를 선택한 다음 Shift+Ctrl +G 키를 눌러 그룹을 해제합니다. 1~31을 각각 선택하고 그림과 같이 이동시켜 일렬로 배치한 다음 선택합니다.

10 날짜 중 정렬을 위한 기준 객체를 한 번 더 선택한 다음 [Align] 패널에서 'Vertical Align Center' 아이콘(圖)을 클릭하여 세로 가운데 정렬합니다.

[Control] 패널에서 'Transform'을 선택하고 H 를 '21.5px'로 설정하여 크기를 변경합니다.

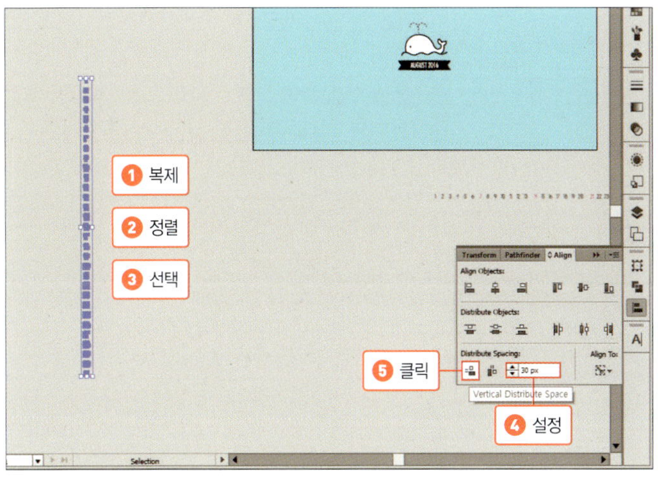

11 고래를 중심으로 날짜를 회전시켜 둘러 싸기 위해 먼저 Alt 키를 누른 채 드래그하여 객체를 복제한 다음 각각 이동시켜 그림과 같이 세로로 정렬합니다. 세로로 정렬된 날짜를 선택하고 기준 객체를 한 번 더 선택합니다.

12 [Align] 패널에서 Distribute Spacing을 '30px'로 설정한 다음 'Vertical Distribute Spacing' 아이콘(　)을 클릭하여 간격을 조정합니다.

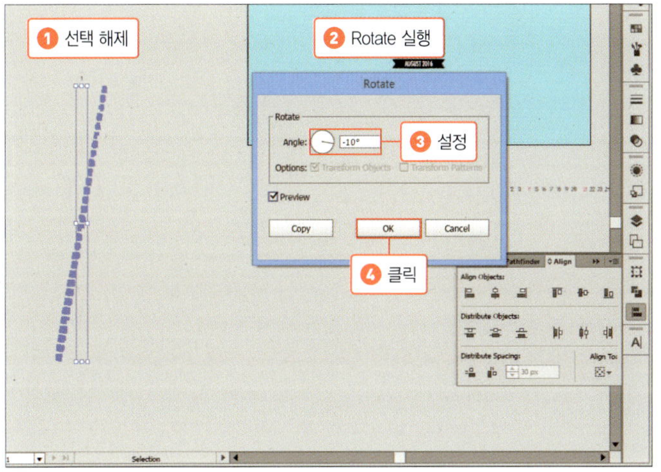

13 정렬된 객체들이 선택된 상태로 Shift 키를 누른 채 '1'을 클릭하여 선택을 해제하고 마우스 오른쪽 버튼을 클릭하여 **Transform → Rotate**를 실행합니다.

14 [Rotate] 대화상자에서 Angle을 '−10°'로 설정하고 〈OK〉 버튼을 클릭하여 시계방향으로 10° 회전시킵니다.

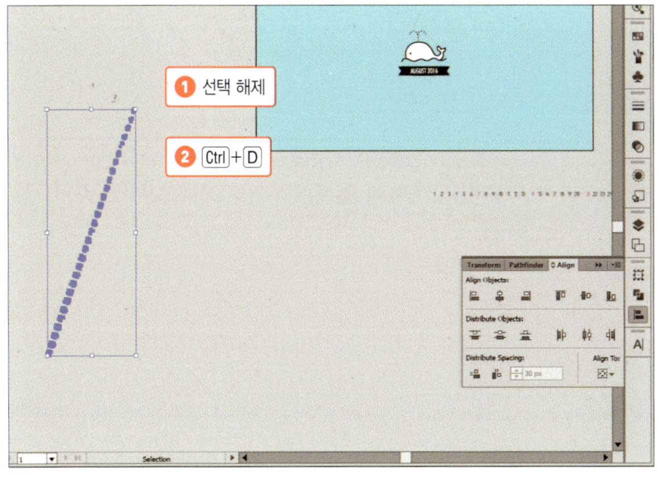

15 같은 방법으로 회전한 객체들이 선택된 상태에서 Shift 키를 누른 채 '2'를 클릭하여 선택을 해제합니다.
Ctrl + D 키를 눌러 이전에 적용한 기능을 반복 실행합니다.

TIP 바탕 화면 달력에서도 가시성이 중요하기 때문에 날짜를 쉽게 확인할 수 있도록 디자인합니다. 이때 간결하고 깔끔한 서체를 사용하면 좋습니다.

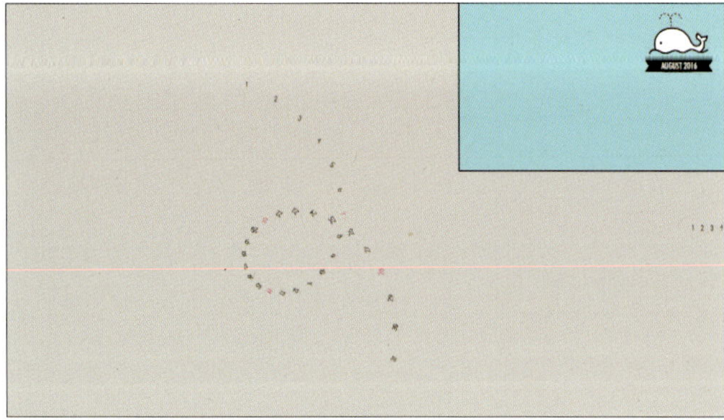

16 같은 방법으로 3~31까지 순서대로 선택을 해지하면서 Ctrl+D 키를 눌러 회진 기능을 반복하여 그림과 같이 모든 객체의 회전 각도가 순서대로 10°씩 달라지도록 합니다.

2 정렬 기능을 활용하여 달력 만들기

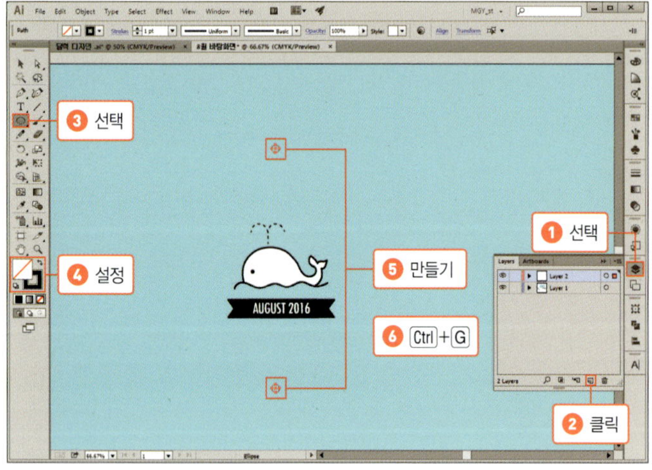

01 고래를 둘러싸는 작은 원을 기준으로 날짜를 정렬하기 위해 먼저 [Layers] 패널에서 'Create New Layer' 아이콘(⬚)을 클릭하여 새 레이어를 만듭니다.
원형 도구(⬤, L)를 선택하고 면 색상을 'None', 선 색상을 '검은색'으로 설정한 다음 고래 위아래에 드래그하여 두 개의 작은 원을 만듭니다.
원들을 선택한 다음 Ctrl+G 키를 눌러 그룹으로 설정합니다.

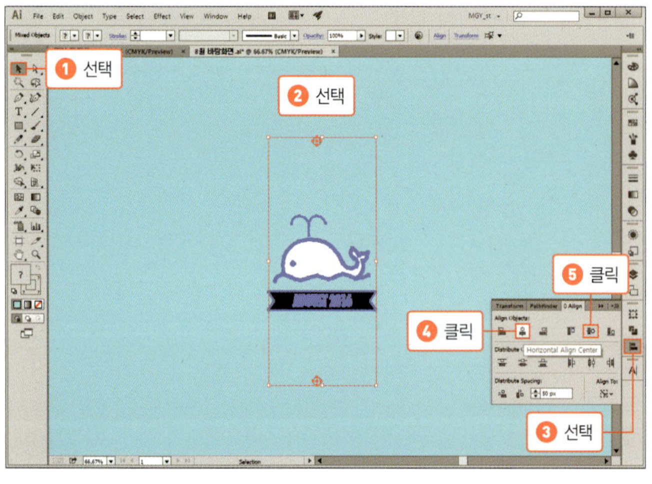

02 선택 도구(▶, V)로 그룹 설정된 원과 고래를 선택하고 고래를 한 번 더 선택합니다. [Align] 패널에서 'Horizontal Align Center' 아이콘(▣)과 'Vertical Align Center' 아이콘(▤)을 클릭하여 다시 선택한 객체를 중심으로 가로, 세로 가운데 정렬합니다.

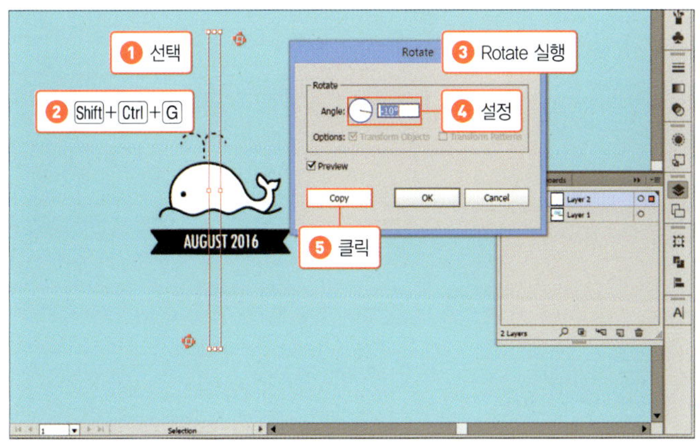

03 그룹으로 설정된 두 개의 원이 선택된 상태에서 Shift+Ctrl+G 키를 눌러 그룹을 해제하고 마우스 오른쪽 버튼을 클릭한 다음 **Transform → Rotate**를 실행합니다.
[Rotate] 대화상자에서 회전된 날짜와 같은 각도로 설정하기 위해 Angle을 '−10°'로 설정하고 〈Copy〉 버튼을 클릭하여 시계방향으로 10° 회전합니다.

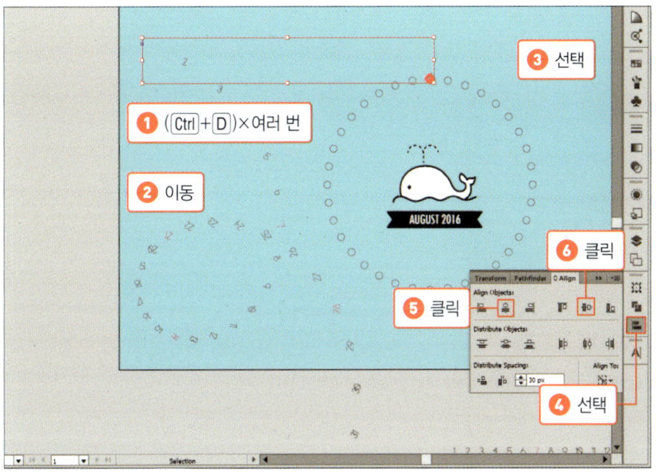

04 Ctrl+D 키를 여러 번 눌러 그림과 같이 원 모양으로 고래를 둘러싸듯 배치합니다. 원을 기준으로 날짜를 정렬하기 위해 날짜들을 선택하고 아트보드 왼쪽으로 이동합니다.

05 Shift 키를 누른 채 맨 위쪽 원과 1을 선택하고 다시 원을 선택합니다.
[Align] 패널에서 'Horizontal Align Center' 아이콘(🔲)과 'Vertical Align Center' 아이콘(🔲)을 순서대로 클릭하여 원을 중심으로 가로, 세로 가운데 정렬합니다.

06 같은 방법으로 2∼31 모두 그림과 같이 순서대로 원형에 알맞게 정렬합니다.

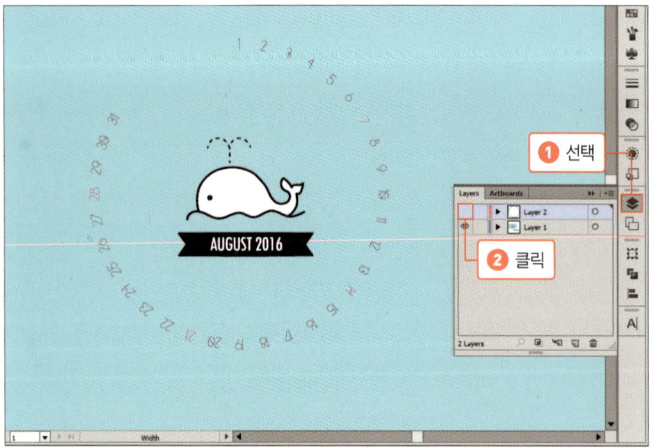

07 날짜를 원에 따라 배치하면 [Layers] 패 널에서 'Layer 2' 레이어의 '눈' 아이콘(◉)을 클릭하여 원들을 모두 숨깁니다.

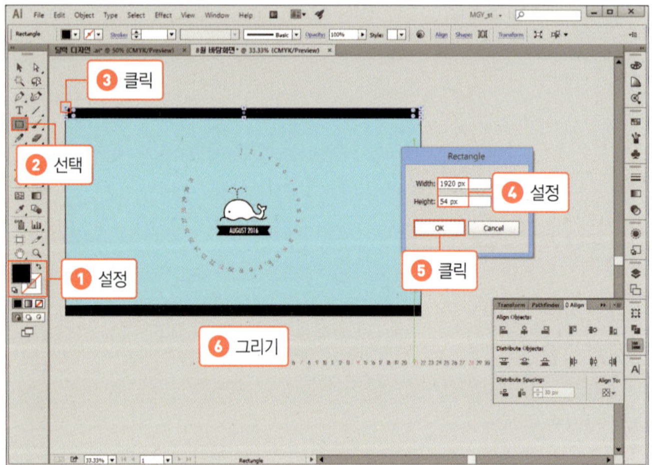

08 이번에는 바탕 화면을 디자인하기 위해 면 색상을 '검은색', 선 색상을 'None'으로 설 정하고 사각형 도구(□, M)를 선택한 다음 아 트보드 왼쪽 위를 클릭합니다.

09 [Rectangle] 대화상자에서 Width를 '1920px', Height를 '54px'로 설정하고 〈OK〉 버튼을 클릭합니다.
같은 방법으로 아래쪽에도 같은 크기의 사각 형을 그립니다.

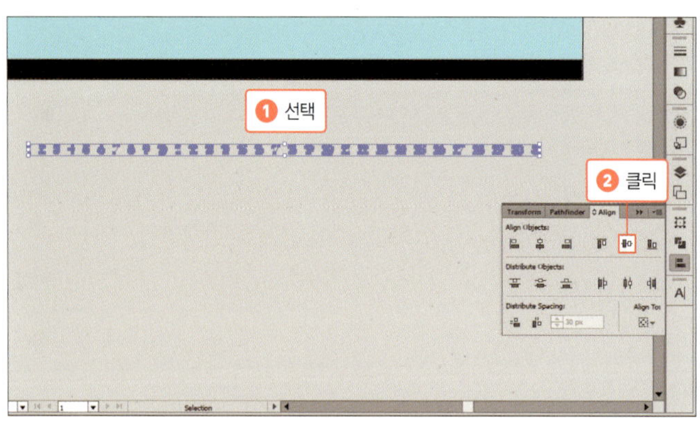

10 가독성을 위해 일렬로 정리된 날짜를 추 가하겠습니다. 아트보드 아래에 가로로 배치 했던 날짜들을 선택하고 기준이 될 객체를 다 시 한 번 선택합니다.
[Align] 패널에서 'Vertical Align Center' 아이 콘(▮o)을 클릭하여 기준 객체를 중심으로 세 로 가운데 정렬합니다.

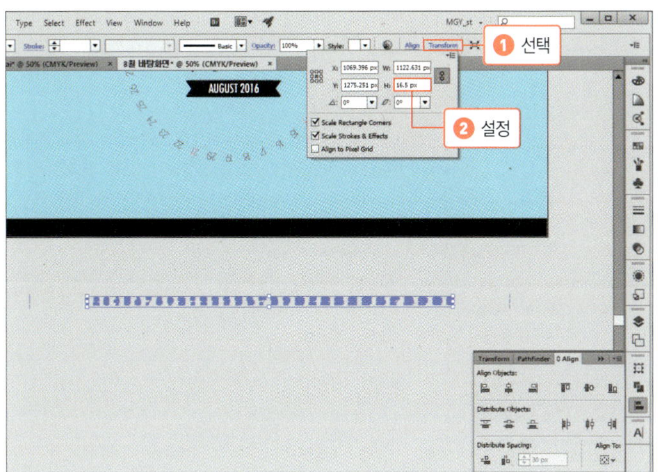

11 [Control] 패널의 'Transform'을 선택하고 H를 '16.5px'로 설정해 크기를 변경합니다.

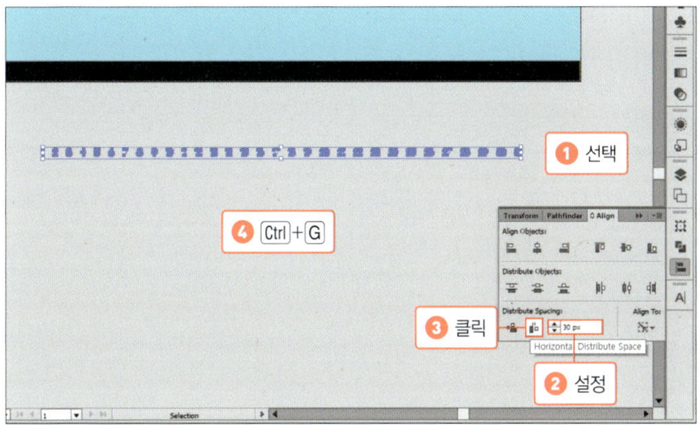

12 날짜들이 선택된 상태에서 기준이 될 객체를 다시 한 번 선택합니다.
[Align] 패널에서 Distribute Spacing을 '30px'로 설정하고 'Horizontal Distribute Spacing' 아이콘(🔳)을 클릭하여 다시 선택한 객체를 기준으로 가로 간격을 맞춥니다. Ctrl+G 키를 눌러 그룹으로 설정합니다.

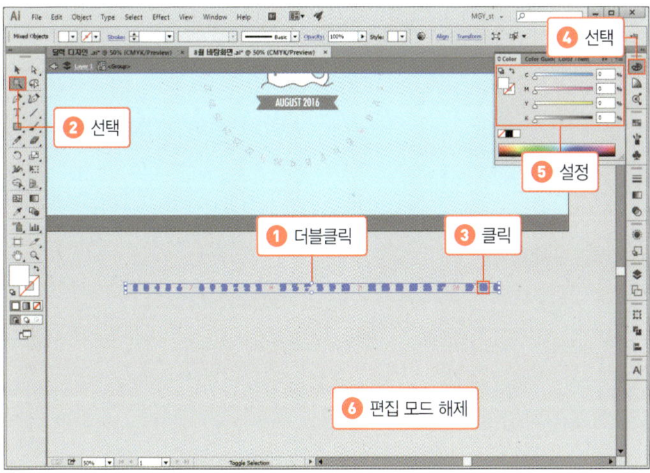

13 그룹을 더블클릭하여 편집 모드로 이동한 다음 마술봉 도구(🔍, Y)로 검은색 날짜를 클릭하여 한 번에 선택합니다.

14 [Color] 패널에서 면 색상을 '흰색'으로 설정하고 여백을 더블클릭하여 편집 모드를 해제합니다.

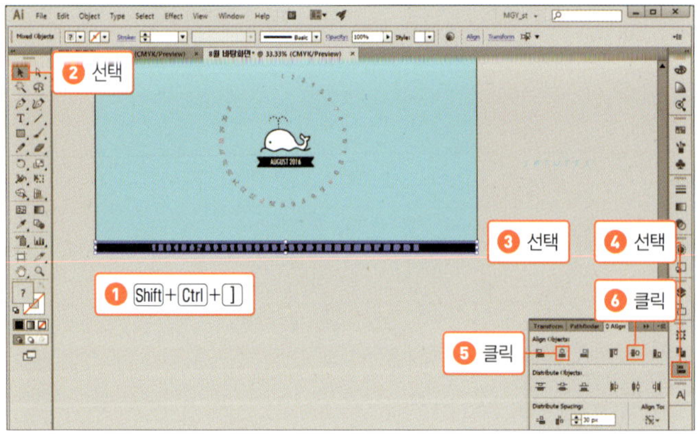

15 그룹으로 설정된 날짜가 선택된 상태에서 Shift+Ctrl+[ ] 키를 눌러 맨 잎으로 배치합니다.
선택 도구(, V)로 Shift 키를 누른 채 아래쪽 사각형과 그룹으로 설정된 날짜를 함께 선택하고 사각형을 다시 선택합니다.

16 [Align] 패널에서 'Horizontal Align Center' 아이콘( )과 'Vertical Align Center' 아이콘( )을 클릭하여 다시 선택한 객체를 중심으로 가로, 세로 가운데 정렬합니다.

3 문자를 더해 바탕 화면 디자인 마무리하기

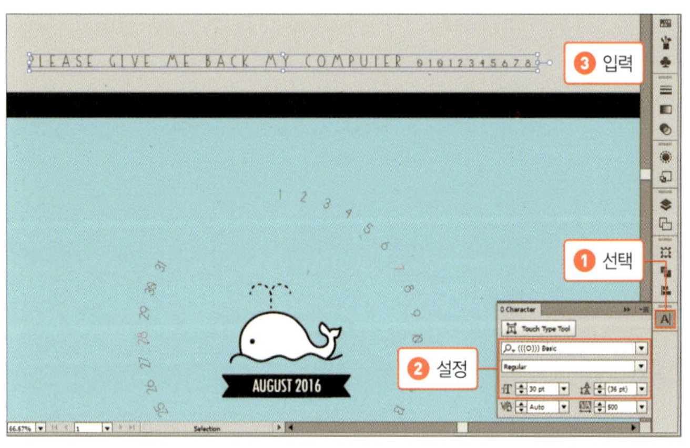

01 노트북을 잃어버렸을 때 휴대폰 번호를 알려주기 위해 [Character] 패널에서 서체를 'Basic', 글자 크기를 '30pt'로 설정합니다.
문자 도구(T, T)를 이용하여 아트보드 위에 'PLEASE GIVE ME BACK MY COMPUTER 01012345678'을 입력합니다.

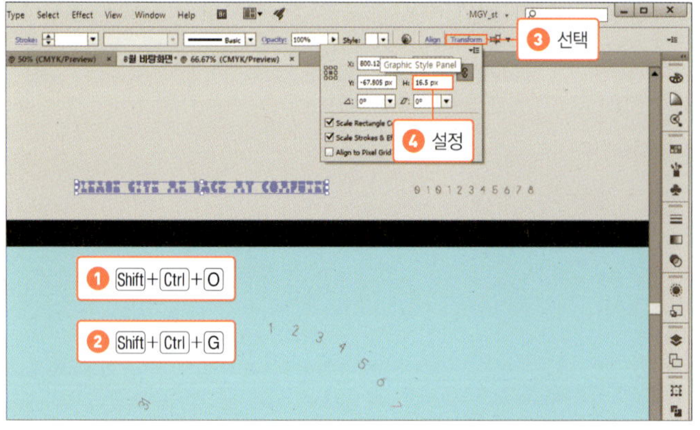

02 선택 도구(, V)로 입력한 문자를 선택하고 Shift+Ctrl+O 키를 눌러 객체로 변경한 다음 Shift+Ctrl+G 키를 눌러 그룹을 해제합니다.
[Control] 패널에서 'Transform'을 선택하고 H를 '16.5px'로 설정하여 크기를 변경합니다.

TIP 서체에 따라 영문과 숫자 크기가 다르다면 각각 선택하여 변경합니다.

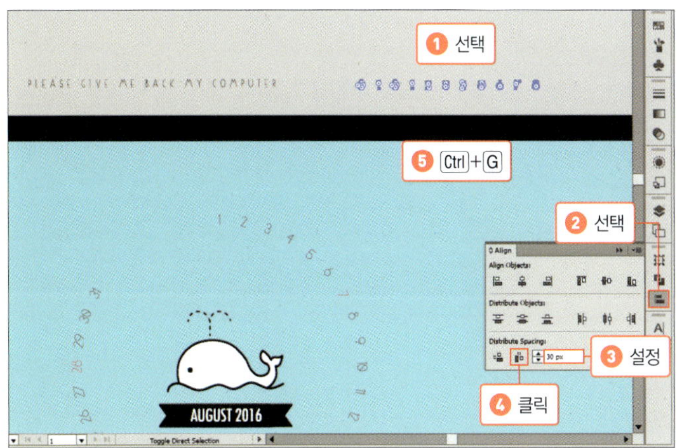

03 휴대폰 번호를 선택하고 기준 객체를 다시 한 번 선택합니다.

[Align] 패널에서 Distribute Spacing을 '30px'로 설정하고 'Horizontal Distribute Spacing' 아이콘을 클릭하여 다시 선택한 객체를 기준으로 가로 간격을 맞춥니다. Ctrl+G 키를 눌러 그룹으로 설정합니다.

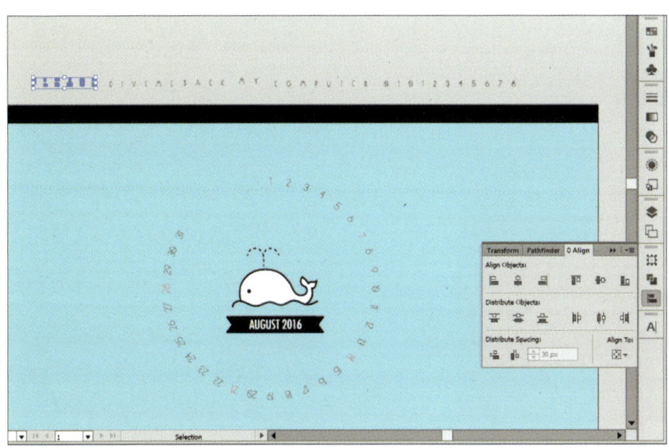

04 같은 방법으로 'PLEASE', 'GIVE', 'ME', 'BACK', 'MY', 'COMPUTER'도 단어별로 문자 간격을 맞추고 각각 그룹으로 설정합니다.

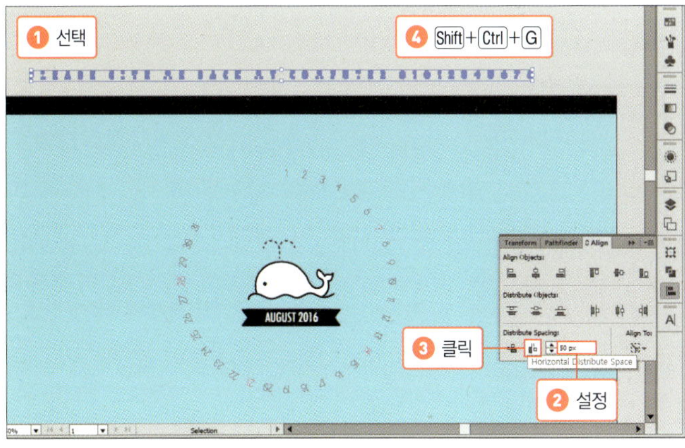

05 그룹 설정된 단어들을 전체 선택한 다음 기준이 될 객체를 다시 한 번 선택합니다.

[Align] 패널에서 Distribute Spacing을 '50px'로 설정한 다음 'Horizontal Distribute Spacing' 아이콘을 클릭하여 다시 클릭한 객체 기준으로 가로 간격을 맞춥니다. 객체들이 선택된 상태에서 Shift+Ctrl+G 키를 눌러 그룹을 해제합니다.

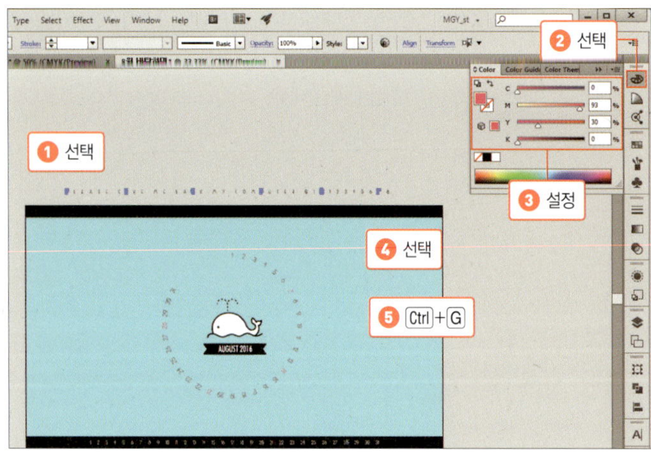

06 Shift 키를 누른 채 왼쪽부터 차례대로 'ㅏ', 'ㅣ', 'C', 'ㅏ', 'O', 'ㄱ' 글자만 선택합니다. [Color] 패널에서 면 색상을 'C:0%, M:93%, Y:30%, K:0%'로 변경합니다.

07 'PLEASE GIVE ME BACK MY COMPUTER 01012345678'을 선택한 다음 Ctrl+G 키를 눌러 그룹으로 설정합니다.

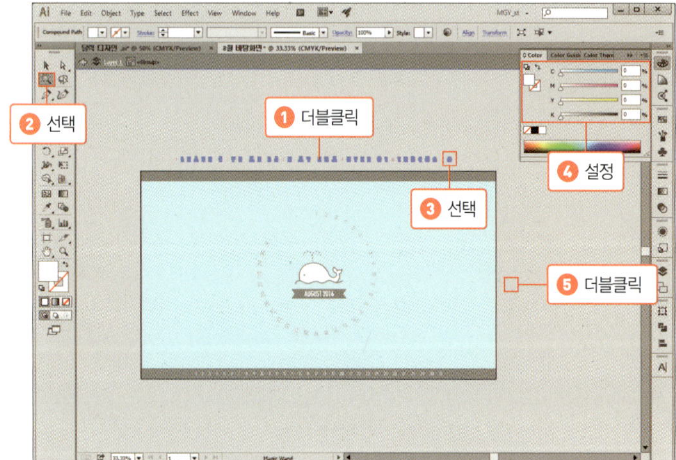

08 문자 그룹을 더블클릭하여 편집 모드로 이동한 다음 마술봉 도구(🪄, Y)로 검은색 문자를 클릭하여 같은 색 문자들을 한 번에 선택합니다.

09 [Color] 패널에서 면 색상을 '흰색'으로 변경한 다음 여백을 더블클릭하여 편집 모드를 해제합니다.

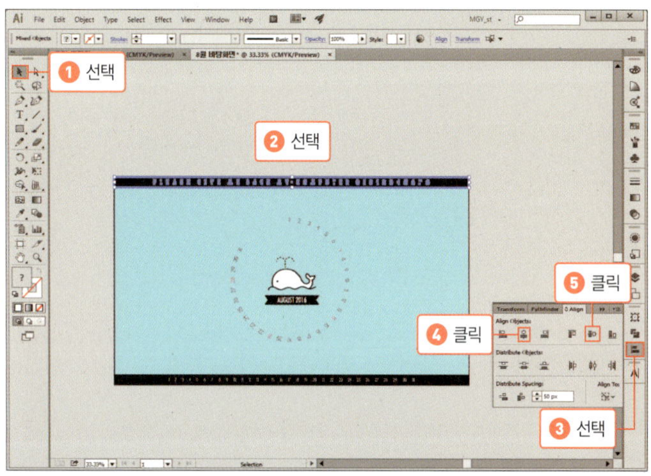

10 선택 도구(▶, V)로 Shift 키를 누른 채 위쪽 사각형과 그룹으로 설정된 문자를 함께 선택하고 사각형을 다시 선택합니다. [Align] 패널에서 'Horizontal Align Center' 아이콘(🗗)과 'Vertical Align Center' 아이콘(🗗)을 클릭하여 다시 선택한 객체를 중심으로 가로, 세로 가운데 정렬합니다.

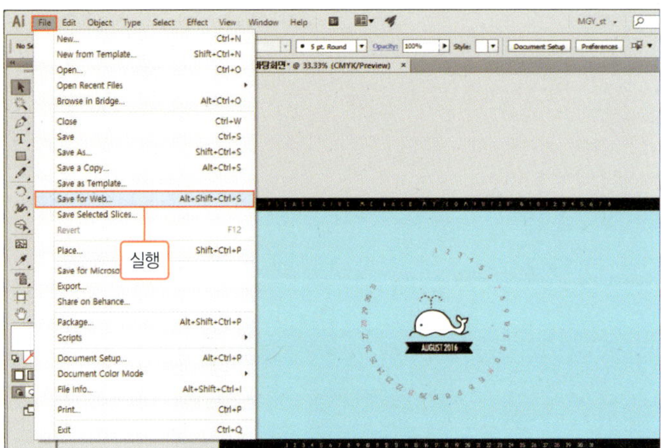

11 웹용 이미지로 저장하기 위해 [File] →
Save for Web(Alt + Shift + Ctrl + S)을 실행합
니다.

12 [Save for Web] 대화상자에서 Name을 'PNG-24'로 지정하고 〈Save〉 버튼을 클릭합니다.
[Save Optimized AS] 대화상자에서 파일 이름을 확인하고 〈저장〉 버튼을 클릭하여 저장합니다.

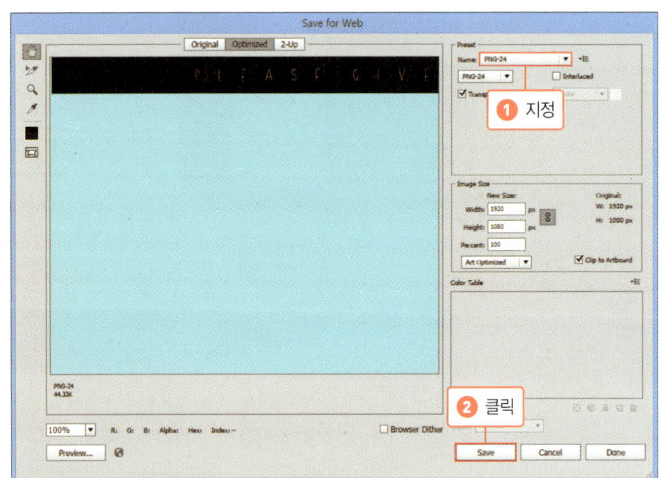

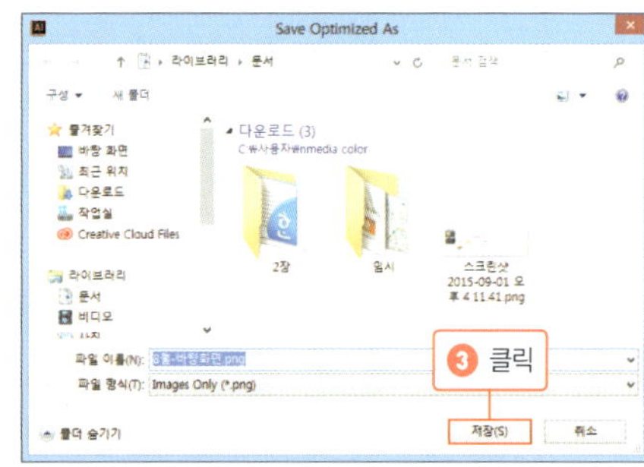

13 웹용 이미지로 저장된 파일에서 마우스
오른쪽 버튼을 클릭하여 **바탕 화면으로 배경
설정**을 실행하면 컴퓨터나 노트북 바탕 화면
으로 사용할 수 있습니다.

블로그 타이틀 디자인

파워블로거의 시작! 블로그 타이틀 만들기

포털 사이트에서 기본적으로 제공하는 블로그 타이틀 디자인에서 벗어나 닉네임
을 활용하여 개성 있는 블로그 간판! 타이틀을 디자인해 보세요.

1 3D 기능을 활용하여 입체적인 문자 디자인하기

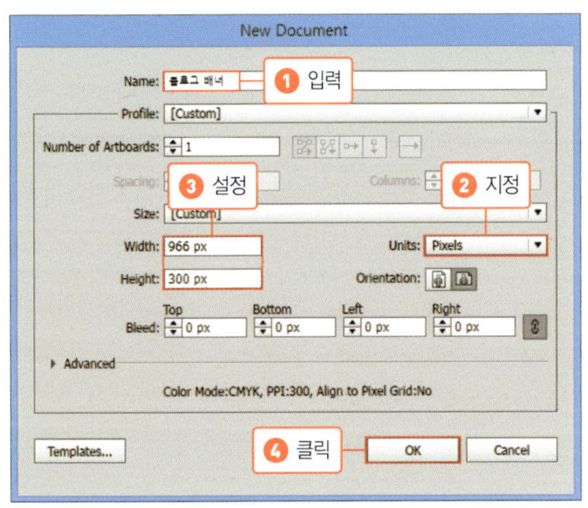

01 [File] → New(Ctrl+N)를 실행합니다.
[New Document] 대화상자에서 Name에 '블
로그 배너'를 입력합니다. Units를 'Pixels'
로 지정한 다음 Width를 '966px', Height를
'300px'로 설정하고 〈OK〉 버튼을 클릭하여
새 아트보드를 만듭니다.

TIP 네이버 블로그 타이틀 디자인은 가로 '966px', 세
로 '50~300px', 500kb 미만 JPG, GIF 이미지를
등록할 수 있습니다.

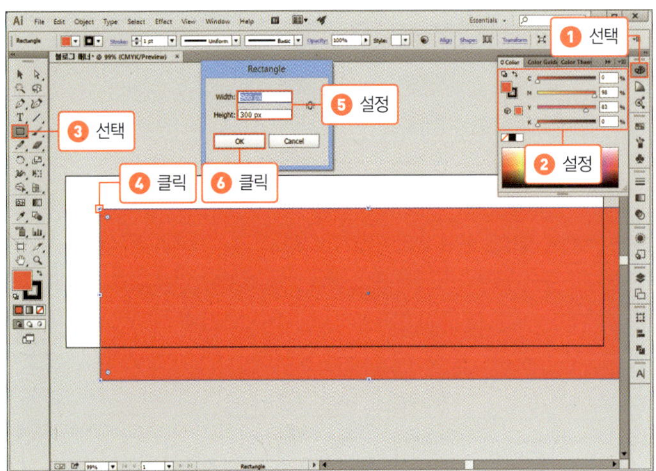

02 [Color] 패널에서 면 색상을 'C:0%, M:
98%, Y:83%, K:0%', 선 색상을 '검은색'으로
설정하고 타이틀 배경을 그리기 위해 사각형
도구(■, M)를 선택합니다.
아트보드의 왼쪽 위를 클릭하여 [Rectangle]
대화상자에서 Width를 '966px', Height를
'300px'로 설정한 다음 〈OK〉 버튼을 클릭합
니다.

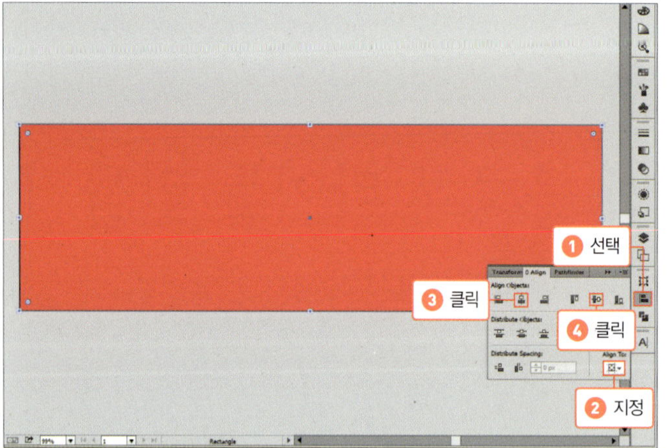

03 사각형이 선택된 상태에서 [Align] 패널의 Align To를 'Align to Artboard'로 지정합니다. 'Horizontal Align Center' 아이콘()과 'Vertical Align Center' 아이콘()을 클릭하여 사각형을 아트보드에 맞춥니다.

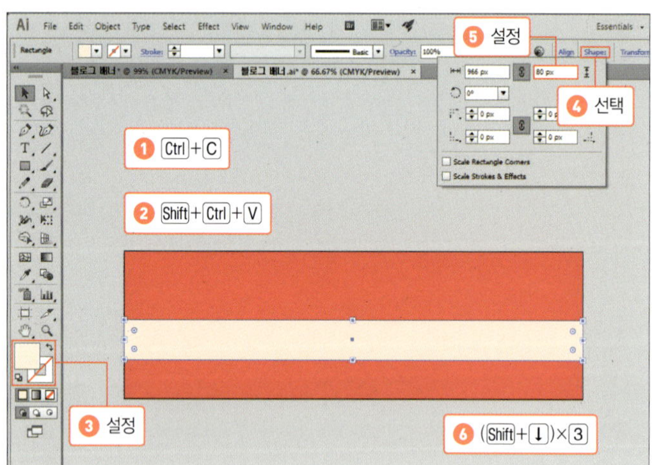

04 Ctrl+C 키를 눌러 사각형을 복사하고 Shift+Ctrl+V 키를 눌러 복사한 대상과 같은 위치에 붙여 넣습니다.

05 면 색상을 'C:0%, M:7%, Y:13%, K:0%', 선 색상을 'None'으로 설정한 다음 [Control] 패널에서 'Shape'를 선택하고 H를 '80px'로 설정합니다. Shift+↓ 키를 세 번 눌러 사각형을 일정한 간격으로 아래로 이동합니다.

일러스트 상식

간편하게 반복해서 복제하려면?

단순하게 반복 복제할 때 단축키를 누르면 쉽고 빠르게 복제하여 작업 시간을 단축시킬 수 있습니다. 반복하려는 작업을 실행한 다음 Ctrl+D 키를 여러 번 누릅니다.

같은 위치에 복제하려면?

클리핑 마스크나 객체를 나눌 때 같은 위치에 객체를 붙여 넣기 위해서는 복제하려는 객체를 선택한 다음 Ctrl+C 키를 누르고 Ctrl+F 키를 누르면 같은 위치의 앞쪽에 붙여 넣을 수 있습니다. 이때 같은 위치의 뒤쪽에 붙여 넣으려면 Ctrl+B 키를 누릅니다.

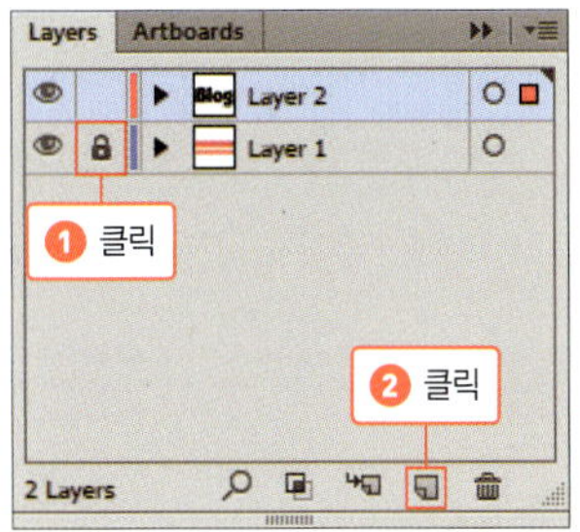

06 [Layers] 패널에서 '눈' 아이콘(👁)오른쪽을 클릭해서 레이어를 잠그고 'Create New Layer' 아이콘(🔲)을 클릭하여 새 레이어를 만듭니다.

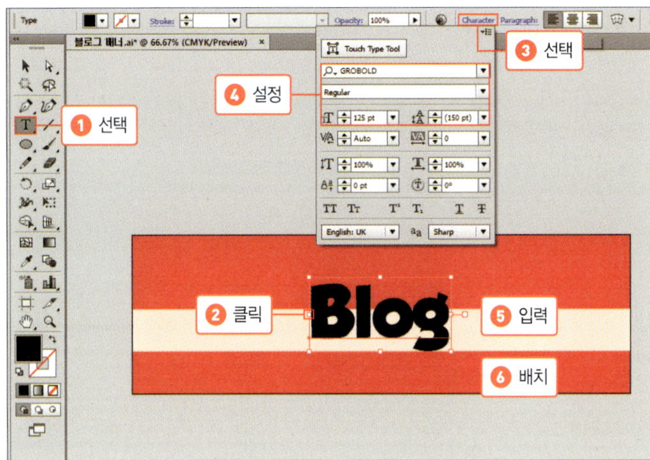

07 문자 도구(T, T)로 아트보드 가운데를 클릭한 다음 [Control] 패널에서 'Character'를 선택합니다. 서체를 'GROBOLD', 글자 크기를 '125pt'로 설정한 다음 아트보드에 'Blog'를 입력합니다. **03**번 과정처럼 문자를 아트보드 가운데로 정렬합니다.

08 문자가 선택된 상태에서 [Object] → Expand를 실행하고 [Expand] 대화상자에서 〈OK〉 버튼을 클릭하여 객체로 변경합니다. [Pathfinder] 패널에서 'Unite' 아이콘(🔲)을 클릭하여 합칩니다.

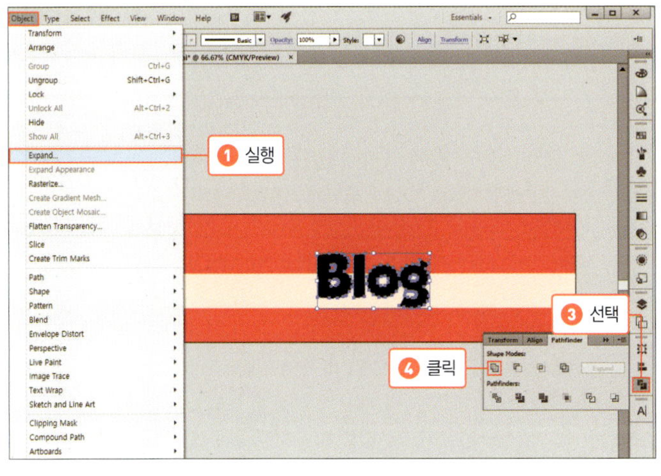

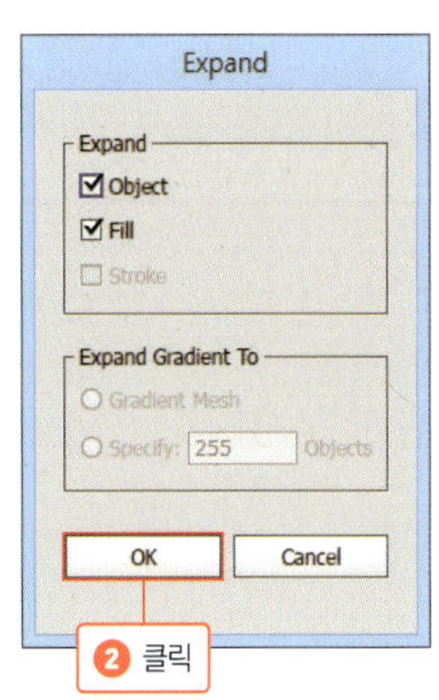

09 문자를 꾸미기 위해 [Control] 패널에서 Stroke를 '14pt'로 설정한 다음 스포이트 도구( )로 면 색상이 선택된 상태에서 얇은 사각형을 클릭합니다. 그리고 선 색상을 선택한 다음 빨간색 사각형을 클릭하여 색상을 적용합니다.

외곽선을 면으로 교체하기 위해 **[Object] → Expand**를 실행하고 [Expand] 대화상자에서 〈OK〉 버튼을 클릭한 다음 Shift +Ctrl+G 키를 눌러 그룹을 해제합니다.

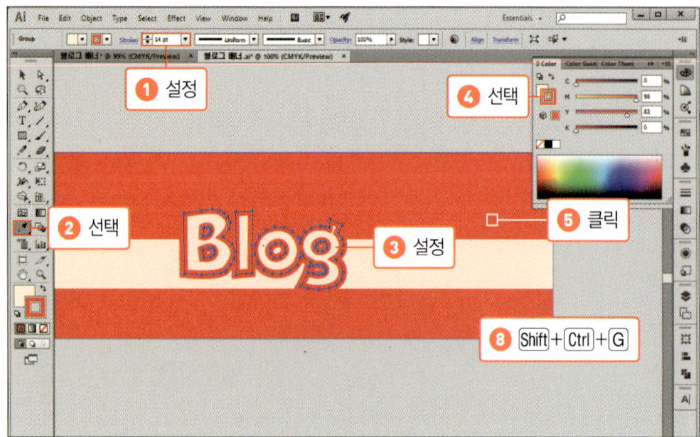

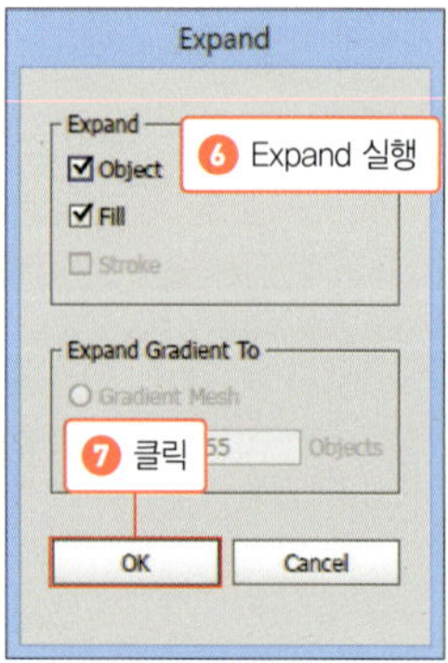

10 원하는 부분만 간편하게 선택하기 위해 먼저 마술봉 도구(, Y)를 선택하고 확장된 문자의 빨간색 테두리를 선택합니다.

[Pathfinder] 패널에서 'Unite' 아이콘( )을 클릭하여 겹치는 부분을 합칩니다.

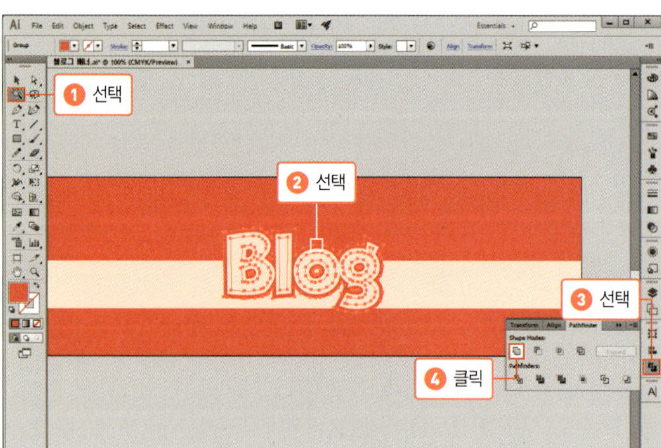

11 선택 도구( )를 이용하여 문자를 전체 선택합니다.

[Pathfinder] 패널의 'Divide' 아이콘( )을 클릭하여 겹치는 부분을 나누고 Shift+Ctrl+G 키를 눌러 그룹을 해제합니다.

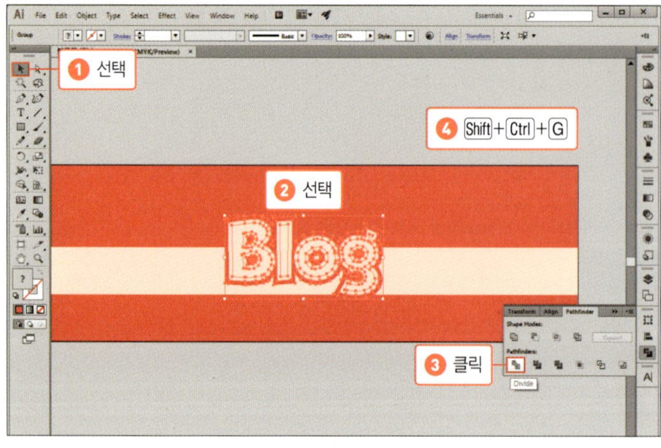

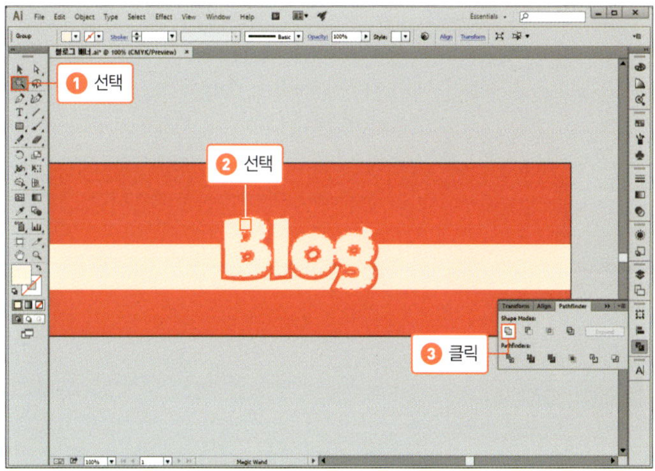

12 다시 마술봉 도구(🔍, Y)를 선택하고 옅은 색 문자를 선택합니다.
[Pathfinder] 패널의 'Unite' 아이콘(🔲)을 클릭하여 합칩니다.

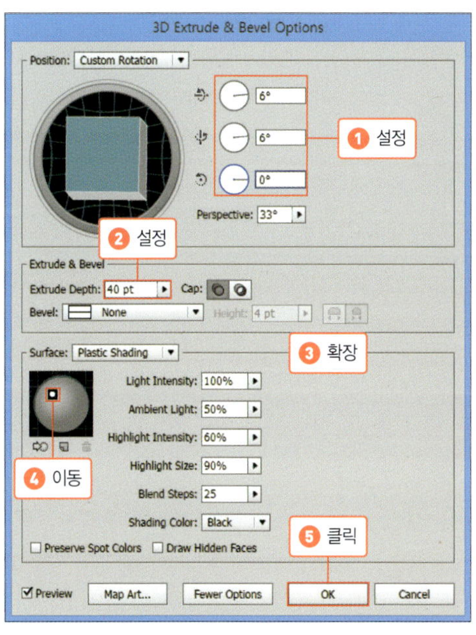

13 3D 기능을 적용해 입체 문자를 만들기 위해 선택 도구(▣, V)로 문자를 선택하고 **[Effect]** → 3D → Extrude & Bevel을 실행합니다.

14 [3D Extrude & Bevel Options] 대화상자의 Position 항목에서 X/Y를 각각 '6°', Z를 '0°'로 설정합니다. Extrude Depth를 '40pt'로 설정한 다음 〈More Options〉 버튼을 클릭하여 대화상자를 확장합니다.
Surface 항목에서 조명을 그림과 같이 왼쪽 위로 이동한 다음 〈OK〉 버튼을 클릭하여 3D 입체 문자로 변경합니다.

2 그림자 효과를 이용해 좀 더 자연스럽게 표현하기

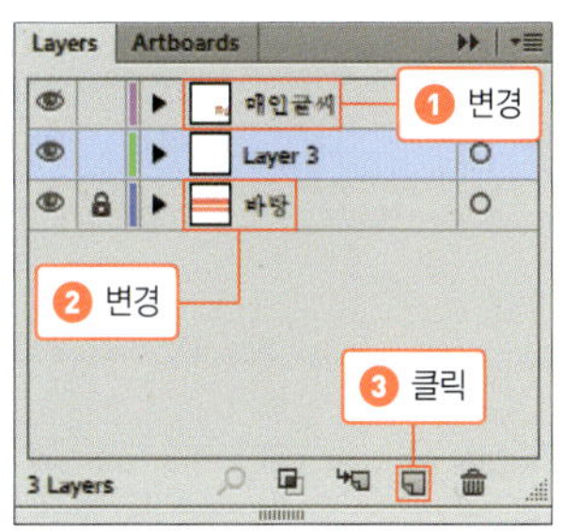

01 [Layers] 패널에서 'Layer 2' 레이어 이름을 '메인글씨'로 변경하고, 'Layer 1' 레이어 이름을 '바탕'으로 변경합니다.
'Create New Layer' 아이콘(🔲)을 클릭하여 그림자를 추가할 새 레이어를 만듭니다.

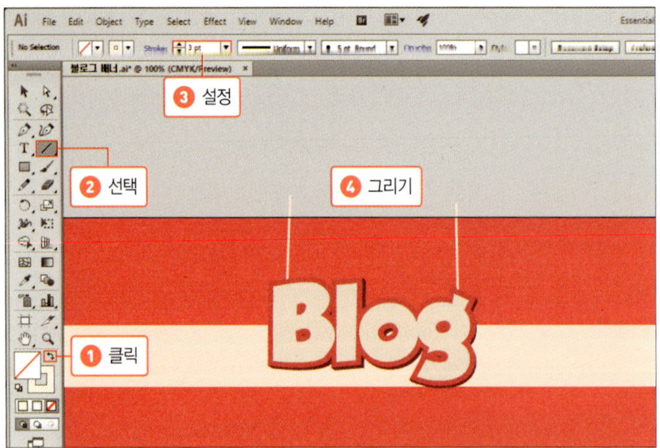

02 'Swap Fill and Stroke' 아이콘을 클릭하여 면과 선 색상을 교체한 다음 선 도구(,)를 선택하고 [Control] 패널에서 Stroke를 '3pt'로 설정합니다.
'B'와 'g' 문자 위에 수직으로 드래그하여 그림과 같이 두 개의 세로 선을 그립니다.

03 선을 입체적으로 표현하기 위해 먼저 선택 도구(, V)로 두 개의 세로 선을 선택합니다.

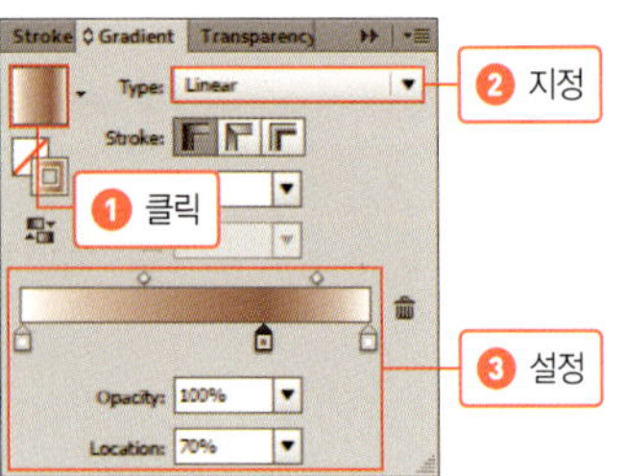

04 [Gradient] 패널에서 그러데이션 섬네일을 클릭하여 그러데이션을 적용합니다.
Type을 'Linear'로 지정하고 그러데이션 슬라이더 아래쪽을 클릭하여 조절점을 추가한 다음 조절점을 더블클릭합니다. 옵션 아이콘()을 클릭하여 **CMYK**를 실행하고 'C:0%, M:46%, Y:54%, K:40%'로 설정합니다.
Location을 '70%'로 설정하고 양 옆의 그러데이션 조절점은 '흰색'으로 설정합니다.

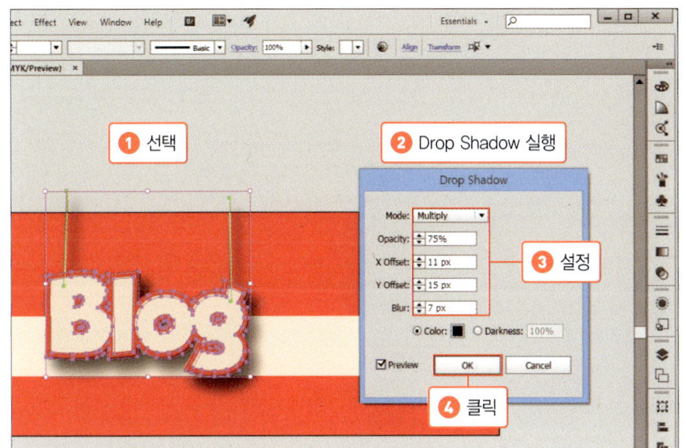

05 사각형을 제외한 모든 객체를 선택한 다음 그림자 효과를 적용하기 위해 **[Effect] →
Stylize → Drop Shadow**를 실행합니다.
[Drop Shadow] 대화상자에서 Mode를 'Multiply', Opacity를 '75%', X Offset을 '11px', Y Offset을 '15px', Blur를 '7px'로 설정하고 〈OK〉 버튼을 클릭합니다.

3 배경에 하이라이트 추가하기

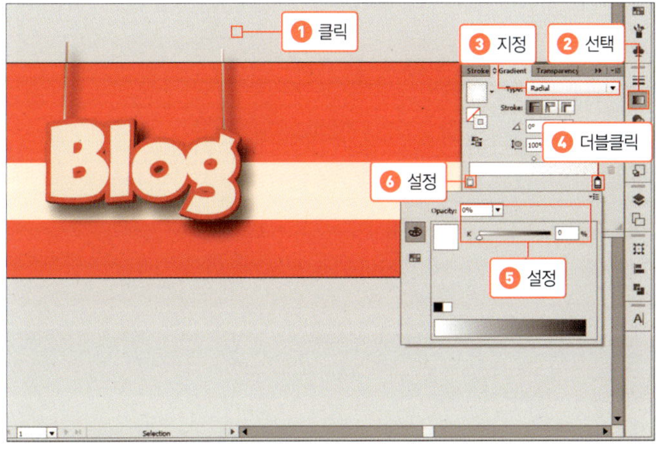

01 배경에 하이라이트를 추가하여 좀 더 입체적으로 나타내기 위해 여백을 클릭해서 선택을 해제합니다.
[Gradient] 패널에서 Type을 'Radial'로 지정합니다. 오른쪽 그러데이션 조절점을 더블클릭하여 'K:0%'으로 설정하고 Opacity를 '0%'로 설정합니다. 왼쪽 그러데이션 조절점은 Opacity를 '90%'로 설정합니다.

TIP 그러데이션 슬라이더에 불필요한 조절점이 추가되면 선택한 다음 여백으로 드래그하거나 그러데이션 조절점을 선택한 다음 오른쪽의 'Delete Stop' 아이콘(🗑)을 클릭하여 삭제할 수 있습니다.

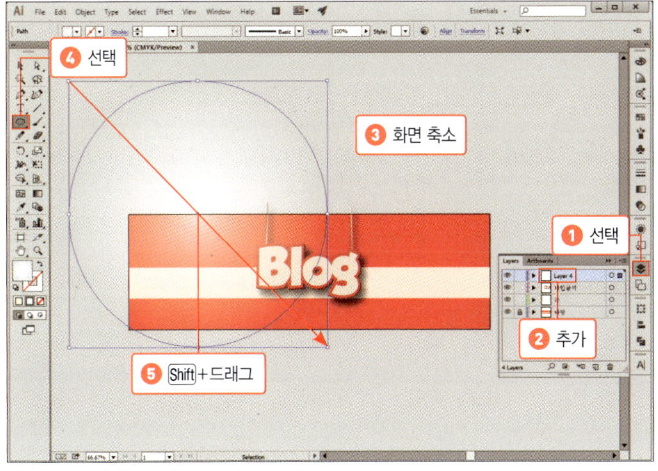

02 [Layers] 패널에서 맨 위에 새 레이어를 만듭니다.
화면을 축소한 다음 원형 도구(◯, L)를 선택하고 Shift 키를 누른 채 그림과 같이 블로그 타이틀 왼쪽 위에 드래그하여 원을 그립니다.

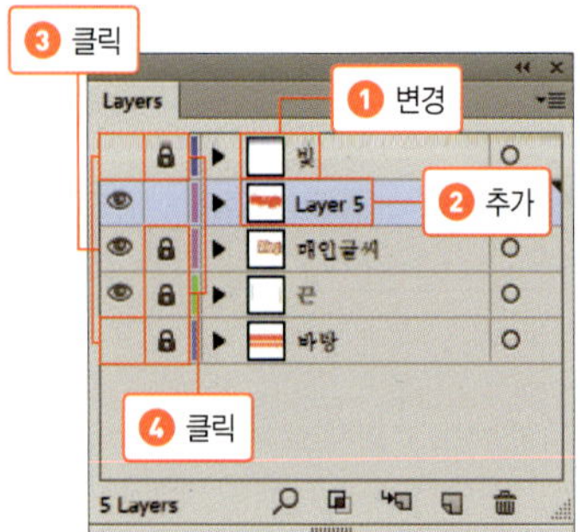

03 새로운 'Layer 4' 레이어 이름을 '빛'으로 변경한 다음 아래에 새 레이어를 만듭니다. '빛'과 '바탕' 레이어의 '눈' 아이콘(👁)을 클릭하여 숨기고 'Layer 5' 레이어를 제외한 나머지 레이어를 모두 잠금 설정합니다.

<u>TIP</u> [Window] → Layers(F7)를 실행하면 [Layers] 패널을 나타낼 수 있습니다.

04 문자 도구(T, T)를 선택하고 아트보드에서 문자 왼쪽을 클릭합니다.
[Character] 패널에서 서체를 '휴먼매직체', 글자 크기를 '62pt', 자간을 '−125'로 설정한 다음 닉네임을 입력합니다.

05 문자를 선택하고 면 색상을 'C:0%, M:7%, Y:13%, K:0%', 선 색상을 'C:0%, M:98%, Y:83%, K:0%'로 설정합니다.
[Control] 패널에서 Stroke를 '13pt'로 설정합니다.

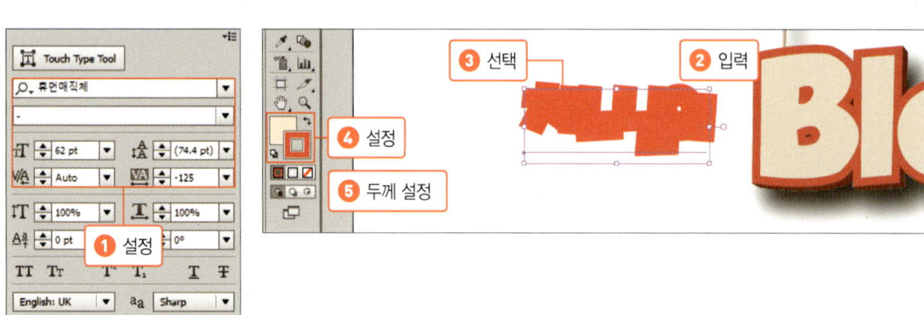

06 문자가 선택된 상태에서 Ctrl+Shift+O 키를 눌러 객체로 변경합니다. [Object] → Expand를 실행하여 [Expand] 대화상자에서 〈OK〉 버튼을 클릭하고 Ctrl+Shift+G 키를 눌러 그룹을 해제합니다.

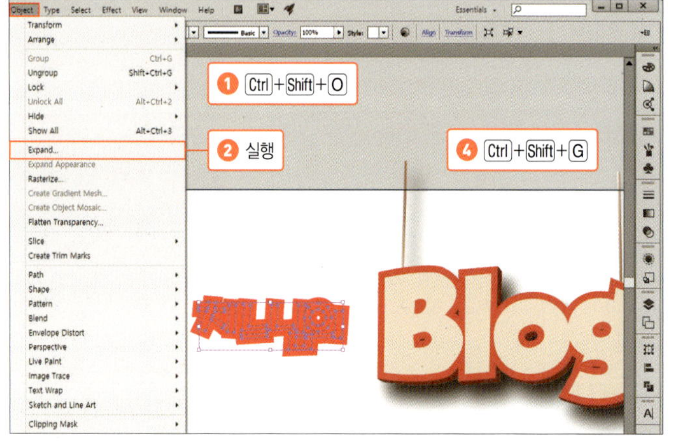

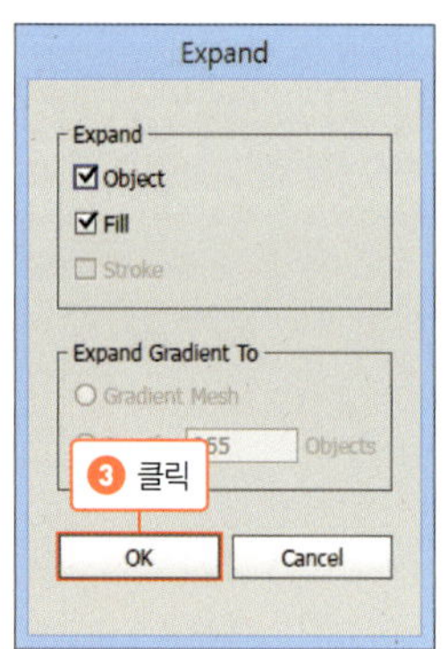

07 마술봉 도구(, Y)로 문자의 빨간색 테두리를 클릭하여 선택합니다.

Ctrl+[키를 눌러 문자 뒤에 배치해서 객체 순서를 조정합니다.

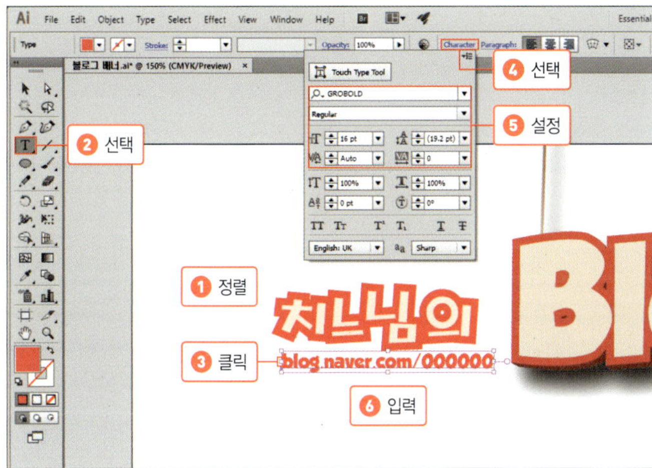

08 닉네임만 선택한 다음 세로 가운데 정렬합니다.

문자 도구(T, T)를 선택한 다음 닉네임 왼쪽 아래를 클릭합니다.

[Control] 패널에서 'Character'를 선택한 다음 서체를 'GROBOLD', 글자 크기를 '16pt', 자간을 '0'으로 설정합니다. 아트보드에 블로그 주소를 입력합니다.

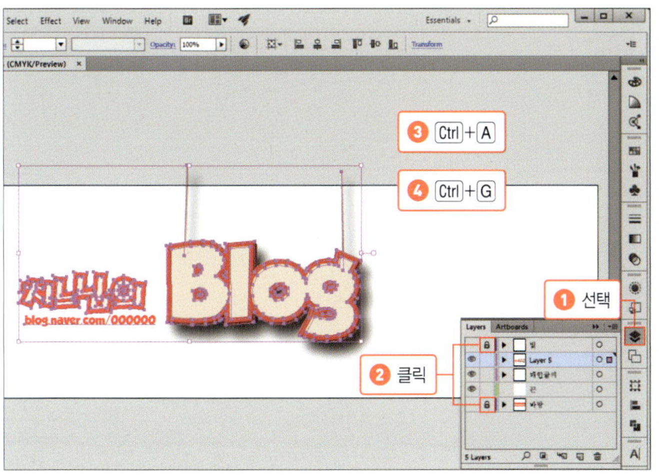

09 [Layers] 패널에서 '매인글씨'와 '끈' 레이어의 '잠금' 아이콘()을 클릭하여 잠금 설정을 해제합니다.

Ctrl+A 키를 눌러 문자들을 전체 선택한 다음 Ctrl+G 키를 눌러 그룹으로 설정합니다.

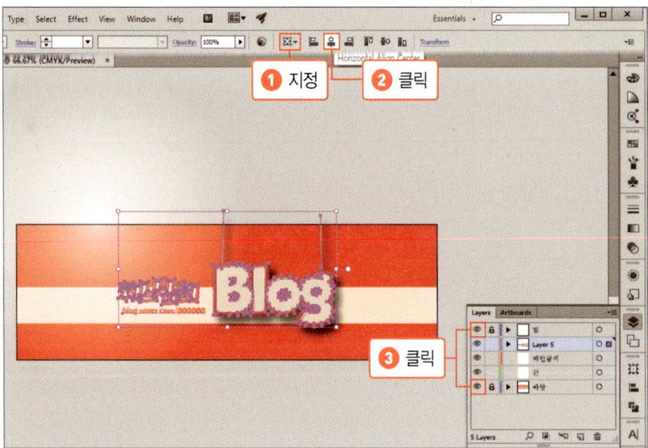

10 [Control] 패널에서 Align To를 'Align to Artboard'로 지정합니다. 객체가 선택된 상태로 'Horizontal Align Center' 아이콘(🖼)을 클릭하여 가로 가운데 정렬합니다.
[Layers] 패널에서 '빛'과 '바탕' 레이어의 '눈' 아이콘(👁)을 클릭하여 나타냅니다.

11 웹용 이미지를 만들기 위해 [File] → Save for Web(Alt+Shift+Ctrl+S)을 실행합니다. [Save for Web] 대화상자의 Preset 항목에서 Name을 'PNG–24'로 지정한 다음 〈Save〉 버튼을 클릭합니다.
[Save Optimized As] 대화상자에서 저장 위치를 지정한 다음 파일 이름을 입력하고 〈저장〉 버튼을 클릭하여 완성합니다.

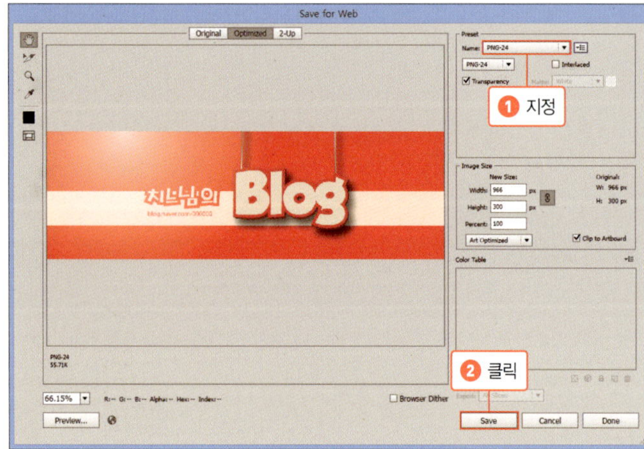

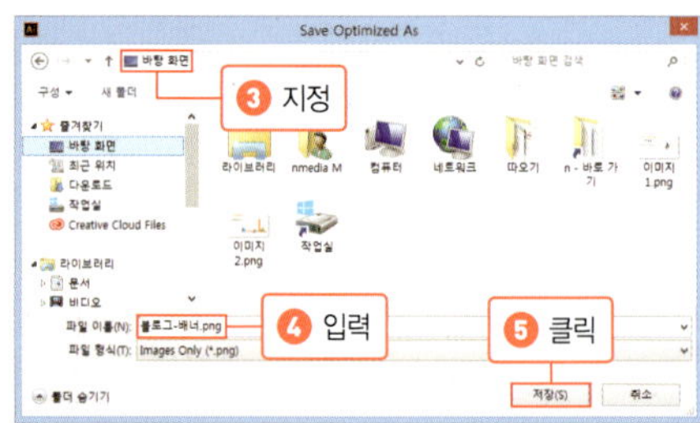

12 완성된 이미지는 블로그 타이틀로 등록하여 꾸밀 수 있습니다.

Save for Web 기능을 실행하면 해당 대화상자에서 미리 보기 창을 통해 최적화된 이미지를 보면서 압축률 또는 색상 수를 조절하면서 파일 용량을 확인할 수 있습니다.

① **손 도구** : 이미지를 자유롭게 이동합니다.
② **분할 선택 도구** : 분할된 이미지를 개별적으로 선택합니다.
③ **돋보기 도구** : 이미지를 확대 또는 축소합니다.
④ **스포이트 도구** : 이미지 색상을 추출합니다.
⑤ **색상** : 스포이트 도구로 추출한 색상을 나타냅니다.
⑥ Toggle Slices Visibility : 분할된 이미지의 상태를 나타내거나 숨깁니다.
⑦ Original/Optimized/2-Up : 원본 이미지를 비트맵 상태, Preset에서 설정한 상태, Original과 Optimized 상태를 동시에 보여줍니다.
⑧ Preset : 이미지를 어떤 방식으로 저장할 것인지 설정합니다.
⑨ Image Size : 이미지 크기나 품질을 조정합니다.
⑩ Color Table : GIF 파일과 같은 8bit 미만의 색상에서 구성을 나타냅니다.

벡터 이미지를 비트맵 이미지로 변경하기

Save for Web 기능 외에도 벡터 형식의 이미지를 비트맵 형식으로 변환하기 위해 [Effect] → Rasterize를 실행할 수도 있습니다.

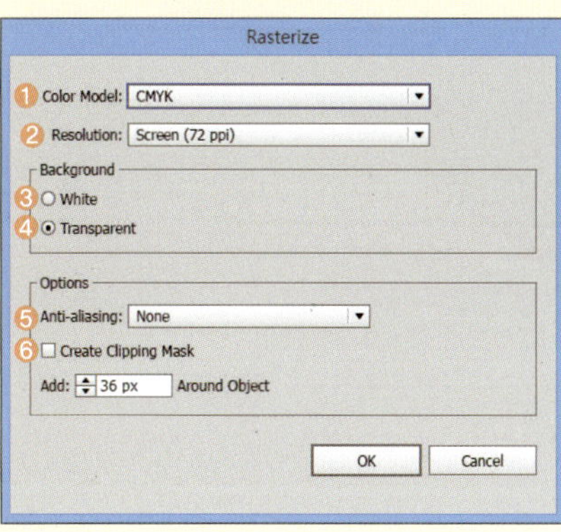

① Color Model : 색상 모드를 지정합니다.
② Resolution : 비트맵 이미지로 변환했을 때의 해상도를 선택합니다.
③ White : 비트맵 이미지의 배경을 흰색으로 채웁니다.
④ Transparent : 비트맵 이미지의 배경을 투명하게 만듭니다.
⑤ Anti-aliasing : 비트맵 이미지에 안티-앨리어싱을 적용하여 외곽선을 부드럽게 만듭니다.
⑥ Create Clipping Mask : 비트맵 이미지에 자동으로 클리핑 마스크를 만듭니다.

생활 계획표 디자인

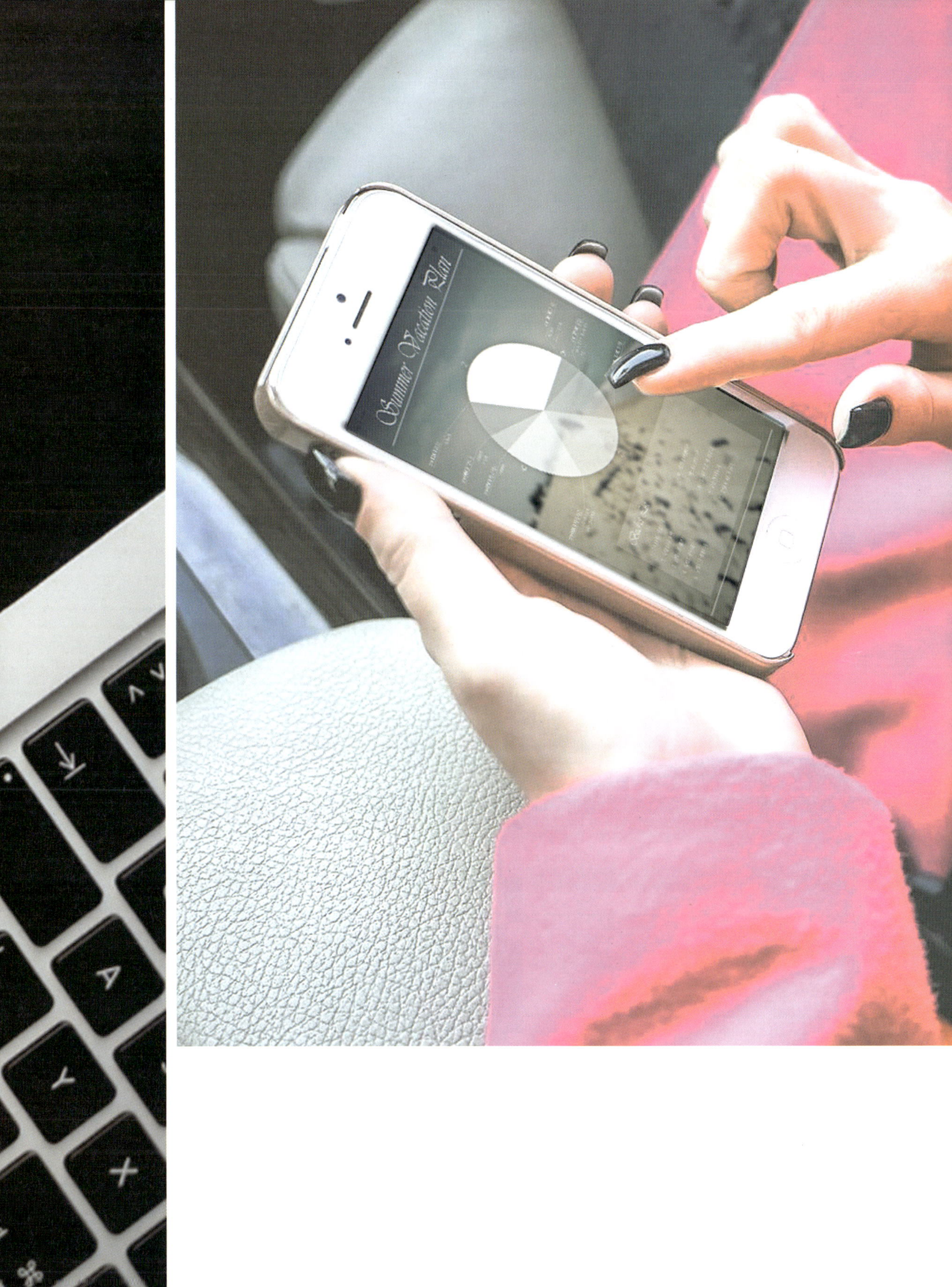

그래프를 활용하여 생활 계획표 만들기

세련된 디자인의 생활 계획표를 만들어 시간을 효율적으로 관리해 보세요. 버킷
리스트를 만들어 짜임새 있게 일과를 계획하면 보람찬 시간을 보낼 수 있습니다.
포스터로 출력하여 벽에 붙이거나 스마트폰에 옮겨 주기적으로 계획을 확인할 수
도 있어요!

1 이미지를 활용하여 배경 꾸미기

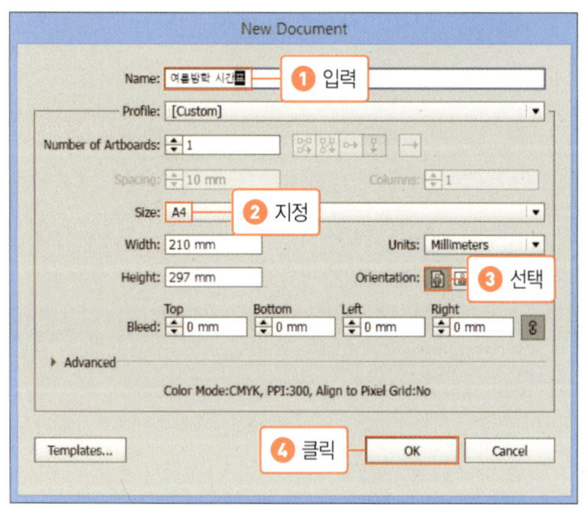

01 [File] → New(Ctrl+N)를 실행합니다.
[New Document] 대화상자에서 Name에
'여름방학 시간표'를 입력하고 Size를 'A4',
Orientation을 '세로 방향'으로 지정한 다음
〈OK〉 버튼을 클릭해 새 아트보드를 만듭니다.

02 탐색기를 실행하고 20 폴더에서 '해안 풍경.jpg' 파일을 선택한 다음 작업 중인 아트보드로 드래그하여 불러옵니다.

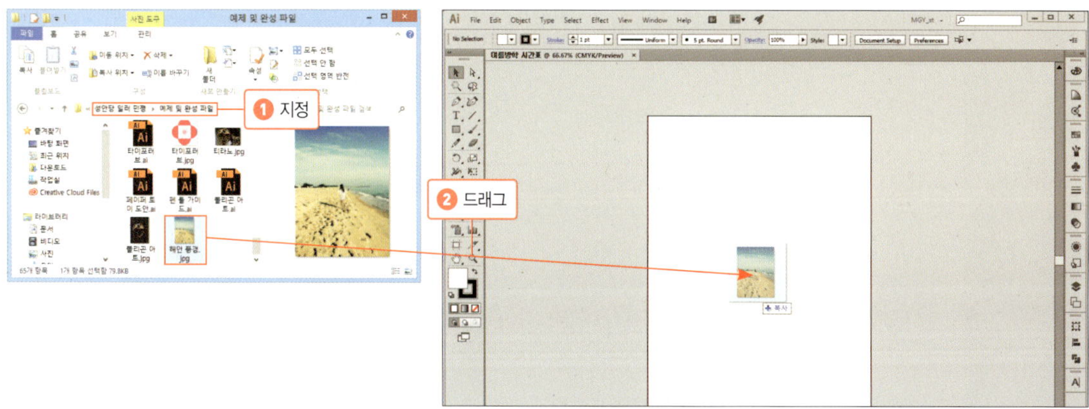

03 아트보드 크기를 조절하기 위해 먼저 아트보드 도구(□, Shift + O)를 선택하고 조절점을 드래그하여 이미지 크기에 맞춥니다.

04 아트보드 크기를 그림과 같이 이미지 크기에 맞춰 축소합니다.

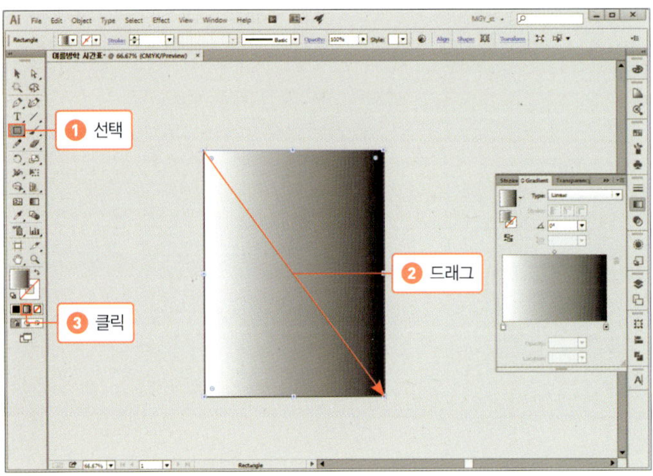

05 사각형 도구(▣, M)를 선택한 다음 아트보드 크기에 알맞게 드래그하여 사각형을 만듭니다.

06 'Gradient' 아이콘(▣, ▷)을 클릭하여 그러데이션을 적용합니다.

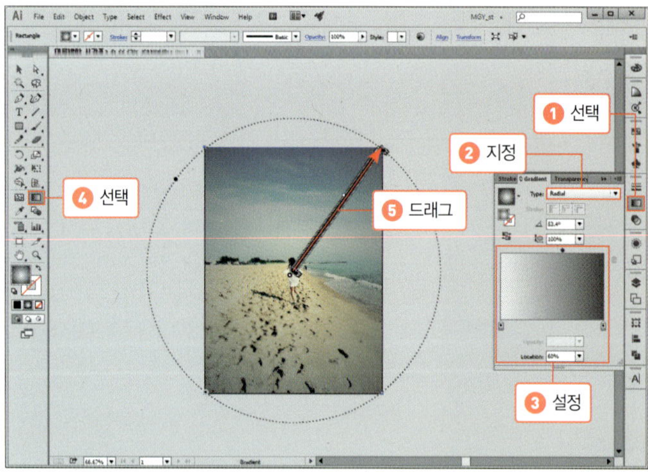

07 [Gradient] 패널에서 Type을 'Radial'로 시성합니다.

그러데이션 슬라이더 왼쪽 아래 조절점을 더블클릭하여 K를 '100%', Location을 '0%'로 설정합니다. 같은 방법으로 오른쪽 아래 조절점은 Location을 '60%'로 설정합니다.

08 그러데이션 도구(◼, G)를 선택하고 사각형 중심에서 오른쪽 위로 드래그하여 그러데이션 방향을 수정합니다.

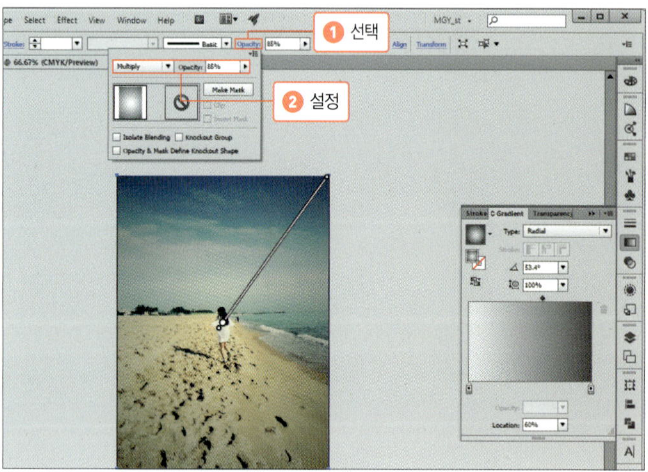

09 그러데이션이 적용된 사각형이 선택된 상태로 [Control] 패널의 'Opacity'를 선택하고 블렌딩 모드를 'Multiply', Opacity를 '85%'로 설정하여 사진에 깊이감을 더합니다.

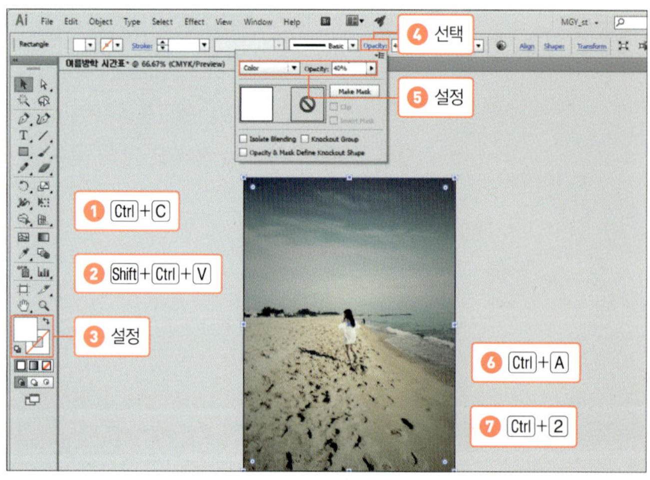

10 Ctrl+C 키를 눌러 사각형을 복사하고 Shift+Ctrl+V 키를 눌러 복사한 대상과 같은 위치에 사각형을 붙여 넣습니다.

면 색상을 '흰색'으로 설정하고 [Control] 패널에서 'Opacity'를 선택한 다음 블렌딩 모드를 'Color', Opacity를 '40%'로 설정합니다.

11 Ctrl+A 키를 눌러 전체 선택하고 Ctrl+2 키를 눌러 잠금 설정합니다.

2 파이 그래프 도구를 이용하여 생활 계획표 디자인하기

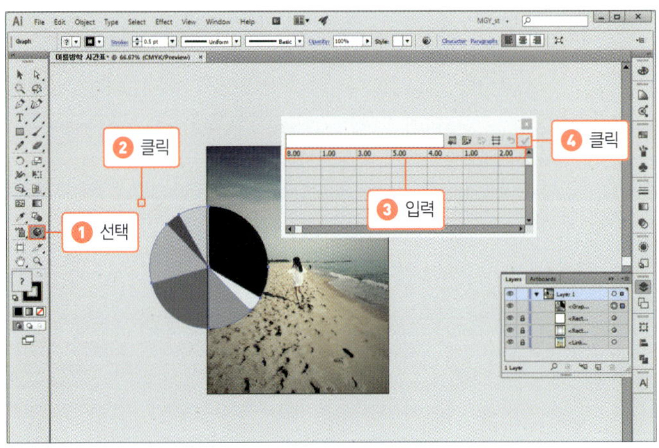

01 생활 계획표를 디자인하기 위해 먼저 파이 그래프 도구(◔)를 선택하고 아트보드의 여백을 클릭합니다.

02 계획한 일과(24시간)에 맞춰 취침 시간부터 차례대로 데이터 입력 창에 입력한 다음 'Apply' 아이콘(✔)을 클릭하여 원형 그래프를 만듭니다.

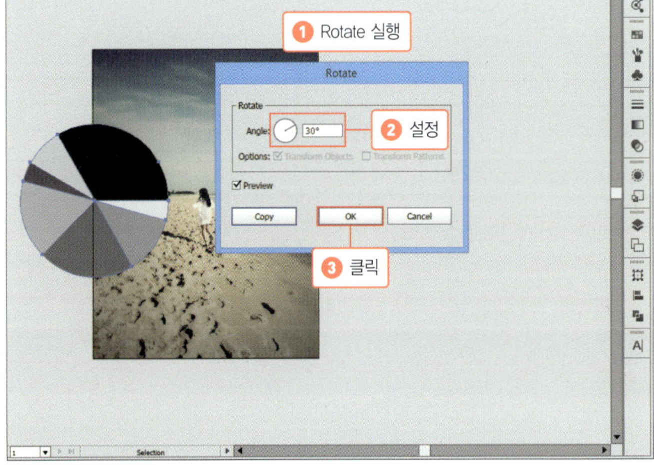

03 그래프가 선택된 상태에서 마우스 오른쪽 버튼을 클릭하고 **Transform → Rotate**를 실행합니다.
[Rotate] 대화상자에서 Angle을 '30°(12시부터 1시간마다 15°씩 회전)'로 설정하고 〈OK〉 버튼을 클릭합니다.

04 면 색상을 '흰색', 선 색상을 'None'으로 설정하고 직접 선택 도구(▷, A)를 선택합니다.

05 그래프의 각 영역을 선택한 다음 가장 넓은 영역부터 [Control] 패널에서 Opacity를 각각 설정하여 불투명도를 적용합니다.

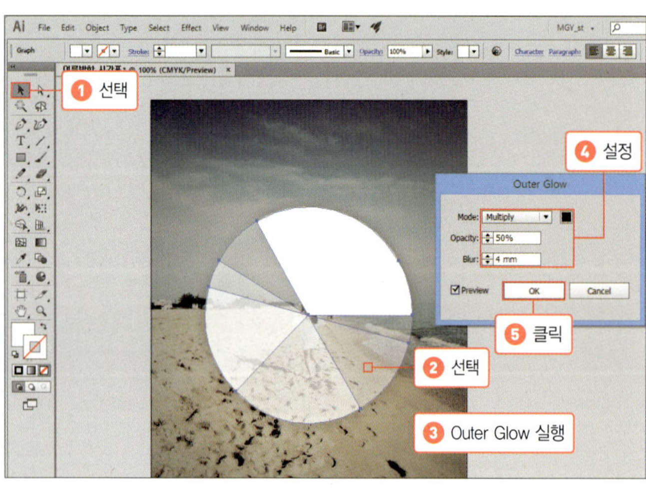

06 선택 도구(, V)로 그래프를 선택하고 효과를 적용하기 위해 [Effect] → Stylize → Outer Glow를 실행합니다. [Outer Glow] 대화상자에서 Mode를 'Multiply'로 지정하고 색상을 '검은색'으로 설정합니다. Opacity를 '50%', Blur를 '4mm'로 설정하고 〈OK〉 버튼을 클릭합니다.

[Outer Glow] 대화상자 살펴보기

Outer Glow 효과는 Inner Glow와 반대 효과로 객체 바깥쪽으로 빛이 퍼지는 효과를 나타냅니다.

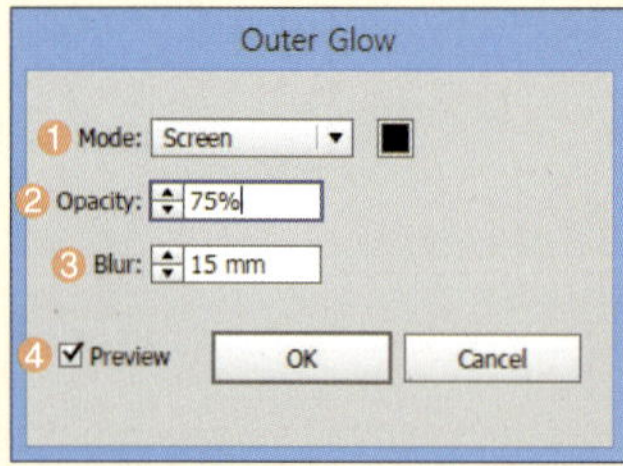

① Mode : 객체 바깥쪽으로 빛이 퍼지는 효과를 나타내도록 블렌딩 모드를 지정합니다.
② Opacity : 빛의 불투명도를 설정합니다.
③ Blur : 빛이 희미한 정도를 설정합니다.
④ Preview : 객체 바깥쪽으로 빛이 퍼지는 효과를 미리 확인합니다.

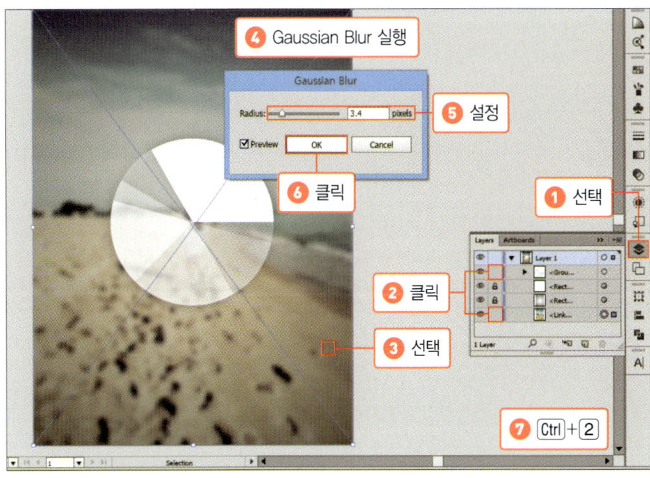

07 [Layers] 패널에서 이미지와 불투명도가 적용된 사각형 레이어의 '잠금' 아이콘(🔒)을 클릭하여 잠금 설정을 해제합니다.

08 이미지를 선택한 다음 흐림 효과를 적용하기 위해 **[Effect] → Blur → Gaussian Blur**를 실행합니다.
[Gaussian Blur] 대화상자에서 Radius를 '3.4pixels'로 설정하고 〈OK〉 버튼을 클릭한 다음 Ctrl+2 키를 눌러 잠금 설정합니다.

❗ 주의

Gaussian Blur 기능은 객체의 초점을 흐리게 하여 부드럽게 나타냅니다. [Gaussian Blur] 대화상자에서 Radius(크기)를 0.1~250pixels로 설정할 수 있습니다. 수치가 클수록 효과가 커지며 지나치게 효과를 적용하면 일러스트 경계선 색상이 모호해져 형태를 알아볼 수 없으므로 적절하게 설정합니다.

▲ [Gaussian Blur] 대화상자에서 Radius를 40pixels로 설정한 객체

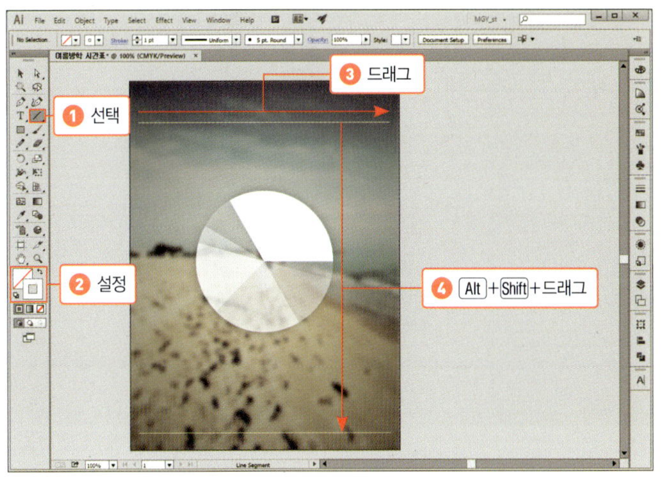

09 생활 계획표를 장식하기 위해 먼저 선 도구(✏, W)를 선택하고 선 색상을 '흰색'으로 설정한 다음 그림과 같이 사진 위에 드래그하여 흰색 수평선을 그립니다.
Alt+Shift 키를 누른 채 선을 아래로 드래그하여 복제합니다.

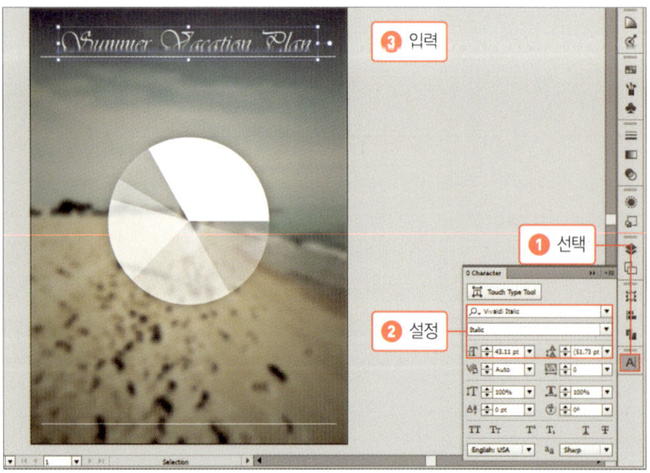

10 [Character] 패널에서 서체를 'Vivaldi Italic', 글자 크기를 '43pt' 정도로 설정합니다. 문자 도구(T., T)를 이용하여 위쪽 선 위에 'Summer Vacation Plan'을 입력합니다.

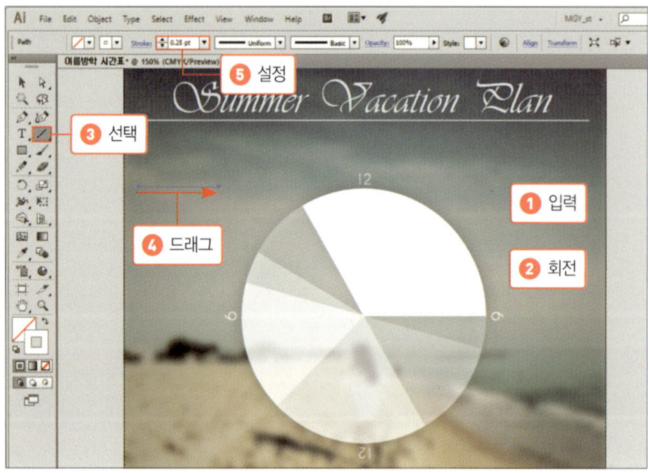

11 [Character] 패널에서 고딕 계열 서체를 지정하고 글자 크기를 줄입니다. 그래프 위/아래에 '12'를 입력하고, 양쪽에 '6'을 입력한 다음 원의 중심을 기준으로 회전합니다.

12 선 도구(/, W)를 선택하고 그래프 왼쪽 위에 드래그하여 직선을 그립니다. [Control] 패널의 Stroke를 '0.25pt'로 설정합니다.

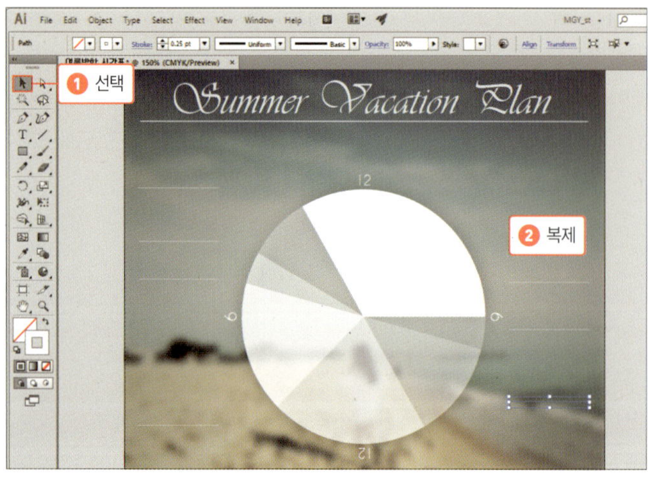

13 선택 도구(▸, V)를 선택하고 Alt 키를 누른 채 선을 드래그하여 그림과 같이 세부 계획을 작성할 위치에 필요한 만큼 드래그하여 복제합니다.

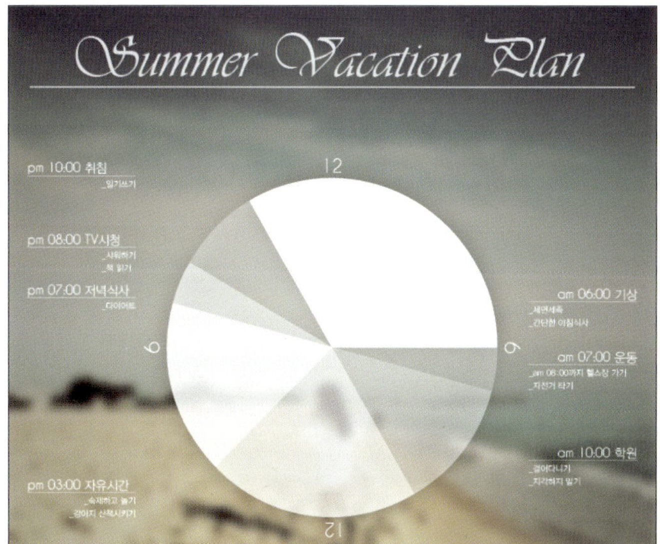

14 적당한 글자 크기와 서체를 지정한 다음 문자 도구(**T**, **T**)를 이용하여 그림과 같이 직선 위에 시간대별 일정을 입력하고 직선 아래에 상세 계획을 입력합니다.

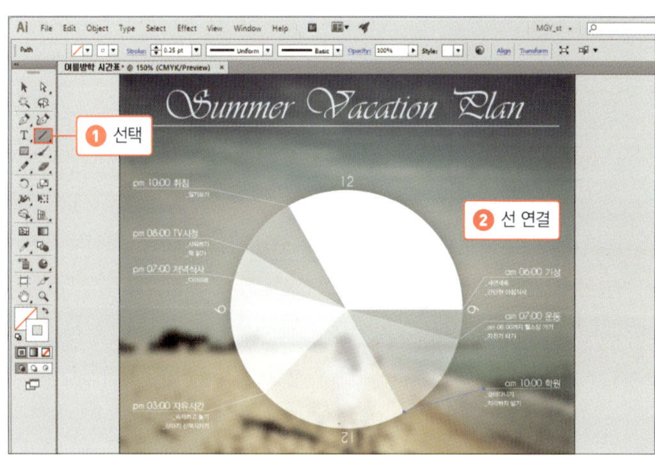

15 선 도구(**/**, **W**)로 그림과 같이 일정 아래쪽 직선과 원형 그래프를 연결하는 선을 그립니다.

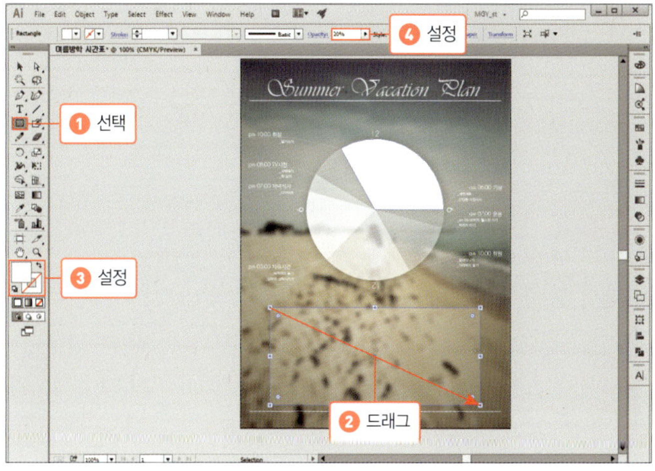

16 사각형 도구(**▣**, **M**)로 그래프 아래에 드래그하여 사각형을 만듭니다.
면 색상을 '흰색', 선 색상을 'None'으로 설정한 다음 [Control] 패널에서 Opacity를 '20%'로 설정하여 투명도를 적용합니다.

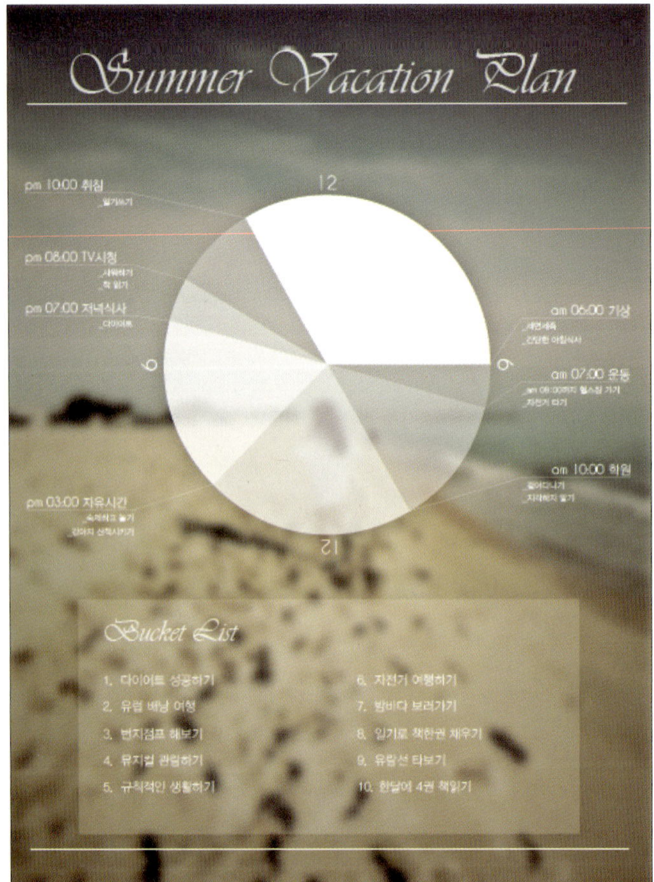

17 글자 크기와 서체를 지정하고 문자 도구 ([T], [T])를 이용하여 사각형에 'Bucket List'를 입력한 다음 그림과 같이 세부적인 생활 계획을 입력하여 완성합니다.

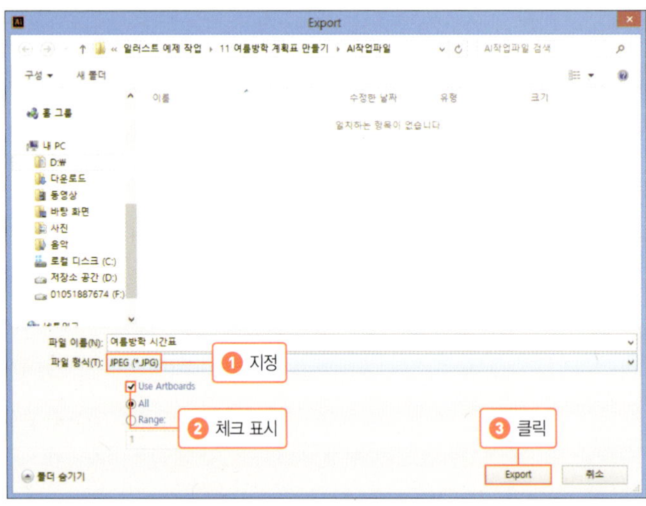

18 [File] → Export를 실행하고 [Export] 대화상자에서 파일 형식을 'JPEG (*.JPG)'로 지정합니다. 'Use Artboards'에 체크 표시한 다음 〈Export〉 버튼을 클릭합니다.

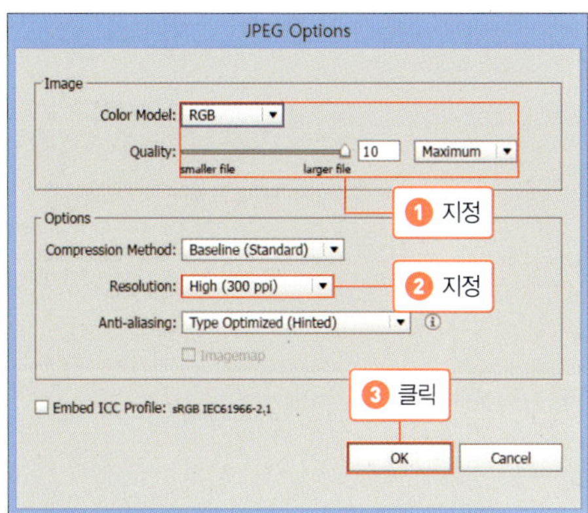

19 [JPEG Options] 대화상자에서 Color Model을 'RGB', Quality를 'Maximum', Resolution를 'High (300 ppi)'로 지정하고 〈OK〉 버튼을 클릭하여 저장합니다.

20 이미지로 저장된 생활 계획표를 스마트 폰에 옮기거나 출력하여 벽에 붙여두고 짜임 새 있게 방학을 보내세요.

종이 인형 디자인

자유롭게 움직이는 종이 관절 인형 만들기

종이접기에서 나아가 관절마다 자유자재로 움직이는 종이 관절 인형을 디자인해 보세요! 주변에서 쉽게 구할 수 있는 단추나 자석 등을 활용하여 장식용으로 만들어 움직여 보세요.

1 펜 도구를 이용하여 관절 인형 만들기

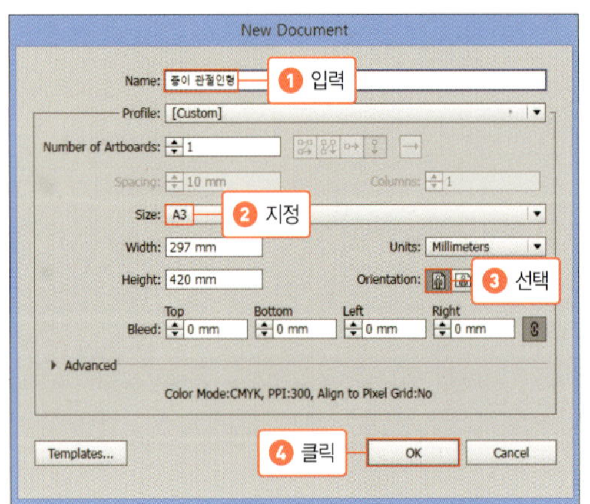

01 [File] → New(Ctrl+N)를 실행합니다. [New Document] 대화상자에서 Name에 '종이 관절인형'을 입력하고 Size를 'A3', Orientation을 '세로 방향'으로 선택한 다음 〈OK〉 버튼을 클릭해 새 아트보드를 만듭니다.

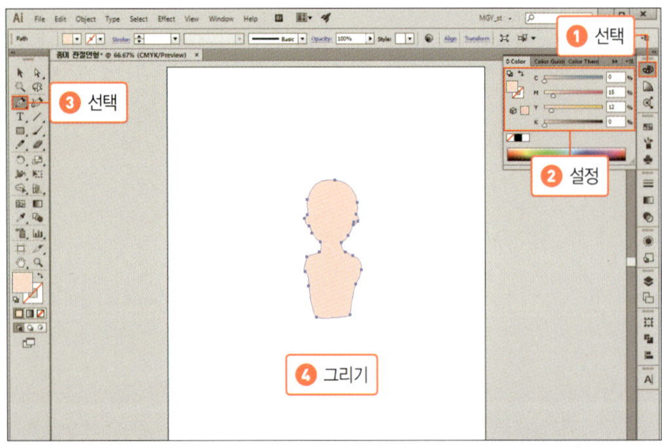

02 [Color] 패널에서 면 색상을 'C:0%, M:15%, Y:12%, K:0%', 선 색상을 'None'으로 설정한 다음 펜 도구(, P)를 이용하여 그림과 같이 관절 인형의 상반신 형태를 만듭니다.

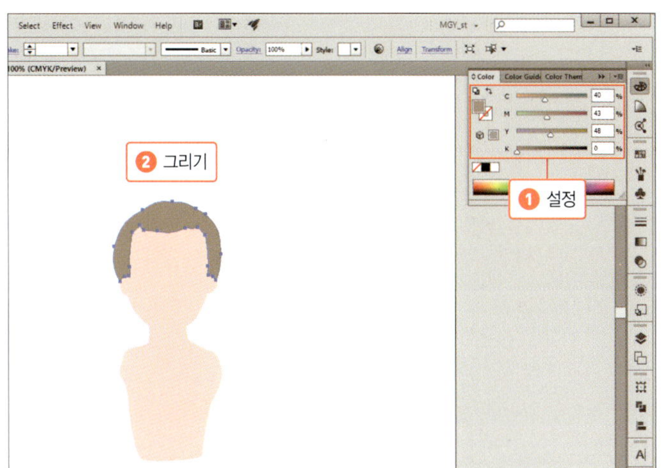

03 면 색상을 'C:40%, M:43%, Y:48%, K: 0%'로 설정한 다음 머리카락을 그립니다.

04 면 색상을 '흰색', 선 색상을 '검은색'으로 설정한 다음 펜 도구(P)로 오른쪽 눈을 그리고 [Control] 패널의 Stroke를 '2pt'로 설정합니다. 이어서 그림과 같이 얼굴의 표정을 그립니다.

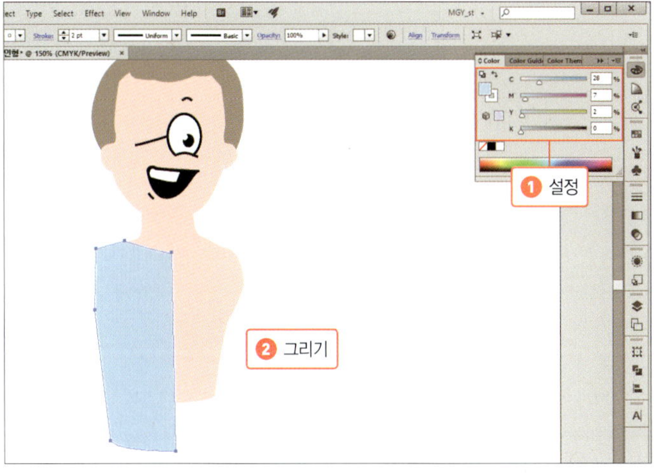

05 면 색상을 'C:28%, M:7%, Y:2%, K:0%', 선 색상을 '흰색'으로 설정한 다음 그림과 같이 셔츠의 왼쪽 부분을 그립니다.

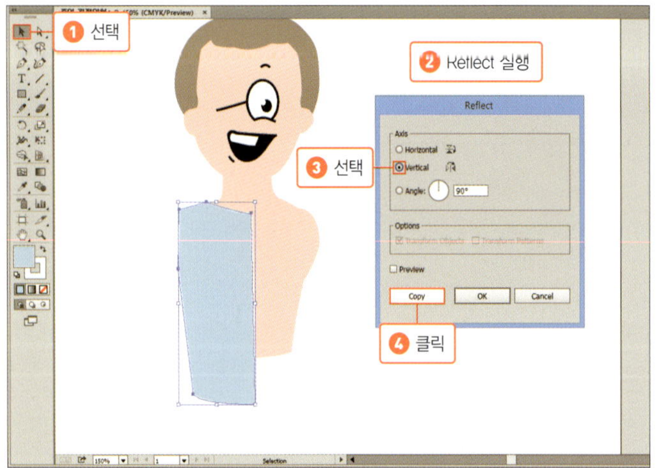

06 선택 도구(▶, ⓥ)를 선택하여 셔츠가 선택된 상태에서 마우스 오른쪽 버튼을 클릭하고 **Transform → Reflect**를 실행합니다.
[Reflect] 대화상자의 Axis에서 'Vertical'을 선택하고 〈Copy〉 버튼을 클릭하여 반전, 복제합니다.

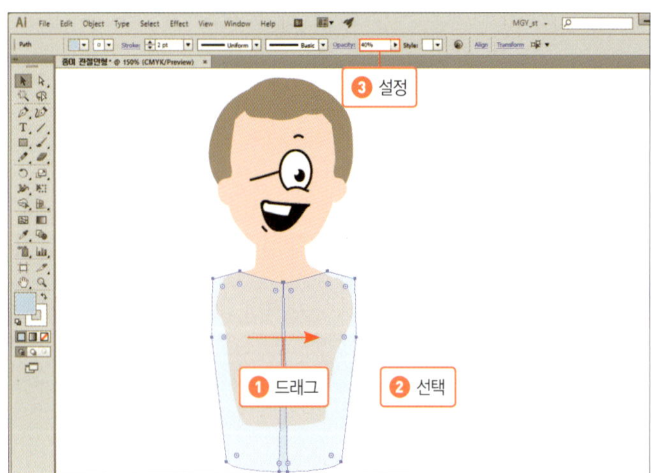

07 복제된 셔츠를 오른쪽으로 드래그하여 이동한 다음 양쪽 셔츠를 선택하고 [Control] 패널의 Opacity를 '40%'로 설정하여 불투명하게 만듭니다.

08 탐색기를 실행하고 찾는 위치를 21 폴더로 지정한 다음 '자료.png' 파일을 작업 창으로 드래그하여 불러옵니다.

09 펜 도구(P)를 이용하여 패턴 이미지 위에 그림과 같이 넥타이를 그립니다.
패턴과 넥타이를 선택하고 마우스 오른쪽 버튼을 클릭한 다음 **Make Clipping Mask**를 실행합니다.

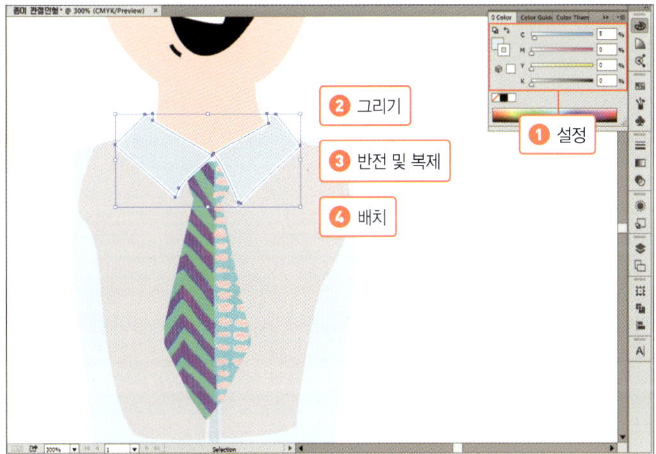

10 넥타이 형태대로 패턴 이미지가 나타납니다.
[Color] 패널에서 면 색상을 'C:14%, M:7%, Y:5%, K:0%', 선 색상을 'C:5%, M:0%, Y:0%, K:0%'로 설정합니다.
셔츠의 왼쪽 깃을 만들고 **06**번과 같은 방법으로 객체를 좌우 반전, 복제한 다음 그림과 같이 배치합니다.

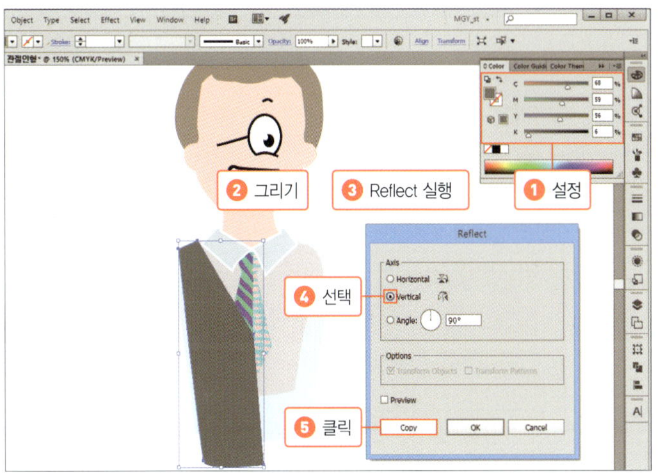

11 면 색상을 'C:68%, M:59%, Y:56%, K: 6%', 선 색상을 'None'으로 설정한 다음 펜 도구(P)로 그림과 같이 조끼의 왼쪽 형태를 만듭니다.
객체를 선택하고 마우스 오른쪽 버튼을 클릭한 다음 **Transform → Reflect**를 실행합니다.
[Reflect] 대화상자의 Axis에서 'Vertical'을 선택하고 〈Copy〉 버튼을 클릭합니다.

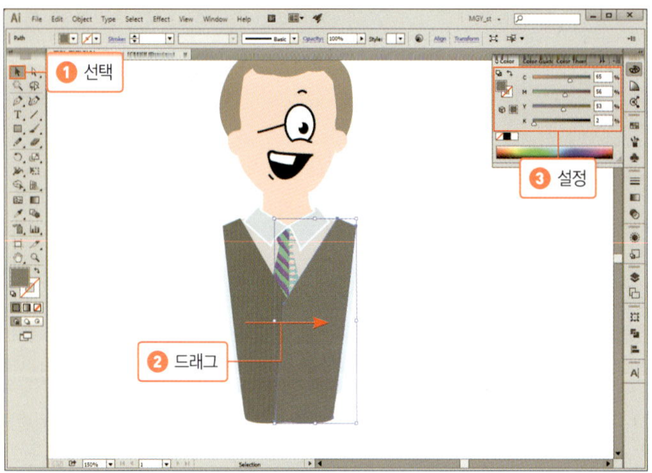

12 선택 도구(, ⓥ)를 선택하고 반전된 객체를 오른쪽으로 이동한 다음 [Color] 패널에서 면 색상을 'C:65%, M:56%, Y:53%, K:2%'로 설정합니다.

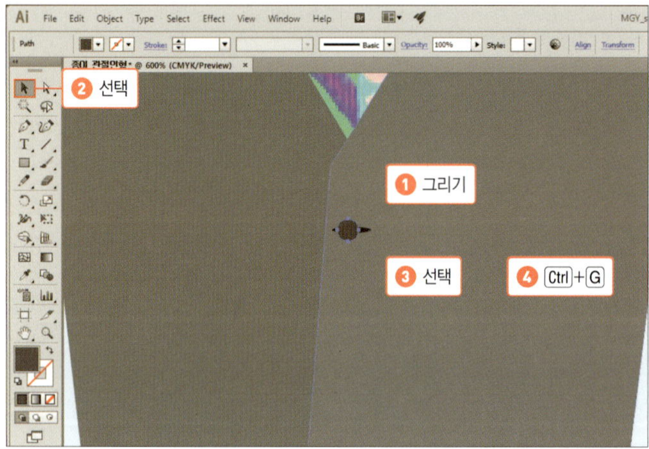

13 펜 도구(, ⓟ)를 이용하여 그림과 같이 단추와 단추 구멍을 만듭니다.
선택 도구(, ⓥ)로 두 개의 객체를 선택하고 Ctrl+Ⓖ 키를 눌러 그룹으로 설정합니다.

단추 구멍 • C:82%, M:77%, Y:75%, K:56%
단추 • C:77%, M:69%, Y:66%, K:30%

14 단추와 단추 구멍 그룹이 선택된 상태로 Alt 키를 누르고 아래로 드래그하여 그림과 같이 네 번 복제합니다.

15 펜 도구(, ⓟ)를 선택하고 [Color] 패널에서 면 색상을 'C:78%, M:69%, Y:66%, K:32%'로 설정합니다. 조끼 위에 그림과 같이 겉옷을 그립니다.

16 [Color] 패널에서 면 색상을 'C:80%, M: 72%, Y:70%, K:40%', 선 색상을 'None'으로 설정한 다음 그림과 같이 겉옷의 깃, 주머니, 단추와 단추 구멍 등 디테일을 완성합니다.

17 면 색상을 'C:12%, M:9%, Y:9%, K:0%'로 설정하고 행거칩을 그립니다.
면 색상을 'C:83%, M:79%, Y:77%, K:60%'로 설정한 다음 겉옷의 단추와 단추 구멍을 그림과 같이 추가합니다.

18 면 색상을 'C:78%, M:69%, Y:66%, K: 31%'로 설정한 다음 그림과 같이 인형의 팔과 다리의 네 개의 관절을 만듭니다.

19 면 색상을 'C:25%, M:19%, Y:18%, K:0%'로 설정한 다음 소매를 그리고 Shift+Ctrl+[키를 눌러 맨 뒤에 배치합니다.

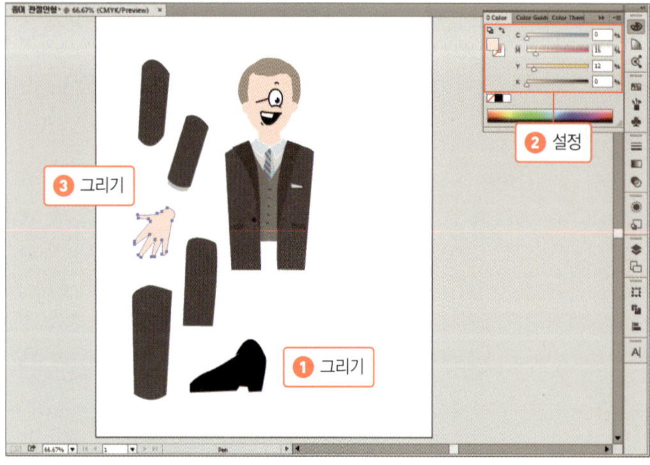

20 [Color] 패널에서 면 색상을 'C:0%, M:0%, Y:0%, K:100%'로 설정하고 펜 도구(, P)를 이용하여 신발을 그립니다.
면 색상을 'C:0%, M:15%, Y:12%, K:0%'로 설정한 다음 그림과 같이 오른손도 그립니다.

2 패스파인더와 선을 활용하여 자르는 선 만들기

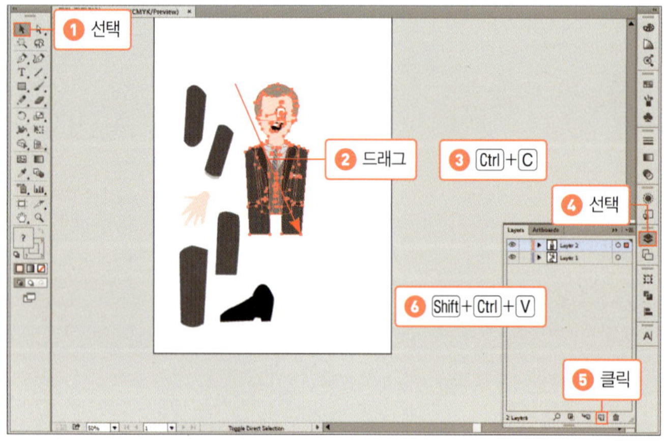

01 선택 도구(, V)로 얼굴과 몸통을 드래그하여 선택한 다음 Ctrl+C 키를 눌러 복사합니다.
[Layers] 패널에서 'Create New Layer' 아이콘( )을 클릭하여 새 레이어를 만들고 Shift+Ctrl+V 키를 눌러 복사한 객체와 같은 위치에 붙여 넣습니다.

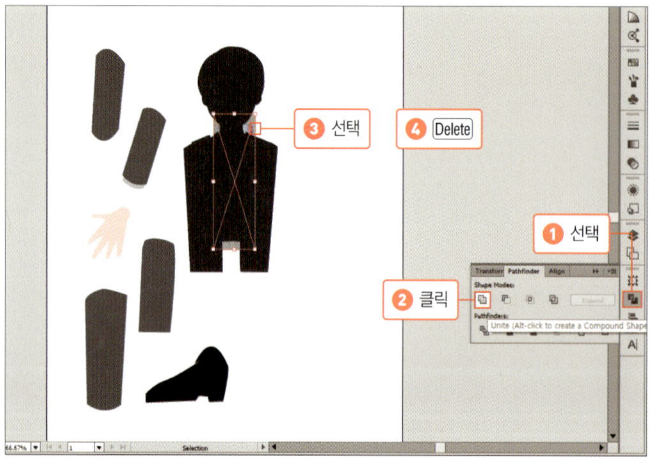

02 객체가 선택된 상태에서 [Pathfinder] 패널의 'Unite' 아이콘( )을 클릭하여 합친 다음 패턴 이미지를 선택하고 Delete 키를 눌러 삭제합니다.

TIP 이미지에는 패스파인더 기능이 적용되지 않습니다.

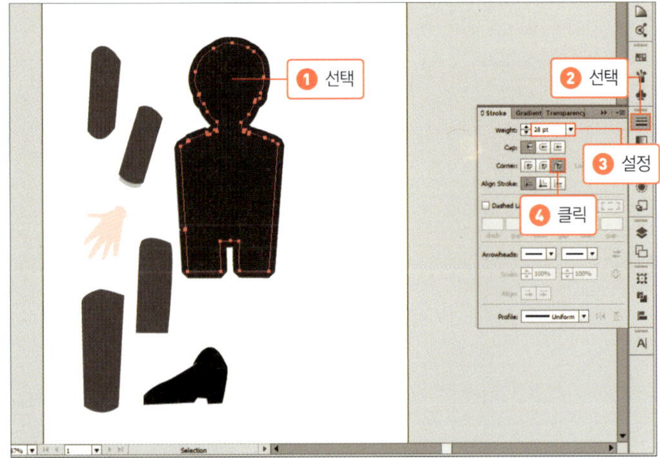

03 캐릭터를 선택하고 [Stroke] 패널에서 Weight를 '28pt'로 설정한 다음 Corner의 'Bevel Join' 아이콘을 클릭하여 모서리를 부드럽게 만듭니다.

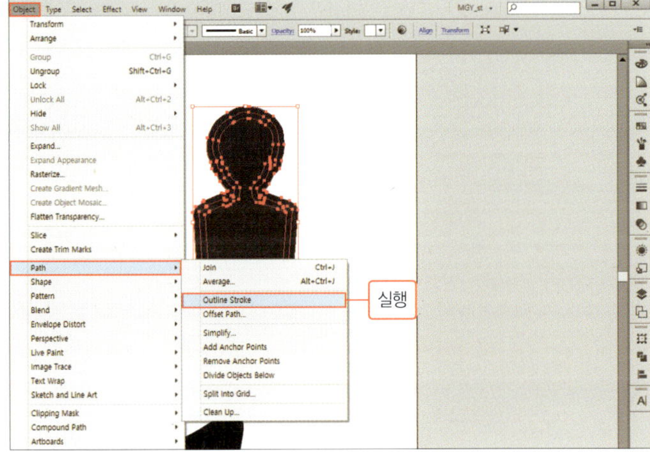

04 계속해서 [Object] → Path → Outline Stroke를 실행합니다.

TIP Outline Stroke 기능은 패스의 외곽선을 면으로 변경합니다.

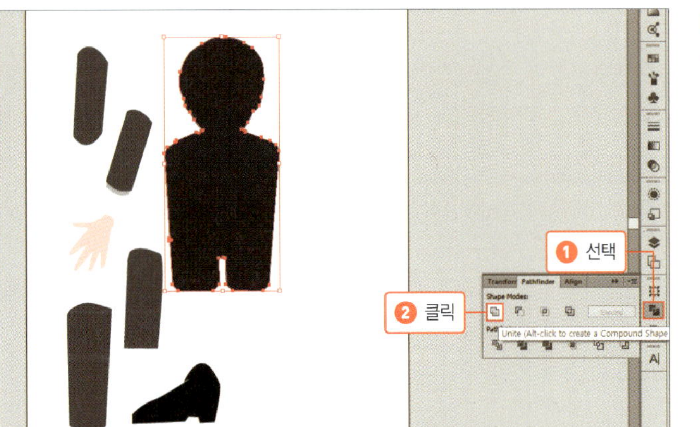

05 선이 면으로 변경된 객체가 선택된 상태에서 [Pathfinder] 패널의 'Unite' 아이콘(⬚)을 클릭하여 합칩니다.

06 Shift+X 키를 눌러 면과 선 색상을 교체하고 선 색상을 'C:0%, M:0%, Y:0%, K:40%'로 설정합니다.

07 [Stroke] 패널에서 'Dashed Line'에 체크 표시하고 dash를 '6pt'로 설정하여 자르는 선(점선)을 만듭니다.

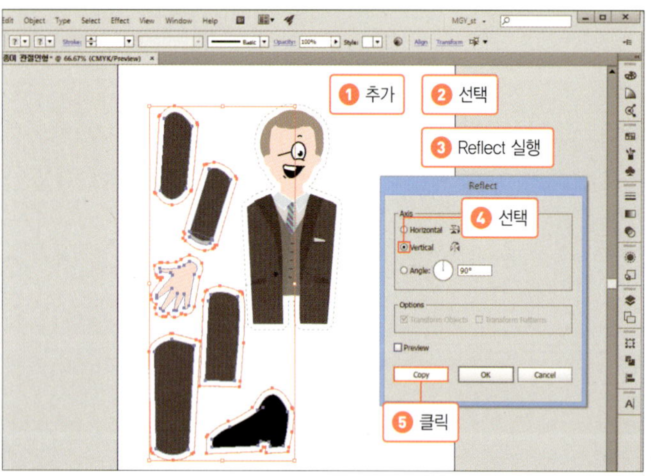

08 **01~07**번과 같은 방법으로 관절과 손, 발에도 자르는 선을 만듭니다.
팔과 다리, 손, 신발을 좌우 반전 및 복제하기 위해 몸통을 제외한 모든 부분을 선택하고 마우스 오른쪽 버튼을 클릭하여 **Transform → Reflect**를 실행합니다.
[Reflect] 대화상자의 Axis에서 'Vertical'을 선택하고 〈Copy〉 버튼을 클릭합니다.

09 반전시켜 복제된 객체들이 선택된 상태에서 Shift 키를 누른 채 선택 도구(🖰, V)로 그림과 같이 오른쪽으로 이동합니다.

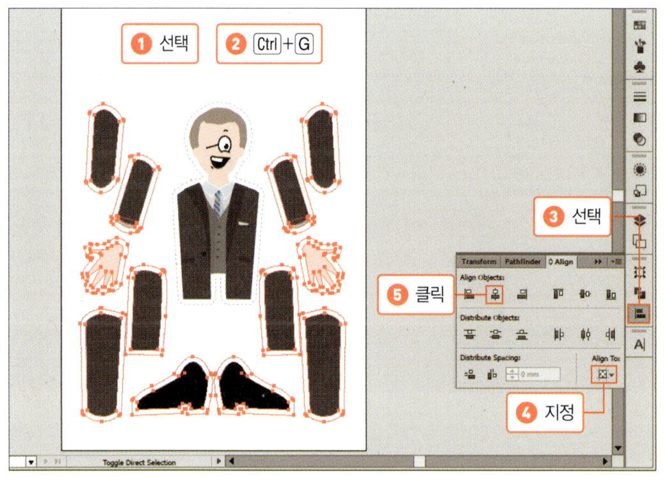

10 몸통을 제외한 모든 객체를 선택한 다음 Ctrl + G 키를 눌러 그룹으로 설정합니다. [Align] 패널의 Align To를 'Align to Artboard'로 지정한 다음 'Horizontal Align Center' 아이콘(🖰)을 클릭하여 그룹으로 설정된 객체를 아트보드 가운데에 맞춰 정렬합니다.

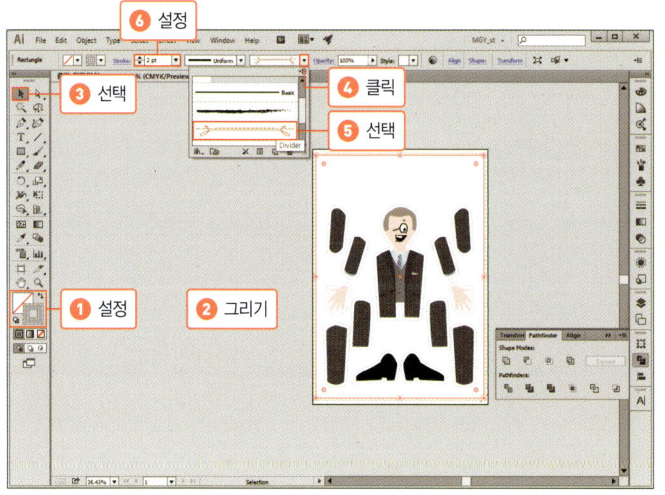

11 면 색상을 'None', 선 색상을 회색 계열로 설정하고 사각형 도구(🔲, M)를 이용해서 아트보드에 드래그하여 아트보드보다 작은 사각형을 만듭니다.

12 선택 도구(🖰, V)를 선택하여 사각형이 선택된 상태에서 [Control] 패널에서 선 스타일의 옵션 아이콘을 클릭한 다음 'Divider'를 선택하여 테두리를 적용하고 Stroke를 '2pt'로 설정합니다.

13 사각형이 선택된 상태에서 [Object] → Expand Appearance를 실행합니다.
그리고 [Object] → Expand를 실행하여 [Expand] 대화상자에서 〈OK〉 버튼을 클릭합니다.

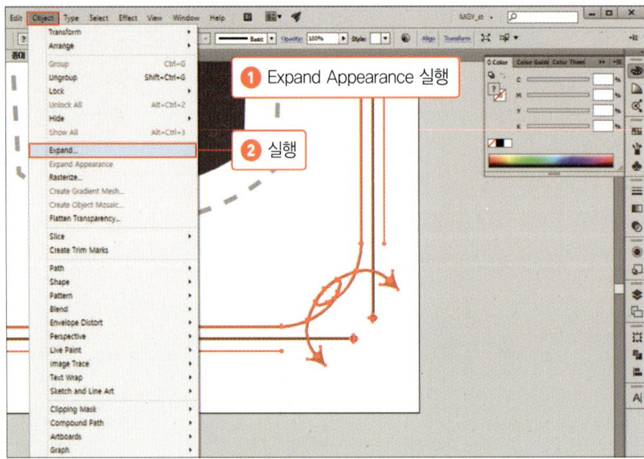

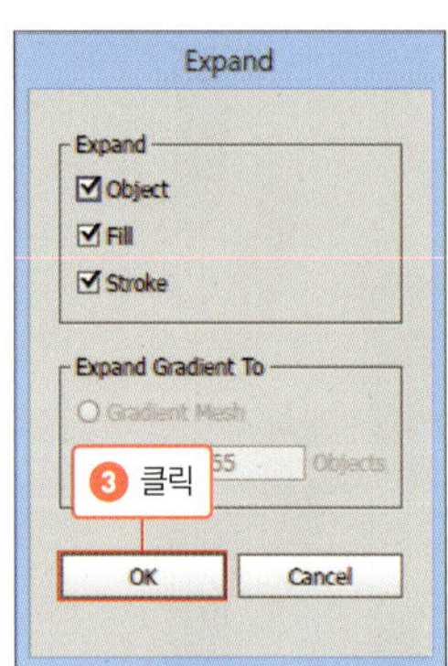

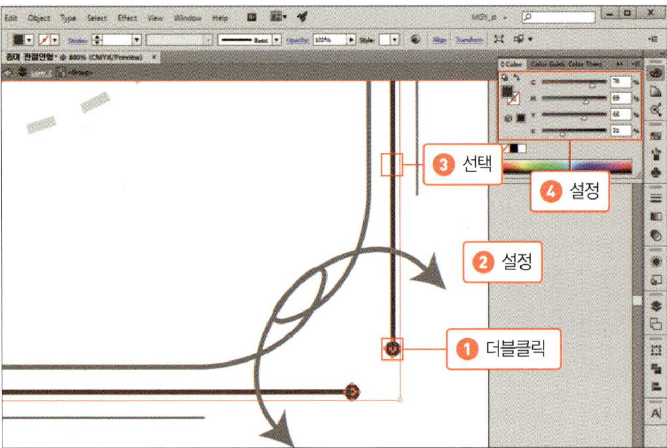

14 확장시킨 객체를 더블클릭하여 편집 모드로 이동한 다음 내외부 선을 선택합니다.
[Color] 패널에서 면 색상을 'C:65%, M:56%, Y:53%, K:2%'로 설정합니다.
가운데 선을 선택한 다음 면 색상을 'C:78%, M:69%, Y:66%, K:31%'로 설정합니다.

15 문자 도구(T, T)로 아트보드 위에 원하는 문구를 입력합니다.
펜 도구(P)를 이용하여 그림과 같이 장식 요소를 추가한 다음 [Color] 패널에서 면 색상을 'C:46%, M:37%, Y:35%, K:0%'로 설정합니다.

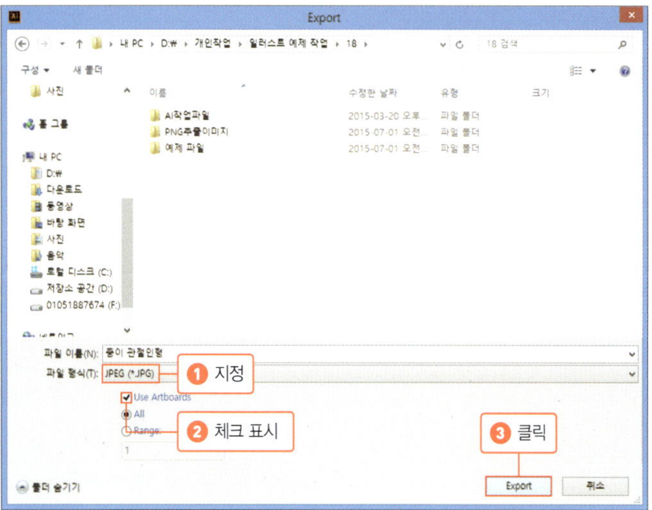

16 [File] → **Export**를 실행하여 [Export] 대화상자에서 파일 형식을 'JPEG (*.JPG)'로 지정한 다음 'Use Artboard'에 체크 표시하고 〈Export〉 버튼을 클릭합니다.

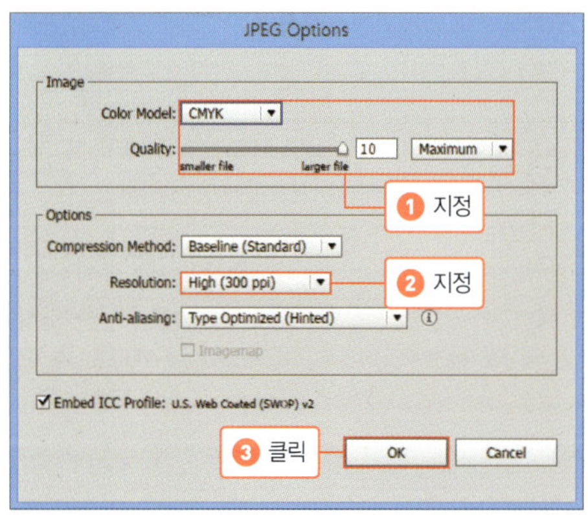

17 [JPG Options] 대화상자에서 Color Model을 'CMYK', Quality를 'Maximum', Resolution을 'High (300 ppi)'로 지정한 다음 〈OK〉 버튼을 클릭하여 완성합니다.

18 완성된 종이 관절 인형을 출력하여 자르는 선대로 자르고 자석이나 단추 등을 이용해 관절 인형 놀이를 즐겨 보세요.

디자인 사례

정적인 캐릭터를 관절마다 분리하여 동적인 캐릭터로 바꿔 재미를 더할 수 있습니다.

▲ 굵고 러프한 선을 통해 3등신 캐릭터 형태를 분리하면서 질감을 표현하고, 옷의 패턴을 통해
시선을 유도합니다. 빨간색 도트를 활용하여 밋밋한 캐릭터에 포인트를 적용했습니다.

▲ 모든 연령대를 타깃으로 한 종이 인형으로 크기는 약 13cm이며 뱃속에는 귀여운 쌍둥이
를 임신했습니다. 마른 몸매와 대비되게 볼록하게 튀어나온 뱃속에서 행복하게 자고 있는 두
아기의 표정이 인상적입니다.

캐릭터 카드 디자인

엄마와 함께 만드는
기념일 카드
HEY DADDY!
HAPPY BIRTHDAY TO YOU
From Your Daughter

사랑스러운 동물 캐릭터 카드 만들기

종이로 오려 붙인 듯 질감이 느껴지는 동물 캐릭터를 편집하여 다른 캐릭터로도
만들 수 있습니다. 캐릭터를 이용해 카드 레이아웃을 디자인하고 양면 인쇄용 카
드를 완성해 보세요. 직접 만든 특별한 카드로 감동을 선물하세요!

1 질감이 살아있는 너구리 캐릭터 만들기

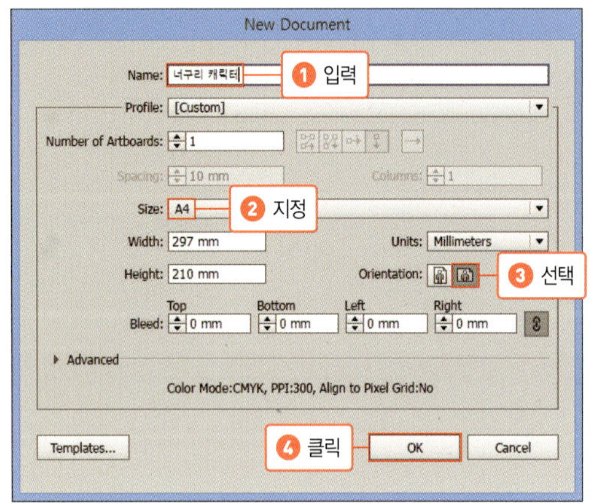

01 [File] → New(Ctrl+N)를 실행합니다.
[New Document] 대화상자의 Name에 '너
구리 캐릭터'를 입력합니다. Size를 'A4',
Orientation을 '가로 방향'으로 선택한 다음
〈OK〉 버튼을 클릭해 새 아트보드를 만듭니다.

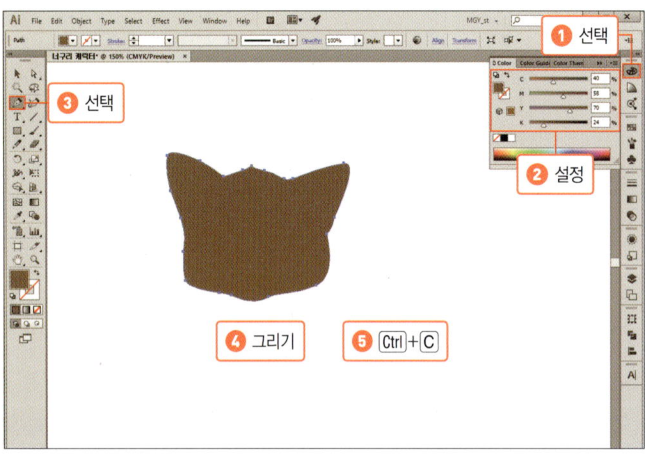

02 [Color] 패널에서 면 색상을 'C:40%, M:
58%, Y:70%, K:24%', 선 색상을 'None'으로
설정합니다.
펜 도구(P)를 이용하여 그림과 같이 너
구리 캐릭터 얼굴 형태를 그린 다음 Ctrl+C
키를 눌러 복사합니다.

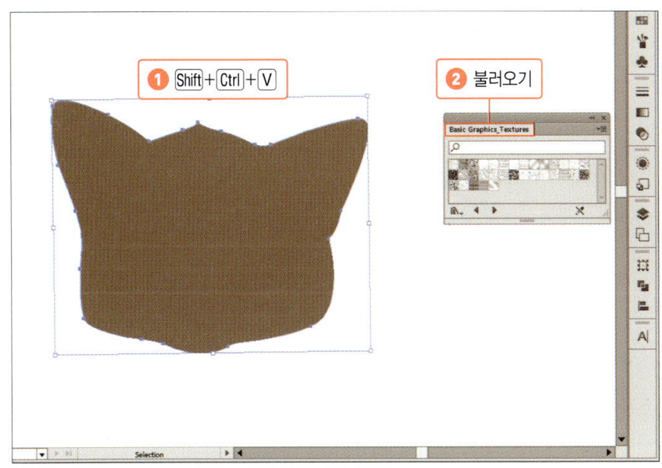

03 Shift+Ctrl+V 키를 눌러 복사한 객체와 같은 위치에 붙여 넣습니다.

[Swatches] 패널에서 'Swatch Libraries menu' 아이콘( )을 클릭하고 **Patterns → Basic Graphics → Basic Graphics_ Textures**를 실행하여 Basic Graphics_ Textures 라이브러리를 불러옵니다.

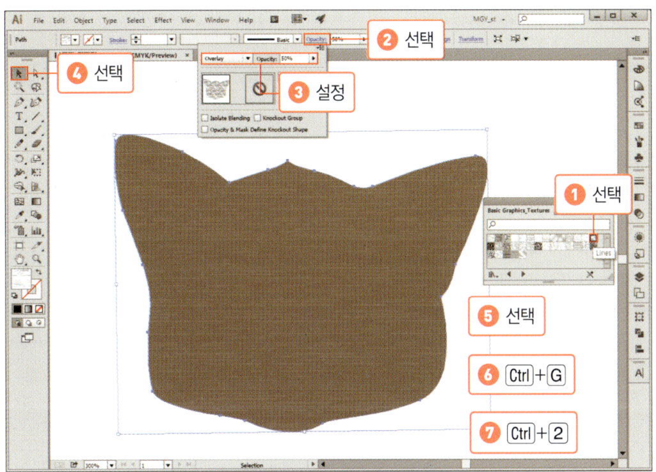

04 복제된 캐릭터 얼굴이 선택된 상태에서 Basic Graphics_Textures 라이브러리의 'Lines'를 선택하여 패턴을 적용합니다.

[Control] 패널의 'Opacity'를 선택하고 블렌딩 모드를 'Overlay'로 지정한 다음 Opacity를 '50%'로 설정하여 질감을 나타냅니다.

05 선택 도구(, V)로 캐릭터 얼굴을 선택합니다. Ctrl+G 키를 눌러 그룹으로 설정한 다음 Ctrl+2 키를 눌러 잠금 설정합니다.

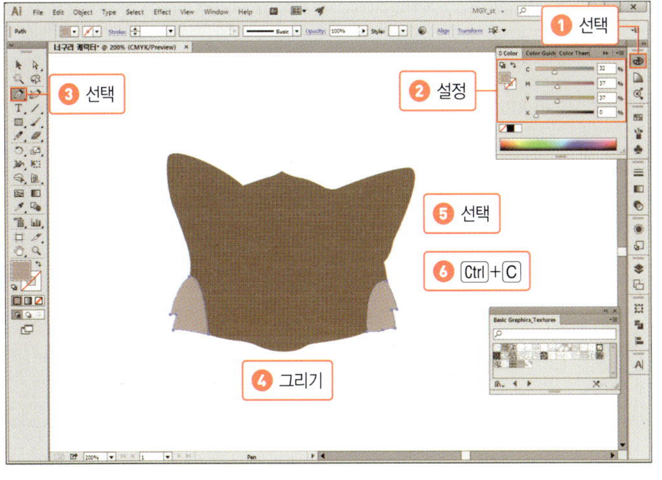

06 [Color] 패널에서 면 색상을 'C:32%, M: 37%, Y:37%, K:0%', 선 색상을 'None'으로 설정합니다.

펜 도구(, P)를 이용해 그림과 같이 너구리 양쪽에 수염을 그립니다.

Ctrl 키를 누른 채 양쪽 수염을 선택하고 Ctrl +C 키를 눌러 복사합니다.

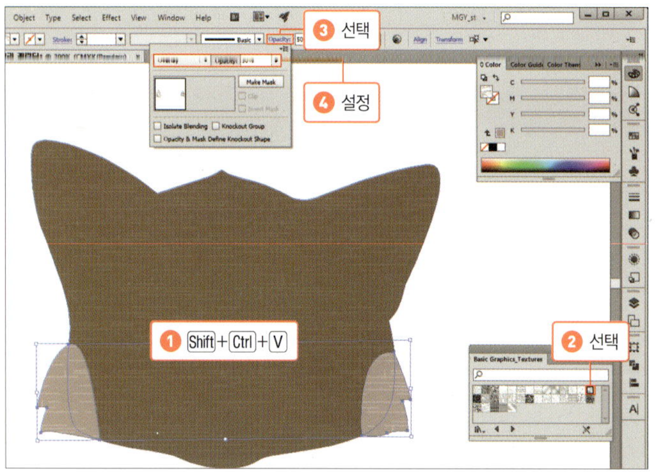

07 Shift+Ctrl+V 키를 눌러 복사한 객체와 같은 위치에 붙여 넣고 패턴 라이브러리에서 'Lines' 패턴을 선택합니다.

[Control] 패널의 'Opacity'를 선택한 다음 블렌딩 모드를 'Overlay'로 지정하고 Opacity를 '50%'로 설정합니다.

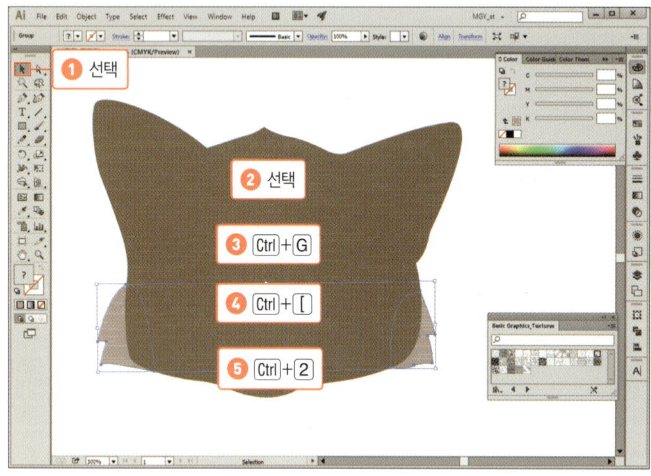

08 선택 도구(V)로 캐릭터를 드래그하여 잠기지 않은 모든 객체를 선택하고 Ctrl+G 키를 눌러 그룹으로 설정합니다.

Ctrl+[키를 눌러 수염을 얼굴 뒤에 배치한 다음 Ctrl+2 키를 눌러 잠금 설정합니다.

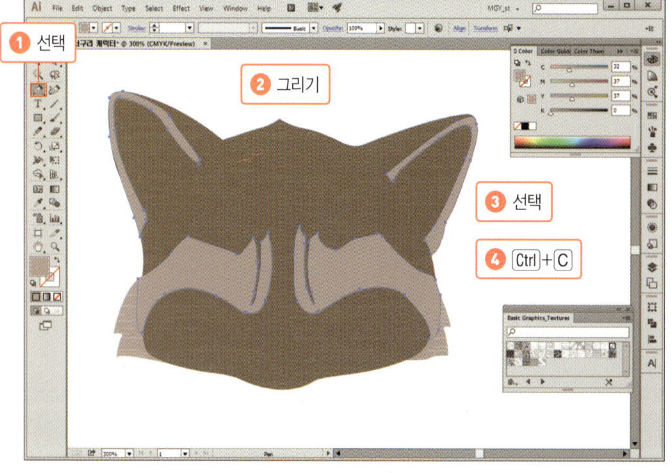

09 펜 도구(P)로 그림과 같이 얼굴에 무늬를 그리고 Ctrl 키를 누른 채 선택한 다음 Ctrl+C 키를 눌러 복사합니다.

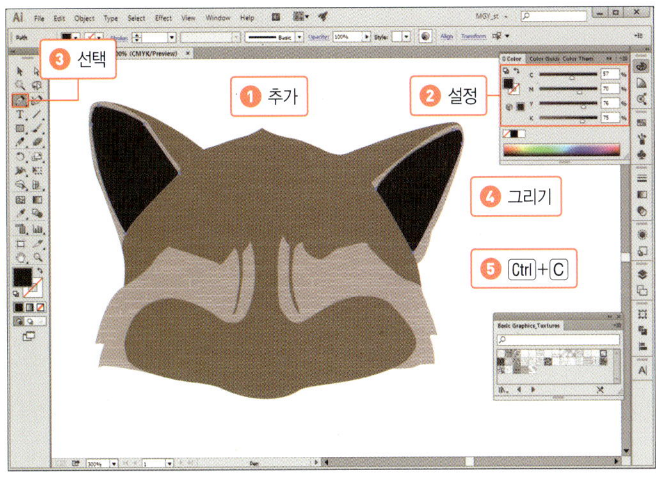

10 **04~06**번과 같은 방법으로 복사한 객체와 같은 위치에 붙여 넣고 패턴과 투명도를 적용합니다. 선택 도구(, V)로 드래그하여 잠기지 않은 모든 객체를 선택해서 그룹으로 설정하고 잠금 설정합니다.

11 [Color] 패널에서 면 색상을 'C:57%, M:70%, Y:76%, K:75%'로 설정한 다음 펜 도구(, P)로 그림과 같이 캐릭터 양쪽에 귀를 그리고 Ctrl + C 키를 눌러 복사합니다.

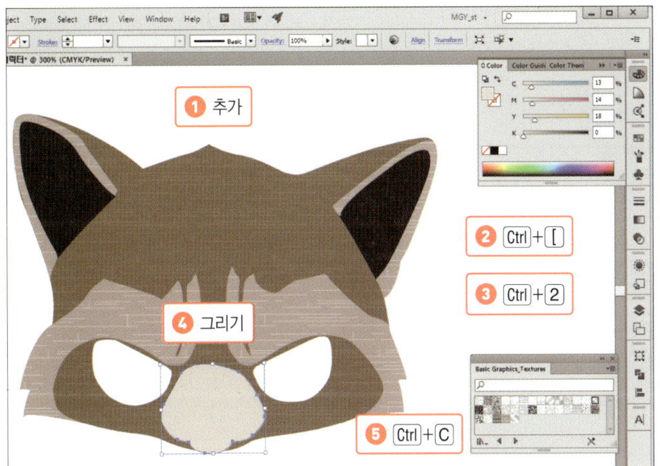

12 **04~06**번과 같은 방법으로 복사한 객체와 같은 위치에 붙여 넣은 다음 패턴과 투명도를 적용합니다. 그룹으로 설정하고 Ctrl + [키를 눌러 이전에 만든 객체 뒤로 이동한 다음 잠금 설정합니다.

13 펜 도구(, P)을 이용하여 면 색상이 'C:0%, M:0%, Y:0%, K:0%'인 눈과 면 색상이 'C:13%, M:14%, Y:18%, K:0%'인 입 부분을 그리고 Ctrl + C 키를 눌러 복사합니다.

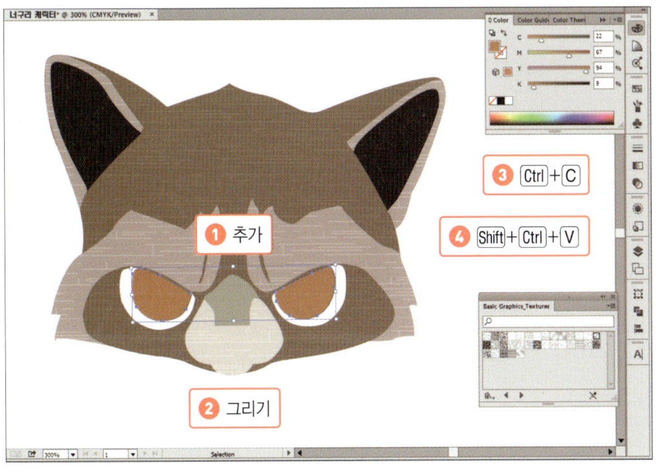

14 복사한 객체와 같은 위치에 붙여 넣은 다음 같은 방법으로 패턴과 불투명도를 적용하고 그룹 및 잠금 설정합니다.

15 펜 도구(, P)를 이용하여 면 색상이 'C:22%, M:67%, Y:94%, K:9%'인 눈동자와 면 색상이 'C:41%, M:32%, Y:46%, K:2%'인 콧등 부분을 만듭니다.
Ctrl + C 키를 눌러 복사하고 Shift + Ctrl + V 키를 눌러 복사한 객체와 같은 위치에 붙여 넣습니다.

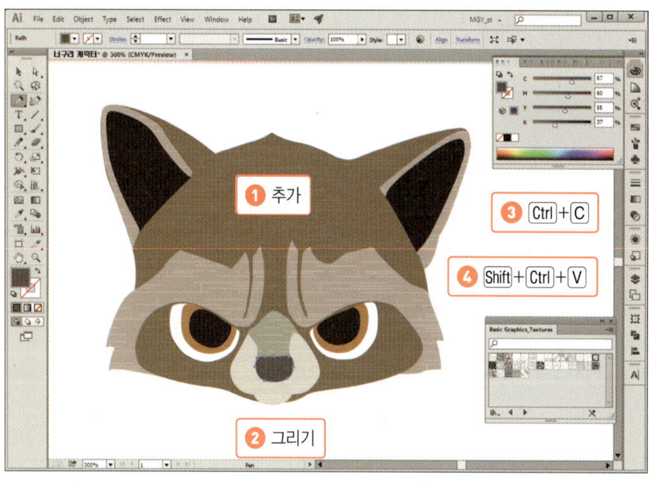

16 같은 방법을 반복하여 붙여 넣은 객체에 같은 패턴의 질감을 적용합니다.

펜 도구(, P)로 면 색상이 'C:57%, M:70%, Y:76%, K:75%'인 눈동자와 면 색상이 'C:67%, M:60%, Y:55%, K:37%'인 코 부분을 만듭니다. Ctrl+C 키를 눌러 복사한 다음 Shift+Ctrl+V 키를 눌러 복사한 객체와 같은 위치에 붙여 넣습니다.

17 같은 방법으로 붙여 넣은 객체에 같은 패턴의 질감을 적용합니다.

펜 도구(, P)로 면 색상이 'C:55%, M:66%, Y:67%, K:56%'인 인중과 면 색상이 'C:57%, M:70%, Y:76%, K:85%'인 입 모양을 만듭니다. Ctrl+C 키를 눌러 복사하고 Shift+Ctrl+V 키를 눌러 복사한 객체와 같은 위치에 붙여 넣습니다.

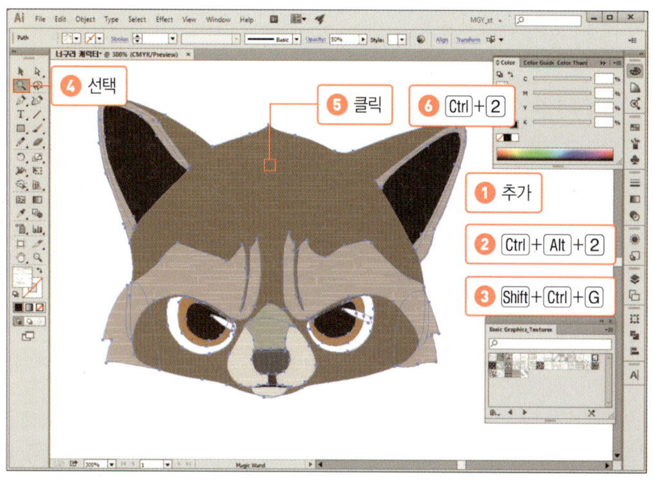

18 같은 방법을 반복하여 붙여 넣은 객체에 같은 패턴의 질감을 적용하고 Ctrl+Alt+2 키를 눌러 모든 객체의 잠금 설정을 해제합니다. 모든 객체가 선택된 상태에서 Shift+Ctrl+G 키를 눌러 그룹을 해제합니다.

19 마술봉 도구(, Y)로 면 색상이 패턴으로 적용된 객체를 클릭하여 모두 선택한 다음 Ctrl+2 키를 눌러 잠금 설정합니다.

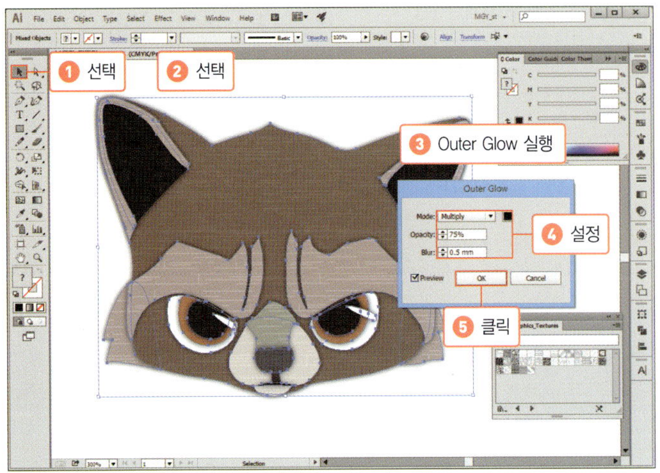

20 선택 도구(, V)를 선택하고 캐릭터를 드래그하여 잠금 설정되지 않은 모든 객체를 선택합니다.

[Effect] → Stylize → Outer Glow를 실행하여 [Outer Glow] 대화상자에서 Mode를 'Multiply', 색상을 '검은색', Opacity를 '75%', Blur를 '0.5mm'로 설정하고 〈OK〉 버튼을 클릭하여 외부 광선 효과를 적용해서 입체적으로 나타냅니다.

TIP Outer Glow는 객체 내부에 빛이 퍼지는 효과를 나타내는 Inner Glow와 반대로 객체 바깥으로 빛이 퍼지는 효과를 나타냅니다.

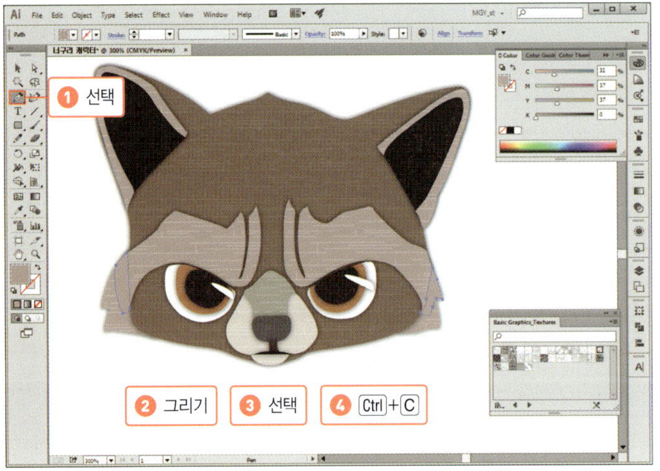

21 펜 도구(, P)를 이용하여 그림과 같이 양쪽 그림자에서 어색한 부분을 가리는 객체를 그린 다음 두 개의 객체를 선택하고 Ctrl+C 키를 눌러 복사합니다.

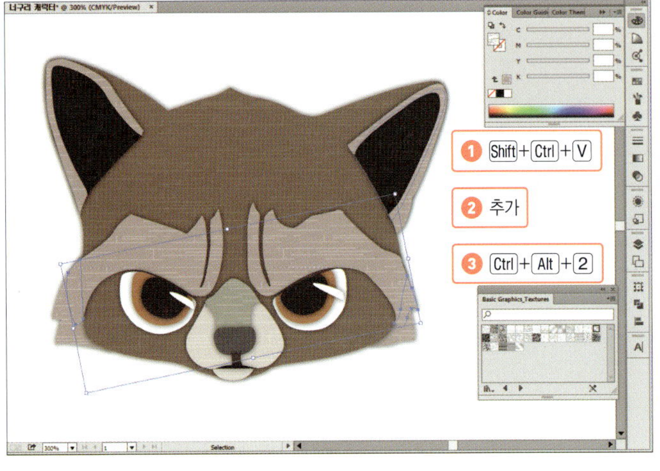

22 Shift+Ctrl+V 키를 눌러 복사한 객체와 같은 위치에 붙여 넣은 다음 같은 방법으로 패턴과 불투명도를 추가합니다.

Ctrl+Alt+2 키를 눌러 모든 객체의 잠금 설정을 해제해서 너구리 캐릭터를 완성합니다.

2 너구리 캐릭터를 변형하여 강아지 캐릭터 만들기

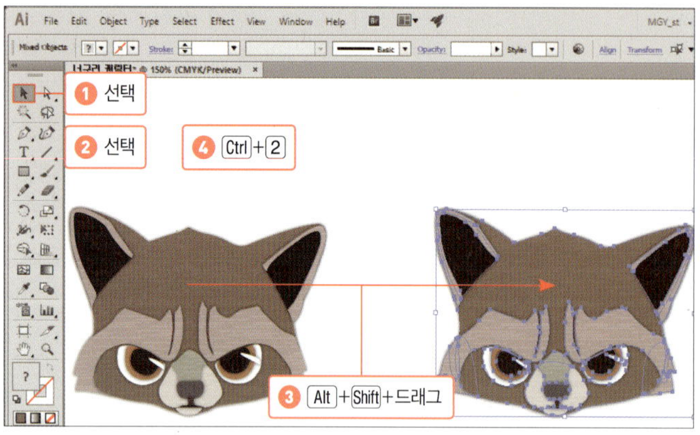

01 이번에는 강아지 캐릭터를 만들기 위해 먼저 선택 도구(, V)로 캐릭터를 드래그하여 전체 선택한 다음 Alt + Shift 키를 누른 채 오른쪽으로 드래그하여 복제합니다.
왼쪽 캐릭터를 드래그하여 선택하고 Ctrl + 2 키를 눌러 잠금 설정합니다.

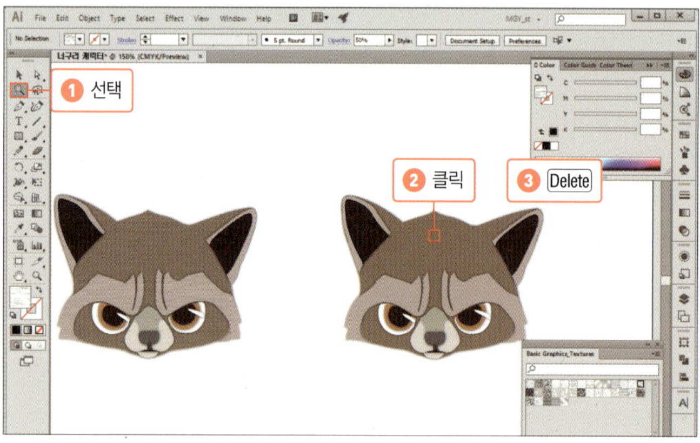

02 마술봉 도구(, Y)를 선택하고 오른쪽 캐릭터의 패턴 부분을 선택한 다음 Delete 키를 눌러 적용된 질감을 삭제합니다.

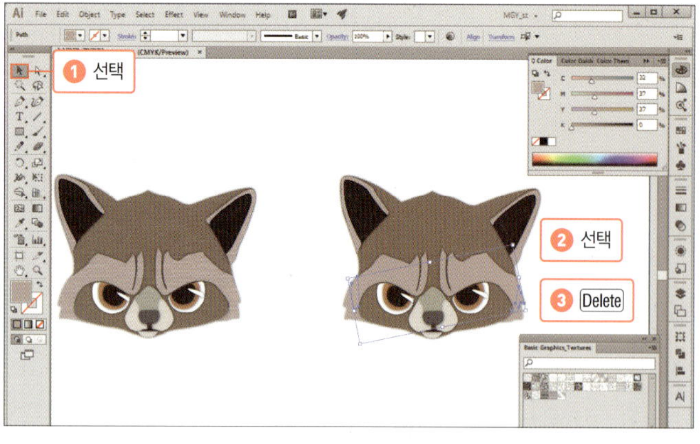

03 선택 도구(, V)를 선택하고 Shift 키를 누른 채 그림과 같이 외부 광선 효과를 적용하지 않은 두 개의 객체를 선택한 다음 Delete 키를 눌러 삭제합니다.

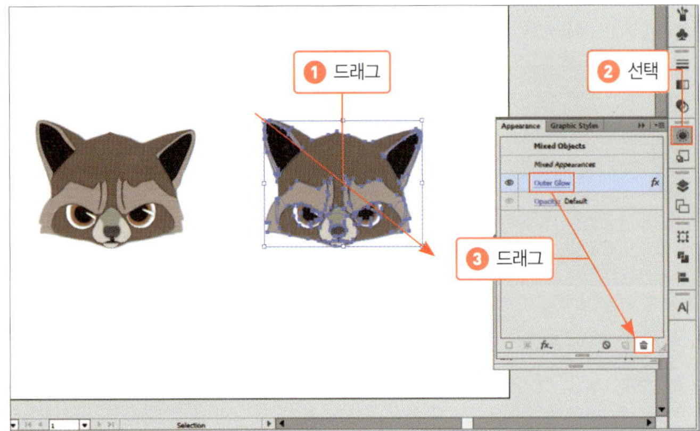

04 오른쪽 캐릭터를 드래그하여 선택한 다음 [Appearance] 패널에서 'Outer Glow'를 'Delete Selected Item' 아이콘(🗑)으로 드래그하여 삭제합니다.

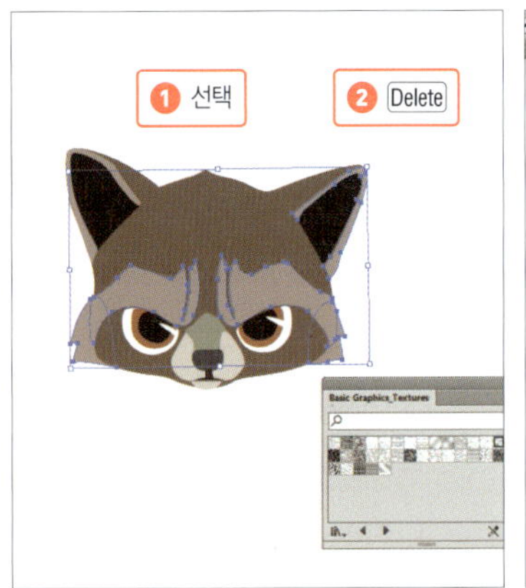

05 Shift 키를 누른 채 그림과 같이 눈썹 부분과 오른쪽 귓속을 선택한 다음 Delete 키를 눌러 삭제합니다.

06 이어서 눈과 눈동자를 선택하고 그림과 같이 각각 아래쪽으로 회전시켜 순한 인상을 만듭니다.

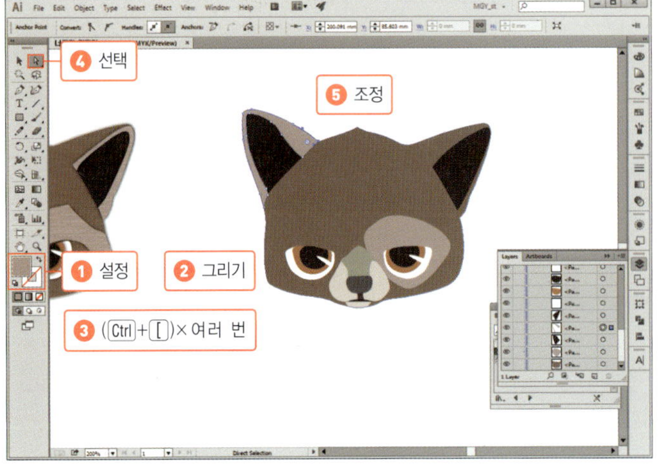

07 면 색상을 'C:32%, M:37%, Y:37%, K:0%', 선 색상을 'None'으로 설정합니다.
펜 도구(✐, P)를 이용하여 오른쪽 눈 위에 바둑이처럼 얼룩무늬를 그린 다음 Ctrl+[키를 여러 번 눌러 눈 뒤에 배치합니다.

08 직접 선택 도구(▶, A)를 이용하여 왼쪽 귀 안쪽 기준점을 선택하고 그림과 같이 변형합니다.

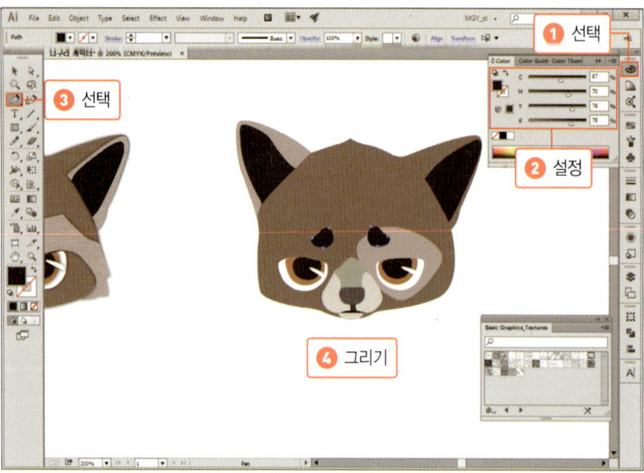

09 [Color] 패널에서 면 색상을 'C:57%, M: 70%, Y:76%, K:75%'로 설정하고 펜 도구(, P)를 이용하여 그림과 같이 강아지의 눈썹을 그립니다.

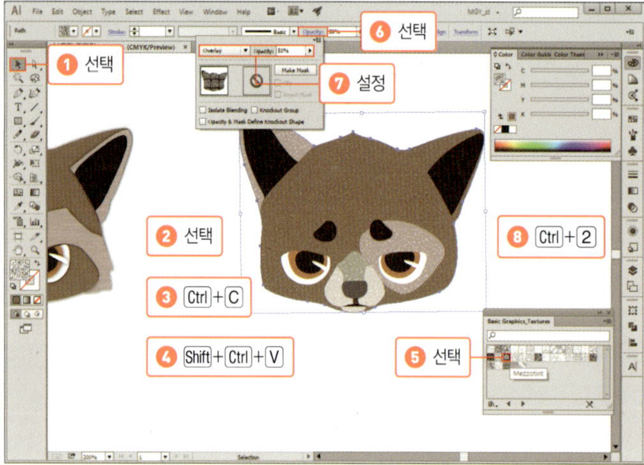

10 선택 도구(, V)를 선택한 다음 맨 아래쪽에 위치한 캐릭터 얼굴을 선택합니다. Ctrl+C 키를 눌러 복사한 다음 Shift+Ctrl+V 키를 눌러 복사한 객체와 같은 위치에 붙여 넣습니다.

11 Basic Graphics_Textures 라이브러리의 'Mezzotint'를 선택하여 다른 질감을 적용합니다.
[Control] 패널의 'Opacity'를 선택하여 블렌딩 모드를 'Overlay'로 지정하고 Opacity를 '50%'로 설정한 다음 Ctrl+2 키를 눌러 잠금 설정합니다.

12 강아지 캐릭터를 드래그하여 잠금 설정하지 않은 모든 객체를 선택한 다음 [Effect] → Apply Outer Glow(Shift+Ctrl+E)를 실행하여 외부 광선 효과를 적용합니다.

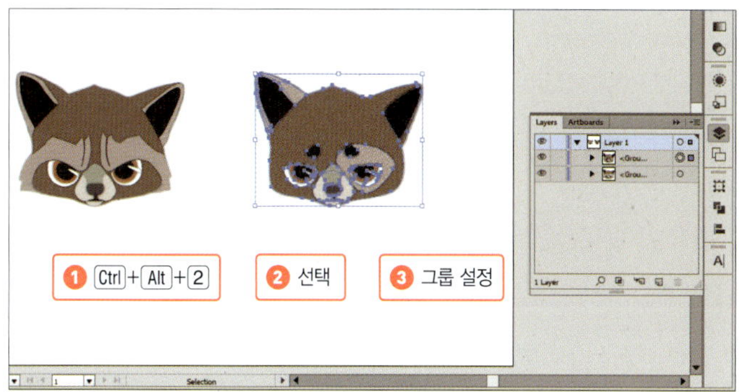

13 Ctrl+Alt+2 키를 눌러 모든 객체의 잠금 설정을 해제한 다음 양쪽 캐릭터를 각각 드래그하여 선택하고 Ctrl+G 키를 눌러 그룹으로 설정합니다.

14 [File] → Save(Ctrl+S)를 실행하여 [Save As] 대화상자에서 〈저장〉 버튼을 클릭합니다. [Illustrator Options] 대화상자에서 〈OK〉 버튼을 클릭하여 저장합니다.

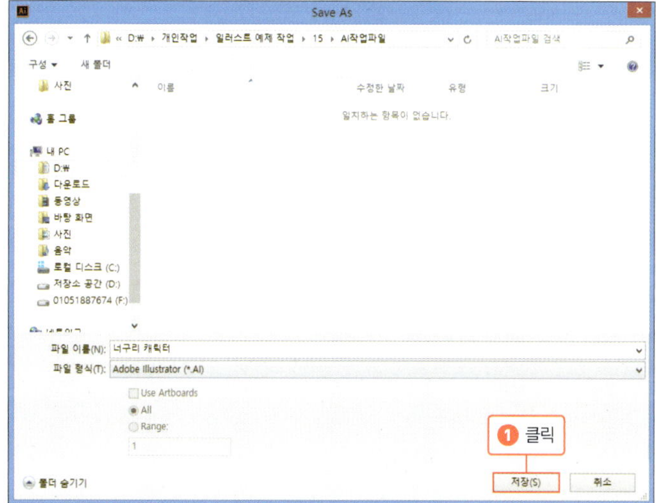

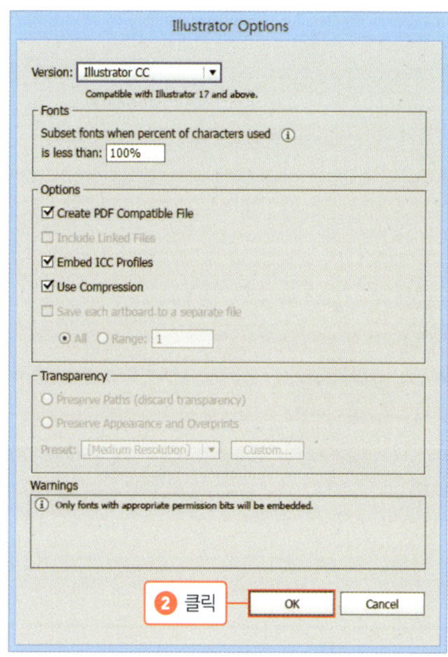

15 완성된 캐릭터는 AI(원본) 파일로 저장하여 다양한 형태의 디자인으로 활용할 수 있습니다.

3 비트맵 이미지를 벡터로 변경하여 편집하기

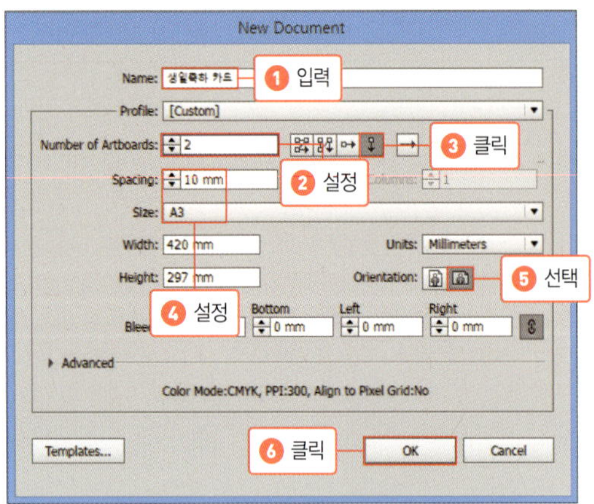

01 캐릭터를 활용하여 독특한 카드 레이아웃을 디자인하기 위해 먼저 [File] → New (Ctrl+N)를 실행합니다.
[New Document] 대화상자에서 Name에 '생일축하 카드'를 입력한 다음 Number of Artboards를 '2'로 설정하고 'Arrange by Column' 아이콘(▮)을 클릭하여 아트보드 나열 방식을 세로로 지정합니다.
Spacing을 '10mm', Size를 'A3', Orientation을 '가로 방향'으로 지정한 다음 〈OK〉 버튼을 클릭하여 새 아트보드를 만듭니다.

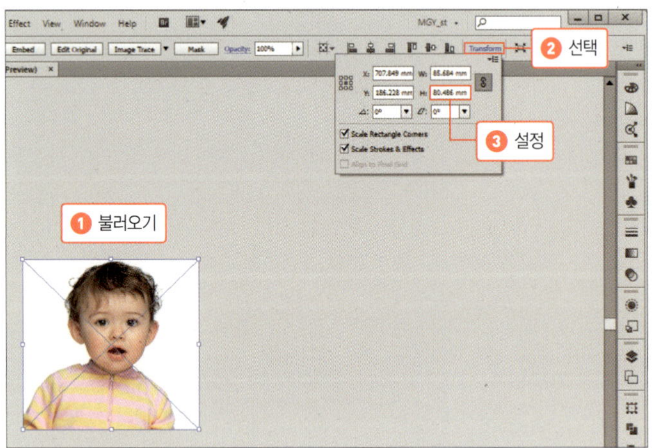

02 탐색기를 실행하고 22 폴더에서 '아이 사진.jpg' 파일을 선택한 다음 아트보드 여백으로 드래그하여 불러옵니다.

03 사진이 선택된 상태에서 [Control] 패널의 'Transform'을 선택하고 H를 '80mm'로 설정하여 가로/세로 비율을 유지한 채 사진을 축소합니다.

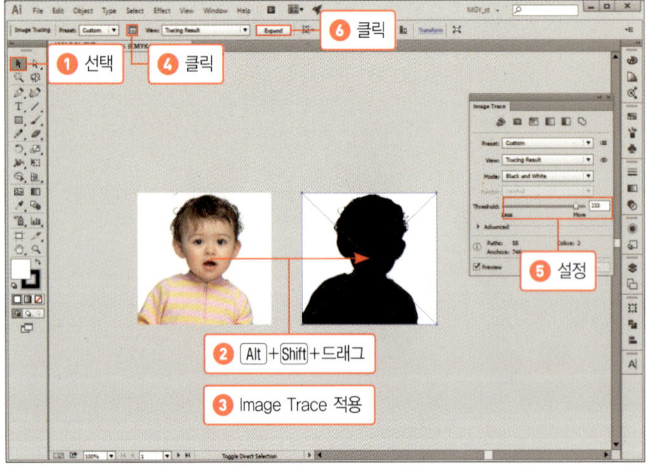

04 선택 도구(▶, V)를 선택하고 Alt+Shift 키를 누른 채 사진을 오른쪽으로 드래그하여 복제합니다.
[Control] 패널에서 〈Image Trace〉 버튼 오른쪽 팝업 아이콘(▼)을 클릭하고 'Black and White Logo'로 지정합니다.

05 'Image Trace Panel' 아이콘(▤)을 클릭하고 [Image Trace] 패널에서 Threshold를 '233'으로 설정합니다.
[Control] 패널에서 〈Expand〉 버튼을 클릭하여 비트맵 이미지를 벡터로 변경합니다.

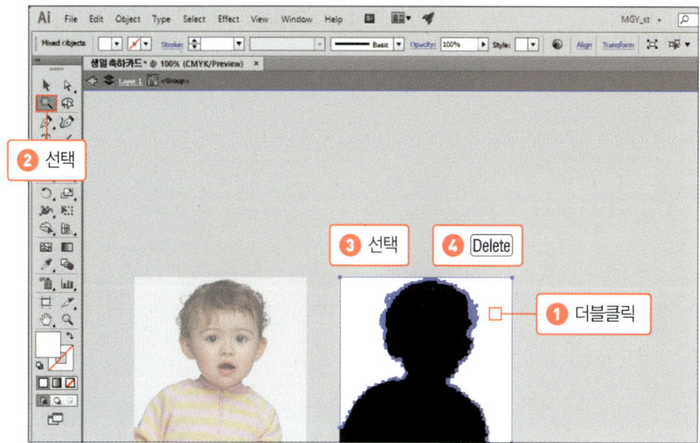

06 그림자 형태로 변경된 벡터 이미지를 더블클릭하여 편집 모드로 이동합니다.
마술봉 도구(, Y)로 흰색 부분을 클릭하여 배경을 선택하고 Delete 키를 눌러 삭제합니다.

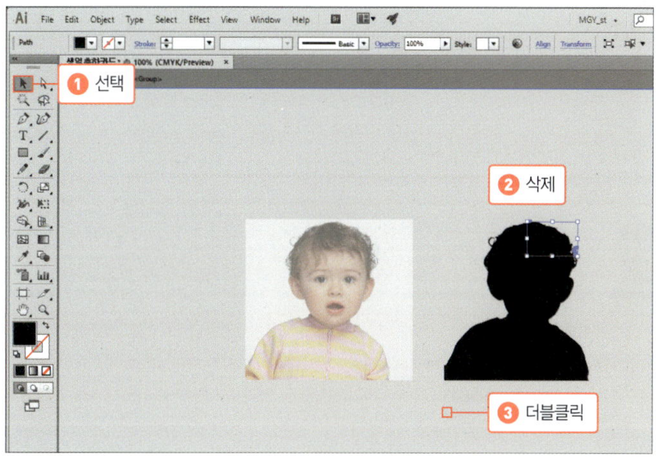

07 선택 도구(, V)를 선택하고 나머지 흰색 부분들을 선택한 다음 Delete 키를 눌러 삭제합니다. 여백을 더블클릭해 편집 모드를 해제합니다.

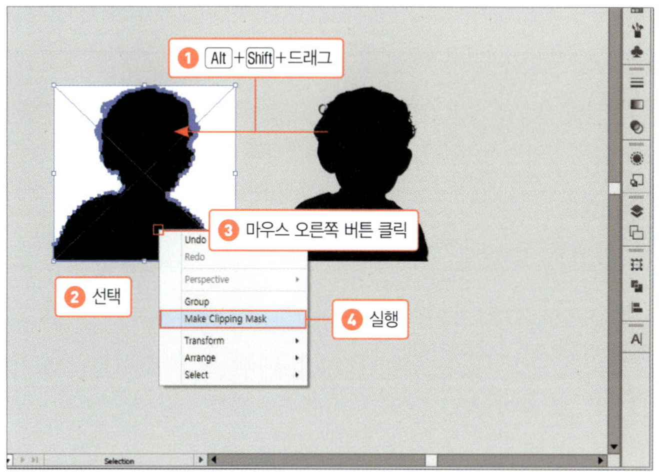

08 Alt+Shift 키를 누른 채 그림자를 왼쪽 사진으로 드래그하여 복제 및 이동합니다.
사진과 함께 그림자를 선택하고 마우스 오른쪽 버튼을 클릭한 다음 Make Clipping Mask를 실행하여 그림자 형태대로 이미지를 나타냅니다.

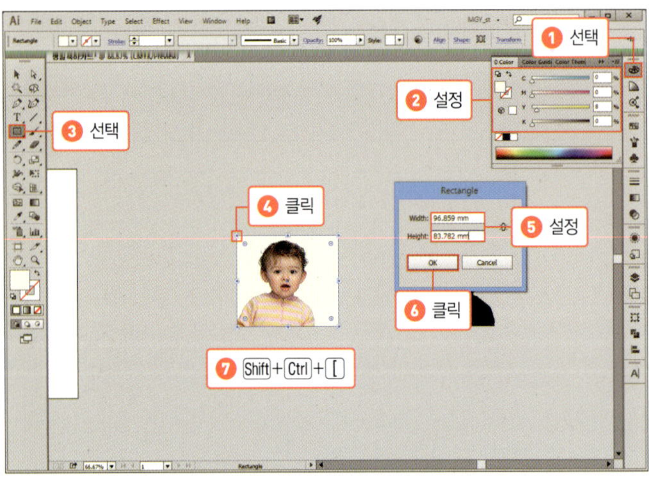

09 [Color] 패널에서 면 색상을 'C:0%, M: 0%, Y:8%, K:0%', 선 색상을 'None'으로 설정합니다. 사각형 도구(▣, M)를 선택하고 사진 왼쪽 위에 클릭합니다.

10 [Rectangle] 대화상자에서 Width를 '96mm', Height를 '83mm'로 설정하고 〈OK〉 버튼을 클릭합니다.
Shift+Ctrl+[키를 눌러 노란색 사각형을 사진 뒤에 배치합니다.

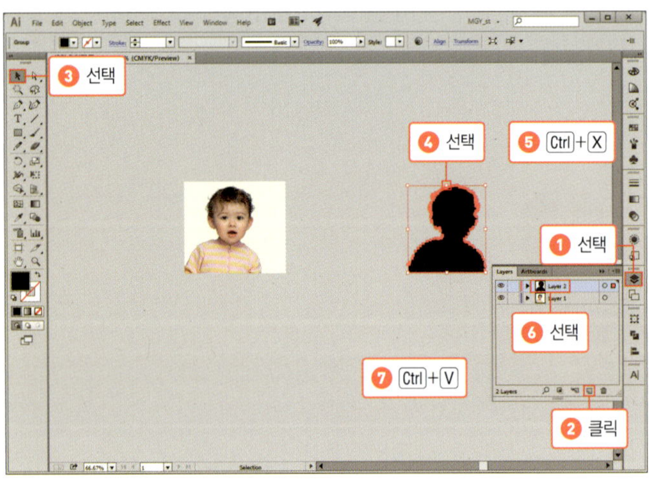

11 [Layers] 패널에서 'Create New Layer' 아이콘(▣)을 클릭하여 새 레이어를 만듭니다. 선택 도구(▶, V)로 그림자를 선택하고 Ctrl+X 키를 눌러 잘라냅니다.
'Layer 2' 레이어를 선택하고 Ctrl+V 키를 눌러 붙여 넣습니다.

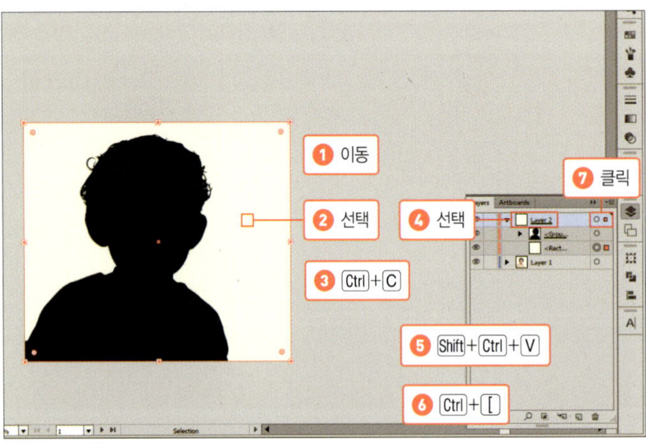

12 같은 방법으로 그림자를 사진 위로 이동합니다. 'Layer 1' 레이어의 사각형을 선택한 다음 Ctrl+C 키를 눌러 복사합니다.
'Layer 2' 레이어를 선택하고 Shift+Ctrl+V 키를 눌러 복사한 사각형을 붙여 넣습니다.

13 사각형이 선택된 상태에서 Ctrl+[키를 눌러 그림자 뒤에 배치합니다. 'Layer 2' 레이어에서 타깃 아이콘(◎)을 클릭하여 해당 레이어의 객체들을 선택합니다.

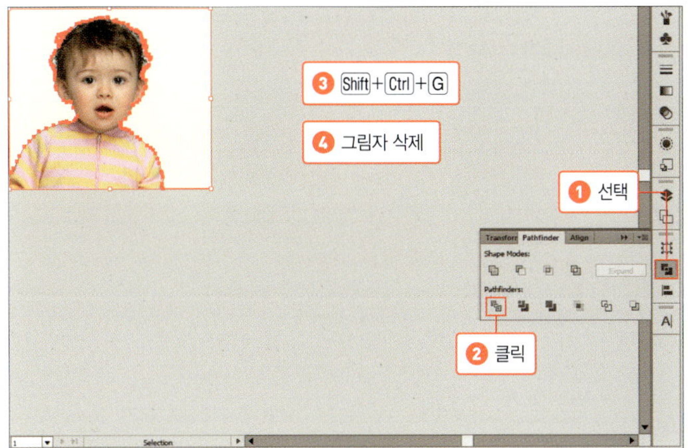

14 [Pathfinder] 패널에서 'Divide' 아이콘(▨)을 클릭하여 겹치는 부분을 나눕니다. Shift+Ctrl+G 키를 눌러 그룹을 해제하고 그림자를 선택한 다음 Delete 키를 눌러 그림과 같이 삭제합니다.

4 캐릭터와 합성하여 카드 디자인하기

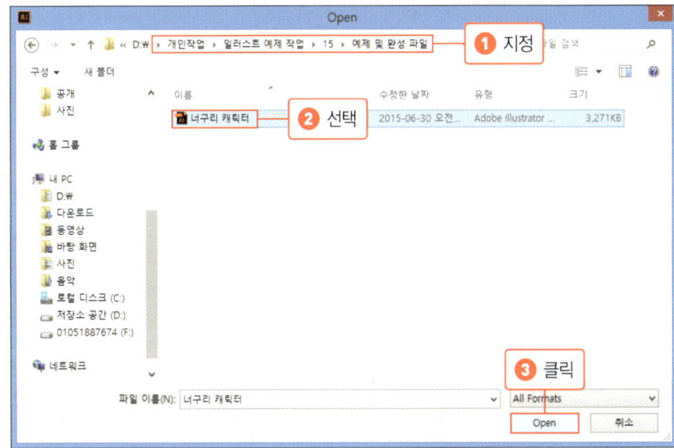

01 캐릭터를 불러오기 위해 [File] → Open (Ctrl+O)을 실행합니다.
[Open] 대화상자에서 앞서 만든 '너구리 캐릭터.ai' 파일을 선택한 다음 〈Open〉 버튼을 클릭합니다.

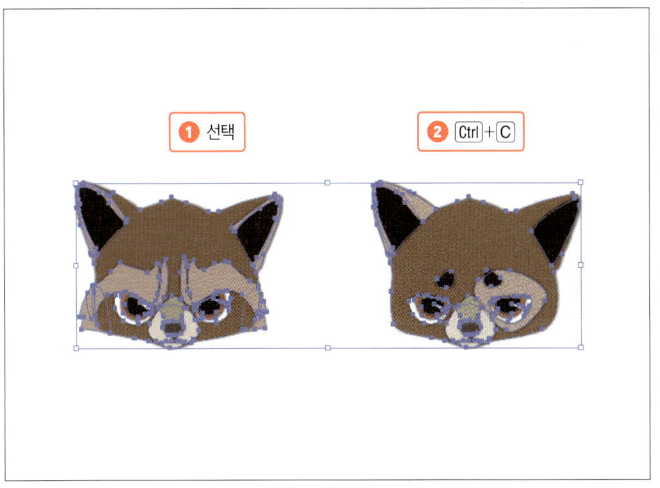

02 그룹으로 설정된 두 개의 캐릭터를 선택하고 Ctrl+C 키를 눌러 복사합니다.

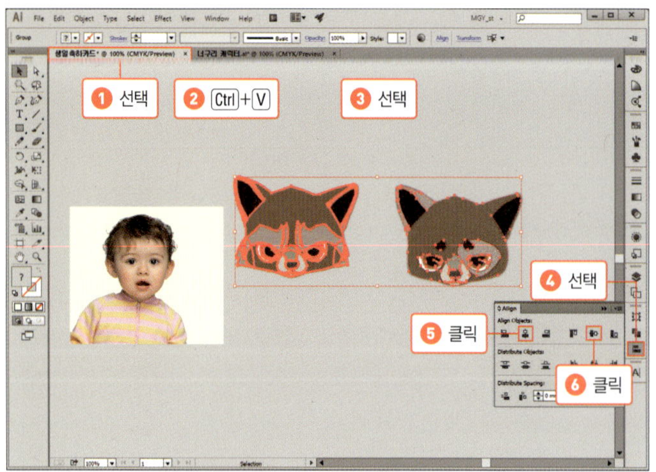

03 작업 중인 아트보드에서 Ctrl + V 키를 눌러 복사한 객체를 붙여 넣습니다.
너구리 캐릭터를 다시 선택하고 [Align] 패널에서 'Horizontal Align Center' 아이콘(⊞)과 'Vertical Align Center' 아이콘(⊞)을 클릭하여 너구리 캐릭터를 중심으로 가로, 세로 가운데 정렬합니다.

04 너구리 캐릭터를 얼굴에 맞게 배치하고 그림과 같이 시계방향으로 약간 회전합니다.

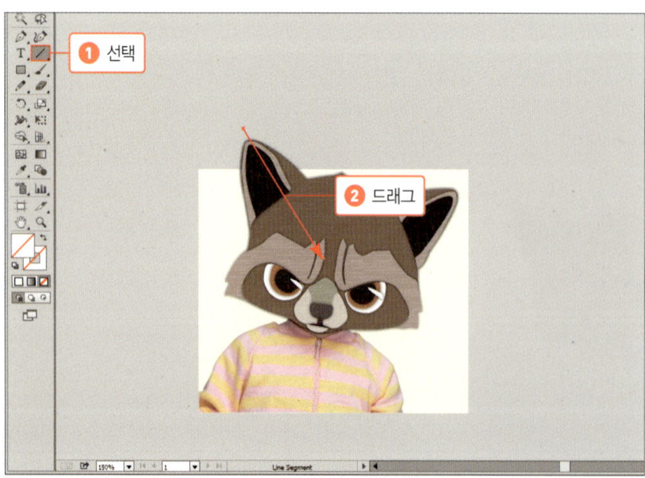

05 캐릭터를 기준으로 배경을 나누기 위해 먼저 선 도구(╱, W)를 선택하고 캐릭터 왼쪽 귀를 기준으로 그림과 같이 드래그하여 대각선을 그립니다.

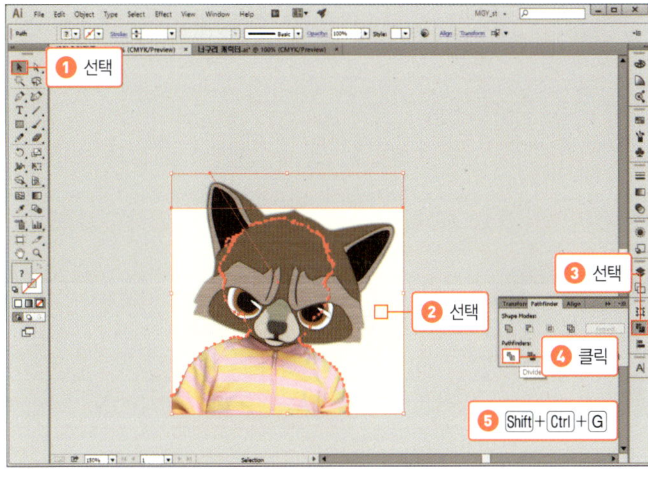

06 선택 도구(V)를 선택하여 선이 선택된 상태에서 Shift 키를 누른 채 노란색 배경을 함께 선택합니다.

07 [Pathfinder] 패널에서 'Divide' 아이콘을 클릭하여 선을 기준으로 배경을 분리하고 Shift+Ctrl+G 키를 눌러 그룹을 해제합니다.

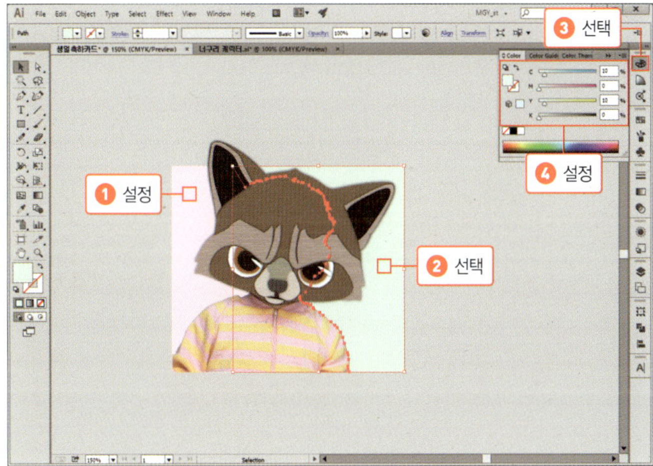

08 왼쪽 배경을 선택하고 면 색상을 'C:0%, M:10%, Y:0%, K:0%'로 설정합니다.
오른쪽 배경을 선택한 다음 [Color] 패널에서 면 색상을 'C:10%, M:0%, Y:10%, K:0%'로 설정합니다.

09 원형 도구(L)를 이용하여 그림과 같이 다양한 색의 원으로 배경을 꾸밉니다.

10 [Character] 패널에서 서체를 'Chiqui Font', 글자 크기를 '32pt' 정도로 설정한 다음 문자 도구(T)를 선택하고 오른쪽에 'DO YOU KNOW/WHO i AM?'을 입력합니다.

TIP 배경 바깥쪽으로 넘어간 원은 먼저 선 도구로 분리할 부분의 선을 그리고 [Pathfinder] 패널의 'Divide' 아이콘을 클릭하여 분리한 다음 외곽 부분을 삭제합니다.

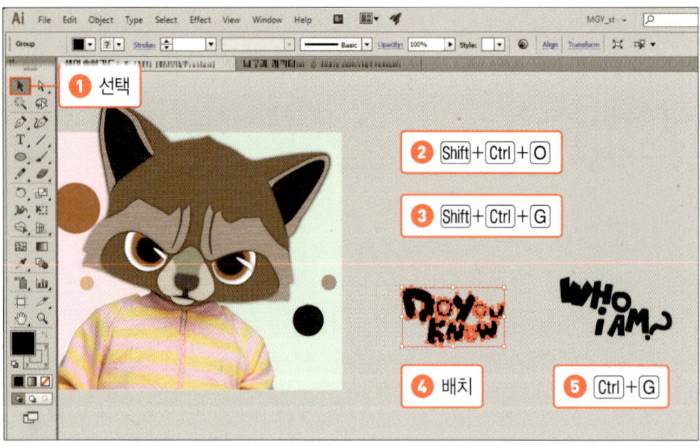

11 선택 도구(, V)를 선택하고 Shift+Ctrl
+O 키를 눌러 문자를 객체로 변경한 다음
Shift+Ctrl+G 키를 눌러 그룹을 해제합니다.

12 문자를 자유롭게 이동, 회전, 크기 조절
하여 그림과 같이 배치하고 'DO YOU KNOW'
와 'WHO I AM?'을 각각 선택한 다음 Ctrl+G
키를 눌러 그룹으로 설정합니다.

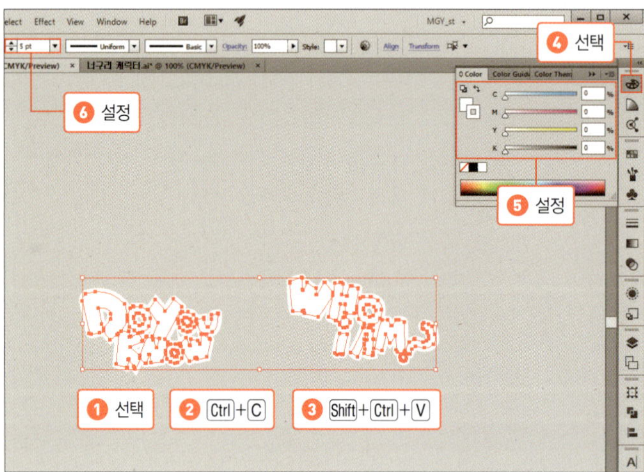

13 그룹으로 설정한 두 개의 객체를 함께
선택한 다음 Ctrl+C 키를 눌러 복사하고 Shift
+Ctrl+V 키를 눌러 복사한 객체와 같은 위
치에 붙여 넣습니다.

14 붙여 넣은 객체가 선택된 채 [Color] 패
널에서 면과 선 색상을 '흰색'으로 설정하고
[Control] 패널의 Stroke를 '5pt'로 설정합니다.

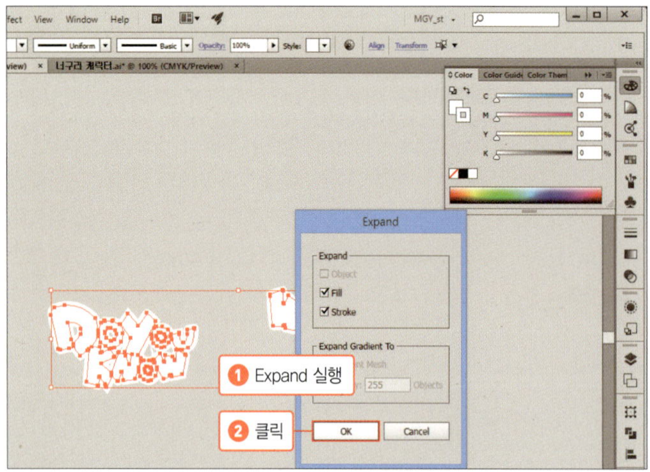

15 [Object] → Expand를 실행합니다.
[Expand] 대화상자에서 〈OK〉 버튼을 클릭하
여 테두리를 확장합니다.

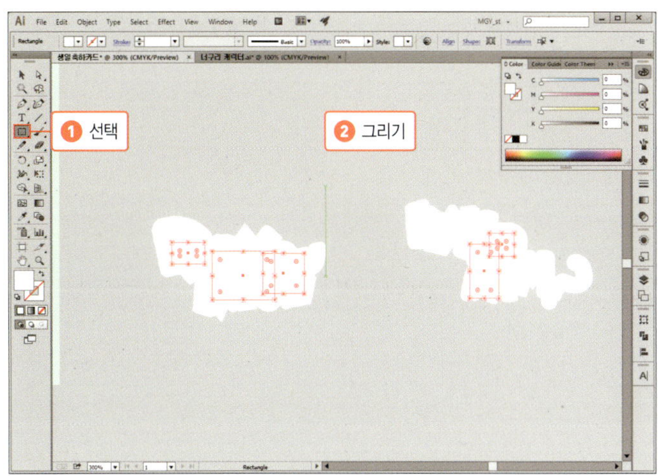

16 사각형 도구(■, M)를 선택하고 그림과 같이 확장시킨 객체의 여백을 드래그하여 가립니다.

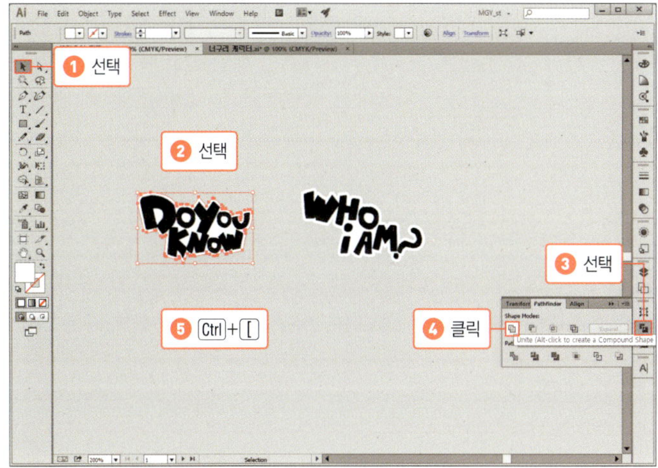

17 선택 도구(▶, V)로 Shift 키를 누른 채 사각형과 확장시킨 흰색 문자를 함께 선택합니다.

18 [Pathfinder] 패널에서 'Unite' 아이콘(▣)을 클릭하여 흰색 객체들을 합친 다음 Ctrl +[키를 눌러 그림과 같이 검은색 문자 뒤에 배치합니다.

19 문자를 그림과 같이 배치한 다음 왼쪽 흰색 문자를 선택하고 면과 선 색상을 설정합니다. 검은색 문자도 면 색상을 설정합니다.

20 같은 방법으로 오른쪽 흰색 문자의 면과 선, 검은색 문자의 면 색상을 설정합니다. 문자들을 각각 선택한 다음 Ctrl+G 키를 눌러 그룹으로 설정합니다.

왼쪽 흰색 면 색상 • C:0%, M:10%, Y:0%, K:0%
왼쪽 흰색 선 색상 • C:22%, M:67%, Y:94%, K:9%
왼쪽 검은색 면 색상 • C:22%, M:67%, Y:94%, K:9%

오른쪽 흰색 면 색상 • C:10%, M:0%, Y:10%, K:0%
오른쪽 흰색 선 색상 • C:57%, M:70%, Y:76%, K:75%
오른쪽 검은색 선 색상 • C:57%, M:70%, Y:76%, K:75%

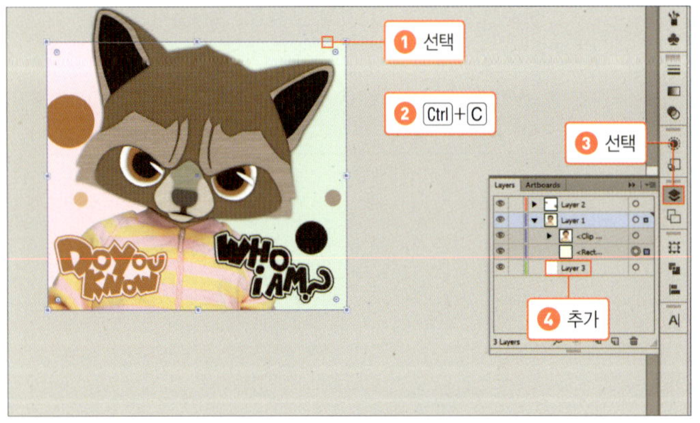

21 사각형을 선택하고 Ctrl+C 키를 눌러 복사합니다. [Layers] 패널에서 세 레이어를 만들고 'Layer 1' 레이어 아래로 드래그하여 이동시킵니다.

5 테두리를 추가하여 다양한 카드 레이아웃 디자인하기

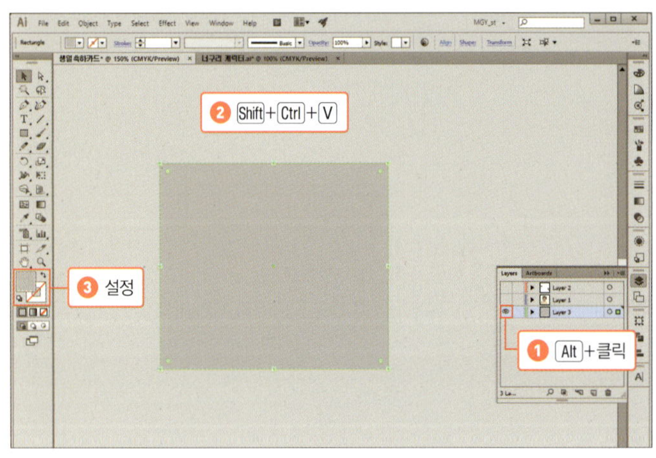

01 이번에는 새로운 카드 레이아웃을 만들기 위해 [Layers] 패널에서 Alt 키를 누른 채 'Layer 3' 레이어의 '눈' 아이콘(◉)을 클릭해서 'Layer 3' 레이어만 나타냅니다.
Shift+Ctrl+V 키를 눌러 복사한 객체와 같은 위치에 붙여 넣고 면 색상을 'C:0%, M:0%, Y:0%, K:30%'으로 설정합니다.

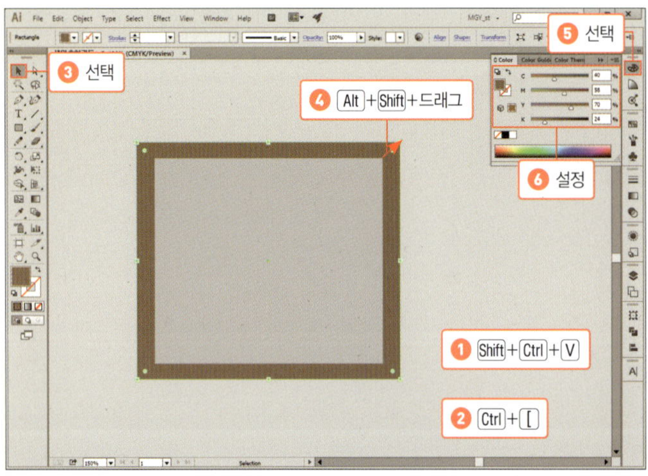

02 Shift+Ctrl+V 키를 눌러 복사한 객체를 한 번 더 붙여 넣고 Ctrl+[키를 눌러 뒤에 배치합니다.

03 선택 도구(▶, V)를 선택하고 Alt+Shift 키를 누른 채 오른쪽 위 조절점을 바깥쪽으로 살짝 드래그하여 그림과 같이 확대합니다.
[Color] 패널에서 면 색상을 'C:40%, M:58%, Y:70%, K:24%'로 설정해 액자와 같은 테두리를 만듭니다.

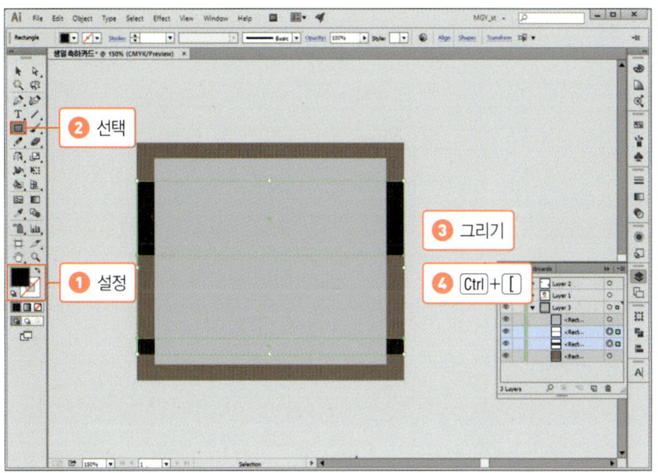

04 면 색상을 'C:57%, M:70%, Y:76%, K: 75%'로 설정하고 사각형 도구(■, M)를 선택하고 배경에 드래그하여 그림과 같이 두 개의 사각형을 만든 다음 Ctrl+[키를 눌러 회색 사각형 뒤에 배치합니다.

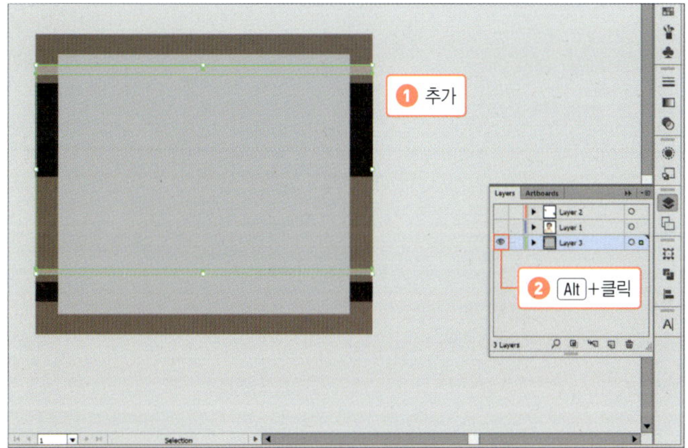

05 04번 과정처럼 면 색상을 'C:32%, M: 37%, Y:37%, K:0%'로 설정하고 사각형 도구 (■, M)로 드래그하여 그림과 같이 얇고 긴 두 개의 사각형을 만든 다음 Ctrl+[키를 여러 번 눌러 회색 사각형 뒤에 배치합니다.

06 [Layers] 패널에서 Alt 키를 누른 채 'Layer 3' 레이어의 '눈' 아이콘(◉)을 다시 클릭하여 모든 레이어를 나타냅니다.

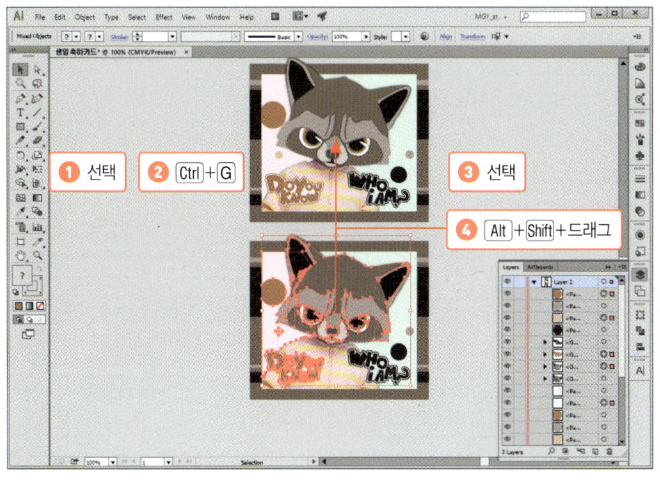

07 Shift 키를 누른 채 그림과 같이 분홍 배경, 원, 문자, 너구리 캐릭터를 선택한 다음 Ctrl+G 키를 눌러 그룹으로 설정합니다.

08 선택 도구(▶, V)로 드래그하여 작업한 모든 객체를 선택하고 Alt+Shift 키를 누른 채 위로 드래그하여 복제합니다.

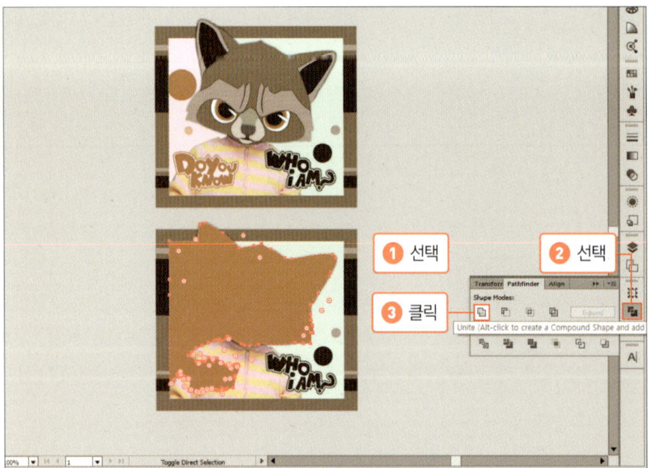

09 첫 번째로 만든 카드를 변형하여 다른 레이아웃을 디자인하기 위해 그룹을 선택하고 [Pathfinder] 패널의 'Unite' 아이콘( )을 클릭하여 합칩니다.

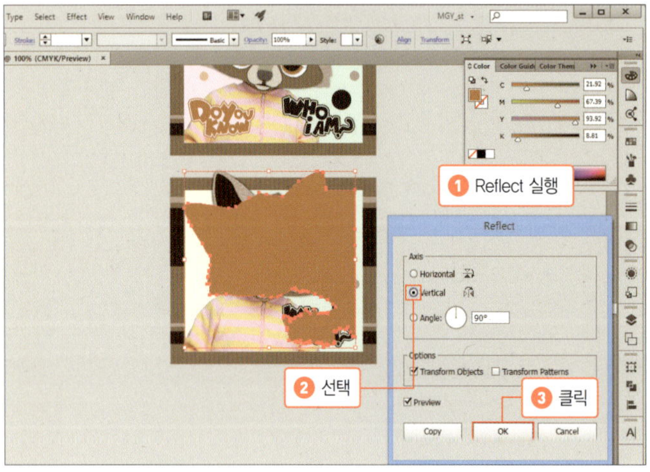

10 합친 객체가 선택된 상태에서 마우스 오른쪽 버튼을 클릭하여 **Transform → Reflect**를 실행합니다.

[Reflect] 대화상자에서 Axis의 'Vertical'을 선택하고 〈OK〉 버튼을 클릭하여 반전합니다.

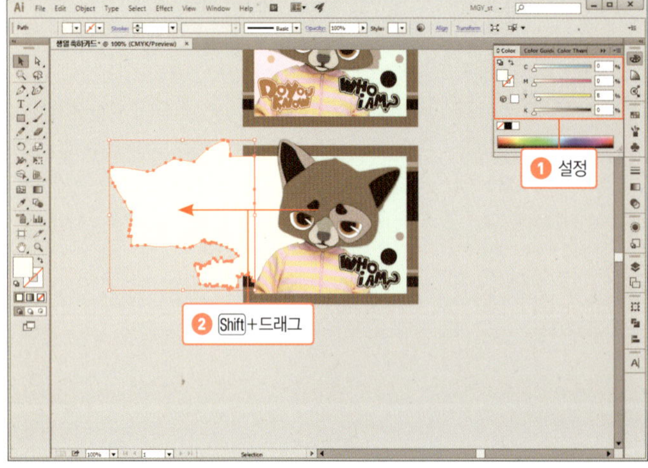

11 [Color] 패널에서 면 색상을 'C:0%, M:0%, Y:8%, K:0%'로 설정합니다.

Shift 키를 누른 채 그림과 같이 왼쪽으로 드래그하여 카드의 왼쪽 레이아웃을 만듭니다.

12 브러시 도구(✏, B)를 이용하여 그림과 같이 레이아웃에 맞춰 카드 안쪽을 꾸미거나 출력해서 직접 메시지를 작성합니다.

13 09번 과정과 같은 방법으로 선택 도구(▶, V)를 이용하여 Shift 키를 누른 채 강아지 캐릭터와 오른쪽 연두색 배경, 원, 문자를 선택합니다. Ctrl+G 키를 눌러 그룹으로 설정합니다.

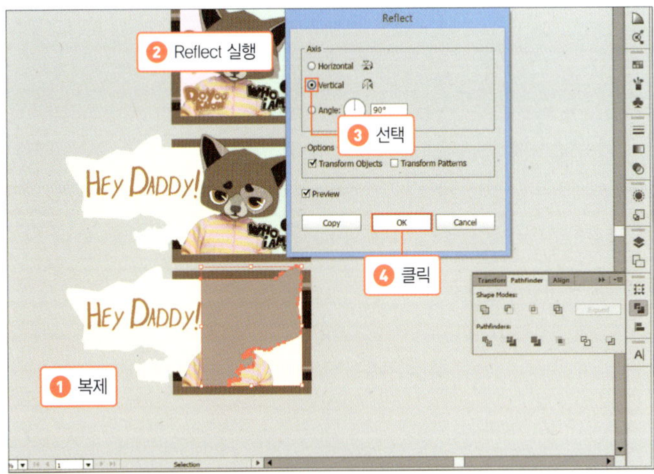

14 두 번째 레이아웃의 객체들을 선택하고 Alt+Shift 키를 누른 채 아래로 드래그하여 복제합니다.

15 그룹으로 설정한 객체를 선택한 다음 마우스 오른쪽 버튼을 클릭하여 Transform → Reflect를 실행합니다. [Reflect] 대화상자의 Axis에서 'Vertical'을 선택하고 〈OK〉 버튼을 클릭합니다.

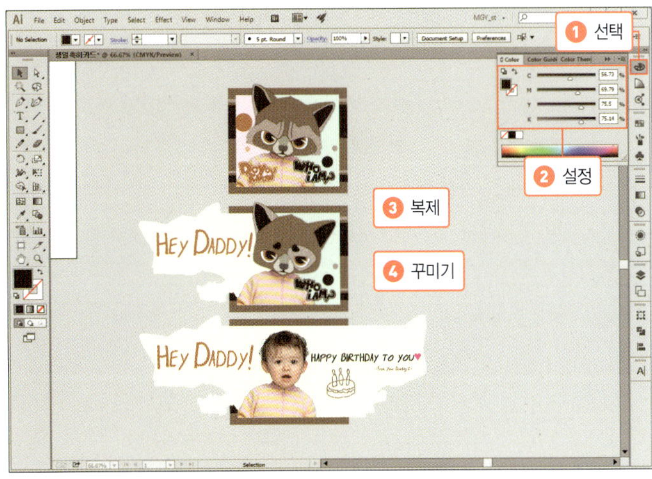

16 같은 방법으로 [Color] 패널에서 면 색상을 'C:56%, M:69%, Y:75%, K:75%'로 설정합니다. 선택 도구(▶, V)를 이용하여 Shift 키를 누른 채 그림과 같이 객체를 이동해서 카드 레이아웃을 완성합니다.

17 브러시 도구(✏, B)를 이용하여 그림과 같이 레이아웃에 맞춰 카드 안쪽을 꾸미거나 출력하여 직접 메시지를 작성합니다.

TIP 출력을 위해서는 먼저 출력하려는 객체를 아트보드로 드래그하여 이동해야 합니다.

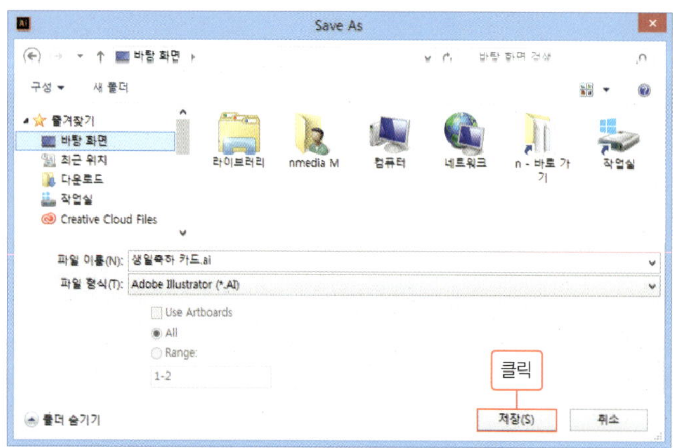

18 저장을 위해 [File] → Save(Ctrl+S)를 실행하여 [Save As] 대화상자에서 〈저장〉 버튼을 클릭합니다.

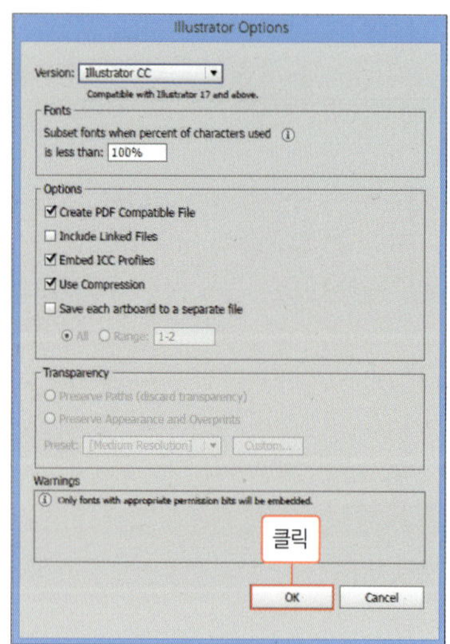

19 [Illustrator Options] 대화상자에서 〈OK〉 버튼을 클릭하여 카드를 완성합니다.

20 완성된 카드 레이아웃을 이용하여 생일 축하 카드를 보내거나 지인들에게 다양한 메시지를 전달해 보세요.

TIP 두 개의 아트보드는 양면 카드 레이아웃에서 디자인 합니다.

6 사각형 도구를 이용하여 패턴 배경 디자인하기

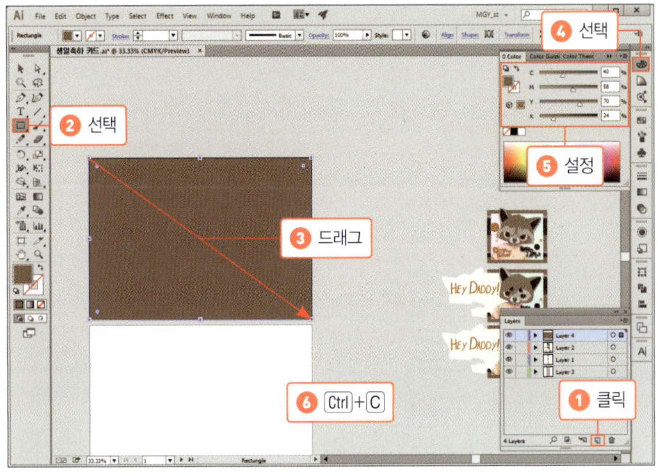

01 앞서 계획한 카드 레이아웃을 활용하여 양면 인쇄용 카드를 완성하기 위해 [Layers] 패널에서 'Create New Layer' 아이콘(🔲)을 클릭하여 새 레이어를 만듭니다. 사각형 도구(🔲, M)를 선택한 다음 첫 번째 아트보드에 맞게 드래그하여 사각형을 만듭니다.

[Color] 패널에서 면 색상을 'C:40%, M:58%, Y:70%, K:24%', 선 색상을 'None'으로 설정한 다음 Ctrl+C 키를 눌러 복사합니다.

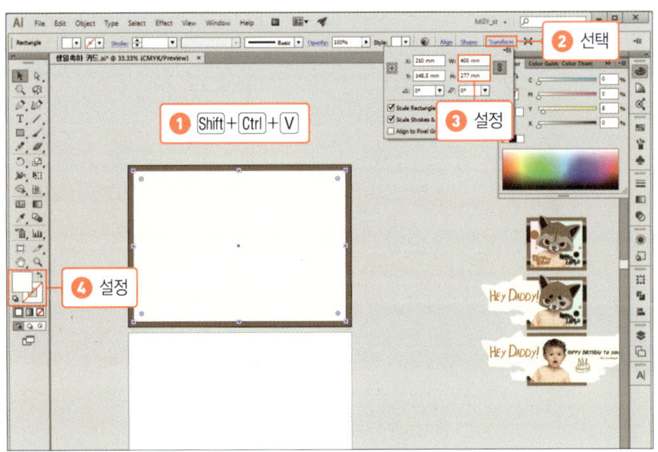

02 Shift+Ctrl+V 키를 눌러 복사한 대상과 같은 위치에 사각형을 붙여 넣습니다.

[Control] 패널의 'Transform'을 선택하고 W를 '400mm', H를 '277mm'로 설정한 다음 면 색상을 'C:0%, M:0%, Y:8%, K:0%'로 설정합니다.

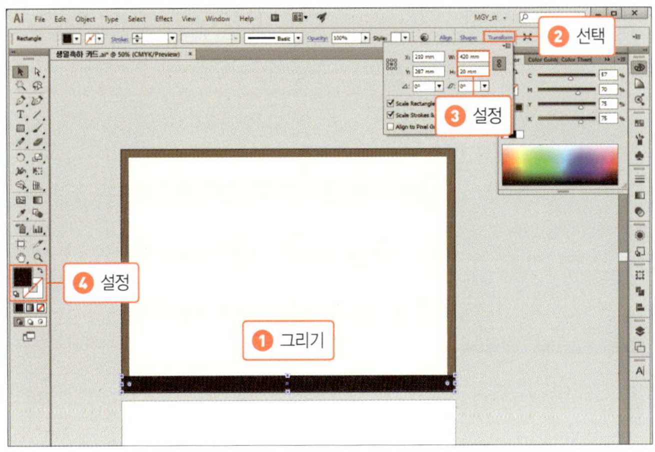

03 사각형 도구(🔲, M)를 이용하여 그림과 같이 사각형을 만듭니다.

[Control] 패널에서 'Transform'을 선택하고 W를 '420mm', H를 '20mm'로 설정한 다음 면 색상을 'C:57%, M:70%, Y:75%, K:75%'로 설정합니다.

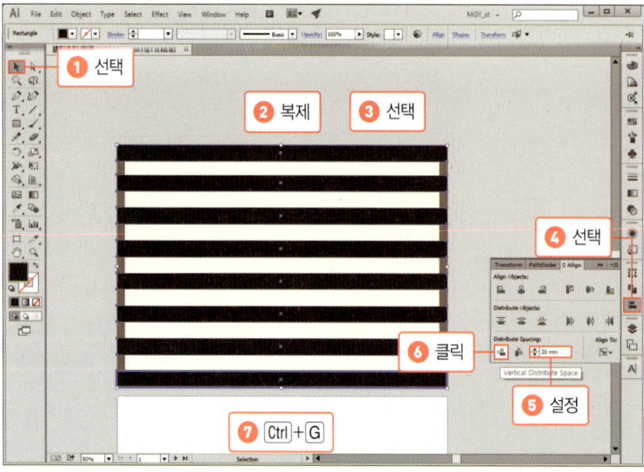

04 선택 도구(, V)로 Alt+Shift 키를 누른 채 위로 드래그하여 그림과 같이 사각형을 일곱 개 더 복제합니다.

05 같은 모양의 사각형들을 모두 선택하고 맨 아래쪽의 객체를 한 번 더 선택합니다. [Align] 패널에서 Distribute Spacing을 '20mm'로 설정한 다음 'Vertical Distribute Spacing' 아이콘()을 클릭하여 다시 선택한 객체를 기준으로 가로 간격을 맞춥니다. Ctrl+G 키를 눌러 그룹으로 설정합니다.

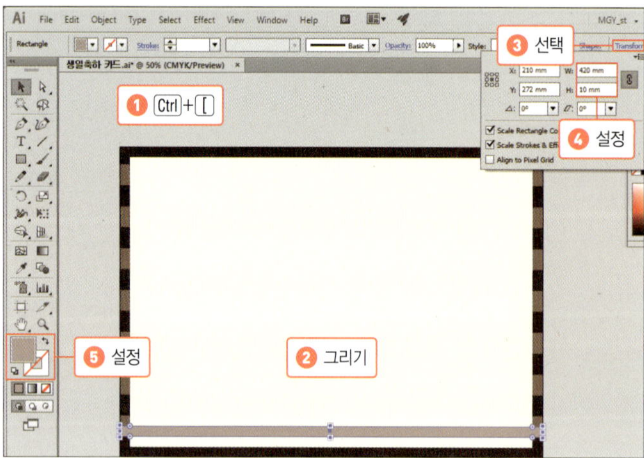

06 그룹이 선택된 상태에서 Ctrl+[키를 눌러 미색 사각형 뒤에 배치하여 테두리를 꾸밉니다.

07 사각형 도구(, M)로 그림과 같이 사각형을 만듭니다.
[Control] 패널에서 'Transform'을 선택한 다음 W를 '420mm', H를 '10mm'로 설정합니다. 면 색상을 'C:32%, M:37%, Y:37%, K:0%'로 설정합니다.

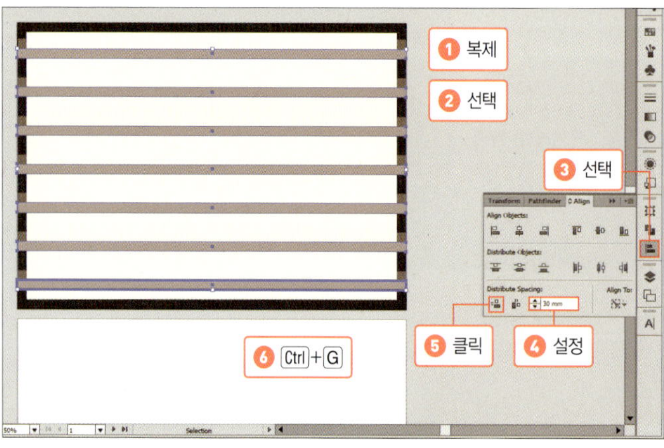

08 같은 방법으로 사각형을 위로 드래그하여 여섯 개 복제한 다음 같은 색 사각형들을 선택하고 맨 아래쪽 객체를 선택합니다.
[Align] 패널에서 Distribute Spacing을 '30mm'로 설정하고 'Vertical Distribute Spacing' 아이콘()을 클릭하여 다시 선택한 객체를 기준으로 가로 간격을 맞춘 다음 Ctrl+G 키를 눌러 그룹으로 설정합니다.

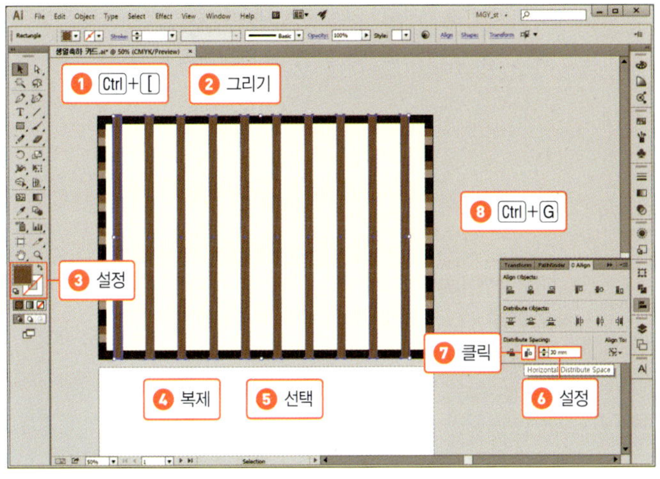

09 그룹으로 설정된 객체가 선택된 상태에서 Ctrl + [키를 눌러 미색 사각형 뒤에 배치합니다. 같은 방법으로 그림과 같은 위치에 W가 '10mm', H가 '297mm'인 사각형을 만들고 면 색상을 'C:40%, M:58%, Y:70%, K:24%'로 설정한 다음 열 개 복제합니다.

10 복제한 사각형들을 선택하고 맨 왼쪽 사각형을 다시 한 번 선택합니다. [Align] 패널에서 Distribute Spacing을 '30mm'로 설정한 다음 'Horizontal Distribute Spacing' 아이콘(⬚)을 클릭하여 다시 클릭한 객체를 기준으로 세로 간격을 맞추고 Ctrl + G 키를 눌러 그룹으로 설정합니다.

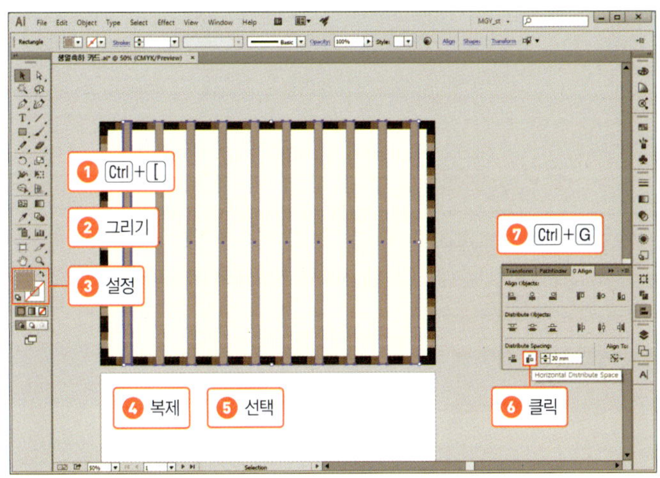

11 그룹 객체가 선택된 채 Ctrl + [키를 눌러 미색 사각형 뒤에 배치합니다. 같은 방법으로 그림과 같은 위치에 W가 '10mm', H가 '297mm'인 사각형을 만들고 면 색상을 'C:32%, M:37%, Y:37%, K:0%'로 설정한 다음 열 개 복제합니다.

12 열 개의 복제된 사각형이 선택된 상태에서 맨 왼쪽 사각형을 다시 한 번 선택합니다. [Align] 패널에서 'Horizontal Distribute Spacing' 아이콘(⬚)을 클릭하여 선택한 객체를 기준으로 세로 간격을 맞춘 다음 Ctrl + G 키를 눌러 그룹으로 설정합니다.

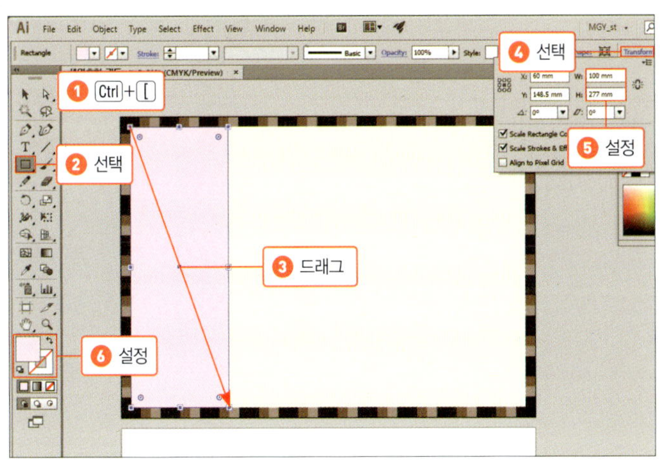

13 그룹 객체가 선택된 채 Ctrl + [키를 눌러 미색 사각형 뒤에 배치합니다.
사각형 도구(⬚, M)를 선택하고 그림과 같은 위치에 드래그하여 사각형을 그립니다.
[Control] 패널에서 'Transform'을 선택하고 W를 '100mm', H를 '277mm'로 설정합니다.
면 색상을 'C:0%, M:10%, Y:0%, K:0%'로 설정합니다.

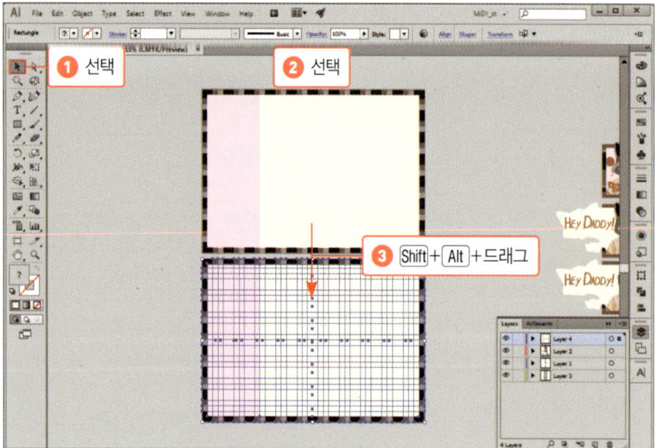

14 선택 도구(, V)를 선택한 다음 첫 번째 아트보드를 드래그하여 사각형들을 선택한 다음 Shift + Alt 키를 누른 채 두 번째 아트보드로 드래그하여 복제합니다.

7 양면 인쇄 레이아웃에 알맞게 카드 도안 배치하기

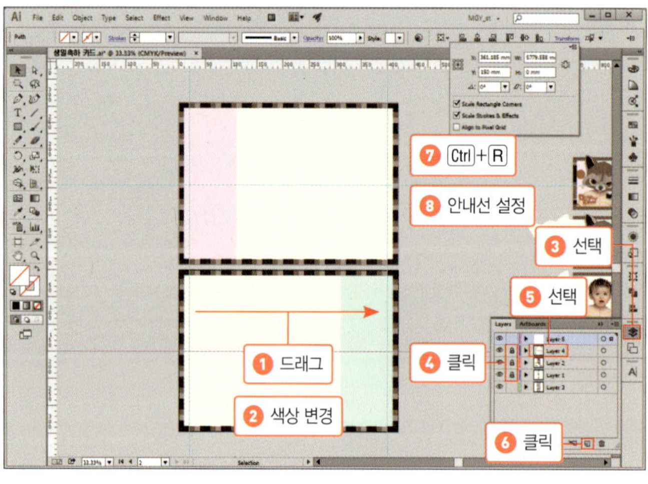

01 두 번째 아트보드의 분홍색 사각형을 오른쪽으로 이동한 다음 그림과 같이 면 색상을 'C:10%, M:0%, Y:10%, K:0%'로 설정합니다.

02 [Layers] 패널에서 'Layer 3' 레이어를 제외한 'Layer 1, 2, 4' 레이어의 '잠금' 아이콘()을 클릭하여 잠금 설정하고 'Layer 4' 레이어를 선택한 다음 새 레이어를 만듭니다. Ctrl + R 키를 누르고 눈금자를 드래그하여 그림과 같이 안내선을 만듭니다.

왼쪽 세로 안내선 • X:20mm
오른쪽 세로 안내선 • X:400mm

위쪽 가로 안내선 • Y:150mm(첫 번째 아트보드 기준)
아래쪽 가로 안내선 • Y:150mm(두 번째 아트보드 기준)

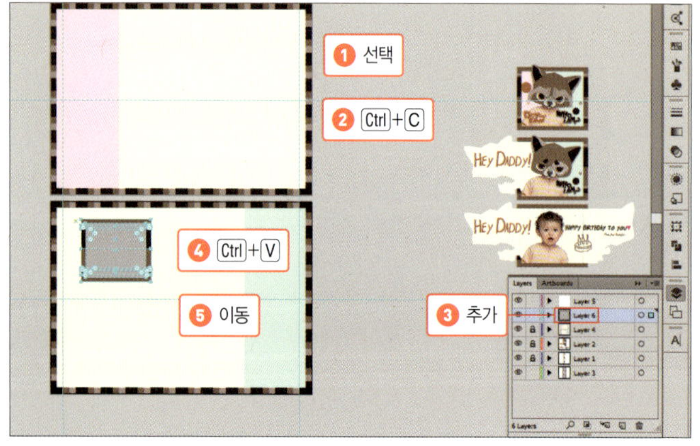

03 'Layer 3' 레이어의 카드를 선택하고 Ctrl + C 키를 눌러 복사합니다.
[Layers] 패널에서 'Layer 5' 레이어 아래에 새 레이어를 만들고 Ctrl + V 키를 눌러 복사한 객체를 붙여 넣은 다음 두 번째 아트보드로 이동합니다.

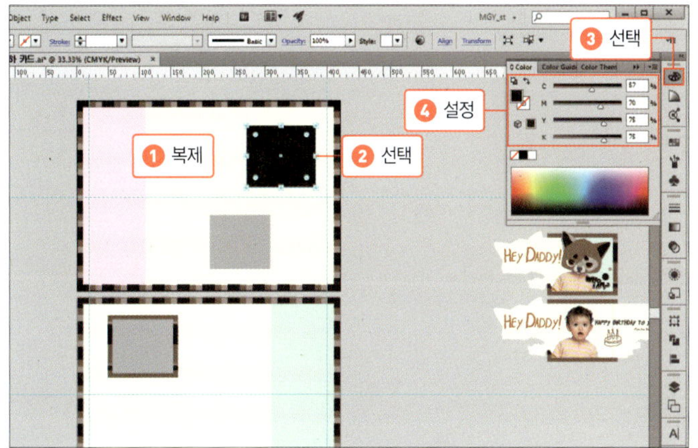

04 붙여 넣은 객체 중 Alt 키를 누른 채 회색 사각형과 맨 아래 갈색 사각형을 각각 드래그하여 그림과 같이 복제합니다.
갈색 사각형이 선택된 상태로 [Color] 패널에서 면 색상을 'C:57%, M:70%, Y:75%, K:75%'로 설정합니다.

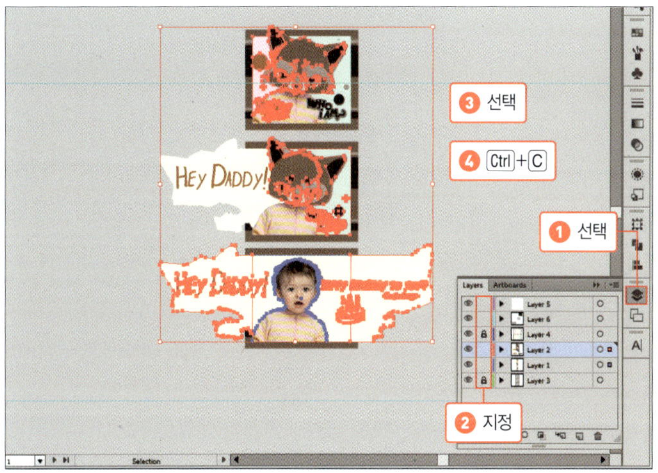

05 [Layers] 패널에서 'Layer 3' 레이어의 '잠금' 아이콘(🔒)을 클릭하고 'Layer 1', 'Layer 2' 레이어의 잠금 설정을 해제합니다.
Shift 키를 누른 채 그림과 같이 카드들을 선택하고 Ctrl+C 키를 눌러 복사합니다.

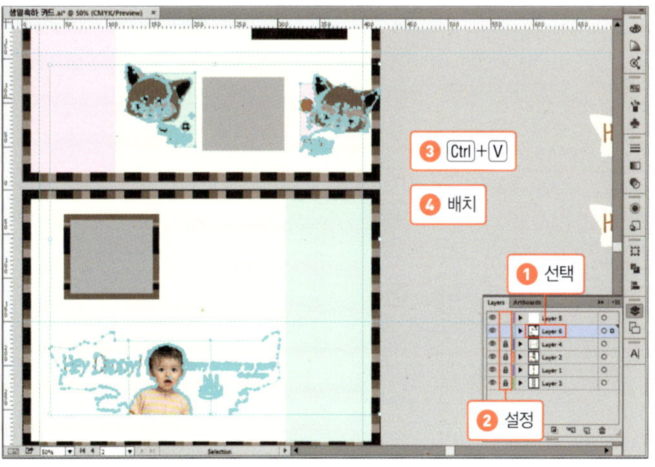

06 'Layer 6' 레이어를 선택한 다음 'Layer 1~4' 레이어의 '잠금' 아이콘(🔒)을 클릭합니다. Ctrl+V 키를 눌러 복사한 객체를 붙여 넣은 다음 그림과 같이 배치합니다.

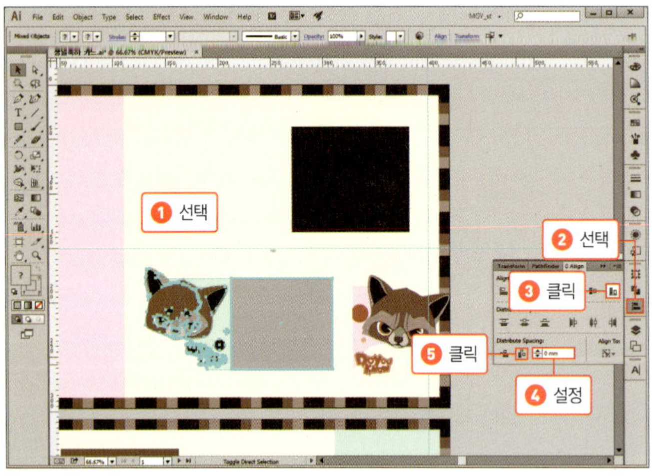

07 카드 왼쪽 면 그룹과 회색 사각형을 선택하고 그룹을 선택합니다.

[Align] 패널에서 'Vertical Align Bottom' 아이콘()을 클릭하여 다시 선택한 객체를 기준으로 정렬합니다. Distribute Spacing을 '0mm'로 설정하고 'Horizontal Distribute Spacing' 아이콘()을 클릭하여 세로 간격을 맞춥니다.

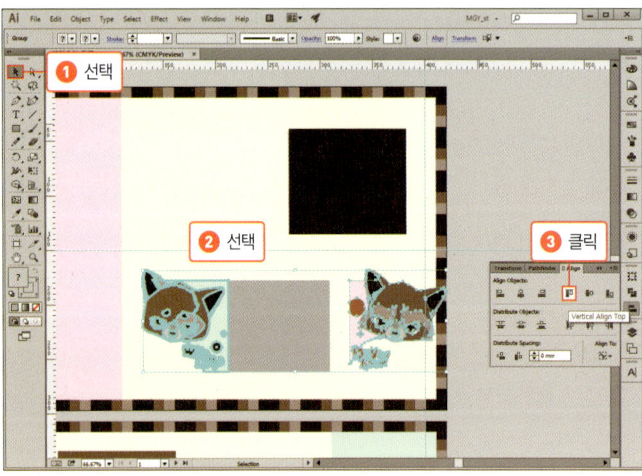

08 선택 도구(, V)로 카드 왼쪽 면 그룹과 오른쪽 그룹을 함께 선택하고 왼쪽 그룹을 다시 선택합니다.

[Align] 패널에서 'Vertical Align Top' 아이콘()을 클릭하여 다시 선택한 객체를 기준으로 위쪽 정렬합니다.

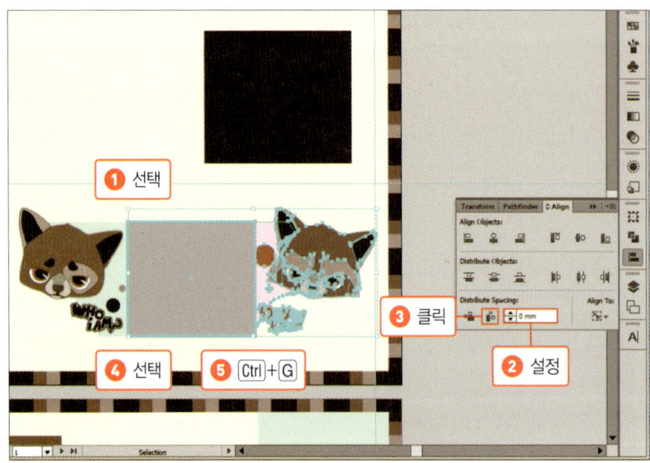

09 회색 사각형과 오른쪽 그룹을 선택하고 사각형을 다시 선택합니다.

[Align] 패널에서 Distribute Spacing을 '0mm'로 설정하고 'Horizontal Distribute Spacing' 아이콘()을 클릭하여 세로 간격을 맞춥니다. 왼쪽 그룹과 사각형, 오른쪽 그룹을 선택한 다음 Ctrl+G 키를 눌러 그룹으로 설정합니다.

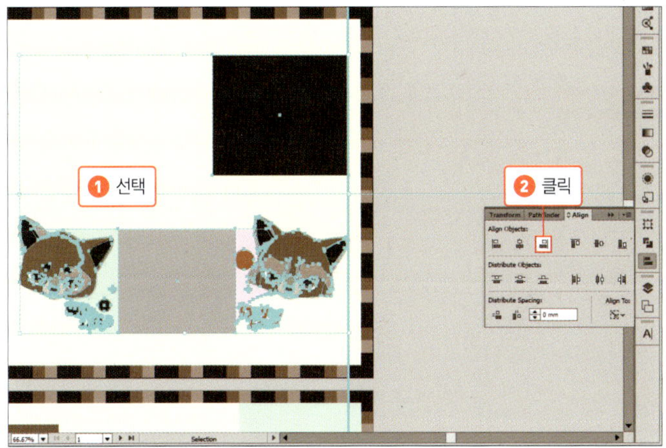

10 그룹으로 설정된 객체와 위쪽 사각형, 오른쪽 세로 안내선을 그림과 같이 선택한 다음 안내선을 한 번 더 선택합니다.
[Align] 패널에서 'Horizontal Align Right' 아이콘(圖)을 클릭하여 다시 선택한 객체를 기준으로 오른쪽 정렬합니다.

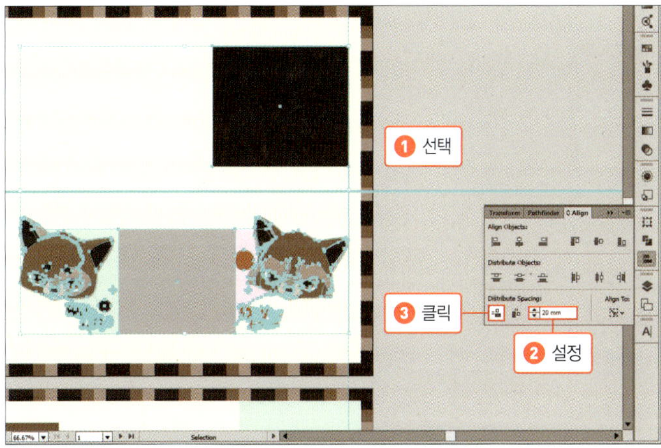

11 그룹 객체들과 위쪽 사각형, 첫 번째 아트보드의 가로 안내선을 선택한 다음 다시 안내선을 선택합니다.
[Align] 패널에서 Distribute Spacing을 '20mm'로 설정한 다음 'Vertical Distribute Spacing' 아이콘(圖)을 클릭하여 다시 선택한 객체를 기준으로 가로 간격을 맞춥니다.

12 아래쪽 아트보드에서 카드 안쪽의 미색 배경을 선택한 다음 [Pathfinder] 패널의 'Unite' 아이콘(圖)을 클릭하여 합칩니다.

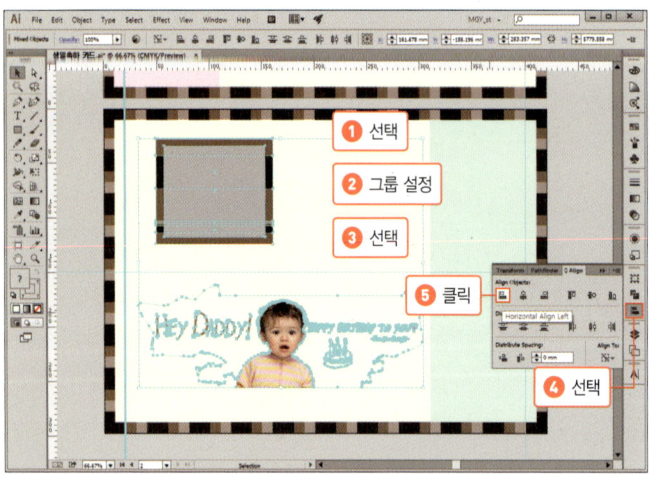

13 카드 안쪽의 모든 객체를 선택하고 그룹으로 설정한 나눔 위쪽 사각형들도 전체 선택하고 그룹으로 설정합니다.

그룹으로 설정된 두 개의 객체와 왼쪽 세로 안내선을 선택하고 안내선을 다시 선택합니다. [Align] 패널에서 'Horizontal Align Left' 아이콘(📖)을 클릭하여 다시 선택한 안내선을 기준으로 왼쪽 정렬합니다.

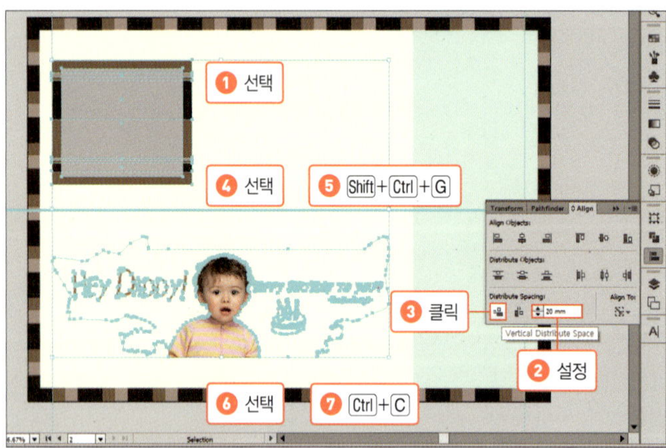

14 그룹으로 설정된 두 개의 객체와 두 번째 아트보드의 가로 안내선을 선택하고 안내선을 다시 한 번 선택합니다.

[Align] 패널에서 Distribute Spacing을 '20mm'로 설정한 다음 'Vertical Distribute Spacing' 아이콘(📖)을 클릭하여 선택한 안내선을 기준으로 가로 간격을 맞춥니다.

그룹으로 설정된 카드 안쪽을 선택하고 Shift+Ctrl+G 키를 눌러 그룹을 해제합니다. 안쪽 바탕색을 선택하고 Ctrl+C 키를 눌러 복사합니다.

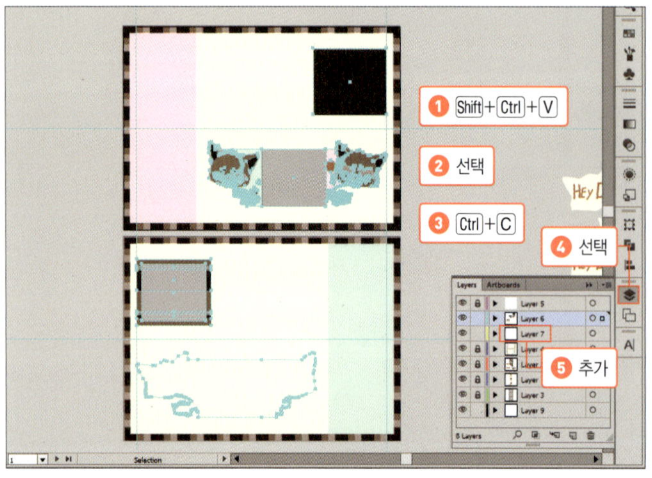

15 Shift+Ctrl+V 키를 눌러 복사한 객체와 같은 위치에 붙여 넣은 다음 Shift 키를 누른 채 그림과 같이 두 번째 아트보드의 사각형 그룹과 첫 번째 아트보드의 카드 바깥 부분 그룹, 갈색 사각형을 선택합니다.

Ctrl+C 키를 눌러 복사한 다음 [Layers] 패널에서 'Layer 6' 레이어 아래에 새 레이어를 만듭니다.

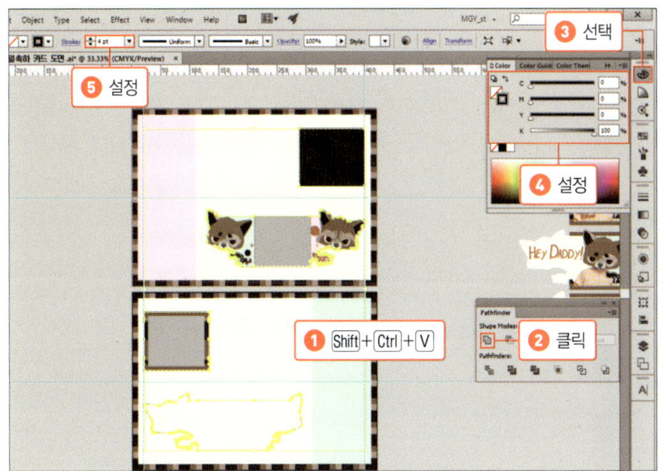

16 새 레이어에서 Shift+Ctrl+V 키를 눌러 복사한 객체와 같은 위치에 붙여 넣습니다. [Pathfinder] 패널의 'Unite' 아이콘(🔳)을 클릭하여 객체들을 합칩니다.

[Color] 패널에서 면 색상을 'None', 선 색상을 'C:0%, M:0%, Y:0%, K:100%'로 설정하고 [Control] 패널에서 Stroke를 '4pt'로 설정하여 테두리를 만듭니다.

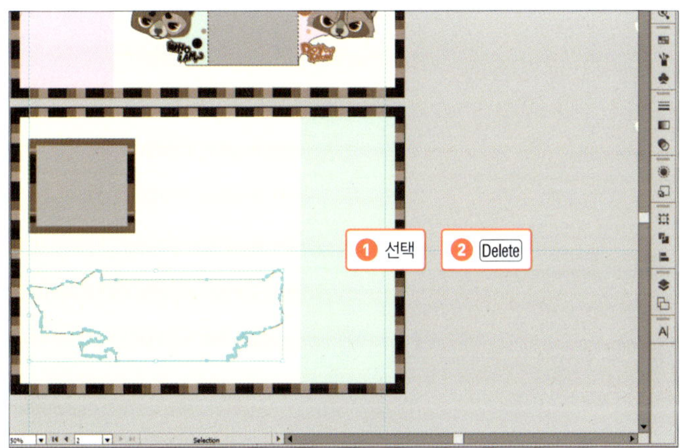

17 'Layer 6' 레이어에서 그림과 같이 카드 안쪽 면을 선택하고 Delete 키를 눌러 삭제합니다.

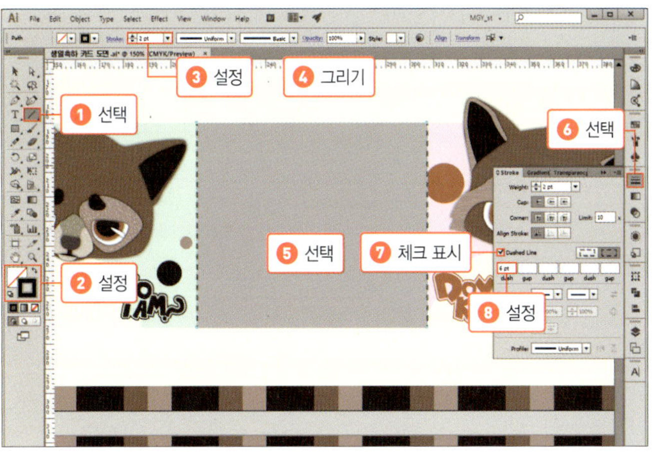

18 선 도구(✏️, W)를 선택하고 선 색상을 '검은색'으로 설정한 다음 [Control] 패널에서 Stroke를 '2pt'로 설정합니다. 그림과 같이 두 개의 선을 그립니다.

선들을 선택하고 [Stroke] 패널에서 'Dashed Line'에 체크 표시한 다음 dash를 '6pt'로 설정하여 접는 선(점선)을 만듭니다.

8 타이포그래피로 설명글을 더해 완성하기

01 선 도구(✏, W)를 이용해서 두 번째 아트보드 오른쪽에 드래그하여 그림과 같이 선과 점선을 만듭니다. 사각형 도구(■, M)로 선 아래에 면 색상이 'C:0%, M:0%, Y:0%, K:30%'인 사각형을 만듭니다.

02 면 색상을 'C:0%, M:0%, Y:0%, K:20%', 선 색상을 'C:40%, M:58%, Y:70%, K:24%'로 설정하고 [Control] 패널에서 Stroke를 '4pt'로 설정한 다음 위쪽에 사각형을 만듭니다. 아트보드 여백의 카드들을 사각형 안쪽으로 이동하고 축소한 다음 배치합니다.

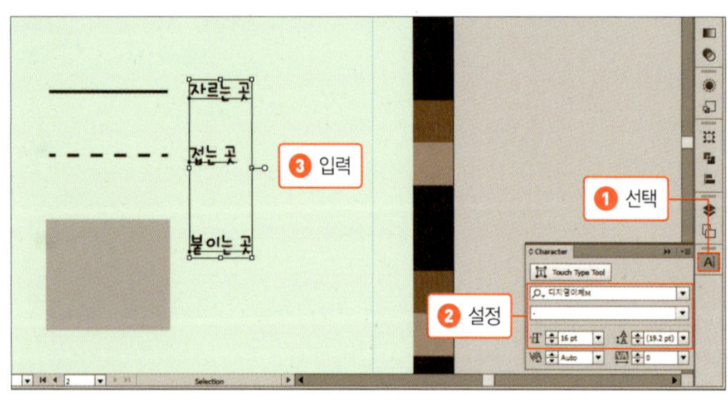

03 [Character] 패널에서 서체를 '디지영이체M', 글자 크기를 '16pt'로 설정하고 문자 도구(T., T)를 이용하여 선, 점선, 사각형 옆에 각각 '자르는 곳', '접는 곳', '붙이는 곳'을 입력합니다.

04 같은 방법으로 문자 도구(T., T)와 캐릭터를 이용하여 첫 번째 아트보드를 꾸밉니다. 펜 도구(✒, P)를 선택하고 면과 선 색상을 '흰색'으로 설정한 다음 그림과 같은 장식 요소들을 만듭니다.
객체들을 선택하고 Shift+Ctrl+[키를 눌러 맨 뒤에 배치합니다.

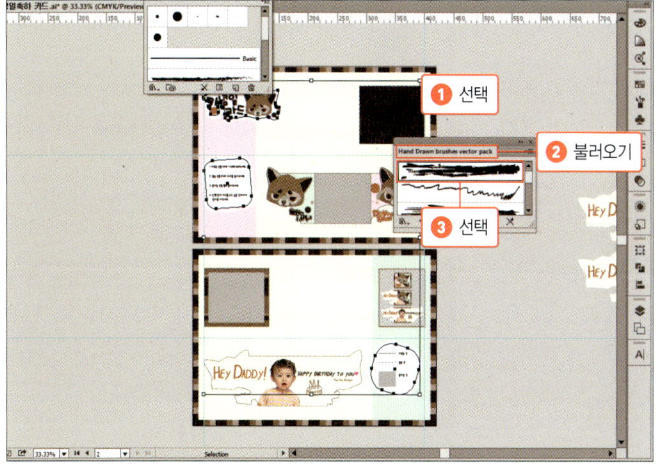

05 객체가 선택된 상태에서 [Brushes] 패널의 'Brush Libraries menu' 아이콘(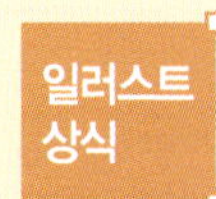)을 클릭한 다음 **Vector Packs → Hand Drawn brushes Vector Packs**를 실행합니다. Hand Drawn brushes Vector Packs 라이브러리에서 'Hand Drawn brushes Vector Packs 01'을 선택하여 테두리를 적용합니다.

TIP 브러시 섬네일에 커서를 위치시키면 브러시 이름을 확인할 수 있습니다.

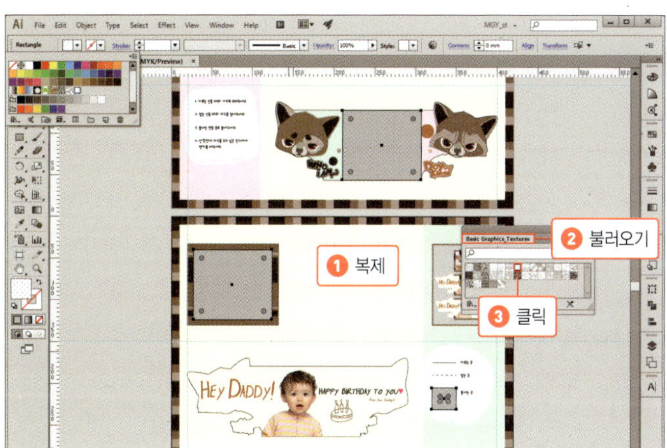

06 [Shift] 키를 누른 채 그림과 같이 회색 사각형들을 선택하고 [Ctrl]+[C] 키를 눌러 복사합니다. 'Layer 8' 레이어를 선택한 다음 [Shift]+[Ctrl]+[V] 키를 눌러 복사한 객체와 같은 위치에 붙여 넣습니다.

07 [Swatches] 패널의 'Swatch Libraries menu' 아이콘을 클릭한 다음 **Patterns → Basic Graphics → Basic Graphics_ Textures**를 실행하고 Basic Graphics_ Textures 라이브러리에서 'Crosses'를 선택합니다.

일러스트 상식

[Swatches] 패널 라이브러리

[Swatches] 패널에서 'Swatch Libraries Menu' 아이콘을 클릭하거나 패널 메뉴를 실행하여 다양한 라이브러리에서 패턴 또는 색상을 선택할 수 있습니다.

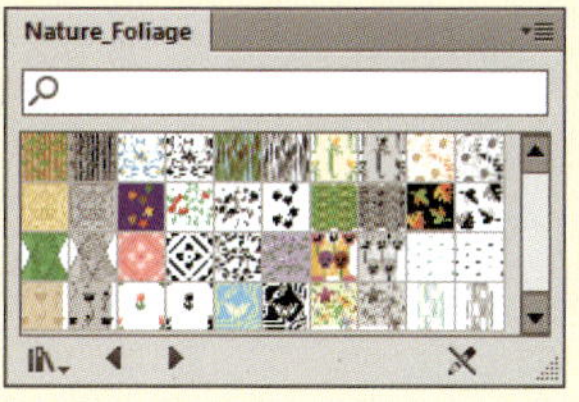

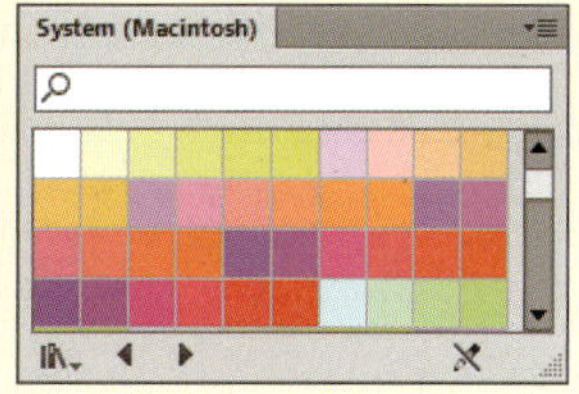

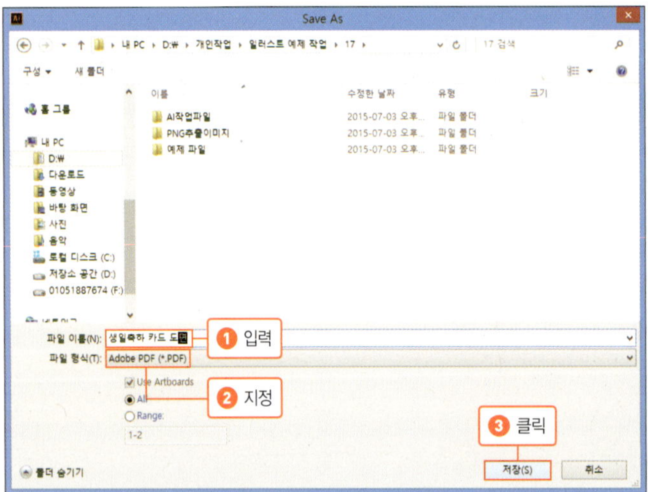

08 [File] → Save As(Shift+Ctrl+S)를 실행하여 [Save As] 대화상자에서 파일 이름을 '생일축하 카드 도면'으로 입력하고 파일 형식을 'Adobe PDF (*.PDF)'로 지정한 다음 〈저장〉 버튼을 클릭합니다.

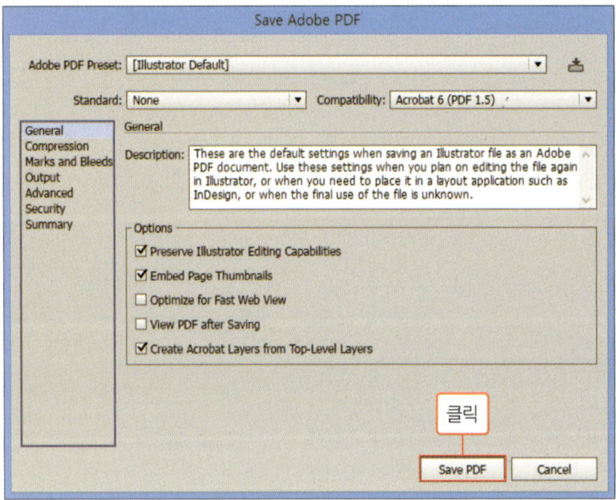

09 [Save Adobe PDF] 대화상자에서 기본 설정 값을 그대로 둔 채 〈Save PDF〉 버튼을 클릭하여 저장합니다.

10 완성된 PDF를 양면으로 출력하여 자르고 붙여 만들 수 있는 재미있는 입체 카드를 완성해 보세요.

디자인 사례

캐릭터에 다양한 질감 표현으로 독특한 즐거움을 줍니다. 벡터 이미지의 깔끔하고
명료한 이미지에서 벗어나 재질 등을 활용한 친근감 있는 이미지의 카드를 완성할
수 있습니다.

▲ 숫자의 밝은 파란색 계열과 캐릭터의 피부 색상이 대비를 이룹니다. 이집트 벽화의
정면성 원리처럼 얼굴과 다리는 측면을 향하지만 어깨는 정면을 향하는 자세도 익살
스러움을 배가시킵니다.

◀ 파스텔 색상의 부드러운 질감 표현이 캐릭터를 더욱 친근하게 느껴지게 합니다. 캐릭터의 동글동글한 곡선과 원뿔의 직선적인 형태와 패턴이 대비를 이룹니다.

◀ 입체주의 작가 페르낭 레제를 연상시키는 인물 배치와 함께 전체적인 색상이 보색 대비를 이루어 명료한 느낌을 줍니다. 2도로 제한된 색상의 한계를 악기의 도트 패턴과 캐릭터 옷의 줄무늬 패턴의 대비를 통해 극복한 점이 인상적입니다.

▲ 엄격한 세관검사에 관해 알리는 일러스트로 너구리를 활용하여 친숙하게 표현하였습니다.
단순하게 평면으로 표현된 캐릭터 형태와 대비되도록 상자는 입체적으로 표현하여 주목성을
높였습니다. 얼굴 형태와 너구리 옷, 꼬리의 패턴이 조형적인 균형감을 이룹니다.

아시아경제신문사 그래픽 디자이너
만평(카툰) 작가

최길수

홍익대에서 광고멀티미디어를 전공하고 동대학원 박사를 수료했다. 아시아경제신문사에서 저널리즘 인포그래픽과 더불어 그래픽 디자인과 만평(카툰)을 그리고 있다. 다수의 광고 공모전 입상을 바탕으로 잡지나 교과서 등에 카툰, 일러스트를 연재하고 포스터, 광고 등 차별화된 디자인을 제작했다.

● **현재 어떤 작업을 하고 있나요?**

도전과 열정이 가득했던 대학 시절, 다수의 광고 공모전에서 수상한 경험을 바탕으로 잡지나 교과서 등에 카툰, 일러스트, 포스터, 광고 등 차별화된 디자인을 제작해왔습니다. 현재 창의적인 이미지 시각화를 위해 수작업과 디지털 작업을 병행하며 하루하루 즐겁게 살아가고 있습니다. 많은 사람들과 소통하기 위해 전시나 디자인 프로젝트에 참여하면서 항상 새로운 경험을 쌓으며 사람을 중심으로 감동을 주는 작업을 완성하기 위해 노력하고 있습니다.

● **디자인적인 아이디어 발상은 어떻게 하나요?**

생활 속에서 한 푼, 두 푼 동전을 모으듯이 메모하는 습관과 함께 꾸준히 아이디어 스케치를 합니다. 또한 관심분야에서는 자료를 수집하며 이를 바탕으로 재미있고 엉뚱한 상상을 통해 발상과 아이디어가 더욱 빛을 발하도록 합니다. 결국 자료는 나만의 재료이자 아이덴티티가 되는 것이죠.

아이디어 발상에는 경험과 상상력이 뒷받침되어야 합니다. 이러한 기초 경험의 체력을 향상시키기 위해 여행, 책, 음악, 영화, 미술, 디자인 전시회 등 다양한 문화 활동을 바탕으로 양분을 흡수해서 어느 누구도 흉내 낼 수 없는 나만의 아이디어 발상을 위해 노력합니다. 특히 사람들이 무엇을 원하며 관심을 두는지 살펴보기 위해 주로 신문을 보며 경제, 문학, 예술, 정치 등 사회 전반적으로 시대 흐름과 디자인 감성을 적절히 배합하고 있습니다.

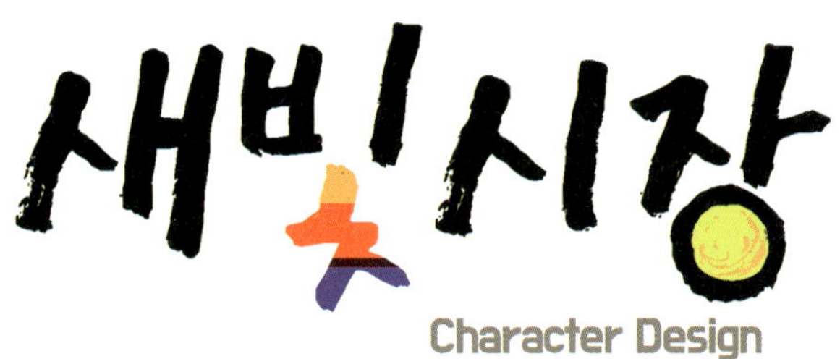

Main Characters

Sub-characters 1

Sub-characters 2

Sub-characters 3

동대문 새빛 시장 캐릭터 디자인_최길수, 민지영

동대문과 야시장의 특성을 살려 친근하고 차별화된 캐릭터 이미지를 제작했습니다. 펜 도구와 [Pathfinder] 패널을 이용해 최대한 단순하고 절제된 색으로 표현했습니다. 올빼미와 밤, 먹거리, 쇼핑 키워드를 통해 시각적으로 상징성을 담아냈습니다.

● **드로잉에서 가장 중요하게 생각하는 것은 무엇인가요?**

항상 긍정적인 마인드와 좋은 생각을 바탕으로 재미있게 일할 수 있는 분위기를 스스로 만들어야 합니다. 또한 무조건 많이 보고, 관찰하고 그려 보세요. 자신이 가장 좋아하는 것이 무엇인지를 파악해 호감 가는 요소를 만들어 표현하는 것도 하나의 방법입니다. 아이디어 발상을 바로 디지털 작업에 연결하기보다 아날로그적인 스케치, 낙서 등 마음 가는 데로 그려 보는 것이 더욱 중요합니다. 나만의 경험과 기술을 토대로 독창적인 스타일을 만들어가는 것이죠. 그러므로 항상 주의 깊게 관찰하고 기억하며 실험하고 도전하는 습관을 들여야 합니다.

● **어려운 배색은 주로 어떻게 해결하나요?**

색과 관련된 다양한 색상표와 서적들이 있지만 마음에 드는 작품과 디자인 자료 수집을 통해 배색을 연구합니다. 색채 이론도 중요하지만 실무에서는 경험과 관찰이 더 큰 도움이 됩니다. 또 다른 방법은 배색을 추출하는 것입니다. 마음에 드는 배색 이미지를 선택하여 디지털 프로그램에서 색상 팔레트를 만들면 색을 선택할 때 좀 더 편리합니다. 최근에는 배색과 관련된 사이트들이 늘어나 좀 더 쉽게 학습할 수 있습니다.

어서오시게~
'술 한 잔의 행복'이라는 주제로 바쁜 일상 속에서도 친한 친구와의 술 한 잔과 따뜻한 말 한 마디가 진정한 행복이라는 메시지를 담았습니다. 일러스트레이터와 포토샵의 조합으로 디지털 이미지를 덜어내고, 감성적으로 연출했습니다.

● **자주 사용하는 도구, 패널, 기능에는 어떤 것이 있나요?**

주로 인포그래픽, 캐릭터나 인물 디자인 작업을 하다 보니 펜 도구와 [Pathfinder] 패널을 자주 이용합니다. 펜 도구와 [Pathfinder] 패널은 일러스트레이터에서 가장 중요하고 많이 쓰는 도구로, 벡터 이미지의 특성을 살려 고품질의 깔끔한 이미지를 만들 때 포토샵보다 더욱 세밀하게 작업할 수 있습니다. 무엇보다 가장 중요한 것은 드로잉 실력을 바탕으로 디지털 도구를 이용했을 때 좋은 작품이 나온다고 생각합니다. 물론 디자인 감각도 필요하기 때문에 더욱이 스케치를 게을리 하면 안 되겠죠?

● **시각 디자이너(일러스트레이터)가 되고 싶어 하는 후배들에게 하고 싶은 이야기가 있다면 무엇인가요?**

편식하지 말고 다양한 장르의 문화를 골고루 섭취하듯 익히는 것이 좋습니다. 디지털 미디어가 발전할수록 한 가지만 잘 해서는 안 됩니다. 디자인 영역도 크로스 오버가 활발하게 진행되고 있기 때문에 만능, 멀티플레이어가 되어야 합니다. 또한 꾸준히 연습하고, 도전적인 실험 정신이 필요합니다. 훌륭한 작가나 디자이너가 되기 위해서는 기본 드로잉과 자기만의 스타일을 완성해 가는 표현을 끊임없이 연구해야 합니다.

'황금사과' 펀드

언론(저널리즘)에서 일러스트레이션은 디지털 미디어의 발달 속에 기본 개념에서 벗어나 전문 분야로 자리 잡고 있습니다. 사회에서 발생하는 중요하고 흥미로운 사실이나 사건, 이슈에 관한 뉴스나 정보, 의견을 독자에게 제공하기 위해 연출된 시각 정보라고도 할 수 있습니다. 다음의 작품은 난해한 경제 재테크 기사를 독자들에게 더욱 쉽고, 흥미 있게 보여주기 위해 노력하였습니다.

Dwaerangyi
Design by Choi kil soo

캐릭터 '돼랑이' 시리즈 비주얼 스토리텔링

옛 이야기에 자주 등장하는 호랑이, 까치를 통해 두려움을 재미로 승화시키는 민화 속에서 영감을 얻어 '돼랑이'라는 캐릭터를 만들었습니다. 친근한 호랑이와 돼지 코를 현대적으로 재해석해 기발하고 유머스러운 착상으로 현대인의 자화상을 그려냈습니다. 자칫 딱딱하고 차가울 수 있는 그래픽 이미지를 풍성하고, 감성적인 메시지로 전달하려는 노력과 함께 단순하면서도 섬세한 디테일을 일러스트레이터로 깔끔하게 처리했습니다.

쇼핑백 디자인

Dear Mr. Min
This is for you

일러스트를 활용한 쇼핑백 만들기

선물에 정성을 담아 직접 만든 쇼핑백에 전해 보세요! 쇼핑백을 만들면 필요할 때
마다 구매할 필요없이 여기저기 모아둔 쇼핑백으로 인해 더 이상 지저분하게 수
납할 필요도 없습니다.

1 스케치를 따라 캐릭터 그리기

01 [File] → Open(Ctrl+O)을 실행합니다.
[Open] 대화상자에서 23 폴더의 '펜 툴 가이
드.ai' 파일을 불러옵니다.

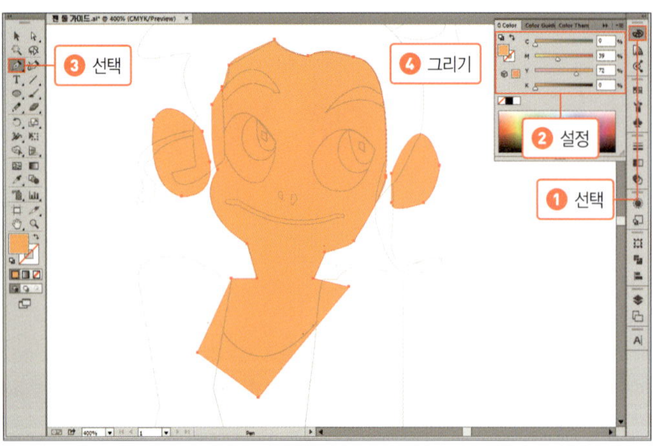

02 [Color] 패널에서 면 색상을 'C:0%, M:
39%, Y:72%, K:0%', 선 색상을 'None'으로 설
정합니다.
펜 도구(P)를 이용하여 그림과 같이 스
케치를 따라 캐릭터 얼굴을 그립니다.

TIP 면과 선 색상을 교체하여 패스 선을 미리 보면서 작
업할 수도 있습니다.

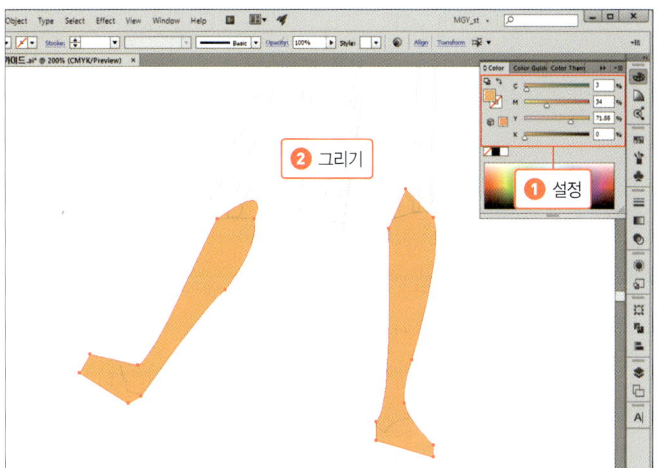

03 이어서 [Color] 패널에서 면 색상을 'C: 3%, M:34%, Y:72%, K:0%'로 설정하고 캐릭터 다리를 그립니다.

04 같은 방법으로 펜 도구(, P)를 활용하여 캐릭터의 치마와 셔츠를 그립니다.

치마 • C:60%, M:51%, Y:79%, K:45%
셔츠 • C:13%, M:12%, Y:40%, K:0%

05 면 색상을 'C:69%, M:52%, Y:50%, K: 24%'로 설정하고 티셔츠 양쪽에 그림과 같이 조끼 형태의 카디건을 그립니다.

06 펜 도구(✐, P)를 활용하여 신발과 팔, 머리카락을 그립니다.

신발 • C:17%, M:12%, Y:40%, K:0%
뒷머리 • C:35%, M:45%, Y:89%, K:11%
머리카락 • C:45%, M:51%, Y:91%, K:28%
옆머리 • C:41%, M:53%, Y:80%, K:25%
팔 • C:3%, M:34%, Y:72%, K:0%

07 이어서 캐릭터 얼굴을 묘사하고 팔 위에 카디건과 같은 색으로 소매 부분을 그립니다.

눈썹 • C:29%, M:66%, Y:86%, K:18%
눈 흰자 • C:14%, M:21%, Y:40%, K:0%
눈동자/코/입 • C:71%, M:65%, Y:66%, K:76%
눈동자2 • C:34%, M:89%, Y:97%, K:50%

08 카디건과 치마 위에 어두운 색으로 명암을 그려 주름 치마를 그립니다.

겉옷 명암 • C:76%, M:58%, Y:56%, K:41%
치마 명암 • C:66%, M:59%, Y:76%, K:71%

09 펜 도구(, P)를 활용하여 그림과 같이 얼굴과 머리카락 명암을 묘사합니다.
면 색상을 'None', 선 색상을 '검은색'으로 설정하고 그림과 같이 티셔츠와 신발 부분을 묘사하여 캐릭터를 완성합니다.

얼굴 명암 • C:11%, M:50%, Y:79%, K:0%
머리 명암 1 • C:52%, M:58%, Y:91%, K:50%
머리 명암 2 • C:30, M:39, Y:73, K:5%

2 도형과 정렬 기능을 이용해 쇼핑백 도안 만들기

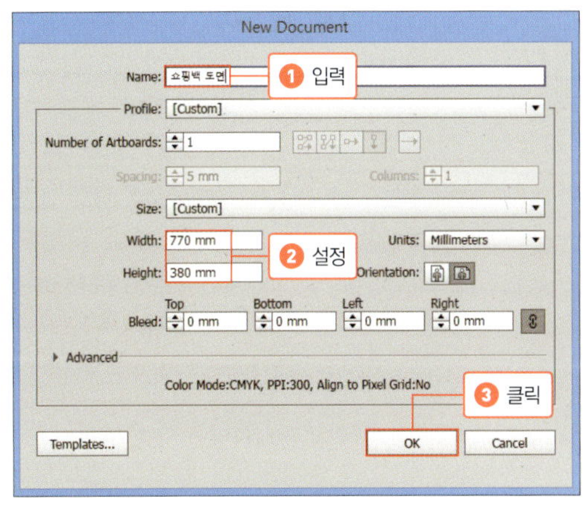

01 [File] → New(Ctrl+N)를 실행합니다.
[New Document] 대화상자의 Name에 '쇼핑백 도면'을 입력한 다음 Width를 '770mm', Height를 '380mm'로 설정하고 〈OK〉 버튼을 클릭하여 새 아트보드를 만듭니다.

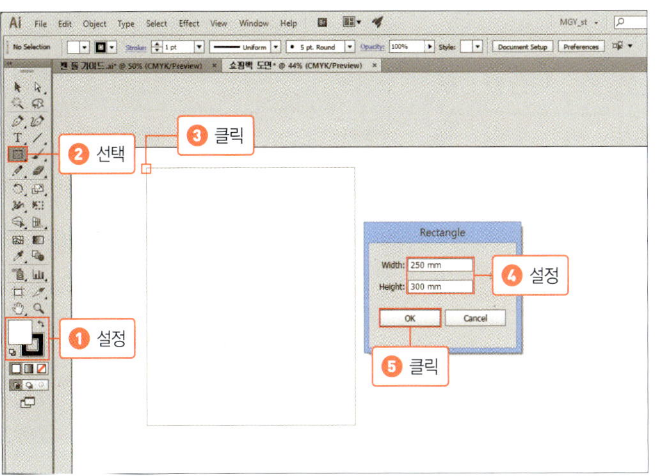

02 먼저 쇼핑백 레이아웃을 디자인하기 위해 면 색상을 '흰색', 선 색상을 '검은색'으로 설정하고 사각형 도구(, M)를 선택한 다음 아트보드의 왼쪽 위를 클릭합니다.
[Rectangle] 대화상자에서 Width를 '250mm', Height를 '300mm'로 설정하고 〈OK〉 버튼을 클릭하여 사각형을 만듭니다.

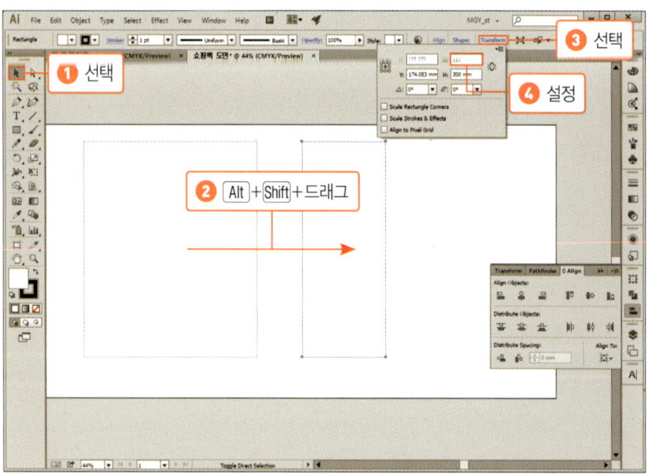

03 선택 도구를 선택하고 Alt + Shift 키를 누른 채 사각형을 오른쪽으로 드래그하여 복제합니다.
[Control] 패널에서 'Transform'을 선택하고 W를 '120mm'로 설정하여 사각형의 폭을 줄입니다.

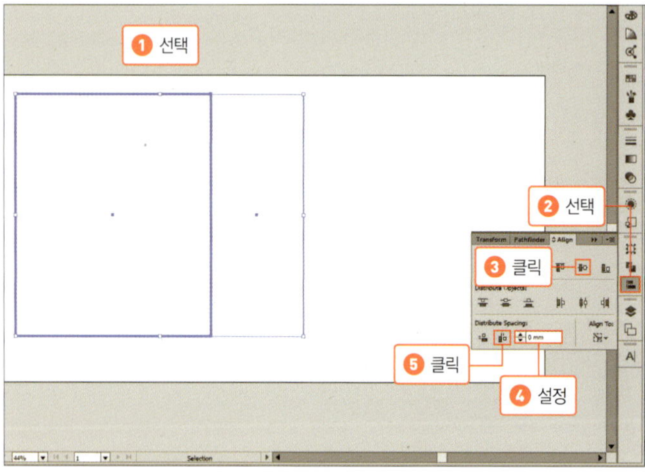

04 두 개의 사각형을 선택하고 넓은 사각형을 다시 한 번 선택합니다.
[Align] 패널에서 'Vertical Align Center' 아이콘(   )을 클릭하여 세로 가운데 정렬합니다. Distribute Spacing을 '0mm'로 설정하고 'Horizontal Distribute Spacing' 아이콘(   )을 클릭하여 넓은 사각형을 기준으로 가로 간격을 맞춥니다.

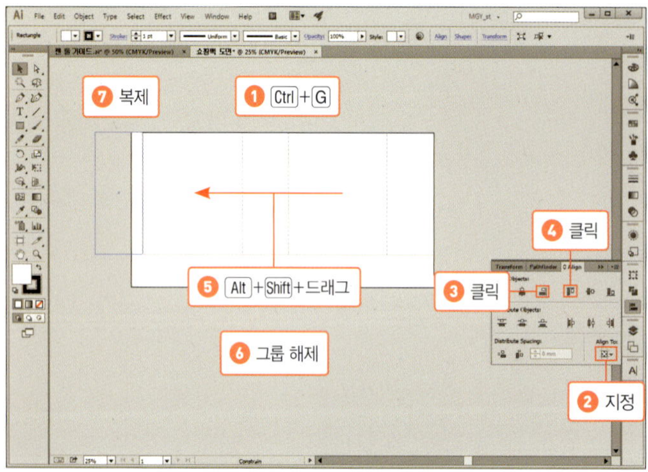

05 Ctrl + G 키를 눌러 사각형들을 그룹으로 설정하고 [Align] 패널에서 Align To를 'Align to Artboard'로 지정합니다. 'Horizontal Align Right' 아이콘(   ), 'Vertical Align Top' 아이콘(   )을 클릭하여 아트보드 오른쪽 위에 배치합니다.

06 Alt + Shift 키를 누른 채 사각형들을 왼쪽으로 드래그하여 복제한 다음 두 개의 그룹을 선택하고 Shift + Ctrl + G 키를 눌러 그룹을 해제합니다. Alt 키를 누른 채 긴 사각형을 드래그해서 맨 왼쪽으로 복제합니다.

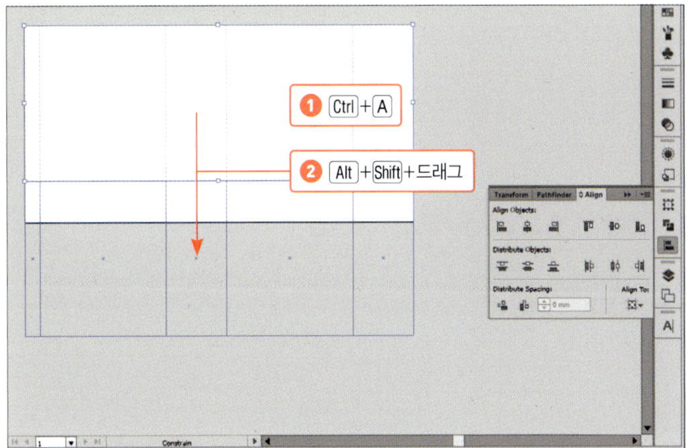

07 Ctrl + A 키를 눌러 사각형들을 선택하고 Alt + Shift 키를 누른 채 아래로 드래그하여 사 각형 밑면에 맞춰 복제합니다.

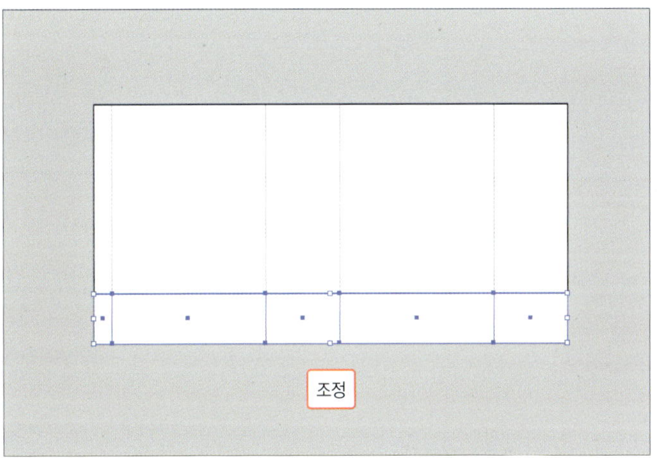

08 복제한 사각형들의 밑면을 그림과 같이 아트보드에 맞춰 조정합니다.

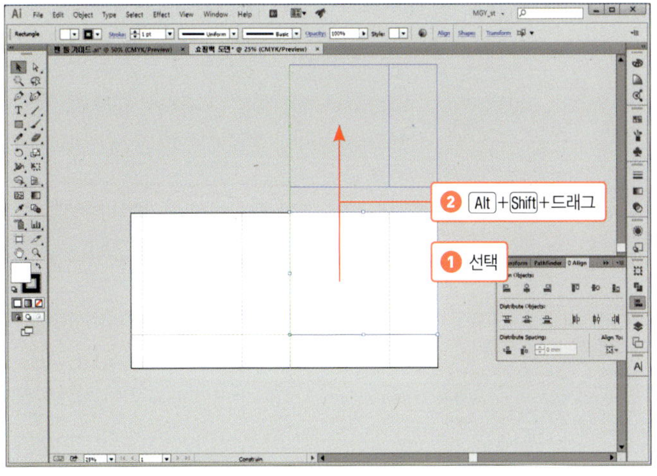

09 Shift 키를 누른 채 아트보드 오른쪽 위의 사각형들을 선택하고 Alt + Shift 키를 누른 채 위로 드래그하여 복제합니다.

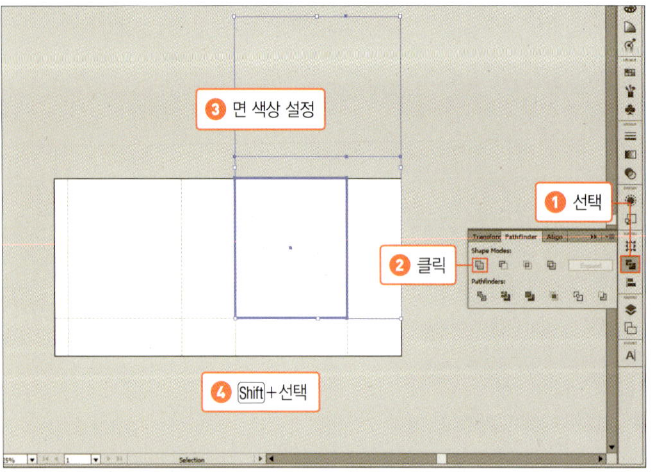

10 [Pathfinder] 패널의 'Unite' 아이콘(￼)을 클릭하여 하나로 합치고, 면 색상을 'None'으로 설정합니다. Shift 키를 누른 채 그림과 같이 두 개의 직사각형을 선택하고 왼쪽 아래 사각형을 다시 한 번 선택합니다.

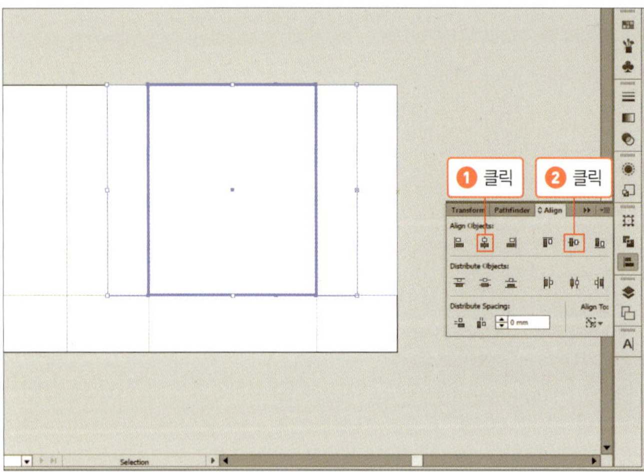

11 [Align] 패널에서 'Horizontal Align Center' 아이콘(￼)과 'Vertical Align Center' 아이콘(￼)을 클릭하여 아래쪽 사각형을 중심으로 가운데 정렬합니다.

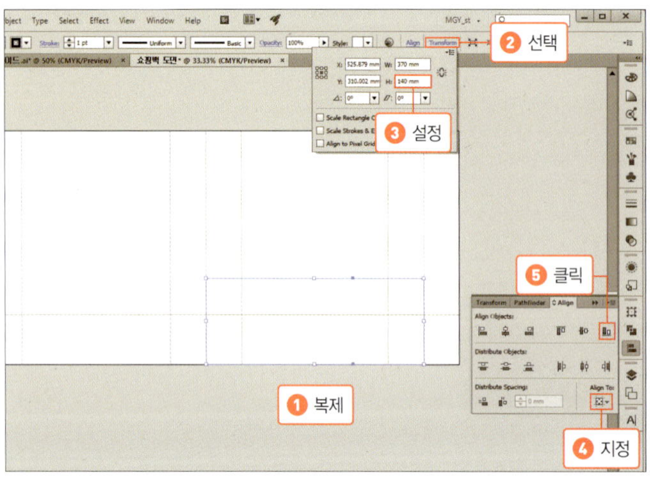

12 정렬한 사각형 중 면 색상이 없는 사각형을 Alt 키를 누른 채 아래로 드래그하여 복제합니다.

13 [Control] 패널에서 'Transform'을 선택한 다음 H를 '140mm'로 설정합니다. [Align] 패널에서 Align To를 'Align to Artboard'로 지정하고 'Vertical Align Bottom' 아이콘(￼)을 클릭하여 아트보드 밑면에 맞춥니다.

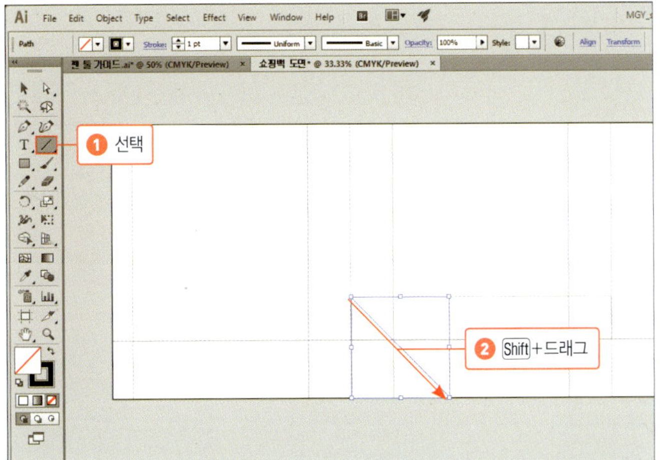

14 이번에는 쇼핑백의 접는 선을 만들기 위해 선 도구(／, W)를 선택하고 Shift 키를 누른 채 드래그하여 그림과 같이 대각선을 그립니다.

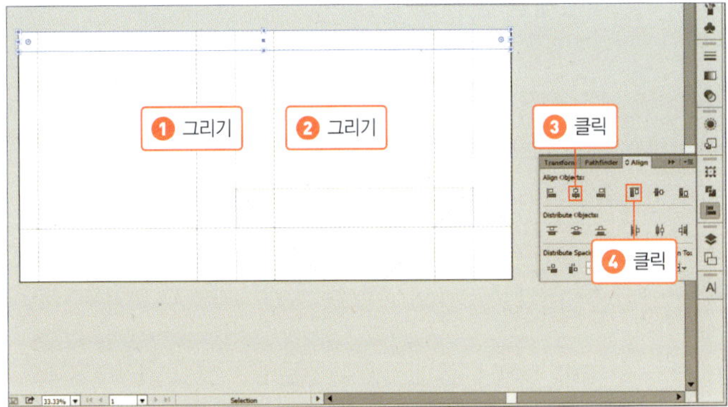

15 같은 방법으로 그림과 같이 대칭이 되는 대각선을 네 개 더 그립니다. 사각형 도구(■, M)로 가로가 '770mm', 세로가 '30mm'인 사각형을 그립니다.

16 [Align] 패널에서 'Horizontal Align Center' 아이콘(■)과 'Vertical Align Top' 아이콘(■)을 클릭하여 아트보드 윗면에 맞춥니다.

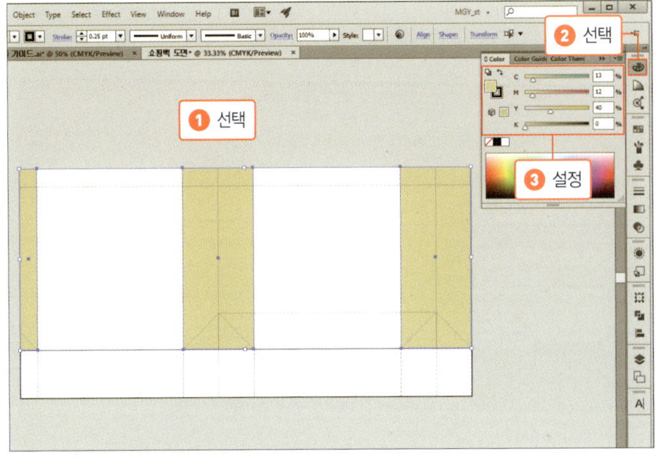

17 Shift 키를 누른 채 그림과 같이 쇼핑백 옆면이 될 세 개의 사각형을 선택합니다. [Color] 패널에서 면 색상을 'C:13%, M:12%, Y:40%, K:0%'로 설정하여 색상을 적용합니다.

3 캐릭터와 문자를 적용해 쇼핑백 꾸미기

01 앞서 만든 캐릭터 작업 창에서 Ctrl+C 키를 눌러 캐릭터를 복사하고 쇼핑백 도안 작업 창에서 Ctrl+V 키를 눌러 붙여 넣습니다.

02 [Character] 패널에서 손글씨 느낌의 서체와 글자 크기를 설정한 다음 면 색상을 'C:66%, M:59%, Y:76%, K:71%'로 설정합니다. 문자 도구(T., T)를 이용하여 'This is for you.,'를 입력합니다.

서체 • Bichoplumon
글자 크기 • 60pt

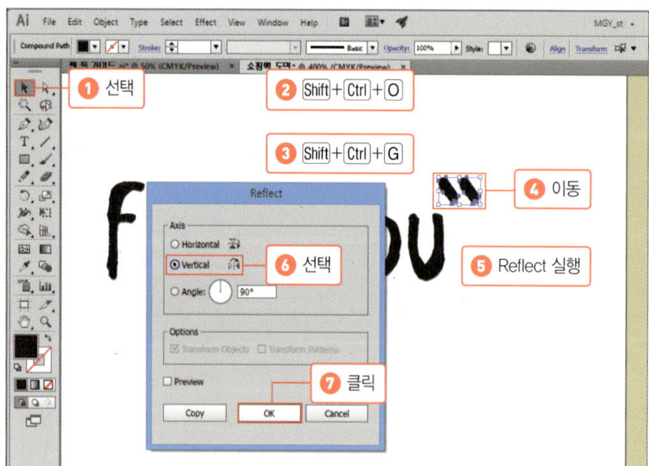

03 선택 도구(▶, V)를 선택하여 문자가 선택되면 Shift+Ctrl+O 키를 눌러 객체로 변경하고 Shift+Ctrl+G 키를 눌러 그룹을 해제합니다.

04 '.,'를 클릭하여 위쪽으로 이동하고 마우스 오른쪽 버튼을 클릭하여 **Transform → Reflect**를 실행합니다.
[Reflect] 대화상자의 Axis에서 'Vertical'을 선택하고 〈OK〉 버튼을 클릭하여 좌우 반전시킵니다.

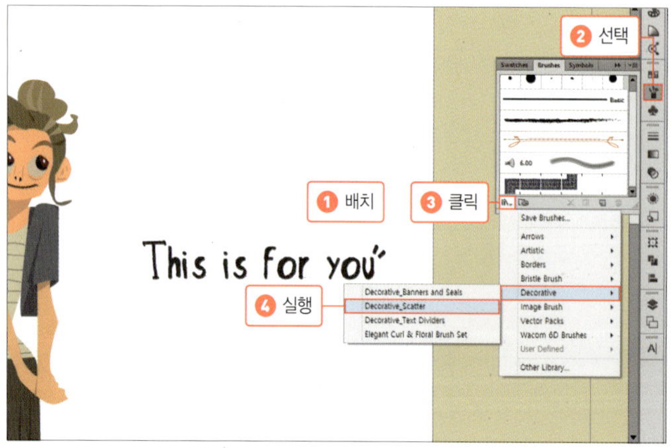

05 '.,'를 회전 및 이동시켜 그림과 같이 배치합니다.

06 브러시로 꾸미기 위해 먼저 [Brushes] 패널(🖌)에서 'Brush Libraries Menu' 아이콘(📖)을 클릭한 다음 **Decorative → Decorative_Scatter**를 실행합니다.

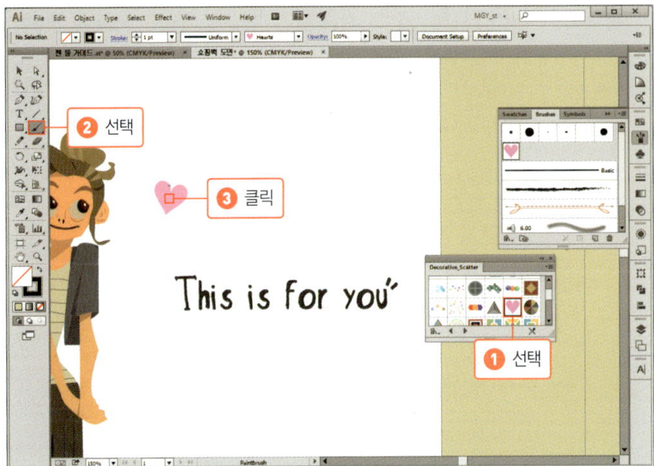

07 Decorative_Scatter 라이브러리에서 'Hearts' 브러시를 선택합니다.
브러시 도구(✏, B)로 그림과 같이 여성 캐릭터 오른쪽에 클릭하여 하트를 그립니다.

08 선택 도구(▶, V)로 하트 심볼을 더블 클릭하여 편집 모드로 이동합니다.
[Color] 패널에서 선 색상을 'None'으로 설정하고 [Control] 패널에서 Opacity를 '30%'로 설정하여 투명도를 적용합니다.

09 같은 방법으로 쇼핑백 뒷면에는 남성 캐릭터를 만들어 꾸밉니다.

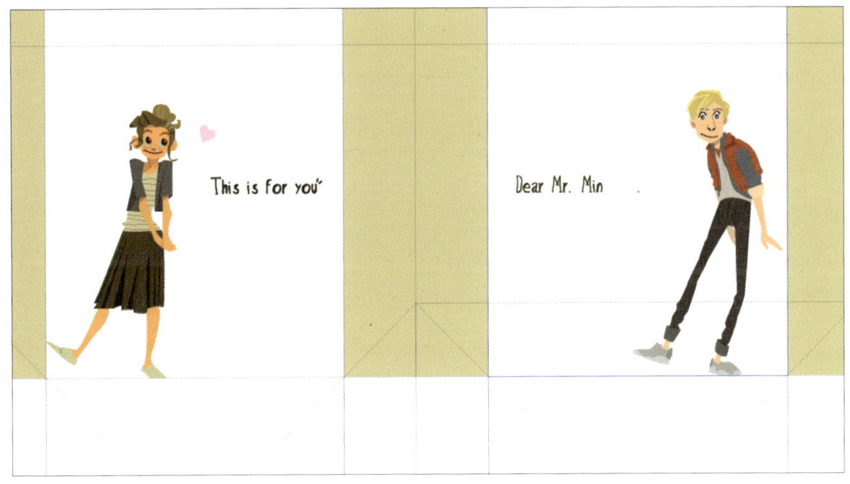

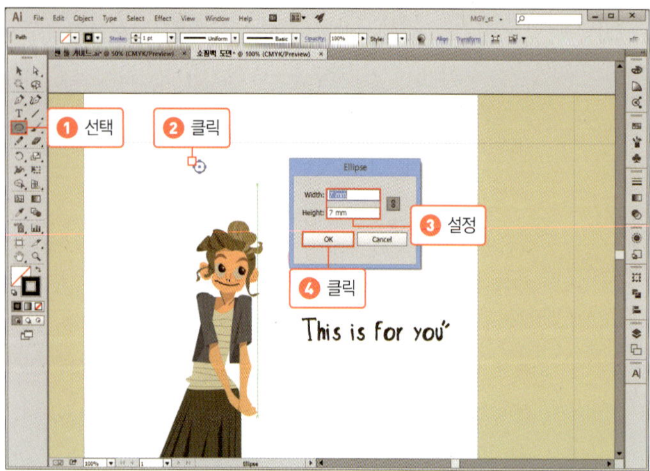

10 쇼핑백 손잡이를 연결할 구멍을 만들기 위해 먼저 원형 도구(◉, ㄴ)를 선택하고 여성 캐릭터 위쪽에 클릭합니다.

[Ellipse] 대화상자에서 Width/Height를 각각 '7mm'로 설정하고 〈OK〉 버튼을 클릭합니다.

11 선택 도구(▶, V)를 선택한 다음 Alt +Shift 키를 누른 채 원을 오른쪽으로 드래그하여 복제합니다. 두 개의 원을 선택하고 Ctrl +G 키를 눌러 그룹으로 설정합니다.

12 Shift 키를 누른 채 흰색 사각형을 선택하고 다시 한 번 사각형을 선택합니다.

[Align] 패널에서 'Horizontal Align Center' 아이콘(🏠)을 클릭하여 사각형을 중심으로 가로 가운데 정렬합니다.

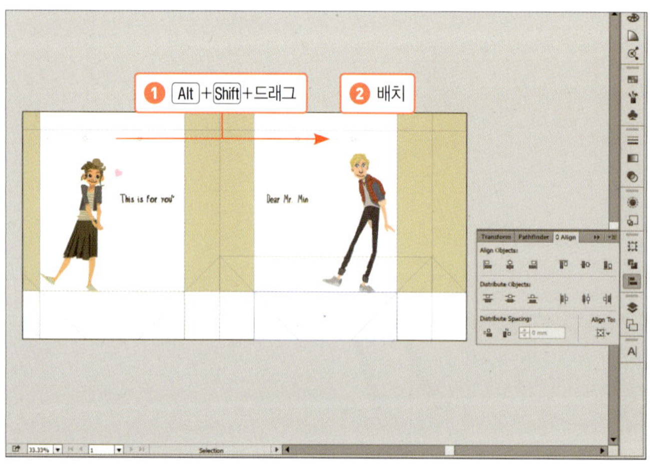

13 Alt +Shift 키를 누른 채 그룹으로 설정한 두 개의 원을 오른쪽으로 드래그하여 복제한 다음 같은 방법으로 정렬해서 배치하여 쇼핑백을 완성합니다.

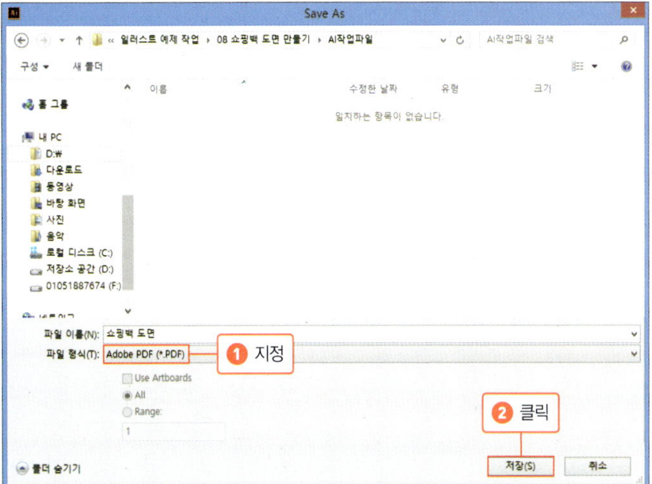

14 [File] → Save As(Shift+Ctrl+S)를 실행합니다. [Save As] 대화상자에서 파일 형식을 'Adobe PDF (*.PDF)'로 지정한 다음 〈저장〉 버튼을 클릭합니다.

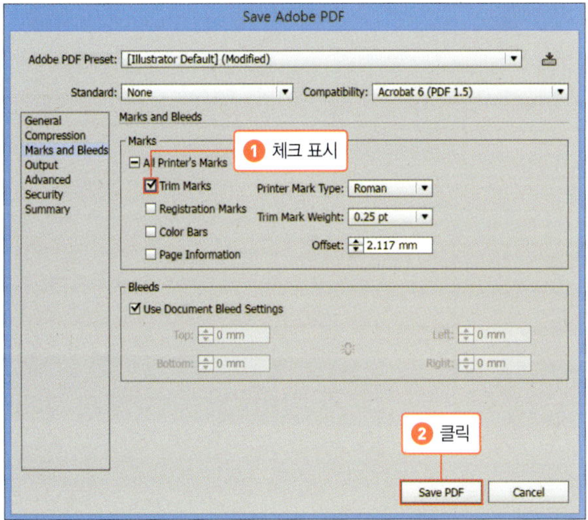

15 [Save Adobe PDF] 대화상자에서 Marks and Bleeds 항목의 'Trim Marks'에 체크 표시하여 재단선이 보이도록 설정하고 〈Save PDF〉 버튼을 클릭하여 저장합니다.

16 쇼핑백 크기를 생각하여 원하는 크기의 용지에 출력한 다음 알맞게 자르고 접어 쇼핑백으로 사용해 보세요.

디자인 사례

제품을 담거나 보존하는 목적과 더불어 제품을 홍보하는 쇼핑백은 창의적인 아이
디어를 바탕으로 디자인하면 브랜드 특성을 부각시킬 수 있습니다.

◀ 캐릭터의 팔을 쇼핑백 손잡이에 연결한 아이디어가
돋보입니다. 앞면에는 캐릭터의 재미있는 얼굴 표정과
함께 손잡이를 바라보는 눈동자를 표현했고, 뒷면에는
손잡이에 매달린 듯한 캐릭터의 뒷모습을 그려서 통일감
을 나타냈습니다. 노란색과 파란색 대비를 통해 주목성
과 산뜻한 인상을 전합니다.

◀ 쇼핑백 바탕의 금색 질감과 로고타입의 핑크 컬러 배색으로 세련된 여성미를 표현했습니다. 금빛으로 반사되는 쇼핑백 뒷면에는 찰랑거리는 머릿결을 연상시키는 배열의 타이포그래피로 브랜드 특성을 부각시켰습니다.

▲ 살아 움직이는 듯한 코믹 계열의 폰트를 적용하고 원색 아이콘 패턴을 배치하여 밝고 행복한 느낌을 드러냈습니다. 멀티 배색을 응용한 발바닥, 나비, 하트, 새 형태가 엇갈리듯 반복되면서 동적인 에너지가 느껴집니다.

캐릭터 디자인

MONSTER FACTORY
CEO
LEE HYUNWOO
40-15 61 STREET APT #3F, WOODSIDE, N
010
1234
567
blog.naver.com/000000

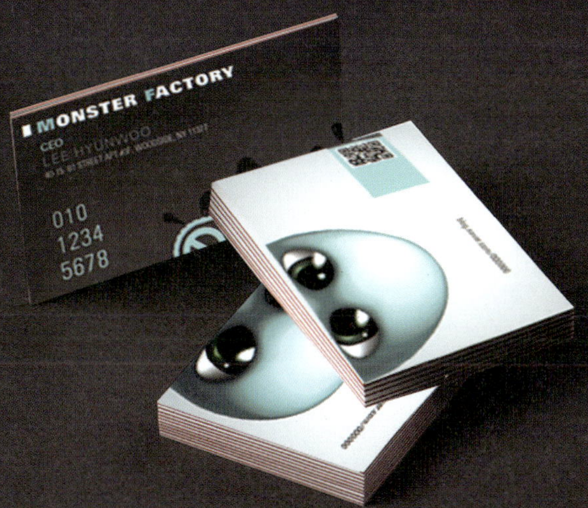
MONSTER FACTORY
CEO
LEE HYUNWOO
40 /5 61 STREET APT 4F, WOODSIDE, NY 11377
010
1234
5678

blog.naver.com/000000
MONSTER FACTORY
CEO
LEE HYUNWOO
15 61 STREET APT #3F, WOODSIDE, NY 11377
10
234
678

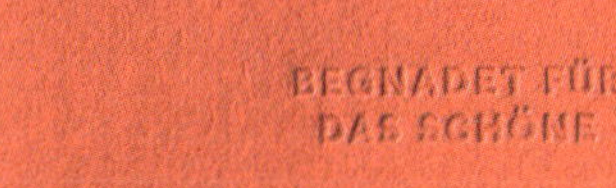
BEGNADET FÜR
DAS SCHÖNE

naver.com/000000

Samsonite

25

블렌드 기능으로 캐릭터 명함 만들기

마스코트처럼 입체감 있는 몬스터 캐릭터를 그리고 개성 있는 명함을 만들어 커플 또는 친구들끼리 주고받아 보세요. 일반 명함보다 재미있는 명함으로 깊은 인상을 남길 수 있습니다.

1 펜 도구로 캐릭터 윤곽 만들기

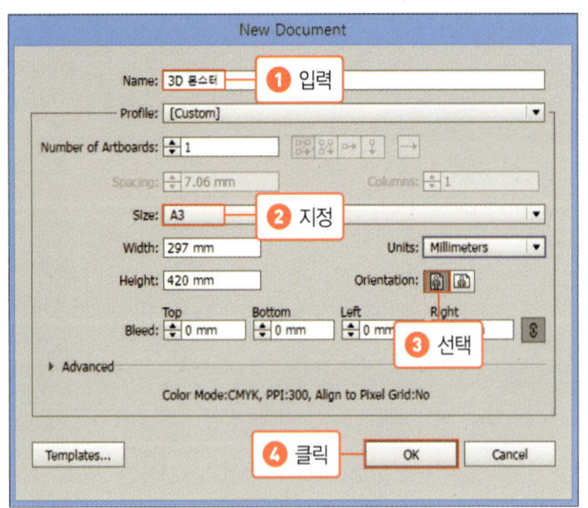

01 [File] → New(Ctrl+N)를 실행합니다. [New Document] 대화상자에서 Name에 '3D 몬스터'를 입력하고 Size를 'A3', Orientation을 '세로 방향'으로 지정한 다음 〈OK〉 버튼을 클릭하여 새 아트보드를 만듭니다.

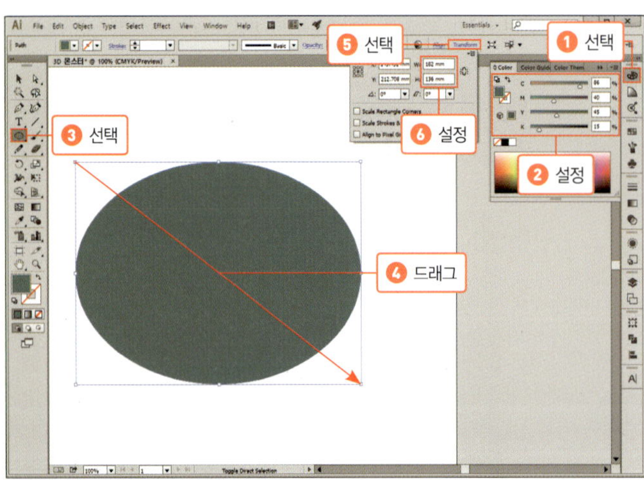

02 [Color] 패널에서 면 색상을 'C:86%, M: 40%, Y:45%, K:15%', 선 색상을 'None'으로 설정합니다.

원형 도구(◯, L)를 선택한 다음 가로로 좀 더 길게 드래그하여 납작한 형태의 원을 그립니다. [Control] 패널에서 'Transform'을 선택하고 W를 '182mm', H를 '136mm'로 설정하여 타원형 크기를 조정합니다.

TIP 펜 도구를 이용한 패스 작업에 서툴다면 24 폴더에서 '몬스터 안내선.ai' 파일을 불러와 안내선 레이어를 따라 그릴 수도 있습니다.

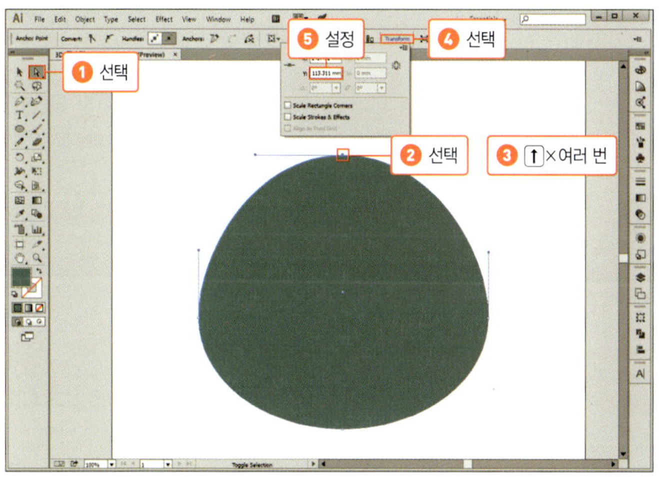

03 직접 선택 도구(, A)를 선택하고 원 위의 기준점을 선택한 다음 ↑ 키를 여러 번 눌러 그림과 같이 변형합니다.

[Control] 패널의 'Transform'을 선택하고 Y 를 '113mm'로 설정하여 기준점 위치를 조정합니다.

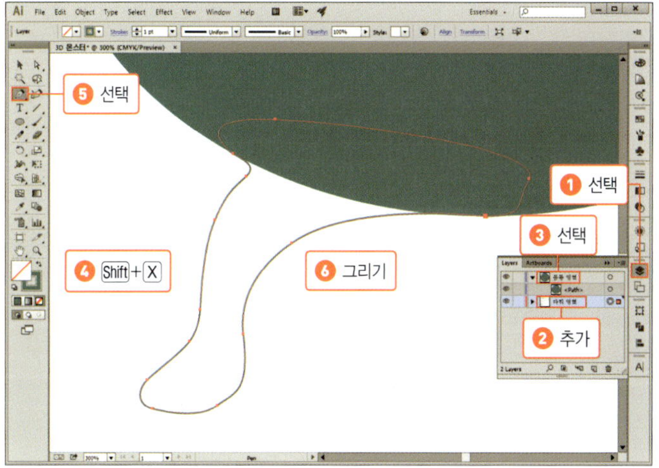

04 [Layers] 패널에서 'Layer 1' 레이어 이름을 '몸통 영역'으로 변경합니다.

새 레이어를 만들고 이름을 '다리 영역'으로 변경합니다. 아래로 드래그한 다음 '몸통 영역' 레이어를 선택합니다.

05 Shift + X 키를 눌러 면과 선 색상을 교체하고 펜 도구(, P)를 선택한 다음 그림과 같이 왼쪽 아래에 몬스터 캐릭터 다리를 그립니다.

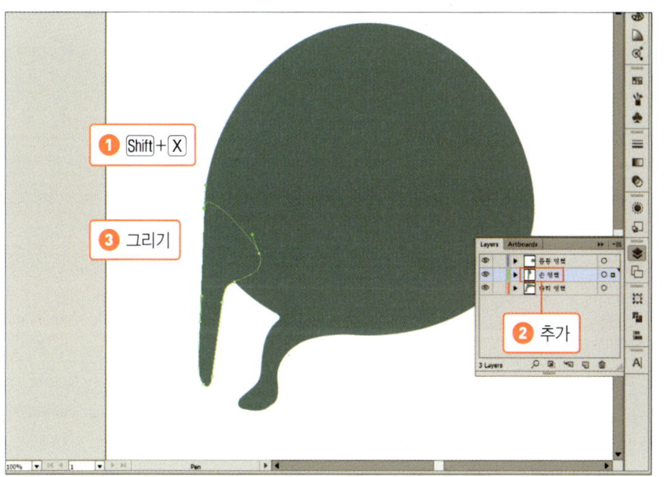

06 다시 Shift + X 키를 눌러 면과 선 색상을 교체합니다.

[Layers] 패널에서 '다리 영역' 레이어 위에 새 레이어를 만들고 이름을 '손 영역'으로 변경합니다.

이어서 그림과 같이 캐릭터의 팔을 그려 왼쪽 형태를 완성합니다.

2 블렌드 도구를 이용하여 캐릭터에 입체감 나타내기

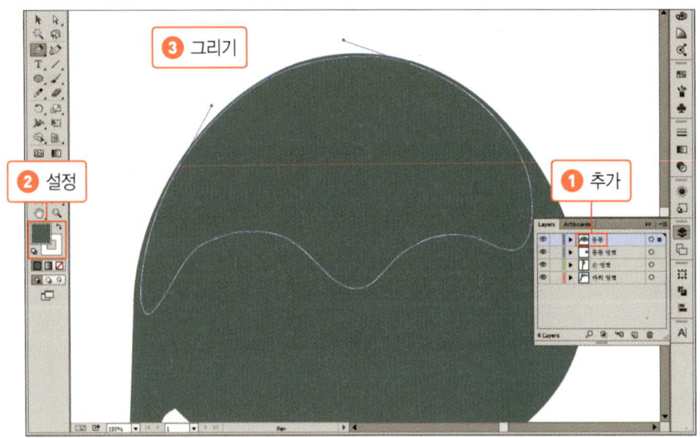

01 [Layers] 패널에서 '몸통 영역' 레이어 위에 새 레이어를 만들고 이름을 '몸통'으로 변경합니다.

선 색상을 '흰색'으로 설정하고 펜 도구(, P)를 이용하여 그림과 같이 몬스터 캐릭터 왼쪽 위에 명암 부분을 그립니다.

TIP 그러데이션을 적용할 때는 선 색상이 없어지므로 선 색상을 'None'으로 설정해도 되지만 여기서는 영역 구분을 위해 흰색으로 적용했습니다.

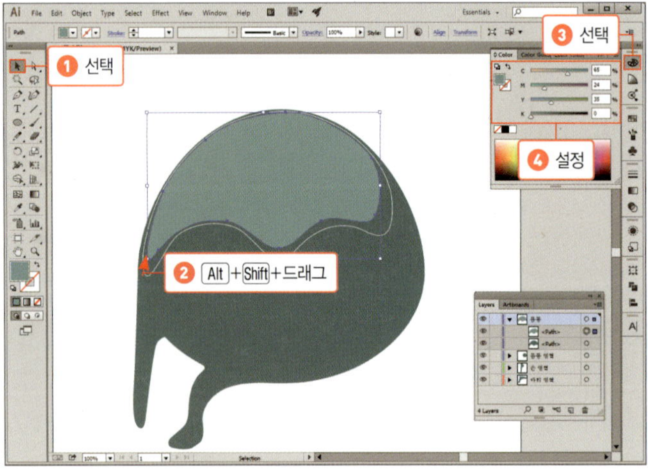

02 명암 단계를 추가하기 위해 선택 도구(, V)를 선택한 다음 Alt + Shift 키를 누른 채 안으로 살짝 드래그하여 이전에 그린 영역보다 좀 더 작게 만듭니다.

[Color] 패널에서 면 색상을 'C:65%, M:24%, Y:35%, K:0%', 선 색상을 'None'으로 설정합니다.

TIP 명암을 적용하려는 객체는 블렌드 기능을 이용하여 형태를 뭉개므로 대략적인 형태를 나눈다고 생각하면서 자유롭게 그립니다.

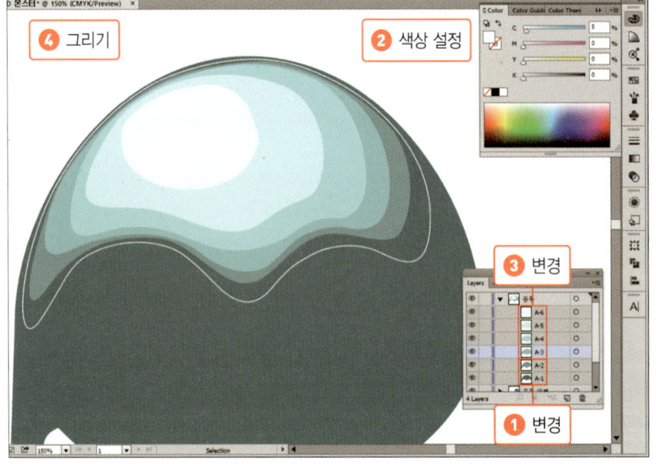

03 편리한 작업을 위해 [Layers] 패널에서 각각의 명암 단계 이름을 'A-1', 'A-2'로 변경합니다.

[Color] 패널에서 면 색상을 'C:50%, M:3%, Y:20%, K:0%'로 설정한 다음 'A-2' 위에 펜 도구(, P)로 점차 밝아지는 영역을 그리고 이름을 'A-3'으로 변경합니다.

같은 방법으로 이어서 그립니다.

A-4 • C:36%, M:0%, Y:12%, K:0%
A-5 • C:18%, M:0%, Y:5%, K:0%
A-6 • C:5%, M:0%, Y:0%, K:0%

04 여섯 개의 명암 단계가 완성되면 각각의 선 색상을 'None'으로 설정하여 그림과 같이 나타냅니다.

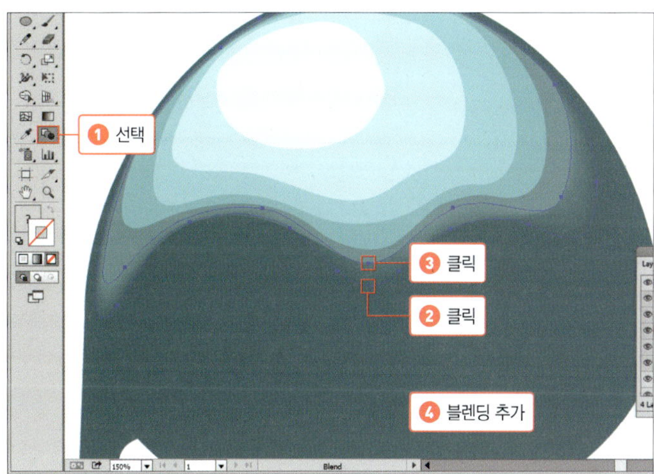

05 그러데이션을 자연스럽게 표현하기 위해 먼저 블렌드 도구(W)를 선택한 다음 'A–1'과 'A–2'를 차례대로 클릭하여 블렌딩 효과를 적용합니다.
이어서 'A–3', 'A–4', 'A–5', 'A–6'순으로 클릭하여 블렌딩 효과를 나타냅니다.

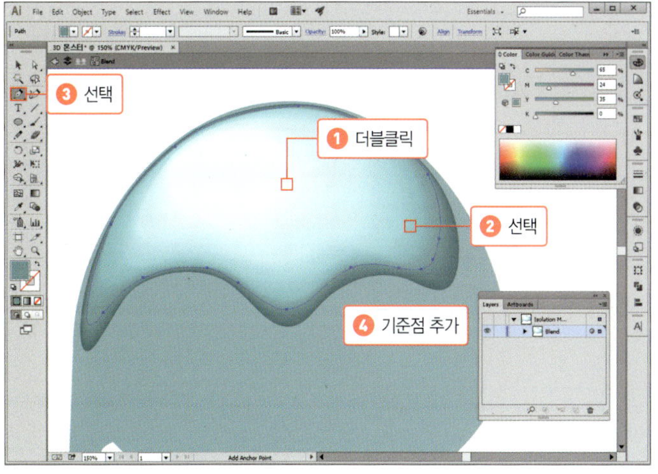

06 완성된 명암을 더블클릭하여 '몸통 → 〈Blend〉'의 편집 모드로 이동합니다.
부자연스러운 객체를 선택한 다음 펜 도구(P)로 패스를 클릭하여 기준점을 추가해서 블렌딩 효과를 수정합니다.

TIP 그러데이션이 부자연스러운 이유는 블렌딩된 각각의 객체에서 기준점 개수나 위치가 다르기 때문이므로 기준점을 추가하여 알맞게 조정합니다.

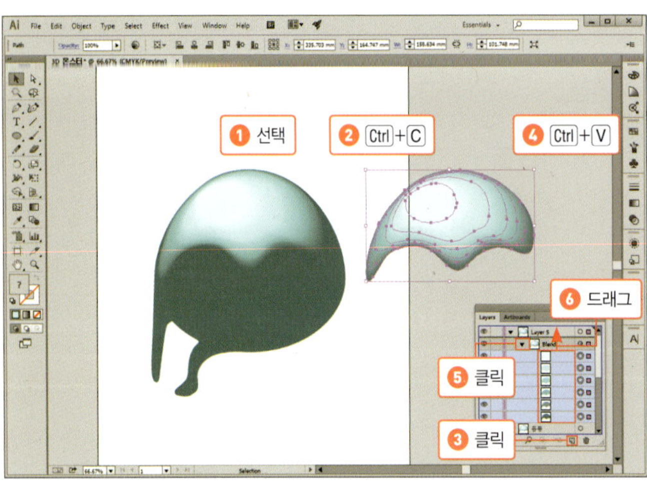

07 블렌드 기능이 적용된 객체를 선택하고 Ctrl+C 키를 눌러 복사합니다.

08 [Layers] 패널에서 '몸통' 레이어 위에 새 레이어를 만들고 Ctrl+V 키를 눌러 옆쪽에 붙여 넣습니다.
'Layer 5' 레이어의 Blend에서 Shift 키를 누른 채 여섯 개의 하위 레이어를 선택하고 'Blend' 그룹 위로 드래그하여 블렌드 기능을 해제합니다.

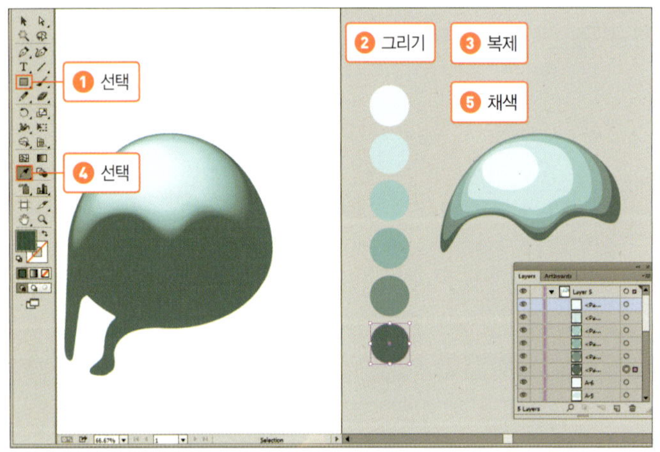

09 편리한 작업을 위해 원형 도구(◯, L)를 선택하고 Shift 키를 누른 채 여백에 드래그하여 원을 만든 다음 복제합니다.
스포이트 도구(✐, I)로 여섯 단계의 명암을 각각 선택하여 그림과 같이 배색을 만듭니다.

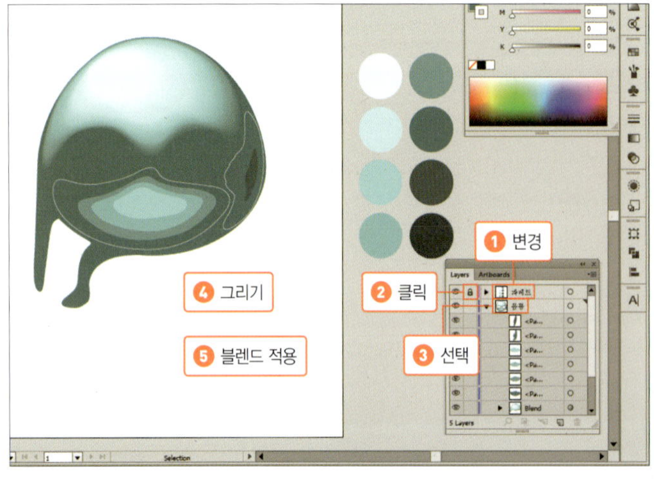

10 [Layers] 패널에서 'Layer 5' 레이어 이름을 '파레트'로 변경하고 '잠금' 아이콘(🔒)을 클릭해 잠근 다음 '몸통' 레이어를 선택합니다.

11 그림과 같이 캐릭터의 입 부분과 오른쪽에도 펜 도구(✐, P)를 이용하여 명암 단계를 만듭니다.
블렌드 도구(◑, W)를 이용하여 어두운 색부터 차례대로 클릭해서 그러데이션을 자연스럽게 나타냅니다.

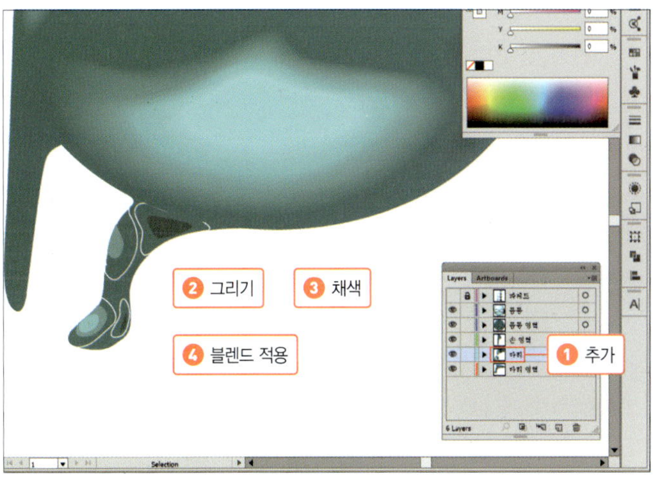

12 [Layers] 패널에서 '다리 영역' 레이어 위에 새 레이어를 만들고 이름을 '다리'로 변경합니다.

그림과 같이 다리 부분에 명암 단계를 그리고 블렌드 도구(, W)를 이용해 블렌딩 효과를 적용합니다.

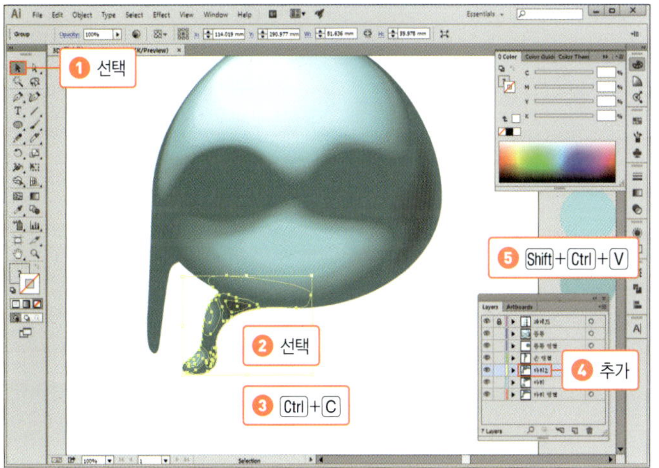

13 이번에는 왼팔과 다리를 반전시키기 위해 선택 도구(, V)로 '다리 영역'과 '다리' 레이어의 객체를 전체 선택하고 Ctrl + C 키를 눌러 복사합니다.

'다리' 레이어 위에 새 레이어를 만들고 이름을 '다리2'로 변경합니다.

Shift + Ctrl + V 키를 눌러 복사한 대상과 같은 위치에 붙여 넣습니다.

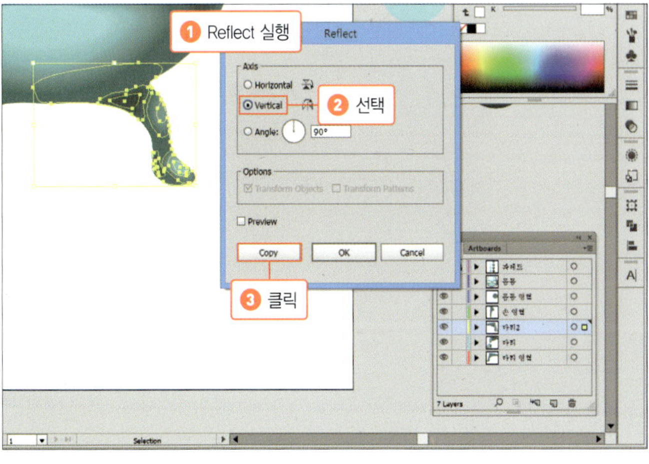

14 붙여 넣은 다리가 선택된 상태에서 마우스 오른쪽 버튼을 클릭한 다음 Transform → Reflect를 실행합니다.

[Reflect] 대화상자의 Axis 항목에서 'Vertical'을 선택한 다음 〈Copy〉 버튼을 클릭하여 좌우 반전하고 복제합니다.

15 [Layers] 패널에서 '손 영역' 레이어 위에 새 레이어를 만들고 이름을 '손'으로 변경합니다.
오른쪽 다리와 같은 방법으로 왼쪽 팔을 좌우 반전히고 복제하여 오른쪽에 배지합니다.
펜 도구(, P)를 이용하여 그림과 같이 명암 단계를 만들고 블렌드 도구(, W)를 이용해서 블렌딩 효과를 적용합니다.

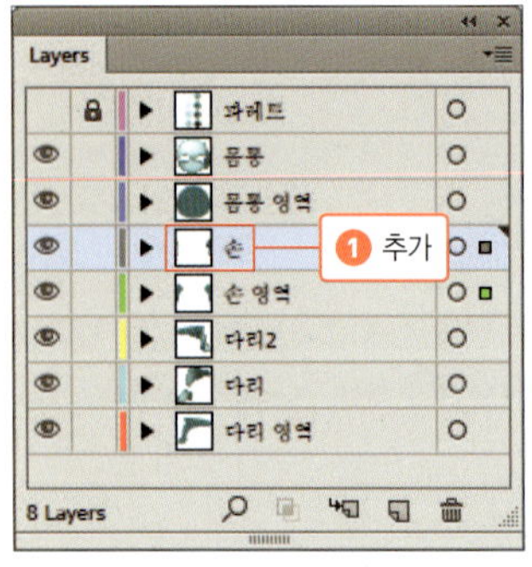

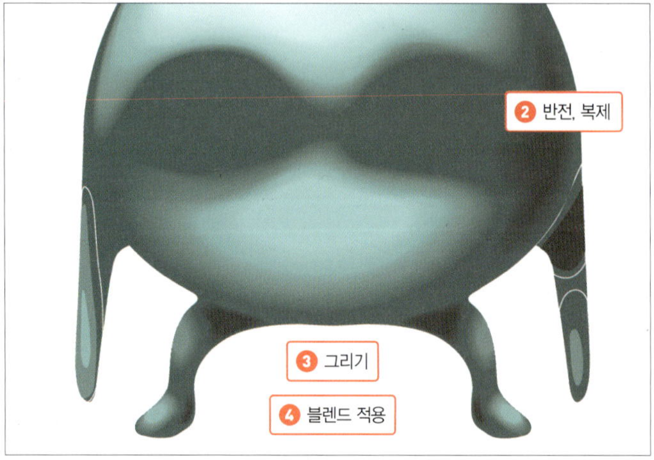

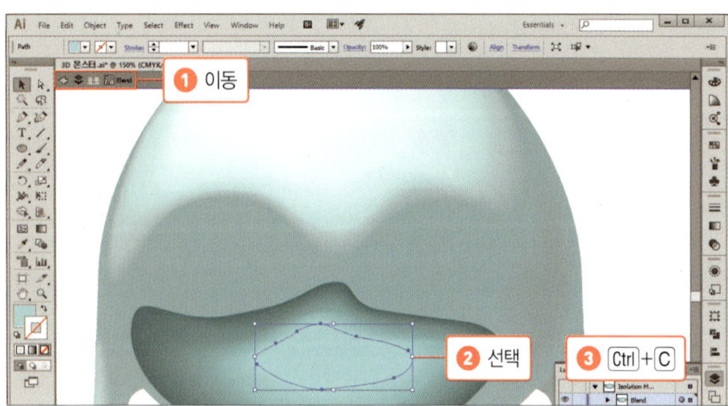

16 입 부분의 블렌드 객체를 더블클릭하여
'몸통 → 〈Blend〉'의 편집 모드로 이동합니다.
가장 밝은 영역을 선택하고 Ctrl + C 키를 눌
러 복사합니다.

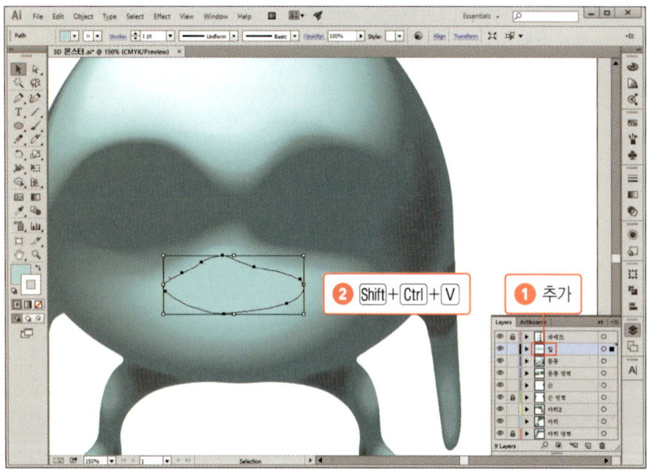

17 [Layers] 패널에서 '몸통' 레이어 위에
새 레이어를 만들고 이름을 '입'으로 변경합니
다. Shift + Ctrl + V 키를 눌러 복사한 대상과 같
은 위치에 붙여 넣습니다.

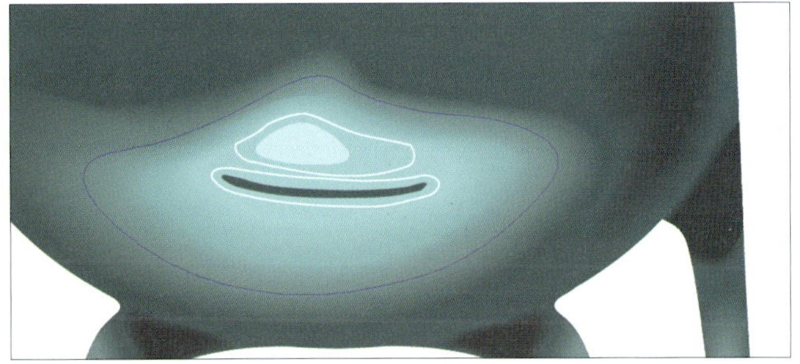

18 펜 도구(, P)를 이용하여 복사한 객체 안에 그림과 같이 명암 단계를 추가합니다. 블렌드 도구(, W)를 이용해서 블렌딩 효과를 적용하여 몬스터 캐릭터에 자연스러운 그러데이션을 완성합니다.

3 눈, 코, 입을 그려 캐릭터 완성하기

01 [Layers] 패널에서 '입' 레이어 위에 새 레이어를 만들고 이름을 '눈 영역'으로 변경합니다.
면 색상을 '흰색'으로 설정하고 펜 도구(, P)를 이용하여 그림과 같이 눈 부분을 그립니다.

02 선택 도구를 선택한 다음 마우스 오른쪽 버튼을 클릭하고 **Transform → Reflect**를 실행합니다.
[Reflect] 대화상자의 Axis 항목에서 'Vertical'을 선택하고 〈Copy〉 버튼을 클릭하여 좌우 반전시켜 복제한 다음 그림과 같이 대칭이 되도록 배치합니다.

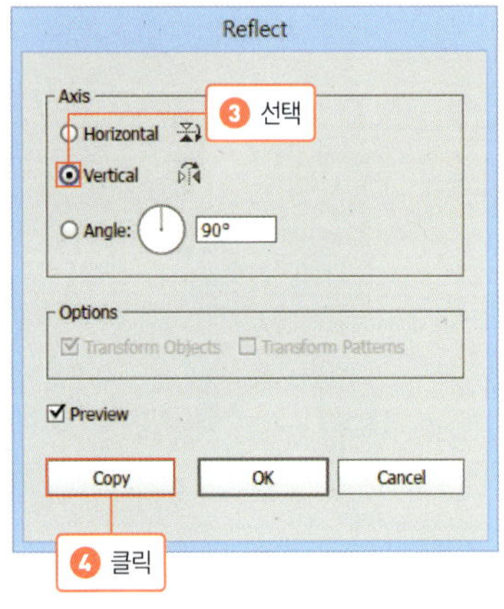

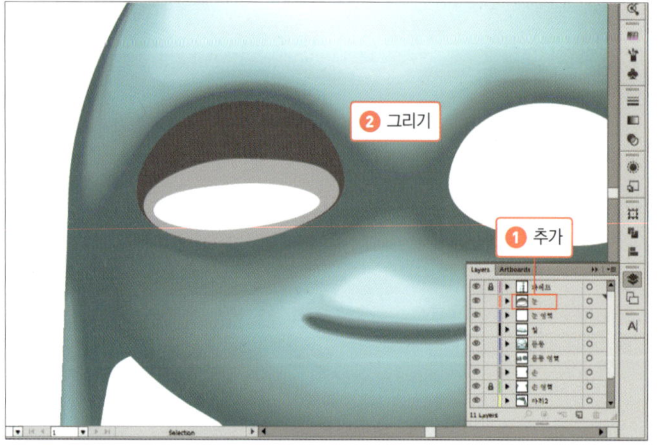

03 [Layers] 패널에서 '눈 영역' 레이어 위
에 새 레이어를 만들고 이름을 '눈'으로 변경
합니다.
그림과 같이 바깥쪽부터 차례대로 명암 단계
를 그립니다.

바깥쪽부터 차례대로 • C:74%, M:60%, Y:58%,
K:47% • C:31%, M:22%, Y:22%, K:0% • C:0%, M:
0%, Y:0%, K:0%

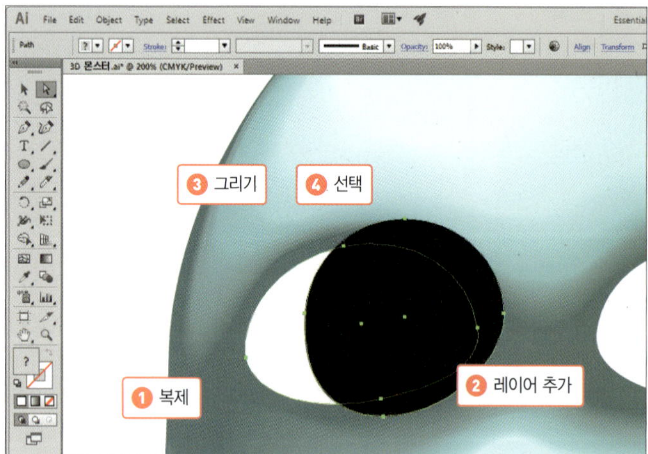

04 '눈 영역' 레이어 객체를 선택하고 Ctrl
+C 키를 눌러 복사합니다.
[Layers] 패널에서 '눈' 레이어 위에 새 레이어
를 만들고 이름을 '눈동자'로 변경합니다.

05 Shift+Ctrl+V 키를 눌러 복사한 대상과
같은 위치에 붙여 넣습니다.
그림과 같이 검은색 눈동자를 그리고 Shift 키
를 누른 채 눈 영역과 검은색 눈동자를 선택
합니다.

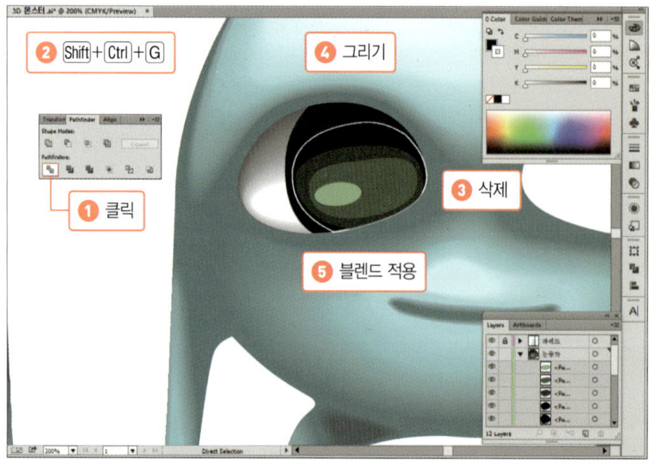

06 [Pathfinder] 패널에서 'Divide' 아이콘
(   )을 클릭하여 겹치는 면을 나누고 Shift
+Ctrl+G 키를 눌러 그룹을 해제합니다.
눈 영역에서 벗어난 검은색 부분을 선택하고
Delete 키를 눌러 삭제합니다.

07 펜 도구(, P)를 이용하여 그림과 같
이 명암 단계를 만들고 블렌드 도구(, W)
로 그러데이션처럼 나타냅니다.

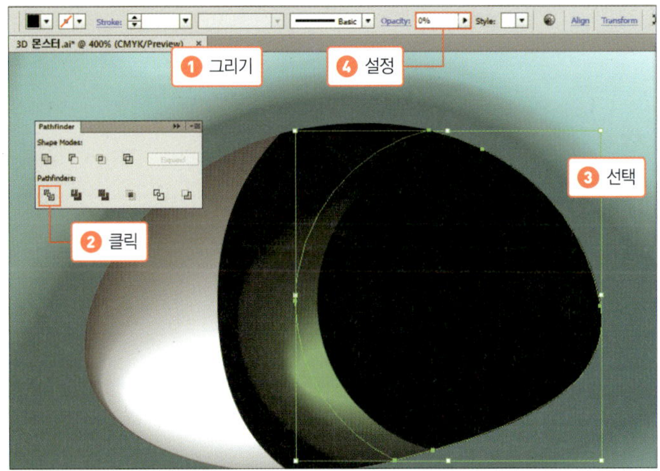

08 눈동자와 같은 방법으로 검은색 동공을 두 개 더 그립니다. [Pathfinder] 패널의 'Divide' 아이콘()을 클릭하여 그림과 같이 눈동자를 만듭니다.

[Control] 패널에서 바깥쪽 객체(연두색 윤곽 부분)의 Opacity를 '0%'로 설정하여 투명하게 만듭니다.

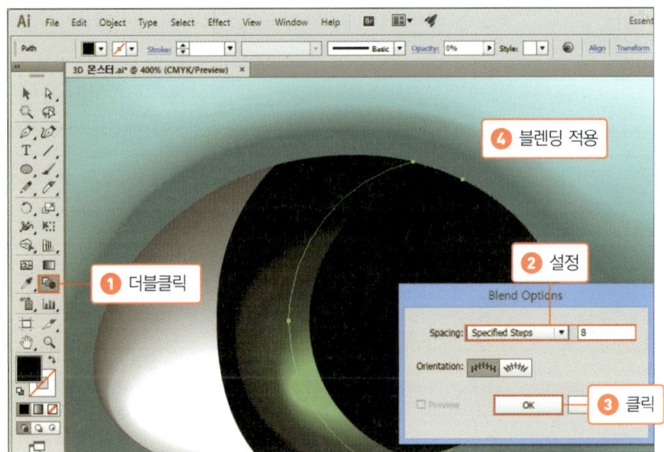

09 블렌드 도구(, W)를 더블클릭하여 [Blend Options] 대화상자에서 Spacing을 'Specified Steps/8'로 설정한 다음 〈OK〉 버튼을 클릭합니다.

같은 방법으로 미리 만들어둔 눈동자 명암 단계를 차례대로 클릭하여 블렌딩 효과를 적용합니다.

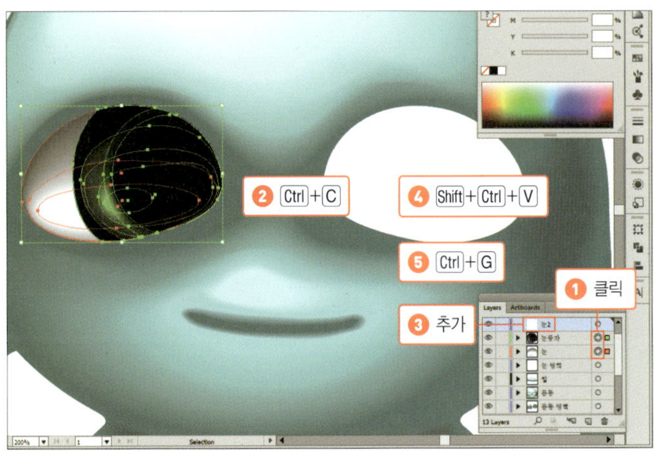

10 [Layers] 패널에서 '눈동자'와 '눈' 레이어의 타깃 아이콘()을 클릭하여 해당 레이어의 객체들이 선택된 상태에서 Ctrl+C 키를 눌러 복사합니다.

11 '눈동자' 레이어 위에 새 레이어를 만들고 이름을 '눈2'로 변경합니다.

Shift+Ctrl+V 키를 눌러 복사한 대상과 같은 위치에 붙여 넣고 Ctrl+G 키를 눌러 그룹으로 설정합니다.

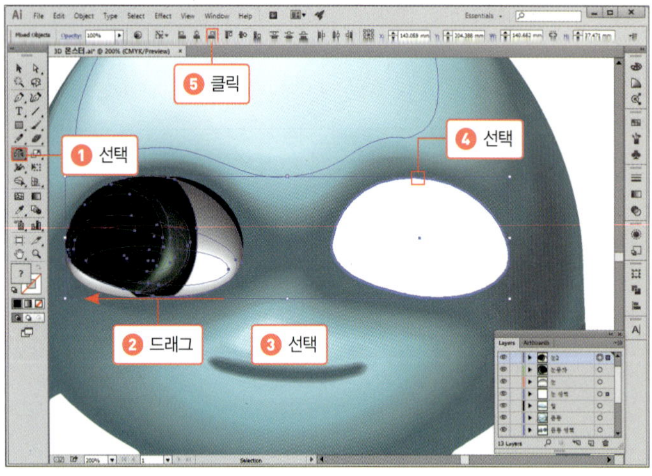

12 붙여 넣은 눈동자가 선택된 상태에서 반전 도구(⟳)를 선택하고 눈동자를 왼쪽으로 드래그하여 좌우 반전시킵니다.

13 Shift 키를 누른 채 '눈2' 레이어 객체와 반전시킨 객체를 위치시키려는 '눈 영역' 레이어 객체(오른쪽 부분 객체)를 선택하고 '눈 영역' 레이어 객체를 한 번 더 선택합니다.

14 [Control] 패널에서 'Vertical Align Right' 아이콘(🖫)을 클릭하여 오른쪽 정렬합니다.

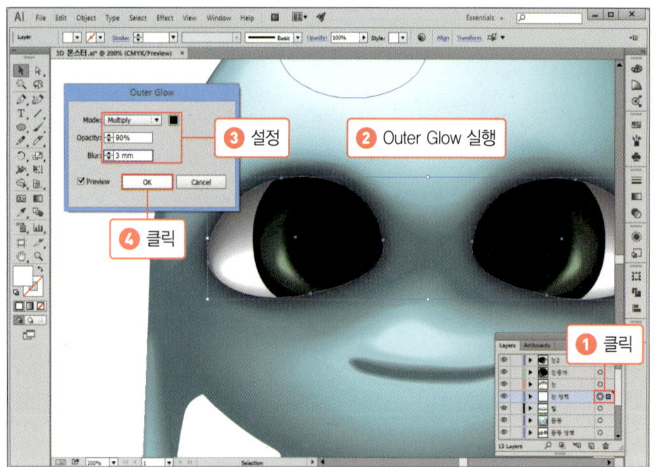

15 '눈 영역' 레이어의 타깃 아이콘(◎)을 클릭하여 해당 레이어 객체가 전체 선택된 상태에서 [Effect] → Stylize → Outer Glow를 실행합니다. [Outer Glow] 대화상자에서 Mode를 'Multiply', Opacity를 '90%', Blur를 '3mm'로 설정하고 〈OK〉 버튼을 클릭하여 외부 광선 효과를 적용합니다.

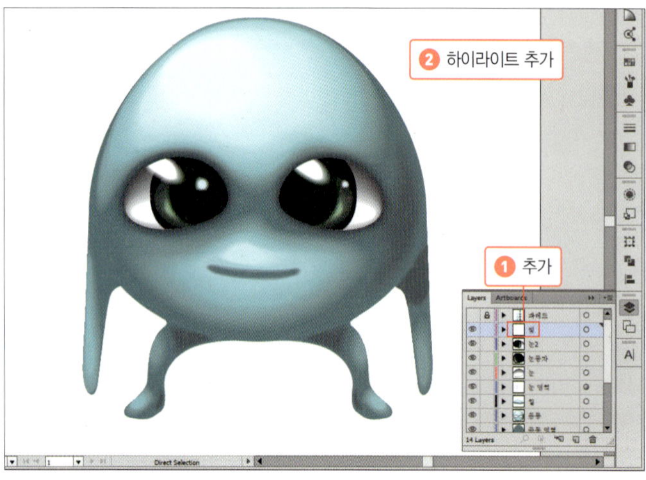

16 [Layers] 패널에서 '눈2' 레이어 위에 새 레이어를 만들고 이름을 '빛'으로 변경합니다. 눈에 하이라이트를 그려 입체적인 몬스터 캐릭터를 완성합니다.

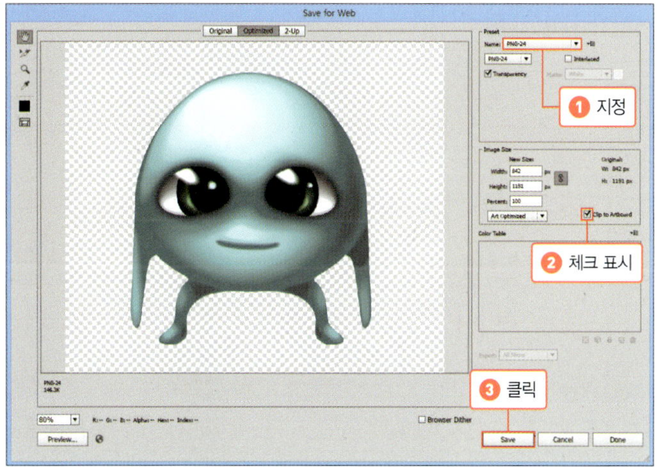

17 완성된 캐릭터를 이미지로 저장하기 위해 [File] → Save for Web(Alt+Shift+Ctrl+S)을 실행합니다.

[Save for Web] 대화상자에서 Preset 항목의 Name을 'PNG-24'로 지정하고 'Clip to Artboard'에 체크 표시한 다음 〈Save〉 버튼을 클릭합니다.

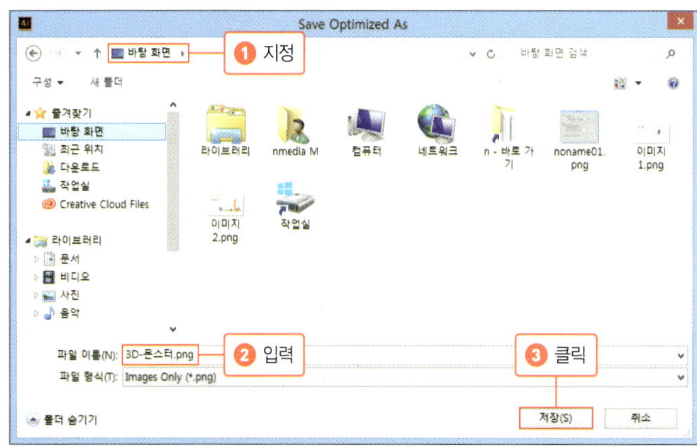

18 [Save Optimized As] 대화상자에서 저장 위치를 지정하고 파일 이름을 입력한 다음 〈저장〉 버튼을 클릭하여 저장합니다.

19 완성된 캐릭터를 이용하여 스티커로 꾸미거나 다른 디자인에 적용할 수도 있습니다. 다양한 용도로 활용해 보세요.

4 안내선을 이용하여 명함 레이아웃 디자인하기

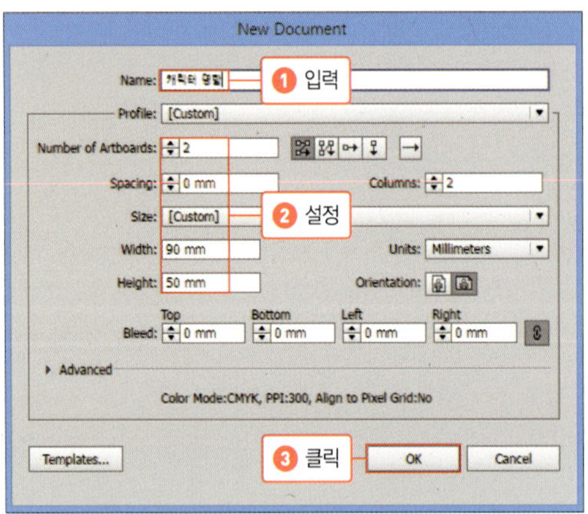

01 앞서 만든 캐릭터를 이용하여 개성 있는 명함을 만들기 위해 [File] → New(Ctrl +N)를 실행합니다.

[New Document] 대화상자의 Name에 '캐릭터 명함'을 입력하고 Number of Artboards를 '2', Spacing을 '0mm', Width를 '90mm', Height를 '50mm'로 설정한 다음 〈OK〉 버튼을 클릭하여 새 아트보드를 만듭니다.

TIP 명함 크기는 일반적으로 86×52mm를 사용하지만, 최근 좀 더 슬림한 90×50mm로 만들어 고급스럽게 디자인합니다.

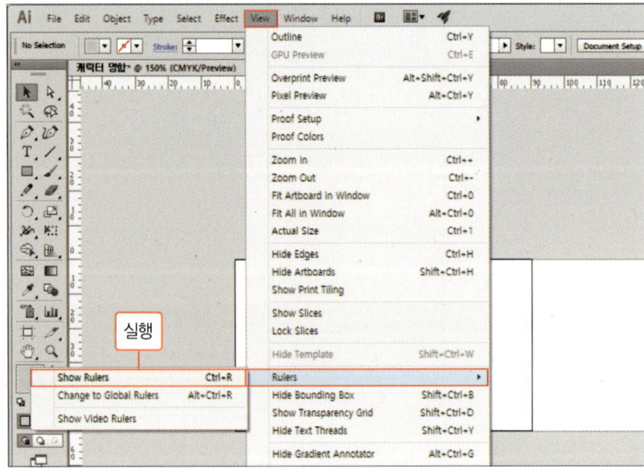

02 레이아웃 디자인을 위한 안내선을 표시하기 위해 먼저 [View] → Rulers → Show Rulers(Ctrl+R)를 실행하여 아트보드 왼쪽과 위쪽에 눈금자를 나타냅니다.

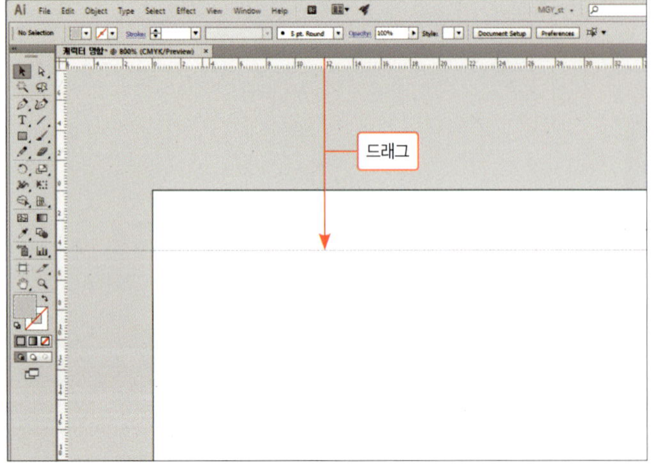

03 위쪽 눈금자를 왼쪽 눈금자의 4mm 지점까지 드래그하여 위쪽 안내선을 만듭니다.

TIP Alt 키를 누른 채 마우스 휠을 위로 스크롤하여 화면을 확대할수록 눈금자 단위가 정밀해집니다.

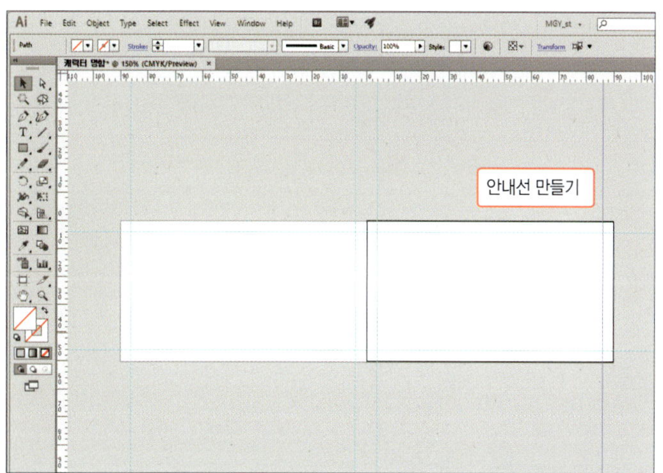

04 같은 방법으로 양쪽 아트보드 모두 외곽에서 '4mm' 떨어진 지점마다 그림과 같이 안내선을 만듭니다.

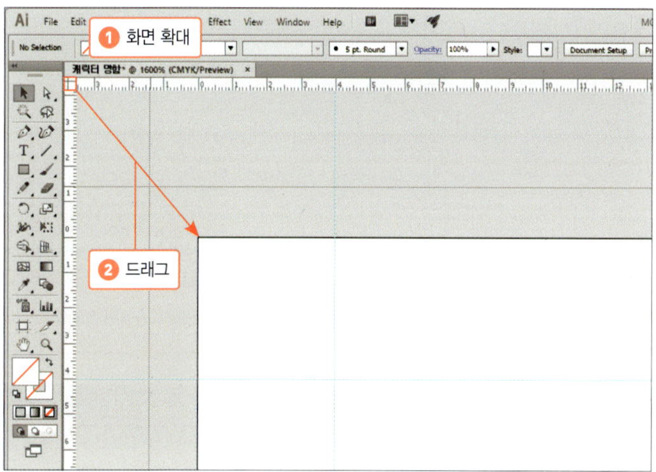

05 첫 번째 아트보드 왼쪽 위를 확대하고 가로/세로 눈금자가 만나는 원점을 안내선의 교차 지점으로 드래그하여 눈금자의 기준을 변경합니다.

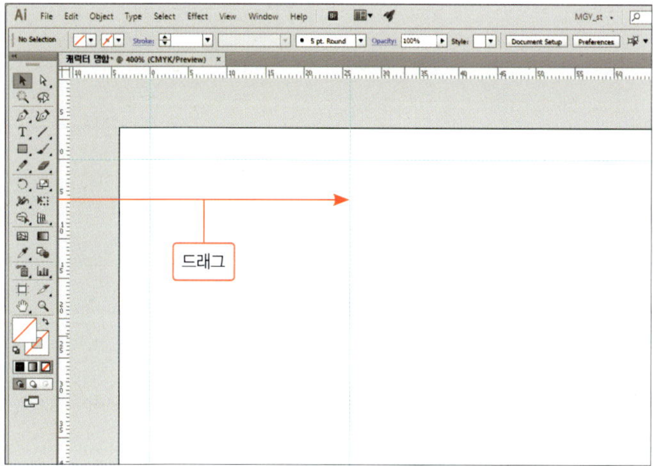

06 세로 안내선을 기준으로 왼쪽 눈금자를 26mm 지점까지 드래그합니다.

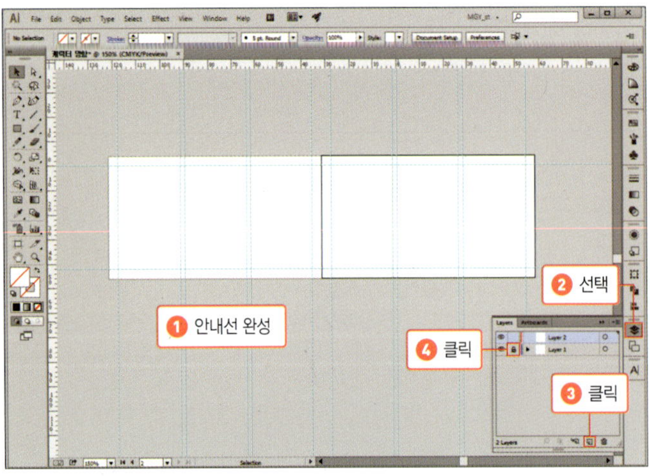

07 같은 방법으로 그림과 같이 위쪽 안내선에서 2mm 떨어진 지점과 다시 26mm 떨어진 지점에 안내선을 추가합니다.

08 [Layers] 패널에서 'Create New Layer' 아이콘(￭)을 클릭하여 새 레이어를 만들고 'Layer 1' 레이어의 '잠금' 아이콘(￭)을 클릭하여 잠금 설정합니다.

5 안내선에 따라 캐릭터 명함 디자인하기

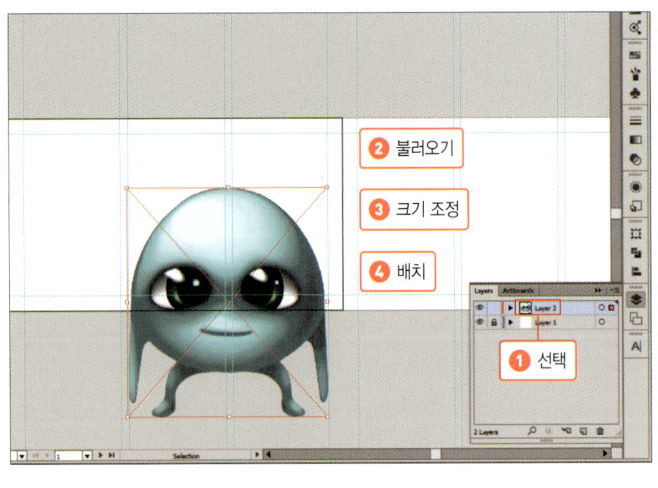

01 [Layers] 패널에서 'Layer 2' 레이어를 선택합니다.
탐색기를 실행한 다음 24 폴더에서 '3D 몬스터.png' 파일을 아트보드로 드래그하여 불러옵니다. 안내선을 따라 그림과 같이 캐릭터 크기를 조정하고 배치합니다.

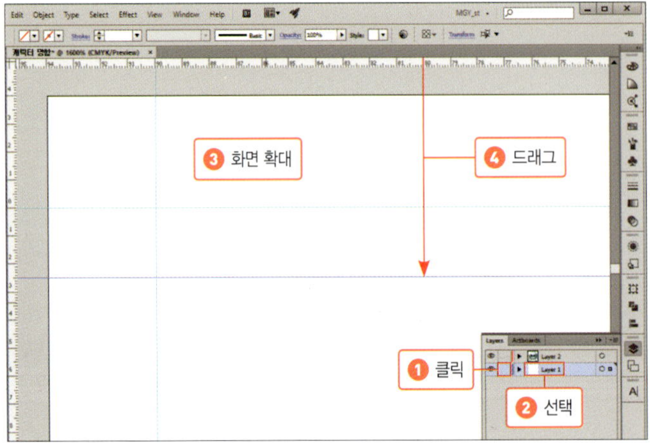

02 'Layer 1' 레이어의 '잠금' 아이콘(￭)을 클릭하여 잠금 설정을 해제한 다음 'Layer 1' 레이어를 선택합니다.

03 아트보드 왼쪽 위를 확대하고 위쪽 안내선을 기준으로 눈금자를 2.5mm 떨어진 지점으로 드래그하여 안내선을 추가합니다.

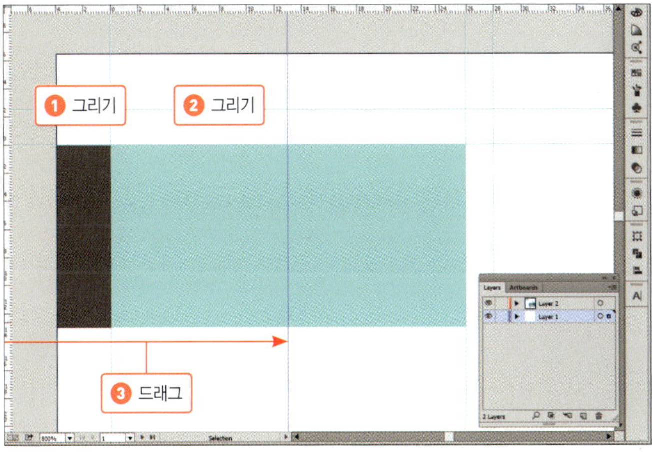

04 면 색상을 'C:0%, M:0%, Y:0%, K:85%'로 설정하고 사각형 도구(￭, M)를 선택한 다음 그림과 같이 안내선에 맞춰 드래그하여 세로가 '13mm'인 사각형을 그립니다.

05 면 색상을 'C:39%, M:0%, Y:14%, K:0%'로 설정한 다음 오른쪽에 26mm 지점까지 드래그해서 사각형을 그립니다.
왼쪽 눈금자에서 4mm 떨어진 지점의 세로 안내선을 중심으로 13mm 떨어진 지점까지 드래그하여 안내선을 추가합니다.

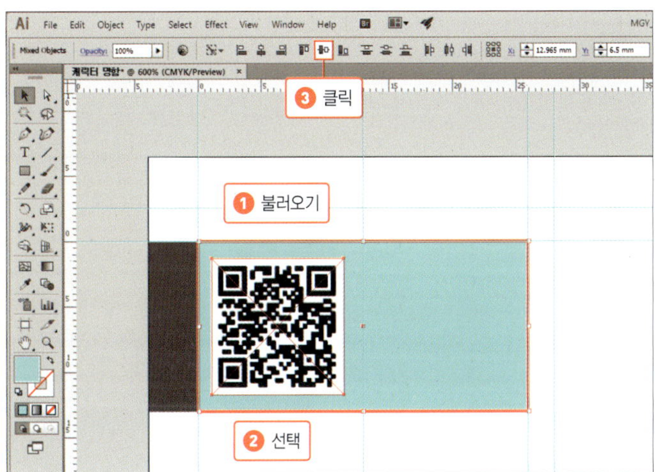

06 블로그나 웹사이트의 QR 코드를 불러오고 그림과 같이 크기를 조정합니다. 사각형 안쪽으로 사방 1mm 여백을 적용하고 사각형과 QR 코드를 선택한 다음 다시 한 번 사각형을 선택합니다.

07 [Control] 패널에서 'Vertical Align Center' 아이콘(￭)을 클릭하여 사각형을 중심으로 세로 가운데 정렬합니다.

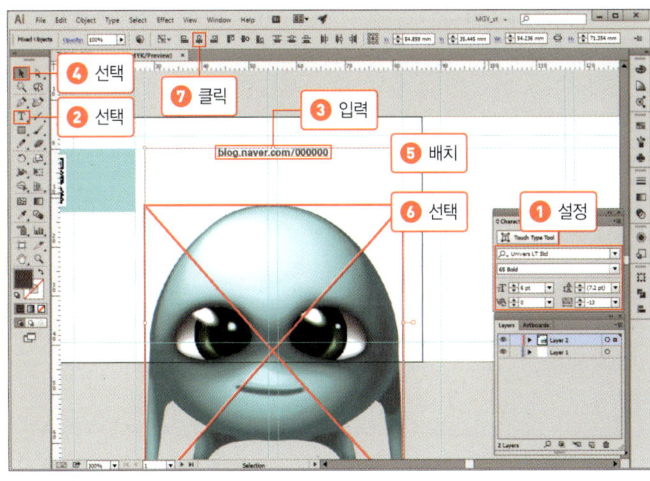

08 블로그 주소를 입력하기 위해 먼저 [Character] 패널에서 서체를 'Univers LT Std/65 Bold', 글자 크기를 '6pt', 자간을 '–13'으로 설정합니다. 문자 도구(T, T)를 선택하고 QR 코드 주소를 입력합니다.

09 선택 도구로 문자를 안내선에 맞게 배치한 다음 Shift 키를 누른 채 캐릭터를 한 번 더 선택합니다. [Control] 패널에서 'Horizontal Align Center' 아이콘(￭)을 클릭하여 캐릭터를 중심으로 가운데 정렬합니다.

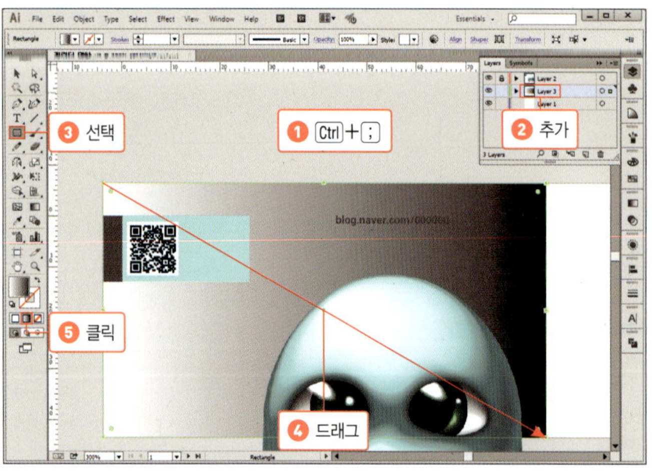

10 Ctrl+; 키를 눌러 안내선을 숨깁니다.
[Layers] 패널에서 'Layer 1' 레이어 위에 새
레이어를 만듭니다.
사각형 도구(■)로 첫 번째 아트보드에 맞춰
드래그합니다. 'Gradient' 아이콘을 클릭하여
사각형에 그러데이션을 적용합니다.

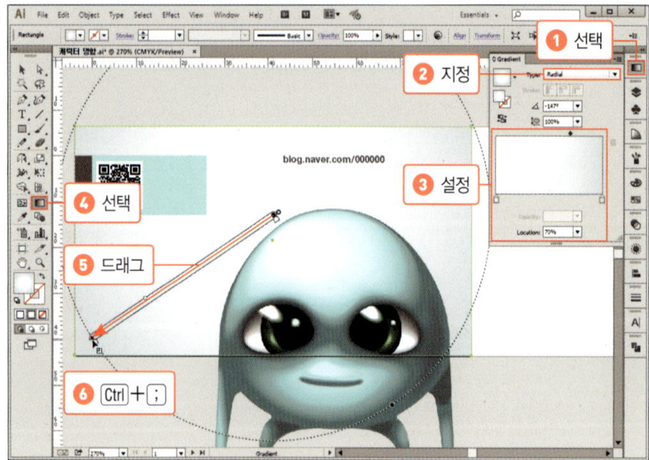

11 [Gradient] 패널에서 Type을 'Radial'로
지정합니다. 그러데이션 슬라이더 오른쪽 아
래 조절점을 더블클릭한 다음 'C:7%, M:0%,
Y:0%, K:14%'로 설정합니다. 그러데이션 슬라
이더 가운데 위 그러데이션 슬라이더를 선택
하고 Location을 '70%'로 설정합니다.
그러데이션 도구(■, G)를 선택하고 캐릭터
왼쪽 위에서 사각형 배경 왼쪽 아래로 드래그
하여 그러데이션 방향을 조정합니다. Ctrl+;
키를 눌러 안내선을 나타냅니다.

TIP Grayscale 모드를 CMYK 모드로 변경하려면 색상
조절 창에서 옵션 아이콘을 클릭하여 CMYK를 실행
합니다.

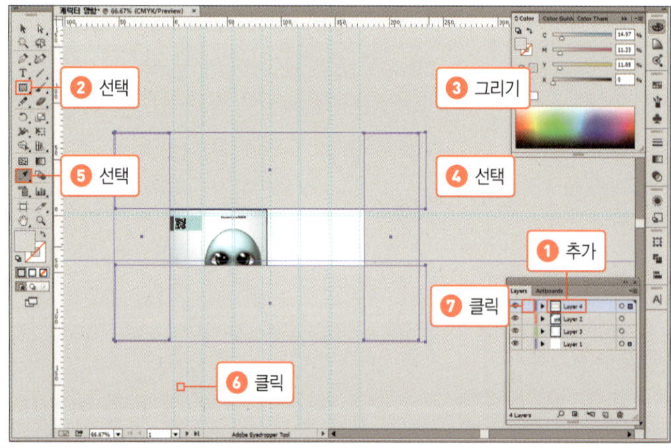

12 편리한 작업을 위해 'Layer 2' 레이어 위
에 새 레이어를 만듭니다.
사각형 도구로 아트보드 외곽에 그림과 같이
네 개의 사각형을 만들어 불필요한 부분을 가
립니다. Ctrl 키를 누른 채 사각형들을 선택하
고 스포이트 도구(🖋, I)로 아트보드 외곽을
클릭하여 회색을 적용합니다.
'Layer 4' 레이어의 '잠금' 아이콘(🔒)을 클릭
하여 잠금 설정합니다.

6 명함 뒷면 레이아웃 디자인하기

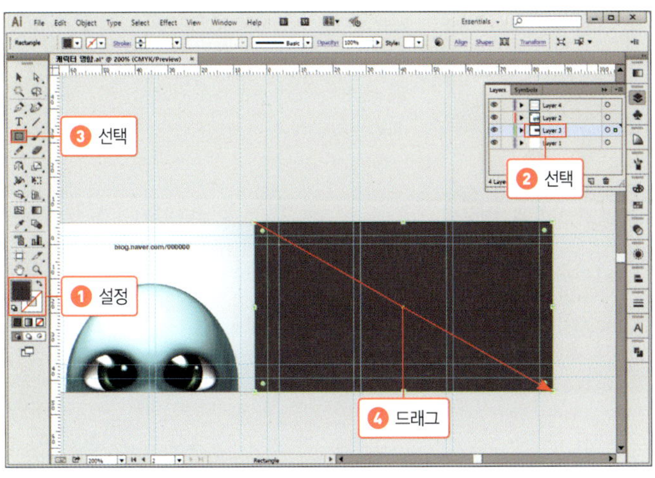

01 면 색상을 'C:0%, M:0%, Y:0%, K:85%'로 설정하고 [Layers] 패널에서 'Layer 3' 레이어를 선택합니다.

02 사각형 도구(□, M)로 오른쪽 아트보드에 맞춰 드래그하여 사각형을 그립니다.

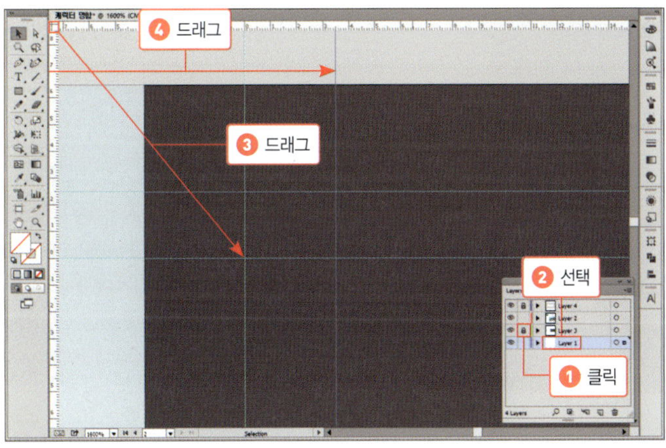

03 [Layers] 패널에서 'Layer 3' 레이어의 '잠금' 아이콘(🔒)을 클릭하여 잠금 설정하고 'Layer 1' 레이어를 선택합니다.
그림과 같이 눈금자 기준을 드래그하여 원점을 수정한 다음 오른쪽 아트보드 왼쪽의 세로 안내선을 중심으로 3.5mm 떨어진 지점에 안내선을 추가합니다.

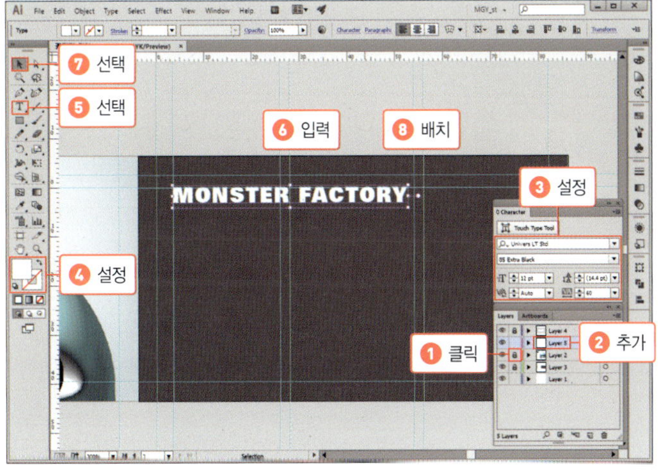

04 'Layer 2' 레이어의 '잠금' 아이콘을 클릭하여 잠금 설정하고 'Layer 2' 위에 새 레이어를 만듭니다.

05 [Character] 패널에서 서체를 'Univers LT Std/85 Extra Black', 글자 크기를 '12pt', 자간을 '60'으로 설정합니다.

06 면 색상을 '흰색'으로 설정하고 문자 도구(T, T)로 'MONSTER FACTORY'를 입력한 다음 선택 도구로 그림과 같이 문자를 왼쪽 위에 배치합니다.

07 사각형 도구(▢, M)로 오른쪽 아트보드 안내선에 맞춰 분사 왼쪽에 그림과 같이 드래그하여 장식 요소를 추가합니다.

[Control] 패널에서 'Transform'을 선택하고 W를 '2mm', H를 '3mm'로 설정하여 크기를 조정합니다.

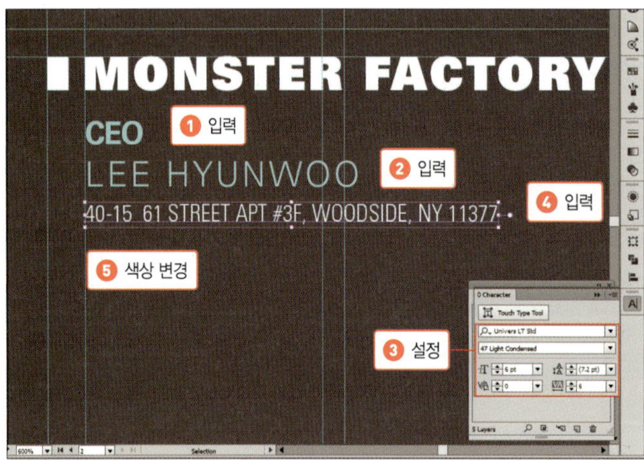

08 [Character] 패널에서 서체를 'Univers LT Std/65 Bold', 글자 크기를 '12pt', 자간을 '−50'으로 설정합니다. 문자 도구(T., T)로 세로 안내선에 맞춰 직책을 입력하고 Ctrl +Enter 키를 누릅니다.

09 같은 방법으로 서체 스타일을 '45 Light', 글자 크기를 '9pt', 자간을 '78'로 설정하고 영문 이름을 입력합니다.

이어서 서체 스타일을 '47 Light Condensed', 글자 크기를 '6pt', 자간을 '6'으로 설정한 다음 주소를 입력합니다. 직책과 이름은 면 색상을 'C:39%, M:0%, Y:14%, K:0%'로 변경합니다.

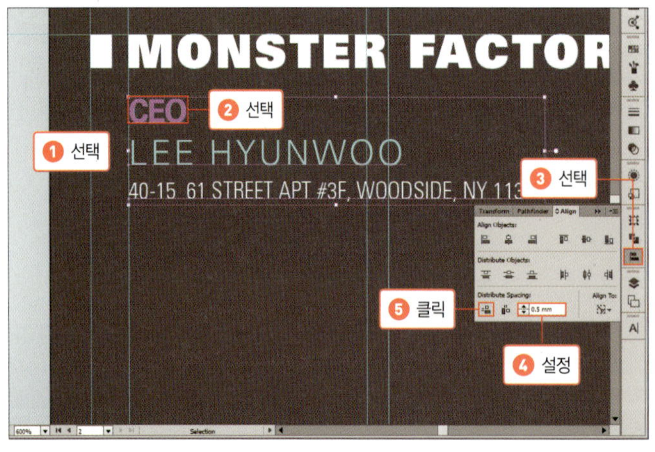

10 세 줄의 문자를 선택하고 'CEO' 문자를 다시 한 번 선택합니다.

[Align] 패널에서 Distribute Spacing을 '0.5mm'로 설정하고 'Vertical Distribute Spacing' 아이콘(▣)을 클릭하여 위쪽 문자 기준으로 세로 간격을 일정하게 배열합니다.

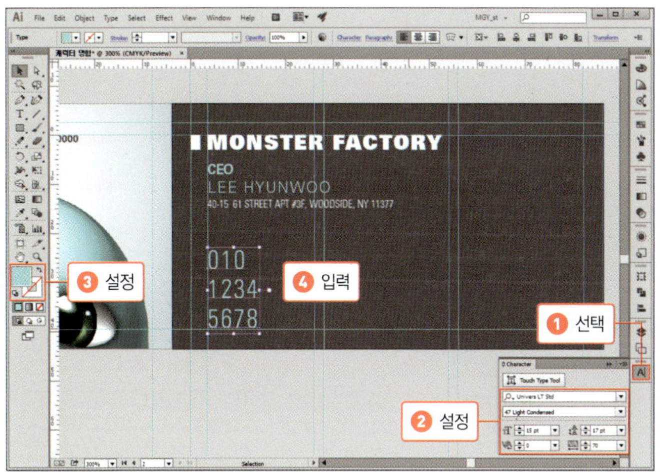

11 [Character] 패널에서 서체를 'Univers LT Std/47 Light Condensed', 글자 크기를 '15pt', 자간을 '70'으로 설정한 다음 면 색상을 'C:39%, M:0%, Y:14%, K:0%'으로 설정합니다. 아트보드 왼쪽 아래에서 가로/세로 안내선이 교차되는 지점에 세 줄의 전화번호를 입력합니다.

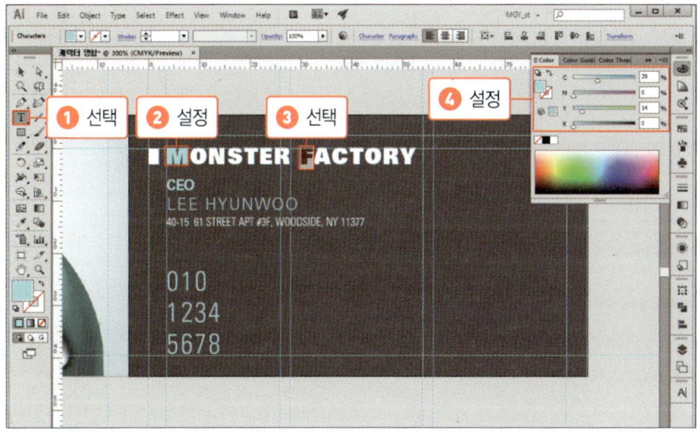

12 [Color] 패널을 이용하여 'MONSTER FACTORY' 문자의 'M'과 'F' 색상을 'C:39%, M:0%, Y:14%, K:0%'로 설정합니다.

7 도형을 이용하여 명함 디자인하기

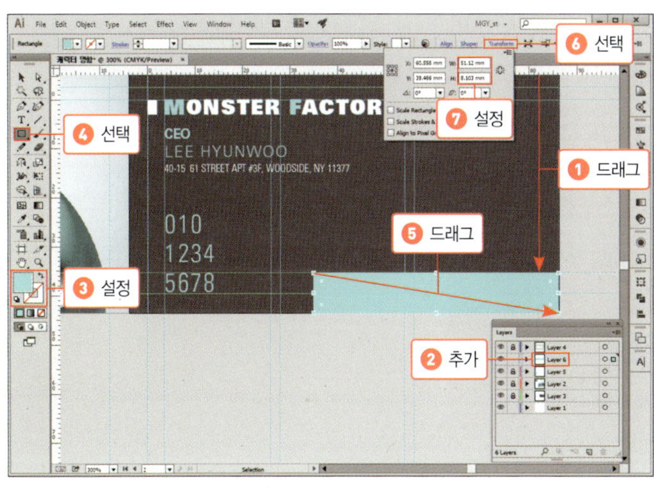

01 전화번호의 세 번째 줄 윗부분에 맞춰 'Layer 1' 레이어에 가로 안내선을 만듭니다. 'Layer 5' 레이어 위에 새 레이어를 만듭니다.

02 면 색상을 'C:39%, M:0%, Y:14%, K:0%'로 설정하고 사각형 도구(□, M)로 그림과 같이 드래그하여 사각형을 만듭니다. [Control] 패널에서 'Transform'을 선택하고 W를 '51.12mm', H를 '8.103mm'로 설정하여 크기를 조정합니다.

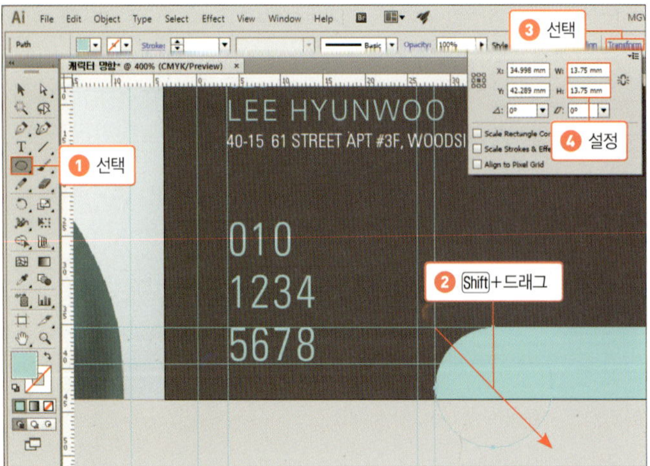

03 원형 도구(◉, L)를 선택하고 Shift 키를 누른 채 사각형 왼쪽에 드래그하여 정원을 그립니다.

[Control] 패널에서 'Transform'을 선택하고 W/H를 각각 '13.75mm'로 설정하여 크기를 조정합니다.

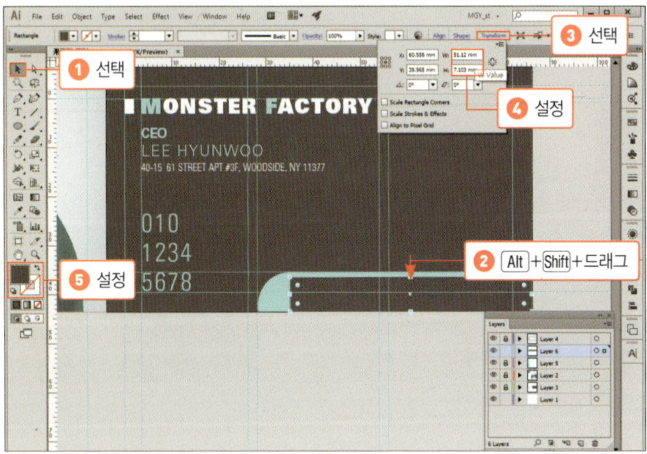

04 선택 도구로 사각형을 선택한 다음 Alt +Shift 키를 누른 채 안쪽으로 약간 드래그하여 그림과 같이 세로 높이를 조정합니다.

[Control] 패널에서 'Transform'을 선택하고 W를 '51mm', H를 '7mm'로 설정하여 크기를 조정한 다음 면 색상을 'C:0%, M:0%, Y:0%, K:85%'로 설정합니다.

05 04번과 같은 방법으로 원을 복제하고 [Control] 패널의 'Transform'을 선택합니다.
원의 지름을 2mm 정도 줄여 W/H를 각각 '11mm'로 설정하고 면 색상을 'C:0%, M:0%, Y:0%, K:85%'로 설정합니다.

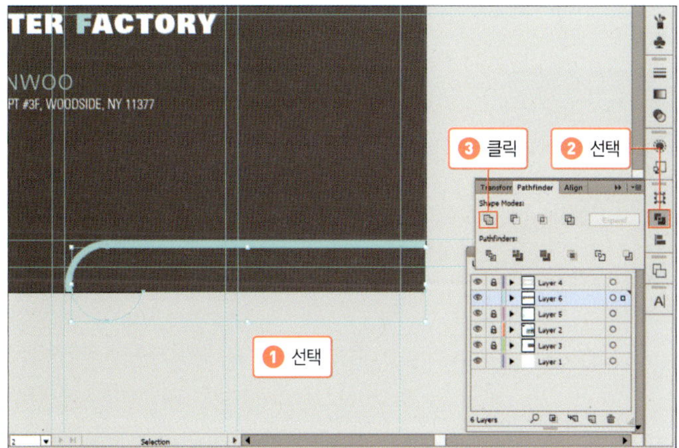

06 짙은 회색 원과 사각형을 선택한 다음 [Pathfinder] 패널에서 'Unite' 아이콘(🔲)을 클릭하여 합칩니다.

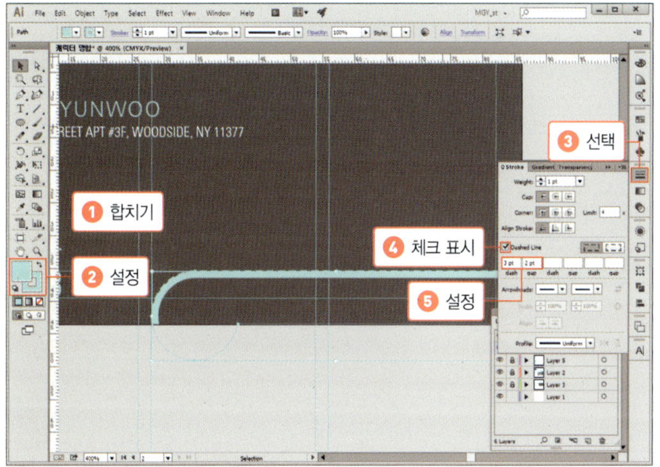

07 같은 방법으로 뒤쪽 원과 사각형도 합친 다음 선 색상을 면 색상과 같게 설정합니다. [Stroke] 패널에서 'Dashed Line'에 체크 표시한 다음 dash를 '3pt', gap을 '2pt'로 설정하여 점선을 만듭니다.

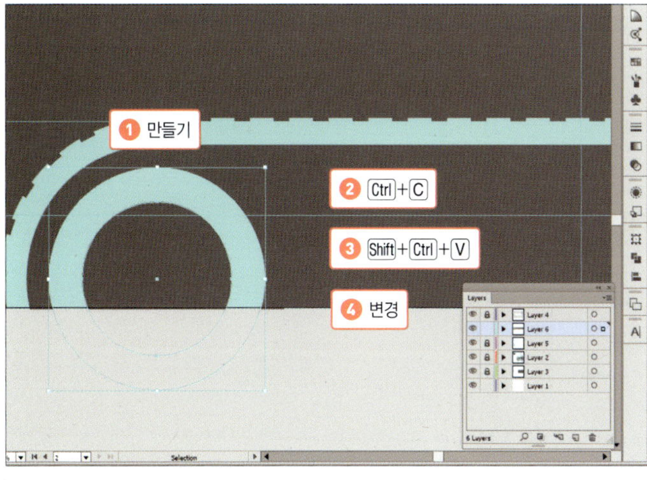

08 면 색상을 'C:39%, M:0%, Y:14%, K:0%'로 설정한 다음 원의 중심과 같은 위치에 지름이 9.75mm인 원을 그립니다.

09 Ctrl+C 키를 눌러 복사하고 Shift+Ctrl+V 키를 눌러 복사한 대상과 같은 위치에 붙여 넣습니다.
면 색상을 'C:0%, M:0%, Y:0%, K:85%'으로 설정하고 지름을 6.75mm로 변경합니다.

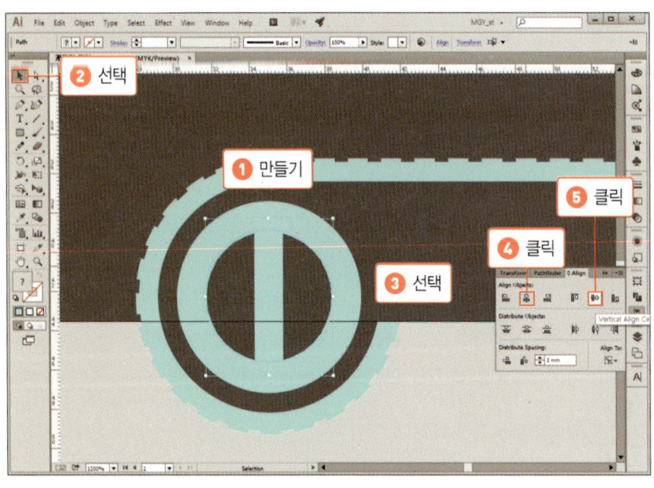

10 면 색상을 'C:39%, M:0%, Y:14%, K:0%'로 설정하고 사각형 도구(□, M)로 그림과 같이 가로 1.5mm, 세로 6.75mm인 사각형을 만듭니다.

11 선택 도구로 Shift 키를 누른 채 이전에 만든 원과 사각형을 선택한 다음 다시 원을 선택합니다.
[Align] 패널에서 'Horizontal Align Center' 아이콘(□)과 'Vertical Align Center' 아이콘(□)을 클릭하여 원을 중심을 기준으로 가운데 정렬합니다.

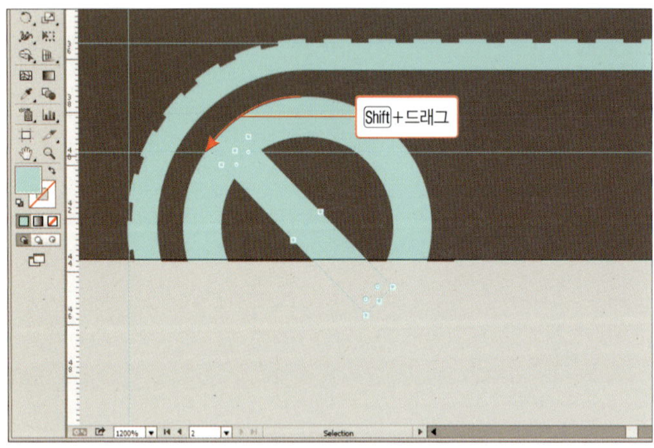

12 사각형을 선택하고 Shift 키를 누른 채 왼쪽으로 드래그하여 45° 회전합니다.

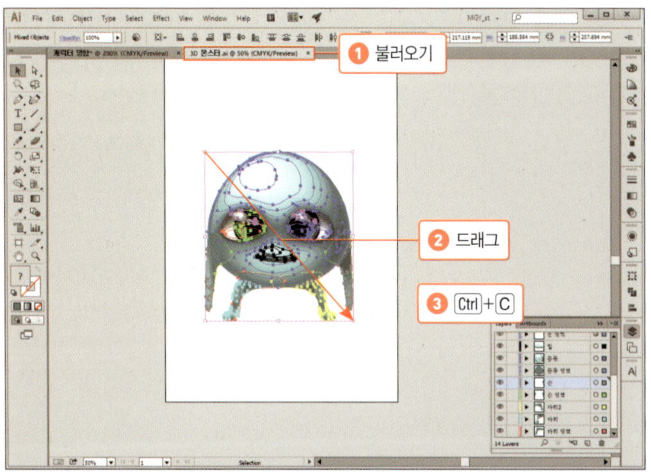

13 몬스터 캐릭터와 다양한 몬스터들을 만들어 배치하기 위해 24 폴더에서 '3D 몬스터.ai' 파일을 불러옵니다.
캐릭터를 전체 드래그하여 선택하고 Ctrl+C 키를 눌러 복사합니다.

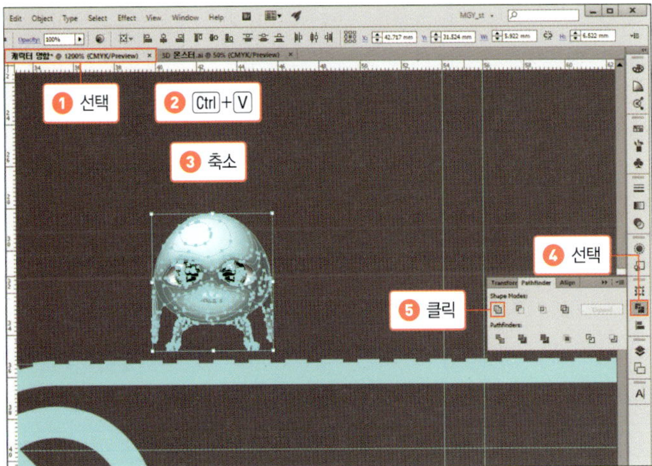

14 다시 '캐릭터 명함' 작업 창을 선택하고 Ctrl+V 키를 눌러 복사한 캐릭터를 붙여 넣습니다.

캐릭터를 그림과 같이 축소하고 [Pathfinder] 패널에서 'Unite' 아이콘(▣)을 클릭하여 합칩니다.

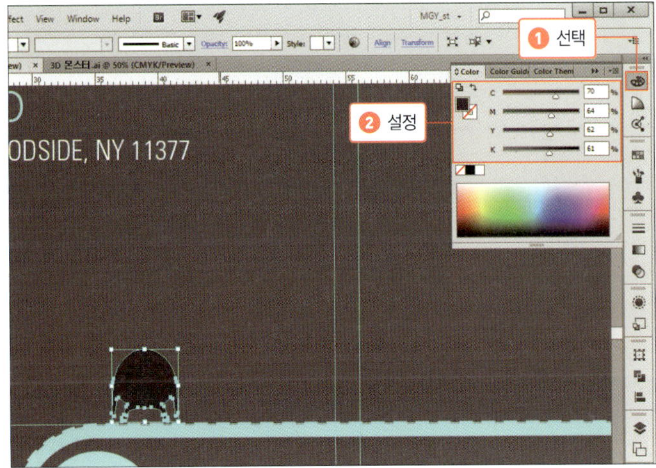

15 [Color] 패널에서 면 색상을 'C:70%, M: 64%, Y:62%, K:61%'로 설정하여 그림자 형태를 만듭니다.

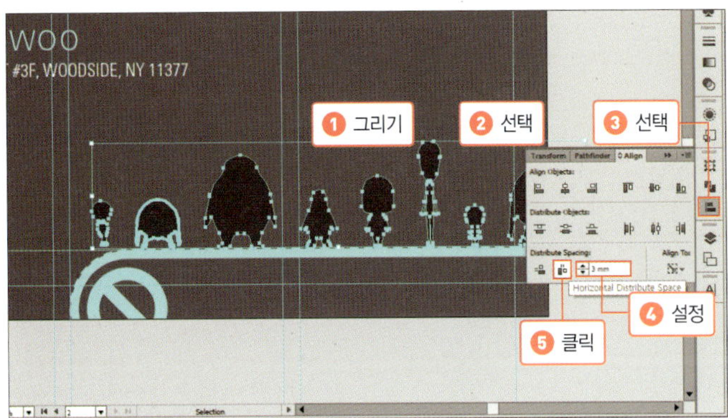

16 펜 도구(✎, P)를 이용하여 그림과 같이 다양한 형태의 몬스터 그림자를 여러 개 그립니다.

17 몬스터 그림자들을 선택하고 첫 번째 객체를 다시 선택합니다.

[Align] 패널에서 Distribute Spacing을 '3mm'로 설정한 다음 'Horizontal Distribute Spacing' 아이콘(⬛)을 클릭하여 첫 번째 몬스터 그림자를 기준으로 세로 간격을 알맞게 배열합니다.

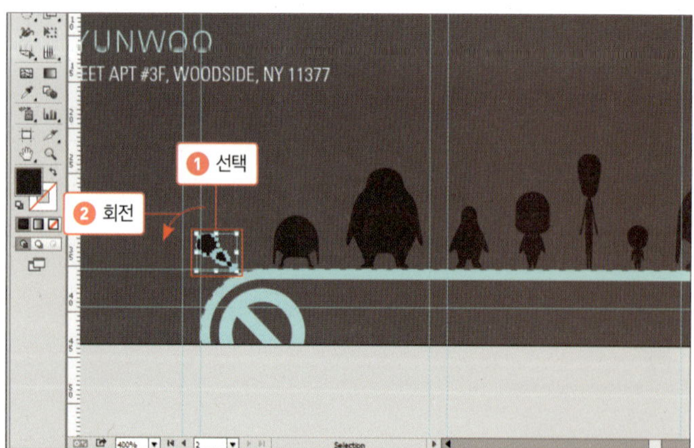

18 맨 왼쪽의 몬스터 그림자를 선택하고 왼쪽으로 약간 회선시켜 그림과 같이 컨베이어 벨트를 따라 이동하듯이 배치합니다.

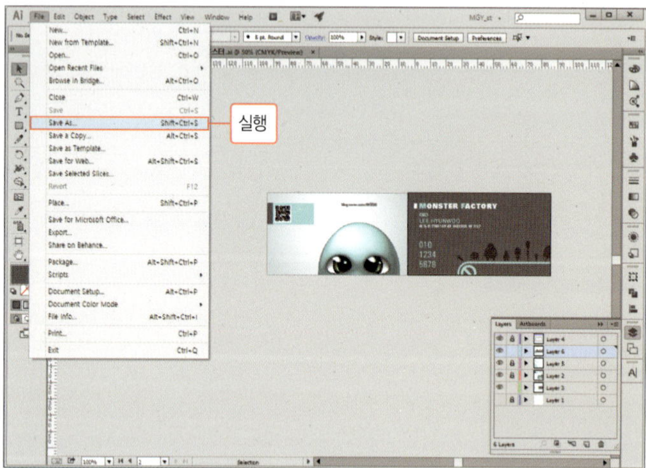

19 완성된 명함을 이미지 파일로 저장하기 위해 [File] → Save As(Shift+Ctrl+S)를 실행합니다.

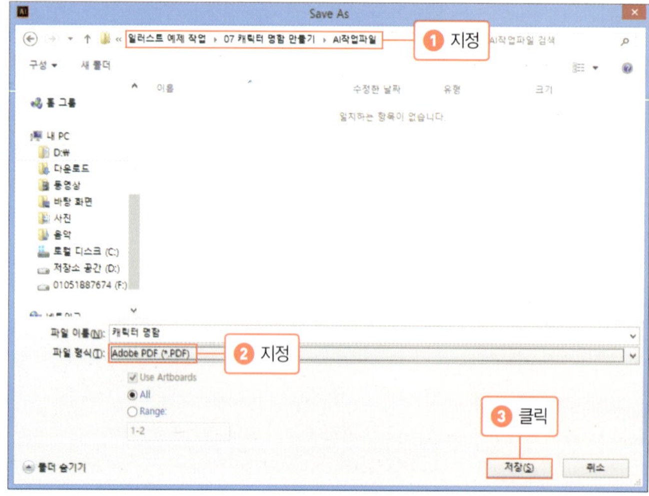

20 [Save As] 대화상자에서 저장 위치를 지정하고 파일 형식을 'Adobe PDF (*.PDF)'로 지정한 다음 〈저장〉 버튼을 클릭합니다.

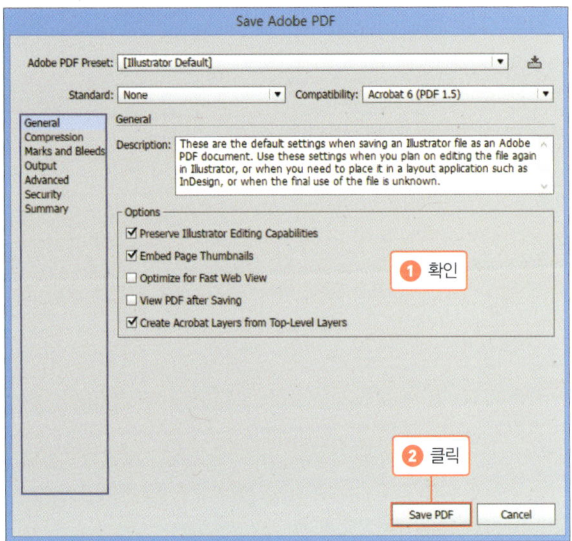

21 [Save Adobe PDF] 대화상자에서 기본 설정을 확인한 다음 〈Save PDF〉 버튼을 클릭하여 마무리합니다.

TIP 명함 출력 파일을 출력소에 보낼 때는 AI 또는 PDF 파일로 변환하여 의뢰합니다. 이때 문자 외곽선을 추출하여 출력을 의뢰해야만 서체 유실과 같은 문제가 발생하지 않습니다.

22 PDF 이미지나 JPG로 저장하고 양면 인쇄하여 캐릭터 명함을 완성해 보세요.

디자인 사례

입체적인 캐릭터를 바탕으로 독창적인 명함을 디자인하여 재치 있고 유쾌한 인상을 남길 수 있습니다.

◀ 전체적으로 둥글고 귀여운 2등신 형태로 카페의 달콤함이 느껴지는 캐릭터입니다. 첫 번째 디자인은 도넛을 모티브로 만들어진 캐릭터로 질감이 부드러우며, 두 번째 디자인은 커피 원두 형태를 상징화하여 만든 캐릭터로 오른손엔 커피 잔을 들고 있습니다.

▲ 작가 자신의 캐릭터로 익살스러운 표정과 다크 서클, 주름의 표현들을 보는 사람으로 하여
금 친근감 있게 시각화하였습니다. 일러스트레이터의 메시 도구를 정교하게 활용하여 사실적
이고 부드러운 그러데이션을 표현했습니다.

▲ 여우 얼굴을 표현한 캐릭터는 사실적인 부조 작품처럼 입체
적이고 명함 전체 배경에 도트 효과로 음각으로 새겨 넣은 독
창성이 돋보입니다. 반면 옛날 간판처럼 배열된 텍스트는 평면
적으로 인쇄해서 캐릭터와 문자의 대비 효과를 강조하여 복고
적이면서도 세련된 조형성을 제시하는 작품입니다.

◀ 해적으로 분장한 악어의 코믹한 캐릭터를 이용하여 보물 상자를
얻는 듯한 선물 카드의 메시지를 분명하게 전달하고 있습니다. 톤 다
운된 원색 타이포그래피와 함께 점선을 이용한 스티치 효과를 전체적
으로 적용하여 수공예적인 인상을 전달하고 있습니다.

명함 커버 디자인

feelsonic

패턴을 활용한 세련된 명함 커버 만들기

패턴을 활용한 명함 커버를 디자인하여 명함을 건네기 전부터 개성을 표출해 보세요. 깔끔하고 세련된 이미지를 주는 센스 있는 명함 커버 디자인을 직접 디자인해 봅니다.

1 기하학적인 패턴 디자인하기

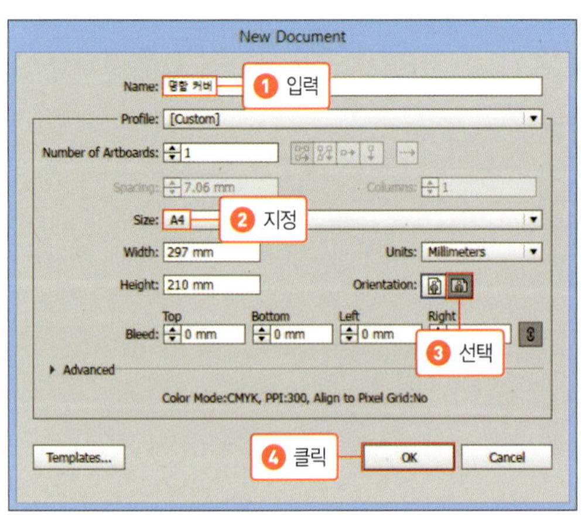

01 [File] → New(Ctrl+N)를 실행합니다. [New Document] 대화상자에서 Name에 '명함 커버'를 입력한 다음 Size를 'A4', Orientation을 '가로 방향'으로 선택하고 〈OK〉 버튼을 클릭해 새 아트보드를 만듭니다.

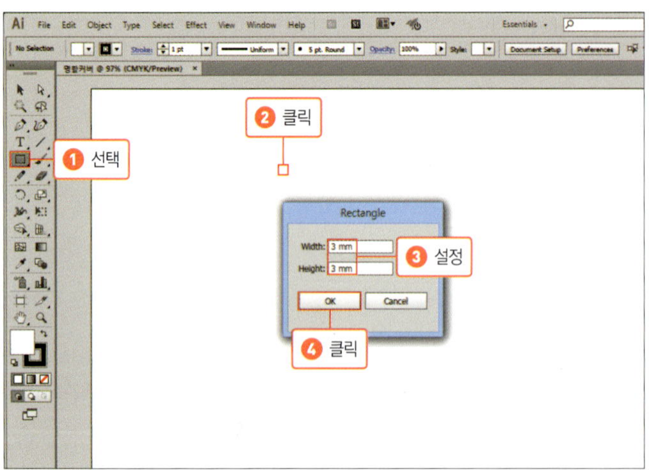

02 사각형 도구(■, M)를 선택하고 아트보드를 클릭하여 [Rectangle] 대화상자에서 Width/Height를 각각 '3mm'로 설정한 다음 〈OK〉 버튼을 클릭해서 사각형을 만듭니다.

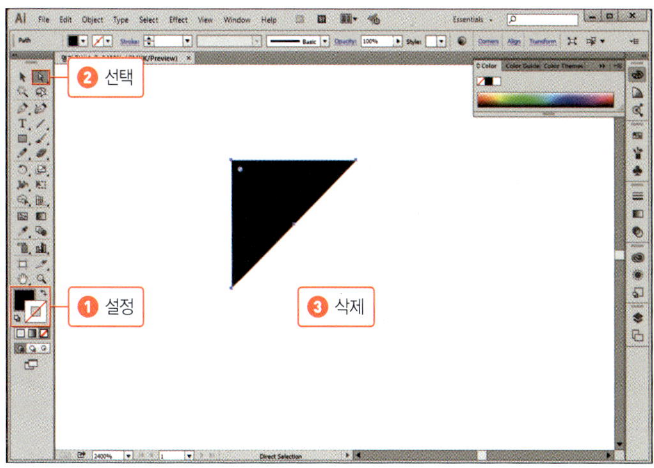

03 사각형의 면 색상을 '검은색', 선 색상을 'None'으로 설정합니다.

직접 선택 도구(, A)를 선택하고 사각형의 오른쪽 아래 기준점을 선택한 다음 Delete 키를 눌러 삭제하여 삼각형으로 변형합니다.

04 선택 도구(, V)를 선택하고 삼각형을 선택한 다음 마우스 오른쪽 버튼을 클릭하여 **Transform → Reflect**를 실행합니다.

[Reflect] 대화상자에서 Angle을 '45°'로 설정하고 〈Copy〉 버튼을 클릭합니다.

05 반전, 복제된 삼각형이 선택된 상태에서 면 색상을 'C:85%, M:75%, Y:0%, K:0%'로 설정합니다.

Shift 키를 누른 채 두 개의 삼각형을 선택하고 Alt + Shift 키를 누른 채 오른쪽으로 드래그하여 복제합니다. 바운딩 박스를 회전한 다음 그림과 같이 면 색상을 변경합니다.

연두색 삼각형 • C:25%, M:6%, Y:35%, K:0%
분홍색 삼각형 • C:0%, M:67%, Y:23%, K:0%

일러스트 상식

단축키를 이용하여 객체를 복사할 때는 스마트 가이드를 이용하여 간편하게 위치를 확인할 수 있습니다. 스마트 가이드는 [View] → Smart Guides를 실행하여 객체를 만들고 편집할 때 표시되는 똑똑한 안내선으로 다른 객체를 기준으로 객체를 만들거나 편집할 수 있습니다.

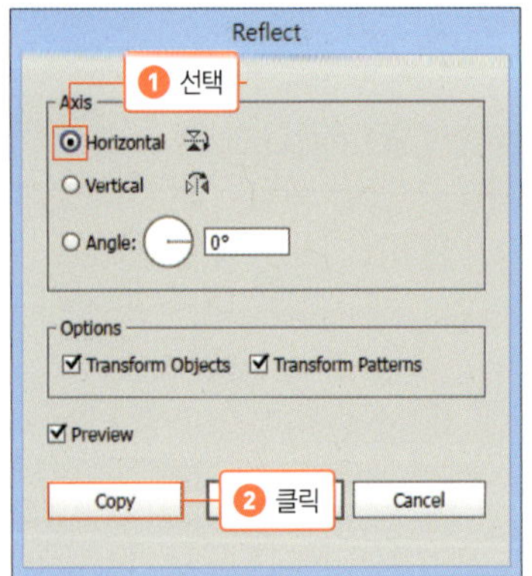

06 Shift 키를 누른 채 네 개의 삼각형을 선택하고 마우스 오른쪽 버튼을 클릭한 다음 **Transform → Reflect**를 실행합니다.
[Reflect] 대화상자에서 'Horizontal'을 선택한 다음 〈Copy〉 버튼을 클릭하여 반전, 복제합니다.

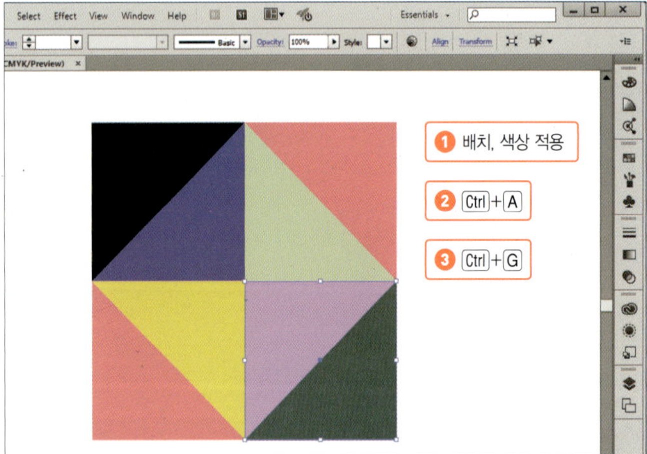

07 반전, 복제된 객체를 드래그하여 아래로 이동해서 그림과 같이 배치합니다. 네 개의 삼각형을 하나씩 선택한 다음 원하는 색으로 변경합니다.

08 Ctrl+A 키를 눌러 도형을 전체 선택하고 Ctrl+G 키를 눌러 그룹으로 설정합니다.

첫 번째 삼각형 • C:0%, M:67%, Y:22%, K:0%
두 번째 삼각형 • C:6%, M:4%, Y:89%, K:0%
세 번째 삼각형 • C:21%, M:41%, Y:0%, K:0%
네 번째 삼각형 • C:84%, M:39%, Y:58%, K:20%

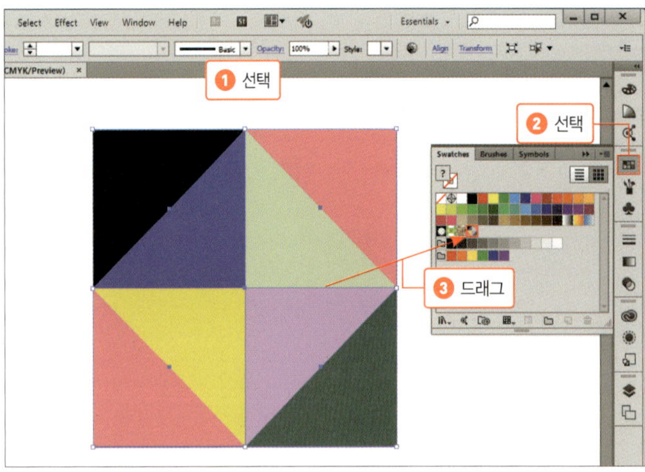

09 삼각형들이 모여 이뤄진 사각형을 선택한 다음 [Swatches] 패널로 드래그하여 패턴으로 등록합니다.

2 명함 커버 도안 디자인과 패턴 적용하기

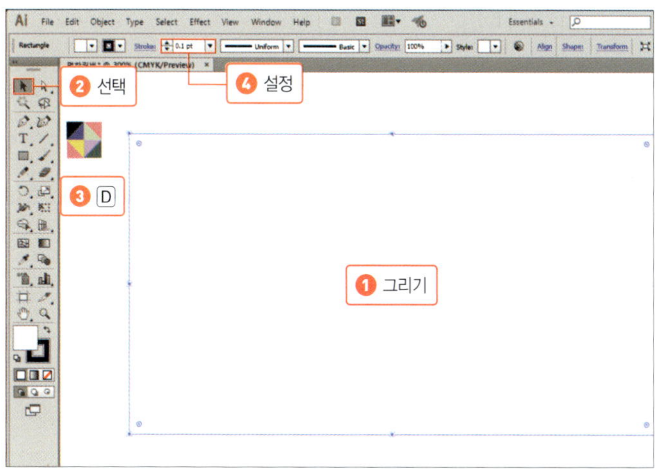

01 사각형 도구(■, M)를 선택한 다음 패턴 오른쪽에 드래그하여 가로가 '90mm', 세로가 '50mm'인 사각형을 그립니다.
선택 도구(▶, V)를 선택해서 사각형을 선택 상태로 만든 다음 D 키를 눌러 면과 선 색상을 기본색으로 설정합니다.
[Control] 패널에서 Stroke를 '0.1pt'로 설정하여 외곽선 두께를 설정합니다.

TIP 선 두께를 '0.2pt' 이하로 설정하면 출력할 때 선이 출력되지 않을 수 있으므로 유의하기 바랍니다.

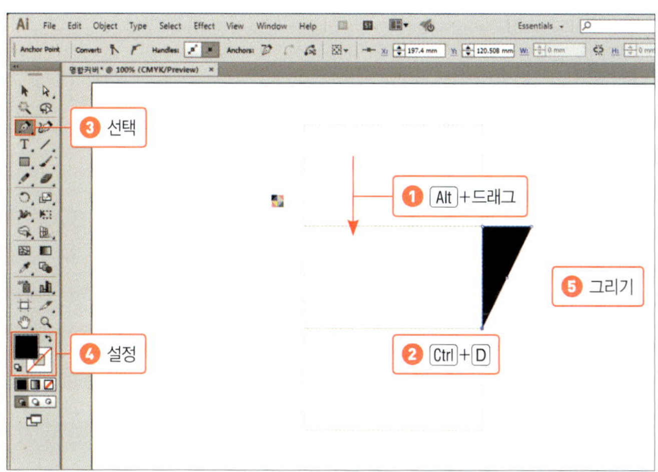

02 사각형이 선택된 상태에서 Alt 키를 누른 채 아래로 드래그하여 복제한 다음 Ctrl+D 키를 눌러 한 번 더 복제합니다.

03 명함 커버의 접는 부분 도안을 만들기 위해 먼저 펜 도구(✐, P)를 선택하고 면 색상을 '검은색', 선 색상을 'None'으로 설정합니다. 그림과 같이 가운데 오른쪽에 옆에 작은 삼각형을 그립니다.

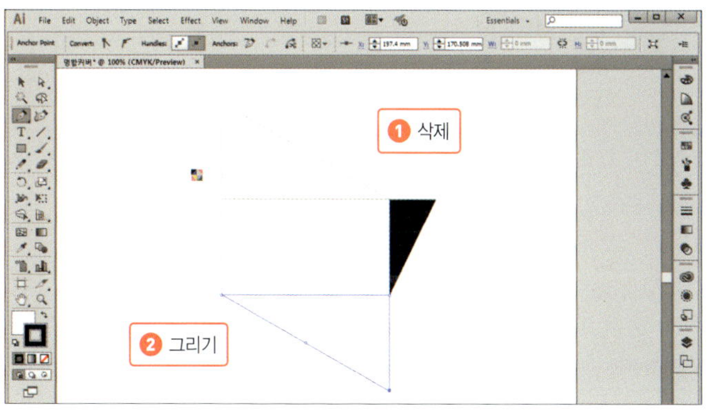

04 직접 선택 도구(▶, A)로 첫 번째 사각형 오른쪽 위와 세 번째 사각형 왼쪽 아래의 기준점을 선택한 다음 Delete 키를 눌러 삭제합니다. 펜 도구(✐, P)로 잘린 패스를 연결하여 그립니다.

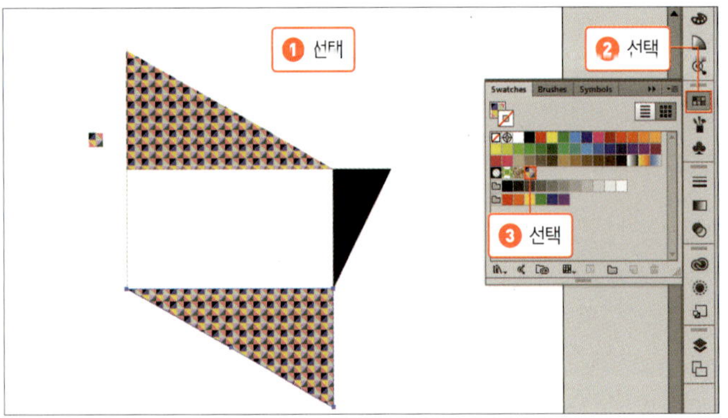

05 Shift 키를 누른 채 사각형 위아래 두 개의 삼각형을 선택한 다음 [Swatches] 패널에서 직접 등록한 패턴을 선택하여 적용합니다.

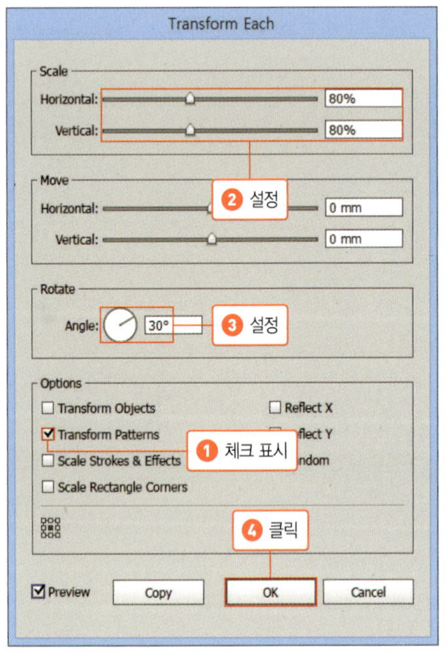

06 오른쪽 검은색 삼각형을 선택한 다음 반전시키기 위해 먼저 Shift + Alt + Ctrl + D 키를 누릅니다.
[Transform Each] 대화상자의 Options 항목에서 'Transform Patterns'에만 체크 표시합니다.
위쪽 Scale 항목의 Horizontal/Vertical을 각각 '80%'로 설정한 다음 Rotate 항목의 Angle을 '30°'로 설정하고 〈OK〉 버튼을 클릭합니다.

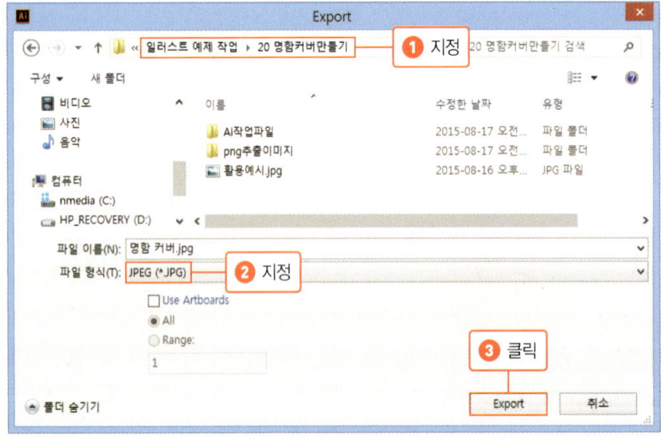

07 [File] → Export를 실행하여 [Export] 대화상자에서 저장 위치를 지정하고 파일 형식을 'JPEG (*.JPG)'로 지정한 다음 〈Export〉 버튼을 클릭합니다.

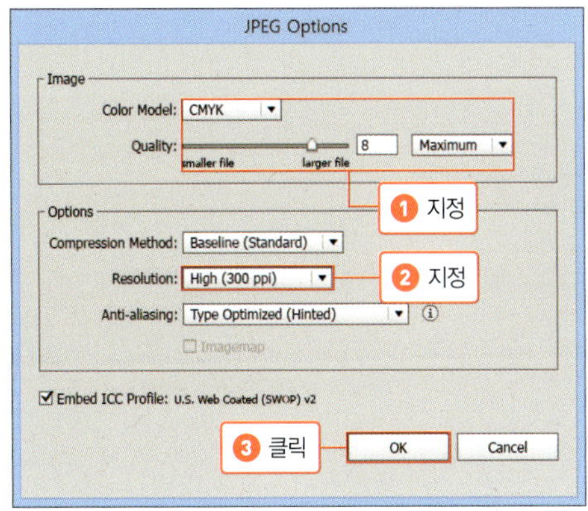

08 [JPEG Options] 대화상자에서 Color Model을 'CMYK'로 지정하고 Quality를 'Maximum'으로 지정합니다. Resolution을 'High (300 ppi)'로 지정하고 〈OK〉 버튼을 클릭하여 완성합니다.

❗ 주의

큰 이미지를 출력할 때 견본 출력하기

A4 크기 외 A3, A2 크기의 디자인은 일반 프린터에서 인쇄하기 힘듭니다. 이때 출력소에 인쇄를 맡기기도 하지만 미리 확인하기 위해 A4 전용 프린터에서 인쇄 영역을 지정하여 출력한 다음 이어 붙일 수 있습니다.

Ctrl+P 키를 눌러 [Print] 대화상자에서 Scaling을 'Tile Full Pages'로 지정하고 Tile Range를 '1'로 설정합니다. 전체 페이지를 따로 출력하기 위해서는 '1~4'로 설정합니다. 〈Print〉 버튼을 클릭하면 1쪽이 출력되고 〈Done〉 버튼을 클릭하면 설정한 인쇄 영역이 반영됩니다. 아트보드를 확인하면 수정된 인쇄 영역을 확인할 수 있습니다.

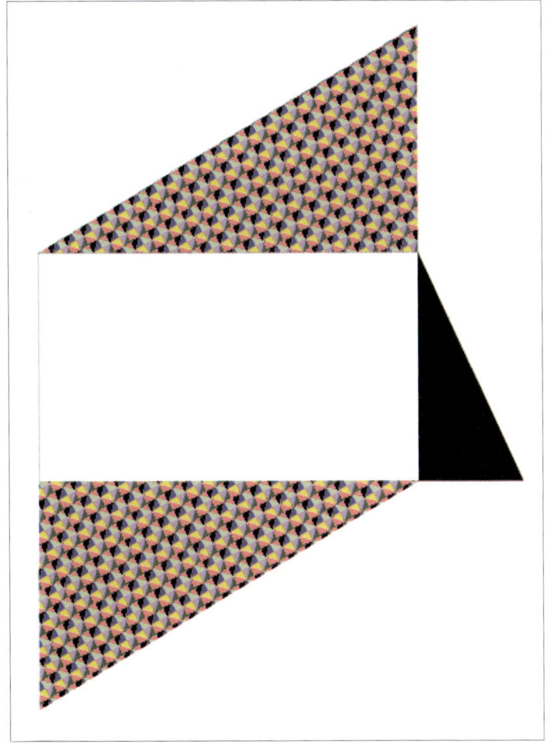

09 JPEG 이미지를 두께감 있는 종이에 출력하여 실제 명함 커버로 사용해 보세요.

디자인 사례

CIP(Coporate Identity Program) 디자인은 기업의 이미지 통일을 위한 작업으로 심벌마크, 로고타입, 전용 색상, 서체 등을 활용하여 서식류, 제품 및 포장 등에 사용합니다. 명함 외에도 봉투 등의 디자인을 통일하여 기업의 아이덴티티를 나타낼 수 있습니다.

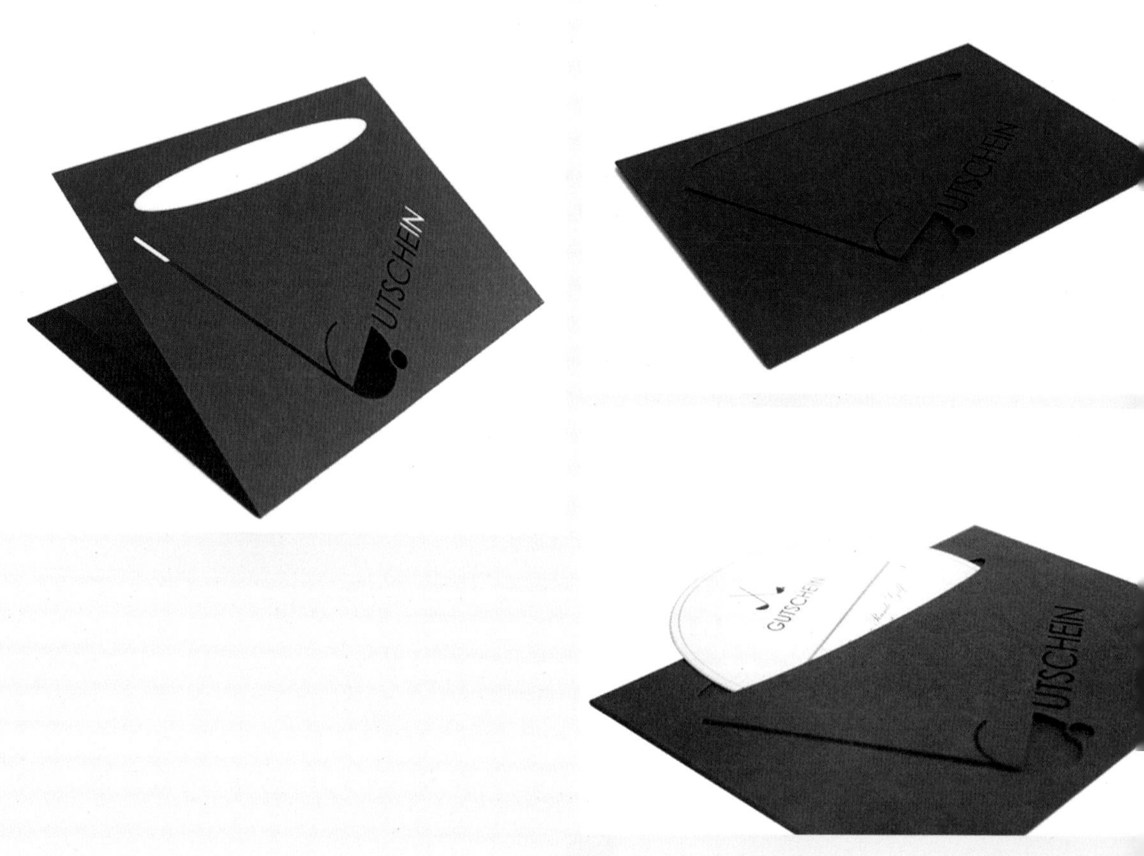

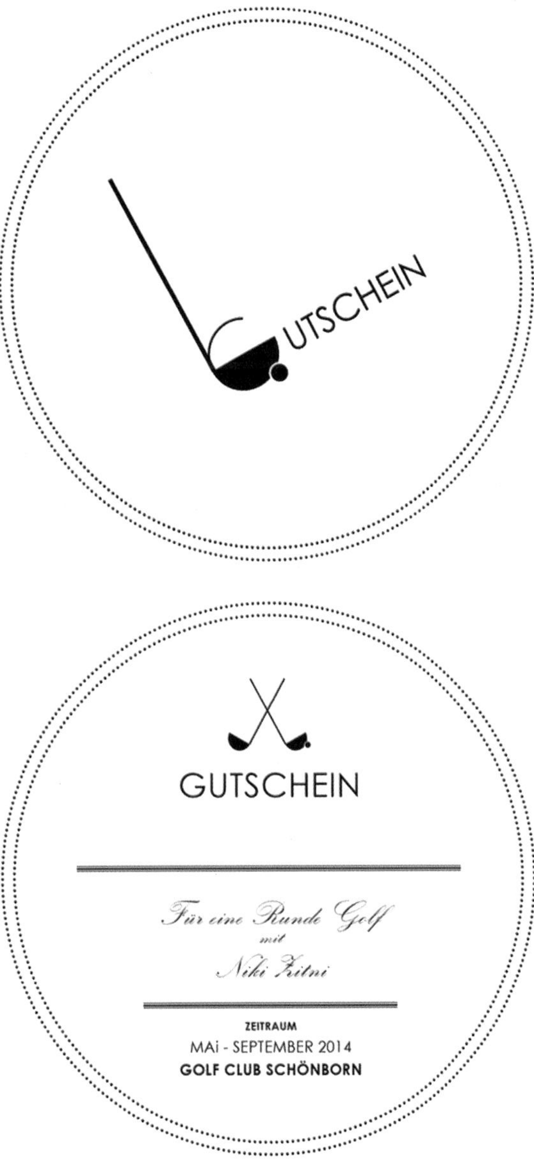

▶ 골프채 형태를 모티브로 로고를 제작한 골프 라운드 초대 카드와 봉투 디자인입니다. 봉투에는 골프채 형태를 잘라내어 카드를 넣었을 때 흰색으로 보이도록 하였고, 골프장 필드의 구멍을 연상시키기 위해 카드 형태를 사각형이 아닌 원형으로 만든 흥미로운 작업물입니다.

타임 라벨 디자인

회의실
BUSINESS HOUR
OPEN AM 11:00 CLOSE PM 09:00
Exhibition
Room 6
해제중

업무 시간을 알려주는 라벨 만들기

매장이나 사무실 출입문에 딱딱하게 업무 시간을 문자로 나타내기보다 라벨 디자인을 통해 아이콘과 함께 나타내면 직관적으로 개성을 나타낼 수 있습니다. 다른 장소와 차별화할 수 있는 업무 시간 라벨을 디자인해 보세요.

1 업무 시간을 알리는 시계 그리기

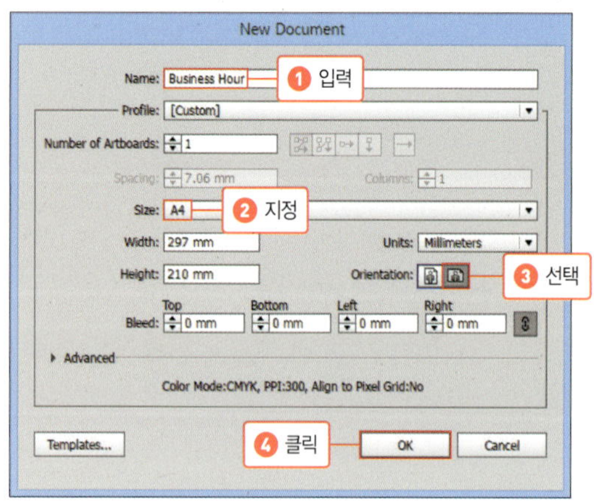

01 [File] → New(Ctrl+N)를 실행합니다. [New Document] 대화상자에서 Name에 'Business Hour'를 입력합니다. Size를 'A4', Orientation을 '가로 방향'으로 지정한 다음 〈OK〉 버튼을 클릭해서 새 아트보드를 만듭니다.

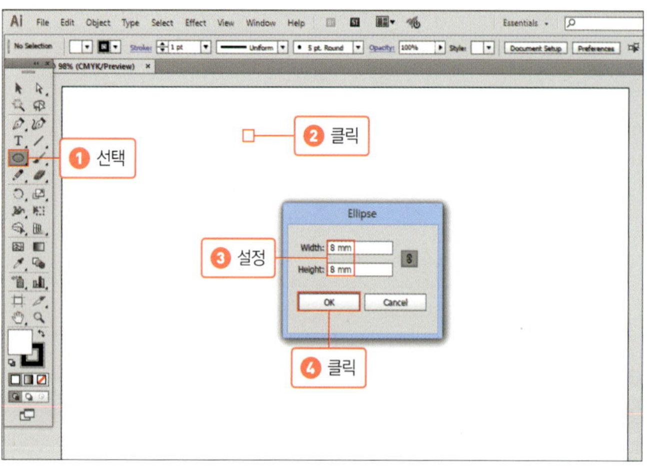

02 원형 도구(⬭, L)를 선택하고 아트보드에 클릭하여 [Ellipse] 대화상자에서 Width/Height를 각각 '8mm'로 설정한 다음 〈OK〉 버튼을 클릭하여 작은 원을 만듭니다.

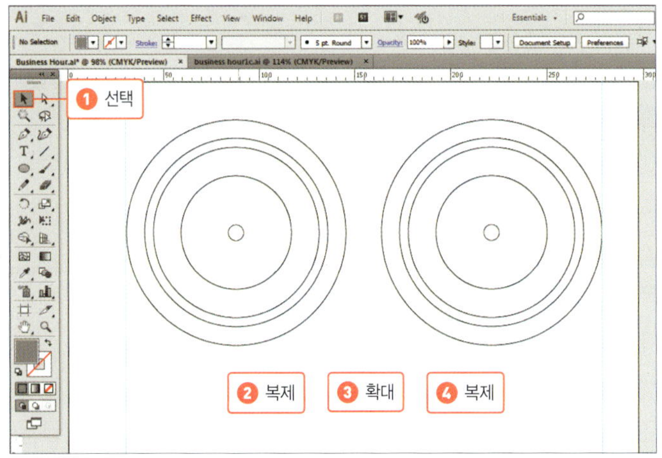

03 선택 도구(V)로 원을 선택하고 Ctrl +C 키를 누른 다음 Ctrl+Shift+V 키를 네 번 눌러 복제합니다. 복제된 각각의 원을 선택한 다음 Shift+Alt 키를 누른 채 드래그하여 그림과 같이 크기를 조정합니다. Shift+Alt 키를 누른 채 오른쪽으로 드래그하여 복제합니다.

TIP 정확한 수치를 확인하면서 작업하기 위해서는 Ctrl +R 키를 눌러 아트보드에 눈금자를 나타냅니다.

04 [Character] 패널에서 서체를 'Univers LT std/ 85 Extra Black', 글자 크기를 '29pt'로 설정합니다. 면 색상을 'C:0%, M:0%, Y:0%, K:60%'로 설정하고 문자 도구(T, T)로 원 아래에 'Business Hour'를 입력합니다.
'OPEN AM'과 'CLOSE PM'는 서체를 '63 Bold Extended', 글자 크기를 '15pt'로 설정합니다. '11:00', '9:00' 시간은 서체를 '45 Light', 글자 크기를 '15pt'로 설정합니다.

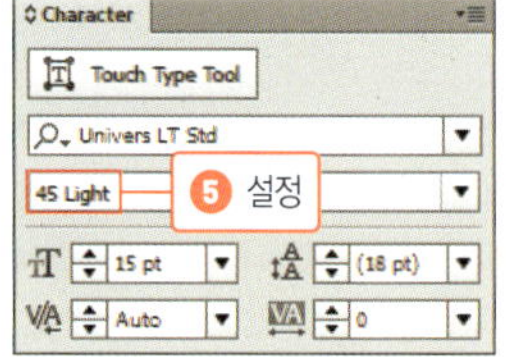

05 선택 도구(V)로 각각의 원을 선택하고 면 색상을 설정합니다. 중심 원부터 순서대로 Shift+Ctrl+] 키를 눌러 배열합니다.

안쪽 첫 번째 원 · C:0%, M:0%, Y:0%, K:80%
두 번째 원 · C:0%, M:0%, Y:0%, K:0%
세 번째 원 · C:21%, M:12%, Y:46%, K:0%
네 번째 원 · C:0%, M:74%, Y:84%, K:0%
다섯 번째 원 · C:0%, M:0%, Y:0%, K:100%

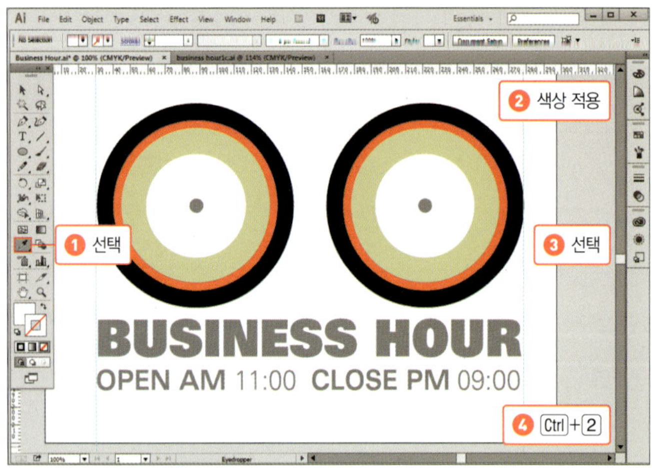

06 스포이트 도구(　, I)를 이용하여 오른쪽 원 색상도 같게 설정합니다.
전체 원과 글자를 선택한 다음 Ctrl+2 키를 누릅니다.

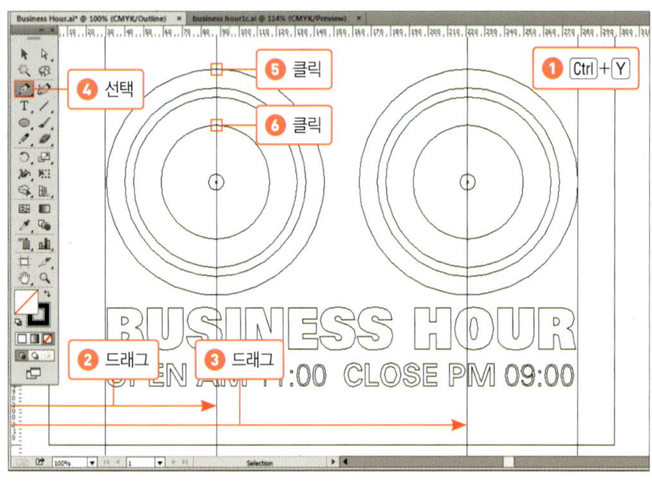

07 Ctrl+Y 키를 눌러 패스 보기에서 Ctrl +R 키를 누릅니다. 왼쪽 눈금자를 드래그하여 중심 원의 가운데에 안내선을 만듭니다.
펜 도구(　, P)를 선택하고 그림과 같이 12시 부분을 클릭하여 직선을 그립니다.

전체 패스 선을 확인하기 위해 [View] → Outline을 실행하면 더욱 정확하게 패스 선만 확인할 수 있습니다.

▲ 미리보기 이미지와 아웃라인 형태의 이미지

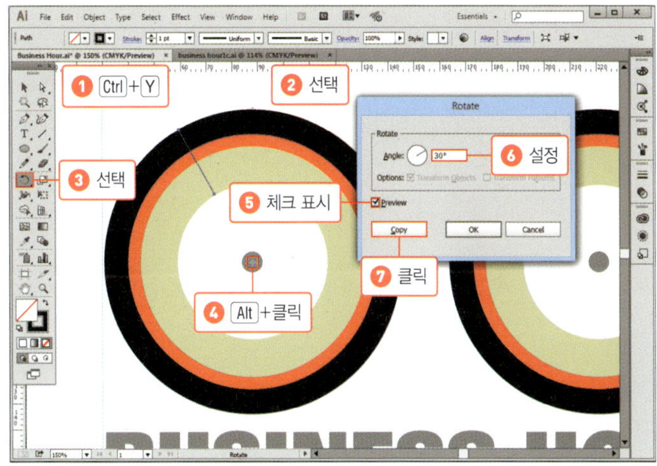

08 다시 Ctrl + Y 키를 누른 다음 직선을 선택하고 회전 도구( )를 선택합니다. Alt 키를 누른 채 중심 원의 가운데를 클릭하여 [Rotate] 대화상자에서 'Preview'에 체크 표시한 다음 Angle을 '30°'로 설정하고 〈Copy〉 버튼을 클릭합니다.

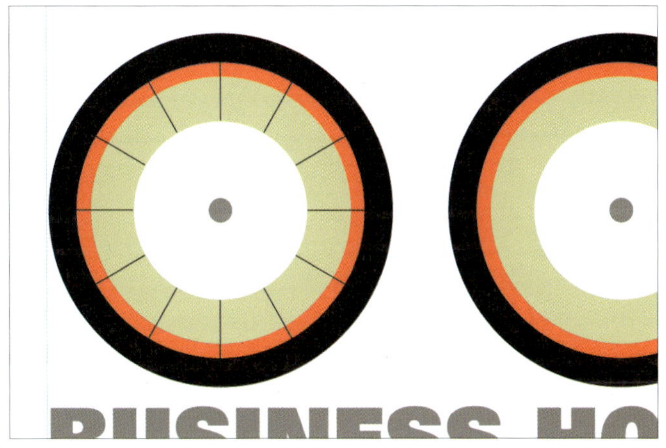

09 Ctrl + D 키를 열 번 눌러 선을 회전, 복제하여 그림과 같이 원을 나누는 선을 그립니다.

2 시계의 분침, 시침을 그려 시계 완성하기

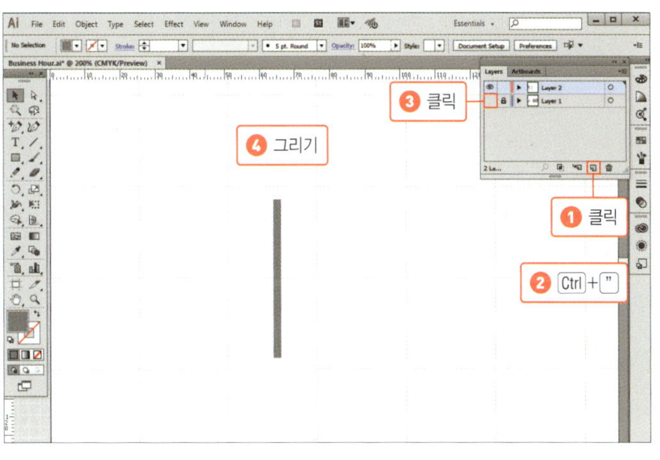

01 [Layers] 패널에서 'Create New Layer' 아이콘( )을 클릭하여 새 레이어를 만듭니다. Ctrl + " 키를 눌러 격자를 나타낸 다음 'Layer 1' 레이어의 '눈' 아이콘을 클릭하여 숨깁니다.

02 사각형 도구(, M)를 선택하고 면 색상을 'C:0%, M:0%, Y:0%, K:60%', 선 색상을 'None'으로 설정합니다. 화면을 확대한 다음 Width가 '2.5mm', Height가 '48mm' 크기의 사각형을 그립니다.

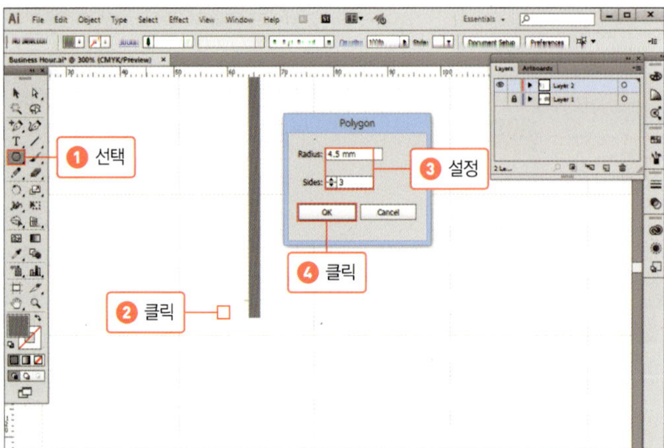

03 다각형 도구(◉)를 선택한 다음 사각형 아래쪽에 클릭하여 [Polygon] 대화상자에서 Radius를 '4.5mm', Sides를 '3'으로 설정한 다음 〈OK〉 버튼을 클릭하여 삼각형을 그립니다.

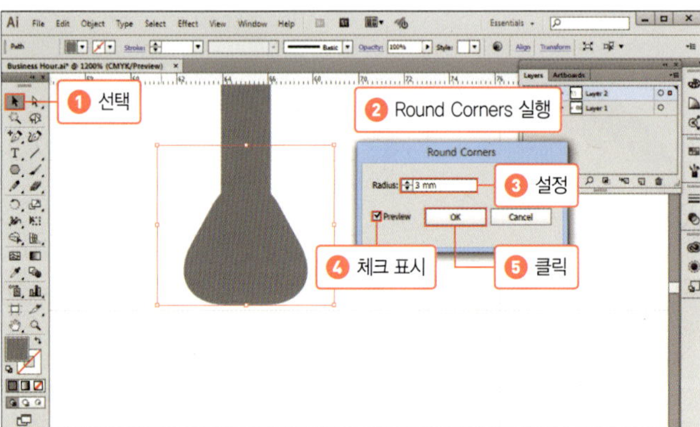

04 선택 도구(▶, V)로 삼각형을 선택한 다음 [Effect] → Stylize → Round Corners 를 실행합니다.

[Round Corners] 대화상자에서 Radius를 '3mm'로 설정하고 'Preview'에 체크 표시한 다음 〈OK〉 버튼을 클릭하여 모서리를 둥글게 만듭니다.

05 Shift 키를 누른 채 사각형을 선택한 다음 'Horizontal Align Center' 아이콘(🔛)을 클릭하여 가운데 정렬합니다.
이어서 다각형 도구를 선택한 다음 사각형 위쪽에 클릭하여 [Polygon] 대화상자에서 Radius를 '3mm', Sides를 '3'으로 설정하고 〈OK〉 버튼을 클릭해서 삼각형을 그립니다.

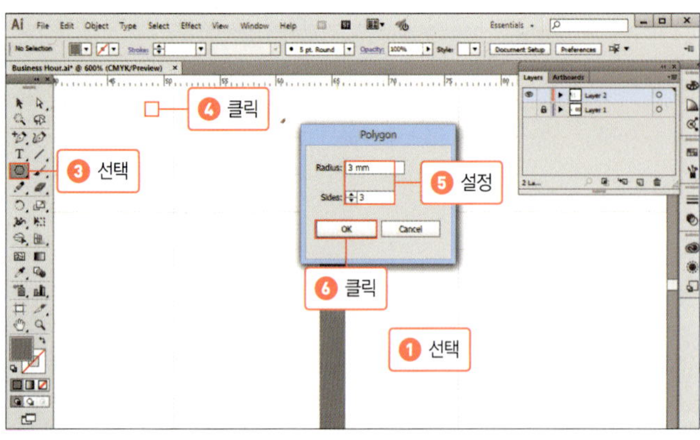

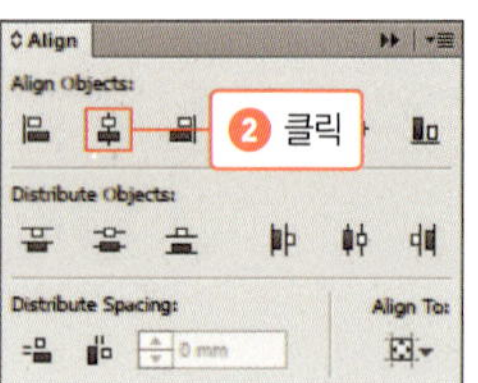

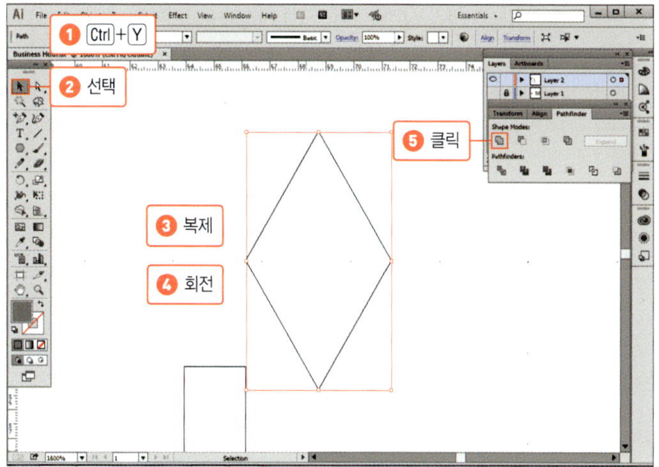

06 [Ctrl]+[Y] 키를 눌러 패스 보기에서 선택 도구([▶])로 [Alt] 키를 누른 채 드래그하여 복제합니다. 바운딩 박스를 180° 회전하고 이동하여 그림과 같이 마름모 형태로 배치합니다. [Pathfinder] 패널에서 'Unite' 아이콘([▣])을 클릭하여 합칩니다.

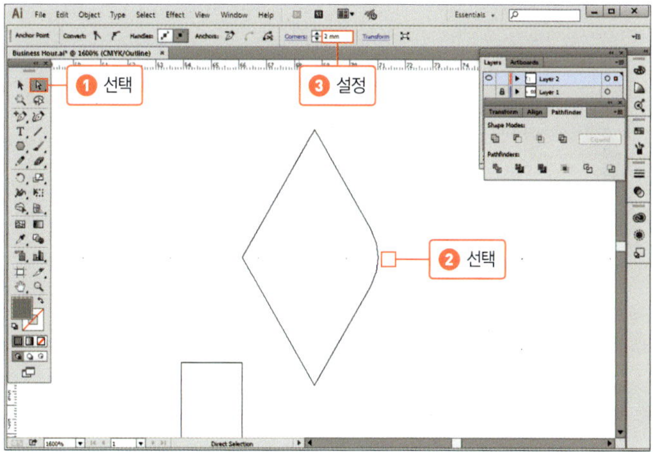

07 직접 선택 도구([▶], [A])로 마름모의 오른쪽 기준점을 선택하고 [Control] 패널에서 Corners를 '2mm'로 설정합니다.

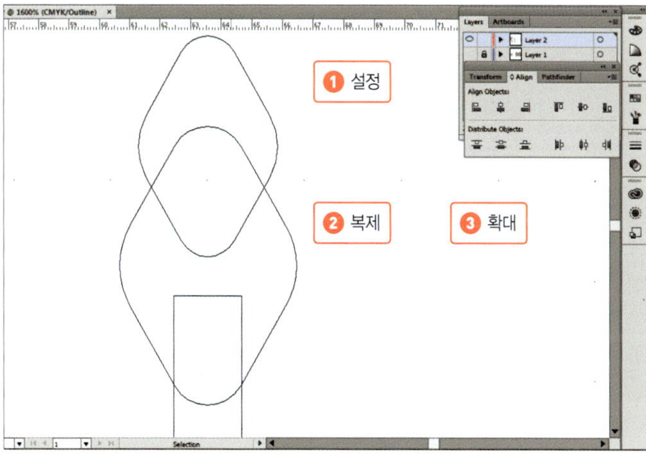

08 같은 방법으로 왼쪽 기준점도 선택한 다음 [Control] 패널의 Corners를 '2mm', 위아래 기준점은 '1mm'로 설정합니다.
선택 도구([▶], [V])로 마름모를 선택하고 [Shift]+[Alt] 키를 누른 채 위로 드래그하여 복제한 다음 아래의 마름모는 그림과 같이 확대합니다.

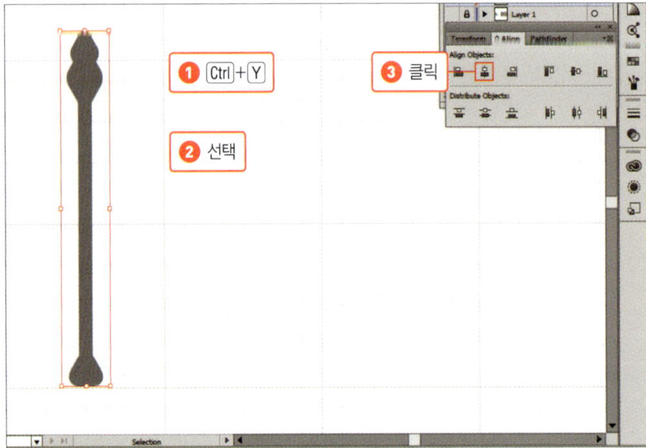

09 Ctrl + Y 키를 누른 다음 그림과 같이 네 개의 노형을 신댁하고 [Align] 패널에서 'Horizontal Align Center' 아이콘(▣)을 클릭하여 가로 가운데 정렬합니다.

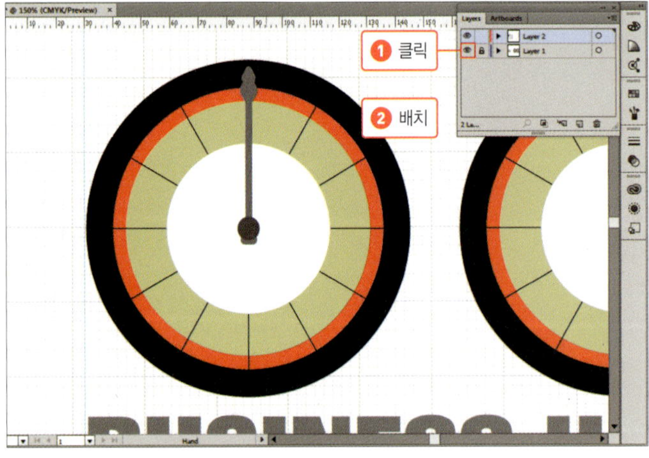

10 [Layers] 패널에서 'Layer 1' 레이어의 '눈' 아이콘을 클릭하여 시계와 문자를 나타낸 다음 앞서 만든 분침을 그림과 같이 시계 중심에 맞춥니다.

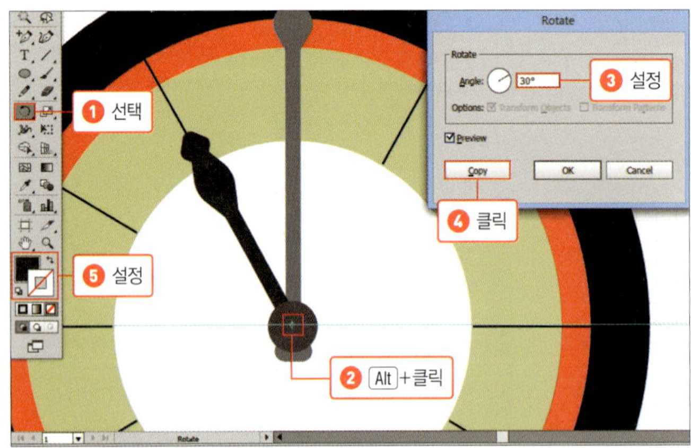

11 회전 도구(↻)를 선택한 다음 Alt 키를 누른 채 시계 중심을 클릭하여 [Rotate] 대화상자에서 Angle을 '30˚'로 설정하고 〈Copy〉 버튼을 클릭합니다. 복제된 시침의 면 색상은 'C:0%, M:0%, Y:0%, K:90%'로 설정합니다.

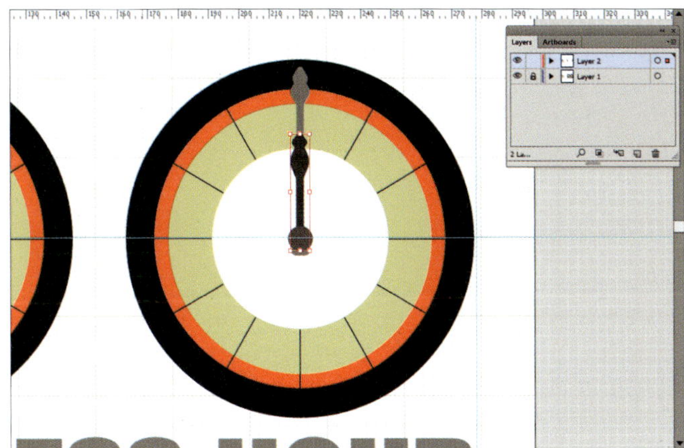

12 같은 방법으로 오른쪽 시계도 시침과 분침을 이동, 복제하고 그림과 같이 시침이 분침과 수평이 되도록 회전합니다.

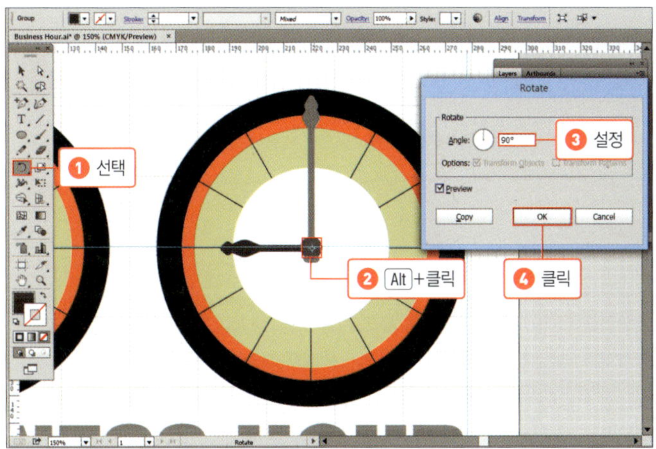

13 회전 도구( )를 선택하고 Alt 키를 누른 채 오른쪽 시계 중심을 선택하여 [Rotate] 대화상자에서 Angle을 '90"로 설정한 다음 〈OK〉 버튼을 클릭합니다.

14 [Character] 패널에서 원하는 서체를 지정하고 글자 크기를 '12pt', 면 색상을 '흰색'으로 설정합니다. 문자 도구(T. , T)로 왼쪽 시계는 '11', 오른쪽 시계는 '9'를 입력하여 그림과 같이 완성합니다.

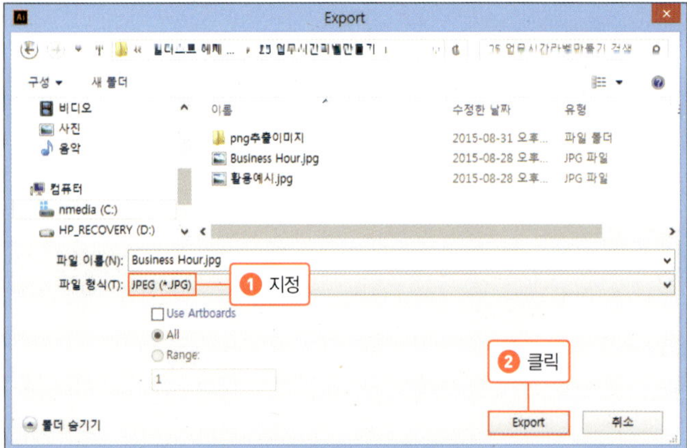

15 완성된 이미지를 저장하기 위해 **[File]** → Export를 실행합니다. [Export] 대화상자에서 파일 형식을 'JPEG (*.JPG)'로 지정한 다음 〈Export〉 버튼을 클릭합니다.

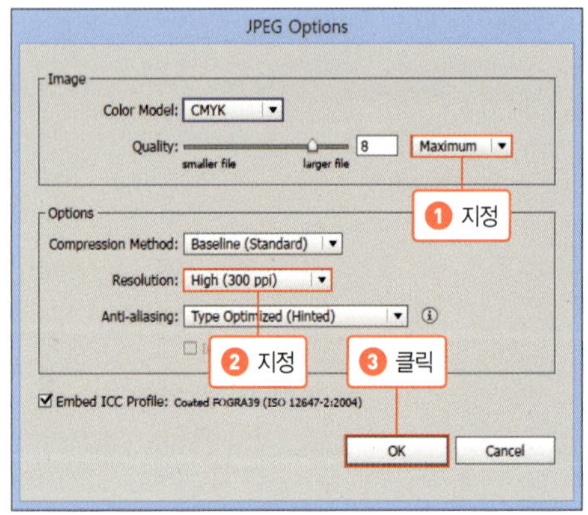

16 [JPEG Options] 대화상자에서 Quality를 'Maximum', Resolution을 'High (300 ppi)'로 지정하고 〈OK〉 버튼을 클릭합니다.

17 완성된 라벨을 스티커 용지에 출력하여 출입문에 붙여 업무나 영업시간을 알리세요.

디자인 사례

업무적으로 사용하는 라벨 디자인은 픽토그램과 더불어 가독성 높은 타이포그래피
를 활용하여 누구나 쉽게 인지할 수 있도록 디자인하는 것이 중요합니다.

▲ 멀리서도 잘 보이는 성질로 명도 차이가 높아질수록 좋은 명시성 높은 배색인 노란색과 검은색을 적용합니다.

폴리곤 아트

감각적인 폴리곤 아트 만들기

'폴리곤 아트'는 이미지를 다각형으로 쪼개서 원본 사진에 맞게 부분적으로 채색
하는 최신 트렌드 기법입니다. 그림 실력이 없어도 누구나 정성을 들이면 충분히
완성할 수 있으므로 폴리곤 아트에 도전해 보세요.

1 선 도구로 폴리곤 만들기

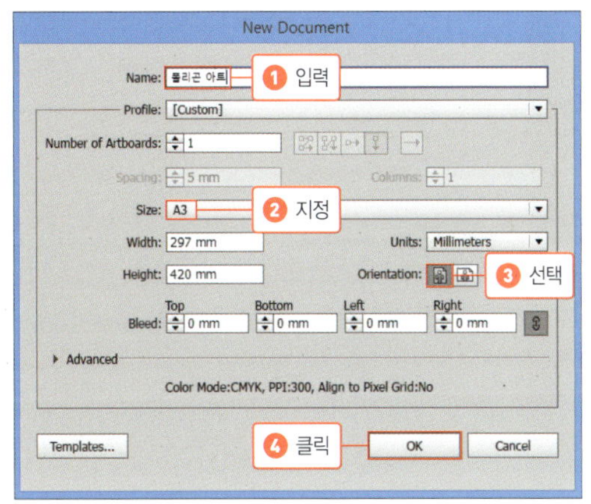

01 [File] → New(Ctrl+N)를 실행합니다.
[New Document] 대화상자에서 Name에 '폴
리곤 아트'를 입력합니다.
Size를 'A3', Orientation을 '세로 방향'으로 지
정한 다음 〈OK〉 버튼을 클릭해 새 아트보드를
만듭니다.

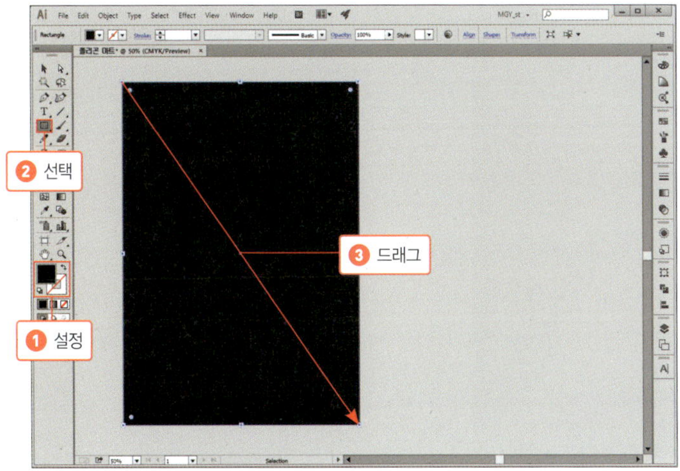

02 면 색상을 '검은색', 선 색상을 'None'으
로 설정합니다.
사각형 도구(■, M)를 선택하고 아트보드 크
기대로 드래그하여 검은색 배경을 만듭니다.

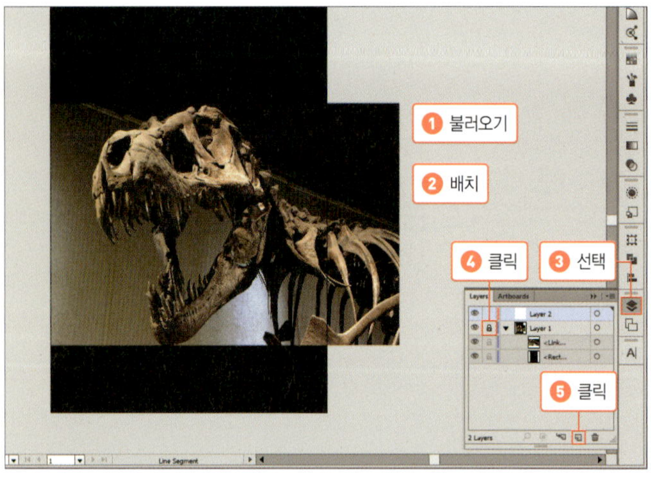

03 탐색기를 실행하고 27 폴더에서 '티라 노.jpg' 파일을 아트보드로 드래그하여 불러옵니다. 공룡의 머리 부분을 사각형 가운데에 배치합니다.

04 [Layers] 패널에서 'Layer 1' 레이어의 '잠금' 아이콘(🔒)을 클릭하여 이미지와 사각형을 고정합니다. 'Create New Layer' 아이콘(🗔)을 클릭하여 새 레이어를 만듭니다.

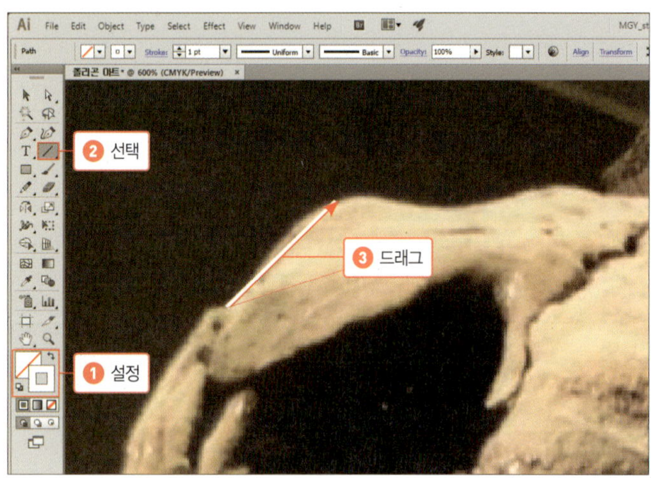

05 면 색상을 'None', 선 색상을 '흰색'으로 설정하고 선 도구(✎, Ⓦ)로 사진 외곽선을 따라 직선을 그립니다.

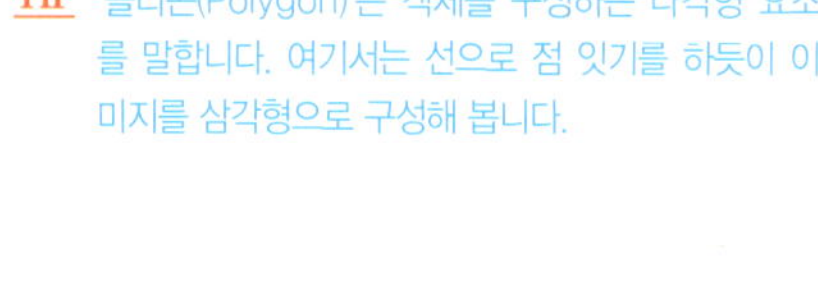

TIP '폴리곤(Polygon)'은 객체를 구성하는 다각형 요소를 말합니다. 여기서는 선으로 점 잇기를 하듯이 이미지를 삼각형으로 구성해 봅니다.

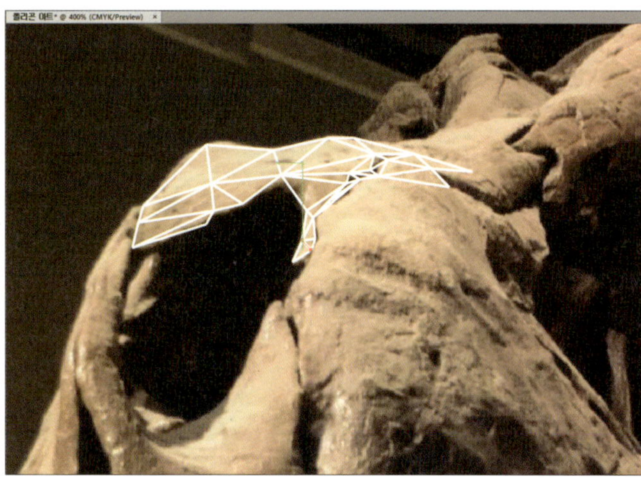

06 점 잇기를 하듯이 직선의 끝점에서 다시 새로운 직선을 그려 비슷한 색상 영역끼리 세 개의 기준점이 만나도록 삼각형으로 쪼개면서 그림과 같이 이어 그립니다.

07 작업 중 화면을 축소하여 전체적인 작업 과정을 확인하면서 선을 그립니다.

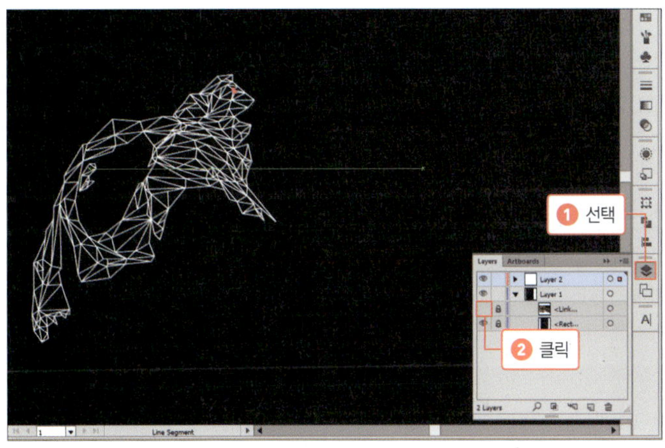

08 [Layers] 패널에서 'Layer 1' 레이어의 이미지에서 '눈' 아이콘(👁)을 클릭하면 작업 과정을 쉽게 확인할 수 있습니다.

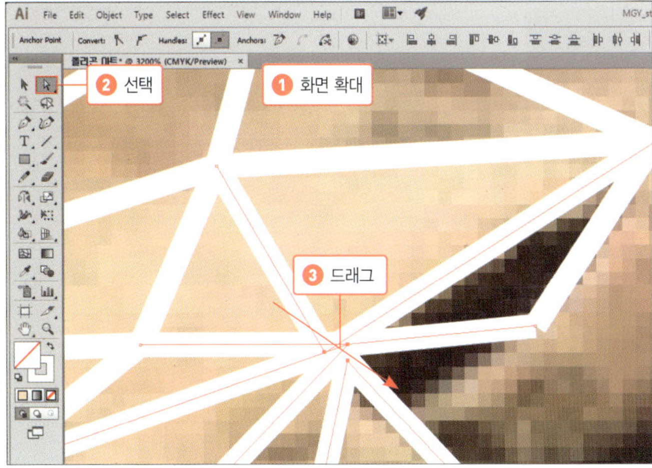

09 화면을 확대했을 때 직선의 기준점이 서로 맞닿지 않으면 먼저 직접 선택 도구(A)를 이용해서 어긋난 부분을 드래그하여 선택합니다.

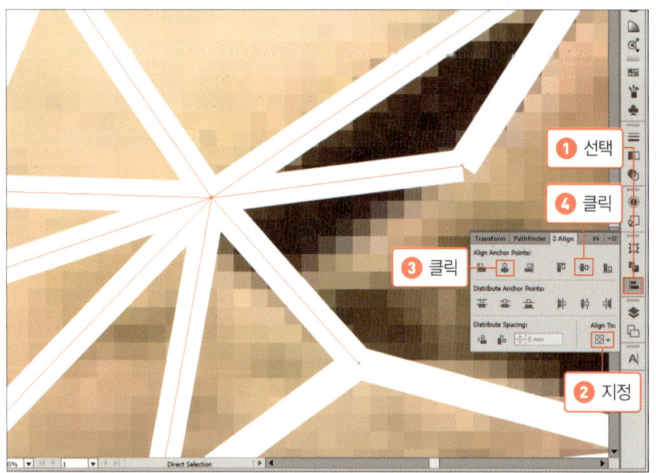

10 [Align] 패널에서 Align To를 'Align to Selection'으로 지정합니다. 'Horizontal Align Center' 아이콘(　)과 'Vertical Align Center' 아이콘(　)을 클릭하여 기준점을 맞춥니다.

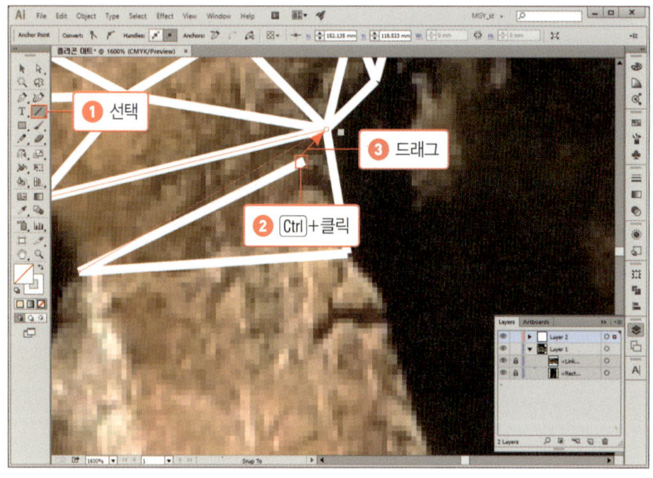

11 선 도구(　, W)로 작업하면서 Ctrl 키를 눌러 커서가 직접 선택 도구(　, A)로 바뀌면 기준점을 선택하여 이동하며 편리하게 작업합니다.

TIP 선 도구(　, W)를 선택하고 Ctrl 키를 누르면 선택 도구(　, V) 또는 직접 선택 도구(　, A) 중에서 최근에 사용한 도구로 바뀝니다.

12 계속해서 그림과 같이 직선을 이용해 사진을 폴리곤으로 나눕니다.

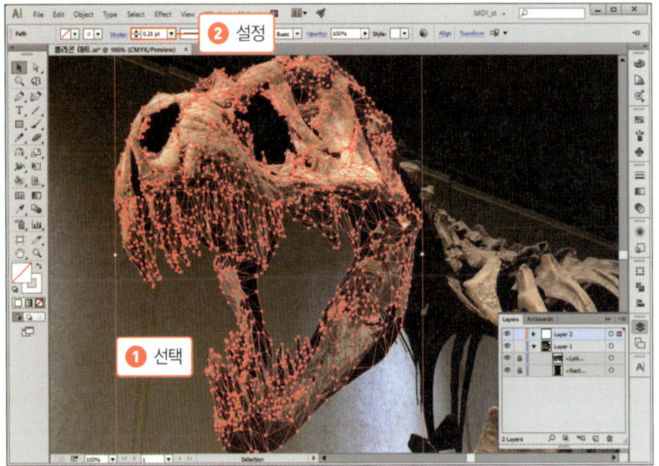

13 머리 부분을 폴리곤으로 나눠 폴리곤 아트가 완성되면 선을 전체 선택하고 [Control] 패널의 Stroke를 '0.25pt'로 설정합니다.

2 라이브 페인트 통 도구를 이용하여 채색하기

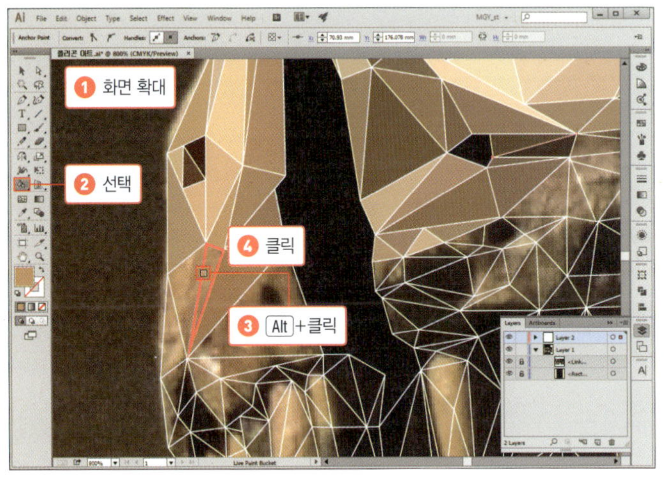

01 작업 화면을 확대한 다음 라이브 페인트 통 도구(), K)를 선택하고 Alt 키를 눌러 스포이트 도구()로 바뀌면 폴리곤 안쪽의 사진을 클릭하여 색을 추출합니다.
해당 부분을 다시 클릭하여 폴리곤 영역에 추출한 색을 적용합니다.

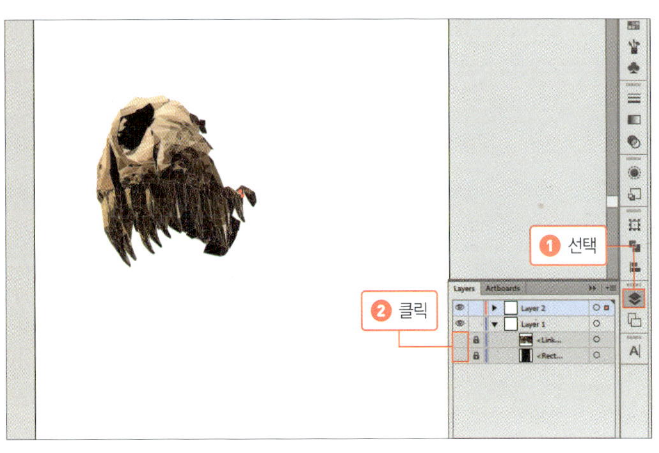

02 같은 방법으로 폴리곤을 채색한 다음 [Layers] 패널에서 'Layer 1' 레이어의 배경과 이미지의 '눈' 아이콘()을 클릭하여 숨깁니다. 그리고 'Layer 2' 아이콘()을 클릭하면서 작업 과정을 확인하며 진행합니다.

03 계속해서 폴리곤에 원본 사진 색상을 적용합니다. 직입 중 기준점이 맞딯지 않아 얼린 공간이 생기면 채색된 상태에서도 Ctrl 키를 누른 채 기준점을 편집하여 조정합니다.

04 그림과 같이 폴리곤 아트를 완성합니다.

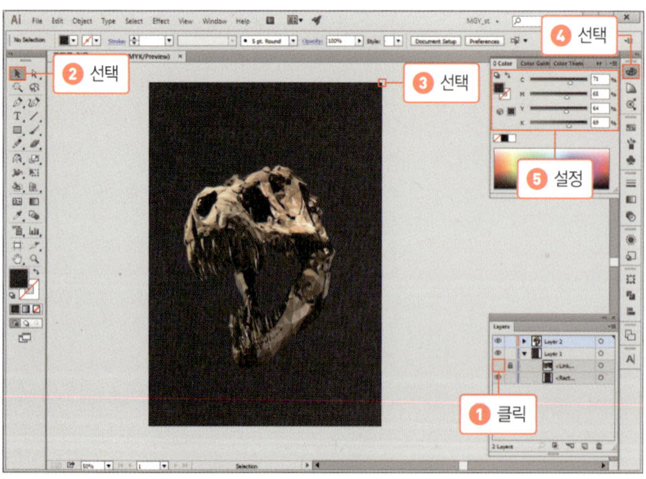

05 [Layers] 패널에서 'Layer 1' 레이어의 이미지에서 '눈' 아이콘(◉)을 클릭하여 검은색 배경을 나타냅니다.

06 선택 도구(▶, V)로 사각형을 선택하고 [Color] 패널에서 면 색상을 'C:71%, M: 65%, Y:64%, K:69%'로 설정하여 배경색을 변경해서 완성합니다.

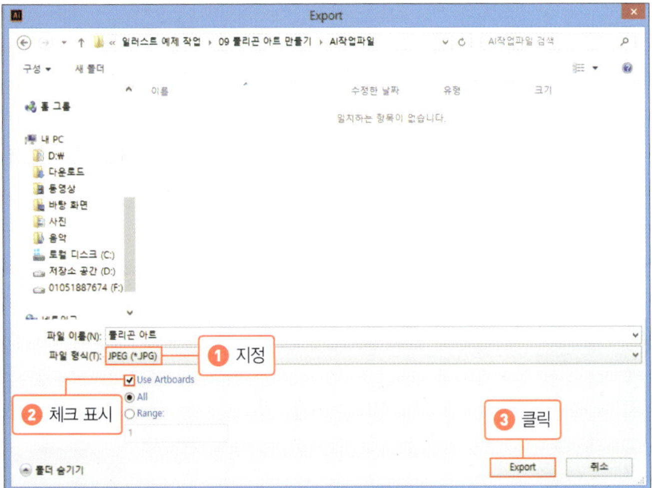

07 [File] → **Export**를 실행하고 [Export] 대화상자에서 파일 형식을 'JPEG (*.JPEG)'로 지정합니다. 'Use Artboards'에 체크 표시하고 〈Export〉 버튼을 클릭합니다.

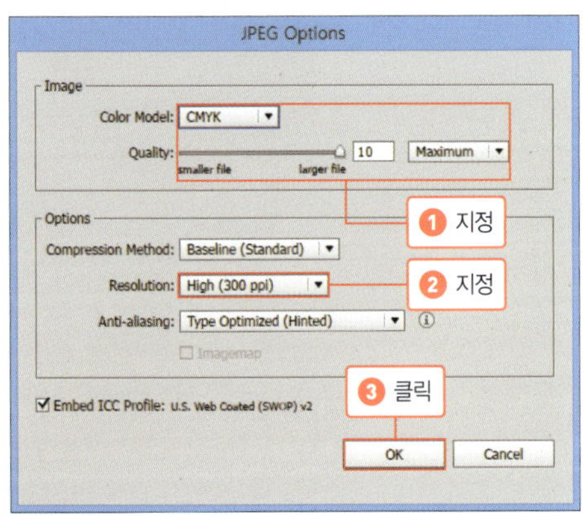

08 [JPEG Options] 대화상자에서 Color Model을 'CMYK', Quality를 'Maximum', Resolution을 'High (300 ppi)'로 지정한 다음 〈OK〉 버튼을 클릭하여 저장합니다.

09 JPG 파일로 저장된 폴리곤 아트를 출력하여 액자에 끼워서 인테리어 소품으로 활용해 보세요.

디자인 사례

평면을 세분화하여 입체적으로 표현하는 폴리곤 아트는 작업자의 정성과 노력이 돋보이는 작품입니다. 색상이나 면의 특징을 폴리곤 형태로 살려서 감각적으로 표현하는 것이 중요합니다.

◀ 인물 표정에서 근육의 특징을 폴리곤 형태로 잘 살려 표현한 작품입니다. 삼각형 면에 그러데이션 값을 정교하게 적용하여 전체적인 얼굴의 입체감을 감각적으로 살리고 카리스마를 부각시켰습니다.

▲ 한색을 주조색으로 한 톤온톤 배색으로 표현했습니다. 남자의 얼굴과 목 주변의 삼각형과 목 주변부터 점점 흩어지는 폴리곤 조각 형태들이 비극을 연상시킵니다.

◀ 'Superpixelflat'이라는 이미지 회사 홍보 포스터로 폴리곤 아트 기법으로 아이언맨을 하나하나의 픽셀로 표현하였습니다.

◀ 줄리앙의 곱슬머리와 장군의 각진 인상을 폴리곤 아트로 효과적으로 표현하였습니다. 줄리앙의 입 주변으로 퍼져나가는 폴리곤 형태가 감각적입니다.

소금 픽처스 대표/감독

이용갑

영화 미술감독 겸 스토리보드 아티스트로 드라마 〈푸른거탑, 황금거탑〉,
영화 〈가문의 영광, 조폭마누라2, 라스트 갓파더〉 등 다수의 작품을 작업하고 있다.

● **현재 어떤 작업을 하고 있나요?**

홍익대학교 시각디자인과를 졸업하고, 중앙대학교 첨단영상대학원을 졸업했습니다. 현재
영화, 드라마 미술 감독과 스토리보드(콘티) 아티스트로서 활발하게 활동하고 있습니다.

● **자주 사용하는 도구, 패널, 기능에는 어떤 것이 있나요?**

일러스트레이터의 활용도는 무궁무진하기 때문에 프로그램에서 대부분의 툴과 기능을 활용
하여 특별하게 자주 사용하는 기능은 없어요. 특정 프로젝트 목적에 따라 기능과 툴을 그때
그때 서로 조합하여 사용하고 있습니다.

● **어려운 배색은 주로 어떻게 해결하나요?**

배색에 관해서는 특별히 어렵게 생각하지 않습니다. 주로 계열 색 위주로 색상을 활용하고
디자인 목적과 콘셉트에 맞춰 디자인하는 나름의 배색 원리를 가지고 있죠. Color Book의
PANTONE Color를 사용하여 실제 인쇄에 맞게 디자인합니다.

● **색상 모드에 따른 문제 해결 노하우가 있나요?**

작업 목적에 맞춰 색상 모드를 지정하여 사용합니다. 예를 들어, 영상이나 웹처럼 모니터 해
상도에 목적을 둔 작업에서 소스용 일러스트를 이용할 때 주로 RGB 모드로 작업하고 인쇄
용이나 출판용 작업에서는 CMYK 모드로 지정하고 작업합니다. 따라서 색상에 따른 세부적
인 디자인은 작업에 따라 큰 차이가 있습니다. 주로 인쇄용 작업에서는 CMYK 모드로 작업
할 때 좀 더 세밀합니다.

일러스트레이터의 모든 버전을 사용해 보면서도 항상 업그레이드된 기능과 툴들을 주로 사용합니다. 새롭고 강력해진 효과 때문에 어떤 작업에서든지 적절한 효과를 빠르게 표현할 수 있어서 좋습니다. 이펙트 기능과 세부적인 옵션이 별도의 메뉴를 선택하지 않아도 패널에서 바로 조정할 수 있게 된 이후로 더욱 그렇습니다. 또한, 일러스트레이터의 강점인 펜 도구는 오랜 훈련을 통해 익숙해져서 영상 제작 프로그램인 애프터 이펙트(After Effect)나 프리미어(Premiere)에서도 많은 도움이 되더군요.

별이의 대모험
2011년 충북 증평군 주관으로 제작된 60분 분량의 장편 애니메이션으로, 증평군 특산물인 '인삼'을 주제로 해당 군청에 방문하는 초등학생들에게 인삼의 우수성과 인삼의 주요산지임을 알리는 문화 상품으로 제작된 애니메이션입니다. 주요 등장인물의 캐릭터 설정은 일러스트레이터로 제작했습니다.

PART
02

일러스트레이터 마스터를 위해 꼭 알아 두기

일러스트레이터는 어도비에서 만든 벡터 형식의 그래픽을 완성하는 도구로, 일러스트레이터와 디자이너의 필수 도구로 자리매김하고 있습니다. Part 02에서는 실무·실용 디자인을 위한 일러스트레이터 핵심 기능에 대해 알아보겠습니다.

SOLUTION 01
Q&A

작업 화면은 어떻게 구성되나요?

어도비에서 출시되는 프로그램들은 편리한 작업을 위해 인터페이스를 통합하여 비슷한 작업 화면을 가집니다. 포토샵, 인디자인과도 비슷한 일러스트레이터 작업 화면의 형태와 구성을 살펴보겠습니다.

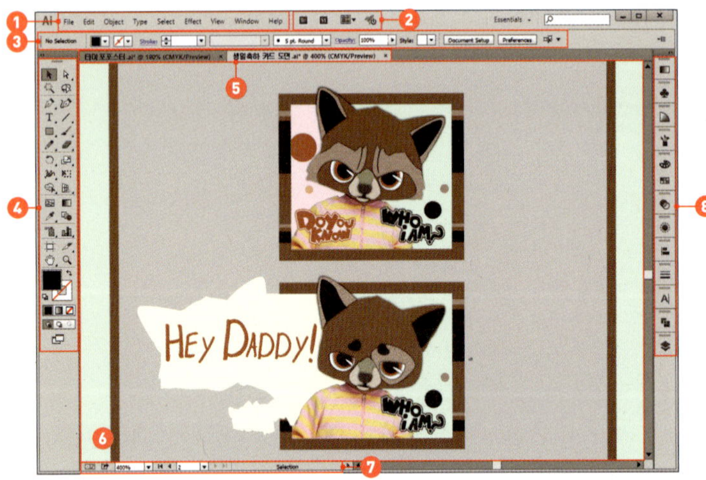

> **TIP** 일러스트레이터 CS6부터 작업 화면의 기본 색상은 '어두운 회색'입니다. 이 책에서는 더욱 선명한 기능 설명을 위해 '연한 회색'의 인터페이스로 설명합니다.

> **TIP** 작업 화면의 색상을 변경하기 위해서는 [Edit] → Preferences → User Interface를 실행합니다. [Preferences] 대화상자에서 Brightness를 'Light' 로 지정한 다음 〈OK〉 버튼을 클릭합니다.

❶ **메뉴** : 일러스트레이터에서 제공하는 문서 설정, 객체 편집 및 변형, 문자, 선택, 효과, 보기, 패널, 도움말에 관한 명령을 나타냅니다.

❷ **응용 프로그램/화면 조절 도구 모음** : 이미지를 다루기 편리한 브리지, 스톡을 실행할 수 있습니다. 화면 배율을 조절하거나 원하는 대로 창을 배치할 수도 있습니다.

❸ **[Control] 패널** : 다양한 작업별 옵션을 설정합니다. 선택한 도구나 객체에 따라 알맞은 설정이 나타납니다.

▲ 그룹 객체를 작업 중인 [Control] 패널

❹ **[Tools] 패널** : 일러스트 작업에 필요한 각종 도구들을 모아 놓은 곳입니다. 크게 아이콘 형태의 도구들과 색상 모드, 스크린 모드로 구성되어 있습니다. 각각의 도구를 더블클릭하면 옵션 대화상자가 나타나 세부적으로 설정할 수 있습니다.

❺ **제목 표시줄** : 문서 제목이 표시되며, 클릭하여 작업 문서를 전환할 수 있습니다.

❻ **작업 영역** : 아트보드가 표시되는 작업 영역으로 여기에 원하는 형태를 배치합니다.

❼ **상태 표시줄** : 작업 중인 문서의 파일 크기, 확대 비율, 선택한 도구에 관한 간단한 정보를 나타냅니다.

❽ **패널 모음**(Dock) : 다양한 기능을 패널 형식으로 모아 놓은 곳입니다.

아트보드는 어떻게 설정하나요?

일러스트 작업을 위해 [File] → New(Ctrl+N)를 실행하여 [New Document] 대화상
자에서 문서 이름, 아트보드 수, 크기, 방향, 간격 등을 설정할 수 있습니다. 새로운 문
서를 만든 다음에도 [Tools] 패널의 아트보드 도구나 [Artboards] 패널을 이용하여 아
트보드를 설정할 수 있습니다.

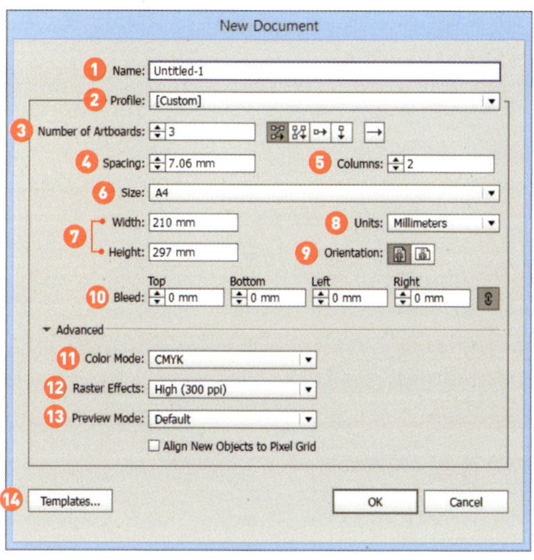

❶ Name : 문서(파일) 이름을 입력합니다.

❷ Profile : 작업에 따라 일러스트레이터에서 제공하는 문서 형식 중에서 선택할 수 있습니다.

❸ Number of Artboards : 아트보드 수와 방향을 지정합니다.

❹ Spacing : 아트보드 간격을 설정합니다.

❺ Columns : 아트보드가 가로로 배치되는 수를 설정합니다.

❻ Size : 아트보드 크기를 설정합니다.

❼ Width/Height : 아트보드의 가로와 세로 크기를 설정합니다.

❽ Units : 아트보드의 단위를 설정합니다.

❾ Orientation : 아트보드·방향을 지정합니다.

❿ Bleed : 아트보드의 사방 여백을 설정합니다.

⓫ Color Mode : 아트보드의 색상 모드를 설정하며 인쇄 출력용은 'CMYK'으로 지정합니다.

⓬ Raster Effects : 해상도를 '72ppi', '150ppi', '300ppi' 중에서 지정합니다.

⓭ Preview Mode : 'Pixel'로 지정하면 비트맵 이미지처럼 볼 수 있습니다.

⓮ Templates : 다양한 편지지, 브로슈어, 웹 사이트 등의 템플릿을 편집하여 이용할 수 있습니다.

도구는 어떻게 사용하나요?

[Tools] 패널은 핵심 기능을 아이콘 형식으로 모은 곳으로, 사용하고자 하는 도구를 선택하면 곧바로 사용할 수 있습니다. 아이콘 오른쪽 아래의 작은 삼각형 표시를 잠시 누르면 숨은 도구들이 나타납니다.

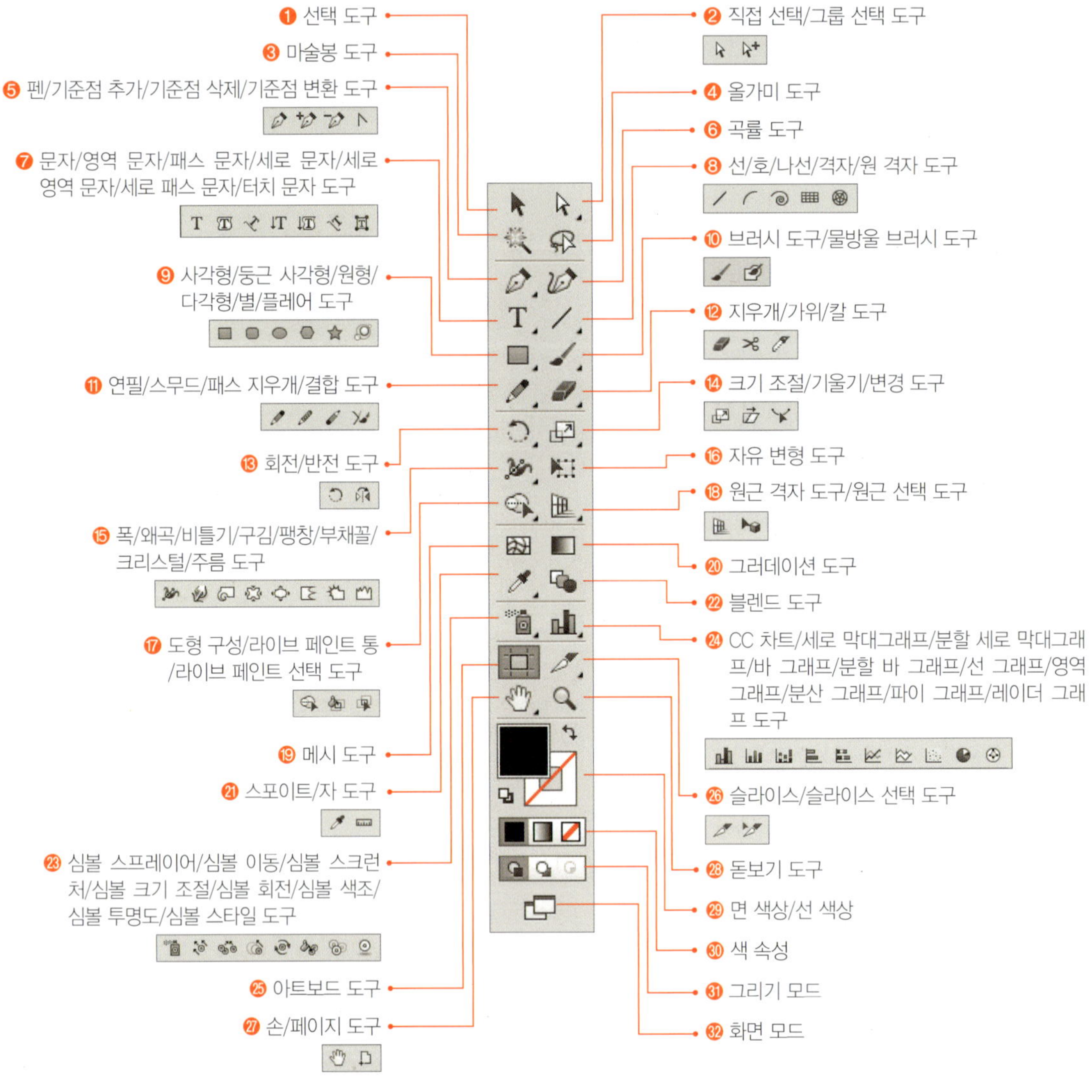

❶ 선택 도구

❷ 직접 선택/그룹 선택 도구

❸ 마술봉 도구

❺ 펜/기준점 추가/기준점 삭제/기준점 변환 도구

❹ 올가미 도구

❻ 곡률 도구

❼ 문자/영역 문자/패스 문자/세로 문자/세로 영역 문자/세로 패스 문자/터치 문자 도구

❽ 선/호/나선/격자/원 격자 도구

❾ 사각형/둥근 사각형/원형/다각형/별/플레어 도구

❿ 브러시 도구/물방울 브러시 도구

⓫ 연필/스무드/패스 지우개/결합 도구

⓬ 지우개/가위/칼 도구

⓭ 회전/반전 도구

⓮ 크기 조절/기울기/변경 도구

⓯ 폭/왜곡/비틀기/구김/팽창/부채꼴/크리스털/주름 도구

⓰ 자유 변형 도구

⓱ 도형 구성/라이브 페인트 통/라이브 페인트 선택 도구

⓲ 원근 격자 도구/원근 선택 도구

⓳ 메시 도구

⓴ 그러데이션 도구

㉑ 스포이트/자 도구

㉒ 블렌드 도구

㉓ 심볼 스프레이어/심볼 이동/심볼 스크런처/심볼 크기 조절/심볼 회전/심볼 색조/심볼 투명도/심볼 스타일 도구

㉔ CC 차트/세로 막대그래프/분할 세로 막대그래프/바 그래프/분할 바 그래프/선 그래프/영역 그래프/분산 그래프/파이 그래프/레이더 그래프 도구

㉕ 아트보드 도구

㉖ 슬라이스/슬라이스 선택 도구

㉗ 손/페이지 도구

㉘ 돋보기 도구

㉙ 면 색상/선 색상

㉚ 색 속성

㉛ 그리기 모드

㉜ 화면 모드

선택 관련 도구 살펴보기

❶ 선택 도구(V) : 객체를 선택하거나 이동할 때 사용합니다.

❷ 직접 선택(A)/그룹 선택 도구 : 그룹으로 묶인 객체의 일부 또는 기준점을 선택하고 수정할 때 사용하며 그룹별 객체를 선택할 때에도 사용합니다.

❸ 마술봉 도구(Y) : 비슷한 속성을 가진 객체를 선택합니다.

❹ 올가미 도구(Q) : 자유롭게 드래그하여 영역에 포함되는 선이나 객체, 기준점을 선택합니다.

드로잉 관련 도구 살펴보기

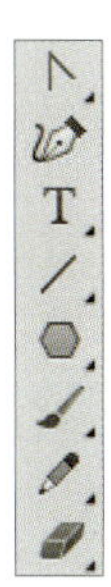

❺ 펜(P)/기준점 추가/기준점 삭제/기준점 변환(Shift+C) 도구 : 패스를 드로잉할 때 사용하며 객체를 만들거나 곡선 형태를 변경할 수 있습니다.

❻ 곡률 도구 : 이전 기준점의 각도를 반영하여 쉽게 곡선을 그릴 수 있습니다. 더블클릭하면 직선을 그릴 수도 있습니다.

❼ 문자(T)/영역 문자/패스 문자/세로 문자/세로 영역 문자/세로 패스 문자/터치 문자 도구 : 다양한 방법으로 문자를 입력하거나 수정할 수 있습니다.

❽ 선(W)/호/나선/격자/원 격자 도구 : 직선, 곡선, 나선, 격자, 원 격자 형태의 선을 그립니다.

❾ 사각형(M)/둥근 사각형/원형(L)/다각형/별/플레어 도구 : 도형을 그릴 때 사용하고 조명, 광선 효과를 만듭니다.

❿ 브러시 도구(B)/물방울 브러시(Shift+B) 도구 : 패스에 다양한 형태의 선 또는 면 형태의 선을 표현할 수 있습니다. 여러 가지 붓터치를 표현할 때 사용하기도 합니다.

⓫ 연필(N)/스무드/패스 지우개/결합 도구 : 자유롭게 드로잉하여 선을 그리고, 선을 부드럽게 만들거나 지울 수 있으며 떨어진 기준점을 결합할 수도 있습니다.

편집, 변형 관련 도구 살펴보기

⓬ 지우개(Shift+E)/가위(C)/나이프 도구 : 객체의 기준점을 선택하여 나누고, 패스 위를 드래그하여 자유롭게 분리할 수 있습니다.

⓭ 회전(R)/반전(O) 도구 : 선택한 객체에 수직/수평 각도를 입력해 회전 또는 반전합니다.

⓮ 크기 조절(S)/기울기/변경 도구 : 객체 크기를 자유롭게 또는 정확하게 조절하거나 기울기를 조절합니다.

⓯ 폭(Shift+W)/왜곡/비틀기(Shift+R)/구김/팽창/부채꼴/크리스털/주름 도구 : 선 폭을 조절하거나 일곱 가지 유동화 도구를 이용하여 객체를 변형합니다.

⓰ 자유 변형(E) 도구 : 객체를 둘러싸는 바운딩 박스를 이용해 크기를 조절하고 회전, 형태 등을 변형할 수 있습니다.

⓱ 도형 구성(Shift+M)/라이브 페인트 통(K)/라이브 페인트 선택(Shift+L) 도구 : 클릭 또는 드래그하여 도형을 재구성하고 원하는 영역에 색을 채우거나 색을 채운 객체를 자동으로 선택합니다.

⓲ 원근 격자 도구(Shift+P)/원근 선택 도구(Shift+V) : 3차원 소실점을 이용하여 원근감 있는 객체를 만듭니다.

고급 효과 관련 도구 살펴보기

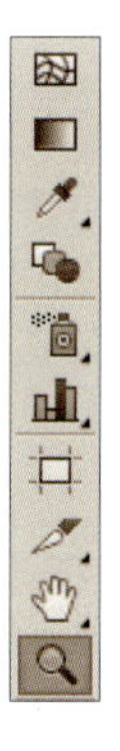

⓳ **메시 도구(U)** : 객체에 그물과 같은 기준점을 배치하여 자연스러운 그러데이션을 적용합니다.

⓴ **그러데이션 도구(G)** : 객체에 그러데이션을 적용시켜 그러데이션 방향과 거리를 조정합니다.

㉑ **스포이트(I)/자 도구** : 색상, 선 두께, 속성 등을 복사해 다른 객체에 적용할 수 있으며 객체 간 거리, 길이 등의 정보를 측정할 수 있습니다.

㉒ **블렌드(W) 도구** : 객체끼리 연결하며 형태가 변해 가는 중간 단계를 나타냅니다.

㉓ **심볼 스프레이어(Shift+S)/심볼 이동/심볼 스크런처/심볼 크기 조절/심볼 회전/심볼 색조/심볼 투명도/심볼 스타일 도구** : 심볼을 적용하거나 편집할 수 있습니다.

㉔ **CC 차트/세로 막대그래프(J)/분할 세로 막대그래프/바 그래프/분할 바 그래프/선 그래프/영역 그래프/분산 그래프/파이 그래프/레이더 그래프 도구** : 인포그래픽, 프레젠테이션을 위한 다양한 그래프를 제작할 수 있습니다.

㉕ **아트보드(Shift+O) 도구** : 다양한 크기의 아트보드를 추가, 삭제, 이동합니다.

㉖ **슬라이스(Shift+K)/슬라이스 선택 도구** : 포토샵에서 웹 이미지를 분할하는 것처럼 이미지를 분할하여 웹/앱용 이미지를 간편하게 만듭니다.

㉗ **손(H)/페이지 도구** : 아트보드를 자유롭게 이동하거나 인쇄 영역을 설정합니다.

㉘ **돋보기(Z) 도구** : 아트보드를 확대, 축소합니다.

색상과 화면 설정 도구 살펴보기

㉙ **면 색상/선 색상(, X)** : 면 색상과 선 색상을 설정합니다.

㉚ **색 속성(, <, >, /)** : 기본 색상(), 그러데이션(), 색상 없음() 중에서 선택합니다.

㉛ **그리기 모드()** : 객체 순서와 상관없이 원하는 레이어에 그리거나 지정한 부분에만 드로잉합니다.

㉜ **화면 모드(, ,)** : 아트보드, 메뉴, 스크롤 표시 방법을 지정합니다.

패널은 어떻게 활용하나요?

일러스트레이터는 [Tools] 패널을 포함하여 40여 개의 패널을 제공합니다. 편리한 일러
스트 작업을 위해 패널 이름과 기능을 살펴보겠습니다.

색상 관련 패널 알아보기

❶ [Swatches] 패널

색상, 패턴, 그러데이션을 선택하여 객체에 적용하거나 선
택한 색상을 저장할 수 있습니다.

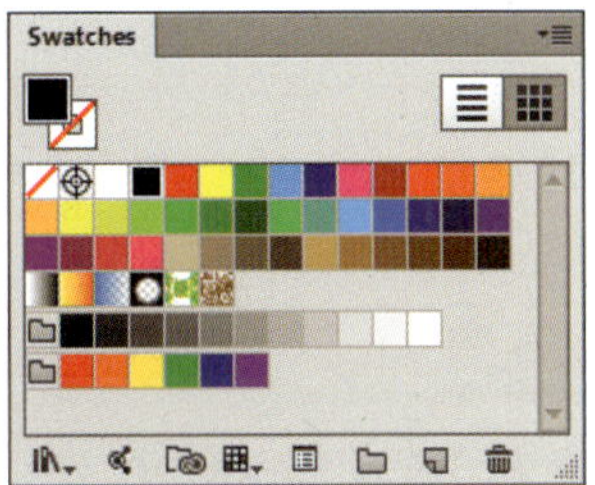

❷ [Color] 패널(F6)

객체에 다양한 색상 모드를 활용하여 여러 가지 방법으로
색상을 적용할 수 있습니다.

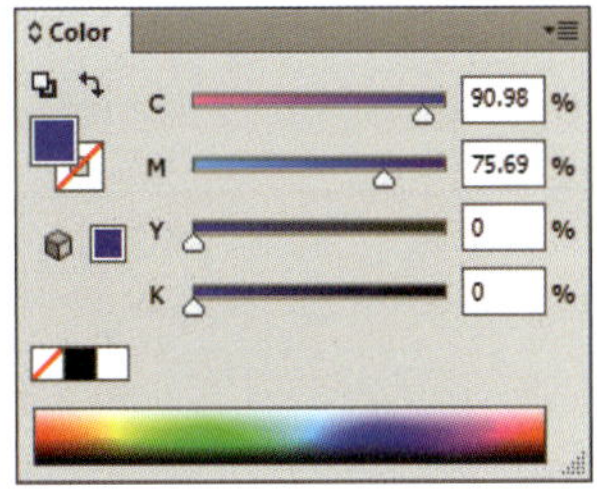

❸ [Color Guide] 패널(Shift+F3)

객체에 적용된 면/선 색상을 기준으로 다양한 배색을 적용
하거나 저장합니다.

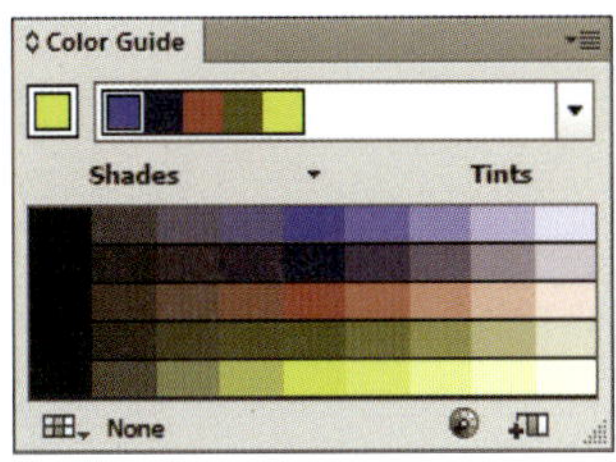

❹ [Gradient] 패널(Ctrl+F9)

그러데이션은 두 개 이상의 색이 서로 연결되어 변화되는
것이며 자연스럽게 연결되는 색의 방향, 각도, 위치 등을
지정할 수 있습니다.

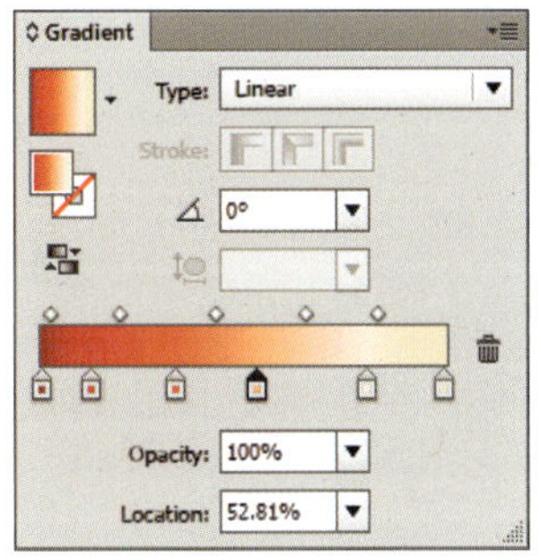

❺ [Color Themes] 패널

'Refresh' 아이콘을 클릭하여 색상 테마 목록을 업데이트
합니다. 'Launch Libraries website' 아이콘(🖌)을 클릭하
여 표시되는 어도비 컬러 CC에서 색상 테마를 신속하게
만들거나 원하는 테마를 공유할 수 있습니다.

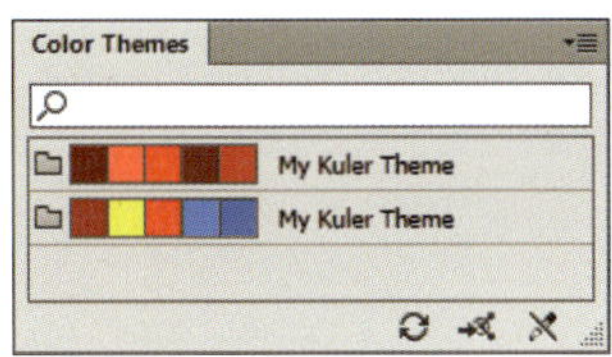

드로잉, 객체 속성 관련 패널 알아보기

❻ [Appearance] 패널(Shift+F6)

객체 원형을 유지하면서 여러 가지 효과를 적용할 수 있습니다. 하나의 객체에 서로 다른 효과를 적용하며 적용된 속성은 추가 또는 삭제할 수 있습니다.

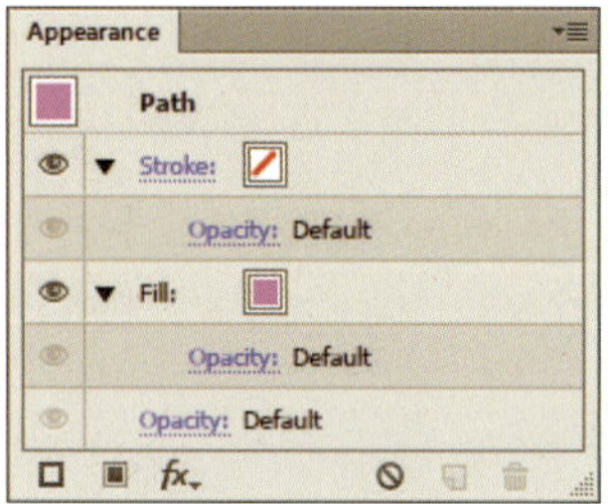

❼ [Stroke] 패널(Ctrl+F10)

선 두께와 스타일, 화살표를 지정합니다.

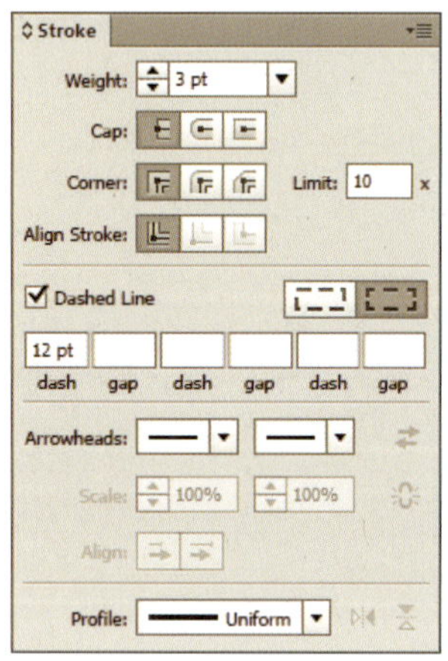

❽ [Transparency] 패널(Shift+Ctrl+F10)

객체의 겹친 부분에 투명 효과를 적용하여 자연스러운 합성 효과를 나타내거나 다양한 마스크 기능을 적용합니다.

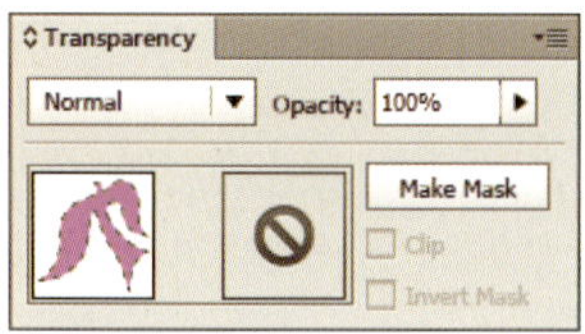

❾ [Symbols] 패널(Shift+Ctrl+F11)

일러스트레이터에서 제공하는 다양한 심볼들과 새로 만든 심볼들을 저장하거나 관리할 수 있습니다.

❿ [Brushes] 패널(F5)

브러시 도구로 그리는 다양한 형태의 브러시 모양을 선택하거나 저장할 수 있습니다.

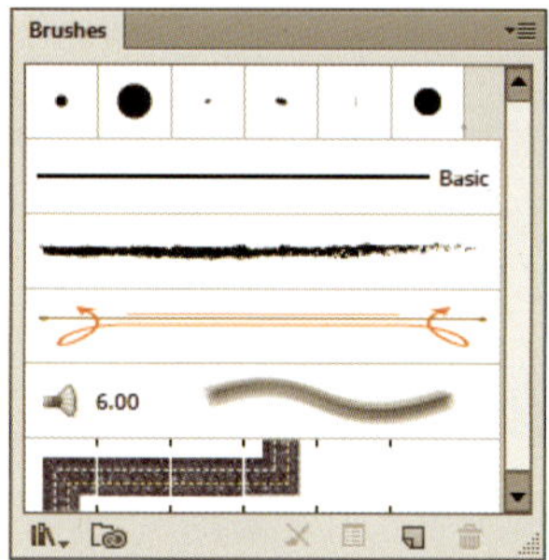

⓫ [Graphic Styles] 패널(Shift+F5)

다양한 효과를 적용한 스타일을 등록하거나 다른 객체에 등록된 스타일을 적용할 수 있습니다.

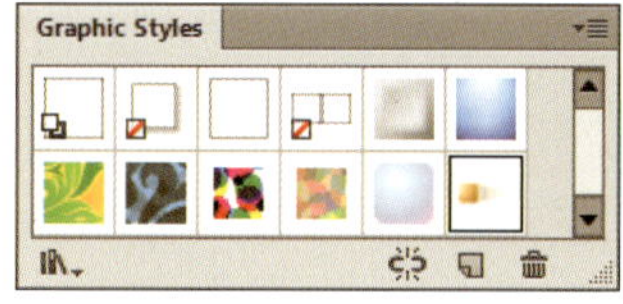

⓬ [Separations Preview] 패널

색상별로 레이어가 나눠 있어 예상하지 못한 색상 문제를 방지합니다.

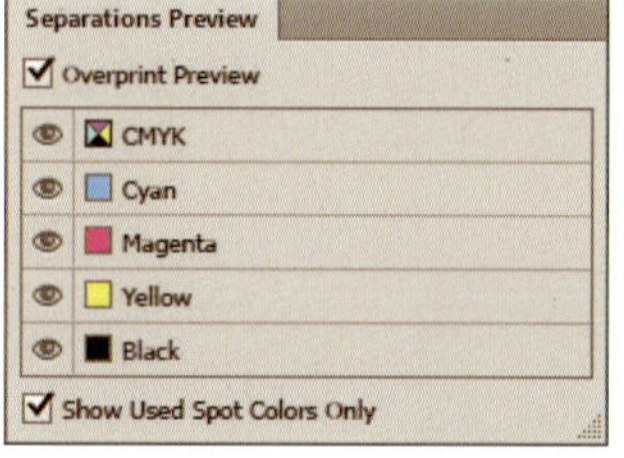

객체 변형 및 정렬 패널 알아보기

⑬ [Transform] 패널(Shift+F8)

선택한 객체에 정확한 수치를 설정해 이동, 크기, 회전, 기울기 등을 조절할 수 있습니다.

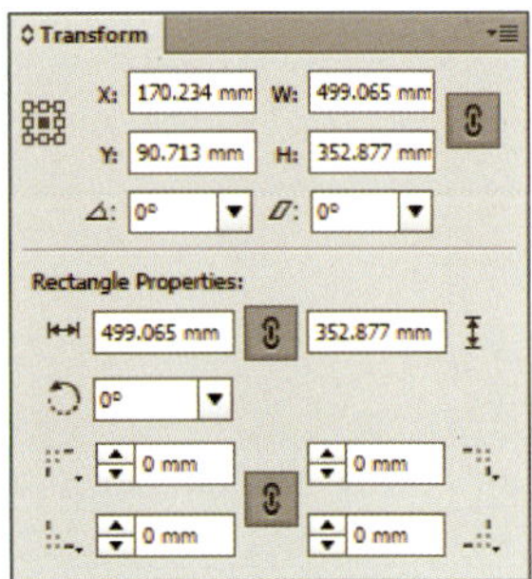

⑭ [Align] 패널(Shift+F7)

선택한 객체들을 특정 객체나 일정한 간격 또는 아트보드를 기준으로 정렬하거나 배치할 때 사용합니다.

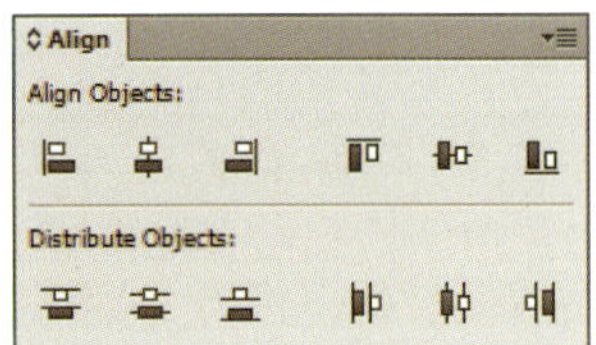

⑮ [Pathfinder] 패널(Shift+Ctrl+F9)

객체를 서로 합치거나 나눠 새로운 형태를 만듭니다.

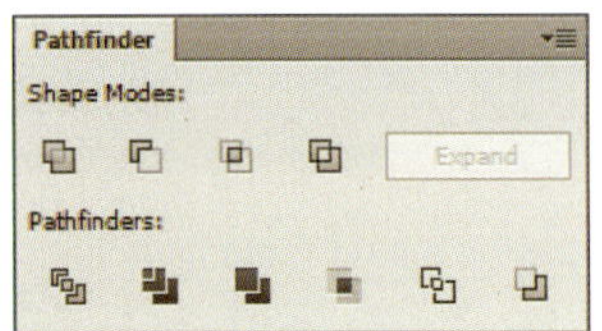

정보 관련 패널 알아보기

⑯ [Navigator] 패널

문서를 화면에서 특정 영역으로 이동 또는 확대/축소할 수 있습니다.

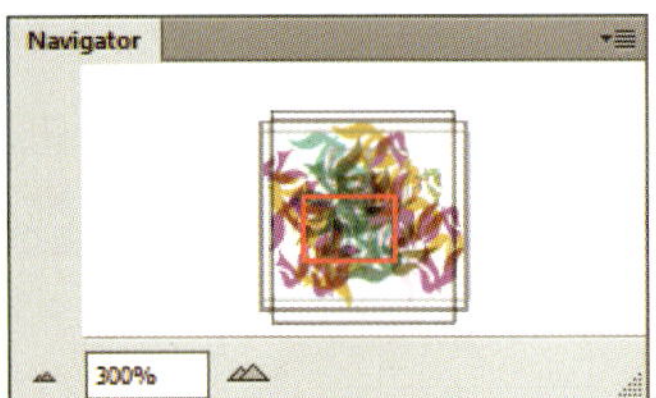

⑰ [Info] 패널(Ctrl+F8)

마우스 포인터의 위치나 선택한 객체의 정보 등을 나타냅니다.

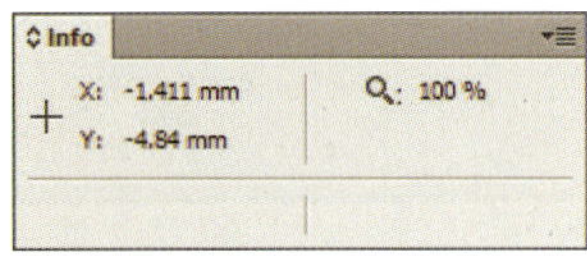

⑱ [Links] 패널

다른 프로그램에서 수정된 이미지를 갱신하거나 새로운 이미지로 대치합니다.

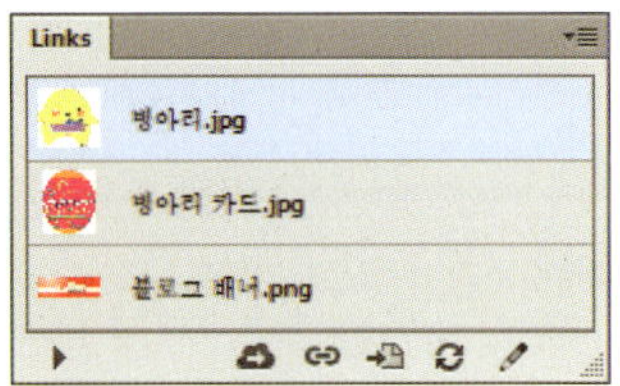

⑲ [Layers] 패널(F7)

레이어를 추가, 편집, 삭제할 수 있습니다.

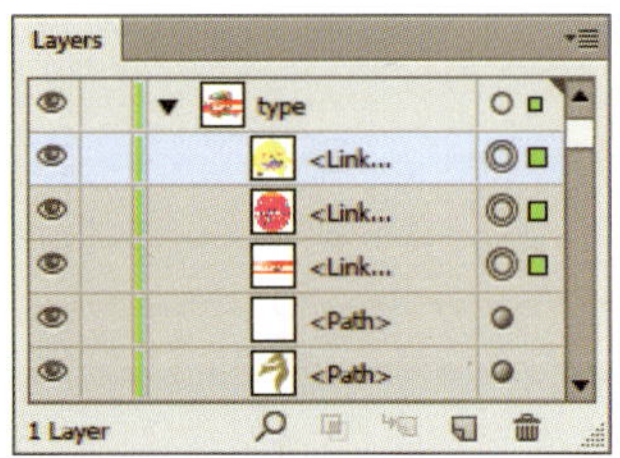

⑳ [Document Info] 패널

작업 중인 문서 정보를 나타냅니다. 문서 이름, 경로, 색상 정보 등을 확인할 수 있습니다.

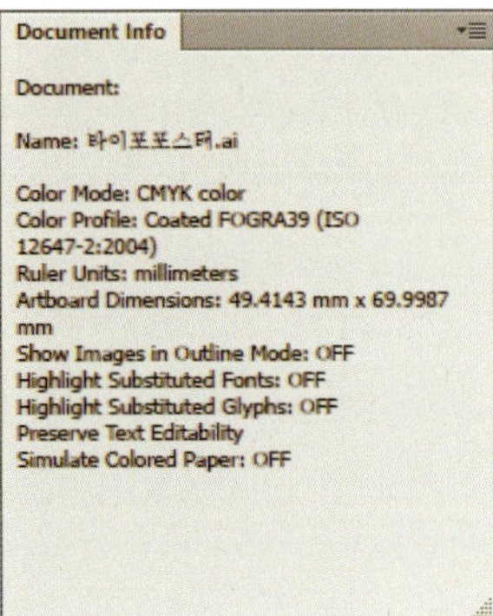

타이포그래피 관련 패널 알아보기

㉑ [Character] 패널(Ctrl+T)

서체, 글자 크기, 행간, 자간, 문자폭, 기준선 이동 등 문자
에 관한 여러 가지를 조절합니다.

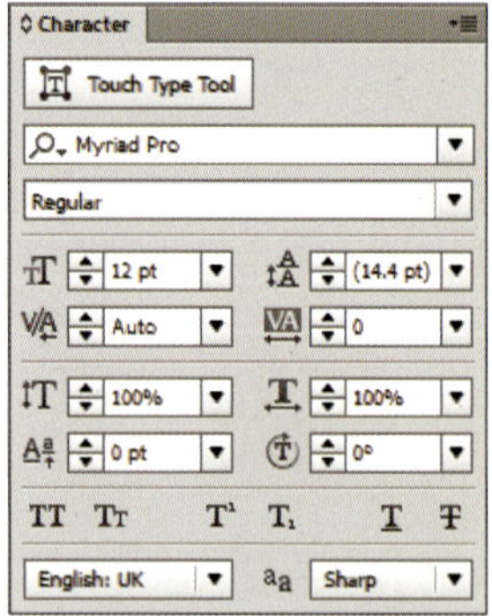

㉒ [Character Styles] 패널

문자 서식을 작성, 편집, 적용할 수 있어 문서 서식을 통일
할 수 있습니다.

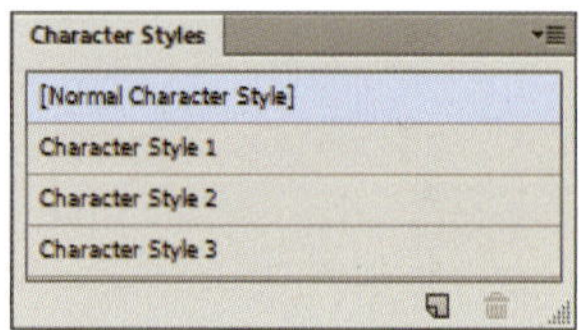

㉓ [Glyphs] 패널

특정 서체에 관한 모든 글자 모양을 나타내거나 특수문자
와 같은 서체를 입력할 수 있습니다.

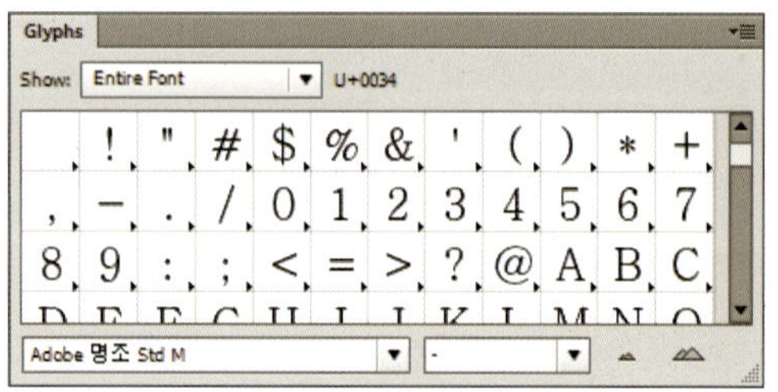

㉔ [Paragraph] 패널(Alt+Ctrl+T)

단락 속성을 지정하고 문단의 정렬, 들여쓰기 등을 조절할
수 있습니다.

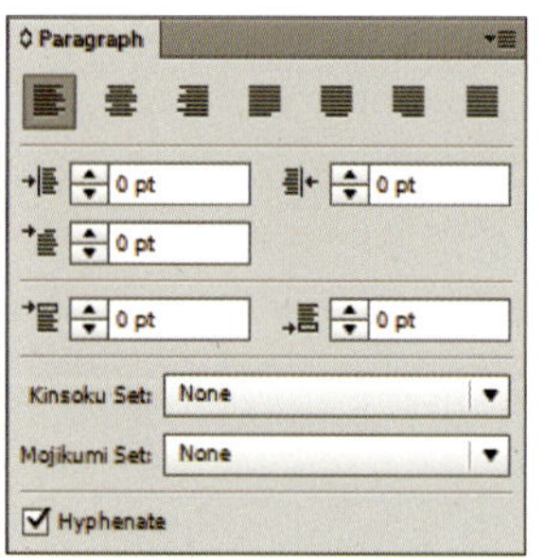

㉕ [Tabs] 패널(Shift+Ctrl+T)

도표나 서식 등의 작업을 할 때 정확한 치수를 적용할 수
있습니다.

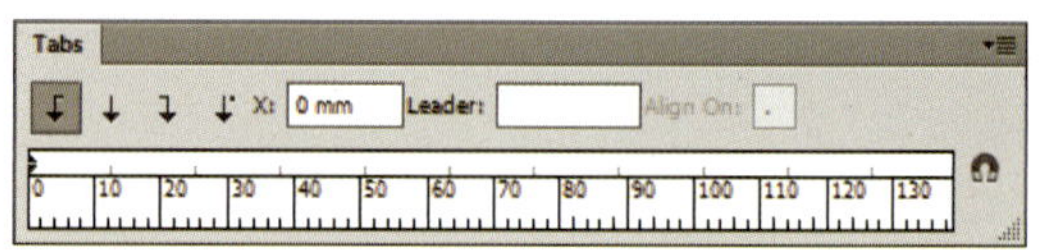

㉖ [Open Type] 패널(Alt+Shift+Ctrl+T)

다양한 문자와 언어로 된 문자 세트를 작업합니다.

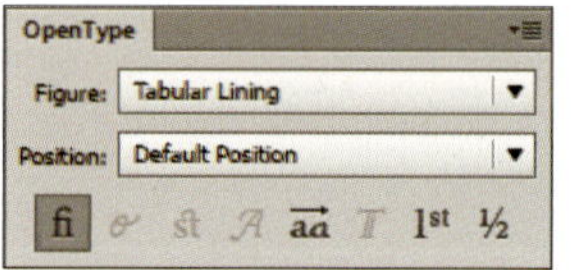

고급 옵션 관련 패널 알아보기

㉗ [Actions] 패널

같은 작업을 여러 번 반복할 때 자동으로 명령을 실행합니다.

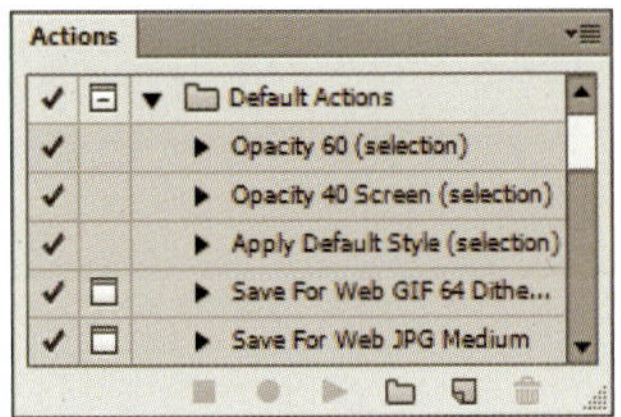

㉘ [Artboards] 패널

아트보드를 추가하거나 정리하고 순서를 변경하거나 삭제할 수 있습니다.

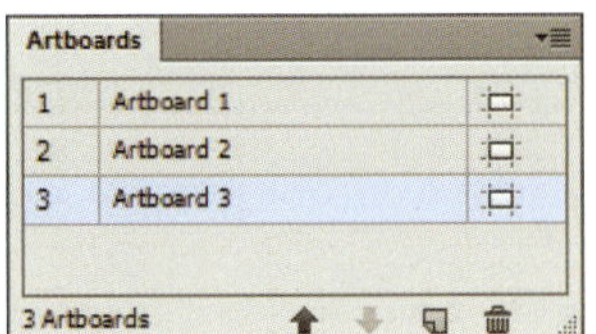

㉙ [Image Trace] 패널

[Control] 패널이나 [Image Trace] 패널의 〈Trace〉 버튼을 클릭하면 비트맵 이미지를 벡터 이미지로 변경할 수 있습니다. 이때 부자연스러운 벡터 이미지를 세부적으로 설정하여 자연스럽게 표현할 수 있습니다.

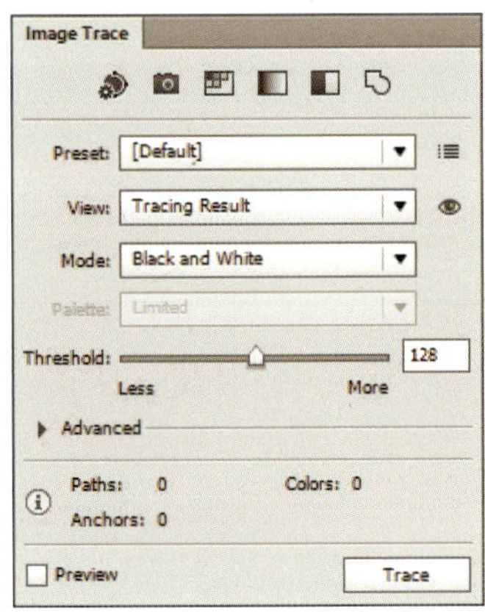

㉚ [Pattern Options] 패널

객체에 적용하려는 패턴 이름이나 타일 설정, 패턴의 너비와 높이 등을 지정합니다.

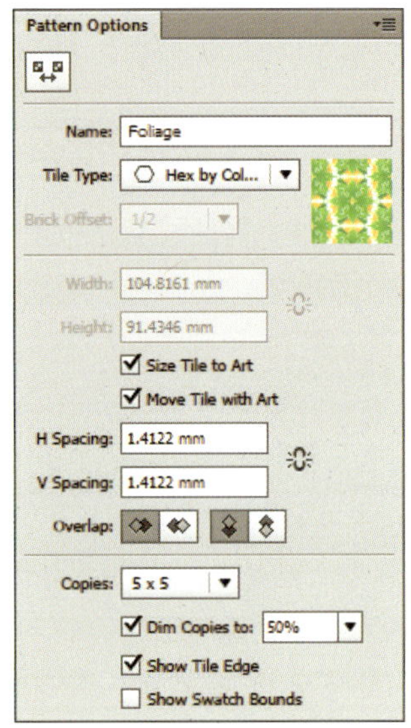

㉚ [Flattener Preview] 패널

아트보드, 객체에 적용된 투명도를 출력하거나 인쇄할 때 사용합니다.

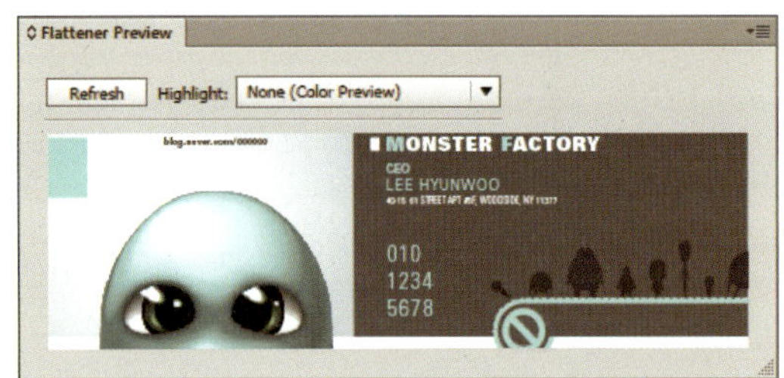

일러스트는 어떻게 저장하고 내보내나요?

일러스트레이터에서는 작업한 일러스트를 AI 파일로 저장하는 방법 외에 다른 프로그램에서 사용할 수 있는 파일 형식이나 이전 버전으로 저장하여 편리하게 작업할 수 있습니다.

파일 저장하기

일러스트레이터에서 작업한 파일을 저장하기 위해서는 [File] → Save(Ctrl+S)를 실행하여 AI 파일로 저장합니다. [Save As] 대화상자에서 저장에 관한 세부적인 설정을 마치고 〈저장〉 버튼을 클릭하면 나타나는 [Illustrator Options] 대화상자에서 일러스트레이터 설정을 마친 다음 〈OK〉 버튼을 클릭하여 저장합니다.

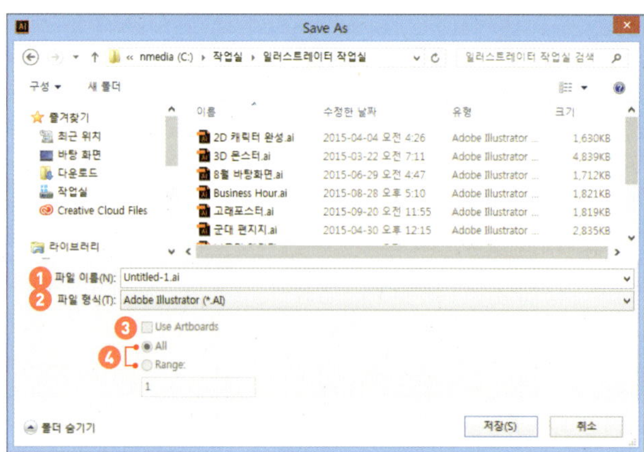

❶ **파일 이름** : 작업한 일러스트 파일 이름을 입력합니다.

❷ **파일 형식** : 일러스트를 일러스트레이터, PDF, EPS, 템플릿, SVG 형식으로 저장합니다.

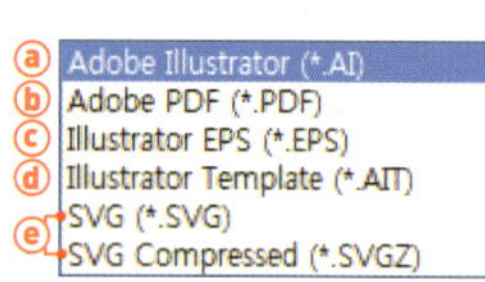

ⓐ Adobe Illustrator (*.AI) : 기본 저장 형식인 일러스트레이터 파일로 저장합니다.

ⓑ Adobe PDF (*.PDF) : 디지털 문서 표준인 PDF 파일로 저장합니다.

ⓒ Illustrator EPS (*.EPS) : 포스트스크립트를 이용한 고품질 인쇄용 EPS 파일로 저장합니다.

ⓓ Illustrator Template (*.AIT) : 일러스트레이터에서 제공하는 템플릿 파일로 저장합니다.

ⓔ SVG (*.SVG)/SVG Compressed (*.SVGZ) : 2차원 벡터 그래픽을 표현하기 위한 SVG 파일로 저장합니다.

❸ **Use Artboads** : 아트보드 크기대로 일러스트 파일을 저장합니다.

❹ **All/Range** : 'All'을 선택하면 아트보드 수만큼 모든 아트보드를 저장하며 'Range'를 선택하고 아트보드 번호를 입력하면 원하는 아트보드만 저장할 수 있습니다.

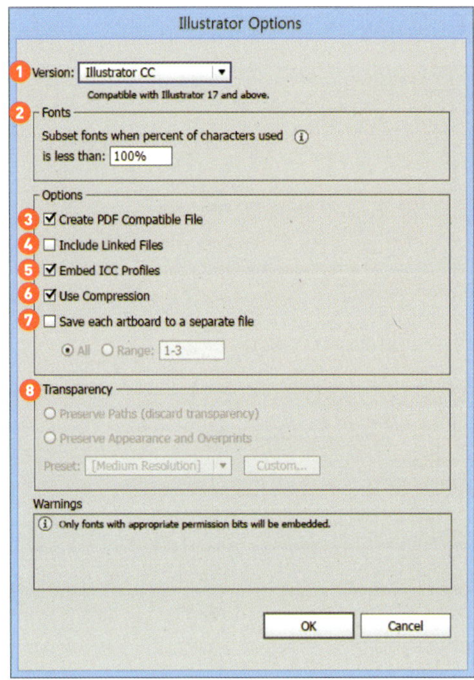

❶ Version : 일러스트레이터 버전을 선택하여 작업에 알맞은 버전으로 저장할 수 있습니다. 이후에 작업하는 컴퓨터의 일러스트레이터 버전이 낮을 때 이전 버전을 선택하여 저장할 수 있습니다. 너무 낮은 버전으로 저장할 때 지원되지 않는 기능은 적용되지 않을 수 있으므로 주의합니다.

❷ Fonts : 서체 전체를 포함할 것인지, 사용한 문자를 세트로 포함할 것인지 지정합니다.

❸ Create PDF Compatible File : PDF 형식으로 사용할 수 있는 자료를 저장하며 다른 어도비 프로그램과 호환됩니다.

❹ Include Linked Files : 일러스트 파일에 링크된 파일이 있으면 활성화되며, 체크 표시하면 링크된 파일을 포함하여 저장할 수 있습니다.

❺ Embed ICC Profiles : 파일에 색상 정보를 추가합니다.

❻ Use Compression : 데이터를 압축하여 저장합니다. 압축을 사용하면 저장에 시간이 걸립니다.

❼ Save each artboard to a separate file : 문서에 여러 개의 아트보드가 있을 때 활성화되며 아트보드별로 각각의 일러스트 파일로 저장할 수도 있습니다.

❽ Transparency : 투명 기능을 지정합니다.

파일 내보내기

다른 프로그램에서 일러스트레이터 파일을 작업할 수 있도록 파일을 내보내기 위해서는 [File] → Export를 실행하여 파일 형식을 지정합니다. [Save As] 대화상자에서 저장한 방법처럼 [Export] 대화상자에서도 저장 형식을 설정한 다음 〈Export〉 버튼을 클릭하여 나타나는 파일 형식 대화상자에서 설정을 마무리합니다.

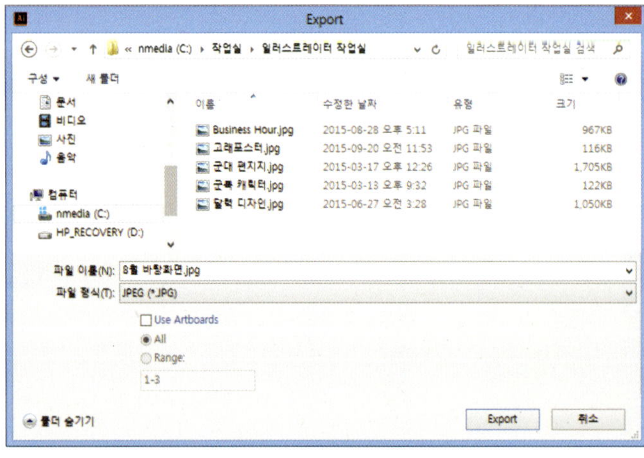

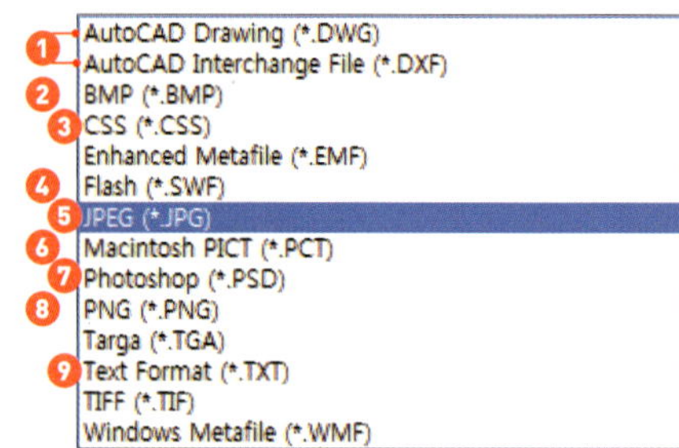

❶ AutoCAD Drawing (*.DWG)/ AutoCAD Interchange File (*.DXF) : 정확한 수치의 도면 작업을 할 수 있도록 오토캐드 파일로 저장합니다.

❷ BMP (*.BMP) : 단순한 비트맵 그래픽으로 저장합니다.

❸ CSS (*.CSS) : 웹 문서에서 작업할 수 있도록 스타일시트로 저장합니다.

❹ Flash (*.SWF) : 플래시에서 멀티미디어, 벡터 그래픽, 액션스크립트 등을 처리할 수 있도록 저장합니다.

❺ JPEG (*.JPG) : 세계적인 표준 이미지 파일 형식으로 저장합니다.

❻ Macintosh PICT (*.PCT) : 매킨토시 운영체제에서 사용할 수 있는 파일 형식으로 저장합니다.

❼ Photoshop (*.PSD) : 포토샵에서 사용할 수 있는 파일 형식으로 저장합니다.

❽ PNG (*.PNG) : 비손실 그래픽 파일로 저장합니다.

❾ Text Format (*.TXT) : 텍스트 파일로 저장합니다.

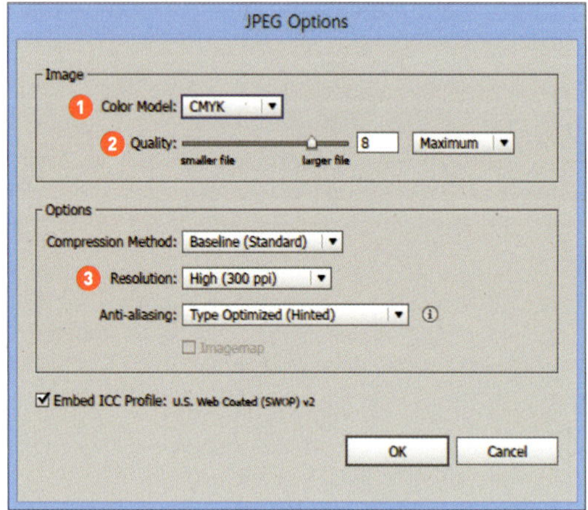

❶ Color Model : 출력 용도에 따라 'RGB'나 'CMYK'로 색상 모드를 선택할 수 있습니다.

❷ Quality : 파일 크기(품질)를 설정할 수 있습니다.

❸ Resolution : 해상도를 설정할 수 있으며 웹용은 'Screen(72 ppi)', 출력용은 'High(300 ppi)'가 적절합니다.

SOLUTION 06

Q&A

작업 환경을 설정하려면 어떻게 하나요?

패널은 필요에 따라 기본으로 나타나는 패널을 닫아 숨길 수 있고 [Window] 메뉴에서 필요한 패널을 선택하여 나타낼 수도 있습니다. 자주 사용하는 패널 위치를 조정하여 원하는 대로 편리하게 작업 환경을 설정해 보세요.

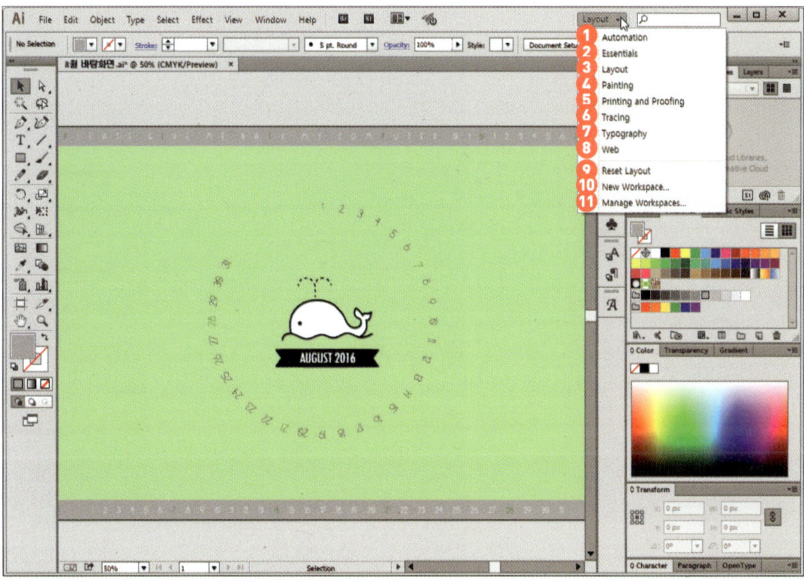

❶ Automation : 자동으로 편리하게 사용할 수 있는 패널이 표시됩니다.

❷ Essentials : 핵심 기능만 나타내어 간편하게 작업할 수 있습니다.

❸ Layout : 편집 디자인과 관련된 레이아웃 작업이 편리해집니다.

❹ Painting : 드로잉 및 채색 작업을 위한 패널들이 최소화되어 나타납니다.

❺ Printing and Proofing : 인쇄를 위한 [Separations Preview] 패널 등이 나타납니다.

❻ Tracing : 그림을 투명한 종이 위에 베끼듯 [Image Trace] 패널 등이 나타납니다.

❼ Typography : 타이포그래피 작업을 위한 패널들이 표시됩니다.

❽ Web : 웹/앱용 일러스트 작업을 위한 패널들이 표시됩니다.

❾ Reset Layout : 레이아웃을 재설정합니다.

❿ New Workspace : 자주 사용하는 패널을 배치한 다음 [Window] → Workspace → New Workspace를 실행합니다. [New Workspace] 대화상자에서 작업 환경 이름을 입력한 다음 〈OK〉 버튼을 클릭하여 저장할 수 있습니다.

⓫ Manage Workspace : 작업 환경을 관리합니다.

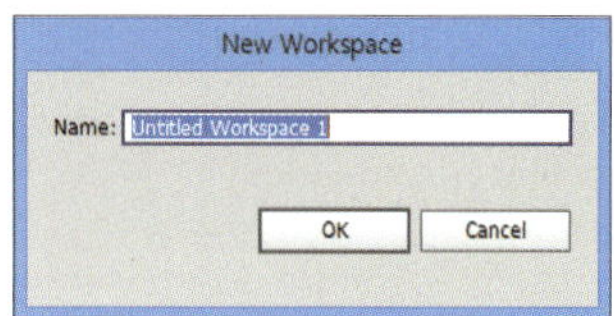

소스 파일은 어떻게 불러오나요?

스케치나 스캔한 이미지 등을 일러스트레이터에 가져오기 위해서는 [File] → Open(Ctrl +O)을 실행합니다. [File] → Place를 실행하면 작업 중인 문서에 다른 프로그램에서 작업한 이미지를 간편하게 불러올 수 있습니다. 탐색기나 어도비 브릿지를 이용해 이미지 정보를 확인하고 드래그하여 소스 파일을 불러올 수도 있습니다.

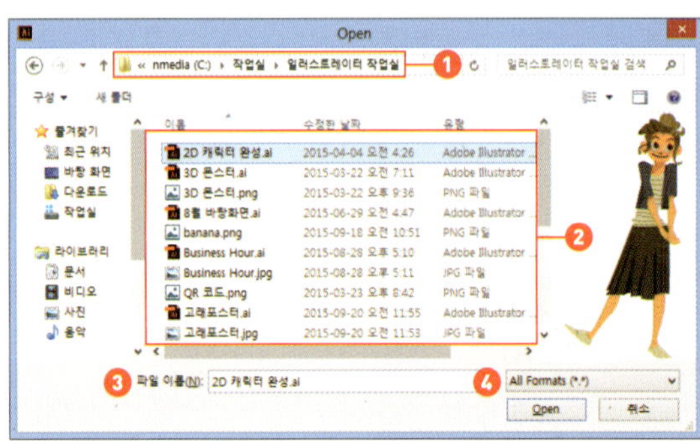
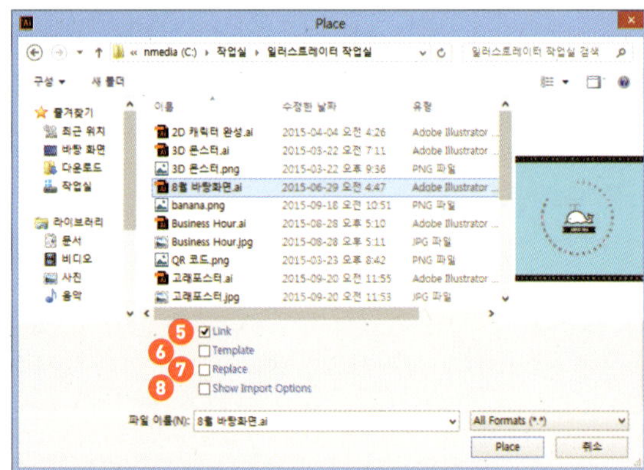

❶ **찾는 위치** : 파일이 저장된 위치를 찾습니다.

❷ **파일 선택 창** : 불러올 파일을 선택합니다.

❸ **파일 이름** : 불러올 파일 이름이 나타납니다.

❹ **파일 형식** : 불러올 파일 이름과 형식을 지정합니다.

❺ **Link** : 이미지를 일러스트레이터 파일로 불러오지 않고 이미지가 저장된 곳을 기억하여 미리 보기 형식으로 불러옵니다. 원본 이미지를 편집해도 'Link'에 체크 표시한 상태에서는 일러스트레이터에 불러들인 이미지로 적용됩니다. 이미지를 다른 폴더로 이동하거나 삭제하면 링크가 해제되어 이미지가 유실됩니다.

❻ **Template** : 이미지를 밑그림으로 사용하기 위해 일러스트레이터로 불러들일 때 사용합니다.

❼ **Replace** : 불러온 이미지를 바꿉니다.

❽ **Show Import Options** : 불러올 때 옵션을 나타냅니다.

화면은 어떻게 확대하고 축소하나요?

고해상도 그래픽 작업에서 일러스트의 일부분을 확대 또는 축소하여 작업할 때가 많습니다. 일러스트레이터 CC에서는 64,000%까지 작업 화면을 확대하고 축소할 수 있는 여러 가지 방법을 제공합니다.

돋보기 도구 이용하기

먼저 돋보기 도구(🔍, Z)를 선택하고 문서를 클릭해서 작업 화면을 확대할 수 있으며 Alt 키를 누른 채 클릭하면 작업 화면이 축소됩니다. 또는 작업 화면에서 확대하고 싶은 부분을 드래그하면 드래그한 영역이 확대됩니다.

TIP 마우스 휠을 스크롤하여 작업 화면을 확대하거나 축소할 수 있습니다. 선택한 도구와는 상관없이 Alt 키를 누른 채 마우스 휠을 위쪽으로 스크롤하면 마우스 포인터 중심으로 작업 화면이 확대되고 마우스 휠을 아래쪽으로 스크롤하면 축소됩니다.

[View] 메뉴, 상태 표시줄 이용하기

[View] → Zoom In(Ctrl + +)과 Zoom Out(Ctrl + -)을 실행하여 작업 화면을 확대 또는 축소할 수 있습니다. 다른 방법으로는 작업 화면 아래의 상태 표시줄에서 화면 보기 배율을 클릭하여 원하는 크기를 선택하거나 직접 비율을 입력하여 작업 화면 비율을 설정할 수 있습니다.

[Navigator] 패널 이용하기

[Window] → Navigator를 실행하여 [Navigator] 패널에서 작업 화면을 확대하거나 축소할 수 있습니다. 미리 보기 영역의 빨간색 사각형 영역이 작업 창에 보이는 부분이며 드래그하여 화면을 이동할 수 있고 슬라이더를 조정하여 화면 비율을 확대하거나 축소할 수도 있습니다.

TIP [Tools] 패널에서 손 도구(✋)를 선택한 다음 아트보드를 원하는 방향으로 드래그하면 화면이 이동됩니다.

자주 사용하는 단축키를 추가할 수 있나요?

자주 사용하는 기능의 경우 단축키를 외워두면 작업 시간을 줄일 수 있습니다. 일러스트
레이터에서 제공하는 단축키 외에 직접 단축키를 등록하여 사용하기 위해서는 [Edit] →
Keyboard Shortcuts(Alt + Shift + Ctrl + K)를 실행합니다.

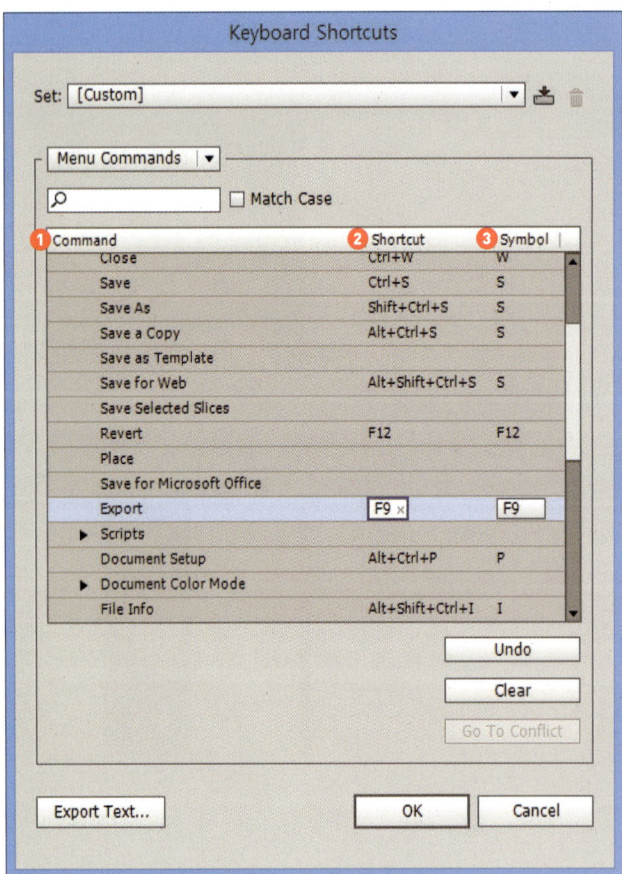

❶ Command : 메뉴의 명령어나 도구를 나타냅니다.
❷ Shortcut : 단축키로 설정한 키를 지정합니다.
❸ Symbol : 단축키로 나타내려는 부호를 지정합니다.

완성된 파일은 어떻게 모아서 패키징하나요?

패키징은 일러스트 작업에서 사용한 사진이나 서체 등의 소스 파일을 하나의 폴더에 묶어서 저장하여 다른 작업자와 공유할 수 있도록 하는 기능을 말합니다. 완성된 일러스트를 패키징하려면 파일을 저장한 다음 [File] → Package(Alt + Shift + Ctrl + P)를 실행하여 작업물과 연결된 모든 소스 파일을 모읍니다.

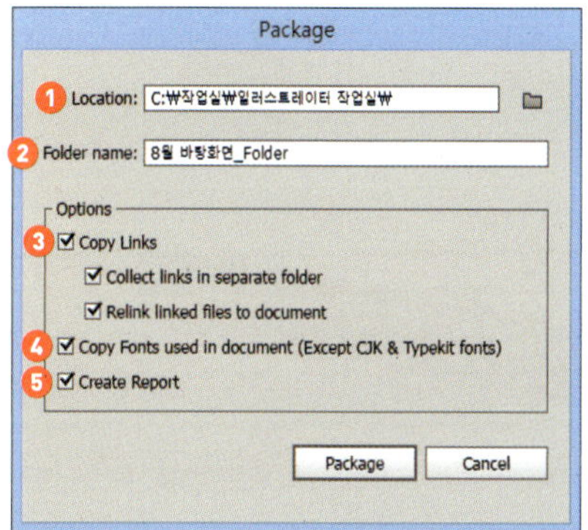

❶ Location : 'Choose Package Folder Location' 아이콘(📁)을 클릭하여 저장 위치를 지정합니다.

❷ Folder name : 패키지 폴더의 이름을 입력합니다.

❸ Copy Links : 파일을 연결하여 복사하려면 체크 표시합니다. 별도의 폴더에 있는 파일을 연결할 수 있으며 문서에 연결된 파일과 다시 연결할 수도 있습니다.

❹ Copy Fonts used in document (Except CJK & Typekit fonts) : 문서에 사용된 서체를 복사합니다.

❺ Create Report : 패키지 파일의 보고서를 만듭니다.

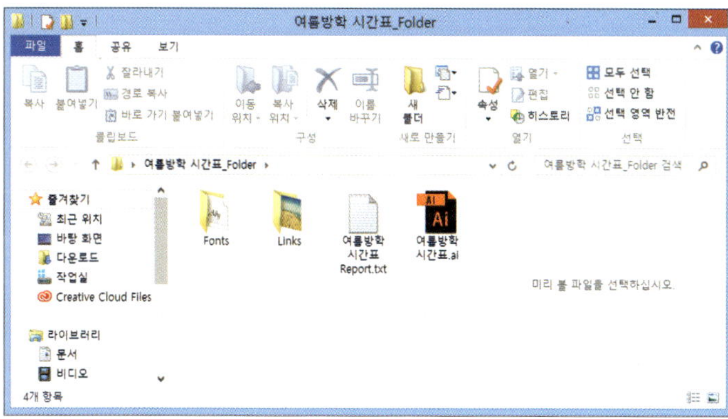

▲ 패키징된 파일 폴더

객체는 어떻게 효율적으로 관리하나요?

일러스트에서 레이어는 편리한 작업을 위해 수많은 객체를 구분하여 제어합니다. 여러 개의 객체가 겹쳐 작업하기 힘들 때 레이어로 구분하여 순서에 따라 작업할 수 있습니다.

레이어 구조 알아보기

객체를 레이어별로 구분하면 상황에 따라 레이어 순서를 변경하거나 아래쪽 레이어를 잠금 설정하여 겹친 객체를 쉽게 선택하고 편집할 수 있으며 레이어를 감춰 원하는 레이어만 나타낼 수도 있습니다. 일러스트레이터에서는 하나의 레이어에서도 객체가 다른 객체에 영향을 주거나 받지 않습니다.

[Layers] 패널 알아보기

[Layers] 패널에서 레이어 위치는 아래에서 위로 순서대로 겹치기 때문에 레이어 순서와 보기 형태에 따라 원하는 레이어를 선택하여 조정할 수 있습니다.

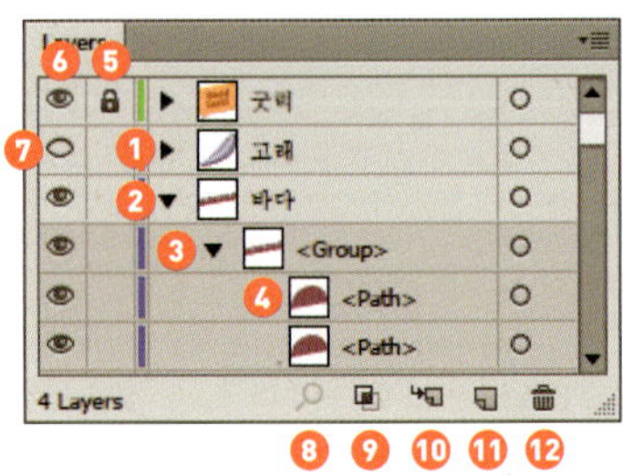

❶ **상위 레이어** : 여러 패스가 포함된 하위 레이어를 묶는 레이어입니다.

❷ **하위 레이어** : 상위 레이어에 포함된 레이어입니다.

❸ **Group** : 그룹으로 묶인 레이어입니다.

❹ **Path** : 여러 개의 패스로 이루어진 최소 단위 레이어입니다.

❺ **잠금 아이콘(🔒, Toggles Lock)** : 해당 레이어를 잠그거나 잠금 설정을 해제할 수 있습니다.

❻ **눈 아이콘(👁, Toggles Visibility)** : 해당 이미지를 나타내거나 감출 수 있습니다.

❼ **눈 아이콘(◯, Outline Toggles Visibility)** : Ctrl 키를 누른 채 클릭하면 선택한 레이어 객체들이 외곽선 형태로 나타납니다.

❽ **Locate Object(🔍)** : 다른 레이어에서 작업한 객체가 적용된 레이어를 찾습니다.

❾ **Make/Release Clipping Mask(▣)** : 레이어 마스크를 적용하거나 해제합니다.

❿ **Create New Sublayer(🗂)** : 선택한 레이어의 하위 레이어를 만듭니다.

⓫ **Create New Layer(▣)** : 새로운 레이어를 만듭니다.

⓬ **Delete Selection(🗑)** : 레이어를 삭제합니다.

레이어 조작하기

레이어를 복제하거나 추가해서 수많은 객체를 나누어 관리하면 편리하게 작업할 수 있습니다.

❶ **새 레이어 만들기** : [Layers] 패널의 'Create New Layer' 아이콘(▣)을 클릭하면 선택된 레이어 위에 새로운 레이어가 만들어집니다.

❷ **레이어 순서 변경하기** : 원하는 순서대로 레이어를 변경하려면 레이어를 선택한 다음 원하는 위치로 드래그합니다.

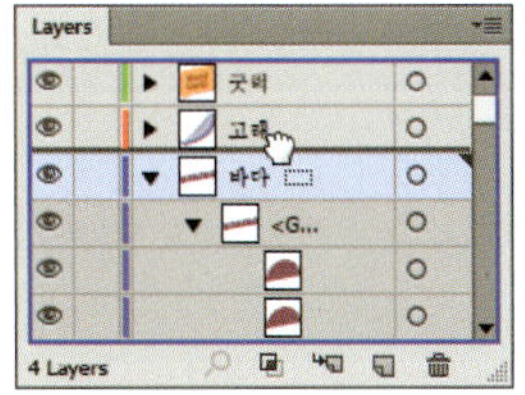

❸ **레이어 복제하기** : 복제하려는 레이어를 선택한 다음 'Create New Layer' 아이콘(▣)으로 드래그합니다.

❹ **레이어 삭제하기** : 삭제하려는 레이어를 선택한 다음 'Delete Selection' 아이콘(🗑)으로 드래그하거나 클릭합니다.

❺ **레이어 이름 바꾸기** : 레이어 이름을 더블클릭한 다음 입력합니다.

객체 배열하기

[Layers] 패널을 이용하지 않아도 하나의 레이어에서 객체를 선택한 채 마우스 오른쪽 버튼을 클릭하거나 [Object] → Arrange를 실행하여 객체의 배열을 알맞게 조정할 수 있습니다.

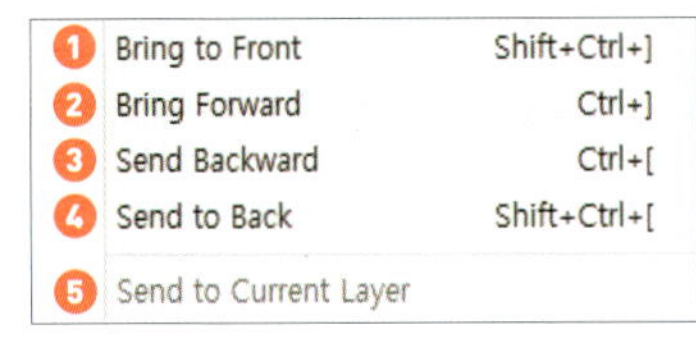

TIP 객체를 그룹으로 설정할 때 레이어별로 그룹을 지정하기보다 단위별로 각각의 객체로 묶으면 작업이 편리해집니다.

❶ **Bring to Front**(Shift+Ctrl+]) : 선택한 객체를 문서에서 맨 앞으로 배열합니다.
❷ **Bring Forward**(Ctrl+]) : 선택한 객체를 현재보다 한 단계 앞으로 배열합니다.
❸ **Send Backward**(Ctrl+[) : 선택한 객체를 현재보다 한 단계 뒤로 배열합니다.
❹ **Send to Back**(Shift+Ctrl+[) : 선택한 객체를 맨 뒤로 배열합니다.
❺ **Send to Current Layer** : 선택한 객체를 현재 레이어에서 이동합니다.

SOLUTION 12

Q&A

색은 어떻게 적용하나요?

다양한 색과 패턴, 그러데이션으로 일러스트를 돋보이기 위해 여러 가지 색상 도구와 패널의 사용 방법을 알아보고 작업에 따라 알맞은 방법을 사용해 보세요.

기본적인 면과 선 색상 적용하기

객체 색상은 내부와 외부의 면과 선 색상으로 구성되며 [Tools] 패널 아래쪽 또는 [Color] 패널의 면과 선 색상 상자를 선택하여 설정할 수 있습니다.

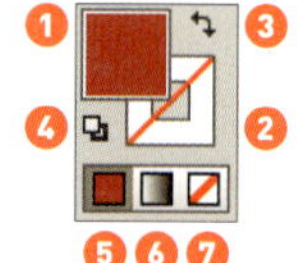

❶ 면 색상(Fill) : 객체 내부인 면에 적용하는 색상입니다.

❷ 선 색상(Stroke) : 객체 외부인 선에 적용하는 색상입니다.

❸ 색상 교체(Swap Fill & Stroke) : 면 색상과 선 색상을 바꿉니다.

❹ 기본 색상(Default) : 면 색상과 선 색상을 기본 색상인 흰색과 검은색으로 설정합니다.

❺ 기본 색상(Color) : 객체의 면과 선에 하나의 색상을 적용합니다.

❻ 그러데이션(Gradient) : 객체의 면과 선에 그러데이션 색상을 적용합니다.

❼ 색상 없음(None) : 객체의 면과 선에 색상을 적용하지 않습니다.

간편하게 [Color Picker] 대화상자 이용하기

[Tools], [Color] 패널에서 면이나 선 색상 상자를 더블클릭하여 [Color Picker] 대화상자에서 정확한 색상을 설정할 수 있습니다. #에 색상코드를 입력할 수 있고 앞서 색상 모드의 수치를 확인하면서 스펙트럼을 이용하여 조절할 수도 있습니다. 'Only Web Colors'에 체크 표시하면 웹용 색상 환경으로 변경되어 웹/앱용 작업물을 만들 때 유용합니다.

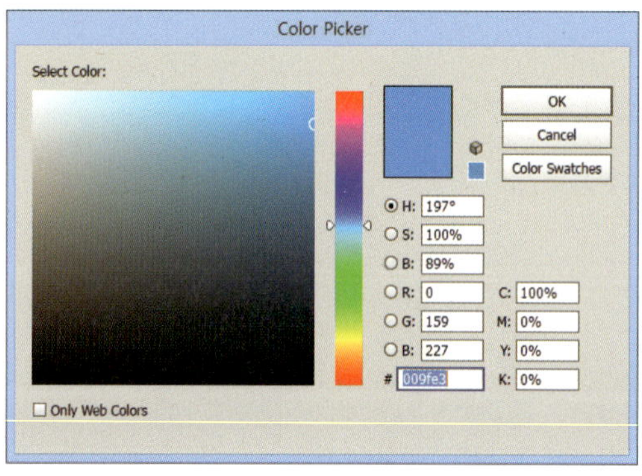

[Color] 패널에서 색상 조절하기

[Color] 패널은 색상 슬라이더를 조정하여 객체의 면과 선에 색상을 적용합니다. 색상 값을 입력하거나 면과 선 색상 상자를 더블클릭하여 [Color Picker] 대화상자에서 세밀하게 색을 적용할 수도 있습니다.

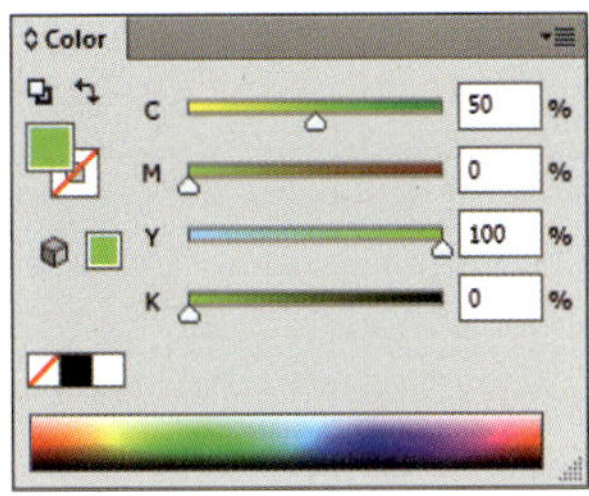

[Swatches] 패널에서 색상 선택하기

[Swatches] 패널은 [Color] 패널에서 만든 색을 저장하여 언제든지 쉽게 객체에 적용할 수 있습니다. 일러스트레이터에서 일종의 팔레트와 같은 역할을 합니다. 기본적으로 색상, 그러데이션, 패턴, 색상 그룹이 제공되며 필요한 색상을 직접 등록하거나 삭제할 수도 있습니다.

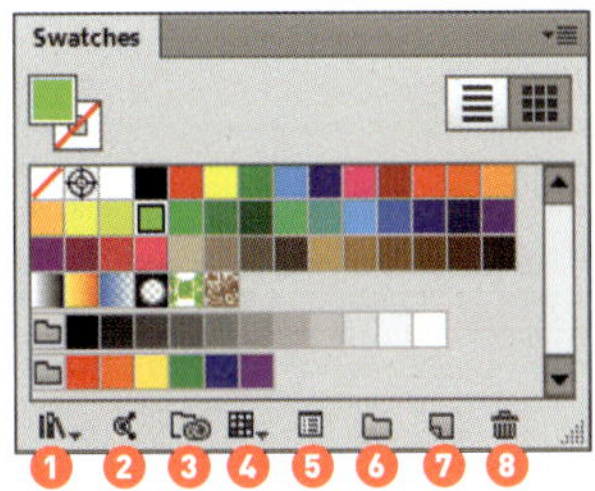

❶ Swatch Libraries menu : 일러스트레이터에서 제공하는 다양한 Swatches 라이브러리를 불러옵니다.

❷ Open Color Themes panel : [Color Themes] 패널에서 직접 만들거나 저장한 색상 테마를 선택합니다.

❸ Libraries panel : [Libraries] 패널에서 색상 라이브러리를 불러오거나 저장할 수 있습니다.

❹ Show Swatch Kinds menu : [Swatches] 패널에 등록된 색상, 그러데이션, 패턴, 배색의 표현 방식을 선택합니다.

❺ Swatch Options : [Swatches Options] 대화상자에서 색상 견본의 이름, 형식, 색상 모드 등을 설정합니다.

❻ New Color Group : 기본 배색 외에 Swatches 색상을 그룹으로 설정합니다.

❼ New Swatch : 기본 색상 외에 [Color] 패널에서 설정한 색상을 [Swatches] 패널에 등록합니다.

❽ Delete Swatch : 선택한 색상을 삭제합니다.

[Color Guide] 패널에서 다양한 배색 적용하기

배색이 어렵다면 일러스트레이터에서 제공하는 다양한 배색을 적용할 수 있습니다. 기본 색상을 설정한 다음 [Color Guide] 패널을 표시하면 Harmony Rules 항목에서 색상을 설정할 수 있습니다.

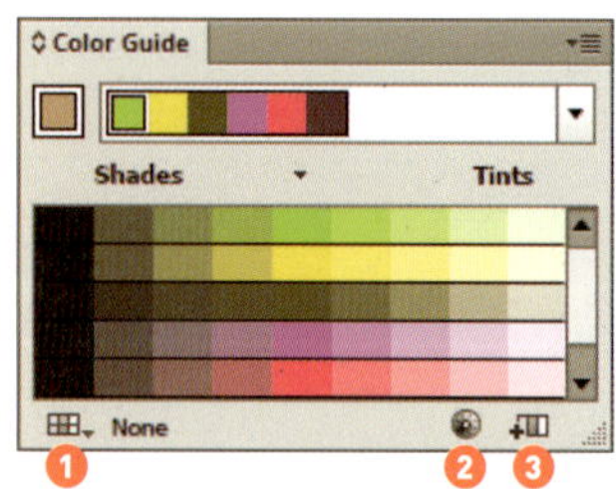

❶ Limits the color group to colors in a swatch library : 일러스트레이터에서 기본으로 제공하는 Color Guide 라이브러리를 선택합니다.

❷ Edit Colors : 라이브 색상을 세부적으로 설정하는 [Recolor Artwork] 대화상자가 표시됩니다.

❸ Save Color group to Swatch panel : Swatches 라이브러리에 색상을 추가합니다.

[Gradient] 패널에서 그러데이션 색상 적용하기

그러데이션이란 두 가지 이상의 색상이 부드럽게 연결되는 것으로, 그러데이션 도구(▣)를 이용하여 적용할 수 있습니다. [Gradient] 패널에서 그러데이션 색상이나 방향(원형 또는 선형), 적용 범위 등을 설정할 수 있고 간단하게 색상 변화와 입체감 등을 표현할 수 있습니다.

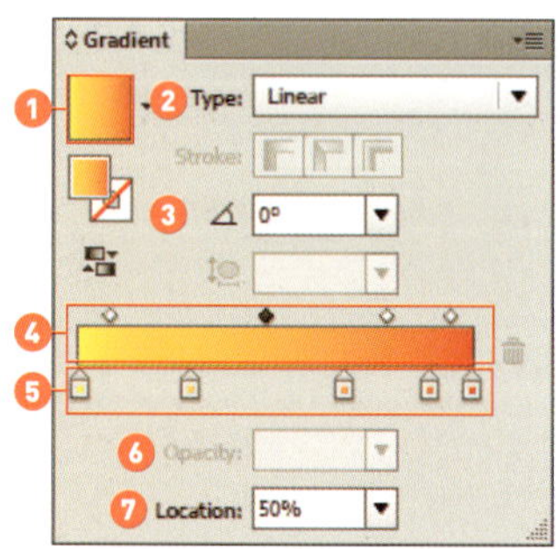

❶ Gradient Fill : 그러데이션 형태를 미리 볼 수 있습니다.

❷ Type : 그러데이션 스타일을 지정합니다. 'Linear'로 지정하면 가로 또는 세로의 선형 그러데이션을 만들고, 'Radial'로 지정하면 빛처럼 둥근 원형 그러데이션을 만듭니다.

❸ Angle : 그러데이션 각도를 설정합니다.

❹ 그러데이션 슬라이더 : 그러데이션 색상을 조절합니다.

❺ 그러데이션 색상 탭 : 그러데이션 색상을 지정하며, 필요 없는 색상 탭을 삭제할 때는 색상 탭을 패널 밖으로 드래그합니다.

❻ Opacity : 색상의 불투명도를 설정합니다.

❼ Location : 색상 탭 위치를 설정합니다.

라이브 페인트 통 도구와 스포이트 도구로 색상 추출하고 적용하기

라이브 페인트 통 도구(🖰)는 페인트 통 도구에 클리핑 마스크 기능을 추가한 도구로 객체별로 색상을 적용하면서 겹친 패스의 면을 나눕니다. 라이브 페인트 통 도구를 더블 클릭하면 [Live Paint Bucket Options] 대화상자에서 색상을 적용할 부분이나 표시할 색상 등을 직접 설정할 수 있습니다. 스포이트 도구(✎)를 선택하고 객체를 클릭하여 적용된 색상이나 스타일을 추출해서 다른 객체에 쉽게 적용할 수 있습니다.

▲ 라이브 페인트 통 도구로 패스에 색을 채워 페이퍼 토이를 완성한 모습

검증된 배색 적용하기

어도비가 웹과 모바일에서 제공하는 색상 공유 커뮤니티인 Adobe Color CC는 [Color Themes] 패널을 이용하여 전 세계 디자이너들이 만든 색상 테마를 업로드 및 다운로드 해 배색으로 사용할 수 있습니다.

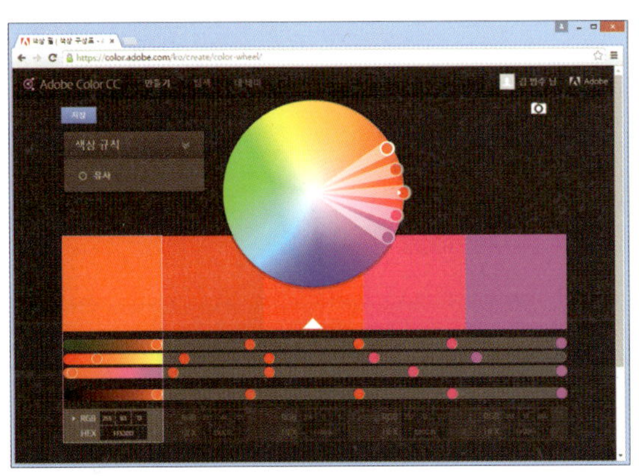

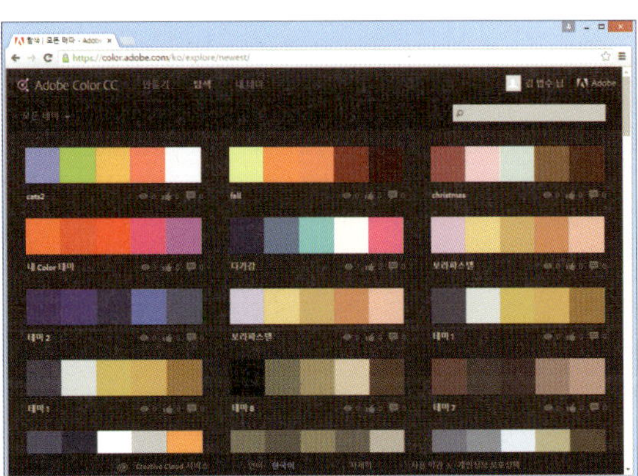

간편하게 배색 설정하기

[Color Guide] 패널의 'Edit Colors' 아이콘을 클릭하거나 [Control] 패널의 'Recolor Artwork' 아이콘을 클릭하여 [Recolor Artwork] 대화상자에서 배색에 관한 고민을 한번에 해결할 수 있습니다.

▲ [Recolor Artwork] 대화상자를 이용해 간편하게 배색을 수정한 일러스트

❶ [Assign] 탭 살펴보기

[Assign] 탭에서는 객체에 적용된 기본 색상을 이용하여 자유롭게 색상을 조절합니다. 새로운 색상이나 별색 등을 지정할 수 있고 색상 수를 줄일 수도 있습니다.

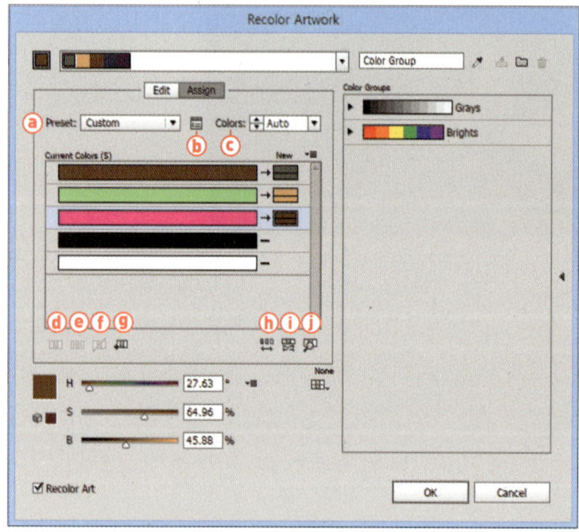

ⓐ Preset : 'Custom', 'Color library', '1 color job', '2 color job', '3 color job', 'Color Harmony' 중에서 선택하여 지정합니다.

ⓑ Color Reduction Options : [Color Reduction Options] 대화상자를 나타냅니다.

ⓒ Colors : 색상 수를 설정합니다.

ⓓ Merge colors into a row : 두 개 이상의 색을 선택했을 때 하나의 배색으로 합칩니다.

ⓔ Separate colors into different rows : 합친 색상을 각각 나눕니다.

ⓕ Excludes selected colors so they will not be recolored : 배색을 각각의 색상으로 나눕니다.

ⓖ New Row : 새로운 배색을 만듭니다.

ⓗ Randomly change color order : 배색 안에서 임의의 배색이 설정됩니다.

ⓘ Randomly changes saturation and brightness : 배색 안에서 임의의 채도와 명도가 설정됩니다.

ⓙ Click on colors above to find them in the artwork : 색상을 선택하면 아트보드에 적용된 색상을 나타냅니다.

❷ [Edit] 탭 살펴보기

[Edit] 탭에서는 Harmony Rules와 Color Wheel을 이용하여 최적의 배색으로 수정하거나 새로운 배색을 만들 수 있습니다. 객체의 조화로운 배색을 확인하고 색상 값을 확인하면서 조절할 수도 있습니다. 그리고 명도를 조절하거나 색상을 추가, 삭제할 수 있으며 배색을 저장할 수도 있습니다.

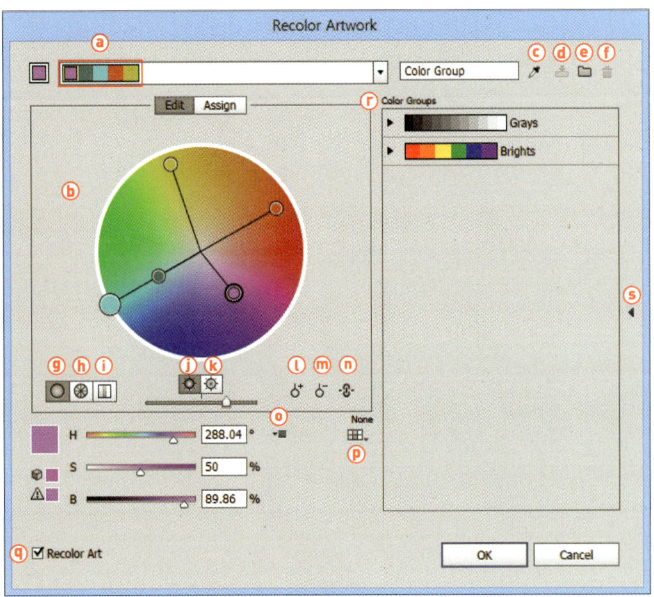

ⓐ Active Colors : 기본 배색을 설정합니다.

ⓑ Harmony Rules : Harmony Rules 배색이 표시됩니다.

ⓒ Get colors from selected art : 아트보드의 원본 배색을 표시합니다.

ⓓ Save changes to color group : 새롭게 설정한 배색을 저장합니다.

ⓔ New Color Group : 새롭게 설정한 배색을 Color Groups 항목에 표시합니다.

ⓕ Delete Color Group : 설정한 배색을 삭제합니다.

ⓖ Display smooth color wheel : 부드러운 색상 휠을 표시합니다.

ⓗ Display segmented color wheel : 나눠진 색상 휠을 표시합니다.

ⓘ Display color bars : 색상 스펙트럼 형태로 표시합니다.

ⓙ Show saturation and hue on wheel : 슬라이더를 드래그하여 채도를 조절합니다.

ⓚ Show brightness and hue on wheel : 슬라이더를 드래그하여 명도를 조절합니다.

ⓛ Add Color tool : 색상 휠에서 원하는 색상을 클릭하면 색상 도구가 추가됩니다.

ⓜ Remove Color tool : 색상 휠에서 삭제하려는 색상을 클릭하면 색상 도구가 삭제됩니다.

ⓝ Link/Unlink harmony colors : 색상의 상호 작용 효과를 설정하거나 해제합니다.

ⓞ Specifies the mode of the color adjustment sliders : 색상 모드를 변경합니다.

ⓟ Limits the color group to colors in a swatch library : Swatches 라이브러리를 직접 선택하여 색상을 적용합니다.

ⓠ Recolor Art : 아트보드에 적용되는 색상을 미리 확인합니다.

ⓡ Color Groups : 필요한 배색을 저장하거나 편집합니다.

ⓢ 'Show/Hide color group storage' 아이콘 : Color Groups 항목을 숨기거나 표시합니다.

선(패스)은 어떻게 그리나요?

펜 도구는 일러스트레이터의 대표적인 드로잉 도구로 벡터 이미지의 핵심인 패스를 만듭니다. 원하는 대로 자유롭게 드로잉하는 도구로 기준점 추가/삭제/전환/곡률 도구를 이용하여 패스를 다룰 수 있습니다. 다양한 선 또는 도형 도구를 이용해 패스를 만들 수도 있습니다.

패스 구조 살펴보기

패스는 여러 개의 기준점이 연결되어 만들어지고 열린 패스와 닫힌 패스로 나뉩니다. 패스 관련 도구나 직접 선택 도구를 이용하여 간편하게 수정할 수 있습니다.

❶ 기준점(Anchor Point) : 패스를 이루는 기준이 되는 점을 말합니다.
❷ 방향선(Direction Line) : 곡선 형태를 조절할 수 있는 선을 말합니다.
❸ 방향점(Derection Point) : 방향선의 끝점을 말하며 방향선 길이를 조절할 수 있습니다.

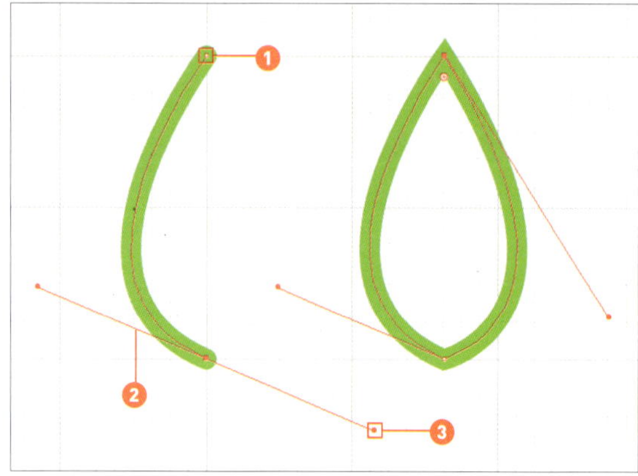

▲ 열린 패스와 닫힌 패스의 구조

패스 그리기

펜 도구를 이용하여 직선, 호, 곡선 등 다양한 패스를 그릴 수 있습니다. 기본적으로 객체는 직선과 곡선 패스로 이루어지므로 펜 도구를 활용하여 자유롭게 라인 일러스트를 그려 봅니다.

❶ **직선 그리기** : 직선을 그리려면 시작점을 클릭한 다음 직선의 끝점을 클릭하여 직선을 만듭니다. [Shift] 키를 누른 채 끝점을 클릭하면 45° 방향으로 대각선을 그릴 수 있습니다. 계속해서 다음 기준점을 클릭하여 추가한 다음 다시 시작점으로 이동하면 마우스 포인터에 'o' 표시가 나타날 때 클릭하여 닫힌 패스를 만들 수 있습니다.

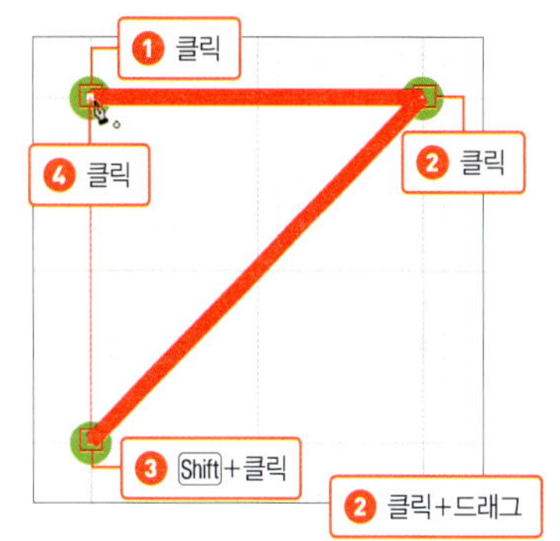

❷ **곡선 그리기** : 시작점을 클릭한 다음 곡선을 그리고 싶은 방향으로 드래그하여 곡선의 형태를 조정합니다. 기준점을 중심으로 방향선이 나타나 늘어나면 곡선의 형태나 방향이 바뀌는 지점에서 다시 한 번 클릭한 다음 드래그합니다.

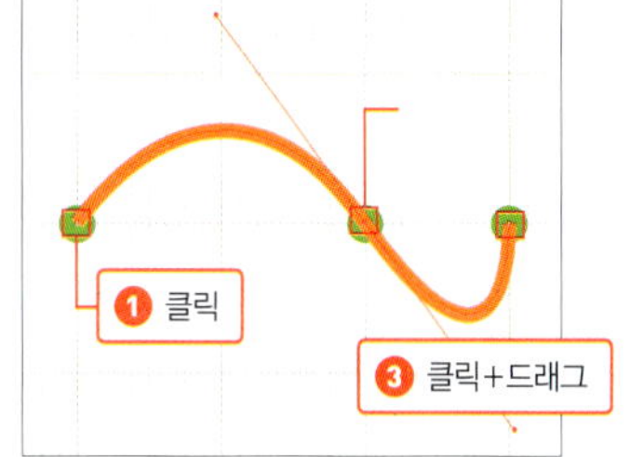

❸ **곡선에서 직선(곡선) 그리기** : 곡선에서 직선(곡선)으로 바뀌는 선을 그리려면 바뀌는 부분의 기준점을 다시 한 번 클릭하여 한쪽 방향선을 없애고 다음 기준점을 클릭하여 이어갑니다.

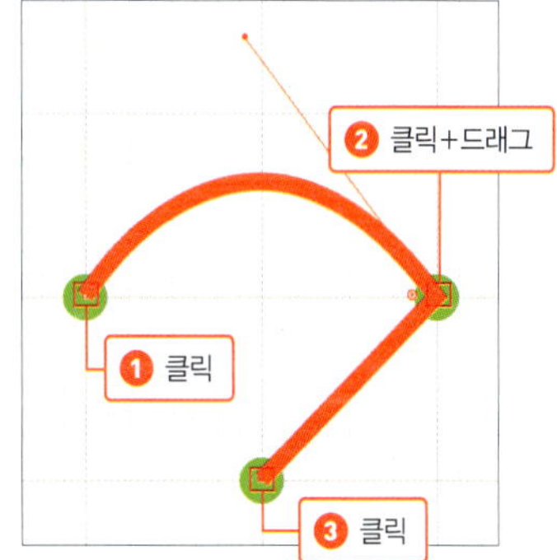

선 도구를 이용하여 그리기

선, 호, 나선, 사각형 격자, 원형 격자 도구를 선택한 다음 아트보드에 드래그하면 드래그하는 방향과 크기대로 선을 그릴 수 있습니다. 선 도구를 선택하고 아트보드를 선택하거나 선 도구를 더블클릭하면 해당 옵션 대화상자에서 선 길이와 각도 등을 설정할 수 있습니다.

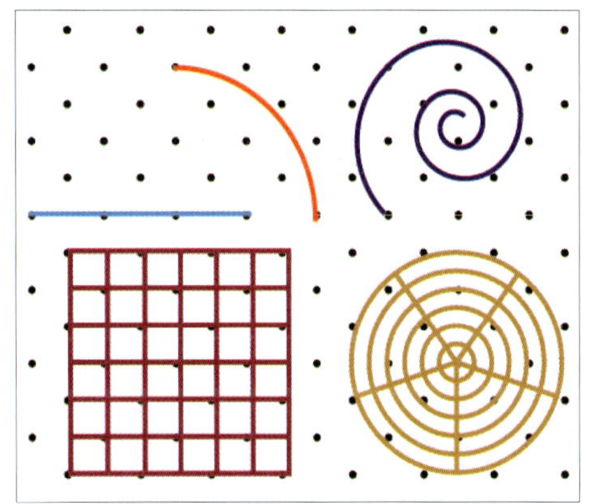

▲ 여러 가지 선 도구를 이용하여 만든 선

선 두께와 스타일 지정하기

[Stroke] 패널을 이용하여 직선, 곡선, 점선, 화살표 등을 만들 수 있으며 선 간격 및 속성까지 지정할 수 있습니다.

❶ Weight : 선 두께를 설정합니다.

❷ Cap : 선의 끝점 모양을 지정합니다. 

ⓐ Butt Cap : 선 두께에 상관없이 끝점에서 넘치지 않습니다.

ⓑ Round Cap : 끝점을 둥글게 표현합니다.

ⓒ Projecting Cap : 끝점을 넘치게 표현합니다.

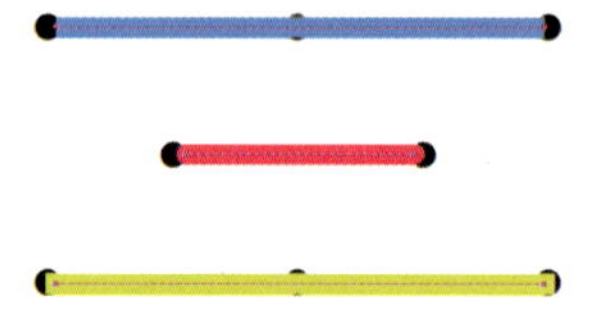

▲ Butt Cap, Round Cap, Projecting Cap

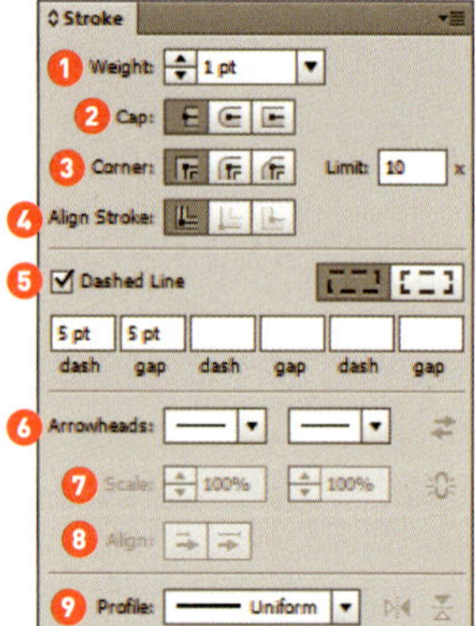

❸ Corner : 꺾인 선의 모서리 모양을 지정합니다.

ⓐ Miter Join : Limit에서 각의 한계를 나타냅니다. 수치가 클수록 연결 부분 선 모양이 뾰족합니다. 수치에 따라 모양이 달라지지만 꺾인 지점이 뾰족하게 튀어나옵니다.

ⓑ Round Join : 꺾인 지점을 둥글게 표현합니다.

ⓒ Bevel Join : 꺾인 지점을 각지게 표현합니다.

▲ Miter Join, Round Join, Bevel Join

❹ Align Stroke : 선 안의 패스 위치를 나타냅니다.

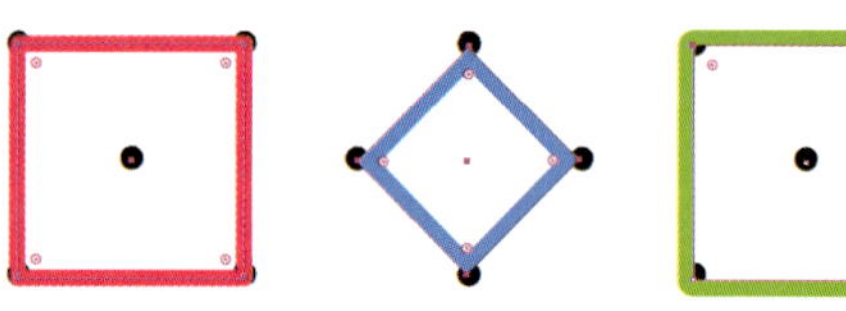

▲ Center, Inside, Outside

❺ Dashed Line : 점선의 길이와 간격을 설정합니다. 아이콘을 클릭하면 지정한 대로 정확하게 점선의 간격을 표시하고, 아이콘을 클릭하면 모서리를 기준으로 선 길이가 알맞게 표시됩니다.

❻ Arrowheads : 화살표의 양끝 모양을 선택합니다.

❼ Scale : 화살표의 양끝 크기를 조절합니다.

❽ Align : 화살표의 팁 또는 끝에 정렬되도록 패스를 지정합니다.

❾ Profile : 폭의 형태를 지정합니다. [Appearance] 패널의 선 속성에 * 표시가 나타납니다.

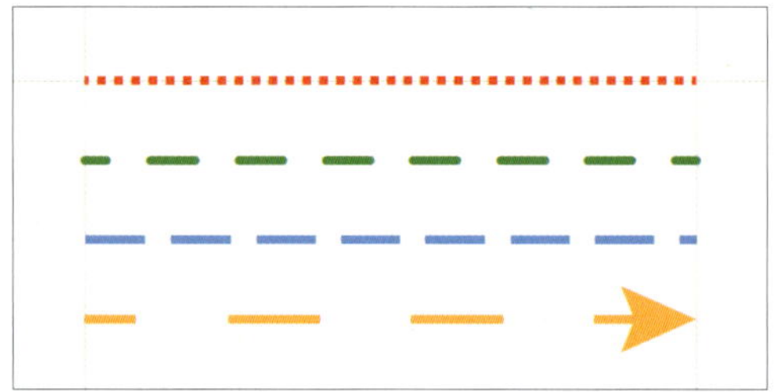

▲ 다양한 형태의 점선과 화살표

패스 조절 기능 알아보기

일러스트레이터에서 패스는 베지어 곡선을 그리는 데 가장 중요하므로 패스를 조절하고 관리하는 기능도 매우 중요합니다. [Object] 메뉴의 Path 명령은 객체를 이루는 패스를 여러 가지 방법으로 조절하는 기능이 있어 패스를 조절하는 데 많은 도움을 줍니다.

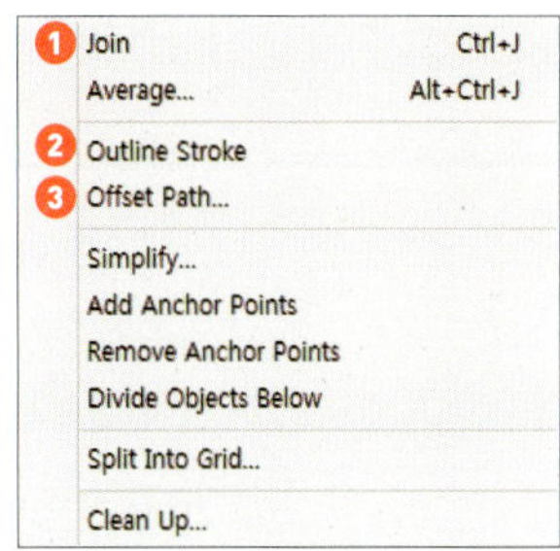

❶ Join(Ctrl+J) : 두 개의 서로 떨어져 있는 기준점을 연결하는 기능입니다. 객체에서 두 개의 기준점이 떨어져 열린 패스일 때 [Tools] 패널에서 직접 선택 도구로 두 기준점을 선택하고 Join 명령을 실행하면 연결되어 닫힌 패스가 됩니다. CC 버전부터는 브러시로 만든 패스를 간단하게 결합할 수도 있습니다.

❷ Outline Stroke : 객체의 외곽선을 분리하여 또 다른 객체를 만듭니다. 선(Stroke)을 면(Fill)으로 바꾸는 효과로 선만을 이용하여 객체를 만들고 선 두께를 조정한 다음 Outline Stroke 명령을 실행하면 원하는 형태를 쉽게 만들 수 있습니다.

❸ Offset Path : 선택된 객체의 크기를 확대 또는 축소하는 것과는 다르게 정비례로 팽창하거나 축소하는 기능입니다. 원본 이미지를 기준으로 두꺼워지거나 얇아지는 형태로 크기가 조절됩니다. 이러한 작업은 수작업으로는 거의 불가능하지만 간편하게 작성할 수 있습니다.

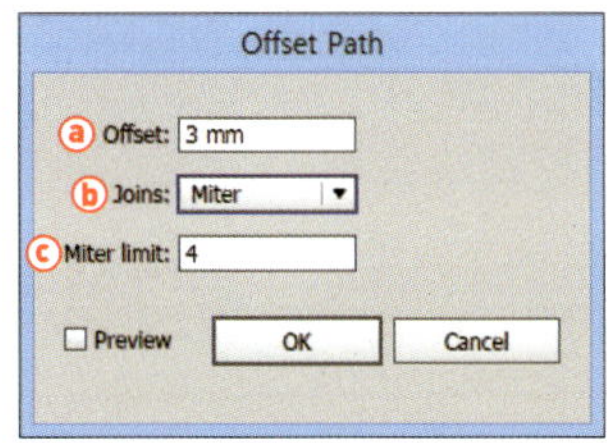

ⓐ Offset : 객체가 확대, 축소되는 크기를 조절합니다.

ⓑ Joins : 객체가 확대, 축소될 때 모서리 모양을 설정합니다. 'Miter'는 각진 모서리이며, 'Round'는 둥근 모서리이고, 'Bevel'은 꺾인 모서리를 나타냅니다.

ⓒ Miter limit : 각진 기준점에서 외곽선이 꺾이는 최대 수치를 설정합니다.

원하는 크기와 모양대로 어떻게 그리나요?

펜 도구로 다양한 모양을 그릴 수 있지만 여러 가지 도형 도구를 이용하면 간편하게 사각형이나 원, 다각형을 만들고 수치를 설정하여 정확한 크기의 도형을 만들 수 있습니다. 또한 기본 도형을 합치거나 변형하여 다양한 형태를 만들 수도 있습니다.

▲ 사각형, 둥근 사각형, 원, 다각형, 별

사각형 그리기

사각형 도구(Rectangle Tool M)를 선택한 다음 아트보드에 드래그하여 직사각형을 그릴 수 있습니다. Shift 키를 누른 채 드래그하면 정사각형을 그릴 수 있습니다. 사각형 도구를 선택하고 아트보드를 클릭하면 [Rectangle] 대화상자에서 사각형의 너비(Width)와 높이(Height)를 설정하여 정확한 크기의 사각형을 그릴 수 있습니다.

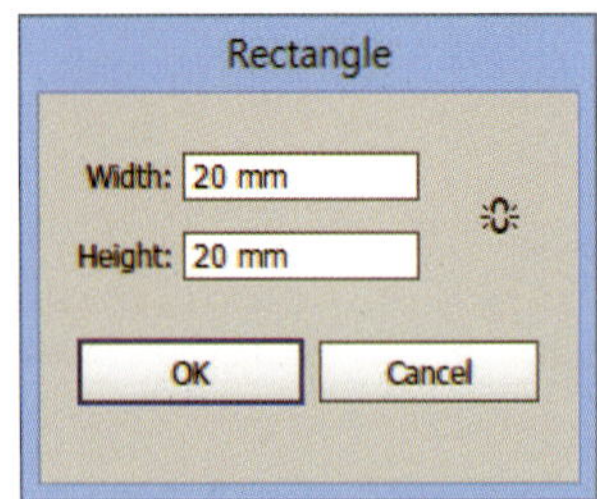

TIP 여러 가지 도형 도구를 선택하고 Shift 키를 누른 채 드래그하면 가로/세로 비율이 같은 도형을 그릴 수 있고, Alt 키를 누른 채 드래그하면 도형의 중심을 기준으로 그릴 수 있습니다. Shift+Alt 키를 누른 채 드래그하면 중심을 기준으로 가로/세로 비율이 같은 도형을 그릴 수 있습니다.

둥근 사각형 그리기

둥근 사각형 도구(Rounded Rectangle Tool)를 선택한 다음 아트보드에 드래그하여 둥근 사각형을 그릴 수 있습니다. 둥근 사각형 도구를 선택하고 아트보드를 클릭하면 [Rounded Rectangle] 대화상자에서 둥근 사각형의 너비(Width), 높이(Height), 둥근 모서리(Corner Radius)를 설정할 수 있습니다.

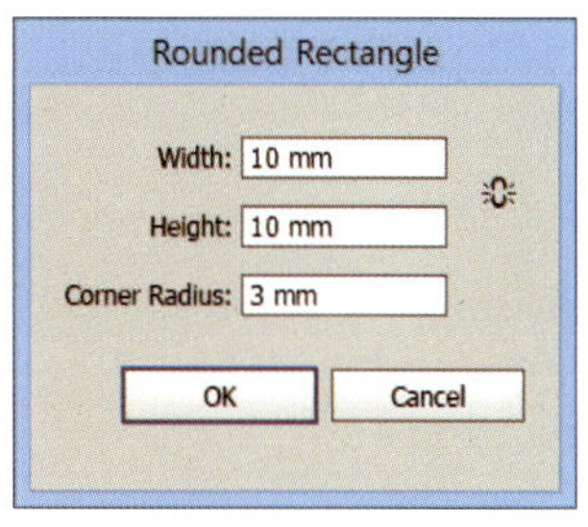

TIP 직사각형을 선택한 다음 모서리 안쪽에 표시되는 조절점을 안쪽으로 드래그해도 둥근 사각형으로 수정할 수 있습니다.

TIP 둥근 사각형 도구를 선택한 다음 아트보드에 드래그하면서 ↓ 키를 누르면 모서리의 둥근 정도가 작아지고, ↑ 키를 누르면 모서리의 둥근 정도가 커집니다.

원 그리기

원형 도구(Ellipse Tool [L])를 선택한 다음 아트보드에 드래그하여 타원 또는 정원을 만들 수 있습니다. 원형 도구를 선택한 채 아트보드를 클릭하면 [Ellipse] 대화상자에서 원의 너비(Width)와 높이(Height)를 설정할 수 있습니다.

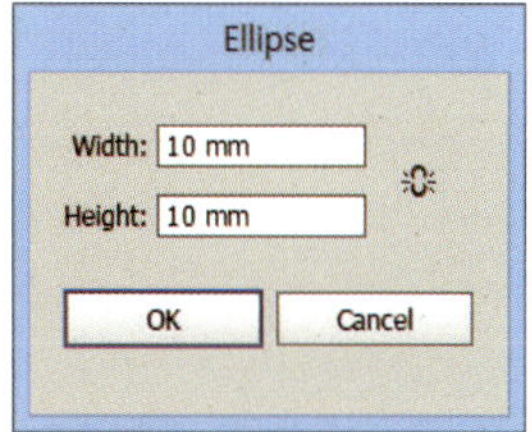

다각형 그리기

다각형 도구(Polygon Tool)를 선택한 다음 아트보드에 드래그하여 설정한 반지름과 각의 수대로 그릴 수 있습니다. 다각형 도구를 선택하고 아트보드를 클릭하면 [Polygon] 대화상자에서 다각형의 반지름(Radius)과 모서리 수(Sides)를 설정할 수 있습니다.

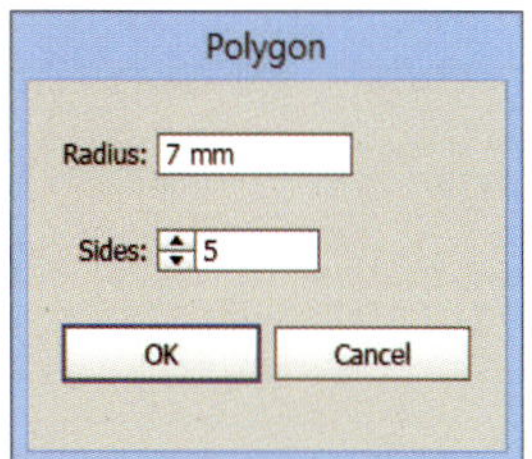

별 그리기

별 도구(Star Tool)를 선택한 다음 아트보드에 드래그하여 반지름과 각의 수에 따라 다양한 별을 만들 수 있습니다. 별 도구를 선택하고 아트보드에 클릭하면 [Star] 대화상자에서 별의 바깥쪽 모서리 반지름(Radius 1), 안쪽 모서리 반지름(Radius 2), 꼭짓점 수(Points)를 설정할 수 있습니다. Shift 키를 누른 채 드래그하는 것보다 Alt 키를 누른 채 드래그하면 좀 더 뾰족한 별을 그릴 수 있습니다.

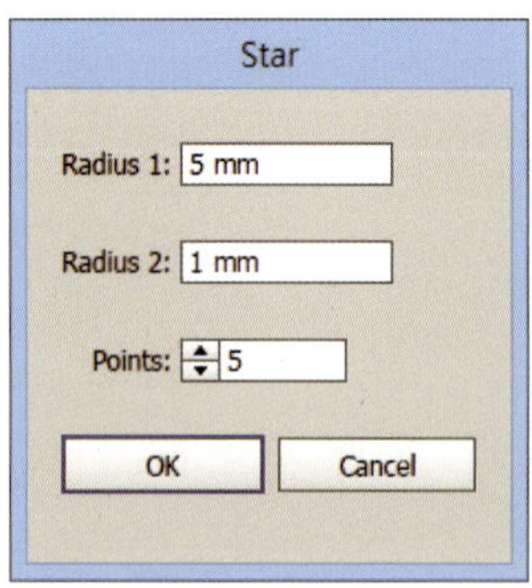

광선 그리기

플레어 도구(Flare Tool)를 선택한 다음 아트보드에 드래그하여 광선 효과를 만들 수 있습니다. 먼저 아트보드에 드래그하여 빛의 중심을 표시한 다음 끝 부분을 클릭하여 광선 효과를 완성합니다. 플레어 도구를 선택하고 아트보드를 클릭하면 [Flare Tool Options] 대화상자가 표시되어 광선 효과에 관한 기능을 설정할 수 있습니다.

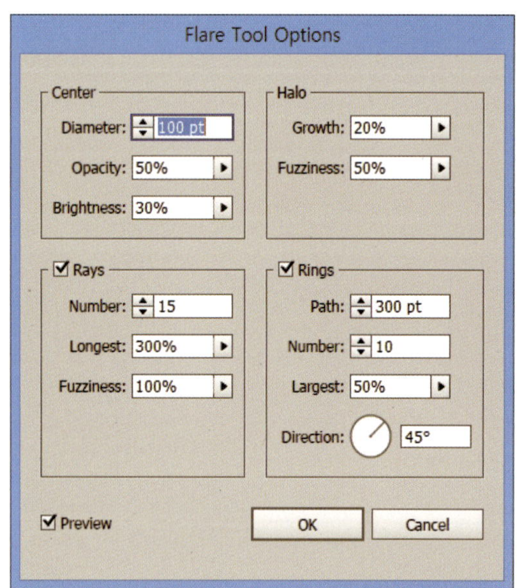

자유로운 라인 일러스트는 어떻게 그리나요?

개성 있는 라인 일러스트나 캘리그래피를 완성하기 위해서는 연필 도구와 물방울 브러시 도구를 이용해서 자유롭게 드로잉하거나 브러시를 활용하여 패스에 다양한 효과를 나타낼 수 있습니다. 초보자라도 브러시나 폭 도구를 이용하여 완성도 높은 라인 일러스트를 완성할 수 있습니다.

연필 도구로 선으로, 물방울 브러시 도구로 면으로 그리기

연필 도구를 이용하여 드래그하면 선을 그리고, 물방울 브러시 도구를 이용하여 드래그하면 면을 그릴 수 있어 원하는 형태대로 라인 일러스트를 완성할 수 있습니다.

❶ 연필 도구(Pencil Tool N) : 손으로 삐뚤빼뚤하게 그린 것처럼 자연스러운 선을 표현합니다. 연필 도구로 그린 라인 일러스트에 스무드 도구(Smooth Tool,)로 드래그하면 기준점 수를 줄여서 거친 선을 부드럽게 만들어 좀 더 자연스러운 라인 일러스트를 만듭니다. 패스 지우개 도구(Path Eraser Tool,)를 이용하여 잘못된 패스를 지울 수도 있습니다.

❷ 물방울 브러시 도구(Blob Brush Tool Shift+B) : 아트보드에 드래그하면 패스 선대로 면이 그려집니다.

▲ 연필과 물방울 브러시 도구를 이용해 그린 일러스트

브러시 도구로 그리기

회화적인 느낌의 일러스트에 유용한 브러시 도구를 이용하여 [Brushes] 패널에서 붓 형태를 지정하여 원하는 형태를 선택하거나 직접 붓터치를 만들 수 있습니다.

❶ [Brushes] 패널에서 브러시 선택하기

[Brushes] 패널은 브러시 도구로 그리는 여러 가지 붓 형태가 저장된 곳입니다. 일러스트레이터에서 제공하는 브러시 형태는 'Calligraphic', 'Scatter', 'Art', 'Bristle', 'Pattern'의 다섯 가지가 있습니다.

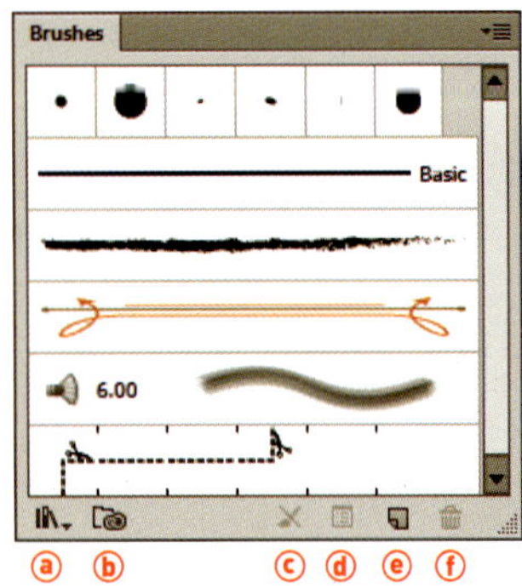

ⓐ Brush Libraries Menu : 일러스트레이터에서 기본으로 제공하는 브러시 라이브러리를 선택할 수 있습니다.

ⓑ Libraries panel : [Libraries] 패널을 표시하여 저장해둔 붓터치를 불러옵니다.

ⓒ Remove Brush Stroke : 선택된 객체에 적용된 브러시 효과를 해제합니다.

ⓓ Options of Selected Object : [Stroke Options] 대화상자에서 선택한 객체의 브러시 효과만 편집할 수 있습니다.

ⓔ New Brush : 새로운 브러시를 만들거나 브러시를 복제합니다.

ⓕ Delete Brush : 선택된 브러시를 삭제합니다.

❷ [Brushes] 패널 메뉴 살펴보기

[Brushes] 패널 오른쪽 위의 옵션 아이콘을 클릭하면 표시되는 메뉴에서는 세부적으로 브러시를 설정할 수 있는 다양한 기능을 제공합니다.

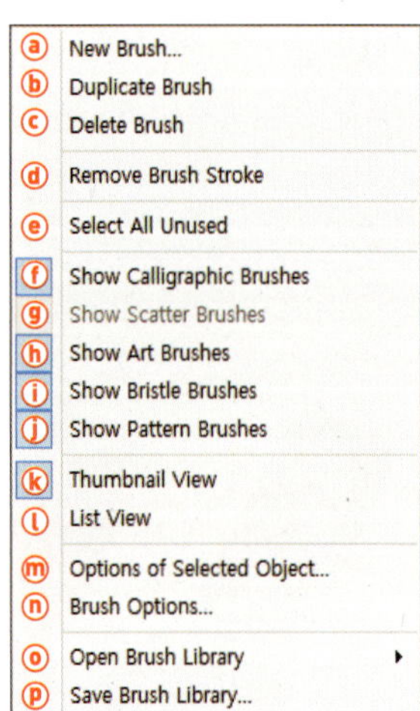

ⓐ New Brush : 새로운 브러시를 만듭니다.

ⓑ Duplicate Brush : 같은 브러시를 하나 더 복제합니다.

ⓒ Delete Brush : 선택한 브러시를 삭제합니다.

ⓓ Remove Brush Stroke : 선택한 객체에 적용된 브러시 기능을 해제합니다.

ⓔ Select All Unused : [Brushes] 패널에서 선택한 브러시를 제외한 다른 브러시를 모두 선택합니다.

ⓕ Show Calligraphic Brushes : 캘리그래피 브러시를 나타냅니다.

ⓖ Show Scatter Brushes : 분산 브러시를 나타냅니다.

ⓗ Show Art Brushes : 아트 브러시를 나타냅니다.

ⓘ Show Bristle Brushes : 강모 브러시를 나타냅니다.

ⓙ Show Pattern Brushes : 패턴 브러시를 나타냅니다.

ⓚ Thumbnail View : 브러시를 섬네일 이미지로 나타냅니다.

ⓛ List View : 브러시 이름을 나타냅니다.

ⓜ Options of Selected Object : 선택한 객체에 대한 브러시 옵션을 설정합니다.

ⓝ Brush Options : 선택한 브러시의 옵션을 설정합니다.

ⓞ Open Brush Library : 일러스트레이터에서 기본으로 제공하는 브러시 라이브러리를 선택할 수 있습니다.

ⓟ Save Brush Library : 직접 만든 브러시를 라이브러리에 저장합니다.

❸ 브러시 라이브러리 살펴보기

일러스트레이터에서 제공하는 다양한 브러시 라이브러리를 이용하면 편리합니다. 직접 브러시를 만들어 사용할 수도 있으며 원하는 브러시 형태와 비슷한 브러시를 라이브러리에서 선택하여 사용하면 작업 시간을 단축시킬 수 있습니다.

[Window] → Brush Style Libraries를 실행하거나 [Brushes] 패널에서 'Brush Libraries Menu' 아이콘을 클릭하여 나타나는 다양한 브러시 라이브러리에서는 화살표, 분필, 서예 붓, 수채 붓, 강모, 패턴 브러시 등을 선택할 수 있습니다.

브러시 설정 대화상자 알아보기

일러스트레이터에는 브러시의 성격과 효과에 따라 다섯 가지로 분류합니다. 다섯 가지 브러시는 옵션 대화상자에서 각각 설정할 수 있습니다.

❶ 캘리그래피 브러시 설정 이해하기

[Brushes] 패널의 캘리그래피 브러시를 더블클릭하여 표시되는 [Calligraphic Brush Options] 대화상자에서는 브러시 모양과 각도를 설정할 수 있습니다.

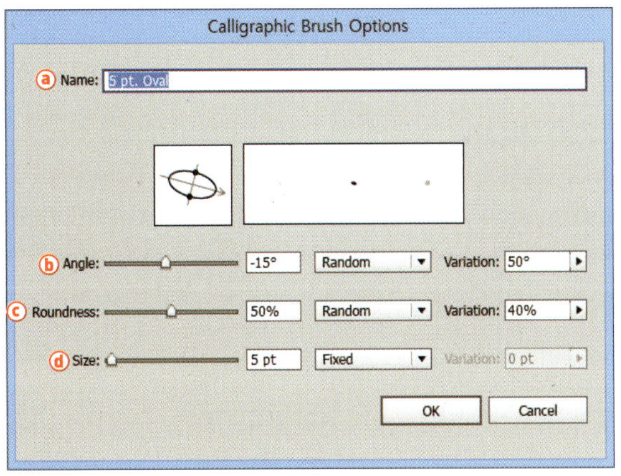

▲ 캘리그래피 브러시로 그린 일러스트

ⓐ Name : 브러시 이름을 입력합니다.

ⓑ Angle : 브러시의 회전 각도를 조절합니다. 'Fixed'로 지정하면 설정한 수치대로 브러시를 나타냅니다. 'Random'으로 지정하면 최소 또는 최대 값으로 입력한 수치 범위 안에서 자유롭게 나타냅니다. 'Pressure(압력)', 'Stylus Wheel(스타일러스 휠)', 'Tilt(기울기)', 'Bearing(베어링)', 'Rotation(회전)'은 태블릿이 연결되었을 때 활성화됩니다.

ⓒ Roundness : 브러시를 정원 또는 타원형으로 조절할 수 있습니다. 100%는 정원이며 100% 이하의 수치로 설정하면 타원이 됩니다.

ⓓ Size : 브러시 크기를 조절합니다.

TIP 태블릿을 이용하면 연필, 물방울 브러시, 브러시 도구로 종이에 직접 그리듯 필압(펜을 누르는 강약의 정도)을 이용해 자연스럽게 선 굵기를 조절할 수 있습니다. 필압을 사용하기 위해서는 [Calligraphic Brush Options] 대화상자에서 'Pressure(압력)'로 지정합니다.

❷ 분산 브러시 설정 이해하기

[Scatter Brush Options] 대화상자에서는 일정한 모양의 객체들이 곡선을 기준으로 흩뿌리는 효과
를 나타내는 브러시 옵션을 제공합니다. 여러 개의 같은 객체를 자연스럽게 위치시키고자 할 때 강
력한 효과를 나타냅니다.

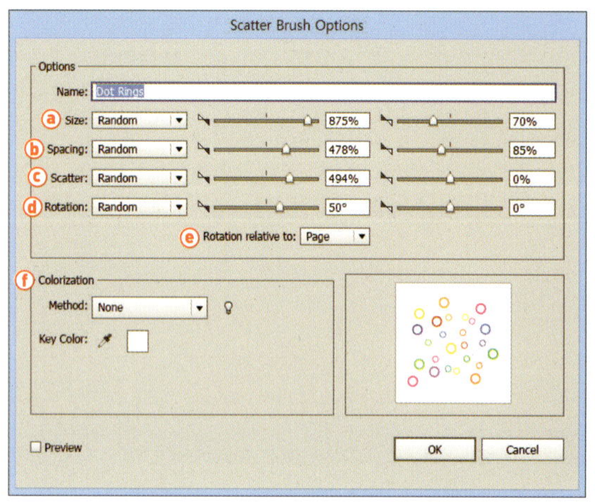

ⓐ Size : 흩뿌려지는 객체의 크기를 원본 기준으로 확대, 축소합니다.

ⓑ Spacing : 객체 간의 간격을 조절할 수 있습니다.

ⓒ Scatter : 객체가 흩어지는 정도를 조절합니다.

ⓓ Rotation : 객체가 회전하는 각도를 조절합니다.

ⓔ Rotation relative to : 'Page'로 지정하면 문서를 기준으로 객체가 일정하게 회전하고, 'Path'로 지정
하면 패스를 기준으로 객체가 회전합니다.

ⓕ Colorization : 분산 브러시로 사용한 객체의 외곽선 색에 따라 색상을 조절합니다.

❸ 아트 브러시 설정 이해하기

[Art Brush Options] 대화상자에서는 하나의 객체를 선 형태에 따라 부드럽게 변형하여 다양하게
왜곡할 수 있습니다. CC 버전 이후부터는 비트맵 이미지도 아트 브러시로 이용할 수 있습니다.

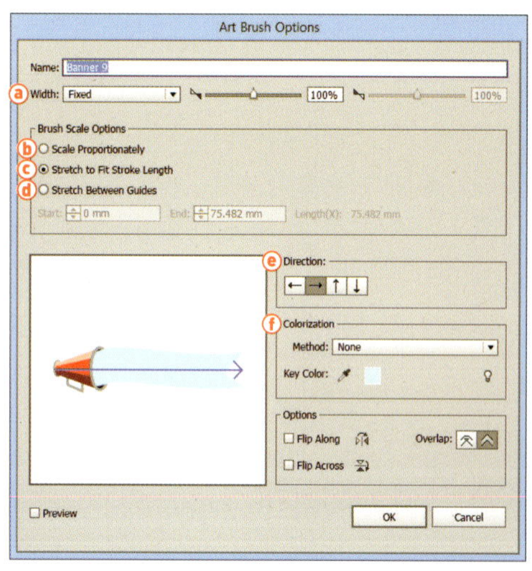

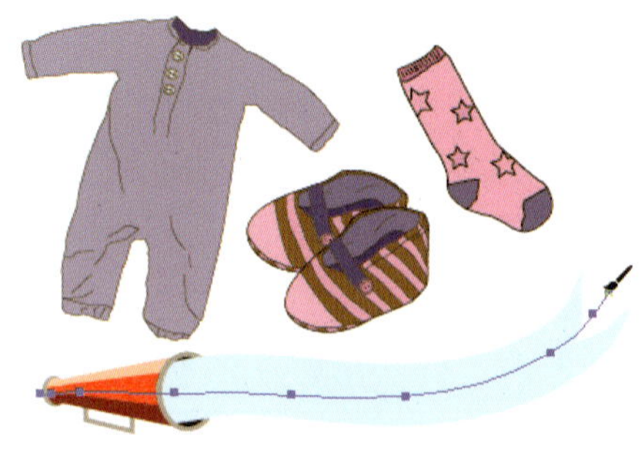

ⓐ Width : 객체의 원본 폭을 기준으로 조정합니다.

ⓑ Scale Proportionately : 브러시로 등록한 객체의 길이 비율을 유지한 채 축소하거나 확대합니다.

ⓒ Stretch to Fit Stroke Length : 객체의 폭을 유지하고 선 길이에 맞춰 늘이거나 줄입니다.

ⓓ Stretch Between Guides : 미리 보기 화면에서 설정한 안내선 사이만 늘이거나 줄입니다. 안내선
바깥쪽은 변형 없이 유지됩니다.

ⓔ Direction : 패스 선 방향에 따라 객체가 네 가지 방향으로 변형됩니다.

ⓕ Colorization : 브러시 색을 선 색상으로 바꿉니다.

❹ 강모 브러시 설정 이해하기

강모 브러시를 세부적으로 설정할 수 있는 [Bristle Brush Options] 대화상자에서는 부드러운 형태
의 강모 브러시를 자유롭게 설정할 수 있습니다.

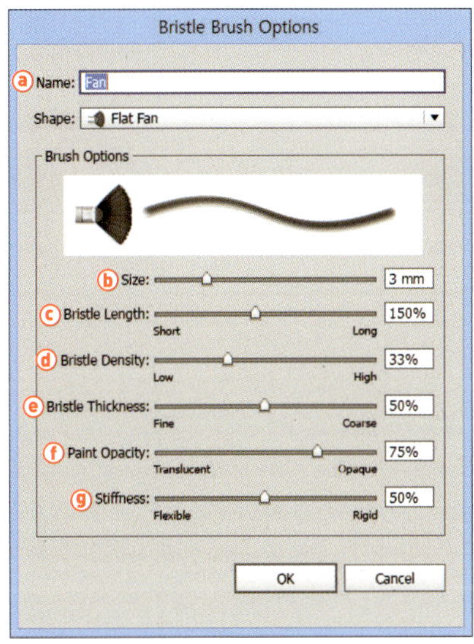

ⓐ Shape : 강모 브러시 모양을 지정합니다.

ⓑ Size : 브러시 크기를 설정합니다. 일반 브러시와 달리 강모 브러시 크기는 강모가 핸들(쇠고리)과 만나
는 지점에서 측정되며, 범위는 1~10mm입니다.

ⓒ Bristle Length : 강모 길이를 설정합니다. 강모 길이는 강모가 강모 끝의 핸들과 만나는 지점에서부터
시작합니다.

ⓓ Bristle Density : 강모 브러시의 밀도를 설정합니다.

ⓔ Bristle Thickness : 강모 브러시의 두께를 설정합니다.

ⓕ Paint Opacity : 사용 중인 색상의 불투명도를 설정합니다.

ⓖ Stiffness : 강모의 굵기를 설정합니다. 수치를 작게 설정하면 유연해지며 수치 값이 클수록 단단하게 표
현됩니다.

❺ 패턴 브러시 설정 이해하기

[Pattern Brush Options] 대화상자에서는 등록된 패턴을 곡선 형태에 따라 진행하는 브러시 옵션을
제공합니다. 특히 다른 브러시에서 볼 수 없는 기능으로 패스가 꺾이는 여러 부분에 서로 다른 객체
를 적용할 수 있어 세밀한 일러스트를 완성할 수 있습니다.

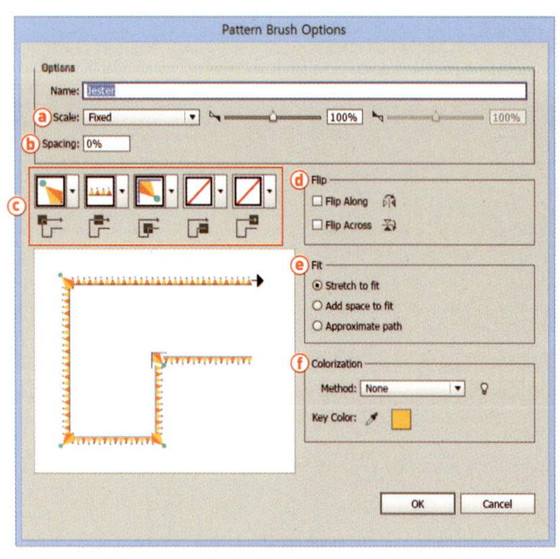

ⓐ Scale : 패턴의 크기를 조절합니다.

ⓑ Spacing : 패턴의 간격을 조절합니다.

ⓒ 패턴이 적용될 위치로 진행되는 방향에 따라 꺾이는 부분까지 각각 다른 객체를 적용할 수 있습니다.

ⓓ Flip : 패턴을 반전 또는 회전합니다. 'Flip Along'은 브러시로 적용된 객체를 패스 선의 진행 방향을 기준으로 180° 회전합니다. 'Flip Across'는 브러시로 적용된 객체를 반전시킵니다.

ⓔ Fit : 패턴을 채우는 객체의 형태를 지정합니다. 'Stretch to fit'은 패스 형태에 맞춰 패턴을 부자연스럽게 늘리거나 줄입니다. 'Add space to fit'은 패스 형태에 맞춰 패턴 이미지 사이에 불필요한 공간을 추가합니다. 'Approximate path'는 패턴이 바깥쪽이나 안쪽으로 밀려 균등하게 배치되지만, 패스의 중심에서 벗어나므로 조정해야 합니다.

ⓕ Colorization : 브러시 색을 선 색상으로 바꿉니다.

폭 도구로 선의 폭과 기준점 변형하기

폭 도구(Width Tool Shift+W)를 이용하여 선 폭을 조정하고 선 굵기 조절점을 이동, 복제, 삭제할 수 있습니다. [Appearance] 패널에서 선택한 선을 조정할 수 있으며 선을 바깥쪽으로 드래그하면 굵어지고, 안쪽으로 드래그하면 얇아져서 불규칙한 형태의 선을 만들 수 있습니다.

❶ Shift 키를 누른 채 선 굵기 조절점 핸들 드래그 : 인접한 선 굵기 조절점의 선 굵기와 함께 변형합니다.

❷ Alt 키를 누른 채 선 굵기 조절점 핸들 드래그 : 선 굵기를 한쪽만 변형합니다.

❸ Shift+Alt 키를 누른 채 선 굵기 조절점 핸들 드래그 : 선 굵기를 한쪽만 변형하면 인접한 선 굵기 조절점의 선 굵기도 한쪽만 변형합니다.

❹ Shift 키를 누른 채 선 굵기 조절점 클릭 : 여러 개의 선 굵기 조절점을 선택합니다.

❺ Shift 키를 누른 채 선 굵기 조절점 드래그 : 여러 개의 선 굵기 조절점을 이동합니다.

❻ Alt 키를 누른 채 선 굵기 조절점 드래그 : 선 굵기 조절점을 복사합니다.

▲ 폭 도구를 이용해 기본 선 두께를 변경한 일러스트

정확한 크기로 변형하려면 어떻게 하나요?

일반적으로 객체를 둘러싸는 바운딩 박스를 이용해 크기를 조절하거나 변형하려는 형태에 알맞은 도구를 이용해 편집할 수 있습니다. 또는 [Object] → Transform을 실행하여 객체를 선택한 다음 마우스 오른쪽 버튼을 클릭하고 메뉴를 실행하면 정확한 수치를 설정하여 변형할 수 있습니다.

Rotate 기능을 이용하여 회전하기

[Object] → Transform → Rotate를 실행하거나 회전 도구를 더블클릭하면 정확한 회전 각도를 입력할 수 있는 [Rotate] 대화상자를 이용하여 객체를 원하는 각도로 회전할 수 있습니다.

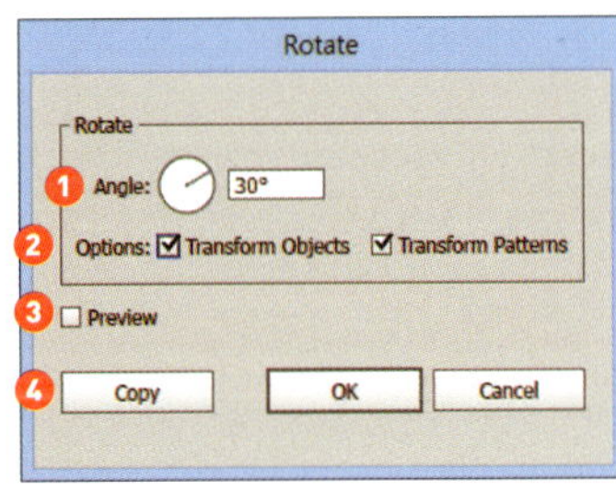

▶ 원 중심을 기준으로 날짜를 회전한 달력 디자인

TIP Shift 키를 누른 채 객체를 회전하면 수평, 수직, 45°로 회전할 수 있습니다.

① Angle : 시계 방향으로 회전 각도를 설정합니다. 음수(−)로 설정하면 반시계 방향으로 회전합니다.
② Options : 객체나 패턴의 회전 여부를 체크 표시하여 결정합니다.
③ Preview : 회전한 객체를 미리 보여줍니다.
④ Copy : 객체를 회전한 다음 복제합니다.

일러스트 상식

[Object] → Transform을 실행하거나 객체를 선택하고 마우스 오른쪽 버튼을 클릭하여 객체 변형에 관한 명령을 실행할 수 있습니다. Transform Again을 실행하면 이전에 실행한 변형 명령을 다시 실행합니다. Move를 실행하면 수치를 설정하여 객체를 원하는 위치로 이동하는 [Move] 대화상자가 나타납니다.

Reflect 기능으로 반전하기

[Object] → Transform → Reflect를 실행하거나 반전 도구를 더블클릭하면 정확한 회전 각도를 입력할 수 있는 [Reflect] 대화상자에서 원하는 형태로 객체를 반전시킬 수 있습니다.

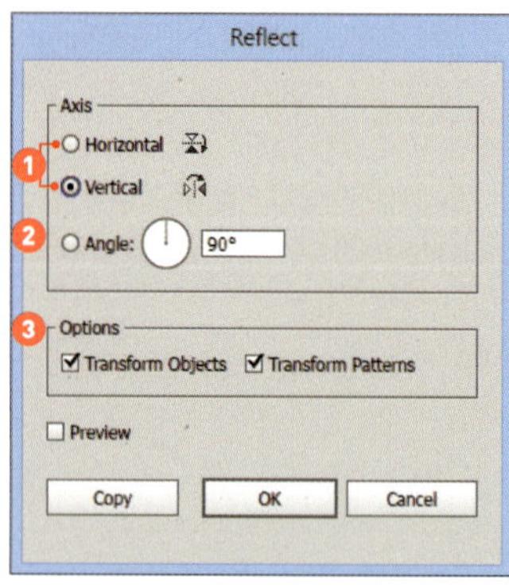

▲ 하트를 반전시켜 만든 카드

❶ Horizontal/Vertical : 가로/세로 축을 중심으로 반전합니다.
❷ Angle : 각도를 설정해서 반전합니다.
❸ Options : 객체나 패턴의 회전 여부를 체크 표시하여 결정합니다.

Scale 기능으로 크기 조정하기

[Object] → Transform → Scale를 실행하거나 크기 조절 도구를 더블클릭하면 [Scale] 대화상자에서 정확한 크기로 객체 또는 패턴을 확대, 축소할 수 있습니다.

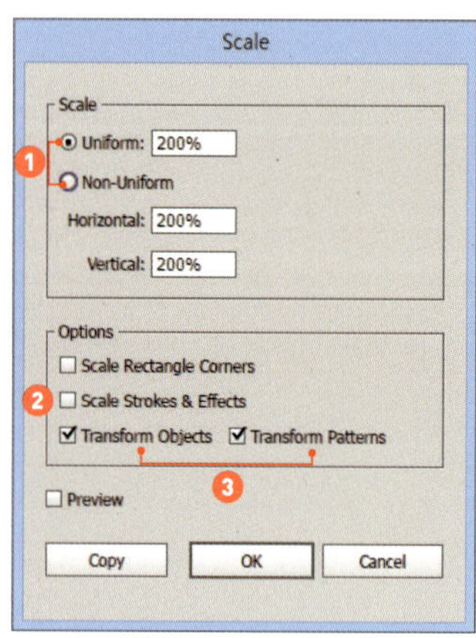

❶ Uniform/Non-Uniform : 객체의 가로, 세로 비율을 일정하거나 일정하지 않은 비율로 유지한 채 크기를 조절합니다.
❷ Scale Strokes & Effects : 크기를 조절할 때 선 굵기도 같은 비율로 조절합니다.
❸ Transform Objects/Patterns : 객체 또는 패턴 크기를 따로 또는 같이 조절합니다.

Shear 기능으로 기울이기

[Object] → Transform → Shear를 실행하거나 크기 조절 도구를 더블클릭하면
[Shear] 대화상자에서 객체를 원하는 크기로 정확하게 기울일 수 있습니다.

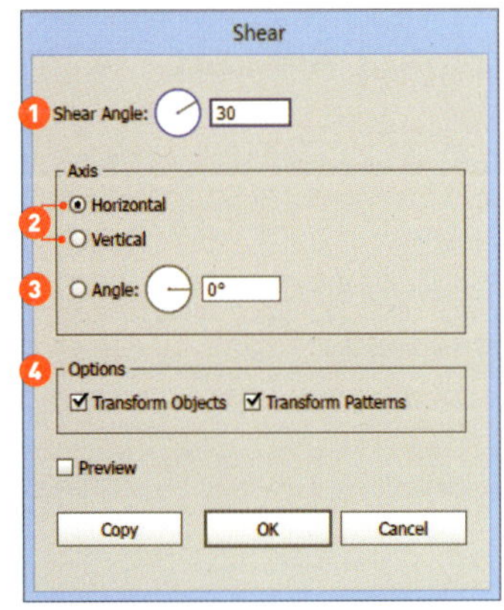

❶ Shear Angle : 기울기 각도를 설정합니다.

❷ Horizontal/Vertical : 가로/세로 축을 중심으로 기울기를 지정합니다.

❸ Angle : 기울기 각도를 설정합니다.

❹ Options : 객체나 패턴의 기울기를 변경합니다.

TIP [Object] → Transform → Transform Each(Alt+Shift+Ctrl+D)를 실행하면 객체의 크기 조절, 이동, 회전과 같은 작업을 위한 수치를 한 번에 입력할 수 있는 [Transform Each] 대화상자가 나타납니다.

TIP 객체를 변형했을 때 함께 변형된 바운딩 박스를 되돌리려면 [Object] → Transform → Reset Bounding Box를 실행합니다.

Transform Each 기능으로 자유롭게 변형하기

[Object] → Transform → Transform Each를 실행하면 객체의 크기 조절, 이동, 회전과 같은 작업을 위한 수치를 한 번에 입력할 수 있는 [Transform Each] 대화상자가 나타납니다.

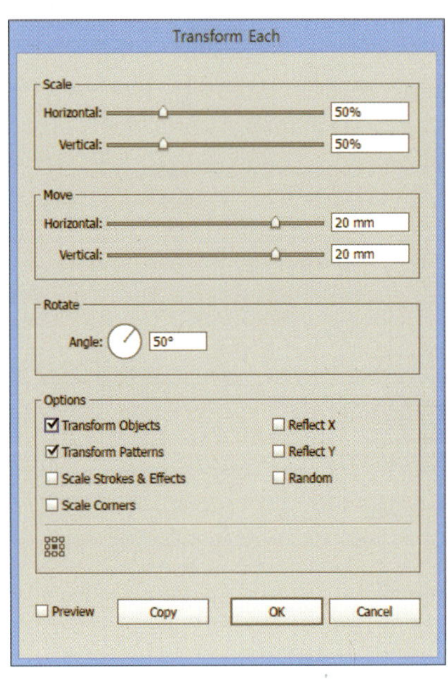

눈금자나 안내선은 어떻게 사용하나요?

명함이나 쇼핑백처럼 정확한 치수를 바탕으로 디자인할 때 눈금자나 안내선 등을 이용하면 효과적입니다. 일러스트레이터에서는 정교한 작업을 위해 안내선, 격자, 눈금자, 스마트 가이드 등을 활용할 수 있습니다.

눈금자 표시하기

정교한 작업을 위해 아트보드에 눈금자를 표시하려면 [View] → Rulers → Show Rulers([Ctrl]+[R])를 실행합니다. 눈금자의 단위는 [Edit] → Preferences → Units를 실행하여 표시되는 [Preferences] 대화상자의 Units 항목에서 설정하거나 눈금자에서 마우스 오른쪽 버튼을 클릭하여 원하는 단위를 선택할 수 있습니다.

❶ Show/Hide Rulers([Ctrl]+[R]) : 아트보드에 눈금자를 나타내거나 숨깁니다.
❷ Change to Artboard Rulers([Alt]+[Ctrl]+[R]) : 아트보드마다 고유의 기준점을 지정하여 문서 전체를 기준으로 하는 눈금자를 표시할 수 있습니다.

정확하고 세밀하게 객체 이동하기

스마트 가이드는 객체를 만들고 편집할 때 표시되는 똑똑한 안내선으로 다른 객체를 기준으로 객체를 만들거나 편집할 수 있습니다. 이때 [View] → Smart Guides를 실행하여 적용할 수 있습니다.

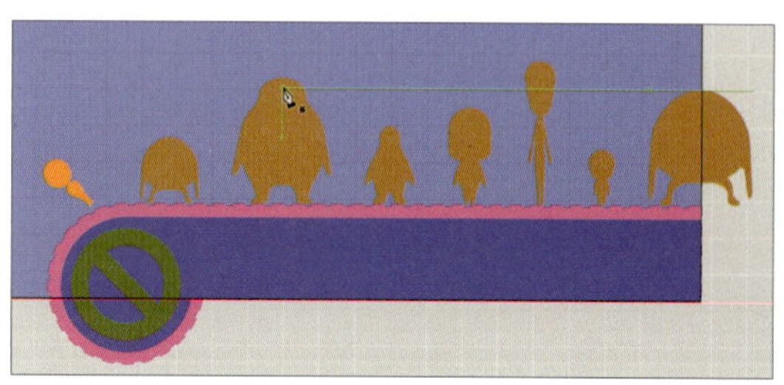

▲ 격자, 스마트 가이드를 표시한 아트보드

안내선 만들기

정확한 레이아웃을 만들기 위해 눈금자를 드래그하거나 객체 형태대로 만든 안내선은
출력 데이터에서 나타나지 않습니다. 안내선을 만들기 위해서는 눈금자를 아트보드로
드래그하여 가로/세로 안내선을 만들고 선택 도구로 드래그하여 이동할 수 있습니다.
안내선을 선택한 다음 Delete 키를 누르면 삭제할 수 있습니다.

TIP 가로/세로 안내선 외에도 원하는 형태의 안내선을 만들 수 있습니다. 안내선으로 만들려는 객체를 선택한 다음 [View] → Guides → Make Guide(Ctrl+5)를 실행하면 객체가 하늘색 안내선으로 변경되어 선택할 수 없을 뿐만 아니라 이동 또는 수정도 할 수 없습니다. 객체에 블렌드나 메시 기능이 적용되면 안내선으로 적용할 수 없으며, 안내선이 숨겨져 있거나 잠겨 있으면 Make Guides를 실행할 수 없습니다.

❶ Show/Hide Guides(Ctrl+;) : 안내선을 숨기거나 나타냅니다.

❷ Lock/Unlock Guides(Alt+Ctrl+;) : 안내선을 잠그거나 잠금 설정을 해제합니다.

❸ Make Guides(Ctrl+5) : 선택된 객체 형태대로 곡선이나 사선 등의 안내선을 만듭니다.

❹ Release Guides(Alt+Ctrl+5) : 안내선의 잠금 설정을 해제합니다.

❺ Clear Guides : 안내선을 삭제합니다.

격자 사용하기

격자는 모눈종이 형태의 안내선을 말합니다. [View] → Show Grid(Ctrl+")를 실행하
면 아트보드에 격자를 나타낼 수 있고, [View] → Snap to Grid(Shift+Ctrl+")를 실행
하면 격자에 따라 객체를 정확하게 그리거나 배치할 수 있습니다.

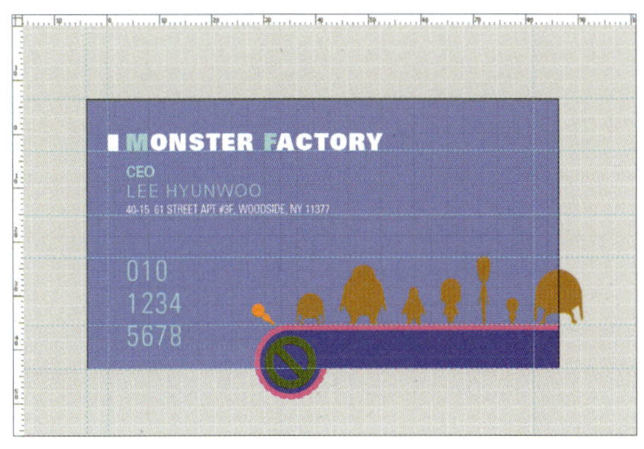

TIP 스냅(Snap)은 지정한 위치에 정확하게 위치하지 않더라도 근접하면 자동으로 정확한 위치에 배치하는 편리한 기능을 말합니다.

❶ Snap to Grid(Shift+Ctrl+") : 격자에 객체가 자석처럼 딱 맞도록 배치합니다. 정확한 위치에 객체를 배치할 때 유용하며 격자가 표시되지 않은 상태에서도 적용할 수 있습니다.

❷ Snap to Point(Alt+Ctrl+") : 객체를 기준점에 근접하여 배치하는 기능으로 기본적으로 설정되어 있습니다.

객체를 정렬하는 방법은 무엇인가요?

[Align] 패널을 이용하면 간단하고 정확하게 여러 개의 객체를 정렬하거나 균등한 간격으로 배치할 수 있어 편리합니다. 두 개 이상의 객체를 선택한 다음 [Window] → Align(Shift+F7)을 실행하여 [Align] 패널을 이용하여 쉽게 정렬할 수 있습니다. [Align] 패널 오른쪽 위의 옵션 아이콘(▼☰)을 클릭하여 Show Options를 실행하면 Distribute Spacing과 Align To를 표시할 수 있습니다.

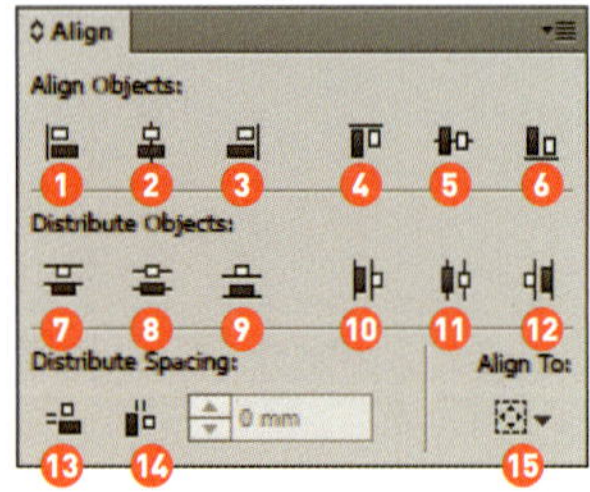

❶ Horizontal Align Left(▨, 가로 왼쪽 정렬) : 선택한 객체 중 가장 왼쪽 객체를 기준으로 다른 객체들을 왼쪽 정렬합니다.

❷ Horizontal Align Center(▨, 가로 가운데 정렬) : 선택한 객체들을 가로 방향 가운데 객체를 기준으로 가운데 정렬합니다.

❸ Horizontal Align Right(▨, 가로 오른쪽 정렬) : 선택한 객체 중 가장 오른쪽 객체를 기준으로 다른 객체들을 오른쪽 정렬합니다.

❹ Vertical Align Top(▨, 세로 위쪽 정렬) : 선택한 객체 중 가장 위쪽 객체를 기준으로 위쪽 정렬합니다.

❺ Vertical Align Center(▨, 세로 가운데 정렬) : 선택한 객체들을 세로 방향 가운데 객체를 기준으로 세로 가운데 정렬합니다.

❻ Vertical Align Bottom(▨, 세로 아래쪽 정렬) : 선택한 객체 중 가장 아래쪽 객체를 기준으로 아래쪽 정렬합니다.

❼ Vertical Distribute Top(▨, 세로 위쪽 분배) : 선택한 객체 위쪽을 기준으로 세로 간격을 유지합니다.

❽ Vertical Distribute Center(▨, 세로 가운데 분배) : 선택한 객체 가운데를 기준으로 세로 간격을 유지합니다.

❾ Vertical Distribute Bottom(圖, 세로 아래쪽 분배) : 선택한 객체 아래쪽을 기준으로 세로 간격을 유지합니다.

❿ Horizontal Distribute Left(圖, 가로 왼쪽 분배) : 선택한 객체의 왼쪽 끝 선을 기준으로 가로 간격을 유지합니다.

⓫ Horizontal Distribute Center(圖, 가로 가운데 분배) : 선택한 객체 가운데를 기준으로 가로 간격을 유지합니다.

⓬ Horizontal Distribute Right(圖, 가로 오른쪽 분배) : 선택한 객체의 오른쪽 끝 선을 기준으로 가로 간격을 유지합니다.

⓭ Vertical Distribute Space(圖, 세로 간격 분배) : 선택한 객체 사이의 세로 간격을 동일하게 유지합니다.

⓮ Horizontal Distribute Space(圖, 가로 간격 분배) : 선택한 객체 사이의 가로 간격을 동일하게 유지합니다.

⓯ Align To : 정렬 기준을 각각의 객체나 하나의 객체, 또는 아트보드로 지정합니다.

ⓐ Align to Selection
ⓑ Align to Key Object
ⓒ Align to Artboard

ⓐ Align to Selection : 선택한 객체를 기준으로 정렬합니다.
ⓑ Align to Key Object : 여러 개의 객체를 선택한 상태에서 하나의 객체를 한 번 더 클릭하면 클릭한 객체가 기준이 되며 테두리가 진하게 표시됩니다. 이때 정렬 기준이 자동으로 Align to Key Object 상태가 되어 정렬 아이콘을 클릭하면 기준 객체를 기준으로 정렬됩니다.
ⓒ Align to Artboard : 아트보드를 기준으로 정렬합니다.

▲ Vertical Align Top, Vertical Align Center

객체를 합치고, 나누려면 어떻게 하나요?

두 개 이상의 객체를 겹쳐 합치거나 나누고 결합시켜 새로운 형태를 만드는 패스파인더 (Pathfinder) 기능은 [Window] → Pathfinder(Shift + Ctrl + 9)를 실행하여 해당 패널에서 설정할 수 있습니다. 클릭 한 번에 복잡한 형태도 손쉽게 만들 수 있어 매우 편리합니다. [Pathfinder] 패널과 함께 모양 구성 도구를 이용하면 클릭 또는 드래그하여 객체를 합치거나 분리할 수 있습니다.

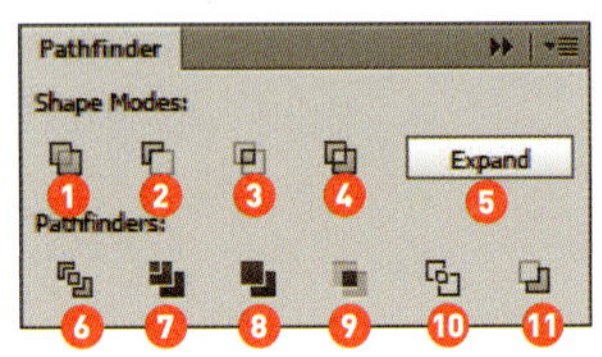

▲ 겹친 부분을 분리한 다음 색을 적용한 객체

❶ Unite : 객체에서 겹친 부분을 합치며 합친 객체는 맨 위쪽 객체 속성을 따릅니다.

❷ Minus Front : 객체가 겹쳤을 때 맨 윗부분이 삭제됩니다.

❸ Intersect : 객체가 겹친 부분을 제외한 나머지 부분이 삭제됩니다.

❹ Exclude : 객체가 겹친 부분만 삭제됩니다.

❺ Expand : Shape Modes 항목의 아이콘들은 효과를 적용한 다음에도 언제든지 형태를 수정할 수 있습니다. Alt 키를 누른 채 Shape Modes 항목의 아이콘을 클릭하면 〈Expand〉 버튼이 활성화됩니다. 버튼을 클릭하면 패스파인더 기능으로 분리된 패스의 내부 속성까지 하나의 완전한 패스로 만들어 외곽선이 추출되어서 더 이상 수정할 수 없습니다.

❻ Divide : 겹친 객체의 패스를 기준으로 각각의 객체로 분리합니다.

❼ Trim : 뒤쪽 객체는 앞쪽 객체와 겹친 부분만큼 삭제되며 보이는 부분은 분리합니다.

❽ Merge : 뒤쪽 객체는 앞쪽 객체와 겹친 부분만큼 삭제되며 같은 색 객체를 하나로 합칩니다.

❾ Crop : 위쪽 객체와 겹치는 부분을 남기며 나머지 부분은 삭제합니다.

❿ Outline : 겹친 객체를 분리하며 각각의 객체를 패스로 만듭니다.

⓫ Minus Back : 위쪽 객체가 뒤쪽 객체 영역만큼 삭제됩니다.

SOLUTION **20**

Q&A

타이포그래피는 어떻게 편집하나요?

타이포그래피란 문자 디자인으로 일러스트를 이용한 문자 디자인은 다방면에 활용되며 포스터, 편집 및 표지 디자인 등 다양한 시각 디자인을 포괄하는 개념으로 확대되고 있습니다.

타이포그래피의 기본 원리 알아보기

문자라고 불리는 폰트(Font), 문자 하나를 이야기하는 타입(Type), 타이포그래피(Typhography)에서 다른 문자와 구별되는 글자 모양을 서체(폰트)라고 합니다. 문자를 바탕으로 구성되는 디자인 레이아웃을 문자 디자인이라고 하며, 일러스트레이터에서는 타이포그래피를 구성하기 위해 균형과 비례, 대비, 리듬의 조화를 적용할 수 있습니다.

▲ 문자를 변형하여 완성한 타이포그래피 포스터

문자 입력 도구 알아보기

일러스트레이터에서는 문자를 다양하게 편집하여 광고, 로고, 캘리그래피, 웹 디자인 등 여러 분야에 활용합니다. [Tools] 패널에서는 문자를 입력하는 다양한 도구를 제공합니다.

❶ **문자 도구(T)** : 문자를 입력할 때 사용하는 도구로, 원하는 지점에 클릭한 다음 문자를 입력할 수 있습니다.

❷ **영역 문자 도구(T)** : 하나의 객체에만 문자를 입력할 수 있으며 문자 흐름을 객체 형태대로 나타낼 수 있습니다.

❸ **패스 문자 도구(✓)** : 패스를 따라 문자를 입력할 수 있습니다. 곡선을 따라 문자가 흘러가도록 입력하거나 객체 외곽선을 따라 문자를 입력할 수도 있습니다.

❹ **세로 문자 도구(IT)** : 세로 방향으로 문자를 입력합니다.

❺ **세로 영역 문자 도구(IT)** : 객체 안에 세로 방향으로 문자를 입력합니다.

❻ **세로 패스 문자 도구(✓)** : 세로 문자, 즉 세로 쓰기를 곡선이나 객체 형태를 따라 입력합니다.

❼ **터치 문자 도구(⬚)** : 문자 또는 문장을 각각의 객체로 만들어 수정할 수 있습니다. [Character] 패널에서 〈Touch Type Tool〉 버튼을 클릭하여 실행할 수도 있습니다.

문자를 입력하는 [Character] 패널 알아보기

[Character] 패널에서는 문자의 서체, 크기, 자간, 행간 등을 정밀하게 조정할 수 있습니다.

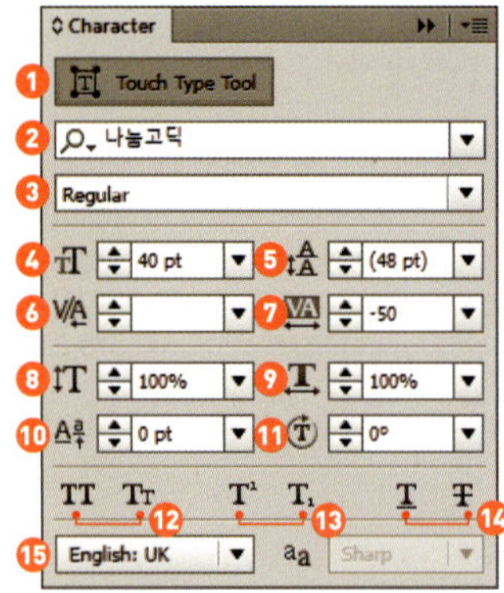

❶ **Touch Type Tool** : 일러스트레이터 CC의 새로운 기능으로, 각각의 문자를 선택하여 크기, 위치, 각도 등을 자유롭게 편집할 수 있습니다.

❷ **서체(Font)** : 시스템에 설치된 서체를 선택할 수 있습니다.

❸ **스타일(Style)** : 서체에 따라 얇은(Light), 보통(Regular), 이탤릭(Italic), 굵은(Bold) 스타일을 적용할 수 있습니다.

❹ **글자 크기(Size)** : 문자 크기를 조절합니다. 단위는 pt이며 1pt는 '0.3528mm'입니다.

❺ **행간(Leading)** : 글자와 글자 사이의 줄 간격 즉, 행간을 조절합니다. 기본적으로 'Auto'로 지정되어 있으며 원하는 대로 조절할 수도 있습니다.

❻ **영문 자간(Kerning)** : 영문 서체의 자간을 조절합니다. 알파벳은 글자마다 자간을 다르게 설정해야 가독성이 떨어지지 않으므로 글자에 따라 다른 자간을 설정해야 하며, 보통 'Auto'로 설정하는 것이 좋습니다.

❼ **한글 자간(Tracking)** : 글자 사이 공간을 조절합니다. 한글은 보통 음수(−)를 사용하여 글자 사이를 가깝게 설정합니다. 양수(+)를 사용하면 글자 사이가 멀어집니다.

❽ **세로 비율(Vertical Scale)** : 글자의 세로 길이를 조절합니다. 수치가 클수록 글자가 길어집니다.

❾ **가로 비율(Horizontal Scale)** : 글자의 가로 길이를 조절합니다. 수치가 클수록 글자가 넓어집니다.

❿ **기준선(Baseline Shift)** : 서체에는 기본적으로 기준선이 있습니다. 문자 기준선을 중심으로 양수(+)는 기준선 위에, 음수(−)는 기준선 아래로 위치하는 정도를 설정합니다.

⓫ **문자 회전(Character Rotation)** : 문자를 회전합니다.

⓬ **All Caps/Small Caps** : 모두 대문자 또는 소문자로 표시합니다.

⓭ **Superscript/Subscript** : 위첨자 또는 아래첨자로 표시합니다.

⓮ **Underline/Strikethrough** : 문자 아래나 중간에 줄을 그어 밑줄이나 취소선을 적용할 수 있습니다.

⓯ **Language** : 언어를 선택합니다. 문법이나 철자법을 검사할 때 사전으로 사용합니다.

문장을 정렬하는 [Paragraph] 패널 알아보기

문장이 입력된 글상자에서 단락의 정렬 방식을 설정합니다. [Paragraph] 패널(¶)은 [Window] → Type → Paragraph(Alt+Ctrl+T)를 실행하거나 문자 도구가 선택된 상태로 [Control] 패널에서 'Paragraph'를 선택하여 나타냅니다.

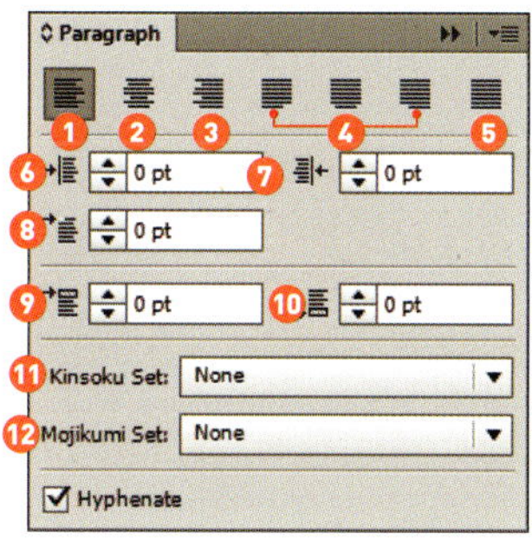

TIP 문자 또는 단락 스타일을 지정하여 편집 디자인 완성도를 높이는 문자 스타일 관련 패널은 [Window] → Type에서 실행하여 나타냅니다.

TIP 서체 다운로드 사이트나 서체 업체에서 서체를 구입하여 사용할 수도 있습니다. 압축된 서체 파일은 압축을 해제한 다음 서체를 복사하고 [제어판] → 모양 및 개인 설정 → 서체 폴더에 붙여 넣어 설치합니다. 또는 서체 설치 실행 파일을 실행하여 유료 서체를 설치할 수도 있습니다.

❶ Align left : 문장을 왼쪽 기준으로 정렬합니다.

❷ Align center : 문장을 가운데 기준으로 정렬합니다.

❸ Align right : 문장을 오른쪽 기준으로 정렬합니다.

내 소원을
이룰 수 있다면
꼭 돌아가고 싶은
순간이 있어

▲ Align left, Align center, Align right

❹ Justify with last line aligned left/center/right : 문단을 양쪽 끝선에 일치하게 정렬합니다. 마지막 줄이 왼쪽, 가운데, 오른쪽으로 정렬되는 양쪽 정렬로, 편집 디자인에서 가장 많이 사용하며 깨끗하게 정리되어 보입니다.

❺ Justify all lines : 문단이 양쪽으로 강제 정렬되어 자간 변화가 심하고 가독성이 떨어집니다.

❻ Left indent : 글상자 외곽으로부터 왼쪽 여백을 설정합니다.

❼ Right indent : 글상자 외곽으로부터 오른쪽 여백을 설정합니다.

❽ First-line left indent : 문단이 나눠질 때 시작하는 문장에 여백을 설정하여 들여쓰기를 적용합니다.

❾ Space before paragraph : 문단 사이에 일정한 여백을 설정합니다.

❿ Space after paragraph : 문단 사이에 일정한 여백을 설정한 다음 문단 간격을 설정합니다.

⓫ Kinsoku Set : 일본어 문자의 행 분할을 지정합니다.

⓬ Mojikumi Set : 간격에 대한 일본어 문자 구성을 지정합니다.

문자 속성을 없애려면 어떻게 하나요?

문자 속성을 해제하여 외곽선을 추출하면 패스로 바뀌어 일반 객체처럼 자유롭게 효과를 적용해서 편집할 수 있습니다. 완성된 편집 또는 타이포그래피 디자인을 인쇄소나 담당자 또는 다른 협업자에게 전달할 때 작업자의 컴퓨터에 사용한 서체가 없다면 다른 서체로 변경되어 디자인이 달라져 이후 작업이 어려워집니다. 그러므로 문자를 패스로 바꿔 속성을 해제하면 변형 및 효과 적용이 쉬워져 매우 편리합니다.

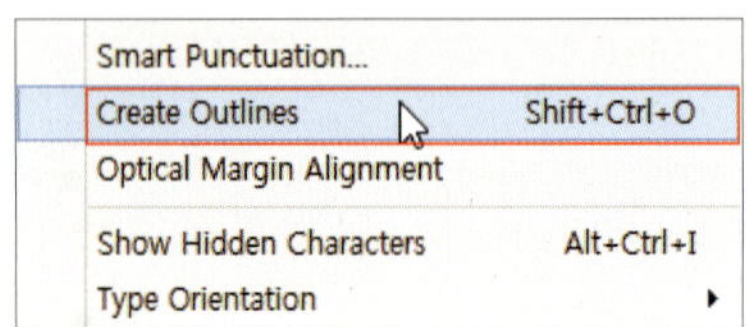

▲ [Object] → Create Outlines 메뉴

선택 도구로 문자를 선택한 다음 [Object] → Create Outlines를 실행하거나 문자에서 마우스 오른쪽 버튼을 클릭한 다음 Create Outlines를 실행하거나 Ctrl + Shift + O 키를 눌러 문자 속성을 해제합니다. 문자 속성이 해제된 객체는 그룹으로 설정되므로 그룹 설정을 해제합니다. 문자 속성을 해제하면 [Character] 패널에서 편집할 수 없으므로 주의하세요.

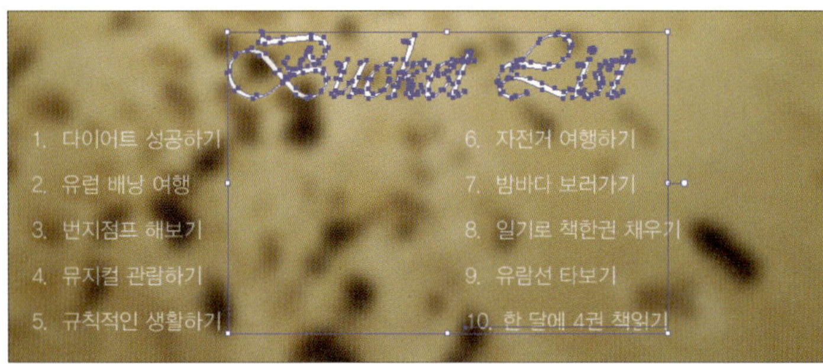

▲ 문자 속성을 해제한 제목과 편집할 수 있는 내용

심볼과 패턴을 만들려면 어떻게 하나요?

심볼은 [Symbols] 패널의 심볼들을 이용하여 효율적인 그래픽 작업을 도와주는 강력한 기능이 있습니다. 심볼이나 객체를 이용하여 패턴을 만들 수도 있습니다.

심볼 관련 도구로 심볼 적용하기

[Tools] 패널에서는 여덟 가지 심볼 관련 도구를 제공합니다. 각각의 심볼은 아트보드에 뿌리는 기능과 크기, 간격, 각도, 색상, 불투명도, 스타일 등을 조절할 수 있는 도구로 구성됩니다.

❶ 심볼 스프레이어 도구(, Symbol Sprayer Tool, Shift+S) : [Symbols] 패널에 등록된 심볼을 아트보드에 뿌립니다.

❷ 심볼 이동 도구(, Symbol Shifter Tool) : 아트보드에 뿌려진 심볼을 드래그하여 이동합니다.

❸ 심볼 스크런처 도구(, Symbol Scruncher Tool) : 심볼을 드래그하여 안쪽으로 모읍니다. Alt 키를 누른 채 드래그하면 바깥쪽으로 흩어집니다.

❹ 심볼 크기 조절 도구(, Symbol Sizer Tool) : 심볼을 드래그하여 크기를 확대합니다. Alt 키를 누른 채 드래그하면 축소됩니다.

❺ 심볼 회전 도구(, Symbol Spinner Tool) : 심볼을 드래그하여 회전합니다.

❻ 심볼 색조 도구(, Symbol Stainer Tool) : 심볼을 드래그하여 색상을 변경합니다.

❼ 심볼 불투명도 도구(, Symbol Screener Tool) : 심볼을 드래그하여 불투명도를 조절합니다.

❽ 심볼 스타일 도구(, Symbol Styler Tool) : 심볼들을 드래그하여 [Graphic Style] 패널에 등록된 그래픽 스타일을 적용합니다.

▲ 다양한 심볼 도구를 이용해 만든 심볼 인스턴스

[Symbols] 패널에서 심볼 설정하기

심볼은 파일 크기를 줄이기 위해 만들어졌습니다. 객체를 심볼로 등록한 다음에는 아무리 많이 사용하더라도 파일 크기가 커지지 않습니다. 저용량 심볼을 이용해 반복적인 요소를 간편하게 만들 수 있으며, 심볼 수정 및 편집 도구들을 이용해서 빠르게 변경할 수 있습니다.

❶ Symbol Libraries Menu : 일러스트레이터에서 제공하는 다양한 형태의 심볼 라이브러리를 나타냅니다.

❷ Place Symbol Instance : [Symbols] 패널에 저장된 심볼을 화면에 나타냅니다.

❸ Break Link to Symbol : 아트보드에 적용한 심볼의 속성을 해제하여 객체로 만듭니다.

❹ Symbol Options : [Symbol Options] 대화상자에서 심볼 이름을 변경하거나 등록할 수 있고 '그래픽 심볼', '무비클립' 심볼 중에서 선택하여 지정할 수 있습니다. 플래시로 내보낼 때 무비클립 심볼에 대한 복합 스타일 비율을 지정합니다.

❺ New Symbol : 아트보드에서 선택한 객체를 새로운 심볼로 등록합니다.

❻ Delete Symbol : [Symbols] 패널에서 선택한 심볼을 삭제합니다.

패턴 등록하기

패턴으로 등록하려는 객체를 만든 다음 뒤쪽에 투명한 정사각형을 만들어 배치합니다. 이때 맨 뒤쪽 정사각형을 기준으로 패턴이 반복되므로 객체가 범위를 벗어나도 상관없습니다. 투명한 정사각형과 패턴을 선택한 다음 [Swatches] 패널로 드래그하면 패턴으로 등록됩니다.

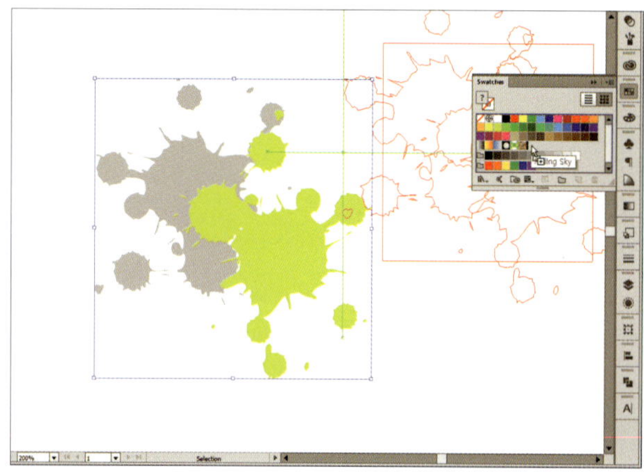

▲ 심볼을 편집하여 [Swatches] 패널에 패턴을 등록하는 모습

[Pattern Options] 패널에서 패턴 편집하기

[Swatches] 패널에서 수정하려는 패턴을 더블클릭하여 [Pattern Options] 패널을 이용하면 편집 모드에서 복잡한 패턴도 간편하게 수정할 수 있습니다.

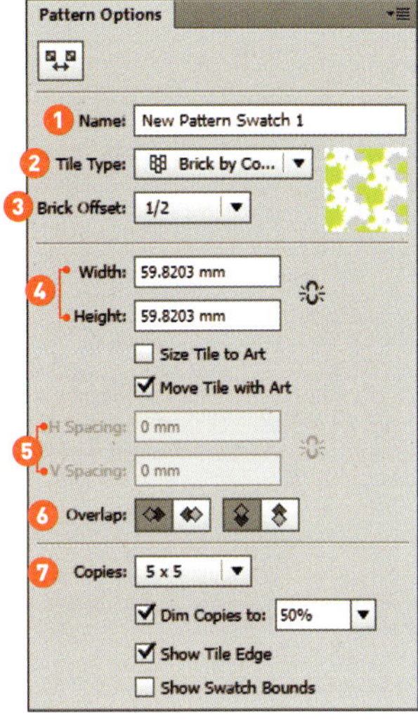

TIP 'Size Tile to Art'에 체크 표시하면 객체가 알맞은 크기로 조정되어 객체를 이동 및 확대/축소하면 패턴 크기도 함께 바뀝니다. 'Move Tile with Art'에 체크 표시하고 객체를 이동하면 타일도 함께 이동합니다.

TIP [Swatches] 패널의 'Swatch Libtraries menu' 아이콘을 클릭하여 **Patterns**를 실행하면 패턴 라이브러리에서 테마별 라이브러리를 선택할 수 있습니다. 간단한 점, 선, 재질 등의 패턴에서부터 기하학적이며 장식적이며 자연 소재의 패턴을 이용할 수도 있습니다.

❶ Name : 패턴 이름을 수정합니다.

❷ Tile Type : 행과 열을 반복적으로 배열하는 방법을 지정합니다. 'Grid'는 패턴을 격자 모양으로 정렬하고 'Brick by Row/Column'은 패턴을 행/열로 정렬합니다. 'Hex by Column/Row'는 패턴을 육각형의 열/행으로 정렬합니다.

❸ Brick Offset : Tile Type에서 'Brick by Row', 'Brick by Column'을 선택하면 활성화됩니다. 패턴의 타일 크기를 기본으로 어긋나게 배치하는 정도를 설정합니다.

❹ Width/Height : 'Size Tile to Art'의 체크 표시를 해제하면 활성화됩니다. 타일 크기를 지정하며 연결하면 너비와 높이 비율을 고정할 수 있습니다.

❺ H/V Spacing : 'Size Tile to Art'를 체크 표시하면 활성화되며 객체 크기를 기준으로 패턴 간격을 지정합니다.

❻ Overlap : 좌우, 상하 등 객체를 겹쳐 배치하는 방법을 지정합니다.

❼ Copies : 타일 수를 지정합니다.

패턴 편집 창 살펴보기

패턴을 더블클릭하여 표시된 패턴 편집 창의 아이콘을 이용해서 간편하게 패턴을 수정할 수 있습니다.

❶ 패턴 이름 : 패턴 이름을 나타냅니다.

❷ Save a Copy : 패턴의 복사본을 저장합니다.

❸ Done : 패턴 편집을 마치고 [Swatches] 패널에 저장합니다.

❹ Cancel : 패턴 편집을 취소합니다.

사진을 일러스트처럼 만들 수 있나요?

사진(비트맵 이미지)은 그래픽 작업에 필수적인 요소 중 하나입니다. 일러스트는 벡터 방식의 객체를 제작하는 도구이지만, 비트맵 이미지를 불러들여 다양한 형태를 완성할 할 수 있습니다. 여기서는 비트맵 이미지와 벡터 이미지를 이용하여 디자인 작업이 이루어지는 과정을 살펴봅니다.

비트맵 이미지? 벡터 이미지?

사용할 이미지 포맷에 대해 미리 알아두어야 작업에서의 실수를 줄일 수 있습니다. 일반적으로 그래픽 디자인에서 사용하는 이미지는 크게 벡터 이미지와 비트맵 이미지가 있습니다. 이 두 가지 포맷은 서로 다른 특징을 가지므로 그 차이를 알아두도록 합니다.

▲ 이미지 원본과 벡터, 비트맵 이미지에서 1,500% 확대

❶ 벡터 이미지의 특징

벡터 이미지는 수학적인 곡선이나 도형으로 이루어지므로 이미지가 깨지지 않고 깨끗하게 표현됩니다. 이미지를 축소 또는 확대해도 이미지 품질에 손상을 주지 않아 해상도의 의미가 없으며 편집, 수정이 매우 편리하여 세밀하게 작업할 수 있습니다. 비트맵 이미지보다 파일 크기가 상대적으로 작으며 수많은 객체가 모여 하나의 이미지를 구성하기 때문에 수정이 편리합니다.

❷ 비트맵 이미지의 특징

일반 사진을 비트맵 이미지라고 하며 벡터 이미지보다 자연스럽습니다. 수많은 색을 나타내는 작은 픽셀들이 모여 섬세한 이미지로 표현되며 픽셀 수가 적을수록 이미지 품질이 떨어집니다.

벡터 이미지를 비트맵 이미지로 전환하기

일반적으로 벡터 이미지로 저장되는 일러스트레이터에서는 비트맵 이미지로 변경하려면 [File] → Save for Web 또는 Export를 실행하여 파일 형식을 변경합니다. 벡터 이미지를 비트맵 이미지로 변경하면 벡터 이미지의 특성은 모두 사라지므로 유의합니다.

비트맵 이미지를 벡터 이미지로 전환하기

일러스트레이터에 불러들인 비트맵 이미지를 벡터 이미지로 변경하려면 [Control] 패널에서 〈Image Trace〉 버튼 오른쪽의 아이콘(▼)을 클릭하여 명령을 선택합니다.

▲ 원본 이미지

▲ High Fidelity Photo

❶ High/Low Fidelity Photo : 저품질과 고품질 이미지로 변경합니다.

❷ 3/6/16 Colors : 3, 6, 16단계 색상으로 나눠 변경합니다.

❸ Shades of Gray : 이미지를 무채색(흑백)으로 구분합니다.

❹ Black and White Logo : 흑백 로고 스타일로 변경합니다.

❺ Sketched Art : 스케치 형태로 변경합니다.

❻ Silhouettes : 실루엣 형태로 변경합니다.

❼ Line Art : 명암의 경계를 선으로 변경합니다.

❽ Technical Drawing : 명암의 경계를 둘러싼 선으로 변경합니다.

변환된 벡터 이미지 조정하기

[Image Trace] 패널에서 세부적으로 벡터 이미지를 설정할 수 있습니다.

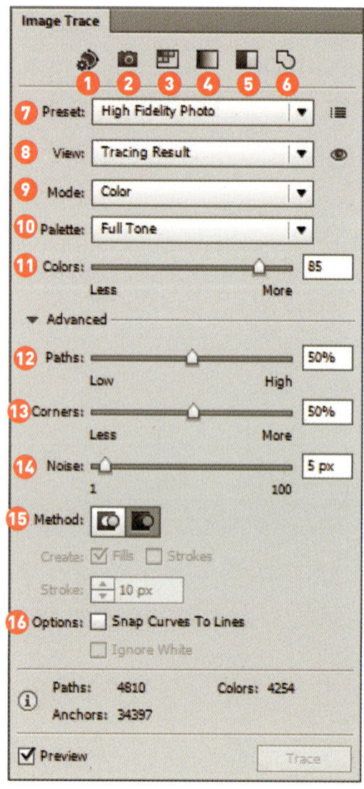

❶ Auto-Color : 자동으로 이미지 색상과 경계를 추출하여 변경합니다.

❷ High Color : 원본 이미지처럼 최적의 색상을 추출하여 변경합니다.

❸ Low Color : 낮은 품질의 색상으로 변경합니다.

❹ Grayscale : 무채색 계열의 흑백으로 변경합니다.

❺ Black and White : 흑백으로 이뤄진 판화처럼 변경합니다.

❻ Outline : 이미지 외곽선만 나타냅니다.

❼ Preset : 이미지 상태에 따라 다양한 설정을 가져옵니다.

❽ View : 이미지 보기 형식을 지정합니다. 눈 아이콘을 클릭하여 활성화하면 원본 이미지를 표시합니다.

❾ Mode : 색상 모드를 지정합니다.

❿ Palette : 자동으로 색상을 만들거나 팔레트를 지정합니다.

⓫ Colors : 최대 색상 수를 설정합니다.

⓬ Paths : 원본 이미지와 변경된 이미지 사이 거리를 조절합니다.

⓭ Corners : 선명도를 조정하여 이미지에 곡선이나 회전 각도를 반영합니다.

⓮ Noise : 잡티를 조절합니다.

⓯ Method : Image Trace 형식을 지정합니다.

⓰ Options : Image Trace 옵션을 지정합니다.

원하는 부분만 나타내려면 어떻게 하나요?

클리핑 마스크, 불투명도 마스크를 이용하여 일러스트에서 특정 부분을 숨길 수 있습니다. [Transparency] 패널을 이용해 블렌딩 모드로 객체의 겹친 형태를 조정해서 불투명도가 적용된 마스크를 설정할 수 있습니다.

클리핑 마스크로 일부분만 보이기

마스크는 여러 개의 객체 중에서 가장 위쪽 객체에 마스크 기능을 적용해 다른 객체의 일부를 가리는 기능입니다. 클리핑 마스크(Clipping Mask)는 두 개 이상의 객체에서 가장 위쪽 객체에 마스크를 적용하며 일정한 형태만 보여줄 수 있고 문자에도 적용할 수 있습니다.

[Object] → Clipping Mask → Make(Ctrl+7)를 실행하여 마스크 효과를 적용하고, Release를 실행하여 마스크를 해제할 수 있습니다. Layers 패널(▤)의 옵션 메뉴에서 Make Clipping Mask를 실행해도 레이어에서 클리핑 마스크를 적용할 수 있습니다. 이때 같은 레이어에서 가장 위쪽 객체로 다른 객체에 마스크를 적용합니다.

▲ 클리핑 마스크를 적용해 문자 형태대로 나타낸 객체　　　▲ 객체와 문자

불투명도 마스크를 이용해 점점 흐려지게 만들기

불투명도 마스크는 마스크 외곽이 날카롭게 잘리는 부분을 보완하여 불투명도를 적용해서 부드럽게 나타냅니다. [Transparency] 패널( )에서 〈Make Mask〉 버튼을 클릭하여 불투명도 마스크를 적용합니다. 이어서 오른쪽 마스크 섬네일을 선택하고 불투명도를 적용할 객체를 만듭니다.

그러데이션 색상을 적용한 다음 그러데이션 방향을 수정해서 점차 흐려지는 효과를 적용합니다. 이때 그러데이션의 흑백 농도에 따라서 마스크 불투명도가 조절됩니다. 그러데이션 색상이 흰색일수록 투명하고, 검은색일수록 불투명해집니다.

▲ 불투명도 마스크 적용

[Transparency] 패널 살펴보기

[Window] → Transparency(Shift + Ctrl + F10)를 실행하면 나타나는 [Transparency] 패널에서는 객체에 두 가지 이상의 색을 합성하는 블렌딩 모드와 투명하게 나타낼 수 있는 불투명도, 특정 부분만 나타내는 클리핑/불투명도 마스크를 적용할 수 있습니다.

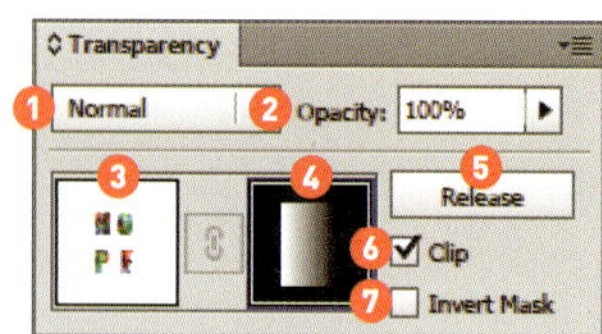

❶ 블렌딩 모드 : 두 개 이상의 객체가 겹쳐 보이는 형태를 15가지 스타일로 나타냅니다.

❷ Opacity : 선택한 객체에 불투명도를 설정할 수 있습니다.

❸ 원본 미리 보기 창 : 작업 중인 객체, 그룹, 레이어를 표시합니다.

❹ 마스크 미리 보기 창 : 적용 중인 불투명도 마스크 형태를 표시합니다.

❺ Make Mask/Release : 마스크를 적용하거나 해제합니다.

❻ Clip : 객체와 마스크 사이에 링크를 적용해 체크 표시하면 객체와 마스크가 함께 이동합니다.

❼ Invert Mask : 불투명도 마스크를 반대로 적용합니다.

블렌딩 모드 살펴보기

객체를 겹쳐 효과적으로 나타내기 위해서는 각 효과의 특징을 파악하고 직접 적용해 보면서 조절하는 것이 좋습니다.

▲ 블렌딩 모드를 'Multiply'로 지정한 객체

❶ Normal : 기본 상태로 아래쪽 객체와 겹친 효과가 적용되지 않습니다.

❷ Darken : 두 객체의 어두운 부분 위주로 겹친 효과가 나타나기 때문에 이미지가 전체적으로 어두워집니다.

❸ Multiply : 아래쪽 객체의 색을 더해 겹치므로 전체적으로 어두워집니다.

❹ Color Burn : 밝은 부분에는 영향을 주지 않고 겹친 부분의 색상에 번 효과를 적용하여 태우듯이 어두워집니다.

❺ Lighten : 두 객체의 밝은 부분 위주로 겹친 효과가 나타나므로 이미지가 전체적으로 밝아집니다.

❻ Screen : 블렌딩 모드가 적용된 객체의 명도가 아래쪽 객체에 곱해져서 이미지 전체가 밝아집니다.

❼ Color Dodge : 가장 어두운 부분에는 영향을 주지 않고 겹친 부분의 색상에 닷지 효과를 적용하여 밝아집니다.

❽ Overlay : 두 객체의 밝은 부분과 어두운 부분이 겹치면서 각각의 레이어 색상이 더해집니다.

❾ Soft Light : 블렌딩 모드가 적용되는 객체 명도를 기준으로 밝은 부분은 더 밝게, 어두운 부분은 더 어둡게 두 레이어의 색상을 겹칩니다.

❿ Hard Light : 블렌딩 모드를 적용한 객체를 기준으로 밝은 부분과 어두운 부분의 색상을 더해 밝은 부분은 더 밝게, 어두운 부분은 더 어둡게 명도 대비가 강해집니다.

⓫ Difference : 밝은 부분의 색상이 반전되어 겹칩니다.

⓬ Exclusion : 블렌딩 모드가 적용된 객체 색상을 반전시켜 겹칩니다.

⓭ Hue : 블렌딩 모드가 적용된 객체 색상을 기준으로 아래쪽 레이어의 명도, 채도가 유지된 채 겹친 효과가 적용됩니다.

⓮ Saturation : 블렌딩 모드가 적용된 객체의 채도를 기준으로 겹친 효과가 적용됩니다.

⓯ Color : 블렌딩 모드가 적용된 객체의 색상과 채도를 기준으로 겹친 효과가 적용됩니다.

⓰ Luminosity : 블렌딩 모드가 적용된 명도를 기준으로 겹친 효과가 적용됩니다.

부드러운 명암은 어떻게 만드나요?

메시는 객체에 그물 형태의 망점을 만들어 그러데이션이 적용되는 범위를 설정해서 자연스러운 그러데이션을 완성합니다. 일반 그러데이션 색상보다 발전한 효과로 좀 더 풍부하고 현실감 있는 명암을 만들어 보세요.

메시 도구로 부드러운 그러데이션 만들기

메시 도구를 선택하고 단색의 객체에 클릭하여 그물망 형태의 메시 효과를 적용하고 메시 포인트마다 다른 색상을 설정할 수 있어 다양한 객체에 자연스러운 그러데이션을 표현할 수 있습니다.

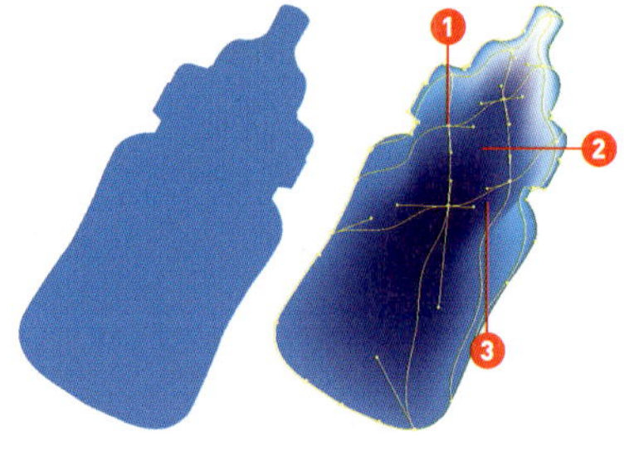

▲ 단색 이미지와 메시 포인트를 추가하여 그러데이션을 적용한 객체

❶ 메시 포인트(Mesh Point) : 메시 도구를 선택하고 객체를 클릭하면 만들어지는 색상의 기준점입니다.

❷ 메시 패치(Mesh Patch) : 메시 사이 영역으로 자연스러운 그러데이션 효과를 적용합니다.

❸ 메시 선(Mesh Line) : 기준점과 메시 포인트를 연결하는 선으로 그러데이션 색상의 흐름을 관리합니다.

[Create Gradient Mesh] 대화상자에서 메시 포인트 설정하기

[Object] → Create Gradient Mesh를 실행하여 [Create Gradient Mesh] 대화상자에서 패스를 설정해 메시 효과를 적용할 수 있습니다.

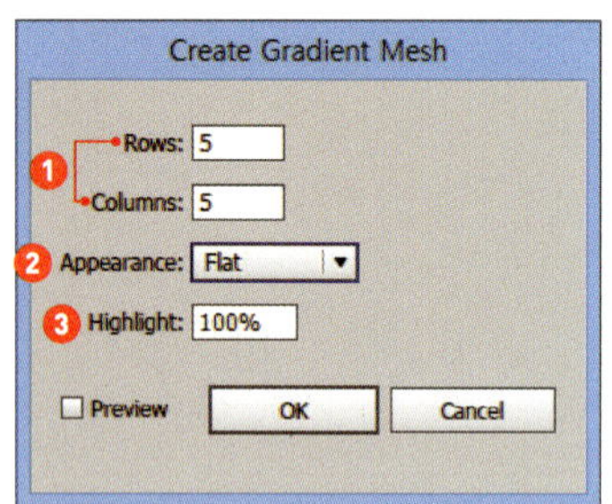

❶ Rows/Columns : 가로/세로로 만들어지는 열/행 개수를 조절합니다.

❷ Appearance : 메시 형태를 지정합니다. 'Flat'은 색상 변화 없이 메시를 적용하고 'To Center'는 가운데를 밝게 만들며, 'To Edge'는 가장자리를 밝게 만듭니다.

❸ Highlight : 밝기를 설정합니다.

인포그래픽은 어떻게 디자인하나요?

일러스트레이터는 자료를 바탕으로 간편하게 그래프를 만들어 인포그래픽을 디자인할 수 있도록 다양한 그래프 도구와 관련 대화상자를 제공합니다.

그래프 도구를 이용해 다양한 그래프 만들기

[Tools] 패널에서 원하는 그래프 도구를 선택한 다음 아트보드에 드래그하여 나타나는 데이터 입력 창에서 자료를 입력하면 일러스트레이터에서 자동으로 수치를 계산하여 그래프를 작성합니다. 그래프에는 이미지를 추가할 수 있으며 배경에 사진도 추가할 수 있습니다.

❶ CC 차트 도구(📊) : 인포그래픽에 이용할 수 있는 아트웍 그래프를 만들 수 있습니다. 아트웍을 CC 차트에 드래그하는 것만으로 인포그래픽을 만들 수도 있습니다. 직접 선택 도구를 이용하여 차트별 아트웍을 수정할 수 있으며 차트 라이브러리로 공유(전송)할 수 있습니다.

❷ 세로 막대그래프 도구(📊) : 세로 방향의 막대로 구성되는 일반적인 막대그래프를 만듭니다.

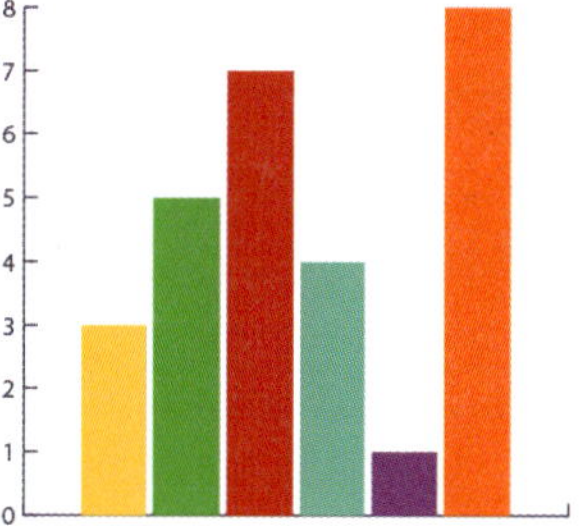

❸ 분할 세로 막대그래프 도구(📊) : 두 가지 이상의 변수가 하나의 막대에 가로로 누적되는 그래프를 만듭니다.

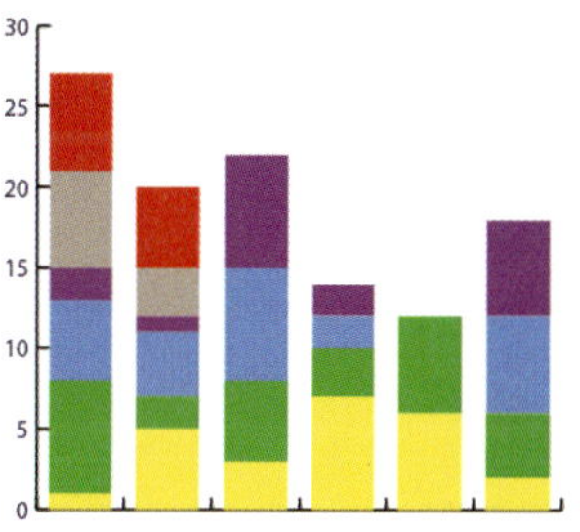

❹ 가로 막대그래프 도구(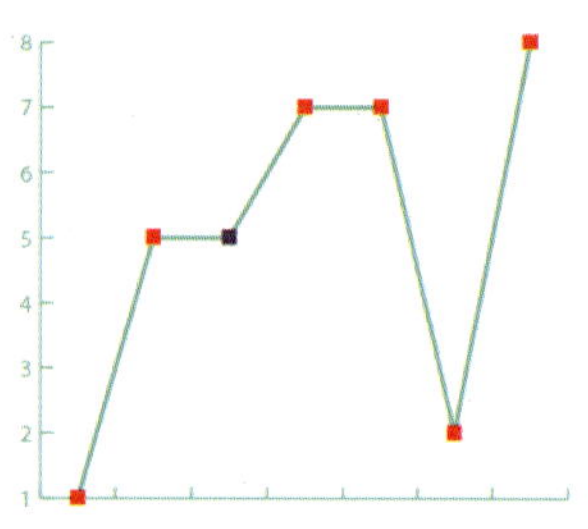) : 가로 방향의 막대로 구성되는 막대그래프입니다.

❺ 분할 가로 막대그래프 도구( ) : 두 가지 이상의 변수가 하나의 막대에 가로로 누적되는 형태가 표시되는 그래프입니다.

❻ 선 그래프 도구( ) : 자료가 점으로 표시되며 점과 점을 직선으로 연결하기 때문에 자료의 변화율을 쉽게 확인할 수 있습니다.

❼ 영역 그래프 도구( ) : 서로 다른 변수들의 종합과 변화를 쉽게 파악할 수 있는 그래프입니다.

❽ 분산 그래프 도구( ) : 자료를 이용하여 X/Y 좌표로 점의 위치를 나타내는 그래프입니다.

❾ 파이 그래프 도구( ) : 파이 모양의 그래프로, 전체 자료에서 하나의 자료가 차지하는 비율을 확인할 수 있습니다.

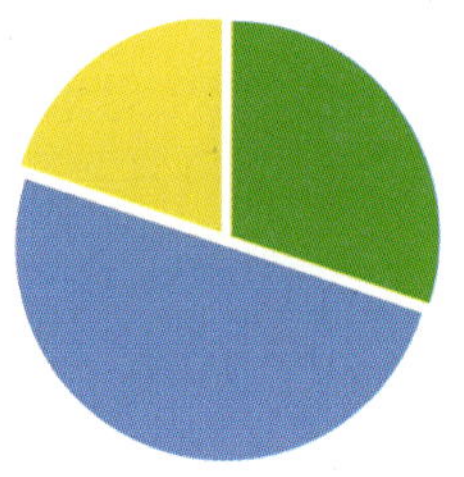

❿ 레이더 그래프 도구( ) : 방사형으로 분할되어 점의 치우침으로 자료 변화를 쉽게 확인할 수 있습니다.

자료 입력하기

그래프 도구를 선택하고 아트보드에 드래그하면 데이터 입력 창이 나타납니다. 또는 [Object] → Graph → Data를 실행하면 데이터 입력 창에서 수치를 입력해서 정확한 데이터의 그래프를 만들 수 있습니다.

❶ Import data(불러오기) : 문자 형식의 외부 데이터 파일을 불러올 수 있습니다.

❷ Transpose row/column(행/열 전환) : 입력된 표의 가로, 세로 배열을 교체합니다.

❸ Switch x/y(x/y 전환) : 분산 그래프일 때 사용할 수 있으며 X/Y 좌표를 서로 교체합니다.

❹ Cell style : 셀에 넘치는 문자는 가려지므로 셀 크기를 크게 확대할 때 사용합니다.

❺ Revert : 데이터를 원래대로 되돌립니다.

❻ Apply : 그래프에 수치가 적용됩니다.

[Graph Type] 대화상자에서 그래프 설정하기

[Graph Type] 대화상자를 이용하면 그래프에 다양한 형태를 적용할 수 있고 그래프에 관한 기능을 설정하거나 수정할 수 있습니다. [Tools] 패널에서 그래프 관련 도구를 선택한 다음 [Object] → Graph → Type을 실행하면 [Graph Type] 대화상자를 나타낼 수 있습니다.

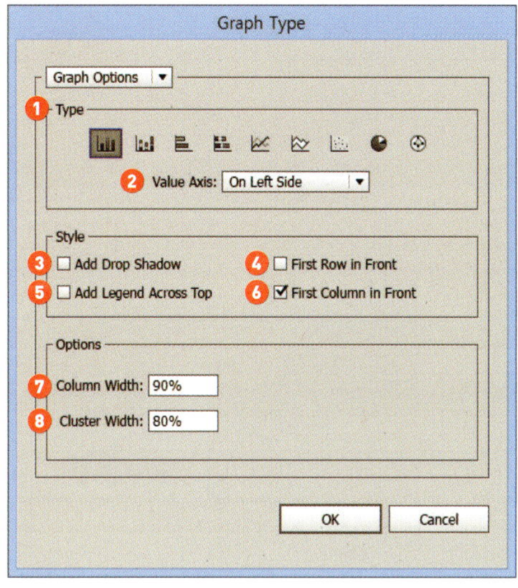

❶ Type : 일러스트레이터에서 나타낼 수 있는 10가지 그래프 중에서 선택합니다.

❷ Value Axis : On Left Side/On Right Side/On Both Sides를 선택하여 축의 위치를 결정할 수 있으며 그래프의 왼쪽/오른쪽/양쪽에 축이 위치합니다.

❸ Add Drop Shadow : 그래프에 그림자를 추가합니다.

❹ First Row in Front : 그래프 범주가 겹치는 방식을 조정합니다. 세로 막대그래프나 가로 막대그래프에 유용합니다.

❺ Add Legend Across Top : 그래프 종류가 표시되는 위치를 위쪽으로 정합니다.

❻ First Column in Front : 데이터 입력 창에 입력한 첫 번째 열을 맨 위로 가져옵니다. 이 옵션에 따라 Column Width가 100%보다 큰 세로 막대그래프와 분할 세로 막대그래프, Bar Width가 100%보다 큰 가로 막대그래프와 분할 가로 막대그래프에서 맨 위쪽에 표시되는 열이 결정됩니다.

❼ Column Width : 그래프를 구성하는 막대의 폭을 % 비율로 설정합니다.

❽ Cluster Width : 하나의 항목이 둘 이상의 막대로 구성되었을 때 전체 폭을 % 비율로 설정합니다.

그래프 디자인 적용하기

데이터 입력 창에서 입력한 자료를 반영한 그래프는 심볼이나 이미지를 이용해 장식할 수 있습니다. 직접 선택 도구를 이용해 축이나 그래프의 일부 색상을 변경할 수 있으며 대화상자를 이용해서 인포그래픽에 한 걸음 더 가까이 가는 방법을 알아봅니다.

❶ Graph Design 대화상자

그래프에 적용할 객체를 선택하고 [Object] · Graph · Design을 실행하여 [Graph Design] 대화상자에서 〈New Design〉 버튼을 클릭하면 이미지가 등록되어 그래프에 원하는 이미지를 적용할 수 있습니다.

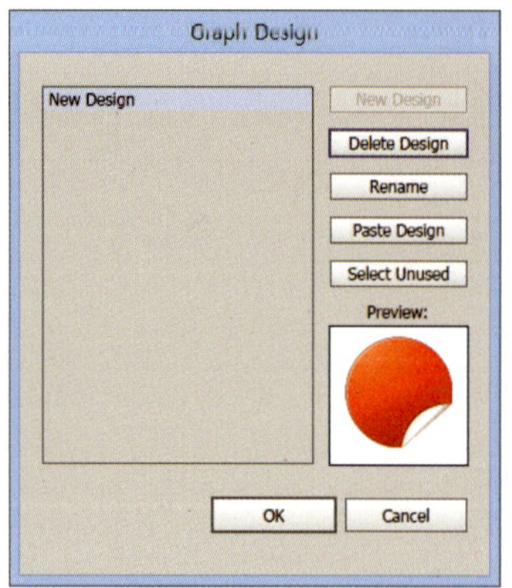

❷ Graph Column 대화상자

[Object] → Graph → Column을 실행하면 막대그래프나 가로 막대그래프에 이미지를 적용할 수 있습니다. 표시되는 Graph Column 대화상자에서 가로/세로 막대그래프에 이미지를 적용할 수 있습니다. Column Type에서 막대에 표시할 그래프 디자인을 '늘리기(Vertically Scaled)', '크기 조절하기(Uniformly Scaled)', '반복하기(Repeating)', '중간 부분 늘리기(Sliding)' 중에서 지정할 수 있습니다.

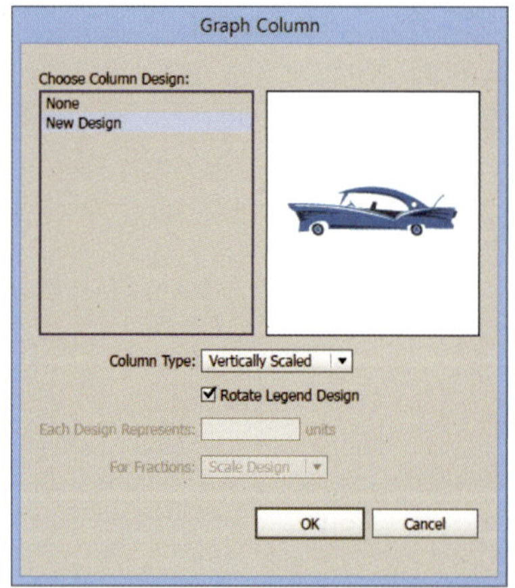

❸ Graph Marker 대화상자

[Object] → Graph → Marker를 실행하여 선 그래프나 분산 그래프, 레이더 그래프에 원하는 이미지를 적용하려면 그래프 특성상 [Graph Marker] 대화상자에서 그래프에 적용되는 사각형의 점처럼 나타낼 수 있습니다.

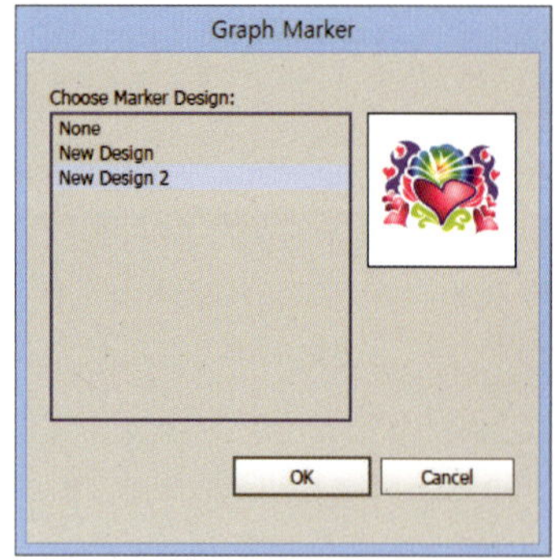

3D처럼 나타내는 방법은 무엇인가요?

3D 기능은 [Effect] → 3D를 실행하여 이용할 수 있습니다. 3D 항목에는 객체를 입체적으로 돌출시키고 모서리 형태를 설정하는 Extrude & Bevel 기능, 객체를 회전하여 입체적으로 만드는 Revolve 기능과 함께 객체를 다양한 시점으로 변경할 수 있는 Rotate 기능으로 이루어져 있습니다.

3D 입체 만들기

2D 객체를 돌출시키는 Extrude & Bevel 명령을 실행합니다. 객체를 한 번에 입체적으로 만들기 위해서는 연결된 객체를 먼저 그룹으로 설정합니다.

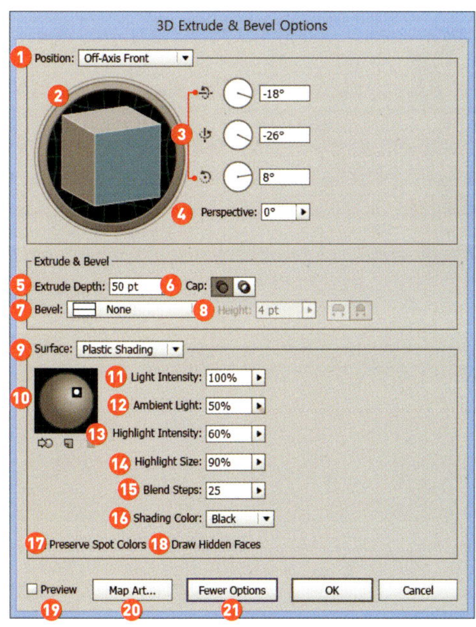

❶ Position : 3D 객체의 시점, 위치를 선택하여 지정합니다.

❷ 정육면체 : 육면체를 드래그하여 3D 객체의 시점, 위치를 설정합니다.

❸ X/Y/Z axis : X(깊이)/Y(세로)/Z(가로) 축으로 3D 객체 위치를 설정합니다.

❹ Perspective : 3D 객체를 원근법으로 화면에 나타냅니다.

❺ Extrude Depth : 객체를 돌출시키는 정도를 설정합니다.

❻ Cap : 3D 객체 내부를 채워서 렌더링할 것인지, 비워서 렌더링할 것인지 결정합니다.

❼ Bevel : 3D 객체의 모서리 형태를 지정합니다.

❽ Height : 모서리 형태의 크기를 설정합니다.

❾ Surface : 3D 객체의 재질과 조명을 설정합니다.

❿ 조명 미리 보기 : 선택한 조명을 뒤쪽에 배치하고, 새로운 조명을 30개까지 추가할 수 있으며, 선택한 조명을 삭제할 수 있습니다.

⓫ Light Intensity : 조명의 강도를 설정합니다.

⓬ Ambient Light : 주변의 광량을 설정합니다.

⓭ Highlight Intensity : 가장 밝은 부분의 강도를 설정합니다.

⓮ Highlight Size : 가장 밝은 부분의 크기를 설정합니다.

⓯ Blend Steps : 렌더링 단계를 설정하며 수치가 클수록 렌더링 품질이 뛰어납니다.

⓰ Shading Color : 그늘진 부분의 색상을 설정합니다.

⓱ Preserve Spot Colors : 객체가 가지고 있는 색상을 보존합니다.

⓲ Draw Hidden Faces : 화면에 보이지 않는 부분도 렌더링합니다.

⓳ Preview : 객체의 변화를 미리 보여줍니다.

⓴ Map Art : 3D 객체 표면에 다른 이미지를 매핑합니다.

㉑ More Options : Surface 기능을 확장하여 3D 객체의 조명을 설정합니다.

▲ 2D/3D 객체

3D 회전 객체 만들기

객체의 중심축을 기준으로 회전시켜 3D 객체를 만들기 위해서는 [Effect] → 3D → Revolve를 실행하여 [3D Revolve Options] 대화상자에서 세부적으로 설정합니다.

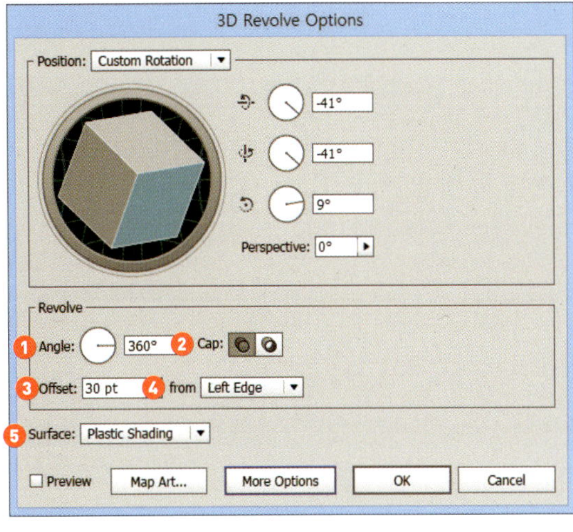

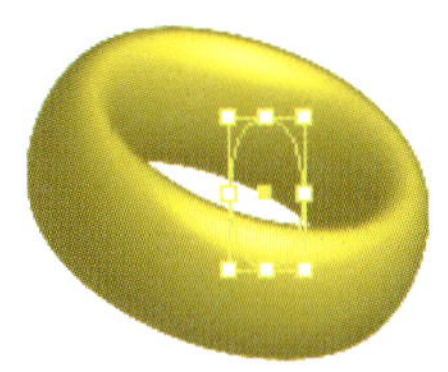

▲ 타원형을 3D 회전하여 만든 반지

❶ Angle : 회전하여 렌더링하는 각도를 설정합니다.

❷ Cap : 3D 객체 내부를 채워서 렌더링할 것인지, 비워서 렌더링할 것인지 지정합니다.

❸ Offset : 중심축으로부터 떨어진 거리에서 렌더링합니다.

❹ from : 선택한 패스의 왼쪽 또는 오른쪽을 중심축으로 지정합니다.

❺ Surface : 3D 객체의 재질과 조명을 조절합니다.

3D 객체에 매핑하기

3D 객체 표면에 다른 이미지를 매핑하여 배치할 수 있습니다.

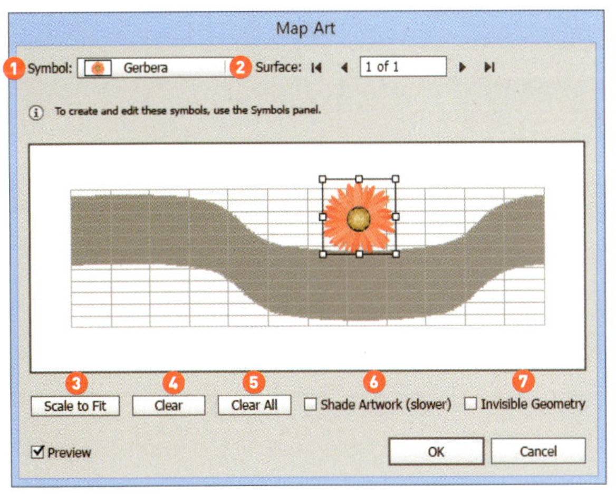

▲ 3D 회전한 객체에 심볼을 매핑한 반지

❶ Symbol : [Symbols] 패널에 등록된 심볼을 나타냅니다.

❷ Surface : 3D 객체의 각 부분을 차례대로 나타냅니다.

❸ Scale to Fit : 불러들인 매핑 이미지(심볼)를 화면 크기에 맞게 재설정합니다.

❹ Clear : Surface 항목에서 불러들인 매핑 이미지를 삭제합니다.

❺ Clear All : 불러들인 매핑 이미지를 모두 삭제합니다.

❻ Shade Artwork (slower) : 매핑 이미지에 명암을 적용합니다.

❼ Invisible Geometry : 3D 내부를 확인합니다.

웹용과 출력용 색상 모드 차이는 뭔가요?

용도에 따라 일러스트레이터의 색상 모드를 알맞게 선택하여 사용합니다. 일반적으로 웹용 이미지에 사용하는 RGB와 출력용 이미지에 사용하는 CMYK 외에도 다양한 색상 모드를 살펴봅니다.

웹용 색상 모드

일러스트레이터에서 기본으로 제공하는 웹용 색상 모드는 Grayscale, RGB, HSB, Web Safe RGB입니다. [Color] 패널의 옵션 아이콘(▾☰)을 클릭하여 다양한 색상 모드를 지정할 수 있습니다. 문서의 색상 모드를 수정하기 위해서는 [File] → Document Color Mode를 실행하여 원하는 색상 모드로 바꿉니다.

❶ 빛의 3원색 RGB

R(빨강), G(초록), B(파랑) 색상을 조합하여 색을 나타냅니다. 빛을 포함하여 색을 겹치면 가산혼합이 되며 빨강, 초록, 파랑을 혼합하면 흰색이 됩니다.

❷ 색상, 명도, 채도로 이루어진 HSB

컴퓨터 그래픽(CG)의 색상 모드입니다. Hue(색상), Saturation(채도), Brightness(명도) 3요소에 의한 색상 모드입니다.

❸ 웹용 색 조합 Web Safe RGB

웹에서 표현하는 색상 중 플랫폼이나 웹 브라우저에 따라 다르게 보이는 단점을 해결하며, 모든 환경에서 공통적으로 볼 수 있는 216가지 색을 사용합니다.

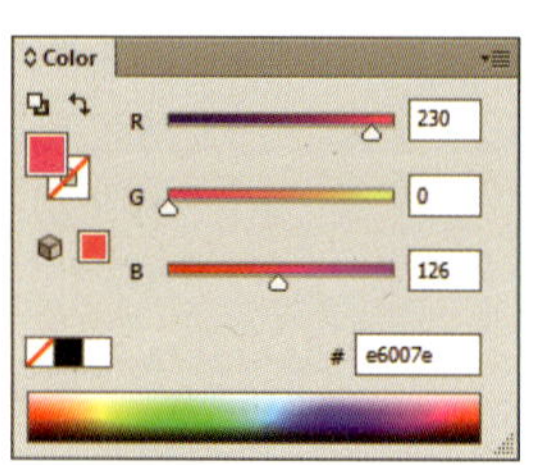
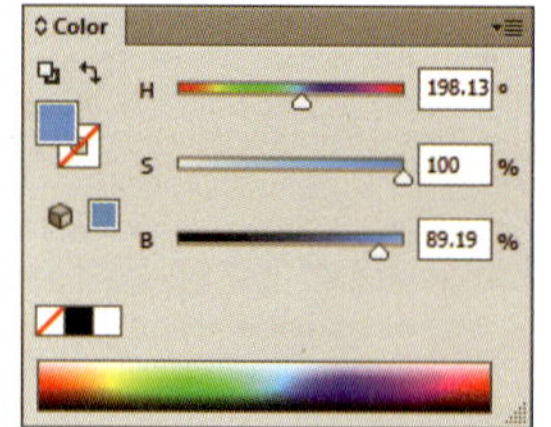
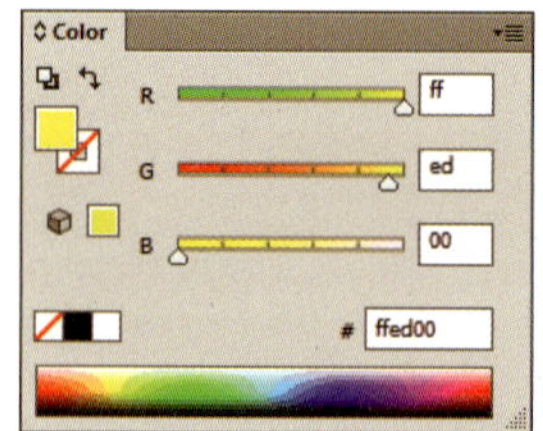

인쇄용 색상 모드

C(Cyan), M(Magenta), Y(Yellow), K(Black) 네 가지 색을 조합하여 색을 나타냅니다. 색상을 혼합하면 점점 어두워지며 모두 섞으면 검은색이 되므로 감산 혼합이라고 합니다. 일반적으로 깨끗한 인쇄물을 얻고자 할 때는 CMYK 색상 모드를 이용합니다.

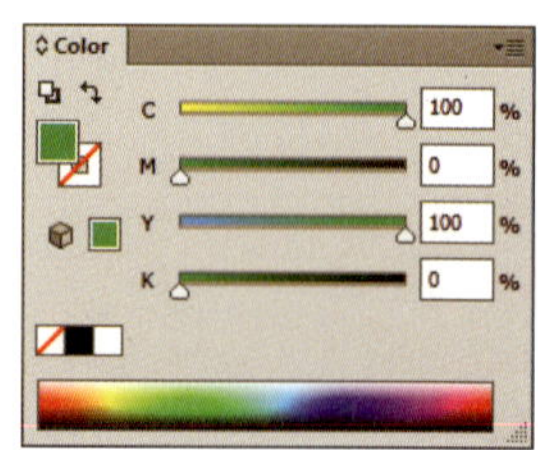

TIP CMYK 모드는 RGB 모드보다 표현할 수 있는 색상 수가 적지만 작업물의 색상이 실제 인쇄물과 다른 RGB 모드와는 다르게 작업물과 출력물의 색상이 같으므로 인쇄나 출력을 목적으로 편집이나 디자인을 한다면 CMYK 모드를 사용하는 것이 좋습니다.

투시도를 따라 어떻게 입체적으로 만드나요?

원근 격자 기능을 이용해 3점 투시도를 바탕으로 입체적으로 나타낼 수 있습니다. 자동으로 원근감 있는 객체를 만들고, 일반 객체를 원근 격자에 적용하여 쉽고 빠르게 원근감을 표현해 보세요.

원근 격자 도구 이용하기

원근 격자 도구와 원근감 선택 도구를 이용하여 원근감 있는 일러스트를 완성할 수 있습니다.

❶ 원근 격자 도구(◫)

원근 격자 도구(Perspective Grid Tool, Shift+P)를 선택하면 아트보드에 선택 면 위젯과 원근 격자가 표시됩니다. 선택 면 위젯을 선택하여 원하는 시점에 따라 객체의 면을 지정할 수 있습니다.

❷ 원근감 선택 도구(▶)

원근감 선택 도구(Perspective Selection Tool, Shift+V)를 선택하면 왼쪽, 오른쪽 및 수평의 면이 나타나 원근감 있는 객체의 면을 선택하거나 가져올 수 있으며 객체를 자유롭게 이동하거나 편집할 수 있습니다. 드래그하면 표준 선택 윤곽 또는 원근 선택 윤곽으로 전환할 수 있습니다.

3차원 입체 만들기

원근 격자는 원근 격자 도구(◫)를 선택하거나 [View] → Perspective Grid → Show Grid(Shift+Ctrl+I)를 실행하여 숨기거나 나타낼 수 있습니다.

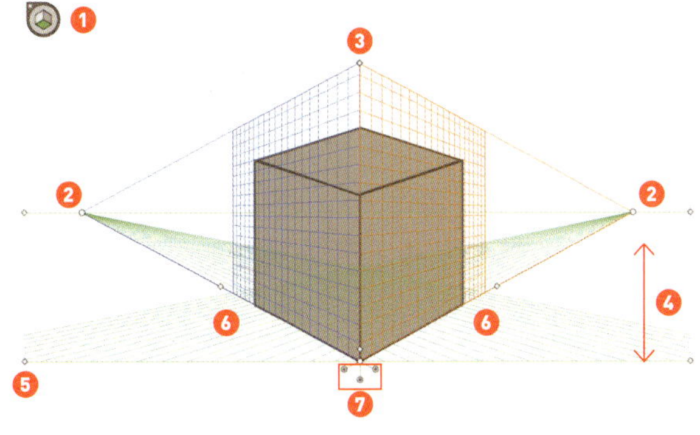

❶ 선택 면 위젯 : 원근 격자와 함께 표시되는 위젯으로 활성화할 격자 면(왼쪽, 수평, 오른쪽, 비활성)을 선택합니다

❷ 소실점 : 양쪽의 소실점을 조정하기 위해서는 왼쪽, 오른쪽 소실점 위젯을 사용합니다.

❸ 수직 격자 범위 : 격자 범위를 조절합니다.

❹ 가로 높이 : 지표부터 가로 레벨까지의 높이를 지정합니다.

❺ 지표 높이 : 격자를 이동하여 필요한 위치를 지정합니다.

❻ 격자 범위 : 평면 격자 범위를 정의합니다.

❼ 격자 면 제어 : 격자 면 제어 위젯을 사용하여 왼쪽, 오른쪽 및 수평 격자 면을 조절합니다.

고급 아트웍은 어떻게 만드나요?

그래픽 스타일과 Appearance 속성을 이용하면 클릭 한 번에 고급 스타일을 적용할 수 있습니다. 직접 만든 스타일을 [Graphic Styles] 패널에 등록하여 활용할 수도 있습니다.

[Graphic Styles] 패널에서 그래픽 스타일 적용하기

[Window] → Graphic Styles(Shift + F5)를 실행하면 그래픽 스타일을 지정할 수 있는 [Graphic Styles] 패널이 표시됩니다.

▲ 다양한 그래픽 스타일을 적용한 원숭이

❶ Graphic Styles Libraries Menu : 그래픽 스타일 라이브러리에서 다양한 그래픽 스타일을 적용할 수 있습니다.

❷ Break Link to Graphic Style : 스타일을 적용한 객체와 그래픽 스타일 연결을 해제합니다.

❸ New Graphic Style : 선택된 객체를 새로운 그래픽 스타일로 등록합니다.

❹ Delete Graphic Style : 선택된 스타일을 삭제합니다.

[Appearance] 패널에서 모양 설정하기

[Window] → Appearance(Shift + F6)를 실행하여 나타나는 [Appearance] 패널에서는 객체나 그룹 또는 레이어에 적용된 면/선 색상, 불투명도, 스타일 등의 다양한 속성을 설정합니다.

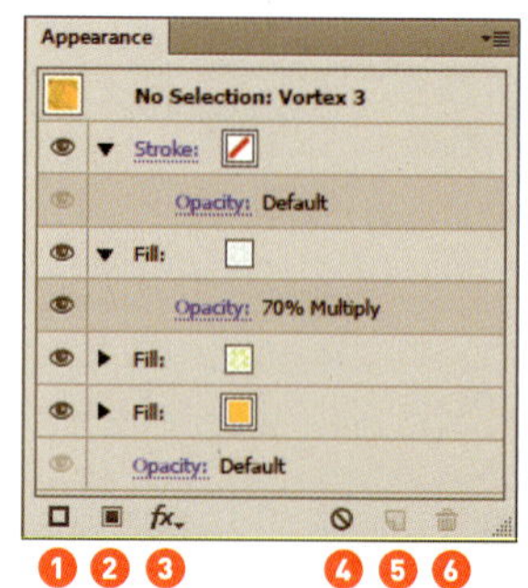

❶ Add New Stroke : 선을 추가합니다.

❷ Add New Fill : 면을 추가합니다.

❸ Add New Effect : 효과를 추가합니다.

❹ Clear Appearance : 적용된 모든 속성을 삭제합니다.

❺ Duplicate Selected Item : 선택한 속성을 복제합니다.

❻ Delete Selected Item : 선택한 속성을 삭제합니다.

웹용 이미지는 어떻게 분할하나요?

웹 또는 모바일에서 쉽고 빠르게 확인할 수 있도록 웹용 이미지를 만들기 위해서는 일러
스트를 나눠 비트맵 이미지로 변환해야 합니다.

슬라이스 도구로 일러스트 분할하기

이미지를 분할하는 슬라이스 도구와 분할 이미지를
선택할 수 있는 슬라이스 선택 도구를 이용하면 웹/
앱 디자인을 위한 이미지로 분할할 수 있습니다. 분
할된 이미지는 웹이나 모바일에서 빠르게 불러올 수
있어 링크, 롤오버 기능 등을 세밀하게 적용할 수 있
습니다. 또한, Optimized 기능을 이용하여 GIF,
JPEG 등의 포맷으로 저장한 다음 포토샵이나 드림
위버, 플래시 등 다양한 그래픽 프로그램에서 자유롭
게 편집할 수 있습니다.

❶ 슬라이스 도구(▨) : 슬라이스 도구(Slice Tool Shift+K)는 일러스트레이터에서 만든 객체를 나눠
   HTML 파일에 연결할 수 있습니다.
❷ 슬라이스 선택 도구(▨) : 슬라이스 선택 도구(Slice Selection Tool)는 슬라이스 도구(▨)로 분할
   한 각각의 이미지를 선택하고 이동할 수 있으며 다양한 옵션을 설정할 수 있습니다.

[Slice Options] 대화상자 살펴보기

분할된 이미지를 선택한 다음 [Object] → Slice → Slice Options를 실행하면 이미지를
클릭했을 때 이동할 수 있는 웹 주소와 세부 사항을 설정할 수 있습니다.

❶ Slice Type : 분할 영역을 이미지나 HTML로 지정합니다.
❷ Name : 분할 영역의 이름입니다.
❸ URL : 연결되는 웹 주소입니다.
❹ Target : 웹으로 연결하는 방식을 지정합니다. '_blank'는 새 창, '_parent'는 상
   위 프레임, '_self'는 현재 프레임, '_top'은 화면 전체에 표시합니다.
❺ Message : 마우스 포인터가 위치할 때 상태 표시줄에 표시할 내용을 입력합
   니다.
❻ Alt : 마우스 포인터가 위치할 때 표시할 메시지입니다.
❼ Background : 배경색을 지정합니다.

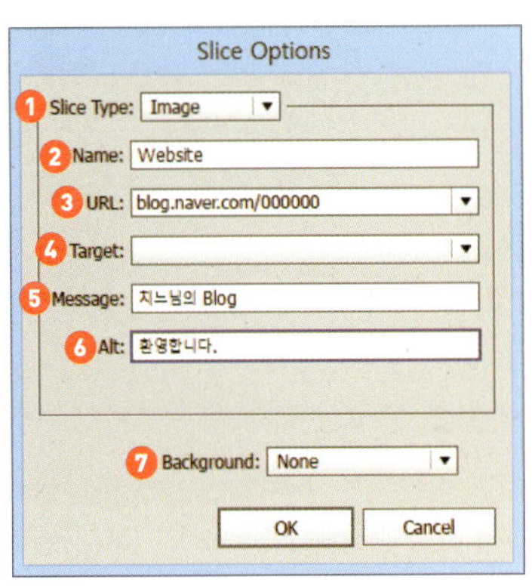

객체 사이 중간 단계는 어떻게 만드나요?

블렌드 기능을 이용하면 두 개 이상의 객체의 모양이나 색상을 혼합하여 중간 단계의 모양이나 색상을 자동으로 만들 수 있습니다.

블렌드 도구를 이용해 블렌드 적용하기

블렌드 도구를 선택하고 모양이나 색이 다른 객체를 순서대로 클릭하여 객체 사이를 부드럽게 연결해서 여러 개의 중간 단계가 만들 수 있습니다. [Object] → Blend → Make(Alt + Ctrl + B)를 실행하여 블렌드 기능을 적용하고 편집할 수도 있습니다. 이때 클릭하는 객체의 기준점에 따라 형태나 색상이 달라지므로 유의합니다.

▲ 객체에 블렌드를 적용해 부드러운 그러데이션을 적용한 몬스터 캐릭터

[Blend Options] 대화상자에서 블렌드 설정하기

블렌드 기능을 적용할 객체 사이 단계를 바꾸려면 객체를 선택한 상태에서 블렌드 도구를 더블클릭하거나 [Object] → Blend → Blend Options를 실행하여 [Blend Options] 대화상자에서 세부적으로 설정할 수 있습니다.

❶ Spacing : 블렌드에서 중간 단계의 간격을 설정합니다. 'Smooth Color'는 중간 단계 색상을 자연스럽게 변화하고 직접 편집할 수 없으며 255개까지 중간 단계를 만들어 자연스러운 색상을 표현합니다. 'Specified Steps'는 객체의 중간 단계에서 값을 지정합니다. 'Specified Distance'는 객체의 중간 단계에서 거리를 지정합니다.

❷ Orientation : 객체의 중간 단계에서 방향을 지정합니다.

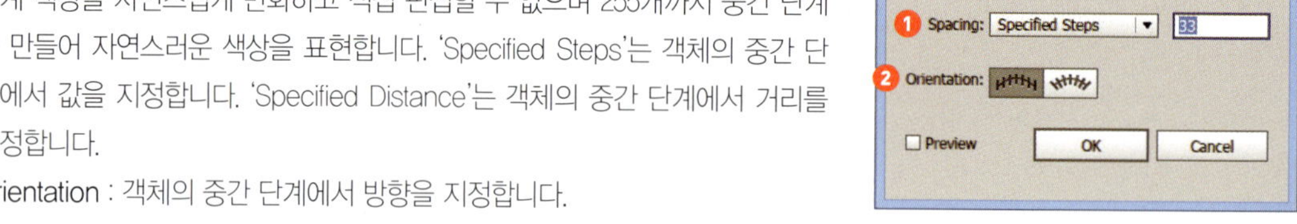

블렌드를 패스로 변환하기

블렌드의 기준선은 직접 선택 도구를 이용해서 기준점을 드래그하여 수정할 수 있습니다. 펜 도구나 기준점 추가 도구를 이용하여 기준점이나 패스를 편집해서 블렌드 모양을 바꿀 수도 있습니다. 블렌드를 적용한 객체들을 각각 편집하려면 객체를 선택한 다음 [Object] → Blend → Expand를 실행하여 수정할 수 있습니다.

드래그하여 왜곡하려면 어떻게 하나요?

다양한 왜곡 도구를 사용하여 객체를 드래그해서 간단하게 변형할 수 있습니다. 왜곡 도구를 더블클릭하여 관련 대화상자에서 객체를 세밀하게 변형할 수도 있습니다.

❶ 드래그한 방향대로 변형하기

왜곡 도구(Warp Tool, Shift+R, ✎)를 선택한 다음 객체를 드래그하면 드래그한 방향에 따라 객체가 왜곡됩니다. 왜곡 도구를 더블클릭하면 표시되는 [Warp Tool Options] 대화상자의 Simplify에서 0.2~100의 수치를 조절하여 불필요한 기준점을 제거할 수 있습니다.

❷ 소용돌이 형태로 객체 변형하기

비틀기 도구(Twirl Tool, ◎)를 선택한 다음 객체를 드래그하면 드래그한 방향에 따라 둥글게 소용돌이 형태로 비틀어집니다. 비틀기 도구를 더블클릭하면 표시되는 [Twirl Tool Options] 대화상자의 Twirl Rate에서 −180~180°로 이미지가 비틀어지는 방향을 설정합니다.

❸ 구부러진 형태로 객체 변형하기

구김 도구(Pucker Tool, ◌)를 선택한 다음 객체를 드래그하면 드래그한 방향에 따라 객체가 구겨진 형태로 축소 및 변형됩니다.

❹ 부푼 형태로 객체 변형하기

팽창 도구(Bloat Tool, ◇)를 선택한 다음 객체를 드래그하면 드래그한 방향에 따라 객체가 부풀어진 형태로 팽창됩니다.

❺ 안쪽으로 퍼지는 주름 형태로 객체 변형하기

부채꼴 도구(Scallop Tool, ▣)를 선택한 다음 객체를 드래그하면 드래그한 방향에 따라 부채꼴 모양의 주름이 만들어집니다.

❻ 바깥쪽으로 퍼지는 주름 형태로 객체 변형하기

크리스털 도구(Crystallize Tool, ♨)를 선택한 다음 객체를 드래그하면 드래그한 방향에 따라 바깥쪽으로 퍼지는 주름이 만들어집니다.

❼ 수평/수직 주름 형태의 객체 변형하기

주름 도구(Wrinkle Tool)를 선택한 다음 객체를 드래그하면 드래그 방향에 따라 수평 또는 수직 형태의 주름이 만들어집니다.

감각적인 이펙트는 어떻게 적용하나요?

Illustrator Effects 기능을 이용하여 다양하고 독특하고 감각적인 일러스트를 완성할 수 있으며, Photoshop Effects 기능을 이용하여 포토샵에서 수정한 듯한 효과도 표현할 수 있습니다.

객체 변형하기

객체에 Convert to Shape 기능을 실행하면 표시되는 [Shape Options] 대화상자를 활용하여 간편하게 사각형, 둥근 사각형, 원형으로 변형할 수 있습니다.

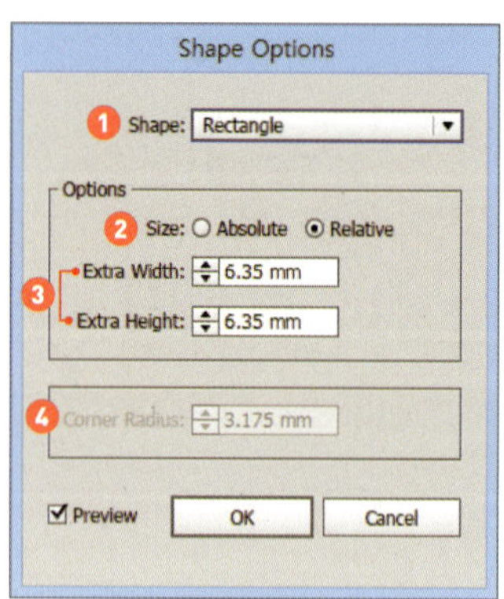

▲ 외부 객체를 변형한 쿠폰

❶ Shape : 사각형, 둥근 사각형, 원형 또는 타원형을 만듭니다.
❷ Size : 절대 크기 또는 상대 크기로 지정합니다.
❸ Extra Width/Height : 늘어나는 가로/세로 폭을 설정합니다.
❹ Corner Radius : 둥근 사각형을 만들 때 둥근 모서리를 설정합니다.

마음대로 객체 변형하기

Distort & Transform 기능을 이용하면 벡터 이미지뿐만 아니라 비트맵 이미지도 변형할 수 있습니다.

❶ Free Distort : [Free Distort] 대화상자에서 기준점을 드래그하여 객체를 변형합니다.
❷ Pucker & Bloat : 객체 기준점을 중심으로 팽창하거나 수축합니다. 슬라이더를 Pucker로 이동하면 수축되고 Bloat으로 이동하면 팽창됩니다.
❸ Roughen : 객체를 거칠게 변형합니다.

❹ Transform : 객체 크기, 위치, 각도를 조절할 수 있으며 객체 수를 지정하여 복제합니다.

❺ Tweak : 객체를 비틀어 거칠게 변형합니다.

❻ Twist : 객체를 비틀어 회전합니다.

❼ Zig Zag : 외곽선을 지그재그 형태로 변경합니다.

▲ 왼쪽에는 Roughen, 오른쪽에는 Zig Zag 기능으로 변형한 밸런타인 카드

스타일 변경하기

벡터 이미지뿐만 아니라 비트맵 이미지에도 그림자, 광선, 뒤틀림 등의 스타일을 변경합니다.

❶ Drop Shadow : 자연스러운 그림자 효과를 추가합니다.

❷ Feather : 벡터 방식이 아닌 비트맵 방식으로 외곽을 부드럽게 만듭니다.

❸ Inner Glow : 내부에 빛이 퍼지는 효과를 나타내며 빛이 퍼지는 정도, 색상, 강도 등을 조절할 수 있습니다.

❹ Outer Glow : Inner Glow와 반대로 객체 외부로 빛이 퍼지는 효과를 나타냅니다.

❺ Round Corners : 모서리를 둥글게 수정합니다. 직접 선택 도구로 객체를 선택하면 나타나는 조절점을 안쪽으로 드래그해도 둥근 모서리를 만들 수 있습니다.

❻ Scribble : 스케치처럼 부드럽게 표현하거나 구불구불한 선을 만들 때 유용합니다.

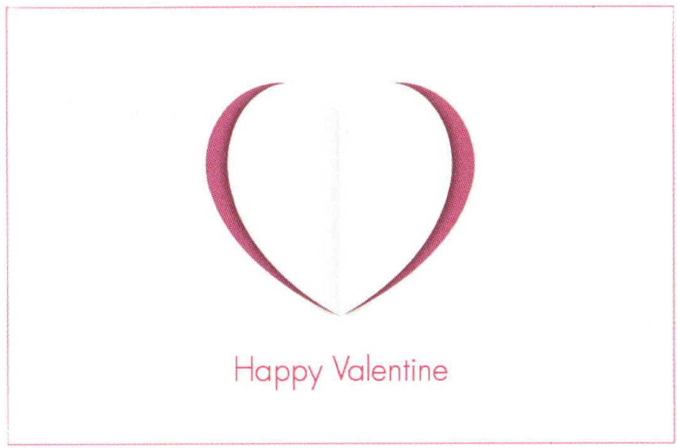

▲ Drop Shadow 기능으로 그림자를 적용한 밸런타인 카드

원하는 형태대로 변형하기

Warp 기능을 이용해 객체, 문자, 이미지 등을 자유롭게 변형할 수 있습니다. [Warp Options] 대화상자에서는 15가지 변형 스타일을 제공하며 왜곡 정도를 수치로 설정해 객체 원형이 보존되어 편리하게 수정할 수 있습니다. [Object] → Envelope Distort → Make with Warp(Alt+Shift+Ctrl+W)을 실행하거나 [Effect] → Warp을 실행하면 변형 이펙트를 적용할 수 있는 [Warp Options] 대화상자가 표시됩니다.

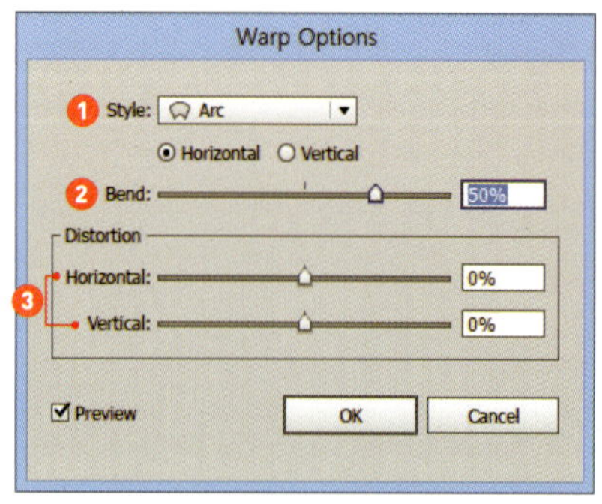

❶ Style : 객체의 가로/세로를 기준으로 다양한 형태로 변형할 수 있습니다.

ⓐ Arc : 둥글게 왜곡합니다.

ⓑ Arc Lower : 아래쪽만 둥글게 왜곡합니다.

ⓒ Arc Upper : 위쪽만 둥글게 왜곡합니다.

ⓓ Arch : 아치형으로 왜곡합니다.

ⓔ Bulge : 볼록하게 왜곡합니다.

ⓕ Shell Lower : 아래쪽만 조개 모양으로 왜곡합니다.

ⓖ Shell Upper : 위쪽만 조개 모양으로 왜곡합니다.

ⓗ Flag : 펄럭이는 깃발처럼 왜곡합니다.

ⓘ Wave : 안쪽으로 물결치듯 왜곡합니다.

ⓙ Fish : 물고기 모양으로 왜곡합니다.

ⓚ Rise : 한쪽으로 증가되듯 왜곡합니다.

ⓛ FishEye : 물고기 눈처럼 가운데 부분을 크게 왜곡합니다.

ⓜ Inflate : 부풀듯 왜곡합니다.

ⓝ Squeeze : 쥐어짜듯 왜곡합니다.

ⓞ Twist : 비틀어지듯 왜곡합니다.

❷ Bend : 객체를 왜곡할 때 변형 정도를 −100~100% 수치로 나타내며 0에 가까울수록 변형 정도가 약합니다.

❸ Horizontal/Vertical : 선택한 객체를 수평/수직 방향으로 왜곡합니다.

▲ 문자를 Arc 기능으로 변형한 밸런타인데이 카드

작업 시간을 줄이는 방법은 무엇인가요?

반복되는 작업을 쉽고 빠르게 제작하고자 할 때 액션의 자동 실행 기능을 이용하면 편리합니다. 작업 과정을 기록하여 저장하고 아이콘 또는 단축키를 눌러 기록한 작업을 재생하여 간단하게 작업할 수 있습니다.

[Actions] 패널에서 액션 기능으로 반복 작업하기

기록된 데이터를 이용해 [Actions] 패널에서 해당 아이콘을 클릭하여 액션을 적용합니다. 한 번에 다양한 명령을 저장하거나 부분적으로 저장하고 실행하여 작업 효율을 높일 수 있습니다.

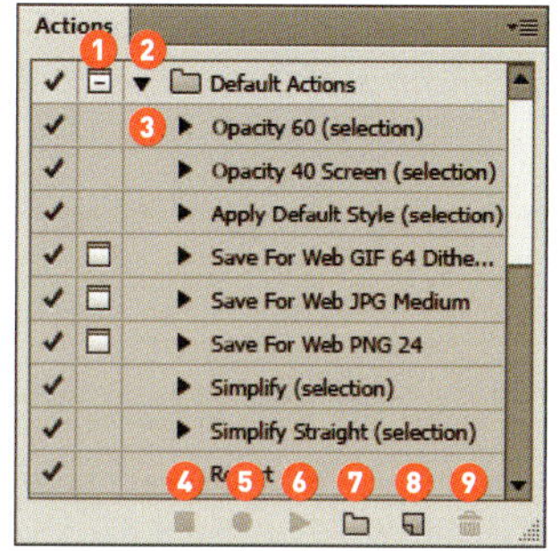

❶ 대화상자 표시 : [Action Options] 대화상자에 설정한 작업 기록입니다.

❷ Set : 종류별로 액션을 나눕니다.

❸ Action : 작업 과정 단위입니다.

❹ Stop Playing/Recording : 액션을 기록하는 과정에서 아이콘을 클릭하면 기록이 중단되며 실행 중인 액션을 멈춥니다.

❺ Begin Recording : 작업을 액션으로 기록합니다.

❻ Play Current Selection : 선택된 액션을 실행합니다.

❼ Create New Set : 새로운 액션 세트를 만듭니다.

❽ Create New Action : 새로운 액션을 만듭니다.

❾ Delete Selection : 액션 세트, 액션, 작업 과정을 삭제합니다.

[New Action] 대화상자에서 액션 설정하기

[Actions] 패널에서 'Create New Action' 아이콘(▣)을 클릭하면 [New Action] 대화상자에서 기본 정보를 입력하고 〈Record〉 버튼을 클릭하여 작업을 기록하기 시작합니다.

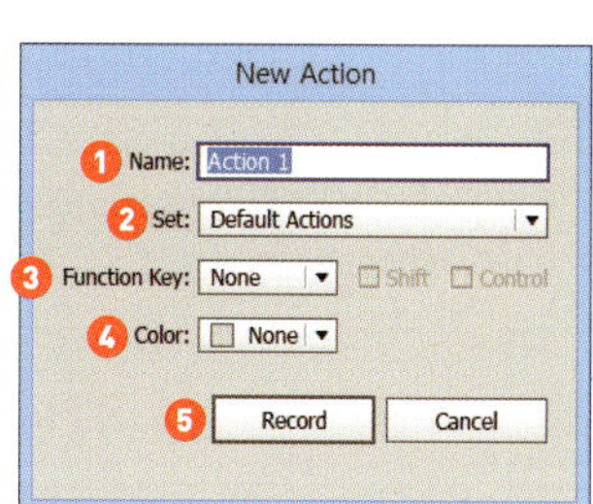

❶ Name : 액션 이름을 지정합니다.

❷ Set : [Actions] 패널에 만들어진 액션 세트를 지정합니다.

❸ Function Key : 액션을 실행하기 위한 단축키를 지정합니다.

❹ Color : 액션 색상을 지정합니다.

❺ Record : 액션을 기록합니다.

디자인 사례 도판 목록

Workshop 01

1 https://www.behance.net/gallery/30869727/
Bottura
2 https://www.behance.net/gallery/31295985/
Catch-Release
3 https://www.behance.net/gallery/33146867/
LOV-B-D-IDENTITY
4 https://www.behance.net/gallery/32453033/
Lepim-Sami-Cafe

Workshop 02

1 https://www.behance.net/gallery/17734675/
Child-Seat-Reminder-Stickers
2 https://www.behance.net/gallery/3674319/
Stickers-and-Decals

Workshop 03

1 https://www.behance.net/gallery/14707407/
SENSU-tablecloth
2 https://www.behance.net/gallery/11921353/
Festive-Turkey-Tableware
3 https://www.behance.net/gallery/3617895/
TEACAKES-TIARAS

Workshop 04

1 https://www.behance.net/gallery/26903695/
NOMONO-New-Zealand-Freestyle-APA
2 https://www.behance.net/gallery/31083453/
Creola-Beer

Workshop 05

1 https://www.behance.net/gallery/11202549/
Threedimensional-Calendar
2 https://www.behance.net/gallery/14700709/
Colorful-Mini-Typewriter-Calendar-2014-DIY-
paper

Workshop 06

1 https://www.behance.net/gallery/3868779/
Wedding-Invitations
2 https://www.behance.net/gallery/32289321/
Photorealistic-Invitation-Greeting-Card-Mockup

Workshop 07

1 https://handsomethings.com/page/4/
2 https://www.behance.net/gallery/17351977/
Typography-Pieces-2014

Workshop 08

1 https://www.behance.net/gallery/33028255/
The-perfect-blend-wedding-invitation

Workshop 09

1 https://www.behance.net/gallery/14606757/
Let-it-Snow-Christmas-Card

Workshop 10

1 https://www.behance.net/gallery/26772317/
Papertoy-pour-Wakou-Magazine
2 https://www.behance.net/gallery/24629879/
VIKINGO-TOY
3 https://www.behance.net/gallery/14365289/-
BEAR-Paper-toy-of-Boogiehood
4 https://www.behance.net/gallery/12302485/
Timber-Jack

Workshop 11

1 https://www.behance.net/gallery/13364267/
AG-AG-MHANI
2 https://www.behance.net/gallery/21844985/
Arjowiggins-x-FIAC
3 https://www.behance.net/gallery/32938879/
Papercut-Bookmarks

Workshop 12

1 https://www.behance.net/gallery/15517869/
Jakkie-Brink-Apostrophe-Girl
2 https://www.behance.net/gallery/11067863/
New-Party-Unlimited-Design

Workshop 13

1 https://www.behance.net/gallery/30020449/
Migration

Workshop 14

1   https://www.behance.net/gallery/22242659/-
     Vintage-Eroded-Font-FREE-FONT-FREE-
     LICENSE
2   https://www.behance.net/gallery/32460965/
     CPU-Brand-design

Workshop 16

1   https://www.behance.net/gallery/30684231/
     Raw
2   https://www.behance.net/gallery/33010003/
     Clrigos-wine-tapas
3   https://www.behance.net/gallery/30869727/
     Bottura

Workshop 17

1   https://www.behance.net/gallery/30782961/
     Online-Coupon-Graphic

Workshop 21

1   https://www.behance.net/gallery/19349573/
     Articulated-paper-doll-bears
2   https://www.behance.net/gallery/1349077/
     Palullah-moveable-pregnant-paperdoll-mom-
     of-twins

Workshop 22

1~3 https://www.behance.net/gallery/32020561/
     Personal-Illustration-2015-winter
4   https://www.behance.net/gallery/26776043/
     enoty-dlja-LWinter

Workshop 23

1   https://www.behance.net/gallery/9470727/
     Optus
2   https://www.behance.net/gallery/32671923/
     MARTE-ESTUDIO
3   https://www.behance.net/gallery/32628615/
     Happy-Wife-Happy-Mom-Brand-Identity-
     Lettering

Workshop 24

1   https://www.behance.net/gallery/28467703/
     Character-Design-part-2
2   https://www.behance.net/gallery/13070965/
     Billy-Creating-my-own-character
3   http://www.theaoi.com/portfolios/index.php/
     artist-details?memberid=8792
4   https://www.behance.net/gallery/26811077/
     3D-Embossed-Business-Cards

Workshop 25

1   https://www.behance.net/gallery/23892533/
     Golf-Gutschein

Workshop 26

1   https://www.behance.net/gallery/33703080/
     Budapest-Airport-Terminal-1-_-signage-
     wayfinding

Workshop 27

1   https://www.behance.net/gallery/16764301/
     Floki
2   https://www.behance.net/gallery/13229921/
     Triangle-theme
3   https://www.behance.net/gallery/30354731/
     Iron-Man-Low-Poly-Fan-Art
4   https://www.behance.net/gallery/12133745/
     Poly-David

찾아보기